Arbeitsbuch für TEAM 9 Politik und Wirtschaft

Gymnasium
Nordrhein-Westfalen

Herausgegeben von:
Wolfgang Mattes

Erarbeitet von:
Karin Herzig, Wolfgang Mattes,
Andreas Müller

Schöningh

www.schoeningh-schulbuch.de
Schöningh Verlag, Jühenplatz 1–3, 33098 Paderborn

Druck 5 4 3 2 1 / Jahr 2014 13 12 11 10
Die letzte Zahl bezeichnet das Jahr dieses Druckes.

Umschlaggestaltung: Franz-Josef Domke, Hannover
Fotos: picture-alliance/dpa (U1 links), Bildagentur-online (U1 rechts), picture-alliance/ZB (U4)
Illustrationen: Reinhild Kassing, Kassel
Druck und Bindung: westermann druck GmbH, Braunschweig

ISBN 978-3-14-023712-3

Inhaltsverzeichnis

Erweitertes Lernangebot 

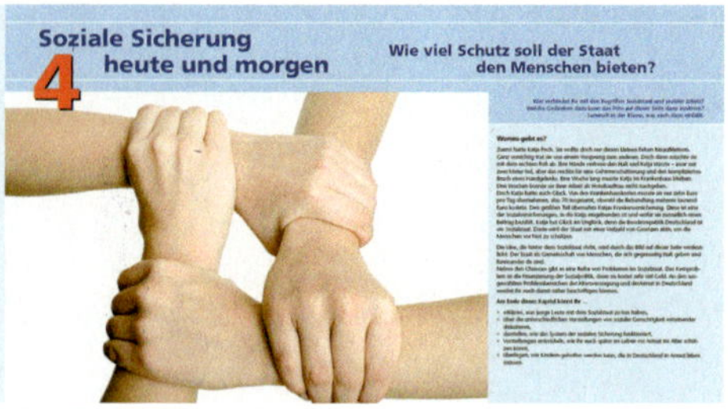

Soziale Sicherung heute und morgen 110

Zur Situation der Menschenrechte 140

Massenmedien und Politik 162

Merkmale unserer Wirtschaftsordnung 178

Wirtschaftspolitik
8 verstehen
Warum ist Wirtschaftspolitik
für uns alle so bedeutsam?

Klimawandel –
9 Herausforderung für
Wirtschaft und Politik
Was ist zu tun,
um den Gefahren zu begegnen?

Globalisierung
10
Wie verändert sie unser Leben?

Die Europäische Union:
11 Erfolge und Herausforderungen
Warum brauchen wir das
vereinte Europa?

Friedenssicherung 310

Wie kann die Welt friedlicher werden?

Methodenkarten

Verzeichnis der Seiten

Topthemen

Verzeichnis der Seiten

Methodenkarten Team 5/6

Verzeichnis der Seiten

Topthemen

Verzeichnis der Seiten

Methodenkarten Team 7/8

Verzeichnis der Seiten

Topthemen

Verzeichnis der Seiten

Kann der Titel TEAM Programm sein?

Manchmal werden wir Autoren gefragt, warum wir dem Buch den Namen TEAM gegeben haben. Dann antworten wir: Team steht für

__T__otal __e__rfolgreich __a__rbeiten __m__iteinander!

Das Foto hat uns sehr beeindruckt. Man sieht da Jugendliche, deren Aufgabe es ist, eine Wand zu überqueren. Sie hätten sagen können: „Soll doch jeder schauen, wie er drüberkommt."
Sie gehen die Aufgabe offensichtlich anders an. Sie bilden ein Team, helfen sich gegenseitig und sorgen dafür, dass alle es schaffen. Sie haben verstanden: Im Team löst man diese Aufgabe besser als allein.
Mit dem Lernen in der Schule ist es ja auch manchmal so, als ob man vor Hindernissen steht, die überquert werden müssen. Manche davon schafft man alleine, aber bei vielen ist es besser, wenn ein Team da ist, das hilft.
Wir wünschen euch, dass auch ihr in eurer Klasse gute Teams bildet, dass ihr euch gegenseitig beim Lernen unterstützt und dass ihr möglichst niemanden hängen lasst.
Natürlich ist dazu auch der Einzelne gefordert. Schließlich muss man die Wand überqueren wollen. Und man muss auch bereit sein, sich dafür anzustrengen. Wenn alle diese Einstellung mitbringen, entsteht Teamgeist.
Wo es Teamgeist gibt, fühlen sich die meisten Menschen wohl.
Ein weiterer Vorteil: Im Team lernt man Fähigkeiten, die auch außerhalb der Schule von Bedeutung sind. Das gilt zum Beispiel für die Arbeitswelt. Das ist auch wichtig für die Politik und die Demokratie. Teams haben wesentlich bessere Chancen, ihre Interessen durchzusetzen als Einzelkämpfer.
In diesem Sinne ist der Titel auch Programm.
Wir wünschen euch Freude und Erfolg beim Lernen in einem guten Klassenteam.

Auch in diesem Band von Team findet ihr die euch bereits bekannten Elemente:

Topthemen zur Information

Methodenkarten zum Einüben von Fähigkeiten

Trainingsplätze zur Anwendung des Gelernten

Memorystationen zum Üben und wiederholen

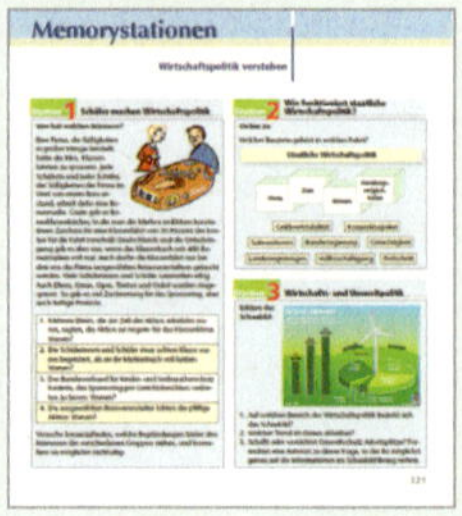

Team kontrovers zur Diskussion

Fachwörterverzeichnis zum Sammeln von Fachbegriffen

Regeln für erfolgreiche Teamarbeit

Ihr kennt das vielleicht aus dem Fußball, Handball, Basket- oder Volleyball. Die individuellen Stärken und Begabungen der Mitspielerinnen und Mitspieler sind wichtig, aber sie machen noch keine erfolgreiche Mannschaft aus. Erst der Teamgeist ist es, der sie zum Erfolg führt. Beim Lernen in Teams, sowohl in der Klasse als auch während der Arbeit in Gruppen, ist es ähnlich. Alle sind anders, alle sind einzigartig, alle haben spezielle Begabungen, vielleicht auch Schwierigkeiten. Aber alle fühlen sich in der Regel wohler und lernen besser, wenn es in einer guten Atmosphäre geschieht. Teamfähigkeit ist eine wichtige Voraussetzung dazu. Teamfähigkeit zu lernen, ist ein Prozess, der Zeit in Anspruch nimmt. Das hat sich bei den Mannschaftssportlern herumgesprochen und bei allen anderen, die in der Schule, im Berufs- und im Privatleben in Teamarbeit eingebunden sind.

In guten Teams …

1. sind die Mitglieder vorbereitet, wenn die Teamarbeit beginnt. Notwendige vorbereitende Arbeiten haben sie gewissenhaft erledigt.
2. sind alle an der Arbeit beteiligt. Niemand wird ausgeschlossen.
3. engagieren sich alle für den gemeinsamen Erfolg und für ein gutes Ergebnis.
4. gibt es keine Faulpelze, weil diese den Fleißigen die Freude an der Arbeit verderben und weil nur diejenigen lernen, die sich aktiv an der Arbeit beteiligen.
5. werden Probleme gemeinsam gelöst. Um Hilfe bittet man, wenn man in der Gruppe keine Lösung finden kann.
6. hilft man sich gegenseitig. Fällt ein Mitglied zeitweise aus, übernehmen andere dessen Arbeit.
7. kommt man in der vereinbarten Zeit zu einem gewünschten Ergebnis.

1 Jugend und gesellschaftliches Engagement

Jugendliche in Gelsenkirchen nehmen an der Aktion „Zeig' Rassismus die Rote Karte!" teil. Hier protestieren sie in einem Fußballstadion gegen ausländerfeindliche Sprüche.

Wofür treten wir ein?

„Jugendliche müssen heute sehr viel mehr lernen und leisten als früher, um im Leben voranzukommen. Da kann man nicht erwarten, dass sie sich auch noch für irgendwelche Hilfsprojekte engagieren."

„Fast alle Jugendlichen sind dazu bereit, sich zu engagieren, auch wenn sie dafür Zeit opfern und private Interessen zurückstellen müssen."

Notiert eure Gedanken zu den unterschiedlichen Äußerungen und sprecht miteinander.

Worum geht es?

Oliver, 16 Jahre alt, geht an diesem schönen Dienstag im Juni nicht zur Schule. In einer Kfz-Werkstatt schleppt er acht Stunden lang schwere Autoreifen, die bis zum Winter eingelagert werden. Die Arbeit ist anstrengend, aber das scheint ihn nicht zu stören. Oliver ist einer von 200 000 Schülern, die an diesem Tag an der bundesweiten Aktion „Ein Tag für Afrika" teilnehmen. Andere Schülerinnen und Schüler mähen Rasen oder helfen in Seniorenheimen. Jüngere Schüler, die noch nicht arbeiten dürfen, veranstalten Trödelmärkte oder putzen für eine Spende die Fahrräder fremder Leute. Mehr als 1,2 Millionen Euro kommen an diesem einen Tag zusammen. Das Geld geht an Hilfsprojekte in Afrika – in diesem Jahr zu größten Anteilen nach Angola, Burundi, Ruanda, Südafrika und den Sudan. Oliver sagt: „Es macht mir Spaß, mich für einen guten Zweck zu engagieren. Dafür mache ich mir gerne die Finger schmutzig."

Oliver und die vielen anderen widerlegen mit ihrem Verhalten das Vorurteil, die Jugendlichen von heute hätten nur noch ihr Privatvergnügen im Sinn und zeigten keinerlei Interesse an gesellschaftlichem Engagement.

Zur Demokratie gehört, dass es möglichst viele Menschen gibt, die mitmachen. Zur Freiheit gehört, dass man nicht zum Mitmachen gezwungen wird. Also muss man sich entscheiden: Bin ich ein „Mitmach-Typ" oder ein „Lasst-mich-in-Ruhe-Typ"?

Mithilfe dieses Kapitels könnt ihr über die Bereitschaft zu sozialem Engagement nachdenken. Engagement gibt es in vielen Bereichen. Wir haben drei exemplarisch ausgewählt, die für junge Leute besonders bedeutsam sind: Engagement aus Hilfsbereitschaft, gegen Rassismus, für mehr Gleichberechtigung.

Bei der Arbeit an diesem Kapitel könnt ihr …

- untersuchen, welche Projekte von Schülerinnen und Schülern vorbildlich sind,
- überlegen, welchen persönlichen Gewinn man davon hat, wenn man sich gesellschaftlich engagiert,
- an Situationen aus dem Alltag untersuchen, was man gegen Rassismus und Extremismus unternehmen kann,
- darüber diskutieren, ob ein Engagement für Gleichberechtigung zwischen Frauen und Männern weiterhin wichtig ist.

1 Soziales Engagement: Wie groß ist die Bereitschaft, anderen zu helfen?

Wer sich sozial engagiert, setzt sich für andere Menschen ein, die Hilfe benötigen. Auf den folgenden vier Seiten werden insgesamt sechs Beispiele für das soziale Engagement Jugendlicher vorgestellt.

Beispiel 1: Der Mobbing-Gegner

Zum Zeitpunkt dieses Berichtes ist Alexander Hemker 16 Jahre alt und besucht die zehnte Klasse eines Gymnasiums in Hamburg. Zusammen mit einem Freund betreibt er ein Internetportal für Mobbingopfer.

„Früher wurde ich selbst lange gemobbt, weshalb ich die Schule wechseln musste. Das Portal habe ich gegründet, damit ich anderen Betroffenen mit meinen Erfahrungen helfen kann. Mir selbst hat das Schreiben in dem Forum sehr weitergeholfen. So konnte ich meine Aggressionen rauslassen. Heute muss ich das zum Glück nicht mehr und kann anderen Betroffenen Tipps geben. Es hilft den Mobbing-Opfern schon sehr, wenn sie im Forum jemanden finden, der sich mit ihnen auseinandersetzt. Wenn man sieht, dass man nicht der einzige Betroffene ist, dann macht einen das stärker. Man merkt, dass anderen Menschen Ähnliches passiert ist und sie es überstanden haben. So können Mobbing-Opfer durch das Forum einen Ausweg finden. Es gab zum Beispiel einige Betroffene, die die Schule gewechselt haben, nachdem ihnen das User auf unserer Seite empfohlen haben. [...]

Es hat mich schon erstaunt, wie stark das Angebot genutzt wird. Es war mir überhaupt nicht bewusst, wie viele Jugendliche von Mobbing betroffen sind. Obwohl wir noch ein sehr junges Projekt sind, sind wir heute schon eines der größten Foren zu diesem Thema in Deutschland.
Trotzdem verlangen wir für unser Angebot kein Geld. Alle Personen mit Internetzugang sollen die Seite voll nutzen können. Und inzwischen kommen ja fast alle Schüler ins Internet. Ein Vorteil unserer Seite ist, dass die Nutzer ihre persönlichen Daten nicht preisgeben müssen. So können sie anonym schreiben. Andere Personen, die möglicherweise nach ihnen auf der Seite Ausschau halten, können sie nicht finden. Das gibt den Betroffenen Sicherheit und baut auch Hemmungen ab, über ihre Erfahrungen zu berichten. Bisher haben wir nur positive

Rückmeldungen von den Nutzern bekommen. Die finden es auch gut, wie offen ich mit dem Thema Mobbing umgehe und dass ich mit meinem Wissen anderen Menschen helfe."

(Aus: Moritz Schröter: Der Mobbing-Gegner, in: fluter, Magazin der Bundeszentrale für politische Bildung. Nr. 25 12/2007, S. 27)

Weitere Informationen findet ihr unter www.schueler-gegen-mobbing.de.

Orientiert euch bei der Bearbeitung der Beispiele an den folgenden Fragen:

1. **Beschreibt:** Was tun die Leute? Worin zeigt sich ihr soziales Engagement?
2. **Analysiert:** Welche Motive (= Gründe für ihr Handeln) haben sie? Welchen Gewinn für ihr eigenes Leben haben sie davon? Müssen sie Opfer bringen?
3. **Bewertet:** Haltet ihr dieses Engagement für nachahmenswert?

■ **Tipp:** Bearbeitungsvorschlag für die folgenden vier Seiten:
Bearbeitung der Beispiele 1 und 2 in Partnerarbeit:
Ihr bildet Partnerschaften. Jede Partnerin, jeder Partner liest eines der beiden Beispiele 1 oder 2. Anschließend stellt ihr euch gegenseitig eure Beispiele und die Antworten auf die drei Erschließungsfragen vor.
Anschließend Bearbeitung der Beispiele 3, 4, 5 und 6 in Vierergruppen:
Ihr bildet Vierergruppen. Jedes Gruppenmitglied liest eines der Beispiele 3 bis 6 und beantwortet die Fragen. In der anschließenden Gruppenarbeit stellt jedes Mitglied zunächst sein Projekt vor. Gemeinsam in der Gruppe bereitet ihr eine Stellungnahme mithilfe der drei Erschließungsfragen vor und präsentiert die Ergebnisse.

Beispiel 2:
Die politisch Engagierte

Zum Zeitpunkt dieses Interviews ist Dragana Gavric 15 Jahre alt und erste Vorsitzende im Kinder- und Jugendparlament der Stadt Offenbach.

TEAM: Was sind die Gründe, warum du dich für die Mitarbeit im Kinder- und Jugendparlament entschieden hast?
DRAGANA: Dafür gibt es natürlich mehrere Gründe. Zum einen ist es meiner Meinung nach sehr wichtig, die Jugend in die Politik mit einzubeziehen. Die Zukunft liegt in unseren Händen, also kann es sicherlich nichts schaden, Initiative zu ergreifen und etwas für den Bezug der Kinder und Jugendlichen zur Politik und vor allem für die Stadtpolitik zu tun. Oft fühlt sich die Jugend nicht ernst genommen und ohne das KJP wäre es meiner Meinung nach auch relativ schwer, wenn nicht sogar unrealistisch, etwas Positives in der Stadt zu bewirken. Zum anderen interessiere ich mich sehr für Politik und meine, dass man zu gar nichts käme, wenn es nicht Einzelne gäbe, die aktiv mithelfen, etwas zu verändern.
TEAM: Was hat dein politisches Engagement bisher für dich persönlich gebracht?
DRAGANA: Viel hat es gebracht – definitiv. Und ich denke, ich sage das nicht nur für mich, sondern auch für die anderen Mitglieder, jedenfalls für die große Mehrheit. Ich habe gelernt, dass nichts passiert, wenn man keine Initiative ergreift und sich nicht für andere einsetzt. Etwas verändern kann man nur, wenn man es in die Hände nimmt. Vor allem habe ich gelernt, auch Unstimmigkeiten mit einer diplomatischen Diskussion zu beheben. Alles geht, man muss es nur wollen und etwas dafür tun.
TEAM: Mal konkret: Was waren bisher die größten Erfolge eures KJP?
DRAGANA: Wir haben es geschafft, die Kinder- und Jugendfarm einzurichten. Das ist eine Einrichtung, die Offenbacher Kindern und Jugendlichen besondere Freizeit- und Naturerlebnisse bietet. Auf der Farm gibt es Tiere, und man kann Hütten bauen, Beete anlegen und vieles mehr. Sozialpädagogen betreuen die Kinder vor Ort. In der Stadtbücherei haben wir einen Kinderinfopunkt eingerichtet. Hier kann man sich informieren, welche Angebote es für Kinder in unserer Stadt gibt. Wir haben einen Kinderstadtplan herausgebracht, in dem alle Spielmöglichkeiten in Offenbach eingetragen sind. Unter den Offenbacher Jugendlichen haben wir eine Meinungsumfrage durchgeführt und ausgewertet. Ein Fußballturnier für Toleranz gegen Ausländerfeindlichkeit wurde durchgeführt. Wir haben eine Ausstellung zum Thema Mobbing organisiert und sogar ein Kinderbuch gestaltet, das sich mit dem Problem des Hundedrecks auf den Offenbacher Straßen beschäftigt. Das ist eine Auswahl aus den Aktivitäten in jüngster Zeit.
TEAM: Was würdest du Kindern und Jugendlichen raten, die mit dem Gedanken spielen, für ein Kinder- und Jugendparlament zu kandidieren?
DRAGANA: Trau dich! Man kann nichts verlieren und wenn du nicht gewählt wirst, kannst du trotzdem aktiv mitarbeiten. Du kannst die Sitzungen besuchen und deine Meinung abgeben. Gehe mit Freunden zusammen zu den ersten Treffen und nach den ersten zwei oder drei Treffen brauchst du die Freundin oder den Freund nicht mehr. Selbst wenn du nicht stimmberechtigt bist, kannst du wenigstens gehört werden und wenn du argumentativ deine Meinung einbringen kannst, kann es auch von großem Vorteil sein. Du lernst Leute kennen und kannst beispielsweise an einem Rhetorikseminar teilnehmen. Das ist sehr gut für deine Zukunft! Und alles, was für die Zukunft gut ist, kann jetzt nicht schlecht sein.

(Das Interview wurde im April 2008 geführt. Weitere Informationen zum KJP Offenbach findet ihr unter www.of.junetz.de/jugendparlament)

Beispiel 3: Schüler arbeiten für Jugendliche in Afrika

Bundespräsident Köhler unterstützt die Aktion „Dein Tag für Afrika".

Einen Tag hat Livia Bröhl in einem Möbelhaus gearbeitet, hat die Regale bestückt und Sachen wegsortiert, die Kunden an falsche Plätze zurückgestellt haben. „Es war schon anstrengend, aber ich habe einen kleinen Einblick in die Arbeit eines Mitarbeiters dort bekommen", sagte die 17-jährige Schülerin des Max-Ernst Gymnasiums in Brühl. Sie ist eine von rund 74 000 Schülern, die im vergangenen Jahr in Nordrhein-Westfalen an der bundesweiten Kampagne „Dein Tag für Afrika" des Vereins Aktion Tagwerk teilgenommen haben.
Schüler – von der Grundschule bis zur Klasse 13 – arbeiten einen Tag lang bei Freunden und Bekannten oder in Betrieben wie beispielsweise im Phantasialand, das in diesem Jahr 15 Tagwerkplätze zur Verfügung stellt. Die „Löhne" werden gesammelt. Damit werden Bildungsprojekte für Kinder und Jugendliche in Ruanda, Angola, Burundi, Südafrika und im Sudan unterstützt. „Ich konnte mit meiner Arbeit im Möbelhaus ein Projekt unterstützen, das Jugendlichen in meinem Alter hilft", freut sich Livia Bröhl. Die 74 000 Schüler von mehr als 270 Schulen aus NRW hatten 2008 650 000 Euro erarbeitet.

(Aus: Britta Havlicek: Schüler arbeiten für Jugendliche in Afrika, in: Kölner Stadtanzeiger, Nr. 117 vom 21. u. 22. Mai 2009, Ausgabe Rhein-Erft, S. 41)

Weitere Informationen findet ihr unter www.aktion-tagwerk.de.

Beispiel 4: Green Angels setzen sich für Tierschutz ein

Wie es sich wohl anfühlt, als Huhn tagaus, tagein im Käfig zu hocken, auf engstem Raum. Eine rein theoretische Frage? Nicht für Lisa und Elin vom Greenteam *Green Angels* und auch nicht für Cosma von den *Green Savers*. Nach dem Motto: *Wer handeln will, muss fühlen*, luden die drei Mädchen auf dem Wuppertaler Fair Fest am Samstag, den 20. September, Besucher ein, für kurze Zeit in die Haut eines misshandelten Eierlegers zu schlüpfen. Sprich: als Huhn verkleidet *Platz* in einem Käfig zu nehmen. Keine besonders schöne Erfahrung, darin waren sich alle Versuchshühner einig.
Käfighaltung hat auch etwas mit Ungerechtigkeit zu tun – das Käfighuhn kann sich schließlich gegen seine Behandlung nicht wehren. Aber wir als Käufer können darauf achten, nur noch Eier von freilebenden Hühnern, am besten Bioeier, zu kaufen. Wenn das alle tun, wird es irgendwann keine Legehennenbatterien mehr geben, erklärt Lisa vom Greenteam *Green Angels*. Schließlich ging es bei dem Fair Fest um das große Thema *Gerechtigkeit in der Welt*. Über insgesamt vier Stationen, eine davon war die Käfigerfahrung, konnten interessierte Besucher einen *Hühnerpass* erwerben und am Ende sogar eine Kleinigkeit gewinnen. Die Aktion war ein toller Erfolg, erinnert sich Eva, die Greenteamansprechpartnerin der Gruppe Wuppertal. Am Ende fragten viele Erwachsene, wo man denn in der Nähe Eier vom Biobauern kaufen kann – das konnten die Greenteamerinnen natürlich locker beantworten.

Weitere Informationen zu den Aktionen der Greenteams findet ihr unter www.greenpeace4kids.de

Beispiel 5: Schüler helfen Senioren

Für ein Schülerprojekt in Heißen erhielt das Centrum für bürgerschaftliches Engagement e. V. (CBE) den mit 3000 Euro dotierten Innovationspreis der Bundesarbeitsgemeinschaft der Freiwilligenagenturen (Bagfa) 2008. Die Jury würdigte die Rolle, die das CBE im Rahmen der Projektentwicklung spielte: Die Schüler des Gymnasiums Heißen (in Mülheim a. d. Ruhr) hatten in Eigeninitiative den älteren Bewohnern im Stadtteil ihre Hilfe angeboten. Doch niemand kam auf die Schüler zu. Das CBE entwickelte daraufhin mit den Gymnasiasten eine Strategie. Dazu gehörte auch, den Pflegedienst Behmenburg als Partner und Brückenbauer mit ins Boot zu nehmen. Der brachte die Jugendlichen mit den älteren Menschen zusammen. Inzwischen gehen die Schüler in Teams von jeweils zwei bis drei Personen allein zu den Senioren, begleiten sie bei Einkäufen und Spaziergängen, spielen mit ihnen oder hören einfach nur zu. Um eventuelle Unsicherheiten der Schüler im Umgang aufzufangen, führt der Pflegedienst mit ihnen wöchentliche Feedbackrunden durch.

Weitere Informationen findet ihr auf der Homepage des Centrums für bürgerschaftliches Engagement e. V., www.cbe-mh.de.

Beispiel 6: Schüler helfen beim Aufbau des Friedens

„Schüler Helfen Leben" ist eine von Schülerinnen und Schülern gegründete Organisation, die sich zum Ziel gesetzt hat, durch freiwillige Arbeit Jugendliche auf dem Balkan zu unterstützen. Die Idee entstand, als Schülerinnen und Schüler nach der Beendigung des Krieges in den Balkanregionen Hilfstransporte organisierten und dabei zu der Überzeugung kamen, dass ein länger andauerndes Engagement nötig sei. „Schüler Helfen Leben" wird vom Bundesministerium für Familien, Senioren, Frauen und Jugend unterstützt. Zur Finanzierung der Hilfsprojekte organisiert die Aktion soziale Tage, an denen alle Schulen in Deutschland teilnehmen können.
Am sozialen Tag sind Deutschlands Schulen leer, denn die Schulbank wird gegen einen Platz in der Arbeitswelt getauscht. Schüler mähen den Rasen bei der Oma, fegen den Hof eines Bauunternehmens, basteln mit Kindern im Kindergarten, helfen bei Reparaturen in einer Fahrradwerkstatt oder sortieren Akten beim Steuerberater. Der so verdiente Tageslohn kommt Hilfsprojekten in Südosteuropa zugute, einer Region, in der nach Kriegsende dringend Hilfe benötigt wird. Die Projekte dienen der Jugend-, Bildungs- und Versöhnungsarbeit und sollen Kindern und Jugendlichen Perspektiven liefern. [...]
Die Erfolge: Schon 17 Millionen Euro wurden von über einer Million Schüler erarbeitet. Damit konnte „Schüler Helfen Leben" bereits mit mehr als 130 Projekten benachteiligten Kindern und Jugendlichen auf dem Balkan effektiv helfen.

(Aus: www.schueler-helfen-leben.de; Zugriff 12. Juli 2009. Weitere Informationen findet ihr dort.)

1. Welche Ziele wollen die Schülerinnen und Schüler mit ihren Aktionen erreichen?
2. Angenommen, ihr hättet die Wahl: Bei welchem der Projekte in den Beispielen 3 bis 6 würdet ihr am liebsten mitmachen? Begründet eure Entscheidung.

Wofür engagieren sich Jugendliche?

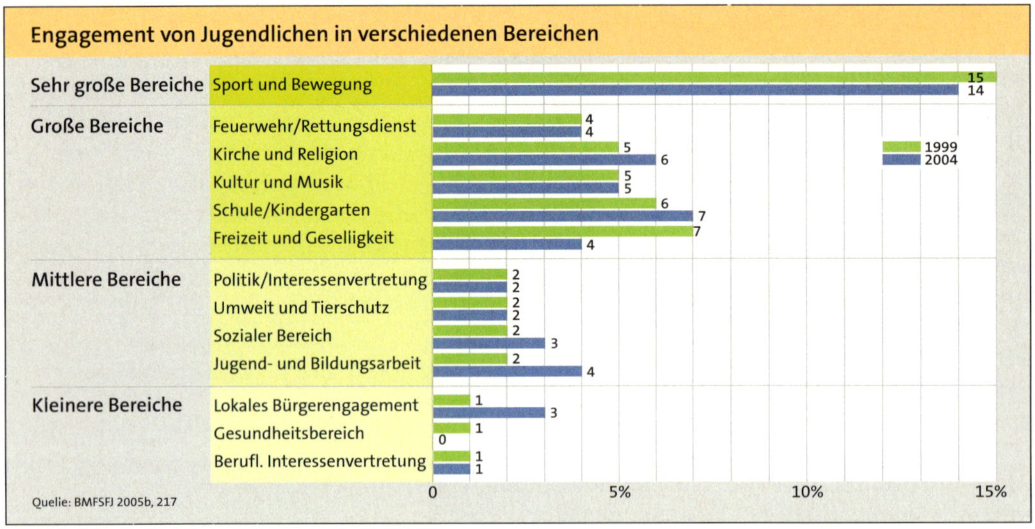

Wo sie mitmachen …

In Deutschland engagieren sich 36 Prozent der jungen Menschen zwischen 14 und 24 Jahren – sei es für die eigene Klasse, die Umwelt oder für das Zusammenwachsen Europas. Junge Menschen engagieren sich in der Schule, im Verein, in der Kirche, in der Kommune oder in Interessengruppen. Sie betreuen Jugendgruppen, begleiten Behinderte, setzen sich für sichere Schulwege ein oder organisieren internationale Jugendbegegnungen. Dieses vielfältige Engagement belegt, wie wichtig auch der jungen Generation das Gemeinwohl ist. Das Engagement junger Menschen verändert aber nicht nur ihre eigene Lebenswirklichkeit, sondern leistet auch einen essenziellen Beitrag zur Festigung unserer freiheitlichen Demokratie, die auf der aktiven Beteiligung ihrer Bürger beruht. Nicht selten sind junge Menschen die besseren Diplomaten, wenn es etwa um das Verstehen anderer Kulturen oder die Mitwirkung benachteiligter Menschen geht. Aus engagierten Jugendlichen werden Erwachsene, die gesellschaftlich aktiver und stärker politisch interessiert sind als Menschen, die in ihrer Jugend nicht engagiert waren.

(Aus: Ina Epkenhans, Sigrid Meinhold-Henschel: Mitmachen, mitgestalten! Junge Menschen für gesellschaftliches Engagement begeistern, Bertelsmann-Stiftung, Gütersloh 2009, S. 3)

… und wie sie davon profitieren

„Macht Engagement schlau?“ lautete im Jahr 2005 die provokante Frage der Dortmunder Jugendforscher Wiebken Düx und Erich Sass. In ihren Forschungen konnten sie zeigen, dass Kinder und Jugendliche durch Engagement zentrale Lebenskompetenzen erwerben. Manche der befragten Schüler sehen sogar im Engagement selbst den zentralen Lernort. […]
Engagement macht auch fit fürs Leben. Wie bereits angedeutet, werden im Rahmen der Mitarbeit in einer Umweltgruppe, als Trainer in einem Sportverein oder als freiwilliger Mentor für Deutsch in einem Kindergarten Kompetenzen gelernt, die in der beruflichen Praxis relevant sind. Es kommt hinzu, dass die Kinder und Jugendlichen Netzwerke vor Ort aufbauen. Dieses soziale Kapital kann zu verschiedenen Zeitpunkten des Lebens, z. B. bei der Suche nach einer Lehrstelle, von Bedeutung sein. Wichtig ist eine Offenheit für die Vielfalt des Engagements für Demokratie und Gemeinwohl.
Engagement kann glücklich und gesund machen. Diese Beobachtung wird von vielen Menschen mit einem natürlichen Reflex kommentiert: „Stimmt!“ Studien belegen empirisch, dass Menschen, die helfen, ein ausgeglichen zufriedenes Leben führen und häufig eine längere Lebenserwartung haben.

(Aus: Michael Seberich u. Sigrid Meinhold-Henschel: Bildungsauftrag 2020: Verantwortungsvolle und politische Bürger, in: Vorbilder bilden, Bertelsmann-Stiftung, Gütersloh 2007, S. 12)

1. Legt eine Tabelle an und notiert: Wo werden Jugendliche aktiv? Was sind die Vorteile?
2. In einem der Texte ist von „Lebenskompetenzen“ die Rede, die Jugendliche durch soziales Engagement erwerben können. Welche bedeutsamen Kompetenzen können das sein? Sammelt möglichst mehrere.
3. Eine vergleichende Studie kommt zu dem Ergebnis, dass in den USA die Zahl der engagierten Jugendlichen etwa 50 Prozent beträgt. Könnte man diese hohe Zahl auch hierzulande erreichen? Was spricht dafür, was spricht dagegen?

Methodenkarte 2

Im Internet recherchieren WebQuest-Methode | Thema: Soziales Engagement

A Was ist die WebQuest-Methode?

Der Name setzt sich aus zwei Bestandteilen zusammen. „Web" steht für das World Wide Web, also für das Internet, und „Quest" steht für Frage. Der Name bedeutet, dass man mit dieser Methode das Internet gezielt befragt. WebQuests werden in Teamarbeit durchgeführt. Sie eignen sich daher besonders gut für gemeinsame Recherchen in der Klasse. Das Besondere an der Methode ist, dass man bei der Recherche nach einem Plan vorgeht und sich verpflichtet, nur eine begrenzte Zahl von Internetadressen zu benutzen. So vermeidet man das ziel- und ergebnislose Surfen im Netz.

B Wie macht man das?

Für die WebQuest-Methode braucht man

- einen klaren Rechercheauftrag,
- eine Auswahl an vorbereiteten Internetadressen,
- ein Ziel,
- ein Rechercheteam,
- eine vereinbarte Zeit,
- eine Vereinbarung darüber, wie der Unterricht nach der Recherche weitergehen soll.

Euer Rechercheauftrag lautet:

1. Sucht mithilfe der angegebenen Internetadressen nach Beispielen sozialen Engagements von Schülerinnen und Schülern.
2. Wählt aus mehreren Beispielen eines aus, das ihr für besonders vorbildlich haltet.
3. Stellt im Anschluss an die Recherche dieses Beispiel in der Klasse vor.
4. Begründet eure Entscheidung mithilfe der Kriterien für Vorbildlichkeit.

Protokollblatt:

Name des Projekts	
Veranstalter	
Teilnehmer	
Projektbeschreibung	
Wem hilft es?	
Was ist vorbildlich daran?	
Gründe für unsere Entscheidung	

Wann ist ein Projekt vorbildlich?

Es ist vorbildlich, wenn

- es zur Nachahmung empfohlen werden kann,
- es anderen Menschen oder der Umwelt hilft,
- es einer friedlichen Entwicklung auf der Erde dient,
- dadurch die Demokratie gestärkt wird,
- die Teilnehmerinnen und Teilnehmer am Projekt in uneigennütziger Weise Hilfsbereitschaft und Verantwortungsbereitschaft zeigen,
- es kreativ und originell ist und dadurch Aufmerksamkeit erzeugt.

Vorbereitete Internetadressen:

Für die Suche könnt ihr die Adressen benutzen, die auf den ersten Seiten in diesem Unterkapitel angegeben sind, und die folgenden:

www.schulministerium.nrw.de
Auf der Schülerseite weist das Schulministerium auf Wettbewerbe und Aktionen für Schülerinnen und Schüler hin.

www.schule-der-zukunft.nrw.de
Unter dem Stichwort „Schule der Zukunft" regt das Schulministerium Schulen im Land zur Durchführung nachhaltiger Projekte zum Schutz der Umwelt an. Auch Beispiele findet ihr hier.

www.younicef.de
Auf der Seite der Weltkinderorganisation werden regelmäßig Projekte vorgestellt, die sich mit der Situation von Kindern in Not beschäftigen.

Das geschieht auch auf den folgenden Seiten: www.misereor und www.tdh.de.

(Natürlich könnt ihr euch in der Vorbereitungsphase auch auf andere Internetseiten verständigen.)

2 Jugend gegen Rassismus – für Demokratie

40 Prozent aller Schülerinnen und Schüler in Nordrhein-Westfalen können eine Zuwanderungsgeschichte erzählen, weil ihre Familien vor noch nicht allzu langer Zeit nach Deutschland eingewandert sind. Mindestens vier von zehn Einwohnern haben also ausländische Wurzeln. Trotzdem gibt es immer noch ausländerfeindliche Einstellungen. Auch extremistische Einstellungen gibt es unter Jugendlichen. Nach einer 2009 im Auftrag des Bundesinnenministeriums durchgeführten Untersuchung zählen sich 4,9 % der männlichen und 2,6 % der weiblichen Jugendlichen zu rechtsextremen Gruppen oder Kameradschaften.

- Was treibt junge Leute in extremistische Kreise?
- Was ist das Menschenverachtende an rassistischem und extremistischem Denken?

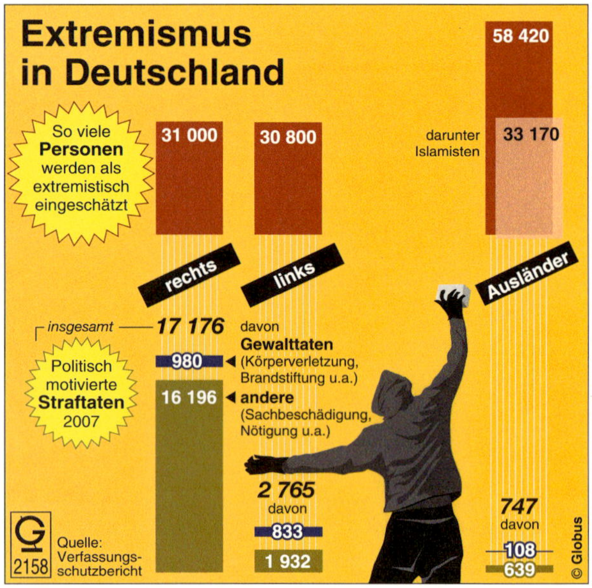

Der Fall Michael – bereit, jeden umzubringen, der Kritik an der Nazizeit übt

Die Sozialwissenschaftlerin Gertrud Hardtmann hat die Ursachen rechtsextremer Gewaltbereitschaft bei Jugendlichen untersucht. In sozialen Trainingsprogrammen begleitete sie Gruppen gefährdeter Jugendlicher. In dem hier zitierten Buch schildert sie einzelne Fälle und analysiert die Ursachen, die sie in ihren Forschungen ermitteln konnte.

Michael war kein Bastler, kein Tüftler, aber Kind eines heimwerkenden Vaters. Die beiden hatten seit Michaels Kindertagen nie zueinandergefunden. Offensichtlich hatte der Vater den falschen Sohn, und der Sohn den falschen Vater. Kinder suchen sich ihre Eltern nicht aus, aber Eltern auch nicht ihre Kinder. Was sie jedoch beide, Vater und Sohn, auszeichnete, war die fehlende Kompromissbereitschaft, das fehlende Entgegenkommen, der mangelnde Wunsch und Antrieb, eine Brücke zu bauen zwischen zwei so unterschiedlichen Mentalitäten. Michael reagierte auf seinen Vater mit aggressiver Ablehnung.
„Schon mit vier Jahren war es so: Er baute die Flugzeuge, ich schoss sie ab." Es ist nicht entscheidend, ob Michael die Flugzeuge tatsächlich oder in seiner Fantasie abschoss.
Wichtig ist, dass in dieser Äußerung sein Hass auf den Vater zum Ausdruck kam. Ein Hass, den er bereits in seine Kindheit datierte und der sich in der Adoleszenz nicht gelegt hatte.
Die Mutter bestätigte, dass der Vater sich aus der Erziehung völlig zurückgezogen hatte. Auch Michaels ständige Provokationen durch Schuleschwänzen, Diebstähle, Überfälle und Körperverletzung, die häufig auf der Polizeiwache und vor dem Jugendgericht endeten, hatten zu keiner Änderung geführt. Die Mutter fühlte sich hilflos und überfordert und versuchte resigniert und ebenso ratlos, durch Verwöhnen mit ihrem Sohn in Kontakt zu bleiben.
Auch bei Michael war der Großvater in die Bresche gesprungen. Er hatte sich des Jungen angenommen und mit ihm gespielt, ihn aber auch mit NS-Ideologie, Fremdenhass und faszinierenden Heldengeschichten aus dem Zweiten Weltkrieg vergiftet. Er fand in Michael einen willigen und unkritischen Zuhörer, der sich an diesen Geschichten berauschte und davon träumte, auch in einer so großartigen Zeit gelebt zu haben. Von seinem Großvater war Michael benutzt worden und wusste es nicht.

(Aus: Gertrud Hardtmann: 16, männlich, rechtsradikal, Patmos Verlag, Düsseldorf 2007, S. 72)

Michael schloss sich einer rechtsradikalen Gruppe an. Durch seine Gewalttaten fand er Anerkennung in seiner Gruppe. Sie wurden vom Großvater unterstützt. Seine Bewunderung für den Großvater ging so weit, dass er sagte, er sei bereit, „jeden umzubringen", der Kritik am Nationalsozialismus übt.

Ursachenforschung

Ein Erfahrungsbericht mit einer Gruppe von Jugendlichen, die durch rassistisch motivierte Gewalttaten auffällig wurden:

Gemeinsamkeiten

Die Gruppe, die ich in Lichtenberg kennenlernte, war nach Herkunft und Entwicklungsstand sehr unterschiedlich zusammengesetzt. Gemeinsam war ihnen das geringe Selbstwertgefühl, oft durch Arroganz und Größenfantasien überspielt. Dies, obgleich keiner der Jugendlichen einen minderbegabten Eindruck machte und sich alle in alltäglichen, lebenspraktischen und handwerklichen Dingen gut auskannten. Die Wiederholung von Schulklassen, Überalterung und fehlende Abschlüsse waren keine guten Karten für den Einstieg ins Berufsleben. Das daraus resultierende Unterlegenheitsgefühl brachten sie konkret und anschaulich in ihren Befürchtungen zur Sprache, Ausländer nähmen ihnen ihre Existenzgrundlage weg. Die Jugendlichen fühlten sich der Konkurrenz auf dem Arbeitsmarkt nicht gewachsen […]

Probleme

Alle Jugendlichen aus dem Trainingsprogramm hatten in der Kindheit Probleme mit den väterlichen Vorbildern. Die Väter überließen den meist aktiveren Müttern die Verantwortung für die Familie und Erziehung der Kinder. Diese wiederum waren damit überfordert, ihre Kräfte reichten aus, die Familie zusammenzuhalten, aber sie reichten nicht aus, zusätzlich allein die Erziehungsarbeit zu leisten und bei Konflikten einer härteren Gangart nicht auszuweichen. Daher gingen die Jungen auf Konfrontationskurs außerhalb der Familie. Sie provozierten in der Hoffnung, auf jemanden zu treffen, der ihnen Grenzen setzte.

Unterwerfungsbereitschaft

Gemeinsam war den Mitgliedern der Gruppe, trotz aller individuellen Unterschiede, eine gewisse Starrheit und Unbeweglichkeit, autoritäre Verhaltensweisen, Unterwerfungsbereitschaft unter das Führerprinzip oder unter das Gruppendiktat. […] Diese Jugendlichen waren keine „Schmuddelkinder“, – mit solchen wollten sie auch nichts gemein haben! Dass es unter Alkoholeinfluss dennoch oft zu Kontrollverlusten kam, zeigt nur die andere Seite der Medaille. Denn mit Unterwerfung sind nahezu immer unterdrückte Wut und Aggression verknüpft. Diese richten sich aber nicht gegen die eigentlichen Adressaten, sondern gegen Unterlegene und Schwächere.

(Aus: Gertrud Hardtmann: 16, männlich, rechtsradikal, Patmos Verlag, Düsseldorf 2007, S. 103 ff.)

Positionen von Schülerinnen und Schülern:

„Viele Jungen bewundern starke und rücksichtslose Personen. Sie sind begeistert vom männlichen Auftreten der Nazis. Dann wollen sie genauso sein wie die.“ Jessica, 15 Jahre

„Es kann vorkommen, dass man einmal schlechte Erfahrungen mit einer Gruppe von Ausländern gemacht hat. Wenn man das dann verallgemeinert, entsteht Ausländerfeindlichkeit.“ Julia, 15 Jahre

„Mädchen verlieben sich leicht in so Machotypen, die brutal sind und rassistische Sprüche klopfen. Sie plappern dann nach, was die sagen.“ Halil, 16 Jahre

„Ich glaube, es sind vor allem diejenigen gefährdet, die mit ihrem Leben unzufrieden sind – mit der Familie, der Situation in der Schule und so.“ Johannes, 17 Jahre

„Es gibt so viele Fremde in Deutschland, dass man sich hier nicht mehr wohlfühlen kann. Daher haben radikale Gruppen in vielem Recht, was sie sagen.“ Wladimir, 16 Jahre

„Ich sehe das so, dass Rassismus und Extremismus Folgen von Dummheit und Desinteresse sind.“ Aisha, 17 Jahre

1. „Man wird nicht als Neonazi geboren, man wird zum Neonazi gemacht.“ Wie denkt ihr nach dem Lesen des Falles Michael über diese Aussage?
2. Welche Ursachen für das Verhalten rassistischer und rechtsradikaler Jugendlicher hat die Wissenschaftlerin herausgefunden, welche nennen die Schülerinnen und Schüler in ihren Beiträgen? Sammelt sie und formuliert dann eure eigene Einschätzung.
3. Im Verhalten der Jugendlichen, die sie begleitet hat, sieht die Wissenschaftlerin auch positive Merkmale. Seht ihr darin eine Chance, sie vom Weg der Kriminalität abzubringen? Begründet eure Ansicht.

Schüler zeigen Rassismus die Rote Karte

Wie nur wenige andere Gruppen in der Gesellschaft engagieren sich Schülerinnen, Schüler und Schulgemeinschaften gegen Rassismus, Fremdenfeindlichkeit und Neonazismus. Als ein Beispiel für die Möglichkeit, etwas zu tun, wird hier die Aktion „Schule ohne Rassismus" vorgestellt.
Wie denkt ihr darüber?

Drei Bonner Schulen wollen ihre Überzeugung in die gesamte Stadt tragen – Toleranz kann man nicht nur lernen, sondern auch singen, tanzen, spielen und filmen.
Ein Meer aus Roten Karten zeigte, worum es am Freitag beim Aktionstag an der integrierten Gesamtschule Bonn-Beuel ging: Die Schüler wollen ein Zeichen setzen gegen Rassismus.
Verbündete finden die mehr als 1000 Beueler in den beiden anderen „Schulen ohne Rassismus", die es bisher in Bonn gibt. Gemeinsam mit den Godesberger Gesamtschülern und den Realschülern aus Medinghoven wollen sie noch mehr Schulen und Vereine für diese Idee begeistern. Seit sechs Jahren trägt die Gesamtschule Beuel die Auszeichnung „Schule ohne Rassismus". Gemeinsam mit der Aktion Courage geht sie nun noch einen Schritt weiter. Das Ziel: Der Stadtrat soll bis zur Eröffnung des Neubaus für das Internationale Kongresszentrum eine Antidiskriminierungsagenda verabschieden. Inhalte wollen die Schüler laut Schülersprecher Timo Graumann selbst erarbeiten. Die Unterstützung von Oberbürgermeisterin Bärbel Dieckmann ist ihnen sicher. Eine Stadt gegen Rassismus zu werden, dass müsse für eine UN-Stadt selbstverständlich sein, sagte sie. „Ich wünsche mir auch, dass wir ganz nah an das Ziel kommen, eine Stadt ohne Rassismus zu werden." Bei einer mitreißenden Show zeigten die Jugendlichen, wie vielseitig man das Thema anpacken kann. Schüler der Realschule Medinghoven rockten ein selbst geschriebenes Lied, das Türen öffnet, und spielten ein eigenes Theaterstück zum Thema Gewalt unter Jugendlichen.
Beueler Schüler sangen die Bonner Kinderhymne, die Kinder aus aller Welt zu Brüdern und Schwestern macht, angelehnt an Beethovens „Ode an die Freude". Ein Tanz mit arabischen und afrikanischen Elementen und ein Film zum Thema „alle anders – alle gleich" rundeten das Programm ab.
Die Show hatte viele prominente Gäste und Unterstützer, live und per Videobotschaft. Schauspieler Hanno Friedrich moderierte und fand Spaß am gelegentlichen „Lehrerton". Fußball-Nationalspieler Philipp Lahm freute sich von Ferne über das Engagement der Schüler und gab zu bedenken: „Die Hauptsache ist, dass jede Position gut besetzt ist. Da spielt die Hautfarbe keine Rolle." Live waren auch Nationalspieler auf der Bühne, und zwar aus der Fußballnationalmannschaft der Menschen mit Behinderung. Sie setzen sich für Fairness und Toleranz ein, ebenso wie die Spieler der Telekom Baskets. Die sind Partner der Realschule Medinghoven beim Projekt „Schule ohne Rassismus". Was am Morgen mit Lesungen und Diskussionen in den Klassen begonnen hatte, endete am Abend mit einem Konzert. Schulleiter Jürgen Nimptsch war zufrieden: „Ich bin stolz auf die Schüler."

(Aus: Bettina Köhl: „Schüler zeigen Rassismus die Rote Karte", in: Bonner Generalanzeiger vom 13.01.2007, online unter www.schule-ohne-rassismus.org, Zugriff Juli 2009)

Die Aktion „Schulen ohne Rassismus“

Aktiv gegen Diskriminierung und Rassismus eintreten – dieses Vorhaben verbindet bundesweit schon über 695 Schulen, die für ihr Engagement mit dem Titel „Schule ohne Rassismus – Schule mit Courage“ ausgezeichnet wurden. In NRW gibt es bereits 163 solcher Schulen (Stand März 2010). „Schule ohne Rassismus – Schule mit Courage“ (SOR-SMC) ist ein Projekt von und für Schülerinnen und Schüler, die gegen alle Formen von Diskriminierung, insbesondere Rassismus, aktiv vorgehen und einen Beitrag zu einer gewaltfreien, demokratischen Gesellschaft leisten wollen. Dabei geht es besonders darum, Zivilcourage zu entwickeln und ein Schulklima zu schaffen, in dem „anders sein“ als Normalfall gilt. In NRW unterstützt das Schulministerium das Projekt personell.

(Aus: „Regionale Arbeitsstelle zur Förderung von Kindern und Jugendlichen aus Zuwandererfamilien“, Ansprechpartnerin: Renate Bonow, in: www.raa.de; letzter Zugriff 24. Juli 2009)

Die Aktiven

„Schule ohne Rassismus – Schule mit Courage“ kommt von „unten“, aus den Reihen der Schülerinnen und Schüler. Das heißt nicht, dass die Lehrerinnen und Lehrer von der Mitarbeit ausgeschlossen sind. Im Gegenteil, mit ihrer Unterstützung können sie wesentlich zum Gelingen der ganzen Sache beitragen. Sie können das Thema in fast allen Unterrichtsfächern einbringen bzw. darüber hinaus engagierte Schülergruppen bei besonderen Aktivitäten unterstützen. […]

Die Voraussetzungen

Um eine „Schule ohne Rassismus – Schule mit Courage“ zu werden, müssen gewisse Voraussetzungen erfüllt sein: Wichtig ist, dass die hierzu vorliegenden Regeln in der Schule diskutiert werden. Mindestens 70 % der Schüler/innen, Lehrer/innen und Mitarbeiter/innen müssen durch Eintragung in eine vorbereitete Unterschriftenliste bestätigen: „Ich kenne die Regeln für eine ‚Schule ohne Rassismus – Schule mit Courage‘ und möchte, dass unsere Schule diesen Titel erwirbt.“ Das allein genügt allerdings nicht. Notwendige Schritte auf dem Weg zu dem Ziel, den Titel „Schule ohne Rassismus – Schule mit Courage“ tragen zu dürfen, sind Projekte und Aktionen zur Thematisierung von Rassismus und Gewalt. […]

Der Titel

Wenn die Unterschriften gesammelt, das erste Projekt durchgeführt wurde und weitere Aktionen geplant sind, kann der Titel „Schule ohne Rassismus“ verliehen werden.

(Aus: Niedersächsischer Bildungsserver, www.nibis.de, Zugriff Juni 2009)

Zu was verpflichtet sich eine Schule?

Wer sich zu den Zielen einer „Schule ohne Rassismus – Schule mit Courage“ bekennt, unterschreibt folgende Selbstverpflichtung:

1. Ich werde mich dafür einsetzen, dass es zu einer zentralen Aufgabe meiner Schule wird, nachhaltige und langfristige Projekte, Aktivitäten und Initiativen zu entwickeln, um Diskriminierungen, insbesondere Rassismus, zu überwinden.
2. Wenn an meiner Schule Gewalt, diskriminierende Äußerungen oder Handlungen ausgeübt werden, wende ich mich dagegen und setze mich dafür ein, dass wir in einer offenen Auseinandersetzung mit diesem Problem gemeinsam Wege finden, zukünftig einander zu achten.
3. Ich setze mich dafür ein, dass an meiner Schule einmal pro Jahr ein Projekt zum Thema Diskriminierungen durchgeführt wird, um langfristig gegen jegliche Form von Diskriminierung, insbesondere Rassismus, vorzugehen.

(Aus: www.schule-ohne-rassismus.org, letzter Zugriff 24. Juli 2009)

1. Welche Voraussetzungen müssen erfüllt sein, um zu den „Schulen ohne Rassismus“ zu gehören? (Gehört eure Schule bereits dazu? Falls ja, informiert euch über bereits durchgeführte Aktionen.)

2. Was können das für Projekte und Aktionen sein, die „Schulen ohne Rassismus“ durchführen können? Sammelt dazu möglichst viele Ideen.

3. Wie stark ist die Bereitschaft jedes Einzelnen von euch, das Projekt aktiv zu unterstützen und die Pflichten zu erfüllen, die man dabei auf sich nehmen muss? Sprecht darüber in der Klasse.

Extremismus – Rassismus

1. Stellt zusammen, was menschenverachtend am Denken und an den Aktivitäten von Rassisten und extremistischen Gewalttätern ist.
2. Überlegt, welchen Beitrag Aufklärung bzw. Bildung zum Schutz vor Neonazitum und menschenverachtendem Denken leisten können.

Was ist Extremismus?

Ein Mensch kann extrem groß, extrem klug und extrem kreativ sein. Das ist nichts Schlechtes, es bedeutet nur, dass dieser Mensch sehr stark von der „Normalität" abweicht. Zum Extremisten wird ein Mensch, wenn er keine andere Ansicht als seine eigene gelten lässt, wenn er die Regeln und Gesetze ablehnt, nach denen die Demokratie funktioniert. Extremisten kennen keine Toleranz und Offenheit, im Gegenteil: Sie sind bereit, jeden, der nicht ihren Vorstellungen entspricht, zu unterdrücken – auch mit Gewalt.

Rassismus

Ein Rassist teilt die Menschheit in unterschiedliche Rassen ein und behauptet, dass die Rasse, der er scheinbar angehört, allen anderen überlegen ist. Rassisten denken zum Beispiel, dass „Weiße" zu besseren Leistungen fähig sind als Menschen mit einer anderen Hautfarbe. Während der Zeit des Nationalsozialismus dienten solche rassistischen Behauptungen dazu, die Ausrottung des gesamten jüdischen Volkes zu rechtfertigen.

Neonazis

„Neo" bedeutet „neu" und „nazi" kommt von Nationalsozialismus. Neonazis sind Anhänger von Parteien und Gruppen, die sich den Nationalsozialismus der Hitlerzeit zum Vorbild nehmen. Daneben gibt es auch andere rechtsextreme Gewalttäter, die sich nicht mehr in der Tradition der Nationalsozialisten sehen. Ihnen genügt es, deutsch zu sein und alles, was fremd oder nur fremdartig ist, zu hassen. Neonazis und andere Rechtsextreme weisen folgende gemeinsame Merkmale auf:

- Sie stellen die eigene Nation über alle anderen.
- Sie hassen Ausländer und Juden.
- Sie leugnen die Rechte des Einzelnen. In ihrem Denken hat sich der Einzelne voll und ganz der Gruppe oder der „Volksgemeinschaft" unterzuordnen.
- Sie wollen die Demokratie abschaffen und treten für eine Diktatur ein, ähnlich wie es sie unter Hitler gab.
- Sie missachten den Rechtsstaat.
- Sie wollen die Herrschaft des Rechts durch die Herrschaft des Stärkeren ersetzen.
- Sie bekämpfen und missachten Andersdenkende.
- Sie sind Rassisten.

Linksextremisten

Linksextremisten sind ebenfalls Gegner der Staats- und Gesellschaftsordnung in Deutschland und anderswo. Anders als die Rechtsextremen sehnen sie sich nicht nach dem starken Führer oder der Einheitspartei. Vielmehr wollen viele von ihnen eine Gesellschaft, in der es gesetzlos, chaotisch, anarchistisch zugeht. Jede Art von politischer Ordnung lehnen sie als freiheitsberaubend ab. Linksextremistische Gruppen bezeichnen sich selbst oft als „Autonome". Kennzeichnend sind ihre große Gewaltbereitschaft und die fehlende Mitleidsbereitschaft gegenüber den Opfern ihrer Gewaltaktionen.

Extremistische Gewalttäter

Das Bundesamt für Verfassungsschutz hat aus einer Analyse von Gerichtsurteilen folgende Tätermerkmale ermittelt: 78 Prozent der verurteilten Gewalttäter sind zwischen 14 und 20 Jahren alt. Die meisten von ihnen weisen einen eher niedrigen Bildungsstand auf. Sie wissen oft wenig bis gar nichts über die Zeit des Nationalsozialismus. 29 Prozent haben keine abgeschlossene Berufsausbildung. Fast alle Täter sind männlich. Gemeinsam fühlen sie sich stark und Alkohol lässt sie ihre Defizite vergessen. Konzerte dienen als überregionale Treffgelegenheiten. Menschenverachtende Texte zeugen vom Hass auf Juden, Ausländer und „Linke". Das Internet ist zunehmend zu einem Verbreitungsmedium für rechtsradikales Gedankengut geworden.

Begriffe für euer Fachwörterverzeichnis

Trainingsplatz

Wir überlegen, wie man mit rassistischen Sprüchen und Naziparolen umgehen soll

Stellt euch folgende Situation im Unterricht vor:
Eure Lehrerin oder euer Lehrer fragt, wie ihr euch eure berufliche Zukunft vorstellt, und was ihr tun werdet, um einen möglichst guten Ausbildungsplatz zu bekommen. Da platzt mitten in das Gespräch der 15-jährige Mitschüler Paul mit folgender Äußerung hinein: „Das ist doch ein Witz, dass wir Deutschen uns anstrengen müssen, eine Arbeit zu finden, bloß weil die ganzen Ausländer uns die Lehrstellen wegnehmen.“ Und ein anderer mit Namen Heiner fügt hinzu: „Eigentlich haben die Nazis Recht, wenn sie sagen, Deutschland muss wieder den Deutschen gehören. Der Hitler war nämlich gar nicht so schlecht. Der hätte mit den Ausländern aufgeräumt und dafür gesorgt, dass wir Deutschen Arbeit haben.“ Wie sollte man mit einer solchen Situation umgehen? Um Antworten auf diese Frage geht es bei dieser Übung.

Euer Auftrag: Sucht nach möglichst klugen Reaktionen auf solche oder ähnliche Sprüche und stellt eure Vorschläge in der Klasse zur Diskussion.

So könnt ihr vorgehen:
- Bearbeitet zunächst die 10 Vorschläge allein und sucht die Verhaltensweisen heraus, die ihr ☺ für klug und hilfreich und die ihr ☹ nicht für sinnvoll haltet.
- Setzt euch dann zu zweit oder in Kleingruppen zusammen und versucht, euch auf eine gemeinsame Vorschlagsliste von klugen Reaktionen zu einigen.
- Stellt eure Vorschläge in der Klasse vor.
- Einigt euch in der Klasse auf eine Liste der Topreaktionen. (Das können auch andere sein als die hier vorgeschlagenen.) Vielleicht gelingt es euch, eine Wandzeitung zu entwerfen mit Vorschlägen zum Thema: So sollten wir mit rassistischen Sprüchen und Naziparolen umgehen.

Vorschlag **Man sollte in dieser Situation …**	☺ ☹
1. nicht weiter auf die Äußerungen eingehen, weil man so deutlich macht, dass das mit dem Thema des Unterrichts nichts zu tun hat.	
2. die Schüler ernst nehmen und sie erklären lassen, seit wann und warum sie so denken.	
3. alle Schülerinnen und Schüler in der Klasse berichten lassen, aus welchem Land ihre Familie ursprünglich stammt.	
4. eine Gruppenarbeit planen, in der die beiden mit ausländischen Schülern gemeinsam etwas erarbeiten müssen.	
5. die beiden überlegen lassen, wie sich ihr Leben am nächsten Tag verändern würde, wenn alle Ausländer Deutschland verlassen würden.	
6. ihnen mit Androhung einer Strafe strikt verbieten, solche oder ähnliche Äußerungen noch einmal zu wiederholen.	
7. sich nach dem Unterricht mit der SV in Verbindung setzen, um dort zu überlegen, was die Schule gegen Rassismus und Neonazismus unternehmen kann.	
8. in einem Unterrichtsprojekt über die Verbrechen in der Zeit des Nationalsozialismus aufklären.	
9. ein Rollenspiel planen und durchführen, in dem die beiden sich in die Situation eines von Rassismus bedrohten ausländischen Jugendlichen hineinversetzen müssen.	
10. der Lehrerin oder dem Lehrer das Handeln überlassen. Schließlich ist das nicht das Problem der anderen Schüler in der Klasse.	

WebQuest zum Thema: Projekte gegen Rassismus und Extremismus

Im Internet gibt es mittlerweile eine unübersehbare Menge an Adressen, die sich mit den Themen Rassismus, Fremdenfeindlichkeit und Extremismus beschäftigen. Da sich auch rechtsradikale Gruppierungen das Internet zunutze machen, muss man auch darauf achten, nicht auf die falschen und gefährlichen Seiten hereinzufallen.
Hier soll es darum gehen, mit begrenztem Zeitaufwand nach Projekten zu suchen, die sich für Demokratie und gegen Rassismus engagieren. Bei der gezielten Recherche kann wieder die **WebQuest-Methode** helfen. Die Methodenkarte dazu findet ihr auf der Seite 19.

Euer Auftrag:

1. Sucht in Teams nach einem von Jugendlichen gestalteten Projekt, das sich – eurer Ansicht nach – in vorbildlicher Weise mit den angesprochenen Themen auseinandersetzt.
2. Vergleicht verschiedene Projekte miteinander und bewertet sie mithilfe der folgenden Kriterien: Welches ist das
   - **originellste,**
   - **mutigste,**
   - **nachahmenswerteste,**
   - **wirkungsvollste**

   Projekt gegen Rassismus, für Demokratie?
3. Wählt euren Favoriten aus, begründet eure Entscheidung und stellt euer Projekt in der Klasse vor.

■ **Tipp:** Bei der Liste der Internetadressen handelt es sich natürlich nur um eine Auswahl. Bekanntlich verändert sich die Adressenlandschaft innerhalb kurzer Zeitabstände. Eine Gruppe von Schülerinnen und Schülern kann in der Vorbereitung zu dieser Recherche eine veränderte WebQuestliste erstellen.

Adressen für das WebQuest

Wichtige Sammeladressen

MUT GEGEN RECHTE GEWALT

www.mut-gegen-rechte-gewalt.de
Die Aktion „Mut gegen rechte Gewalt" wurde im Jahr 2000 von der Zeitschrift „Der Stern" ins Leben gerufen und stellt mittlerweile eine der umfassendsten Informationsquellen zum Thema Rechtsradikalismus dar. Mit dem Link „Projekte" werdet ihr von hier aus mit Sicherheit fündig.

www.entimon.de
Das von der Bundesregierung ins Leben gerufene Aktionsprogramm „Jugend für Vielfalt, Toleranz und Demokratie – gegen Rechtsextremismus, Fremdenfeindlichkeit und Antisemitismus" startete 2007. Hier findet ihr vielfältige Materialien zum Thema und Projektbeschreibungen.

AMADEU ANTONIO STIFTUNG
INITIATIVEN FÜR ZIVILGESELLSCHAFT UND DEMOKRATISCHE KULTUR

www.amadeu-antonio-stiftung.de
Amadeu Antonio war eines der ersten Todesopfer rassistischer Gewalt nach der Wiedervereinigung 1990. Die Stiftung berät und unterstützt bei der Durchführung von Projekten. Ihr findet hier auch Projektbeschreibungen.

SCHULE OHNE RASSISMUS
SCHULE MIT COURAGE

www.schule-ohne-rassismus.org
Das mit zahlreichen Auszeichnungen bedachte Aktionsbündnis kann für euch eine der wichtigsten Adressen sein.

BÜNDNIS FÜR DEMOKRATIE UND TOLERANZ
GEGEN EXTREMISMUS UND GEWALT

www.buendnis-toleranz.de
Das Bündnis für Demokratie und Toleranz hat sich zum Ziel gesetzt, Projekte zu unterstützen, die sich für die Demokratie einsetzen.

Adressen zu einzelnen Projekten in Nordrhein-Westfalen:

dem ball is' egal wer ihn tritt.

www.demballegal.de
Die Fan-Initiative von Schalke 04 engagiert sich seit Jahren gegen rassistische Sprüche in Fußballstadien. Hier findet ihr auch Informationen über antirassistische Fußballinitiativen in ganz Europa und könnt das Tor des Monats wählen.

NAZIS RAUS LACHEN

www.nazis-auslachen.de
Verantwortlich für dieses Projekt ist der gemeinnützige Verein „Schüler gegen Antisemitismus, Intoleranz und Fremdenfeindlichkeit e. V.". Schülerinnen und Schüler werden aufgefordert, Videofilme zu drehen, in denen Nazis und Rassisten der Lächerlichkeit preisgegeben werden.

TEAM kontrovers: Ist Rechtsradikalismus eine Bedrohung für die Demokratie?

Die Frage, inwieweit Rechtsradikalismus eine Bedrohung für die Demokratie ist, wird in der Gesellschaft immer wieder kontrovers diskutiert. Manche Menschen beruhigt, dass extremistische Parteien bei politischen Wahlen in Deutschland bisher kaum Erfolge vorzuweisen haben. Andere beunruhigt zutiefst, dass Auftritte rechtsradikaler Gruppen zunehmend zum Alltag gehören.

- Welcher Ansicht seid ihr?
- Welche Erfahrungen habt ihr bisher mit diesem Thema gemacht?

Um diese Fragen soll es in der folgenden Diskussionsübung gehen. Ihr könnt die Diskussion mit einer Punktabfrage beginnen. Schreibt dazu die folgenden Ansichten an die Tafel oder auf ein Plakat. Jede Schülerin und jeder Schüler macht ein Kreuz mit Kreide oder klebt einen farbigen Punkt auf das Plakat an der Stelle, die seine Position verdeutlicht. Am Ende einer solchen Punktabfrage sieht man sofort, wo es Unterschiede in der Klasse gibt.
Lest die beiden Stellungnahmen und eröffnet die Diskussion mit vielen persönlichen Beiträgen zum Diskussionsthema.

Dieser Ansicht stimme ich	voll	teilweise	gar nicht zu.
1. Die Demokratie ist stark genug, um sich vor Extremisten und Rassisten zu schützen.	● ●	●	●
2. Die große Mehrheit der Jugendlichen bekennt sich zur Demokratie.	● ● ●	● ● ●	●

Ja, die Demokratie ist bedroht.

Zweifellos stellen Neonazis und ihre Sympathisanten eine Bedrohung für die Demokratie dar, denn sie zerstören all das, was in einer demokratischen Gesellschaft von Wert ist: die Freiheit, die Achtung vor dem Glauben und der Überzeugung anderer Menschen und das Gefühl, in Sicherheit leben zu können. Beinahe täglich kann man in den Zeitungen von rassistischen Gewaltverbrechen lesen. Jüdische Friedhöfe werden geschändet, Menschen werden verfolgt, verletzt und sogar getötet, bloß weil sie Ausländer sind. An vielen Orten können sich Menschen mit einer anderen Hautfarbe oder einem anderen Aussehen nicht mehr auf die Straße trauen. Leider finden auch Jugendliche Gefallen am rassistischen Weltbild der Neonazis und beteiligen sich mit zunehmender Brutalität an Verbrechen, die ausländerfeindlich motiviert sind. Nicht nur Ausländer, auch Inländer können sich in einem Land nicht mehr wohlfühlen, in dem zunehmend Hass und Gewalt um sich greifen. Rassismus und Rechtsradikalismus sind sowohl eine Bedrohung für die Demokratie als auch eine Bedrohung für jeden Einzelnen.

Nein, von einer Bedrohung kann keine Rede sein.

Ganz klar: Es gibt unverbesserliche Nazis, es gibt auch Rassismus und Fremdenfeindlichkeit. Aber das sind eher Randerscheinungen. Bei Jugendlichen sind diese extremistischen Einstellungen insgesamt wenig verbreitet. Die große Mehrheit der Schülerinnen und Schüler bekennt sich zur Demokratie. In den Schulen wird täglich Toleranz praktiziert. Kinder und Jugendliche verschiedenartigster Herkunft leben und arbeiten hier friedlich miteinander. Wenn man sich mal ein wenig neckt, weil der eine Türke ist, der andere Pole und wieder ein anderer Deutscher, ist das eher harmlos. Außerdem machen junge Leute manchmal so eine radikale Phase durch. Das legt sich dann wieder, wenn sie älter werden. Rassistische Sprüche oder Naziparolen werden oft verwendet, um Erwachsene – zum Beispiel auch die Lehrer – zu ärgern. Wenn die sich dann aufregen und von einer Bedrohung der Demokratie sprechen, haben die Jugendlichen ihr Ziel erreicht. Einige Nazis und Rassisten hat es in den Demokratien immer gegeben und so wird es auch bleiben. Insgesamt ist die Demokratie aber stark genug, solche Minderheiten zu ertragen.

3 Für Gleichberechtigung – gegen Benachteiligung

„Männer und Frauen sind gleichberechtigt." So steht es im Artikel 3 des Grundgesetzes. Aber ist dieses Recht auch im Alltag garantiert?
Über diese Frage könnt ihr euch in diesem Unterkapitel ein Urteil bilden und miteinander diskutieren. TEAM führte mit den Zehntklässlern Aida, Julia, Viola, Achim, Christian und Sandro ein Interview zum Thema Gleichberechtigung. Ihr könnt es mit verteilten Rollen vorlesen. Danach könnt ihr den Trainingsplatz bearbeiten und überlegen, mit welchen Ansichten ihr übereinstimmt und mit welchen nicht.

TEAM. Lasst uns über das Thema *Gleichberechtigung in der Schule* reden. Glaubt ihr, dass sie erreicht ist?
VIOLA: Für uns ist das kein Thema mehr. Wir Mädchen haben nicht das Gefühl, in der Schule benachteiligt zu sein.
CHRISTIAN: Ich finde, dass es in der Schule und anderswo viele Benachteiligungen und Konflikte gibt. Es ist aber nicht nur so, dass Mädchen unter Benachteiligungen leiden. Auch die Jungen können unterdrückt werden.
AIDA: Ich habe noch nie auf der Schule das Gefühl gehabt, dass ich als Mädchen benachteiligt bin.
SANDRO: Ich finde, dass wir heute alle gleiche Rechte haben. Es ist eben heute nicht mehr modern, dass die Frauen unterdrückt werden. Ich meine, wir werden auch in Zukunft darauf achten, dass es keine Unterdrückung oder Benachteiligung von Frauen geben wird.
ACHIM: An der Schule ist die Gleichberechtigung verwirklicht. Allgemein hapert es aber noch, zum Beispiel bei Jobs. Da ist die Bezahlung von Frauen oft geringer. Ich kann überhaupt nicht verstehen, warum das so ist. Die Frauen müssen kämpfen, dass sich das ändert und die Jungen unterstützen sie dabei.
TEAM: Wie wichtig ist für euch das Thema Gleichberechtigung?
AIDA: Es ist eines der wichtigsten Themen überhaupt. Wir Mädchen sind zwar in manchen Dingen anders als die Jungen. Aber es gibt keinen Unterschied in den Fähigkeiten und in den Rechten. Da darf es absolut keine Unterschiede geben.
VIOLA UND JULIA: Sehen wir auch so.
TEAM: Werden Mädchen und Jungen im Unterricht völlig gleich behandelt?
JULIA: Vielleicht bildet man sich das manchmal ein, aber es kommt vor, dass beim Vortragen vor der Klasse die Jungen öfter drangenommen werden, weil man denkt, dass so etwas Männersache ist.
CHRISTIAN: Bei manchen Lehrern liegt das an diesem Klischeedenken. Zum Beispiel, wenn es um die Technik geht, dann nehmen sie eher einen Jungen dran. Geht es um Mode oder moderne Trends, dann wird ein Mädchen aufgerufen.
TEAM: Gibt es Unterschiede in der Mitarbeit von Mädchen und Jungen in den verschiedenen Fächern?
VIOLA: Mir fällt auf, dass die Mädchen in Mathe eher zurückhaltend sind. Dafür arbeiten sie in Sprachen und Kunst mehr mit. Es gibt aber auch Mädchen, die super in Mathe sind.
AIDA: Dass Mädchen zu doof für Mathe sind, ist absoluter Quatsch.
TEAM: Wie stellt ihr euch später einmal eure Partnerschaft vor?
CHRISTIAN: Ich will heiraten, aber absolut gleichberechtigt. Am schönsten ist es doch, wenn man alles gemeinsam bewältigt.
ACHIM: Ich will das so machen, dass jeder der Partner sein eigenes Ding machen kann, seine eigene Karriere. Nicht so, dass einem der andere egal sein soll, aber man soll sich gegenseitig die Unabhängigkeit lassen.
SANDRO: Ich hätte kein Problem damit, wenn meine Frau sich selbstständig machen würde. Ich meine, eine Frau, die nur kocht, das wird es wahrscheinlich nicht mehr geben. Und ein Mann, der mit dieser neuen Frauenrolle ein Problem hat, der ist selbst ein Problem.
VIOLA: Jeder soll beruflich seinen Weg gehen, aber man unterstützt sich. Und im Haushalt, da soll die Arbeit aufgeteilt sein.
AIDA: Wenn ich heirate, will ich trotzdem meinen eigenen Weg gehen. Wenn ich einen Mann haben werde, dann soll er nicht vor mir gehen und nicht hinter mir, sondern an meiner Seite, absolut gleichberechtigt.

Trainingsplatz

Wir formulieren unsere eigenen Interviewäußerungen

Thesen aus dem Interview	Wie denkst du darüber?			
1. „Ich finde, dass es noch immer viele Benachteiligungen und Konflikte gibt.“ (Christian)	+2	+1	−1	−2
2. „Auch Jungen können unterdrückt werden.“ (Christian)				
3. „In der Schule ist die Gleichberechtigung verwirklicht. Allgemein hapert es aber noch ...“ (Achim)				
4. „Gleichberechtigung ist eines der wichtigsten Themen überhaupt.“ (Aida)				
5. „Beim Vortragen vor der Klasse werden die Jungen öfter drangenommen als die Mädchen.“ (Julia)				
6. „Ich will heiraten, aber absolut gleichberechtigt.“ (Christian)				
7. „Ich hätte kein Problem damit, wenn meine Frau sich selbstständig machen würde.“ (Sandro)				
8. „Und im Haushalt, da soll die Arbeit aufgeteilt sein.“ (Viola)				
9. „Wenn ich heirate, will ich trotzdem meinen eigenen Weg gehen.“ (Aida)				

Euer Auftrag:

Ihr setzt euch mit Ansichten aus dem Interview auseinander und formuliert eure eigene Stellungnahme.

So könnt ihr vorgehen:

1. Geht die Äußerungen in Einzelarbeit durch und bewertet sie (+2 = Das sehe ich genauso. +1 = Das stimmt einigermaßen. −1 = Ich bin mir nicht sicher, ob das stimmt. −2 = Da bin ich vollkommen anderer Ansicht.)

2. Setzt euch dann in Gruppen zusammen, geht eure Antworten durch und sprecht darüber: Wo stimmen wir überein, wo gibt es unterschiedliche Auffassungen?

3. Bereitet in den Gruppen eine Stellungnahme zu den Thesen vor, die ihr zum Einstieg in ein Klassengespräch vortragt.

Müssen wir uns noch engagieren in Sachen Gleichberechtigung?

Bevor ihr eure Antworten auf die Themenfrage formuliert, solltet ihr diese Doppelseite bearbeiten und dabei Erfolge und Probleme in Sachen Gleichberechtigung sammeln.

1. Legt eine Tabelle zum Thema „Gleichberechtigung: Erfolge und Probleme" an und füllt sie beim Lesen nach und nach auf.
2. Lest dann die drei Äußerungen auf der Seite 31, formuliert eure eigene Stellungnahme und diskutiert miteinander.

Licht und Schatten

Die im Grundgesetz geforderte Gleichberechtigung der Frauen ist in Deutschland – so wie in anderen modernen Gesellschaften auch – ein erhebliches Stück vorangekommen. So haben im Bildungsbereich die Mädchen die Jungen nicht nur eingeholt, sondern inzwischen sogar überholt. An den Gymnasien stellen sie 56 Prozent der Absolventen; der Anteil junger Frauen an den Studienanfängern der Universitäten beträgt knapp 54 Prozent. [...]
Auch wenn sie inzwischen häufiger in die Spitzenpositionen der Berufswelt vorrücken, stoßen sie dabei nach wie vor auf erhebliche Karrierehindernisse. [...]
Ein Haupthindernis beim beruflichen Aufstieg liegt darin, dass das Netz der Kinderbetreuung gerade für kleinere Kinder im europäischen Vergleich weniger gut ist und sich auch an der häuslichen Arbeitsteilung zwischen Frauen und Männern nur relativ wenig verändert hat.

(Aus: Rainer Geißler: Tatsachen über Deutschland, Societäts-Verlag, Frankfurt a. M. – in Zusammenarbeit mit dem Auswärtigen Amt Berlin, 12/2007, S. 141 ff.)

Alles toll?

Frauen übernehmen das Kanzleramt, sie kehren vom Fußballplatz oder Boxring als Welt- oder Europameisterinnen heim, operieren am offenen Gehirn oder urteilen als Verfassungsrichterin. Sie gewinnen die Rallye Paris-Dakar, sie fliegen Kampfjets bei der Bundeswehr und ringen zur besten Sendezeit mit sperrigen Talkshowgästen. Fast jeder fünfte Antrag auf Elterngeld wird mittlerweile von einem Vater gestellt und – Gipfel der Emanzipation – jeder zweite Kunde im Baumarkt ist weiblich.
Also alles toll in Sachen Gleichberechtigung? Nicht ganz. In Finnland, Norwegen, Frankreich und Schweden ist mindestens die Hälfte der Ministerposten fest in weiblichen Händen, in Berlin ist nur ein Drittel des Kabinetts weiblich. Weibliche Vorstandsvorsitzende sind in Deutschland nahezu unbekannt, und eine am gestrigen Samstag veröffentlichte Umfrage der „Welt" bei großen deutschen Unternehmen zeigt, dass Frauen auf den beiden Führungsebenen unter dem Vorstand deutlich unterrepräsentiert sind.
In Frankreich, Schweden, den USA oder Großbritannien sind weibliche Entscheider um ein Vielfaches häufiger anzutreffen. Auch ihre Gehälter sind fairer. Deutsche Frauen hingegen verdienen im Durchschnitt nur rund drei Viertel von dem, was ihre männlichen Kollegen bekommen.

(Aus: Barbara Bierach: Arbeiten fürs Taschengeld, in: Welt am Sonntag, Ausgabe 19 vom 04.01.2009)

Frauen demonstrieren vor dem Brandenburger Tor in Berlin für mehr Lohngerechtigkeit zwischen Frauen und Männern

Chancengleichheit in Europa

Die Chancengleichheit von Frauen und Männern ist eine Bedingung für die Aufnahme eines Mitgliedstaates in die Europäische Union. Aber ist sie auch in allen Mitgliedstaaten tatsächlich erreicht?
Auffällig ist die Tatsache, dass die Beschäftigungsquote bei Frauen zwischen 20 und 49 um 15 Prozent zurückgeht,

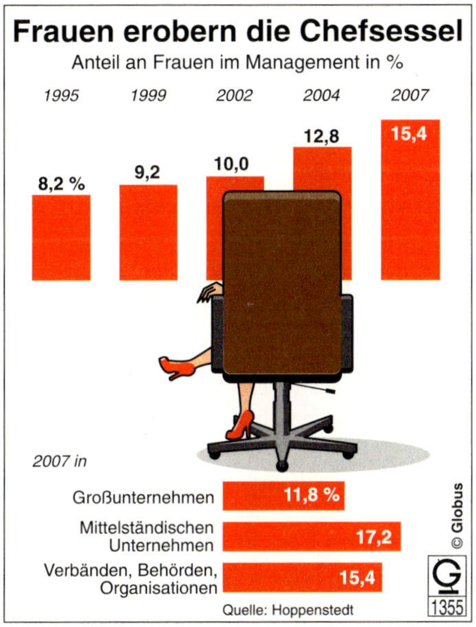

wenn sie ein Kind bekommen, während die Quote für Männer um 6 Prozent steigt. Dies korrespondiert mit einer europäischen Zeitnutzungsstudie aus dem Jahr 2004, wonach Frauen im Alter von 20 bis 74 Jahren täglich im Schnitt fast vier Stunden für Hausarbeit verwandten, Männer hingegen nur etwas mehr als zwei Stunden. In allen untersuchten Ländern verfügten Männer über mehr freie Zeit als Frauen.

Die benachteiligte Situation von Frauen auf dem Arbeitsmarkt führt auch zu einem größeren Armutsrisiko für Frauen. 15 Prozent der Frauen im Vergleich zu 13 Prozent der Männer gelten EU-weit selbst nach dem Erhalt von Sozialleistungen als von Armut bedroht. Als besondere Armutsrisiken für Frauen gelten Arbeitslosigkeit, die häufiger als bei Männern mit Ausschluss vom Arbeitsmarkt endet.

(Aus: Birgit Erbe: Frauen in Europa – gleichberechtigt ja oder nein? 31.03.2008, in: www.eurotopics.net, Zugriff Juli 2009)

Ein Blick auf die globale Situation

Den Frauen mag zwar die „Hälfte des Himmels“ gehören, aber die Hälfte der Erde gehört ihnen nicht. Sie sind in vielfacher Weise benachteiligt: bei der Lastenverteilung in der Familie, im Erb- und Familienrecht, bei der Einkommensverteilung, bei Zugängen zum Bildungssystem, bei der Verteilung von Führungspositionen in Wirtschaft und Politik. Ihr tägliches Leben und soziales Handeln werden von patriarchalischen Gesellschaftsstrukturen und Machtverhältnissen bestimmt.

(Aus: Franz Nuscheler: Entwicklungspolitik, hg. von der Bundeszentrale für politische Bildung, Bonn 2006, S. 165 u. 169)

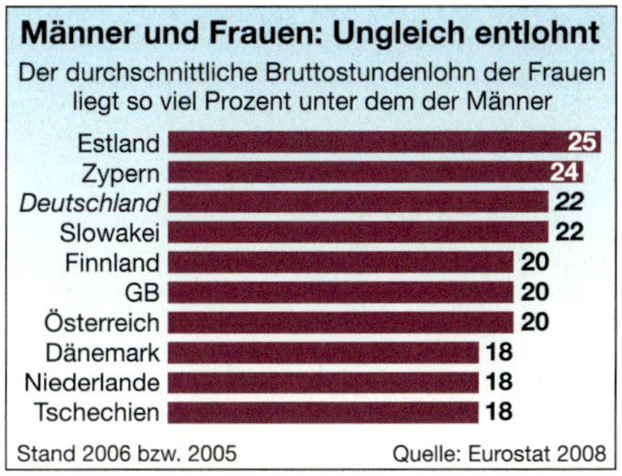

TEAM kontrovers: Hat sich das Thema Gleichberechtigung erledigt: ja oder nein?

„Meiner Meinung nach sind Frauen noch eindeutig gegenüber Männern benachteiligt. Daher gibt es noch viel zu tun und das fängt bei uns selbst an. In der Schule müssen die Jungen ihr Machoverhalten aufgeben. In der Ehe müssen Männer nicht nur ein bisschen helfen, sondern gleiche Anteile an der Hausarbeit und der Kinderziehung übernehmen.“

„Meiner Meinung nach hat sich das Thema erledigt. Was jetzt noch zu tun ist, müssen die Frauen selbst in die Hand nehmen. Sie müssen selbstbewusster werden und sich mehr zutrauen. Dann kriegen sie auch die gut bezahlten Positionen in der Arbeitswelt.“

„Geschlechterbenachteiligungen sind für mich auch weiterhin ein Thema. Allerdings bin ich der Meinung, dass Jungen mindestens genauso oft benachteiligt werden wie Mädchen – vor allem in der Schule, zum Beispiel, wenn es um gute Noten geht. Da werden die Mädchen doch klar bevorzugt.“

Gleichstellungspolitik

1. Welche Ziele verfolgt eine aktive Gleichstellungspolitik? Notiert sie.
2. Was hat die Einführung des Leitprinzips *Gender Mainstreaming* in der Gleichstellungspolitik verändert? Formuliert eine Erklärung.

Grundrecht Gleichberechtigung

Artikel 3, Absatz 2 GG
Männer und Frauen sind gleichberechtigt.
Der Staat fördert die tatsächliche Durchsetzung der Gleichberechtigung von Männern und wirkt auf die Beseitigung bestehender Nachteile hin.

Gleichberechtigung zwischen Frauen und Männern ist ein verfassungsmäßig garantiertes Grundrecht. Es bedeutet, dass Männer und Frauen gleiche Rechte haben. Der Grundrechtscharakter der Gleichberechtigung verbietet es dem Staat, den Unterschied der Geschlechter als Grund für eine Ungleichbehandlung zu verwenden. Ausnahmen kann es nur da geben, wo der biologische Unterschied zwischen den Geschlechtern eine Ungleichbehandlung zwingend erforderlich macht. Zum Beispiel kann ein Mann keinen gesetzlichen Mutterschutz für sich in Anspruch nehmen.

Gender Mainstreaming – das neue Ziel der Gleichstellungspolitik

Artikel 3 verpflichtet die Politik zu einer aktiven Gleichstellungspolitik. Bis vor wenigen Jahren war damit im Wesentlichen eine Politik gemeint, die ausschließlich eine Verbesserung der Situation von Frauen anstrebte. Seit 1999 gilt in den Staaten der Europäischen Union – also auch in Deutschland – ein Grundsatz der noch ein gutes Stück darüber hinausgeht. Für diese erweiterte Zielsetzung wurde der Begriff *Gender Mainstreaming* eingeführt. *Gender* ist eine Bezeichnung für die vorhandenen unterschiedlichen Rollenerwartungen gegenüber Frauen und Männern. *Mainstream* heißt „leitendes Prinzip". Gemeint ist eine Politik, welche die noch vorhandenen Unterschiede in der Verteilung der Rechte von Frauen und Männern zum Ausgangspunkt nimmt und auf eine Verwirklichung der Gleichberechtigung auf allen Ebenen hinwirkt. Es geht also in dieser erweiterten Zielsetzung nicht mehr nur um Frauen- oder nur um Männerpolitik, sondern um Geschlechtergerechtigkeit als leitendes Prinzip bei allen politischen Entscheidungen. Das Ziel einer modernen Gleichstellungspolitik nach dem Leitprinzip des Gender Mainstreams besteht darin, alle noch vorhandenen Benachteiligungen zwischen den Geschlechtern zu beseitigen. Vereinfacht ausgedrückt bedeutet Gender Mainstreaming, dass Gleichberechtigung zwischen Frauen und Männern in allen Lebensbereichen verwirklicht werden muss.

Ziele konkret

Nach Informationen des Bundesministeriums für Familie, Senioren, Frauen und Jugend strebt die Gleichstellungspolitik in Deutschland konkret folgende Ziele an:

- gleichberechtigte Teilhabe von Frauen und Männern im Erwerbsleben,
- Abbau aller Lohndiskriminierungen mit dem Ziel, dass Frauen nicht länger schlechter bezahlt werden als Männer,
- bessere Unterstützung von Frauen in Notlagen,
- verbesserter Schutz der Frauen vor häuslicher Gewalt,
- Förderung von Maßnahmen, die zu einem gleichberechtigten, partnerschaftlichen Verhalten von Frauen und Männern bei der täglichen Hausarbeit und bei der Erziehung von Kindern führen.

Zur Erreichung der Ziele wurden in den vergangenen Jahren mehrere Gesetze verabschiedet. Eines davon ist das *Allgemeine Gleichbehandlungsgesetz*, das im August 2006 in Kraft trat. Es ermöglicht Frauen und Männern, zu klagen, wenn sie sich im Arbeitsleben aufgrund ihres Geschlechtes in ungerechtfertigter Weise benachteiligt fühlen.
Auf internationaler Ebene betreibt auch die Europäische Union eine Gleichstellungspolitik. Neben vielen anderen Organisationen setzen sich die Vereinten Nationen weltweit für den Schutz der Menschenrechte von Kindern und Frauen ein.

Begriffe für euer Fachwörterverzeichnis

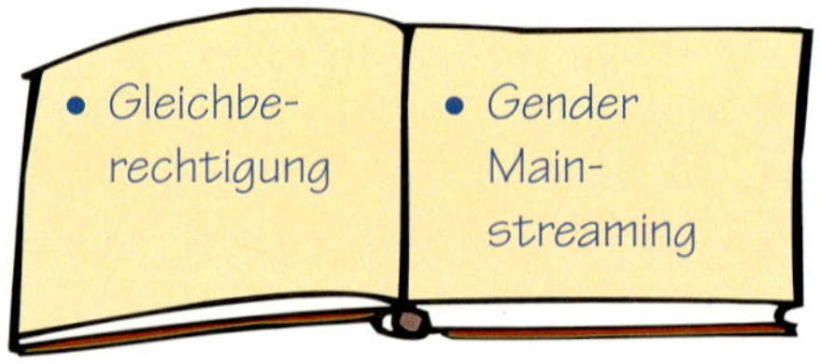

Trainingsplatz

Wir treffen Entscheidungen zur Herstellung tatsächlicher Gleichberechtigung

Hier findet ihr mehrere Vorschläge für eine Politik mit dem Ziel tatsächlicher Gleichberechtigung zwischen Frauen und Männern. Sie stammen von den im Bundestag vertretenen Parteien, dem Bundesministerium für wirtschaftliche Zusammenarbeit und Entwicklung und aus dem Europäischen Parlament. Welche dieser Vorschläge sind in besonderer Weise dazu geeignet, tatsächliche Geschlechtergerechtigkeit im Sinne des **Gender Mainstreamings** (= Gleichberechtigung von Frauen und Männern in allen Lebensbereichen) zu fördern? Darüber sollt ihr entscheiden.

A Der Staat muss dafür sorgen, dass die Kinderbetreuungsangebote deutschlandweit erheblich verbessert werden.
(Vorschlag der CDU/CSU)

B Der Staat muss Weiterbildungsprogramme finanzieren, die Eltern nach einer längeren Babypause dabei helfen, wieder in den Beruf einzusteigen.
(Vorschlag der FDP)

C Die Politik muss für eine Infrastruktur sorgen, die es allen Eltern ermöglicht, Beruf und Familie miteinander zu vereinbaren. Das dafür verwendete Geld fördert die Gleichberechtigung mehr, als wenn es für eine Erhöhung des Kindergeldes ausgegeben wird.
(Vorschlag der SPD)

D Der Staat muss auf gesetzlichem Weg dafür sorgen, dass Führungsaufgaben in der Wirtschaft auch in Teilzeitarbeitsverhältnissen möglich sind.
(Vorschlag der FDP)

E Unternehmen, die für gleiche Arbeit nicht den gleichen Lohn zahlen, sollen zu Bußgeldzahlungen verpflichtet werden.
(Forderung des Europäischen Parlaments)

F Für Berufe, in denen der Verdienst gering ist, die aber nach wie vor gerne von Frauen ausgeübt werden, muss es gesetzliche Mindestlöhne geben, die deutlich über den bisherigen Löhnen liegen (z. B. für Floristen, Frisöre, Erzieher).
(Vorschlag von Bündnis 90/Die Grünen)

G Gleichberechtigung wird durch allzu große Lohnunterschiede verhindert. Sie wird gefördert, wenn es für alle Berufe gesetzlich garantierte Mindestlöhne gibt, die bei zehn Euro pro Stunde liegen müssen.
(Vorschlag der Partei Die LINKE)

H Mehr Transparenz befördert die Gleichberechtigung. Unternehmen sollen dazu verpflichtet werden, nach Geschlechtern aufgeschlüsselte Lohnlisten zu veröffentlichen.
(Forderung des Europäischen Parlaments)

Euer Auftrag:

Ihr wählt aus der Liste maximal drei Vorschläge aus, die ihr in absehbarer Zeit verwirklicht sehen wollt.

So könnt ihr vorgehen:

1. Schaut euch zunächst die Forderungen in Einzelarbeit an und trefft eine Vorauswahl.
2. Setzt euch dann in Gruppen zusammen und stellt der Reihe nach eure Auswahl vor.
3. Diskutiert über die Vor- und Nachteile und einigt euch auf drei Forderungen. (Beachtet auch, dass die Umsetzung der Forderungen zum Teil mit hohen Kosten verbunden ist und daher nicht mehrere gleichzeitig verwirklicht werden können.)
4. Stellt eure Auswahl in der Klasse vor und begründet sie.

I Das Geld für die Entwicklungspolitik soll schwerpunktmäßig zur Förderung benachteiligter Kinder durch Verbesserung der Bildungschancen verwendet werden. Der besondere Schwerpunkt muss auf der Chancenverbesserung für die Mädchen liegen.
(aus dem Zielkatalog des Ministeriums für wirtschaftliche Zusammenarbeit und Entwicklung)

Memorystationen

Jugend und gesellschaftliches Engagement

Station 1 Soziales Engagement

2 aus 4

Die Formulierungen A, B, C und D sind Zitate aus einem Text zum Thema: „Wofür engagieren sich Jugendliche?“, der in diesem Unterkapitel zu lesen ist. Es handelt sich dabei um Behauptungen (= Thesen). Was fehlt, sind passende Begründungen.

- Wähle zwei der vier Thesen zur Bearbeitung aus.
- Formuliere für die Thesen deiner Wahl die passenden Antworten auf die Fragen.
- Verwende an passender Stelle auch Informationen aus dem Schaubild auf dieser Seite.

Gesellschaftliche Aktivitäten von Jugendlichen in %

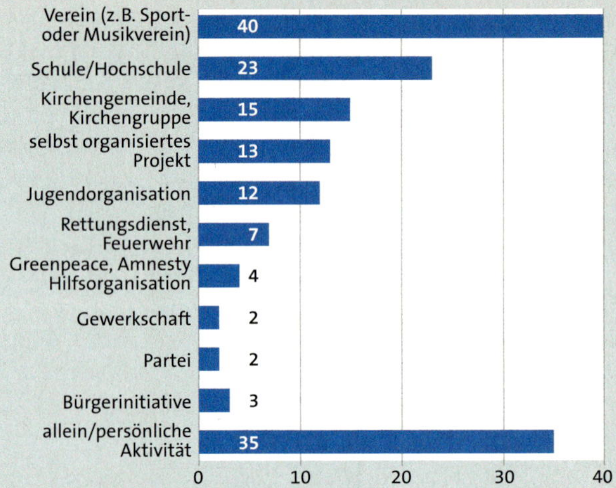

Quelle: Shell-Jugendstudie 2006 – TNS Infratest Sozialforschung.
Befragt wurden 2534 Jugendliche zwischen 12 und 25 Jahren.

A „In Deutschland engagieren sich 36 Prozent der jungen Menschen zwischen 14 und 24 Jahren …“

- Finde 5 Bereiche, für die sich Jugendliche sozial engagieren.

?

B „Das Engagement junger Menschen verändert aber nicht nur ihre eigene Lebenswirklichkeit, sondern leistet auch einen essentiellen Beitrag zur Festigung unserer freiheitlichen Demokratie …“

- Warum ist das so? Erkläre es.

?

C „Engagement macht auch fit fürs Leben.“

- Begründe mit einem Beispiel und einer Erklärung, warum das so ist.

?

D „Engagement kann glücklich und gesund machen.“

- Finde dazu eine Erklärung.

?

Station 2 Gegen Rassismus – für Demokratie

Interpretiert die Karikatur zunächst mithilfe der Drei-Fragen-Deutung:

1. Beschreiben
Was wird in der Karikatur dargestellt?

2. Analysieren
Auf welches Problem will der Karikaturist aufmerksam machen? Welche Einstellungen gegenüber Neonazis kritisiert er?

3. Bewerten
Welche Gedanken und Gefühle löst die Karikatur in mir aus?

Was ist menschenverachtend am Denken der Neonazis? Begründet in einer kurzen Stellungnahme und nennt dabei mindestens 5 Merkmale.

Station 3 Für Gleichberechtigung – gegen Benachteiligung

Diese Karikatur ist zum Weltfrauentag erschienen, der immer am 8. März stattfindet. Die ehemals zuständige Ministerin Ursula von der Leyen sagte anlässlich dieses Tages: „Gleichstellung ist keine Einbahnstraße". Diese Aussage solltet ihr bei der Deutung beachten.

Analysiert:
- Wie ist die Situation der Frau und des Mannes hier dargestellt?
- Auf welche Benachteiligungen (bzw. Ungerechtigkeiten) weist die Karikatur hin?

Erläutert den Zusammenhang:
- „Dieselbe Leiter" → „Gleichstellung ist keine Einbahnstraße" → Gender Mainstreaming → Geschlechtergerechtigkeit.

„UNGERECHT? WIR SIND BEIDE AUF DER SELBEN LEITER!"

2 Auf dem Weg zur Berufswahl

Wie plane ich meine berufliche Zukunft?

Die beiden Bergwanderer wissen, auf welchem Weg sie ihr Ziel erreichen können. Der Grund: Sie haben sich gut auf die Wanderung vorbereitet. Und wenn das Ziel der Beruf ist: Was könnt ihr von nun an tun, um euer persönliches Ziel zu finden? Denkt ein wenig nach, tauscht euch zu zweit aus und sammelt eure Ideen in der Klasse.

Worum geht es?

Marek erzählt von einem seiner Hobbys, das er sich ab der siebten Klasse zugelegt hat. Immer, wenn ihm eine Berufsbezeichnung begegnete, die er nicht kannte, informierte er sich im Internet darüber. Danach notierte er den Beruf mit einer Kurzbeschreibung in ein Heft. So kam eine ganze Liste von zum Teil sehr ausgefallenen Berufen zusammen. Entschieden hat er sich dann für eine Ausbildung zum Systemelektroniker: „Besonderen Spaß macht es mir, die erstaunten Gesichter meiner Kunden zu sehen, weil die sich freuen, dass ich ihren Receiver oder ihren DVD-Player wieder zum Laufen gebracht habe. Dass ich heute meinen Wunschberuf habe, hat auch mit meinem Hobby und meiner guten Planung zu tun."
Findet ihr Mareks Hobby nachahmenswert?

Expertinnen und Experten raten: „Je früher Schülerinnen und Schüler damit beginnen, über ihre berufliche Zukunft nachzudenken, desto wahrscheinlicher werden sie den Beruf finden, der ihren Interessen und Fähigkeiten entspricht." Die Berufswahl gehört zu den wichtigsten, aber auch schwierigsten Entscheidungen, die man im Leben zu treffen hat. Aber wie es so ist mit der Lösung schwieriger Aufgaben: Diejenigen, die sich gut darauf vorbereiten, haben bessere Chancen als die, die alles unvorbereitet auf sich zukommen lassen.

Spätestens vom Beginn des neunten Schuljahres an solltet ihr euch auf jeden Fall konkret mit eurer beruflichen Zukunft beschäftigen. Dabei kommt es auf vier Dinge an: Überlegen, was man will und was man kann, möglichst viele Informationen besorgen, einen Plan erstellen, Fähigkeiten trainieren, die man für einen erfolgreichen Start ins Berufsleben braucht. Dieses Kapitel kann euch dabei eine Hilfe sein:

Bei der Arbeit an diesem Kapitel könnt ihr …

- überlegen, welchen Weg in die berufliche Zukunft ihr einschlagen wollt,
- eine Berufswahlmappe anlegen, die euch über den gesamten Prozess der Berufswegplanung hinweg begleiten wird,
- erläutern, welche Anforderungen an Auszubildende und an Abiturienten gestellt werden,
- eine Strategie entwickeln, mit der ihr nach eurem Beruf suchen könnt.

1 Schule und was dann?

- Wie soll es nach dem mittleren Schulabschluss oder dem Hauptschulabschluss weitergehen?
- Will ich eine Ausbildung machen oder lieber Abitur?

Für viele Schülerinnen und Schüler sind diese Fragen der Ausgangspunkt für die beginnende Berufswegplanung. Wenn ihr eure ganz persönliche Antwort darauf findet, habt ihr schon die Hauptzielrichtung eures Weges in die berufliche Zukunft festgelegt. Diese Doppelseite soll euch beim Nachdenken unterstützen.

Viele Wege führen in eine Ausbildung

A Lernen im Betrieb und in der Berufsschule

Bei der Berufsausbildung im „Dualen System" lernen die Auszubildenden an zwei Orten. Der Vorteil besteht darin, dass der Berufsalltag im Betrieb miterlebt wird und eine theoretische Vor- oder Nachbereitung des für die Prüfung wichtigen Stoffes in der Berufsschule stattfindet. [...] Der Begriff „Duales System" bedeutet, dass die Auszubildenden parallel an zwei Orten lernen: im Betrieb und in der Berufsschule. Auszubildende sind also gleichzeitig Arbeitnehmerin oder Arbeitnehmer und Schülerin oder Schüler. Diese „Zweigleisigkeit" gilt für die meisten handwerklichen, kaufmännischen und gewerblich-technischen Ausbildungen im Unternehmen und auch für die verschiedenen Ausbildungsgänge im öffentlichen Dienst. Der Betrieb stellt die Azubis für eine bestimmte Zeit frei; in dieser Zeit gehen sie dann zur Berufsschule. [...] Die betriebliche Ausbildung im Dualen System steht allen Jugendlichen offen, die ihre Schulpflicht erfüllt haben. Sie ist an keinen bestimmten Schulabschluss gebunden und dauert in der Regel 3 bis 3,5 Jahre. Diese Zeit kann unter bestimmten Voraussetzungen verkürzt werden.

B Ausbildung in Berufsfachschulen

Bestimmte Berufe kann man nur erlernen, wenn man sich für eine schulische Ausbildung entscheidet. Sogenannte Berufsfachschulen bilden speziell im pflegerischen, sozialen, kaufmännischen oder technischen Bereich aus. [...] Private Träger erheben ein Schulgeld, sie sind kostenpflichtig. Mit 2–3 Jahren Ausbildungsdauer ist die schulische Ausbildung kürzer als die betriebliche Ausbildung. Normalerweise wird während der Ausbildung keine Vergütung gezahlt.

(Aus: Lernende Region – Netzwerk Köln e. V. www.bildung.koeln.de, verantwortlich für den Inhalt: Carola Reinhold, letzter Zugriff 16. Juli 2009)

C Abitur mit anschließendem Studium

Einige Berufe erfordern den akademischen Weg, etwa Arzt, Lehrer oder Anwalt. Wer einen solchen Beruf ausüben möchte, der muss studieren. Es gibt aber auch junge Menschen, die unbedingt studieren möchten, weil sie an einem bestimmten Studienfach großes Interesse haben oder weil sie gerne das wissenschaftliche Arbeiten lernen möchten. [...]

Nach wie vor sind Akademiker die Gruppe mit der niedrigsten Arbeitslosigkeit. „Wir befinden uns bereits seit Langem auf dem Weg in die Wissensgesellschaft, berichtet uns Alexander Reinberg vom Institut für Arbeitsmarkt- und Berufsforschung (IAB) der Bundesagentur für Arbeit. „Diesen Weg können nur gut Qualifizierte erfolgreich mitgehen." Auch wenn der Berufseinstieg für viele Studienabgänger heute nicht ganz leicht ist, kann man junge, begabte und interessierte Leute daher zur Aufnahme eines Studiums nur ermutigen.

(Aus: Studium oder Berufsausbildung – Wo liegt dein Königsweg? In: Bundesanstalt für Arbeit, www.abi.de von 9/2007; letzter Zugriff 17. Juli 2009)

Neben diesen drei „klassischen" Möglichkeiten gibt es weitere, die zum Teil von Bundesland zu Bundesland verschiedene Bezeichnungen haben. In NRW zum Beispiel kann man die zweijährige Fachoberschule besuchen. Sie besteht aus einer praktischen Ausbildung im Betrieb in Kombination mit dem Besuch eines Berufskollegs und führt zur Fachhochschulreife.

Trainingsplatz

Wir stellen Gründe für eine Ausbildung nach dem mittleren Schulabschluss und für das Abitur einander gegenüber

Was spricht für eine Ausbildung?	Was spricht für das Abitur?

Euer Auftrag:

- Erstellt mithilfe der Texte in den Kästen eine Tabelle.
- Sucht nach weiteren Gründen, die entweder für eine Ausbildung oder für das Abitur sprechen.

Das geht am besten in Partnerarbeit.

1 Gute Verbindung von Theorie und Praxis: Du lernst Dinge, die du sofort umsetzen kannst, und trägst unmittelbar zum Erfolg deines Unternehmens bei. Was du lernst, kannst du konkret für deinen Beruf gebrauchen.

2 Eintrittskarte für besondere Berufe: Für viele Berufe ist das Abitur eine unabdingbare Voraussetzung, zum Beispiel für Ärzte, Juristen, Lehrer, Sozialpädagogen. Aber auch, wenn man nicht studieren will, verbessert das Abitur die Berufschancen.

3 Günstigere Beschäftigungsaussichten: Akademiker sind insgesamt weniger von Arbeitslosigkeit betroffen als Menschen mit geringerer Qualifikation. Für die Zukunft wird sogar ein zunehmender Bedarf an Akademikern vorausgesagt.

4 Aufstiegschancen: Wenn du gute Leistungen bringst, bietet dir der Betrieb mit etwas Glück einen festen Arbeitsplatz an, da du ja bereits gut eingearbeitet bist. Für ehemalige Azubis gibt es zahlreiche Weiterbildungsmöglichkeiten, zum Beispiel zum Betriebswirt, Meister, Techniker oder Fachwirt.

5 Chance für forschende Lerner: Wer bereits in der Schule festgestellt hat, dass es ihm große Freude bereitet, ein bestimmtes Themengebiet zu durchleuchten, und wem es nichts ausmacht, sich dabei stundenlang in Büchern zu „vergraben", ist für ein Studium geradezu prädestiniert.

6 Sofortiger Verdienst: Wenn du eine betriebliche Ausbildung machst, bekommst du eine Ausbildungsvergütung. Je nach Ausbildungsberuf schwankt diese zwischen etwa 750 und 250 Euro im ersten Lehrjahr.

7 Höherer Verdienst: Zwar ist auch das Einkommen vieler Akademiker in den vergangenen Jahren gesunken, dennoch verdienen sie im Durchschnitt noch immer mehr als Beschäftigte, die kein Studium absolviert haben.

8 Erwerb praktischer Kompetenzen: Diese lassen sich in einer Ausbildung optimal trainieren. Du arbeitest mit anderen in Teams zusammen, lernst Fragen zu stellen, Probleme zu lösen, je nach Beruf auch Kunden zu beraten oder Leistungen zu verkaufen. Das alles sind praxisorientierte Schlüsselqualifikationen, die du für ein erfolgreiches Berufsleben benötigst.

9 Absehbarer Zeitaufwand: Bei den meisten Ausbildungen hast du nach drei Jahren den Abschluss in der Tasche. Als Abiturient kannst du häufig deine Ausbildung um ein Jahr verkürzen und hast dann bereits nach zwei Jahren deinen Abschluss.

10 Persönliche Entfaltung: Bildung bildet. Auch wenn ein Studium nicht immer stressfrei ist, bietet die Hochschule nach wie vor viel Raum für persönliche Entfaltung, Wissenserweiterung und neue Denkanstöße.

Zusammengestellt nach Informationen der Bundesanstalt für Arbeit 2009

2 Wie können wir uns sinnvoll orientieren?

In diesem Unterkapitel geht es um grundlegende Fragen, die sich jede und jeder von euch am Beginn der Berufswegplanung stellen sollte. Die angebotenen Materialien sollen euch beim Einstieg in die Thematik helfen. Schnell werdet ihr feststellen, dass die Berufswegplanung ein sehr individueller Vorgang ist. Jede und jeder von euch wird ganz spezielle Informationsbedürfnisse, Wünsche und Fragen entwickeln. Ihr werdet dazu über dieses Buch hinaus in Büchern, Broschüren, Internetauftritten und Gesprächen mit der Berufsberatung auf alle Fragen Antworten finden, die euch persönlich betreffen. Euer Vorgehen solltet ihr in eurer persönlichen Berufsplanungsmappe dokumentieren. Wie man das macht, erfahrt ihr in der Methodenkarte zu diesem Kapitel.

„Was will ich, was kann ich, was muss ich noch lernen?"

Eure Zielplanung sollte mit einer Standortbestimmung beginnen, weil nur so der Weg zum Ziel berechnet werden kann. Deshalb solltet ihr euch in einer ersten Phase der Berufswegplanung selbst befragen:

- Was kann ich gut?
- Welche Fähigkeiten besitze ich?
- Was sind meine Interessen?
- Was sind meine Ziele?

Vielfältige Tests stehen euch im Internet zur Verfügung, mit denen ihr Antworten auf diese oft gar nicht so leichten Fragen finden könnt. Ihr findet dazu Fragebögen zum Beispiel im Internet unter
www.planet-beruf.de
www.arbeitsagentur.de
www.focus.de

Auch Firmen bieten Berufseignungstests gegen Bezahlung (etwa 20 Euro) an. Im Buchhandel werdet ihr eine große Anzahl von Ratgebern zum Thema finden. Sie tragen Titel wie zum Beispiel „Berufswahl leicht gemacht", „Durchstarten zum Traumjob" usw.
Arbeitet auch die Broschüren der Bundesagentur für Arbeit durch, die immer ganz aktuell den Schulen kostenlos zur Verfügung stehen. Sehr hilfreich kann es sein, Eltern, Verwandte, Bekannte, Lehrer und Freunde danach zu fragen, wo sie eure Talente und Fähigkeiten sehen. Wir schlagen euch vor, im Unterricht mit einem Partnerinterview zu beginnen.

Einstiegsübung Partnerinterview

Bei dieser Übung übernimmt jeder von euch einmal die Rolle des Interviewers und einmal die Rolle des Befragten. Im Anschluss daran werden Gruppen gebildet, in denen der Reihe nach die Interviewer die interviewte Person vorstellen. Im Unterschied zu einem Gespräch werden Interviews gemacht, um nachher darüber berichten zu können. Das bedeutet, dass man einige Regeln einhalten muss.

- Fragt nichts Privates, was andere Leute nichts angeht.
- Gebt nur Antworten, die zur Mitteilung für andere geeignet erscheinen.
- Seid höflich und respektvoll im Umgang miteinander.

Mögliche Interviewfragen – 5 aus 10
Damit nicht alle Interviews gleich ablaufen, solltet ihr individuell aus dem Fragenkatalog die fünf aussuchen, die euch besonders interessieren, und sie eurem Partner stellen:

1. Was sind deine Lieblingsfächer?
2. Was sind deine Hobbys?
3. Was unternimmst du gerne in deiner Freizeit?
4. Weißt du schon, was du nach der Schulzeit machen wirst?
5. Welche Ziele möchtest du innerhalb der kommenden fünf Jahre erreichen?
6. Wie möchtest du später einmal leben?
7. Wie wichtig ist es für dich, den passenden Beruf zu finden?
8. Gibt es Traumberufe für dich?
9. Gibt es irgendwelche Dinge, die du besonders gut kannst?
10. Wie wichtig ist für dich, in deinem Beruf Karriere zu machen?

Bearbeitet den folgenden Fragebogen. Schreibt dazu einen Text, in dem ihr eure Erwartungen, Interessen, Fähigkeiten und eure Pflichtauffassung beschreibt. Das geht auch als Hausaufgabe.

Checkliste zur Berufswahl
Ermittlung unserer Erwartungen, Interessen, Fähigkeiten

Den Fragebogen sollte jede und jeder von euch selbst bearbeiten. Danach könnt ihr mit einer guten Freundin oder einem guten Freund und mit den Eltern darüber sprechen, denn es ist auch wichtig, herauszufinden, wie andere euch einschätzen. Im Unterricht geht das auch in Partnerarbeit nach dem Ausfüllen des Fragebogens. Bewahrt die Zusammenfassungen eures Ergebnisses auf, zum Beispiel, um sie als Grundlage für ein Gespräch mit der Berufsberatung zu benutzen.

A meine allgemeinen Erwartungen	Ich möchte im Berufsleben …	**Das ist für mich**	
		wichtig	**nicht wichtig**
	– mit anderen Menschen zusammenarbeiten – lieber alleine für mich arbeiten – eine fest geregelte Arbeitszeit haben – in der Nähe meines jetzigen Wohnortes bleiben – am liebsten in einer großen Organisation oder Firma arbeiten – gute Karrieremöglichkeiten haben		
		Zusammenfassung: Meine wichtigsten allgemeinen Erwartungen sind …	
B meine besonderen Interessen	Ich …	**Das trifft auf mich**	
		eher zu	**eher nicht zu**
	– mache gerne Tätigkeiten, die handwerkliches Geschick verlangen – lese Bücher und Zeitschriftenartikel – spreche gerne mit anderen Leuten, berate und helfe – beschäftige mich oft mit dem Computer – bediene gerne Maschinen, untersuche und repariere sie – schreibe und zeichne gerne – löse öfter knifflige Rechenaufgaben – mag Tätigkeiten, die man im Freien ausüben kann		
		Zusammenfassung: Meine wichtigsten Interessen sind …	
C meine Fähigkeiten	Ich kann …	**Zurzeit denke ich,**	
		ja, das stimmt	**nein, das stimmt nicht**
	– ein Möbelstück oder ein Modell mit einer Gebrauchsanweisung gut zusammenbauen – mir etwas räumlich gut vorstellen – selbstständig und mit Ausdauer an einer Aufgabe arbeiten – mich körperlich gut anstrengen – sprachlich gut ausdrücken, was ich sagen möchte – leicht Kontakt zu anderen Menschen herstellen – mich in eine Gruppe gut einordnen – einfache Rechenaufgaben leicht im Kopf ausrechnen – mein Zimmer oder meinen Schulranzen schnell in Ordnung bringen		
		Zusammenfassung: Meine aktuellen Fähigkeiten sind …	
D mein Pflichtbewusstsein	Ich bin ziemlich …	**Ja, ich denke schon**	**Nein, das fällt mir schwer**
	– ausdauernd in meiner Arbeit – gewissenhaft – pünktlich – ordentlich und angenehm in meinem Verhalten – bedacht auf mein äußeres Erscheinungsbild		
		Zusammenfassung: Folgende Pflichten kann man mir gut übertragen …	

Methodenkarte 3

Eine Berufswahlmappe führen

A Berufswahlmappe, wozu?

Für deine Berufswegplanung solltest du eine spezielle Mappe anlegen, in der du von nun an alles dokumentierst, was du auf deinem Weg in die berufliche Zukunft unternehmen wirst.
Zunächst hältst du darin fest, was du im Berufswahlunterricht erfährst. Als Bearbeitungsgrundlage verwendest du das folgende Kapitel im Buch. Wenn dieses Unterrichtsprojekt beendet ist, wird die Mappe dich weiterhin auf deinem Weg bis zur Berufsfindung begleiten.

B Wie erstellt man eine Berufswahlmappe?

Lege eine Mappe an, die du mit deinen persönlichen Angaben versiehst. Hilfreich kann es sein, wenn du das erste Doppelblatt als Inhaltsverzeichnis gestaltest, das du nach und nach vervollständigen wirst. Auf den ersten Seiten kannst du festhalten, was du bis jetzt über deine Fähigkeiten, Interessen und Ziele herausgefunden hast.

Schritte zur Vorgehensweise:

1. Verschaffe dir zunächst einen Überblick über das gesamte Kapitel (bis einschließlich Seite 59).
2. Wie üblich sind alle Texte und Materialien in diesem Kapitel mit Arbeitsaufträgen versehen. Ihr könnt vereinbaren, dass ihr aus der Vielzahl der Arbeitsaufträge eine Auswahl trefft. Zum Beispiel kann es genügen, wenn alle etwa zwei Drittel der Fragen nach eigener Wahl bearbeiten.
3. Wählt aus der Vorschlagsliste für die Wahlaufgaben mindestens eine zur Bearbeitung aus.
4. Zu Hause solltest du zu den Themen in deiner Berufswahlmappe auf die Suche nach weiteren Materialien gehen. Das können z. B. Stellenanzeigen aus Zeitungen sein und anderes mehr.
5. Entscheide dich für eine ansprechende Form bzw. ein ansprechendes Design. Mit der Berufswahlmappe verhält es sich so wie mit einer Bewerbungsmappe. Die Form ist ebenso bedeutsam wie der Inhalt.
6. Lege deine fertige Mappe zum vereinbarten Termin vor.

C Dokumentation von Praktika und anderen Aktivitäten

In deine Mappe kannst du auch deine Überlegungen zur Vorbereitung, Durchführung und Nachbereitung deiner Praktika aufnehmen.
Bei der Vorstellung des Betriebes, in dem du ein Praktikum absolviert hast, musst du darauf achten, nur solche Informationen zu verwenden, die nicht der Schweigepflicht unterliegen.
Sollte euch ein Praktikumsheft zur Verfügung gestellt werden, könnt ihr dieses in eure Berufswahlmappe einordnen.

Nimm die Mappe mit, wenn du einen Gesprächstermin mit der Berufsberatung hast. Sie kann eine hilfreiche Gesprächsgrundlage sein.

Meine Berufswahlmappe

Name: ____

Bearbeitungszeit von ________ bis ________ (umfasst ________ Unterrichtsstunden)

Arbeitsgrundlage im Buch, Kapitel 2; Seite ____________ bis Seite ____________

Abgabetermin für die schriftliche Ausarbeitung: ______________________________

Mögliche Pflichtaufgaben

Einheit 2: Wie können wir uns sinnvoll orientieren?

- Erklärt, warum man die Berufswahl frühzeitig planen soll.
- Stellt vor, welche Hilfen es bei der Berufswahl gibt.

Einheit 3: Was wird von Schulabgängern erwartet?

- Stellt die Anforderungen an Auszubildende und an Studierende übersichtlich einander gegenüber.

Einheit 4: Welche Strategien führen zu einer erfolgreichen Bewerbung?

- Erstellt eine Erfolgsstrategie für das weitere Bewerbungsverfahren.
- Stellt dar, wie man sich auf schriftliche Einstellungstests vorbereiten sollte.

Einheit 5: Ist die Unterscheidung zwischen Frauen- und Männerberufen noch zeitgemäß?

- „Männerberufe – Frauenberufe“: Ist es Zeit zum Umdenken? Verfasst zu dieser Frage eure persönliche Stellungnahme.

Wahlaufgaben (Vorschläge)

1. Im Internet findest du unter dem Stichwort „Liste von Ausbildungsberufen“ umfangreiche Kataloge mit Berufsbezeichnungen. Erstelle mithilfe einer solchen Liste deine persönliche „Top-Ten-Übersicht“.
2. Erstelle eine Pyramide. Die Spitze bildet dein Traumberuf. Die mittlere Ebene zwei Alternativen und die untere Ebene vier weitere Berufe, die infrage kommen.
3. Gehe durch die Haupteinkaufsstraße deines Heimatortes und besuche einige Geschäfte. Welche Berufe und Berufsbezeichnungen begegnen dir? Dokumentiere deine Recherche.
4. Nimm dir eine Woche lang vor, jeden Tag einen neuen Beruf kennenzulernen, den du in deiner Mappe kurz beschreibst.
5. Wie siehst du dich in deiner beruflichen Zukunft am Arbeitsplatz deiner Träume? Fertige dazu eine Zeichnung an oder male ein Bild oder erstelle eine Collage.
6. Führe ein oder mehrere Interviews mit berufstätigen Menschen. Frage sie nach ihrem beruflichen Werdegang, den beruflichen Anforderungen und nach allem anderen, was dich interessiert.

Das können Qualitätsmerkmale für eure schriftliche Ausarbeitung sein:	☺ hervorragend	☹ verbesserungsfähig
1. Sorgfalt in der Erledigung der Pflichtaufgaben		
2. Übersichtlichkeit im Aufbau und in der Gestaltung		
3. Optischer Gesamteindruck		
4. Verwendung zusätzlicher Materialien		
5. Gesamteinsatz von Fleiß und Mühe		

„Warum soll ich die Berufswahl frühzeitig planen?"

„Es ist doch noch so lange Zeit, um zu überlegen, was man nach dem Schulabschluss tun soll ..."
Wer so denkt, macht möglicherweise bereits einen großen Fehler. Mittlerweile gibt es fast 400 unterschiedliche Ausbildungsberufe in Deutschland und nahezu 3000 unterschiedliche Studiengänge. Da lohnt sich frühzeitige Information. Jetzt ist noch Zeit, sich auf gute Noten zu konzentrieren und Fähigkeiten zu trainieren, die man für eine erfolgreiche Bewerbung braucht.
Lest die Erfahrungsberichte von Corinna und Dennis. An ihnen könnt ihr euch für eine eigene Zeitplanung orientieren.

Corinnas Zeitplan

Die Realschülerin Corinna H. begann ihre Ausbildung zur Industriekauffrau am 1. August 2006. So sah ihr Zeitplan bis zum Ausbildungsbeginn aus:

Juni/Juli 2005: Ich schreibe meine ersten Bewerbungen – und zwar zur Versicherungskauffrau, Industrie- und zur Bürokauffrau, zur Verwaltungsfachangestellten und zur Beamtin im Mittleren Dienst.
Erste Augusthälfte: Ich erhalte mehrere Absagen, bin zunächst frustriert, lasse mich aber nicht unterkriegen und schreibe weitere Bewerbungen, insgesamt etwa 20.
19. August: Von der AOK erhalte ich eine Einladung zu einem schriftlichen Einstellungstest. Es folgen noch zwei weitere Einladungen.
2. September: Von der Firma Köhl AG, bei der ich mich für eine Ausbildung zur Industriekauffrau beworben hatte, erhalte ich eine Einladung zu einem Vorstellungsgespräch. Ich bin sehr froh darüber und beginne mit der Vorbereitung.
Erste Oktoberwoche: Ich nehme an mehreren Einstellungstests teil.
10. Oktober: Das Gespräch bei der Firma Köhl findet statt. Es läuft gut, vor allem, weil ich mich so umfassend über die Firma und über den Beruf der Industriekauffrau informiert hatte. Ich werde gebeten, ein Praktikum in den Herbstferien zu absolvieren.
17.–21. Oktober: Ich mache das Praktikum. Am letzten Tag findet ein weiteres Gespräch statt, an dessen Ende man mir mitteilt, dass ich eine Ausbildung zur Industriekauffrau nach meinem Realschulabschluss am 1. August 2006 beginnen könne.
12. Dezember: Ich erhalte eine Zusage vom Arbeitsamt, dass ich nach den erfolgreichen Eignungstests eine Ausbildung als Fachangestellte für Arbeitsförderung beginnen könne.
Ich bin glücklich, denn ich kann zwischen zwei Ausbildungsplätzen wählen. Ich entscheide mich nach langem Zögern für die Ausbildung zur Industriekauffrau.
Ich weiß, dass ich Glück hatte. Entscheidend war, denke ich, dass ich schon so früh begonnen habe, mich zu bewerben und dass ich das Praktikum genutzt habe, meine Eignung unter Beweis zu stellen.
1. August 2006: Ich fange mit meiner Ausbildung als Industriekauffrau an.
(Den Bericht verfasste Corinna im September 2006)

Tipps von Dennis

Ich hatte mich ziemlich genau ein Jahr vor dem Ende meiner Schulzeit im Sommer um einen Ausbildungsplatz bei der Sparkasse beworben. Kurz vor Weihnachten des Jahres bekam ich einen Ausbildungsplatz angeboten und am 1. August des folgenden Jahres fing ich mit meiner Ausbildung bei der Sparkasse an.
Viele große Firmen beginnen sehr früh mit der Auswahl potenzieller Bewerber. Eine frühe Bewerbung zeigt auch, dass man sich für diesen Beruf interessiert und die Stelle unbedingt haben will.
Bei großen Firmen gibt es die großen Auswahlverfahren, deswegen dauert alles auch länger. Zuerst werden die Bewerbungsmappen sortiert, dann kommt der Einstellungstest oder das Assessment-Center und zum Schluss das Einstellungsgespräch.
Ich habe schon im achten Schuljahr begonnen, mich mit meiner Berufswahl zu beschäftigen, und bin froh darüber, dass ich so früh angefangen habe.

Früh genug nachdenken

Eine repräsentative Befragung von mehr als 8000 Schülerinnen und Schülern mit dem Titel „Schülerbarometer" ergab, dass die große Mehrheit der Realschüler bereits im achten und neunten Schuljahr intensiv über den anzustrebenden Beruf nachdenkt, bei den Gymnasiasten kommt das Thema häufig erst in Klasse 11 auf.

Wenn die Lehrer predigen, dass man im siebten, spätestens aber achten Schuljahr schon über die Berufswahl nachdenken soll, stellen die meisten Schülerinnen und Schüler [...] einfach

auf Durchzug. Die Zeit bis zur Schulentlassung scheint den Jugendlichen noch unendlich fern. […]
„Die Lehrer haben dennoch Recht", versichert Peter Mittag von der Berufsberatung der Arbeitsagentur Bielefeld. „Wenn junge Leute nicht ganz eindeutige Interessen oder Begabungen haben, ist es schwer und kostet Zeit, die passende berufliche Richtung zu finden. Die meisten bekommen auf Anhieb höchstens eine Liste mit zwei Dutzend Ausbildungsberufen zusammen. Und dann sind sie schon gut. Manchen fallen gerade mal zehn ein. Es gibt jedoch deutschlandweit rund 400 Ausbildungsmöglichkeiten."
In den letzten Jahren seien viele neue Berufe entstanden: oft mit schwer zu merkenden Bezeichnungen. Um sich für einen Beruf zu interessieren, müsse man diesen kennen – und auch ein bisschen über die Arbeitsinhalte wissen. Sich umzuschauen, zum Beispiel im kostenlosen Taschenbuch „Beruf Aktuell" oder im Internet unter www.arbeitsagentur.de ist dabei auf alle Fälle hilfreich. […] Viele Behörden, Banken und Großunternehmen schreiben ihre Ausbildungsplätze schon mehr als ein Jahr vor Beginn der Ausbildung aus und haben bereits bis zu zehn Monate vor dem Einstellungstermin Bewerbungsschluss. Interessenten müssen sich mit ihren letzten Zeugnissen bewerben. Daran sollten sie rechtzeitig denken. Mittag: „Neue Kopfnoten sollten vernünftig aussehen, möglichst auch die Zensuren. Außerdem sollten da keine unentschuldigten Fehltage auftauchen. Das sind für die Arbeitgeber heute entscheidende Auswahlkriterien, wer zu einem Gespräch eingeladen wird."

(Aus: Regine Kleist: Früh genug über die Berufswahl nachdenken, in: Neue Westfälische Zeitung Nr. 85 vom 11.04.2008, Sonderbeilage Berufschancen)

Was machen diejenigen, die nach der zehnten Klasse weiter zur Schule gehen wollen?

Wichtig ist, dass die jungen Leute sich das gut überlegen und ihre schulischen Leistungen und beruflichen Interessen beachten. Wollen sie diesen Weg vielleicht nur gehen, weil ihnen nichts anderes einfällt, sind aber eigentlich absolut schulmüde? Dann verschwenden sie Zeit und laufen Gefahr, ihre Chancen, später eine Lehrstelle zu finden, nicht zu verbessern.

(Herbert Schmidt, Berufsberater in einem Interview aus der Beilage „Aktion Ausbildungsplatz", Neue Westfälische Zeitung, Nr. 219, 20. September 2002, S. 1)

Wie sieht es mit dem Notendurchschnitt aus?

Ein interessanter Aspekt der Studie (Schülerbarometer) sind die Zensuren der befragten Schüler. Nur etwa 9 Prozent haben einen besseren Durchschnitt als 1,6. Die größte Gruppe, nämlich 43 Prozent aller Schüler, liegen zwischen 1,6 und 2,5. Knapp 40 Prozent der Befragten sind zwischen 2,6 und 3,5 angesiedelt. Und nur eine kleine Minderheit von 0,2 Prozent der Schüler bleibt mit ihrem Notendurchschnitt unter 4,5.

(Aus: Jutta Pilgrim: Hauptsache, der Job ist sicher, in: Schule u. Job, Sonderbeilage der Süddeutschen Zeitung vom 26.09.2007, S. 14)

Phase 1
Orientierung
Nachdenken über sich selbst: Was will ich? Was kann ich? Wo liegen meine Stärken?

Phase 2
Weichenstellung
Mache ich nach der zehnten Klasse eine Ausbildung oder lieber Abitur? Will ich eine Fachschule oder ein Berufskolleg besuchen?

Phase 3
Information
Was sind die Top-Ten meiner Berufswünsche? „Beruf Aktuell" durcharbeiten, Internetrecherchen, Besuche im BIZ.

Phase 4
Entscheidung
Welcher Beruf ist mein Ziel Nummer 1? Was sind meine Alternativen, falls das nicht klappt?

Phase 5
Bewerbung
Sind meine Unterlagen vorbildlich? Bin ich fit für den Einstellungstest? Präsentiere ich mich gut?

1. Welche Informationen über eine kluge Zeitplanung kannst du den Berichten von Corinna und Dennis entnehmen?

2. Wie viele Ausbildungsberufe könnt ihr spontan notieren: 10, 24 oder sogar mehr?

3. Übernehmt die 5 Phasen in eure Berufswahlmappe. Reserviert für jede Phase genügend Platz, sodass ihr sie nach und nach mit Informationen und Anmerkungen auffüllen könnt.

4. Fasse in deiner Berufswahlmappe die wichtigen Informationen aus dieser Doppelseite zusammen.

„Wer hilft mir bei der Berufswahl?“

TEAM führte ein Interview mit einer Berufsberaterin

Für die meisten Schülerinnen und Schüler ist die Entscheidung über die Berufswahl sehr schwierig. Wie sollen sie das Problem angehen?
Wichtig ist, dass man sich einen persönlichen Plan erarbeitet, nach dem man vorgehen will. Planvolles Vorgehen gibt ein Gefühl der Sicherheit, auch wenn man immer mal wieder von seinem Plan abweichen sollte. Es hilft auch, wenn man daran denkt, dass fast eine Million junger Leute jedes Jahr vor dem gleichen Problem stehen. Man steht also nicht alleine vor einer schwierigen Entscheidung.
Es heißt immer, dass man sich am Anfang über seine beruflichen Ziele Klarheit verschaffen soll. Die Frage ist nur: Wie macht man das?
Ich empfehle jedem, dass er sich zunächst einmal die neueste Ausgabe von „Beruf aktuell“ vornimmt. Das Buch enthält Kurzbeschreibungen aller anerkannten Ausbildungsberufe. Das sind immerhin fast 400. Diese sind in verschiedene Tätigkeitsbereiche unterteilt. Stellt man zum Beispiel fest, dass einem der Bereich *Bedienen und Beraten von Kunden* Spaß machen würde, dann findet man dazu alle angebotenen Ausbildungsberufe. Man kann jetzt eine Vorauswahl treffen und kann sich dann genauer über einzelne Berufe informieren.
Wie hilft die Berufsberatung der Arbeitsagentur den Jugendlichen?
Zu unseren wichtigsten Serviceeinrichtungen gehören die Berufsinformationszentren, die jeder unter dem Namen BIZ kennt. Hier finden die Jugendlichen zu Berufen und Ausbildungswegen Bücher, Kataloge, Filme und vieles mehr. Mit dem BIZ-Computer hat man die Möglichkeit, sich selbst zu erkunden. Der Computer ermittelt aus den Erwartungen, Interessen und Fähigkeiten ein Persönlichkeitsprofil und vergleicht es mit den Anforderungen in verschiedenen Berufen. Man bekommt eine Auswahl von Berufen, für die man geeignet sein könnte. Das ist aber nur eine Vorauswahl. Oft gehen ja die Schulklassen geschlossen ins BIZ. Darüber hinaus rate ich jedem Jugendlichen, das kostenlose Angebot im BIZ so oft zu nutzen wie er kann.
Man kann auch zu Hause im Internet das Angebot der Berufsberatung nutzen. Der erste Einstieg sollte mit www.planet-beruf.de beginnen. In dieser Homepage der Bundeagentur für Arbeit gibt es sehr konkrete Hilfen und Tipps.
Wann soll man das persönliche Gespräch mit dem Berufsberater suchen?
Spätestens ein Jahr vor dem Schulabschluss. Vorher gibt es ja einen ersten Kontaktbesuch der Berufsberatung in der Schule und wir kommen auch zu Einzel- und Gruppenberatungen in die Schulen. Darüber hinaus sollte jeder im persönlichen Beratungsgespräch die professionelle Beratungshilfe nutzen. Wir können auch Kontakte zu Firmen herstellen und für die Bewerbung Ratschläge geben.
Müssen sich die Schülerinnen und Schüler auf den Besuch beim Berufsberater vorbereiten?
Sie sollten es tun, denn wenn mir jemand gegenüber sitzt, der überhaupt nicht weiß, was er will, dann kann das Gespräch unbefriedigend verlaufen. Wenn aber jemand seine Hobbys, seine Lieblingsfächer, seine besonderen Interessen erklären kann, wenn je-

mand bereits ungefähr weiß, in welche Richtung seine Berufswahl gehen soll, dann können wir ganz konkrete Hilfen anbieten.

Sie sagten, man solle früh anfangen, über die Berufswahl nachzudenken. Sehen Sie da nicht die Gefahr, dass man sich zu früh auf einen bestimmten Ausbildungsberuf festlegt?

Ich hatte vor einem halben Jahr hier einen jungen Mann sitzen, der wollte gerne Kommunikationselektroniker werden, weil er von moderner Technik begeistert war. Leider waren seine Bewerbungen nicht erfolgreich. Es gab zu viele Bewerbungen für wenige Ausbildungsplätze. Wir haben ihn hier auf die Idee gebracht, Modellbauer zu werden, denn wir kannten seine Fähigkeiten und Interessen und es gab bei zwei Firmen am Ort Ausbildungsmöglichkeiten. Er fühlt sich jetzt sehr wohl in dieser Ausbildung. Er hatte sich in der Planung gut überlegt, was er möchte, aber er hatte sich nicht starr auf eine bestimmte Ausbildung festgelegt. Wer gut plant, kann also eher vernünftig auf Veränderungen reagieren.

Fast alle Schülerinnen und Schüler machen mittlerweile ein Betriebspraktikum. Viele sind begeistert davon, manche sind aber auch enttäuscht, weil ihnen der Arbeitsplatz nicht gefällt. Was nützt Schülern ein Praktikum, das ihnen keinen Spaß macht?

Wieder ein Beispiel, eine junge Frau wollte Köchin werden und hat in einer Hotelküche ein Praktikum gemacht. Sie hat dann gemerkt, dass dieser Beruf für sie überhaupt nicht geeignet ist. Das ist doch eine wertvolle Erfahrung. Man sollte also nicht enttäuscht sein, wenn der Praktikumsplatz nicht den Vorstellungen vom Traumberuf entspricht. Man kann eine negative Erfahrung sehr gut in die Berufsplanung einbauen.

Was können Schülerinnen und Schüler noch tun, um sich beruflich zu orientieren?

Sehr sinnvoll ist es, wenn sie in den Ferien weitere freiwillige Praktika absolvieren. Leider halten es künftige Schulabgänger allzu häufig für eine Zumutung, ein bis zwei Wochen freiwillig und unbezahlt in einem Betrieb tätig zu sein. Wir sehen aber häufig, dass gerade diese freiwilligen Praktika oft der beste Weg zum Erfolg sind. Wer seine Vorgesetzten durch seine Leistungen überzeugt, der hat den wichtigsten Schritt zu einem Ausbildungsvertrag oft schon getan.

WebQuest – Berufsorientierung

Die folgenden 5 Adressen reichen für eine erste Orientierung aus.

www.planet-beruf.de
Die Adresse der Bundesagentur für Arbeit ersetzt seit 2008 www.machs-richtig.de. Viele Fragen rund um die Berufsfindung werden hier beantwortet.

www.abi.de
Hier gibt es die wichtigen Infos für zukünftige Abiturienten.

www.jaau.nrw.de
Das Portal für Jugend, Arbeit und Ausbildung des Landes Nordrhein-Westfalen ist besonders wichtig für alle Schülerinnen und Schüler in NRW.

www.beroobi.de
Das Portal des Vereins „Schulen ans Netz" in Bonn informiert hier über eine Vielzahl von Ausbildungsberufen. Ihr könnt Videos anschauen und Interviews mit Berufstätigen lesen. In Quiz-Spielen könnt ihr euer Wissen über die Arbeitswelt testen.

www.berufswahlpass.de

Lektüre hilft weiter

Im Buchhandel werden zahlreiche Ratgeber für die Berufswahl angeboten. Testtrainer helfen bei der Vorbereitung auf Einstellungstests. Die Publikationen werden ständig aktualisiert. Es lohnt also ein Informationsbesuch in einer örtlichen Buchhandlung.
Nicht vergessen: die Tageszeitung. In den Wochenendausgaben solltet ihr euch von nun an über Ausbildungsangebote informieren.

Umfangreiche Informationen und Arbeitsmaterialien bietet euch der Berufswahlpass, der euch über den gesamten Prozess der Berufsplanung begleiten kann.

1. Welche der Antworten der Berufsberaterin empfindest du als besonders hilfreich?

2. Sammle in deiner Berufswahlmappe die wichtigen Tipps und Hilfen auf dem Weg zur Berufswahl.

3 Was wird von den Schulabgängern erwartet?

Hier könnt ihr prüfen, welche Erwartungen in der Arbeitswelt an Auszubildende gestellt werden. Stellenanzeigen geben dazu oft auf interessante Weise Auskunft. Ihr findet hier eine kleine Auswahl. Von den Originalanzeigen haben wir nur die Namen der Firmen verändert.

DUKE FASHION GMBH

Wir sind eines der führenden deutschen Unternehmen der Bekleidungsindustrie. Die Berufsausbildung junger Menschen innerhalb unseres Unternehmens hat für uns einen hohen Stellenwert. Wir suchen junge Damen und Herren für den Ausbildungsberuf des/der

MODESCHNEIDER/IN.

Voraussetzung sollte der Abschluss einer Höheren Handelsschule nach dem mittleren Schulabschluss oder das Abitur sein.
Wenn Sie engagiert und zielstrebig sind, zeichnerische und handwerkliche Begabungen mitbringen, selbst Freude an Mode haben, dann bewerben Sie sich bitte mit vollständigen Unterlagen in unserer Personalabteilung.

Dom Türdesign

Türen, die passen – ein Beruf mit Zukunft
in der Dom-Türenwerk GmbH

Wir suchen zu unserem nächsten Einstellungstermin

Auszubildende für den Beruf Holzmechaniker/in

Mindestvoraussetzung ist ein guter Hauptschulabschluss. Wir erwarten engagierte Bewerberinnen und Bewerber, die präzise arbeiten können, zuverlässig sind und denen Freundlichkeit im Kontakt mit unseren Kunden nicht schwerfällt. Wenn Sie interessiert sind, schicken Sie Ihre Bewerbung an …

Dein Berufsstart bei der AK – eine echte Chance

Du bist kreativ engagiert und zielstrebig? Du arbeitest gerne im Team und hast Spaß im Umgang mit Menschen? Service heißt für dich, deine Kunden auch zu Hause oder im Betrieb zu betreuen? Wenn du außerdem einen Beruf suchst, der interessante Karriereperspektiven eröffnet, dann steig bei uns ein!

Wie bieten ab 1. September interessante Ausbildungsplätze

zur/zum Sozialversicherungsfachangestellten.

Bei der AK – eine der größten Krankenversicherungen – bekommst du eine fundierte Fachausbildung und erhältst eine überdurchschnittliche Vergütung. Interesse?
Dann bewirb dich mit den üblichen Unterlagen.
Voraussetzung ist ein mittlerer Schulabschluss.

Kiefer Kältetechnik

Als europäischer Marktführer in der Kältetechnik liefert die Kiefer Kältetechnik GmbH Kühl- und Tiefkühlmöbel für alle Bereiche des Lebensmittelhandels – weltweit.
Wir bieten Schulabgängern an verschiedenen Standorten in Deutschland wieder eine fundierte

Ausbildung zum Kälteanlagenbauer (m/w) an.

Die Ausbildung dauert 3,5 Jahre.
Ihr Profil: Idealerweise verfügen Sie über einen mittleren Schulabschluss. Gute Kenntnisse in Mathematik, Physik und Elektrotechnik sind von Vorteil. Handwerkliches Talent, räumliches Vorstellungsvermögen, Selbstständigkeit und Teamfähigkeit sowie freundliche Umgangsformen und Freude an der Arbeit machen Sie für uns wertvoll. Haben wir Ihr Interesse geweckt? Dann freuen wir uns auf Ihre vollständigen Bewerbungsunterlagen.

Concept GmbH Der Mediengestalter

Ausbildungsplätze zur Industriekauffrau/ zum Industriekaufmann

Fachrichtung Druck und Papier

Es werden Kenntnisse und Fertigkeiten in den Ausbildungsberufen zur Industriekauffrau/zum Industriekaufmann (betriebswirtschaftliche Bereiche) sowie Medienkauffrau/Medienkaufmann (Anzeigen, Vertrieb, Marketing) vermittelt.
Wenn Sie engagiert, motiviert und teamfähig sind sowie Spaß am Umgang mit Menschen haben, Rechtschreibung für Sie kein Fremdwort ist, Sie auch noch über mathematisches Verständnis verfügen, Interesse an wirtschaftlichen Zusammenhängen haben und die Höhere Handelsschule abschließen oder die Allgemeine Hochschulreife erwerben, sind Sie bei uns richtig. Sie sind interessiert?
Wenn ja, freuen wir uns auf Ihre Bewerbung.

Sammelt die Erwartungen, die in den Anzeigen zum Ausdruck kommen (in eurer Berufswahlmappe). Unterscheidet dabei zwischen Kenntnissen und Persönlichkeitsmerkmalen. (Sucht in Tageszeitungen nach weiteren Stellenanzeigen.)

Christofs Erfahrungen im Assessment-Center

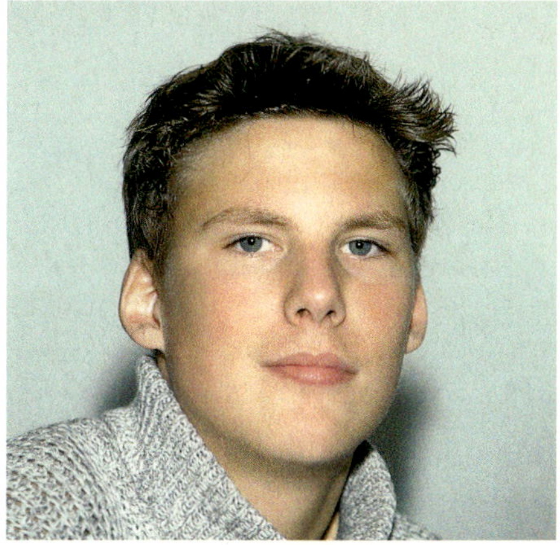

Christof hatte sich dazu entschieden, nach dem Sekundarabschluss I eine Lehre zu beginnen. Er bewarb sich bei einer Versicherungsgesellschaft und wurde eingeladen, an einem eintägigen Auswahlverfahren in einem Assessment-Center (Assessment = Bewertung, Einschätzung) teilzunehmen. Für TEAM hat er seine Erfahrungen im Auswahlverfahren aufgeschrieben.

Mithilfe eines Assessment-Centers ermitteln Unternehmen die individuellen Fähigkeiten von Bewerberinnen und Bewerbern. Sie nennen das Potenzialermittlung. Die Barmer-Ersatzkasse, bei der ich mich um einen Ausbildungsplatz beworben hatte, setzt Assessment-Center (AC) bei der Einstellung von Auszubildenden, aber auch bei der Auswahl von Führungskräften ein. Im Einladungsschreiben wurde ich darüber informiert, dass es vor allem auf meine Sprachkompetenz, mein Einfühlungsvermögen und mein Auftreten ankommen würde. Das AC dauerte einen Tag. Alle Bewerberinnen und Bewerber mussten an verschiedenen Übungen teilnehmen. An diesem Tag waren wir insgesamt acht Teilnehmer, die von Mitarbeitern des Unternehmens beobachtet und bewertet wurden.

So verlief der Tag

In der ersten Übung ging es um eine Partnervorstellung. Jeder von uns bekam die Aufgabe, einen Teilnehmer 15 Minuten lang zu interviewen, um ihn dann in einem etwa fünfminütigen Vortrag der übrigen Gruppe vorzustellen. In meinem Einladungsschreiben war mir mitgeteilt worden, dass ich eine wirkungsvolle Präsentation zu halten hätte. Ich hatte genug Zeit, mich darauf vorzubereiten, und entschied mich für das Thema: Vorteile des Nichtrauchens. Unmittelbar vor meinem Vortrag hatte ich noch fünf Minuten Zeit zur Vorbereitung. Der Vortrag wurde vor der Gruppe gehalten und durfte die Zeit von fünf Minuten nicht überschreiten. Im Verlauf der nächsten Übung musste ich ein Gespräch mit einem Mitschüler führen, bei dem es Ziel war, ihn zur Unterstützung beim nächsten Schulfest zu gewinnen. Die Vorbereitungszeit betrug zehn Minuten. Das eigentliche Rollenspiel sollte ebenfalls zehn Minuten dauern. Dann bestand unsere Aufgabe darin, eine Haushaltsverhandlung zu führen. Ein Betrag von 1050 Euro aus dem Schuletat sollte auf verschiedene AGs aufgeteilt werden. Jeder Teilnehmer vertrat eine AG. Die Verteilung des Etats musste ernsthaft vor der Lehrerkonferenz begründet werden. Für das Sammeln von Argumenten und die Vorbereitung standen uns 15 Minuten zur Verfügung, für das Spiel der Haushaltsverhandlung 50 Minuten.

Meine Meinung

Es war ein anstrengender, aber sehr interessanter Tag. Die Partnervorstellung zu Beginn fand ich sehr gut. Man lernte sich gegenseitig kennen und baute Nervosität ab. In meiner Präsentation konnte ich zeigen, dass ich vor Publikum frei sprechen kann.
Beim Rollenspiel habe ich mich nicht wohlgefühlt. Ich dachte, dass das wenig mit meinem Berufswunsch zu tun hat. Die längste und schwierigste Übung war die Gruppendiskussion. Trotzdem fand ich diese Übung positiv für uns, weil in diesem Berufsfeld öfter mal solche Probleme auftreten können. Insgesamt fand ich die erwarteten Anforderungen in einigen Bereichen etwas übertrieben. Trotzdem war das AC für mich eine positive und wichtige Erfahrung.

1. Stellt euch vor, ihr hättet Christofs Auftreten und das der anderen Teilnehmer im Assessment-Center zu bewerten. Worauf würdet ihr beim Partnerinterview achten, beim Vortrag, beim Gespräch über das Schulfest mit einem Mitschüler, während des Rollenspiels?
2. Welche Anforderungen stellen die Firmenvertreterinnen und -vertreter an die Auszubildenden? Erstellt eine Liste. Unterscheidet dabei zwischen a) Kenntnissen und Fähigkeiten und b) Persönlichkeitsmerkmalen.
3. Benutzt die Stellungnahmen, um über euer eigenes Profil nachzudenken: „Ich glaube, dass ich die folgenden der genannten Anforderungen schon gut erfüllen kann …"

■ **Tipp:** Das Nachdenken über euer persönliches Profil könnt ihr bei der Bearbeitung weiterer Doppelseiten in dieser Einheit fortsetzen.

Was Schulabgänger für ihre Berufsausbildung mitbringen sollten

Der folgende Text wurde von den Industrie- und Handelskammern in Nordrhein-Westfalen veröffentlicht. Er beschreibt aus der Sicht der Betriebe die Basisanforderungen an Schulabgängerinnen und -abgänger, die nach dem mittleren Schulabschluss mit einer Ausbildung beginnen. Entnehmt dem Text die wichtigsten Aussagen zu den drei angesprochenen Kompetenzbereichen und stellt sie in eurer Berufswahlmappe übersichtlich dar.

Erwartungen der Wirtschaft

Berufsausbildung muss auf einer soliden Basis aufbauen können. Ausbilder und Berufsschullehrer sind nicht in der Lage, bei der Vermittlung von Wissen und Einstellungen von vorne anzufangen. Die Betriebe erwarten daher, dass am Ende der Schulausbildung die Grundlagen für eine stabile Persönlichkeit, für Gemeinschaftsfähigkeit, für Lern- und Leistungsbereitschaft gelegt sind und dass grundlegende Kenntnisse in allen Fächern erworben wurden. […]

I. Fachliche Kompetenzen

Über die Diskussion der sogenannten Schlüsselqualifikation darf nicht vergessen werden, dass in der Ausbildung konkrete Basiskenntnisse benötigt werden. Diese beziehen sich zumindest auf folgende Bereiche:

1. Grundlegende Beherrschung der deutschen Sprache in Wort und Schrift […]
2. Beherrschung einfacher Rechentechniken […]
3. Grundlegende naturwissenschaftliche Kenntnisse […]
4. Grundkenntnisse wirtschaftlicher Zusammenhänge […]
5. Grundkenntnisse in Englisch:

Es ist wünschenswert, dass die Auszubildenden Grundkenntnisse in der Weltverständigungssprache Englisch mitbringen, die sie befähigen, sich über einfache Gegebenheiten und Situationen – auch beruflicher Art – zu verständigen.

6. Kenntnisse und Verständnis über die Grundlagen unserer Kultur:

Basiskenntnisse über die kulturellen Grundlagen der eigenen Nation und Europas sollten die Schüler in der Schule erworben haben. Dazu gehören Grundkenntnisse über deutsche und europäische Geschichte, über gesellschaftliche und politische Rahmenbedingungen, die ethischen Anforderungen und religiösen Formen und Inhalte unserer Kultur. Kenntnis und Akzeptanz dieser kulturellen Grundlagen sind Basis für die persönlichen und sozialen Kompetenzen wie zum Beispiel Leistungsbereitschaft, Kommunikations- und Konfliktfähigkeit und solidarisches Verhalten gegenüber Mitmenschen und Minderheiten.

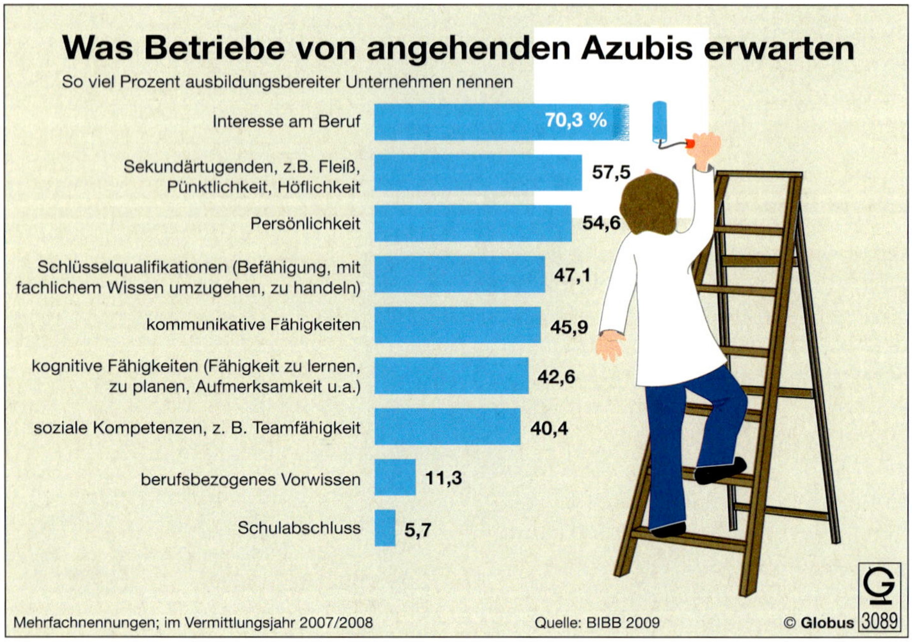

II. Persönliche Kompetenzen

1. Zuverlässigkeit:

Sie wird von den Unternehmen als Grundbedingung für erfolgreiches Zusammenarbeiten und die Erreichung von Zielen gesehen. Man muss sich darauf verlassen können, dass die Jugendlichen nach ihrer Leistungsfähigkeit die ihnen übertragenen Aufgaben wahrnehmen, auch unter widrigen Umständen und ohne dauernde Überwachung und Kontrolle. […]

3. Ausdauer – Durchhaltevermögen – Belastbarkeit:

[…] Die Jugendlichen sollten gelernt haben, nicht bei jedem Misserfolgserlebnis oder vorläufigem Ausbleiben des Erfolges aufzugeben.

4. Sorgfalt – Gewissenhaftigkeit:
Die betrieblichen Aufgaben erfordern Genauigkeit und Ernstnehmen der Sache. [...]

5. Konzentrationsfähigkeit:

6. Lern- und Leistungsbereitschaft

7. Verantwortungsbereitschaft – Selbstständigkeit:
Sie wachsen zwar im Laufe der Berufsbildung und der betrieblichen Arbeit, müssen aber im Ansatz bereits vorhanden sein. Es geht um die Fähigkeit, für etwas einzustehen, auch wenn es einmal misslingt. Arbeit, Unangenehmes, Lästiges, Verantwortung sollten nicht auf andere abgeschoben werden.

8. Fähigkeit zu Kritik und Selbstkritik [...]

III. Soziale Kompetenzen

1. Kooperationsbereitschaft – Teamfähigkeit:
[...] Zusammenarbeit im Betrieb ist zwingend. Vor allem die neuen betrieblichen Organisationsformen sind wesentlich auf Kooperation angelegt.

2. Höflichkeit – Freundlichkeit:
Aggressives, ruppiges oder flegelhaftes, auch nur unhöfliches Verhalten ist innerbetrieblich leistungshemmend. Nach außen stören derartige Umgangsformen die Beziehungen zu Lieferanten, zur Öffentlichkeit und vor allem zu den Kunden. [...]

3. Konfliktfähigkeit:
Notwendig auftretende Differenzen bei Meinungen und Haltungen sollten friedlich und konstruktiv verarbeitet werden können, ohne offene und versteckte Aggressionen. Das setzt Sprach- und Argumentationsfähigkeit voraus und die Fähigkeit, aufkeimenden Ärger und Aggression zu kanalisieren.

4. Toleranz:
Jugendliche müssen in der Lage sein, auch dauerhaft abweichende Einstellungen, Verhalten und Meinungen bei anderen als gegeben hinzunehmen. Sie sollten aber in gleicher Weise deutlich und klar ablehnen, was gegen die Basiswerte unserer Gesellschaft verstößt, und damit Grenzen der Toleranz setzen können. Sie sollten also intolerant sein gegen Aggressivität, Verletzung humaner Grundwerte, Störungen des Betriebsfriedens und nicht zuletzt gegen Leistungsverweigerung. Dies alles sind Basisanforderungen. Vieles wäre darüber hinaus wünschenswert. Aber das Wünschenswerte ist nicht das Realistische, zumindest bei einem Teil der Schüler, deren Leistungskapazität begrenzt ist.

(Aus: Erwartungen an den Azubi, in: Tipps für Schulabgänger, hg. vom Bonner Presse Verein, Ausgabe Winter 2007, S. 43f. Der Originaltext der Industrie- und Handelskammern ist auch im Internet abrufbar unter www.frankfurt-main.ihk.de)

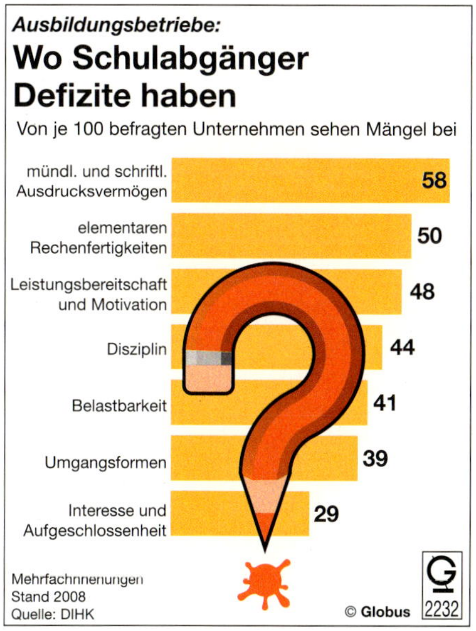

Unter www.ihk-ausbildung.de findet ihr zusätzlich ein Faltblatt der Industrie- und Handelskammer Nordrhein-Westfalen mit einer Liste sehr konkreter Anforderungen.

Methode: Was tun mit Texten, die voller Informationen stecken?

Die 5, 10 und 20 Euro-Methode

Wenn ein längerer Text sehr viele Informationen enthält, weiß man oft nicht, welche man in einer Zusammenfassung verwenden soll. Stellt euch die Informationen wie Geldscheine in einer Geldbörse vor, in der sich 5-, 10- und 20-Euroscheine befinden. Alle Scheine sind wertvoll, aber der 20-Euroschein ist natürlich viermal wertvoller als der 5er. Teilt die Informationen in besonders informationsreichen Texten in 5er-, 10er- und 20er-Werte ein. Verwendet in eurer Zusammenfassung vor allem die aus eurer Sicht besonders wertvollen Informationen.

1. Welche fachlichen, persönlichen und sozialen Kompetenzen werden erwartet? Sammelt und visualisiert sie in Form einer Mindmap oder einer Tabelle, sodass ihr diese beim Ergebnisvortrag benutzen könnt.

2. Welche der Anforderungen erscheinen euch als besonders wichtig und wertvoll, welche weniger?

3. Sind die Anforderungen der Wirtschaft an Auszubildende vernünftig und nachvollziehbar oder sind sie übertrieben und nur schwer nachvollziehbar? Verfasst zu dieser Frage eine Stellungnahme für eure Berufswahlmappe.

4 Was sind die Erfolgsstrategien im Bewerbungsverfahren?

START

1. Nachdenken über sich selbst

Jede gute Berufswegplanung beginnt mit dem Nachdenken über die eigenen Erwartungen, Interessen und Fähigkeiten. Man muss herausfinden, was man will, was man kann und was man noch lernen muss. Dabei helfen euch zunächst Internetrecherchen und viele kostenlose Broschüren. Fragt eure Eltern, Freunde und Lehrer, wo andere eure persönlichen Stärken und Schwächen sehen. Notiert alles, was ihr herausfindet. Versucht nun, gezielt an euren Schwächen zu arbeiten. Ist man schwach in der Rechtschreibung, sollte man öfter Texte abschreiben. Denkt daran, dass eure Zeugnisnoten ab jetzt große Bedeutung bei der Berufswegplanung haben werden.

2. Die richtige Vorauswahl treffen

Viele Jugendliche kennen nur etwa 20 Ausbildungsberufe. Es gibt aber nahezu 400, die infrage kommen. Allesamt werden sie in dem Taschenbuch „Beruf aktuell“ vorgestellt, das jährlich von der Bundesagentur für Arbeit herausgegeben wird. Wenn ihr dieses Buch, das ihr kostenlos erhalten könnt, nach und nach durcharbeitet, könnt ihr euren Informationsstand systematisch erweitern. Ihr könnt auch immer wieder das nächstgelegene Berufsinformationszentrum (BIZ) aufsuchen. Darüber hinaus gibt es unzählige weitere Informationsangebote in Broschüren, Büchern und im Internet. Studiert sie in eurer Freizeit. Erstellt eine Liste mit allen Ausbildungsberufen, die ihr kennt und die vielleicht für euch infrage kommen und vervollständigt sie nach und nach.

7. Assessment-Verfahren meistern

Bei Bewerbungen in größeren Unternehmen müsst ihr mit einem Assessment-Testverfahren rechnen. Man wird euch beobachten, um herauszufinden, ob eure Persönlichkeit und eure Fähigkeiten zum Unternehmen passen. Wichtige Kriterien der Beobachtung können sein: Kommunikationsfähigkeit und soziales Verhalten, also euer Umgang mit anderen Menschen. Ist z. B. eine Gruppendiskussion gefordert, wird nicht der erfolgreich sein, der am meisten spricht, sondern eher der, der auch aktiv zuhören und seinen Mitdiskutierern in die Augen schauen kann. Bei einer Präsentation wird es darauf ankommen, sich angemessen vor Publikum darstellen zu können. Bemüht euch ab sofort verstärkt darum, aktiv in der Klasse mitzuarbeiten, teamfähig zu werden, und die Regeln guten Benehmens einzuhalten. Nutzt jede Gelegenheit, vor Publikum das freie Sprechen zu üben.

ZIEL

8. Eine gute Präsentation im Einstellungsgespräch

Natürlich ist man aufgeregt, wenn man zu einem Einstellungsgespräch eingeladen wird. Das darf nicht dazu führen, dass man in gebeugter Körperhaltung zum Gespräch erscheint und kaum in vollständigen Sätzen spricht. Noch einmal gilt es, die Firmenvertreter davon zu überzeugen, dass man die richtige Bewerberin, der richtige Bewerber ist. Daher gilt: freundliche Begrüßung, fester Händedruck, deutliches Sprechen, in die Augen schauen. Fragen, auf die ihr in jedem Fall vorbereitet sein müsst, sind: „Warum haben Sie sich bei unserem Unternehmen beworben?“ und „Warum halten Sie die von uns angebotene Berufsausbildung für die richtige?“ Zeigt euch von eurer besten Seite! Als „Killer“ in Einstellungsgesprächen gelten: nachlässige Kleidung, ungepflegte Erscheinung, Kopfbedeckungen, schlechte Sprache und fehlendes Interesse.

3. Das erfolgreiche Praktikum

Schülerpraktika gehören zu den wertvollsten Möglichkeiten, die Anforderungen im Berufsleben und die eigenen Interessen kennenzulernen. Oft ergeben sich daraus Kontakte, die später zu einem Ausbildungsplatz führen. Wenn das Praktikum nicht die Erwartungen erfüllt, kann es trotzdem wertvolle Erfahrungen liefern. Wählt nicht irgendeinen Praktikumsplatz. Gebt euch Mühe bei der Auswahl. Ihr könnt euch z.B. an die Industrie- und Handelskammern wenden, die Adressen von Betrieben bereithalten. Ihr könnt im Branchenverzeichnis suchen und Betriebe anrufen. Verhaltet euch im Praktikum interessiert, stellt Fragen. Achtet auf die Einhaltung der Regeln, besonders auf Pünktlichkeit und Zuverlässigkeit. Zeigt, dass ihr die Arbeit sucht und nicht auf sie wartet. Führt eure Praktikumsmappe ordentlich. Neben dem Schulpraktikum kann man weitere Praktikum in den Ferien ins Auge fassen.

4. Die schriftliche Bewerbung

Sie ist die erste ganz wichtige Hürde auf dem Weg zum Ausbildungsplatz. Experten sagen, dass es heute als normal gelten muss, mindestens 10 bis 20 Bewerbungen zu verfassen. Speichert sie daher möglichst im PC ab, sodass die Grundform immer wieder überarbeitet werden kann. Mit der schriftlichen Bewerbung müsst ihr euch interessant für das Unternehmen machen. Ihr müsst darin zeigen, dass ihr genau die richtige Person für diesen Ausbildungsplatz seid. Was die Form betrifft, ist sie wie eine „Visitenkarte". Sie muss sauber, vollständig und fehlerfrei sein. Das Anschreiben darf nie länger als eine Seite sein. Erfüllt die Bewerbung diese Anforderungen nicht, wird sie mit hoher Wahrscheinlichkeit direkt aussortiert. Es gibt zahlreiche Muster, an denen man sich orientieren kann. Achtet aber darauf, dass jede eurer Bewerbungen eine individuelle Note hat.

5. Der gute Telefonkontakt

Auch das richtige Telefonieren sollte geübt werden. Man nennt laut und deutlich seinen Namen und formuliert sein Anliegen. Man fällt nicht mit der Tür ins Haus, sondern bittet darum, mit der Person oder der Abteilung verbunden zu werden, der man sein Anliegen vortragen kann. Wer z.B. wegen eines Praktikumsplatzes telefoniert, sollte Gründe nennen können, warum sie oder er unbedingt zum ausgewählten Unternehmen kommen möchte. Auch sollte man den Praktikumstermin kennen und Papier und Stift bereitlegen. Schon ein telefonischer Kontakt kann – je nach eurer Präsentation – die Erfolgsaussichten steigern oder schmälern.

6. Der gut vorbereitete Einstellungstest

Die meisten Unternehmen führen schriftliche Einstellungstests durch, mit deren Hilfe sie eine Vorauswahl unter den Bewerberinnen und Bewerbern treffen. Die Tests dauern zwischen zwei und zweieinhalb Stunden. Getestet wird das Allgemein- und Schulwissen aller Fächer. Außerdem kommt es auf eure Konzentrationsfähigkeit, eure Belastbarkeit, Entscheidungsfreude und anderes mehr an. Man kann sich gut auf diese Tests vorbereiten. Das Angebot an Büchern, die Einstellungstests enthalten, ist groß. Damit könnt ihr üben. Wer Routine im Umgang mit Tests hat, wird in der Situation vergleichsweise ruhig arbeiten können. Beginnt mindestens drei Monate vor dem Test damit, regelmäßig Nachrichtensendungen anzuschauen und täglich die Zeitung zu lesen.

Strategien sind Wege zum Erfolg. Erstellt mithilfe des Hürdenlaufs eine Liste, die möglichst konkret formulierte Ratschläge für den gesamten Prozess der Suche nach einem Ausbildungsplatz

Seid ihr fit für den Einstellungstest?

Auf dieser Doppelseite könnt ihr sehen, wie wichtig Grundlagenwissen über den Staat, die Politik, das Recht und die Wirtschaft ist, wenn man sich um einen Ausbildungsplatz bewirbt und zu einem schriftlichen Einstellungstest eingeladen wird. Viele Unternehmen erwarten heute von ihren Mitarbeitern, dass sie über eine gute Allgemeinbildung verfügen. Keine Angst: Es ist ganz normal, dass ihr zum jetzigen Zeitpunkt nur einen geringen Teil der Fragen beantworten könnt, die in Eignungstests gestellt werden. Ihr solltet aber von jetzt an darauf achten, dass ihr euer Wissen erweitert. Ihr profitiert natürlich persönlich davon und habt zugleich eine Vorbereitung, mit der ihr eure Chancen in Testverfahren vergrößert.

A Wozu gibt es Einstellungstests?

Dazu lesen wir in einem Testtrainer:

Wenn Sie sich um einen attraktiven Ausbildungsplatz bewerben, können Sie heute damit rechnen, mit einem Einstellungstest konfrontiert zu werden. Mit Leistungstests will man bestimmte Kenntnisse und Fähigkeiten prüfen. Man will sehen, wie geschickt, belastbar, stressempfindlich, konzentrationsfähig Sie sind und wie Sie Ihre Intelligenz einsetzen. Daneben will man mit Tests zur Allgemeinbildung aber auch Ihr Schulwissen in Fächern wie Deutsch, Mathematik, Chemie und Physik einschätzen, denn hier gibt es Kenntnisse, die Sie für Ihren späteren Beruf benötigen. In zahlreichen Firmen wünscht man sich aufgeschlossene Mitarbeiter, die in allgemeinen Gesprächen über aktuelle Themen mit Kunden, Lieferanten, Kollegen und Vorgesetzten mitreden können. Keine sachliche Diskussion kann ohne notwendiges Grundwissen geführt werden. Daher werden Grundlagen aus den Bereichen Wirtschaft, Politik, Geographie, Geschichte und Kultur abgefragt, um zu beurteilen, ob Sie das Geschehen mit Interesse verfolgen.

(Aus: Joachim Keil: Testtrainer für Ausbildungsplatzsuchende, Wilhelm Goldmann Verlag, München 2003, S. 9 f.)

B Übung verbessert die Chancen

Mit dem folgenden Text bereitet Deutschlands größte Krankenkasse die Bewerber auf die Testsituation vor:

Wer zu einem Eignungstest eingeladen ist, muss nichts dem Zufall überlassen. Denn mit der richtigen Vorbereitung kann jeder ganz beruhigt den Testtermin auf sich zukommen lassen. Die Firmen stellen zwar in der Regel nicht dieselben Fragen, aber wenn Sie ein paar Tests mitgemacht haben, werden Sie feststellen, dass die Grundstruktur der meisten Tests und Testaufgaben sehr ähnlich ist. Je mehr Testerfahrung Sie haben, umso leichter wird es Ihnen fallen, den für Sie wirklich wichtigen Einstellungstest erfolgreich zu bestehen. Das heißt, mit der richtigen Vorbereitung kann jeder eine Menge Punkte machen, unabhängig von der Schulbildung. […] Um diese Tests kommen die wenigsten Bewerber herum, da ist es umso wichtiger, sich richtig darauf vorzubereiten. […] So wie jeder Sportler vor einem großen Wettkampf trainiert, sollten Sie sich für das „Spiel" um ihre Zukunft umfassend vorbereiten. Hat man erst einmal die Struktur dieser Tests verstanden und sich mit den verschiedenen Testarten vertraut gemacht, fallen viele Aufgaben leichter und können souverän gelöst werden. Denn die ersten Testerfahrungen sollte man besser nicht bei der Bewerbung um den Traumausbildungsplatz machen.

(Aus: Testtraining, hrsg. von der Barmer Ersatzkasse Wuppertal, Abteilung Kommunikation und Vertrieb, ohne Seitenangaben und Jahrgang)

Los geht's – Übung macht den Meister
Die folgenden Fragen wurden aktuellen Tests entnommen. Vielleicht wisst ihr ja schon einiges. Und was ihr noch nicht wisst, könnt ihr noch lernen.
Am Ende des neunten Schuljahres solltet ihr fit sein. Fit sein heißt nicht, dass man alle Fragen beantworten kann, aber auch nicht, dass man ständig passen muss.

Das Angebot an Testliteratur ist reichhaltig.

■ **Tipp:** Vereinbart eine Zeit, die euch zur Beantwortung der folgenden Fragen zur Verfügung steht. So ist es auch in der echten Testsituation:

A Was versteht man unter dem Begriff Demokratie?
a) Rätesystem
b) Volksabstimmung
c) Volksherrschaft
d) Diskussionen

B Wann wurde die Bundesrepublik Deutschland gegründet?
a) 1939
b) 1945
c) 1949
d) 1990
e) 1948

C Wo hat das Bundesverfassungsgericht seinen Sitz?
a) in Kassel
b) in Bonn
c) in Berlin
d) in Karlsruhe

D Was heißt „Plenum"?
a) Vollversammlung der Abgeordneten (im Parlament)
b) Basisdemokratie
c) Volksabstimmung
d) anderes Wort für Plebiszit

E Welche Form der Demokratie haben wir in der Bundesrepublik Deutschland?
a) eine direkte Demokratie
b) eine formale Demokratie
c) eine repräsentative Demokratie
d) eine offene Demokratie

F Wie heißen die Vergütungen der Abgeordneten?
a) Pensionen
b) Saläre
c) Tantiemen
d) Diäten
e) Dividenden

G Wie viele Stimmen hat man bei der Bundestagswahl?
a) eine
b) zwei
c) drei
d) vier

H Welche der folgenden Institutionen ist die höchste gerichtliche Instanz in Deutschland?
a) das Bundesaufsichtsamt
b) das Bundesarbeitsgericht
c) das Bundespräsidialgericht
d) das Bundesverfassungsgericht

I Von wem wird der Bundeskanzler gewählt?
a) vom Volk direkt
b) von den Bundesratsmitgliedern
c) von der Bundesversammlung
d) vom Bundestag

Die Fragen wurden entnommen aus: Joachim Keil, Testtrainer für Ausbildungsplatzsuchende, Wilhelm Goldmann Verlag, München 2003, S. 81 ff.

Mit den folgenden Fragen testete eine Bank das Allgemeinwissen der Bewerber:

Staat/Politik, Wirtschaft, Geschichte und Erdkunde

1. Welche Regierungsform hat die Bundesrepublik Deutschland?
2. Wer ernennt in der Bundesrepublik Deutschland die Bundesminister?
3. Wer wählt in der Bundesrepublik Deutschland den Bundespräsidenten?
4. Wo hat das europäische Parlament seinen Sitz?
5. Wo haben die Vereinten Nationen (UNO) ihren Sitz?
6. Wer wählt in den Vereinigten Staaten von Amerika (USA) den Präsidenten?
7. Wie nennt man den Preis für ver- und entliehenes Geld?
8. Was ist eine „Inflation"?
9. Was versteht man unter „Hausse"?
10. In welchem Jahr war die Machtergreifung Hitlers?
11. Wann begann und wann endete der Zweite Weltkrieg?
12. In welchem Jahr begann die Französische Revolution?
13. Welches Meer liegt zwischen Europa und Afrika?
14. In welches Meer mündet die Donau?

5 Ist die Unterscheidung zwischen Frauen- und Männerberufen noch zeitgemäß?

Früher war es üblich, dass sich die Mädchen bei der Berufswahl in niedriger entlohnten Berufen wiederfanden. Frau wurde Arzthelferin, Mann wurde Arzt; Frau wurde Rechtsanwaltsgehilfin, Mann wurde Rechtsanwalt. Technische Berufe wurden von Männern gewählt, Frauen entschieden sich für soziale Tätigkeiten. Gleichzeitig nahmen die Mädchen damit geringere Verdienstmöglichkeiten und geringere Karrierechancen in Kauf. Mehr und mehr entdecken junge Frauen (und Männer), dass es sich lohnt, über die klassische Aufteilung von Männer- und Frauenberufen nachzudenken.

Annika wird Industriemechanikerin

Annika hat, nachdem sie die Realschule abgeschlossen hat, mit 16 Jahren eine Ausbildung zur Industriemechanikerin, Fachrichtung Betriebstechnik, begonnen. Ihren Ausbildungsbetrieb, die Stadtwerke Gütersloh, hat sie schon ein Jahr zuvor am Girls' Day kennengelernt und konnte sich so im Voraus über die Tätigkeiten im Beruf informieren. Hier ein Ausschnitt aus einem Interview mit Annika:

Wo warst du am Girls' Day?
Meinen Girls' Day habe ich bei den Stadtwerken Gütersloh in der Zentralwerkstatt verbracht. […]
Haben sich für den besuchten Betrieb viele Mädchen interessiert, waren viele da?
Wir waren drei Mädchen in der Zentralwerksatt und insgesamt waren fünf oder sechs Mädchen da. Ich habe mir dieses Angebot ausgesucht, weil ich mir noch nicht ganz sicher war, ob ich wirklich einen technischen Beruf lernen soll oder nicht. Andere haben dieses Angebot nicht angenommen, weil sie vielleicht schon genau wussten, was sie machen wollten oder sich dafür nicht interessieren. Aber es gibt keinen Grund, sich nicht zu trauen. Es ist doch nur für einen Tag. […]
Was hat dich auf die Idee gebracht, dich für die Ausbildung zu entscheiden?
Ich habe mich für diese Ausbildung entschieden, weil ich ein Praktikum im Büro absolviert habe und das hat mir gar nicht gefallen. Ich habe mich im Internet über verschiedene Berufe schlaugemacht und anhand der Berufsbeschreibung habe ich mich für den Beruf Industriemechanikerin entschieden.
Was hat dich am Bereich Technik bzw. Naturwissenschaften interessiert?
Am Bereich Technik interessiert mich, wie man mit seinen eigenen Händen Werkstücke bearbeiten, verarbeiten und verändern kann. Außerdem macht es mir Spaß, an Maschinen zu arbeiten.
Hast du Unterstützung von anderen bei deiner Wahl erfahren? Gab es kritische Stimmen?
Unterstützung habe ich von meinen Eltern bekommen. Sie haben verstanden, warum ich mich für das Handwerk entschieden habe, und stehen zu meiner Entscheidung.

(Aus: www.girlsday.de, letzter Zugriff 22.08.2009)

Bezahlung in Frauenberufen

96 Prozent aller Erzieherinnen sind weiblich. Katrin Dahmen ist eine von ihnen. Hier ihre Ansicht zum Thema Geldverdienen:

Bis jetzt habe sie sich keine großen Gedanken über ihr Einkommen gemacht, meint Katrin Dahmen auf Nachfrage. Die Aussagen von ihr und ihren Kolleginnen sprechen für sich: „Geld ist nicht unbedingt alles." „Ich will immer gerne zur Arbeit gehen, was ich verdiene, ist mir eigentlich egal." Typische Aussagen von Frauen in schlecht bezahlten Berufen, so Experten. Erziehung, aber auch Pflege und Betreuung sind schon immer klassische Frauenaufgaben gewesen, die jahrhundertelang unentgeltlich geleistet wurden. Warum dafür also viel bezahlen, scheinen die meisten immer noch zu denken. Und selbst die betroffenen Frauen in diesen Berufen fangen erst ganz langsam an, sich dagegen zu wehren. So gibt die Leiterin einer Kindertageseinrichtung jetzt zu, dass auch sie gelegentlich wütend über die schlechte Bezahlung ist. Auch ausgelöst durch die jetzt schon seit Wochen andauernden Streiks ihrer Kolleginnen. Sie selbst bekommt nach 25 Jahren im Job und Zusatzausbildungen netto auch nur 1600 Euro im Monat.

(Aus: www.wdr.de/tv/frautv/, verf. von Henrike Madest. Im Sommer 2009 streikten Erzieherinnen in ganz Deutschland wegen der schlechten Bezahlung, Anmerkung des Hrsg.)

Nicht immer nur Friseurin

Mädchen werden Arzthelferin, Friseurin oder Einzelhandelskauffrau. Als wäre es ein Gesetz, wählte jedes fünfte Mädchen in Deutschland im Jahr 2003 einen dieser drei Jobs. Dabei sind die typischen Frauenberufe vergleichsweise schlecht bezahlt, und es gibt kaum Aufstiegsmöglichkeiten. Berufsberater bemühen sich daher, Mädchen auch für andere Ausbildungen zu begeistern. [...]

An der Spitze der zehn beliebtesten Mädchenberufe steht die Bürokauffrau, es folgen unter anderem die Industrie- und Hotelfachfrau und die Zahnmedizinische Fachangestellte. Nach Angaben des Instituts der deutschen Wirtschaft (IW) in Köln entschieden sich mehr als die Hälfte aller weiblichen Auszubildenden für einen der zehn beliebtesten Jobs – von insgesamt 360 möglichen Ausbildungsberufen.

Dabei handelt es sich häufig um „Sackgassenberufe", heißt es in einer Studie des Deutschen Jugend-Institutes (DJI). Ein Aufstieg sei oftmals nicht möglich: Eine Arzthelferin kann nicht Arzt werden. Daneben zeichnen sich diese Jobs durch ungünstige Arbeitszeiten aus, die tarifliche Bezahlung ist im Vergleich zu männlichen Berufen mit entsprechendem Qualifikationsniveau sehr gering. Mädchen lernen also die schlechteren Jobs, obwohl sie im Schnitt bessere Schulabschlüsse aufweisen als Jungen. Doch warum streben sie trotz dieser Aussichten immer noch frauentypische Berufe an? „Häufig kennen Mädchen nichts anderes", sagt Elisabeth Schöppner von der Koordinierungsstelle des bundesweiten Girls' Days. [...]

Eltern beeinflussen ihre Kinder auch, indem sie ihnen bestimmte Fähigkeiten zu- oder absprechen. Das geschehe meist unbewusst, sagt Patricia Pfeil vom Institut für empirische Sozialforschung und Co-Autorin der DJI-Studie: „Häufig betonen Eltern Fähigkeiten der Mädchen, die frauenspezifisch sind, etwa die Kommunikationsfähigkeit, selbst wenn die Mädchen nicht gut in Deutsch sind." Leistungen in Mathe würden dagegen nicht wahrgenommen. Wichtig sei, dass Eltern auch Stärken in diesem Bereich anerkennen und ihre Tochter fördern.

(Aus: Carina Frey: Nicht immer nur Friseurin, in: Bonner Generalanzeiger vom 17.05.2006, S. 23)

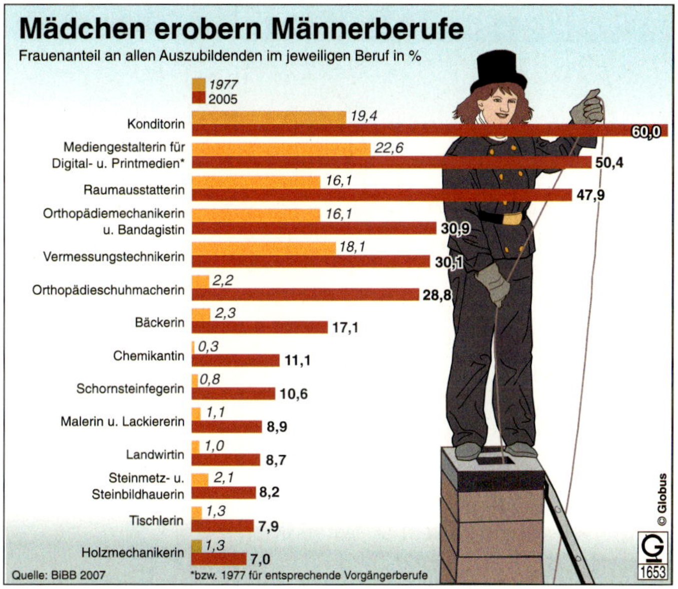

Weitere Informationen zum Thema Mädchen in Männerberufen findet ihr zum Beispiel unter:
www.girlsday.de
www.junge-frauen-starten-durch.de
www.learn-line.nrw.de

Boys' Day – auch was für Jungs!?

2008 fand in der Stadt Marburg der zweite Marburger Boys' Day statt. Mehr als 60 Jungen nutzten das Angebot, sich einen Einblick in eher männeruntypische Berufe zu verschaffen. Auf der Homepage der Stadt findet sich dazu die nachfolgende Information:

Die Berufswahl von Jungen beschränkt sich häufig auf nur wenige „jungen-" bzw. „männertypische" Ausbildungsberufe. Durch praktisches Erleben sogenannter Frauenberufe erweitern die Jungen ihr Berufswahlspektrum. Sie entdecken möglicherweise bisher unbekannte Stärken und Interessen, entwickeln individuelle Berufsperspektiven und verbessern damit ihre Chancen auf dem Ausbildungsmarkt.

(Aus: www.marburg.de, letzter Zugriff 02.08.2009)

1. Sind für Frauen die Verdienst- und Karrieremöglichkeiten weniger wichtig?
2. Welche Angaben in den Texten und im Schaubild deuten auf Veränderungen im Berufswahlverhalten von jungen Männern und Frauen hin?
3. Neben den „Girls' Days" werden zunehmend auch „Boys' Days" angeboten. Wie wichtig können sie für die Jungen sein?
4. „Männerberufe – Frauenberufe: Ist es Zeit zum Umdenken?" Schreibt dazu eure persönlichen Stellungnahmen, lest sie euch vor und tauscht eure Argumente aus.

6 Rollenspiel: Welche Azubis würdet ihr einstellen?

Ihr spielt ein Auswahlverfahren in der Personalabteilung eines Unternehmens durch.
Bei der internationalen Speditionsfirma *Interfracht* sind zum nächsten Einstellungstermin zwei Ausbildungsplätze als **Kaufmann/Kauffrau für Spedition und Logistikdienstleistung** frei. Zunächst hatten sich 18 Interessenten beworben. Aufgrund der Bewerbungsunterlagen, Testergebnisse und Vorstellungsgespräche kamen vier Jugendliche in die engere Wahl. Sie alle haben gute Kopfnoten in ihren Zeugnissen. Weitere wichtige Daten findet ihr auf den Karteikarten.
Wer soll die beiden Ausbildungsplätze bekommen?

Das wird von einem Kaufmann/von einer Kauffrau für Spedition und Logistikdienstleistung erwartet:
Sie organisieren den Transport von Waren per Lastwagen, Eisenbahn, Schiff, Flugzeug und per Container weltweit. Sie steuern und überwachen das Zusammenwirken der Personen und Einrichtungen, die an einem Transport von Gütern beteiligt sind. Sie erarbeiten Terminpläne und betreuen Kunden. Freundlichkeit und gutes Verhandlungsgeschick sind unverzichtbar. Sie arbeiten Angebote aus, bereiten Verträge vor und kümmern sich um den Versicherungsschutz. Sie kalkulieren Preise und beschaffen Informationen. Sie korrespondieren mit ausländischen Geschäftspartnern. Sie bearbeiten englischsprachige Dokumente, z. B. über Zölle und internationale Handelsbedingungen. Sie erledigen Verwaltungs- und Schreibarbeit. Sie müssen unter Termindruck konzentriert arbeiten können, sehr gewissenhaft sein, immer die Übersicht behalten (weitere Angaben in „Beruf aktuell").

Stephanie Kress

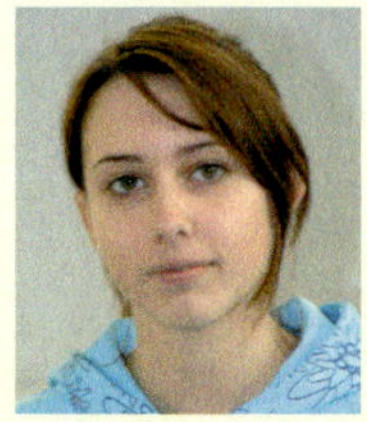

Schulabschluss	Abschluss der Hauptschule
Zeugnisnoten	Mathematik 2; Deutsch 1; Englisch 2 Durchschnittsnote der anderen Fächer: 2,0; Informatik-AG wurde mit Erfolg besucht.
Bewerbungsunterlagen	Sehr ordentlich und übersichtlich; gut aufgebautes Bewerbungsschreiben
Testergebnis	Rechnerisches Denken 2; Allgemeinbildung 2; Rechtschreibung 1,8; Konzentrationstest 1,8
Vorstellungsgespräch	Stephanie war ziemlich zurückhaltend und phasenweise etwas unsicher, ansonsten aber freundlich und gut vorbereitet
Praktika	zweiwöchiges Praktikum in einer Spedition und zwei freiwillige Praktika in den Schulferien
Gesundheitszeugnis	Stephanie ist für alle Berufe geeignet.

Cedric Flesch

Schulabschluss	Abschluss der Realschule
Zeugnisnoten	Mathematik 2; Deutsch 2; Englisch 2 Durchschnittsnote der anderen Fächer: 2,5; Informatik-AG wurde nicht besucht.
Bewerbungsunterlagen	Sehr schöne formale Gestaltung (hat Cedric das alleine gemacht?), mehrere Rechtschreibfehler
Testergebnis	Rechnerisches Denken 2,5; Allgemeinbildung 2; Rechtschreibung 3; Konzentrationstest 2
Vorstellungsgespräch	Cedric zeigt sich aufgeschlossen und redegewandt; stellt gute Fragen; wirkt teilweise schon übereifrig.
Praktika	zweiwöchiges Praktikum in einem kaufmännischen Betrieb
Gesundheitszeugnis	Sportlich, für alle Berufe geeignet

Kerstin Markowitz

Schulabschluss	Abitur
Zeugnisnoten	Mathematik 4; Deutsch 3; Englisch 2 Durchschnittsnote der anderen Fächer: 2,6; Informatik-AG wurde nicht besucht.
Bewerbungsunterlagen	Sehr ordentlich, Anschreiben etwas zu ausführlich
Testergebnis	Rechnerisches Denken 2; Allgemeinbildung 2,5; Rechtschreibung 2; Konzentrationstest 1,8
Vorstellungsgespräch	Kerstin hinterließ einen ausgezeichneten Eindruck, selbstsicher, flexibel, redegewandt und sehr interessiert.
Praktika	kein Berufspraktikum Kerstin leitet eine Jugendgruppe in einer kirchlichen Organisation
Gesundheitszeugnis	Für alle Berufe geeignet

Georg Karschuba

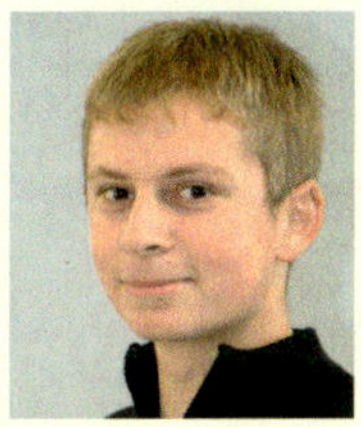

Schulabschluss	Abschluss der Realschule
Zeugnisnoten	Mathematik 1; Deutsch 3; Englisch 2 Durchschnittsnote der anderen Fächer: 2,3; Informatik-AG wurde mit Erfolg besucht.
Bewerbungsunterlagen	Das Bewerbungsschreiben ist inhaltlich gut, aber das Passfoto fehlt.
Testergebnis	Rechnerisches Denken 1,2; Allgemeinbildung 3; Rechtschreibung 2,5; Konzentrationstest 1,5
Vorstellungsgespräch	Georg zeigte sich gut vorbereitet, war interessiert; drückt sich aber undeutlich aus und „nuschelt“.
Praktika	zweiwöchiges Praktikum in einem Autohaus
Gesundheitszeugnis	Kurzsichtigkeit, Georg trägt Kontaktlinsen

Die Methode für dieses Lernspiel ist ein **Gruppenmixverfahren**. Dabei werden innerhalb einer Unterrichtsstunde die Arbeitsgruppen zweimal neu gebildet. So solltet ihr vorgehen:

1. Jeder trifft seine Vorentscheidung
Vergleicht die Anforderungen an Speditionskaufleute mit dem, was die Jugendlichen zu bieten haben. Trefft eure persönliche Vorentscheidung und begründet, für welche Bewerberin oder für welchen Bewerber ihr euch entscheidet.

2. Beratung in der ersten Arbeitsgruppe
Bildet Gruppen, wobei jede Gruppe die Mitarbeiterinnen und Mitarbeiter einer Abteilung der Firma *Interfracht* darstellt. Diskutiert eure Bewerberauswahl und trefft nach einer vereinbarten Zeit die Gruppenentscheidung nach dem Mehrheitsprinzip und begründet sie. Jedes Gruppenmitglied erhält nun einen farbigen Punkt (oder eine Zahl).

3. Beratung in der zweiten Arbeitsgruppe
Gruppenmitglieder mit dem gleichen farbigen Punkt (oder mit gleicher Zahl) setzen sich nun in neuen Gruppen zusammen. Sie bilden jetzt die nächsthöhere Ebene in der Personalabteilung des Unternehmens und treffen endgültig die Entscheidung. Zunächst stellt jeder Teilnehmer vor, für wen sich die erste Gruppe entschieden hat. Dann wird neu diskutiert.

4. Entscheidung
Sprecherin und Sprecher aus den zweiten Arbeitsgruppen stellen ihre Mehrheitsentscheidung vor. Eingestellt werden die Bewerberin und/oder der Bewerber, der die meisten Gruppenentscheidungen der Zweitgruppen erhalten hat.

Memorystationen

Auf dem Weg zur Berufswahl

Station 1 Schule und was dann?

3 + 3 + 3

Übernimm die folgende Übersicht in deine Arbeitsmappe und vervollständige sie.

Was tun nach dem mittleren Schulabschluss?

→ **3** Gründe für eine anschließende Berufsausbildung

→ **3** Gründe für das Abitur

→ **3** mögliche Ausbildungswege

Station 2 Wie können wir uns sinnvoll orientieren?

2 Zitate – 3 Gründe

Die beiden Zitate stammen aus Ratgebern für die Berufswahl. Die notwendigen Erklärungen dazu sollst du in möglichst klaren Worten formulieren.

„Spätestens anderthalb Jahre vor dem Ende der Schulzeit muss die Berufswegplanung beginnen." → **3** Gründe, warum frühzeitige Planung wichtig ist: …

„Die Berufswahl ist deine Sache. Aber du bist nicht allein." → **3** Hilfen, die jede bzw. jeder in Anspruch nehmen kann: …

Station 3 Erwartungen an die Schulabgänger

Jens möchte sich demnächst um einen Ausbildungsplatz bewerben. Was die Erwartungen von Ausbildungsbetrieben an die Qualifikationen von Azubis angeht, da hat Jens so seine ganz eigenen Vorstellungen.
Überlege dir, wie du ihn überzeugen kannst, dass seine Denkweise falsch ist, und notiere es. Wie überzeugst du Jens vom Gegenteil?

1. *„Englisch muss man können, wenn man in England oder in einem anderen englischsprachigen Land arbeiten will. Ich will hier bleiben und hier arbeiten, da brauche ich keine Fremdsprachenkenntnisse im Berufsleben."* → ?
2. *„Rechnen können, das muss man heute nicht mehr selbst, dafür hat man seinen Taschenrechner. Kopfrechnen kann ich nicht und es ist auch nicht notwendig."* → ?
3. *„Locker bleiben bei der Arbeit, das ist heutzutage besonders wichtig. Die Betriebe wollen mittlerweile coole junge Leute haben. Da kann man auch mal einen Tag fehlen oder zu spät kommen."* → ?

Wie überzeugst du Jens vom Gegenteil?

Station 4 Erfolgswege im Bewerbungsverfahren

Du in der Rolle eines Berufsberaters

Stell dir vor: Du bist als Berufsberater in deine Schule eingeladen. In einem Vortrag mithilfe eines Stichwortzettels sollst du deinen Mitschülerinnen und Mitschülern Ratschläge für eine clevere Berufswegplanung geben. Auf deinem Stichwortzettel stehen die Punkte A bis E. Überlege dir zu jedem der Punkte mindestens zwei gute Ratschläge und fertige deine Notizen als Grundlage für einen mündlichen Vortrag vor der Klasse vor.

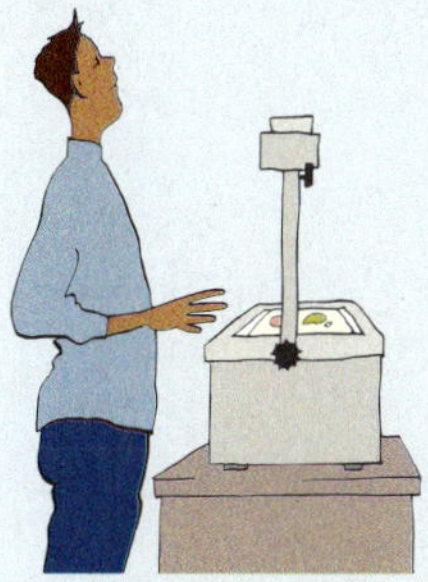

Vortrag Erfolgsstrategien

Tipps für
A: ein erfolgreiches Praktikum
B: die gute schriftliche Bewerbung
C: gutes Telefonieren
D: gute Testvorbereitung
E: gutes Verhalten im Vorstellungsgespräch

Station 5 Frauenberufe – Männerberufe

Beschreibe: Wie ist die Rolle der Frau und die Rolle des Mannes in dieser Karikatur dargestellt?
Analysiere: Welches Problem der Berufswahl von Mädchen und Jungen wird hier deutlich?
Bewerte: Soll im Berufswahlverhalten von Mädchen und Jungen alles so bleiben wie es ist, oder soll sich etwas ändern?

Station 6 Rollentausch: Welchen Azubi würdest du einstellen?

Bei der Speditionsfirma *Interfracht*, bei der du Personalchef bist, ist eine weitere Bewerbung um einen Ausbildungsplatz zum Kaufmann/Kauffrau für Spedition- und Logistikdienstleistung eingegangen.
Notiere: Welche Informationen in den Bewerbungsunterlagen sprechen für eine Einstellung von Vincenzo? Welche eher dagegen?

Vincenzo Satchera, Realschulabschluss

Zeugnis	Leistungsbereitschaft 3; Zuverlässigkeit/Sorgfalt 3; Sozialverhalten 1; Mathematik 4; Deutsch 4; Englisch 2; Politik u. Wirtschaft 2; Durchschnittsnote der übrigen Fächer 2,4. Regelmäßiger Besuch der Informatik-AG; Fehltage: 12 Tage entschuldigt, 3 Tage unentschuldigt
Bewerbungsunterlagen	Ordentlich, aber mehrere Rechtschreibfehler im Anschreiben
Testergebnis	Rechnerisches Denken 3,4; Allgemeinbildung 1,5; Rechtschreibung 4, Konzentrationstest 1,5
Vorstellungsgespräch	Vincenzo hatte sich mithilfe des Internets gut über die Firma informiert; sprach aber recht undeutlich, kam im Freizeitlook.
Praktika	Zusätzlich zum Schulpraktikum wurden zwei weitere freiwillige Praktika in den Ferien absolviert.
Gesundheitszeugnis	Sportlich, für alle Berufe geeignet

3 Demokratie in der Bundesrepublik Deutschland

Wie funktioniert das parlamentarische System?

Welche Gedanken, welche Gefühle, welche Bilder entstehen in euren Köpfen, wenn ihr das Wort Demokratie hört? Notiert eure Antworten und tauscht euch dann untereinander aus.

Worum geht es?

Das Foto auf dieser Seite zeigt das Reichstagsgebäude in Berlin, in dem der Deutsche Bundestag tagt. Davor protestieren mehrere tausend Menschen gegen ein im Bundestag eingebrachtes Gesetz, das die Speicherung personenbezogener Daten vorsieht. Wer im Internet surft, muss nach diesem neuen Bundesgesetz damit rechnen, dass seine Daten für die Dauer eines halben Jahres gespeichert werden. Das Gesetz verfolgt das Ziel, Verbrechen besser zu bekämpfen und die Bevölkerung wirkungsvoller vor terroristischen Aktionen schützen zu können. Die Protestierenden verfolgen das Ziel, die Freiheit der Bürgerinnen und Bürger zu schützen. Sie warnen vor dem Überwachungsstaat, der die Menschen ausspioniert. Die Mehrheit der Abgeordneten war wahrscheinlich nicht begeistert von dieser Aktion. Dennoch war der Protest polizeilich genehmigt und von Befürwortern und Gegnern geduldet.

So ist das in einer Demokratie. Es gibt unterschiedliche Meinungen und Interessen und da, wo sie aufeinandertreffen, kommt es zu Interessenkonflikten. Auf den ersten Blick mag mancher das als störend empfinden. Wer genauer hinsieht, entdeckt darin gerade den Wert der Demokratie.

„Freiheit statt Angst" steht in großen Lettern auf dem Transparent der Protestierenden, ein Spruch, der auch als Leitmotiv gesehen werden kann. Die Demokratie gewährt Freiheiten, von denen viele Menschen weltweit nur träumen können – zum Beispiel die Freiheit, eine eigene Meinung zu haben und diese auch vertreten zu können – ohne Angst vor Unterdrückung und Verfolgung.

Um die Demokratie schätzen zu können, sollte man ihre Spielregeln kennen. Informiert zu sein über den Staat, in dem man lebt, und eine eigene Meinung zu grundlegenden Fragen und Problemen zu haben, gehört unverzichtbar zur Allgemeinbildung jeder Schülerin und jedes Schülers.

Am Ende dieses Kapitels könnt ihr ...

- die Rolle der Parteien in der Demokratie erläutern und bewerten,
- das Wahlrecht zum Deutschen Bundestag darstellen,
- den Prozess der Gesetzgebung des Bundes an einem konkreten Beispiel erläutern,
- darstellen, wie die staatliche Macht kontrolliert werden kann,
- darüber diskutieren, ob Volksabstimmungen die Demokratie bereichern können.

1 In einer Demokratie leben: Welche Bedeutung hat das für dich?

Die Autoren dieses Buches legten Schülerinnen und Schülern die Frage vor:
In einer Demokratie zu leben – worin siehst du die Vorteile, worin die Nachteile?
Hier einige Auszüge aus den schriftlichen Antworten.

„Die Demokratie ist auf jeden Fall die beste Art, einen Staat zu führen. Man kann frei wählen, was man mit seinem Leben anfangen will. Man kann auch eine Regierung abwählen, wenn sie einem nicht passt. Überhaupt, dass es freie Wahlen gibt, ist ein großer Vorteil. Ein Nachteil ist, dass man sich selbst um alles kümmern muss. Man ist so ziemlich auf sich selbst angewiesen in der Demokratie."

(Anja, 16 Jahre)

„Darüber habe ich bis jetzt noch nicht nachgedacht, vielleicht später einmal. Zurzeit habe ich ganz andere Sachen im Kopf. Ich will Spaß in meiner Freizeit haben, mich mit Freunden treffen, mein Leben genießen.
Bei Demokratie denke ich an Politik und Politik finde ich uninteressant."

(Alexander, 15 Jahre)

Mit der Demokratie, so wie sie in Deutschland besteht, sind

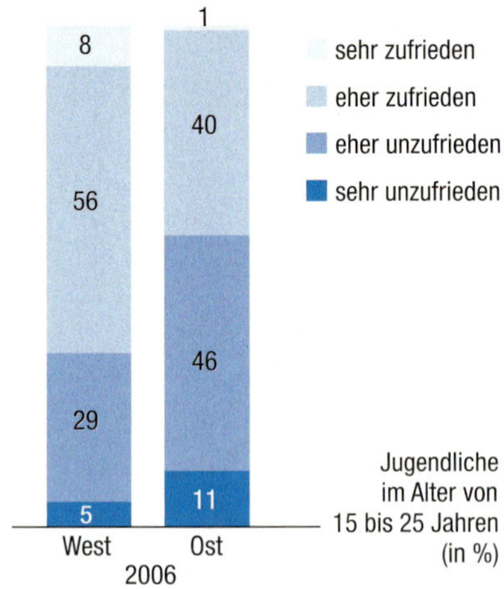

(Aus: Shell Jugendstudie 2006, S. 111 – TNS Infratest Sozialforschung)

„Eigentlich denkt man nie darüber nach, was die Vorteile einer Demokratie sind. Das Leben in der Demokratie ist für uns ja so selbstverständlich. Wenn ich Berichte von Menschen höre, die in einem unfreien Land leben, dann bin ich allerdings froh darüber, dass wir in der Demokratie nicht in ständiger Angst vor der Polizei oder vor Soldaten leben müssen, dass wir uns frei bewegen und reisen können. Nachteile fallen mir gar keine ein."

(Melanie, 15 Jahre)

„Das Wichtigste ist, dass jeder Mensch in einer Demokratie seine Meinung frei sagen kann, ohne bestraft zu werden, und dass es ein gut funktionierendes Rechtssystem gibt, auch dass die Medien frei und unbeeinflusst schreiben können. Die Nachteile sind, dass viele Politiker zu viel reden und sich weniger um die Probleme der Menschen kümmern und dass es für alle möglichen Vorhaben viele Richtlinien und Formulare gibt, die man beachten und ausfüllen muss (z. B. wenn man ein Restaurant eröffnen will), auch dass viele Menschen vom Staat hängengelassen werden und z. B. nicht genug Geld zum Leben haben."

(Philipp, 17 Jahre)

„In einer Demokratie kann jeder Mensch über sein Leben selbst bestimmen. Man kann auch frei eine Partei wählen. Allerdings haben die Menschen nach einer Wahl nicht mehr viel mitzubestimmen. Ich finde, es sollte bei manchen Fragen in der Politik Volksabstimmungen geben. Das wäre viel demokratischer."

(Luzie, 16 Jahre)

1. Welche der hier abgedruckten Antworten findest du am überzeugendsten und warum?
2. Wie sieht deine eigene Antwort aus?

Vielleicht habt ihr im Unterricht schon eine ganze Reihe von Merkmalen der politischen Ordnung in Deutschland kennengelernt. Vielleicht wisst ihr auch einiges, was ihr außerhalb von Schule und Unterricht erfahren habt. Mit diesem Quiz könnt ihr testen, was ihr noch wisst oder was ihr schon wisst.

Quiz für Einsteiger: 5 mal A plus 5 mal B plus 5 mal C

1 Staatsoberhaupt der Bundesrepublik Deutschland ist …
(A) der Bundeskanzler
(B) der Bundespräsident
(C) der Bundestagspräsident

2 Die gewählte Volksvertretung der Bürgerinnen und Bürger in Deutschland ist …
(A) der Bundestag
(B) der Bundesrat
(C) der Landtag

3 Nach Artikel 63 des Grundgesetzes (GG) wird der deutsche Bundeskanzler …
(A) vom Volk direkt gewählt
(B) vom Bundestag gewählt
(C) vom Bundespräsidenten bestimmt

4 Mit dem Begriff *Volkssouveränität* bezeichnet man die Tatsache, dass das Volk …
(A) durch Wahlen bestimmt, wer politische Herrschaft ausüben darf
(B) entscheidet, was politisch geschehen soll
(C) das Staatsoberhaupt wählt

5 Nach dem Artikel 38 GG gehört folgendes Merkmal nicht zu einer demokratischen Wahl:
(A) Wahlen sind frei
(B) Wahlen sind geheim
(C) Es besteht Wahlpflicht

6 Bei welcher Wahl ist die Zahl der wahlberechtigten Bürgerinnen und Bürger am kleinsten?
(A) bei der Landtagswahl
(B) bei der Kommunalwahl
(C) bei der Bundestagswahl

7 Nach Artikel 38 GG sind die Abgeordneten des Deutschen Bundestages …
(A) verpflichtet, sich strikt an die Beschlüsse ihrer Partei zu halten
(B) an die Aufträge und Weisungen ihrer Wähler gebunden
(C) nur ihrem Gewissen unterworfen

8 Wahlen zum Deutschen Bundestag finden …
(A) alle vier Jahre
(B) alle fünf Jahre
(C) alle sechs Jahre statt

9 Eine vom Bundestag verabschiedete Regelung, an die alle Staatsbürger sich halten müssen, nennt man …
(A) ein Gesetz
(B) einen Regierungsbeschluss
(C) eine Verordnung

10 Die Bundesregierung besteht aus …
(A) dem Bundeskanzler und den Ministerpräsidenten der Länder
(B) dem Bundespräsidenten, dem Bundeskanzler und den Ministern
(C) dem Bundeskanzler und den Bundesministerinnen und -ministern

11 Nach Artikel 50 GG wirken die 16 Bundesländer an der Gesetzgebung des Bundes mit …
(A) durch den Bundespräsidenten
(B) durch den Bundesrat
(C) durch die Landesparlamente

12 Nach Artikel 54 GG wird alle fünf Jahre der Bundespräsident gewählt …
(A) vom Volk
(B) vom Bundestag
(C) von der Bundesversammlung

13 Einen Zusammenschluss von zwei oder mehreren Parteien in einem Parlament mit dem Ziel, eine regierungsfähige Mehrheit zu bilden, nennt man …
(A) eine Fraktion
(B) eine Koalition
(C) eine Opposition

14 Welche politische Einrichtung in Deutschland wird auch als „Hüterin der Verfassung“ bezeichnet?
(A) der Bundestag
(B) das Bundesverfassungsgericht
(C) die Bundesversammlung

15 Deutschland ist eine Republik. Zu einer Republik gehört auf keinen Fall, dass …
(A) das Staatsoberhaupt ein König oder eine Königin ist
(B) das Volk in regelmäßigen Abständen das Parlament wählt
(C) alle Staatsgewalt vom Volk ausgeht

Das Quiz ist richtig gelöst, wenn die Antworten A, B und C jeweils fünfmal vorkommen.

Methodenkarte 4

Sachtexte verstehen, beurteilen und visualisieren mit der Pickup-Methode

Thema: Demokratie

A Worum geht es?

Wenn uns im beruflichen oder im privaten Leben schwierige Texte begegnen, gibt es in der Regel keine Lehrerin und keinen Lehrer, der uns die passenden Erschließungshilfen dazu liefert. Man muss selbst die notwendigen Fähigkeiten mitbringen, um solche Texte zu lesen, zu verstehen und sich darüber sein persönliches Urteil bilden zu können.
Das bedeutet, dass ein Text so erarbeitet wird,

- dass man die wichtigen Informationen daraus herausfiltern kann,
- den Text mit eigenen Worten verständlich für sich selbst und für andere zusammenfasst,
- sich ein eigenes Urteil über die Bedeutung und Qualität des Textes bildet,
- wichtige Textinhalte langfristig behält.

B Wie macht man das?

Die eigene Lesekompetenz trainiert man, indem man sich selbst eine Vorgehensweise erarbeitet, die man immer wieder anwenden kann. Man benutzt sie bei Sachtexten, die einem auf den ersten Blick als besonders schwierig erscheinen. Wir schlagen euch dazu die Texteinsammelmethode (= Pickup-Methode) vor. Sie besteht aus fünf Schritten.
Schülerinnen und Schüler, die mit dieser Methode mehrfach geübt haben, berichten mit großer Mehrheit, dass ihnen die Methode Erfolgserlebnisse beim Lesen schwieriger Texte ermöglicht.

Fünf Schritte zur Pickup-Methode

1. Wovon handelt der Text?

In einem ersten Lesedurchgang solltest du den Text einmal insgesamt überfliegen. Du musst in diesem ersten Schritt nicht alle Einzelheiten und alle Fremdwörter verstehen. Du wirst auch so herausfinden, wovon er handelt. Notiere im Anschluss daran, worum es in diesem Text insgesamt geht. Du hast nun schon eine Einleitung für eine schriftliche oder mündliche Zusammenfassung. Gegen Ende der Arbeit kannst du sie noch einmal überarbeiten.

2. In welche Abschnitte lässt sich der Text untergliedern?

Das ist ein ganz wichtiger Schritt, weil du damit dem Text eine Struktur gibst. Abschnitt für Abschnitt lässt sich ein Text viel leichter bearbeiten, weil man so überschaubare Einheiten vor sich hat. Wenn du die Abschnitte mit Zwischenüberschriften versiehst, hast du zugleich die Stichpunkte, an denen du dich bei einer mündlichen oder schriftlichen Zusammenfassung orientieren kannst.

3. Welche Textstellen und Schlüsselbegriffe sind so wichtig, dass sie markiert werden sollen?

Wer bei Sachtexten bereits beim ersten Lesen mit einem Textmarker arbeitet, markiert immer zu viel. Markieren sollte man erst bei einem zweiten Lesedurchgang. Jetzt kennst du den Text schon einigermaßen gut und kannst besser entscheiden, welche Textstellen du als besonders wichtig empfindest. Wichtig ist, dass man sparsam markiert, keinesfalls mehr als 20 Prozent der gesamten Textmenge. Die markierten Zitate kannst du bei deiner Zusammenfassung verwenden.

4. Welche Fachbegriffe und Fremdwörter müssen geklärt werden?

Manche Texte enthalten eine so große Menge an Fremdwörtern, dass man verzweifeln könnte. Doch keine Angst: Man muss nicht immer hundert Prozent aller Wörter verstehen, um die zentralen Aussagen zu begreifen. Suche in deinem Text nach den unbekannten Begriffen, die dir selbst als unverzichtbar für das Verständnis erscheinen. Umrande sie rot und kläre sie dann mithilfe eines Lexikons, eines PCs oder auch mit einer Frage an die Lehrerin, den Lehrer.

5. Wie lässt sich der Text mündlich oder schriftlich zusammenfassen?

Wenn du alle Schritte bis hierhin durchlaufen hast, wird dir eine Zusammenfassung nicht mehr schwerfallen. Du kannst zu Beginn sagen, wovon der Text insgesamt handelt. Du strukturierst deine Zusammenfassung mit den Zwischenüberschriften. Du kannst Wichtiges zitieren und du kannst Fachbegriffe erklären.

Visualisierungen fördern das Textverständnis

Zwei Vorteile verschaffst du dir, wenn du den bearbeitenden Text mit einer selbst angefertigten Visualisierung versiehst:

- Erstens, weil du dir mit dieser optischen Hilfe den Text besser merken kannst.
- Zweitens kannst du die Visualisierung zur Unterstützung deines mündlichen Vortrages benutzen.

Wähle zur Visualisierung die Form, die zu deiner Art des Lernens am besten passt, also eine Mindmap oder eine Tabelle, ein selbst angefertigtes Schaubild, ein Lernplakat etc.

Man muss Texte auch beurteilen können

Für deine Bildung solltest du dich nicht damit zufriedengeben, schwierige Texte nur zu verstehen. Die Fähigkeit, eine begründete Stellungnahme zu formulieren, gehört ebenfalls dazu. Das gilt vor allem für solche Texte, die neben den sachlichen Informationen auch Meinungsäußerungen enthalten.

Es geht dabei nicht nur um die Frage, ob man den Text gut oder schlecht findet, sondern um eine differenzierende Beurteilung in Form einer begründeten Stellungnahme. Die folgenden Fragen helfen dabei:

1. Welche Informationen aus diesem Text sind so wichtig, dass ich sie mir langfristig merken möchte?
2. Welche Auffassungen (zum Beispiel über die Stärken und Schwächen der Demokratie) enthält er?
3. Sind die Auffassungen gut begründet, sodass ich sie nachvollziehen kann?
4. Wie bedeutend oder unbedeutend ist dieser Text für meine eigene Urteilsbildung über das Thema?
5. Kann ich den Text anderen Personen zum Lesen empfehlen oder nicht?

An diesen Fragen kannst du dich orientieren, wenn du in einem Schlussteil schriftlich oder mündlich deine persönliche Stellungnahme abgibst.

Was sind Grundlagen, Stärken und Schwächen der Demokratie?

Der folgende Textausschnitt wurde dem Buch „Vorsicht Politik" von Siegfried Schiele und Gotthard Breit entnommen. Zu den „Grundpfeilern der Demokratie", von denen im Text die Rede ist, liefert euch das Schaubild wichtige Zusatzinformationen. Wendet zur Textbearbeitung mithilfe einer Kopie die Pickup-Methode an.

Demokratie hat manche Schwächen, aber etwas Besseres gibt es nicht

Die Demokratie ist teuer, umständlich, kompliziert und langweilig, nicht effektiv, nicht attraktiv. Es ist nicht schwer, weitere negative Eigenschaften über unsere Demokratie zusammenzutragen. Die Demokratie macht es den Kritikern recht leicht.
Und an der Kritik ist ja auch etwas dran. Demokratie ist tatsächlich eine recht teure Angelegenheit. So gibt es in Deutschland zum Beispiel den Bundestag und dazu noch 16 Parlamente in den Bundesländern. In diesen Parlamenten sitzen insgesamt etwa 2500 Abgeordnete, die alle Diäten erhalten. Damit diese Parlamente arbeiten können, braucht man etliche Gebäude und Verwaltungen mit vielen Beschäftigten. Dazu kommen noch die kostspieligen Regierungen im Bund und in den Ländern mit ihren Ministerien und riesigen Verwaltungsapparaten. So könnte man noch lange fortfahren, um den Beweis zu führen, dass Demokratie eine teure Sache ist.
Auch andere Mängel sind nicht leicht von der Hand zu weisen. Wenn die Regierung etwa eine gute Idee hat, um das Gesundheitswesen zu reformieren, kann sie nicht einfach Beschlüsse fassen, die dann in ganz Deutschland sofort umgesetzt werden. Sie muss vielmehr den schwierigen und langwierigen Weg durchs Parlament gehen, wo das Gesetz dreimal beraten und verabschiedet werden muss, und … und … und. Überall Vorschriften und Hindernisse, die sich einem beherzten Zugreifen in den Weg stellen.
Und so kommt es auch, dass viele Menschen die ganzen politischen Abläufe für umständlich und kompliziert halten. Sie schütteln darüber den Kopf, weshalb alles so lange dauert und oftmals trotzdem keine guten Ergebnisse bringt.
Wie soll Demokratie attraktiv sein, wenn sie so viel Geld kostet, wenn sie umständlich arbeitet und wenn die Ergebnisse zuweilen recht mager und auch unverständlich sind?
Werfen wir doch mal einen Blick auf eine Alternative: Eine Diktatur kann auf den ersten Blick viel einfacher und kostengünstiger sein. Ein Diktator braucht keine Parlamente, er kann sehr rasch entscheiden, in kurzer Zeit können viele Reformen umgesetzt werden, zumal es einem warm ums Herz werden kann, wenn dann noch die Menschen begeistert sind und viele Fahnen die Zustimmung zum Diktator so richtig zum Ausdruck bringen?
Diese positive Betrachtungsweise kann sich schnell ändern, wenn Entscheidungen getroffen werden, die einem nicht passen, und man aus Angst vor dem Machthaber noch nicht einmal schimpfen darf. Oder wenn man zusammenzählt, was die Überwachungsgremien kosten, die sicherstellen sollen, dass keine abweichenden, unerwünschten Meinungen vertreten werden. Von der Misshandlung von Minderheiten und drohenden Kriegsgefahr gar nicht zu reden. Haben nicht gerade die Deutschen schlimme Erfahrungen in ihrer Geschichte machen müssen? Das sollte für immer reichen!
Die Demokratie erfüllt trotz der genannten negativen Eigenschaften einen großen Zweck: Sie sichert die Freiheit der Bürgerinnen und Bürger. Abgeordnete aus unterschiedlichen Parteien in den verschiedenen Parlamenten sorgen dafür, dass neue Gesetze gründlich unter die Lupe genommen werden, ehe sie verabschiedet werden können. In einer Demokratie gibt es eine Opposition, damit alle Vorgänge im Land ausreichend geprüft, kritisiert und kontrolliert werden. Der deutsche Föderalismus, der sich aus der Geschichte erklärt, hat viele Vorteile, wenn er auch sehr aufwändig ist. Ob wir aber in alle Ewigkeit 16 Bundesländer haben müssen, bleibt offen. Die Grundpfeiler unserer Demokratie und dazu Föderalismus – dürfen jedoch nicht erschüttert werden, wenn unsere Freiheit keinen Schaden nehmen soll. Auch im Privatleben heißt es ja: Was gut ist, darf auch etwas kosten. Im öffentlichen Bereich gilt dieser Grundatz noch mehr.
Selbst wenn die Demokratie in unseren Augen manche Schwächen hat, so gibt es nach aller Erfahrung nichts, was die Freiheit der Menschen ähnlich wirkungsvoll garantiert und den Missbrauch der Macht verhindert.

Grundlagen der staatlichen Ordnung in der Bundesrepublik Deutschland

Republik	Demokratie	Bundesstaat	Sozialstaat	Rechtsstaat
Freiheitlicher Staat Gegen Diktatur Macht geht von Volk aus Wahlen Gewähltes Staatsoberhaupt (kein König)	Alle Staatsgewalt geht vom Volk aus Gewähltes Parlament als repräsentative Volksvertretung Meinungsfreiheit Achtung der Menschenrechte	Aufteilung des Staatsaufbaus in Bund und Länder Verteilung der politischen Zuständigkeiten auf den Bund und die Länder Mitwirkung der Länder an den Gesetzen des Bundes	Schutz der Menschenwürde Schutz der Menschen vor großen sozialen Risiken durch Sozialversicherungen, Sozialhilfe Schutz von Ehe und Familie	Herrschaft des Rechts Bindung des Staates an die Gesetze Gewaltenteilung Gleichheit aller Menschen vor dem Gesetz Sicherung der Freiheit

Warum kann die Demokratie auf Herrschaft nicht verzichten?

Über den schlechten Erfahrungen mit Herrschaft übersieht man leicht die andere Seite, die Notwendigkeit von Herrschaft. Ein kleines Beispiel: In Frankreich gibt es einen schönen Brauch. Wenige Tage vor der Präsidentschaftswahl kontrolliert die Polizei die Verkehrsteilnehmer nicht mehr; sie stellt ihre „Herrschaft" ein. Jetzt ist der Fußgänger frei und kann die Straße überqueren, wann er will. Auch die Autofahrer sind frei und müssen keine Verkehrsregeln beachten. Diese Freiheit wird weidlich ausgenutzt. Selbst das strengste Parkverbot ist mit Autos zugestellt.

Die Freude währt nur kurze Zeit. Innerhalb weniger Stunden verwandelt sich der Stadtverkehr in einen einzigen Stau. […] An die Stelle von Herrschaft tritt Chaos. Ohne großes Murren lassen daher die Bürgerinnen und Bürger nach der Wahl die Polizei ihr Regiment über den Stadtverkehr wieder aufnehmen. Das Beispiel zeigt: Ohne Herrschaft geht es nicht, denn das Leben im (Verkehrs-)Chaos ist für niemanden schön. […]

Auch auf anderen Gebieten würde unser Leben ohne Herrschaft chaotische Züge annehmen. Daher ist auch in einer Demokratie Herrschaft notwendig. Diese Feststellung schließt nicht aus, dass unser tiefsitzendes Misstrauen gegenüber Herrschaft nur allzu berechtigt ist. Missbrauch von Herrschaft hat eben allzu oft für das Volk nur Not und Tod bedeutet. Daher ist es die Aufgabe aller Demokraten, Herrschaft durch Wahlen zu bestimmen, zu kontrollieren und den Missbrauch zu verhindern.

(Aus: Siegfried Schiele, Gotthard Breit: Vorsicht Politik, Wochenschau Verlag, Bad Schwalbach/Ts. 2008, S. 78ff.)

Stichwortzettel für meine Zusammenfassung

A Einleitung:
Wovon handelt der Text?

B Hauptteil:
Abschnitt 1: Überschrift
Abschnitt 2: Überschrift
Abschnitt 3: Überschrift
usw.

C Schlussteil:
Meine begründete Stellungnahme zum Text

Visualisierung

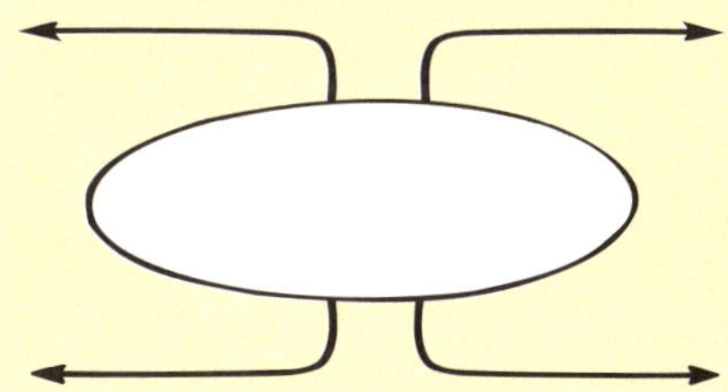

2 Wie viel Bürgerbeteiligung braucht die Demokratie?

Zur Veranschaulichung von politischer Mitwirkung werden hier zwei Beispiele aus Nordrhein-Westfalen vorgestellt. Sie können arbeitsteilig bearbeitet werden. Zur Klärung der Begriffe Bürgerinitiative, Bürgerbegehren und Bürgerentscheid könnt ihr auch das Glossar in diesem Buch heranziehen.

Beispiel A
Bürgerinitiative kontra Hühnerfarm

Gegen die Inbetriebnahme einer zweiten Bio-Massentierhaltungsanlage im Landschaftsschutzgebiet Fettenberg-Deilbachtal wehrt sich eine Bürgerinitiative im Bergischen Land bei Wuppertal.

Der Grund: Eine der größten Bio-Eier-Erzeugerfirmen Deutschlands betreibt in diesem Gebiet bereits eine Hühnerfarm mit 24 000 Legehennen. 2008 stellte das Unternehmen einen Antrag zur Einrichtung einer zweiten Farm mit ebenfalls vorgesehenen 24 000 Hennen. Nach Überzeugung der Bürgerinitiative würde diese zweite Anlage die Umwelt in unerträglicher Weise belasten. Auch gebe es in den Anlagen der Betreiberfirma keine artgerechte Tierhaltung. Vielmehr täusche sie den Verbraucher mit dem Etikett „Bio-Eier", weil sie nur ein Viertel der Auflagen erfülle, die eine artgerechte und umweltschonende Eierproduktion verlangt.

Schon nach kurzer Zeit konnte die Bürgerinitiative einen Teilerfolg vermelden. Die Firma zog den ursprünglichen Plan zurück und wollte sich nun für eine kleinere Anlage entscheiden. Die Stadt Wuppertal entschied, dass eine weitere Anlage nur genehmigt werden könne, wenn eine Umweltverträglichkeitsprüfung erfolgt sei. Nach Überzeugung der Bürgerinitiative müsste eine Umweltverträglichkeitsprüfung zu dem Ergebnis kommen, dass eine zweite Anlage auf keinen Fall mit dem Umweltschutz vereinbar sein würde. Die Zweitanlage zu verhindern und den Betreiber dazu zu zwingen, in der Erstanlage die Hühner artgerecht zu halten, sind die zentralen Ziele der Bürgerinitiative aus Deilbach.

BÜRGERINITIATIVE
Landschaftsschutzgebiet Fettenberg-Deilbachtal

Wir sind dagegen – Wir protestieren gegen eine Zersiedlung unseres schönen bergischen Naherholungsgebietes. […]
Die Geruchsentwicklung, der Gestank, ist extrem und viele Fliegen, als Überträger von Krankheiten, würden zur Plage. Das Grundwasser ist in Gefahr, große Flächen würden versiegelt. Eine Überdüngung des Bodens durch Hühnerkot ist zu erwarten. […]
Setzen Sie sich ein für den Erhalt des Naherholungsgebietes, für den Schutz von Pflanzen, Tieren und Menschen, und wenden Sie sich gegen die Zerstörung der Landschaft durch industrielle Massentierhaltungen.
Richten Sie Ihren Protest an die Politikerinnen und Politiker in Ihrer Kommune und im Land, nutzen Sie die Informationen auf unserer Homepage, unterstützen Sie unsere Unterschriftenaktion.
Von Geflügel- und Massentierhaltung gehen gesundheitliche Gefahren aus. Hühnerkot enthält Ammoniak. Ammoniak ist eine chemische Verbindung von Stickstoff und Wasserstoff (NH_3) und ein giftiges Gas. In erhöhter Konzentration wirkt es auf Haut, Schleimhäute, Lungen und Augen ätzend. Ein Huhn produziert am Tag ca. 130–160 g Kot. Bei einer Anzahl von ca. 160 Auslauftagen im Jahr entstehen im Freigehege ca. 23,2 kg Kot pro Huhn im Jahr, also ca. 560 Tonnen Kot im Jahr bei 24 000 Hennen. Ein Teil des Kots trocknet an der Oberfläche. Durch aufgewirbelten Staub entstehen daraus gefährliche Ammoniakemissionen. Außerdem bilden sich in diesem getrockneten Kot Fliegenlarven. Fliegen gelten als Überträger verschiedenster schwerer Krankheiten.
Die Bürgerinitiative ist für eine artgerechte Tierhaltung in einem fairen Wettbewerb der Landwirte, die aus Überzeugung und Respekt vor der Natur Bio-Haltung praktizieren.

(Aus der Homepage der Bürgerinitiative www.nls-deilbachtal.de; letzter Zugriff 01.09.2009)

Beispiel B:
Bürgerentscheid verhindert Freibadschließung

Im Jahr 2001 beschloss der Stadtrat der Gemeinde Velbert in Nordrhein-Westfalen die Schließung des Freibades in Velbert-Langenberg. Gründe für diese Entscheidung waren die teilweise geringe Auslastung des Bades bei gleichzeitig steigenden Kosten.
Zahlreiche Bürgerinnen und Bürger der Stadt, darunter sehr viele junge Leute, wollten sich mit diesem Ratsbeschluss nicht zufrieden geben. Sie organisierten ein Bürgerbegehren, das die folgende Forderung enthielt:
Das Freibad darf nicht geschlossen werden. Der Stadtrat soll seinen Beschluss zurückziehen.
Die Durchführung des Begehrens erforderte viel Arbeit und Engagement. Infostände wurden eingerichtet, Informationsmaterial wurde verfasst, viele junge Leute warben um Unterschriften. Es gelang der Initiative, mehr als 10 Prozent der Bürger der Stadt zur Unterschrift zu bewegen, und so ging das Bürgerbegehren am 12. März 2001 beim Rat der Stadt ein.
Der Rat prüfte, ob das Bürgerbegehren die rechtlichen Voraussetzungen erfüllte, welche die westfälische Kommunalverfassung vorschreibt. Er kam zu dem Ergebnis, dass das Begehren rechtens ist, lehnte aber gleichzeitig die Rücknahme des Ratsbeschlusses ab.
Nun musste ein Bürgerentscheid durchgeführt werden. 20,65 Prozent der stimmberechtigten Bürger Velberts entschieden sich darin für den Erhalt des Freibades, 1,75 Prozent dagegen. Damit war der Bürgerentscheid rechtlich gescheitert, weil sich mindestens 25 Prozent der stimmberechtigten Bürger daran beteiligen müssen. Trotzdem zog der Rat seinen ursprünglichen Beschluss zurück und entschied, dass das Freibad geöffnet bleibt. Nach neuen Wegen der Kostenfinanzierung wollte man suchen.

Freibad bleibt geöffnet: Bürgerengagement führt zu einem Teilerfolg

Der Hintergrund:
Wie in fast allen Bundesländern gibt es in Nordrhein-Westfalen die Möglichkeit direkter Demokratie durch die Bürgerinnen und Bürger mittels eines Bürgerentscheids. Das in der Kommunalverfassung geregelte Verfahren sieht zwei Stufen vor: Zunächst müssen in einem Bürgerbegehren mindestens 10 Prozent der Unterschriften der Stimmberechtigten gesammelt werden. Ausgenommen sind Haushaltsfragen. Nimmt der Rat oder eine Bezirksvertretung das Begehren nicht an, so muss innerhalb von drei Monaten ein Bürgerentscheid durchgeführt werden. Dieser ist dann erfolgreich, wenn sich die Mehrheit, mindestens aber 25 Prozent aller stimmberechtigten Bürger, für den Antrag ausspricht. Da dieses Quorum (= Mindestmaß an Stimmen) in Velbert knapp verfehlt wurde, war der Bürgerentscheid rechtlich gescheitert. Der gewählte Stadtrat wollte allerdings den Wunsch vieler junger Menschen in der Stadt nach der weiteren Öffnung des Freibades nicht übergehen. Und so war der Bürgerentscheid faktisch doch erfolgreich.

1. Untersucht die beiden Beispiele unter folgenden Gesichtspunkten: **A** Was war das Problem? **B** Was waren die Ziele? **C** Was wurde unternommen? **D** Wie war der Erfolg?

2. Wie bewertet ihr die beiden Aktivitäten der Bürgerinnen und Bürger? Könnt ihr euch vorstellen, dass ihr selbst bei solchen oder ähnlichen Projekten mitarbeitet? Sprecht miteinander darüber.

Basisdemokratie

In der Zeit zwischen 1994 und 2007 wurden in Nordrhein-Westfalen insgesamt 382 Bürgerbegehren auf den Weg gebracht. In 120 Fällen kam es zu einem Bürgerentscheid.

Die Themen waren:
- Erholungs-, Freizeit-, Sportangelegenheiten (90)
- Wohnungs-, Bau- und Grundstücksangelegenheiten (76)
- Verkehrsangelegenheiten (63)
- Schulangelegenheiten, z. B. Verhinderung von Schulschließungen (38)
- Umwelt-, insbesondere Abfallentsorgungsangelegenheiten (29)
- Sonstige (86)

Quelle: Innenministerium NRW

Möglichkeiten politischer Beteiligung

1. Während der Bearbeitung dieser Doppelseite könnt ihr mindestens zehn Möglichkeiten politischer Beteiligung notieren.
2. Mit welchen Mitteln können Interessenverbände und Bürgerinitiativen politische Mitwirkung ausüben?
3. Welche Möglichkeiten direkter Demokratie gibt es auf kommunaler und auf Landesebene?

Viele Formen

Politische Beteiligung kann in vielerlei Formen erfolgen. Sie setzt Urteilsfähigkeit voraus und erfordert die Bereitschaft, sich für das Gemeinwesen mitverantwortlich zu fühlen. Am Prozess der politischen Meinungs- und Willensbildung nimmt schon teil, wer die politischen Nachrichten und Kommentare in Zeitungen liest, die politische Berichterstattung in Rundfunk und Fernsehen verfolgt und Gespräche über politische Themen im Familien-, Freundes- und Kollegenkreis führt.
Formen der aktiven Beteiligung reichen von der Mitwirkung bei Unterschriftenaktionen, einem Engagement in Umwelt-, Menschenrechts- und Selbsthilfegruppen, der Teilnahme an Versammlungen und Demonstrationen, dem Schreiben von Leserbriefen und Briefen an Abgeordnete, dem Besuch von Sprechstunden der Abgeordneten, Eingaben an Parlamente und den Bundespräsidenten, der Mitgliedschaft und Mitarbeit in Parteien, Verbänden und Bürgerinitiativen, bis zur Teilnahme an den Wahlen zu Volksvertretungen und der eigenen Kandidatur an diesen Wahlen.

Parteien

In der modernen Massendemokratie kann der Bürger den politischen Entscheidungsprozess auf sich allein gestellt kaum beeinflussen. Politische Beteiligung vollzieht sich in erster Linie über die Mitarbeit in den Parteien (Näheres hierzu im Unterkapitel „Parteien").

(Aus: Horst Pötzsch: Die deutsche Demokratie, Verlag Leske + Budrich, Opladen 4/2005, S. 30 u. 38 © VS Verlag für Sozialwissenschaften Wiesbaden)

Interessenverbände

Personen und Gruppen schließen sich freiwillig zu einem Verband zusammen, um bestimmte Ziele (Interessen) gegenüber einer Verwaltung oder einer Regierung durchzusetzen. Denn ein solcher Interessenverband kann stärker auftreten, wenn viele Mitglieder darin vertreten sind und mit einer Stimme sprechen.

Das Foto zeigt die Eingangshalle zum Deutschen Bundestag (= die Lobby). Hier treffen sich die Vertreter der Interessenverbände, die sogenannten Lobbyisten, um die Interessen ihres Verbands bei den Politikern geltend zu machen.

Schüler- oder Lehrerverbände sind zum Beispiel solche Interessenverbände, die versuchen, ihre Ziele und Anliegen gegenüber den Schulbehörden durchzusetzen. Auch Gewerkschaften oder die Vereinigungen der Arbeitgeber sind Interessenverbände. Sie vertreten besonders bei den Tarifverhandlungen die Interessen ihrer Mitglieder. Große Interessenverbände haben oft eigene Vertretungen in der Stadt, wo auch die Regierung eines Landes ihren Sitz hat. So können sie schnell wichtige Leute im Parlament, in den Parteien und in der Regierung treffen und über ihre Angelegenheiten reden. Wenn Interessenverbände besonders stark sind und versuchen, auf Politik und Gesetzgebung Einfluss zu nehmen, werden sie auch als „pressure groups" bezeichnet. (Das Wort kommt aus dem Englischen und heißt wörtlich übersetzt „Druckgruppen", also Leute, die Druck ausüben.)

(Aus: Gerd Schneider u. Christiane Toyka-Seid: Politik-Lexikon von Aufschwung bis Zivilcourage, Campus Verlag, Frankfurt/New York 2006, S. 138 f.)

Bürgerinitiativen

In Bürgerinitiativen schließen sich Leute zusammen, um auf die Beseitigung eines Missstandes hinzuweisen, weil sie sich von den Behörden und Parlamenten nicht hinreichend unterrichtet und beachtet fühlen. Die meisten Bürgerinitiativen entstehen spontan. Ein Beispiel: Der Rat einer Stadt hat beschlossen, in einem vor der Stadt gelegenen Landschaftsgebiet eine Müllverbrennungsanlage zu errichten. Da sich dort auch ein Biotop befindet, schließen sich mehrere Bürgerinnen und Bürger zu der Bürgerinitiative „Rettet das Biotop" zusammen. Durch Öffentlichkeitsarbeit, Demonstrationen und Unterschriftenaktionen versuchen sie nun, den Rat der Stadt dazu zu bringen, den Beschluss zurückzunehmen.
In Deutschland gibt es einige tausend Bürgerinitiativen. In vielen Fällen haben sie ihre Ziele erreichen können. Besonders häufig setzen sie sich für Verbesserung im Umweltschutz, für Kinderrechte, für Verkehrsberuhigung und für ein besseres Bildungssystem ein. Manche Bürgerinitiativen lösen sich wieder auf, wenn sie ihr Ziel ganz oder teilweise erreicht haben.
Bürgerinitiativen werden vielfach als belebendes Element in der Demokratie angesehen. Sie haben politische, soziale und ökologische Probleme in das öffentliche Bewusstsein gerückt und viele Menschen wachgerüttelt. Problematisch können Aktionen von Bürgerinitiativen sein, wenn Minderheiten ihre Interessen gegen die Interessen der Mehrheit durchsetzen wollen. Das kann zum Beispiel der Fall sein, wenn sie den Bau eines Behindertenheimes oder eines Spielplatzes in einem Wohngebiet verhindern wollen.

Protest einer Bürgerinitiative

Möglichkeiten direkter Demokratie

Direkte Demokratie bedeutet, dass die Bürgerinnen und Bürger direkt, also nicht über ihre gewählten Vertreterinnen und Vertreter, an den politischen Entscheidungen beteiligt sind. Solche Möglichkeiten gibt es in fast allen Bundesländern auf der Ebene der Gemeindepolitik in der Form eines Bürgerbegehrens und des Bürgerentscheids.
Wollen die Bürgerinnen und Bürger in einer Stadt zum Beispiel lieber den Bau einer städtischen Kindertagesstätte als den vom Rat geplanten Erweiterungsbau des Stadttheaters, so können sie das mit einem schriftlich eingereichten Bürgerbegehren beim Stadtrat beantragen. Dieser Antrag muss mit einer bestimmten Mindestanzahl von Unterschriften der Einwohner ab 16 Jahren versehen sein. Zum Beispiel müssen in NRW bei kleinen Gemeinden 10 Prozent der Einwohner unterschreiben, bei Städten über 500 000 drei Prozent der Einwohner. Nimmt der Rat dieses Bürgerbegehren nicht an, so muss innerhalb einer bestimmten Frist ein Bürgerentscheid über die Sache durchgeführt werden. Das heißt, die Bürgerinnen und Bürger entscheiden nun per Abstimmung direkt über Theaterausbau oder Kindertagesstätte. Die Abstimmung ist gültig, wenn sich ein bestimmter Anteil der wahlberechtigten Bürgerinnen und Bürger daran beteiligt hat (in NRW 25 Prozent).
Bei den politischen Entscheidungen auf der Ebene der Landespolitik gibt es die Möglichkeit direkter politischer Mitwirkung durch das Volksbegehren und den Volksentscheid. Hiermit kann die Bevölkerung eines Bundeslandes die Landesregierung dazu auffordern, ein bestimmtes Gesetz zu erlassen, zu ändern oder aufzuheben. Das Verfahren läuft dann auf Landesebene so ähnlich ab, wie auf der bereits geschilderten kommunalen Ebene.

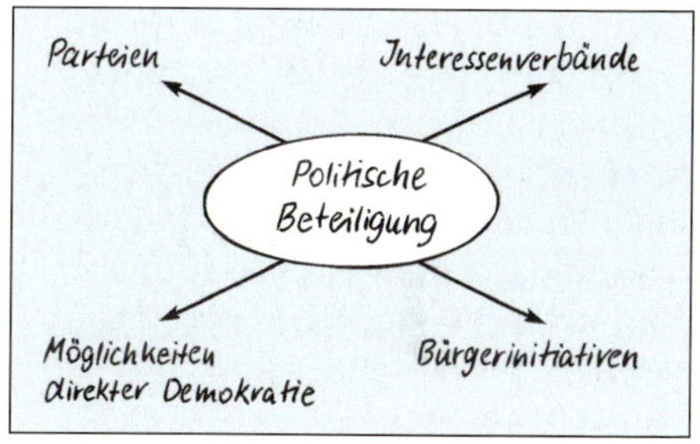

Begriffe für euer Fachwörterverzeichnis

- Interessenverband
- Bürgerinitiative
- Bürgerbegehren
- Bürgerentscheid

Soll das Volk auch in der Bundespolitik direkt mitentscheiden?

Stell dir vor, du könntest als Erwachsener mitentscheiden, ob du einem Gesetz zur Erhöhung des Kindergeldes zustimmst oder ob du für oder gegen eine Verschärfung des Jugendstrafrechts bist. Wäre das sinnvoll oder nicht?
Die Bundesrepublik Deutschland ist eine repräsentative Demokratie. Die Bürgerinnen und Bürger wählen die Abgeordneten als ihre Vertreterinnen und Vertreter (= Repräsentanten) in den Bundestag. Ein direkter Einfluss auf die politischen Entscheidungen des Bundes ist in der Verfassung bislang nicht vorgesehen. Anders sieht es in den Kommunen und in den Bundesländern aus. In den Kommunen gibt es den Bürgerentscheid und in den Bundesländern den Volksentscheid. Beides sind Formen direkter Demokratie, bei denen die Bürgerinnen und Bürger sozusagen in die Rolle des Gesetzgebers schlüpfen.
Ganz anders geht es in unserem Nachbarland, der Schweiz, zu. Hier haben die Erwachsenen mehrmals im Jahr die Möglichkeit, direkt über wichtige Gesetze des Landes mitzubestimmen. Schaut euch dazu den folgenden Informationstext an.

Volk lehnt Gesetzesinitiativen der Schweizer Regierung ab

2004 war kein leichtes Jahr für die Regierung der Schweiz. Zahlreiche Gesetzesvorlagen scheiterten am Veto des Volkes. Im Februar wurde das neue Mietrecht per Volksentscheid abgelehnt. Es sah eine Lockerung des Mieterschutzes vor. Den Plänen der Regierung zum Bau eines zweiten Gotthard-Straßentunnels erteilte das Volk ebenso eine Absage und die geplante Heraufsetzung des Frauenpensionsalters wurde auch abgeschmettert.
2006 stimmte das Volk einem Gesetz zur Erhöhung des Kindergeldes und der Ausbildungsbeihilfen zu. 2007 lehnte es die Gründung einer staatlichen Einheitskrankenkasse ab. Im Mai 2009 entschied es sich mit äußerst knapper Mehrheit für die Einführung des biometrischen Passes.

Volksentscheide künftig auch auf Bundesebene in Deutschland?

In den vergangenen Jahren hat es im deutschen Bundestag wiederholt Gesetzesvorlagen zur Einführung von Volksinitiativen, Volksbegehren und Volksentscheiden gegeben. Bereits 2002 stimmte der Bundestag über einen Gesetzesentwurf von SPD und Bündnis 90/Die Grünen zur Einführung von Volksentscheiden auf Bundesebene ab. Dabei wurde zwar die absolute Mehrheit der Stimmen erzielt, die Zweidrittelmehrheit aber verfehlt. Deshalb konnte das Gesetz nicht in Kraft treten. Gesetze, die die Verfassung ändern, müssen im Bundestag und im Bundesrat mit Zweidrittelmehrheit verabschiedet werden.
Es folgten weitere Vorschläge der FDP und der Partei Die Linke im Jahr 2006, denen es nicht besser erging.

Durchführung der Volksabstimmung über die Reform der Schweizer Armee im Jahr 2003

Auch weil in anderen Mitgliedstaaten der Europäischen Union Volksentscheide möglich sind (z. B. in Frankreich und in Irland) wurden in jüngster Zeit die Stimmen derer immer lauter, die eine direkte politische Beteiligung des Volkes an grundlegenden politischen Entscheidungen fordern. Befürwortung und Gegnerschaft auf Bundesebene lässt sich nicht eindeutig den im Bundestag vertretenen Parteien zuordnen. In allen großen Parteien gibt es Befürworter und Gegner und beide Seiten führen gewichtige Argumente ins Feld.

1. Was unterscheidet die Regelung in der Schweiz von der in Deutschland?
2. Sollen wir uns die Schweiz zum Vorbild nehmen?

TEAM kontrovers:
Pro und Kontra Volksentscheide auf Bundesebene

Hier findet ihr eine Reihe von Argumenten, die für und gegen Volksentscheide auf Bundesebene in die Diskussion eingebracht werden.

Erster Schritt:
Legt eine Tabelle an und ordnet darin die Argumente unter der Überschrift: Pro und Kontra Volksentscheide auf Bundesebene.

Zweiter Schritt:
Bewertet die Qualität der Argumente, um euch so ein eigenes Urteil zu bilden. Formuliert eure Ansicht in Form einer schriftlichen Stellungnahme. Sucht dazu auch nach weiteren Argumenten für eure eigene Sichtweise.

Dritter Schritt:
Stellt eure Stellungnahmen in der Klasse vor und diskutiert miteinander.

Argumente – Argumente – Argumente – Argumente – Argumente – Argumente – Argumente – Argumente	
1. Volksentscheide auf Bundesebene wären eine Bereicherung der Demokratie, weil die Wählerinnen und Wähler damit auch über die Wahl hinaus politisch aktiv sein können.	Pro
2. Am Beispiel der Schweiz kann man sehen, dass die Demokratie mit Volksentscheiden hervorragend funktioniert.	
3. Bundespolitische Entscheidungen, zum Beispiel über Fragen der Altersversorgung, des Gesundheitswesens, des Umweltschutzes oder der Reform des Arbeitsmarktes sind viel zu kompliziert. Der normale Bürger ist damit überfordert.	?
4. Junge Leute würden dadurch besser an die Politik herangeführt. Sie können so spüren, dass sie politisch etwas bewegen können.	Kontra
5. Volksentscheide würden dazu führen, dass kleine Gruppen von Bürgern, die sich in der Sache gut auskennen, ihre Interessen auf Kosten der Allgemeinheit durchsetzen.	
6. Bei einem Volksentscheid haben auch diejenigen eine Stimme, die von der Sache, um die es geht, keine Ahnung haben. Es kämen unkluge Entscheidungen zustande, die sich die Demokratie nicht leisten kann.	?
7. Demokratie ist ihrem Ursprung nach die Herrschaft des Volkes. Also muss das Volk auch Chancen haben, an der Herrschaftsausübung beteiligt zu werden.	Pro
8. In schwierigen Zeiten muss das gewählte Parlament auch unpopuläre Entscheidungen treffen können, die die Mehrheit der Bevölkerung wenig begeistern. Das geht aber nur in der repräsentativen Demokratie.	
9. Das Beispiel der Schweiz zeigt, dass das Volk alle unpopulären Entscheidungen ablehnt und somit wichtige Veränderungen blockiert.	?
10. Die gewählten Politikerinnen und Politiker müssten bei ihren Entscheidungen viel genauer auf die Stimmung in der Bevölkerung achten, weil sich das Volk sonst per Volksentscheid darüber hinwegsetzen könnte.	Kontra

Weltweit sind Bürgerbeteiligung und Demokratie keine Selbstverständlichkeit

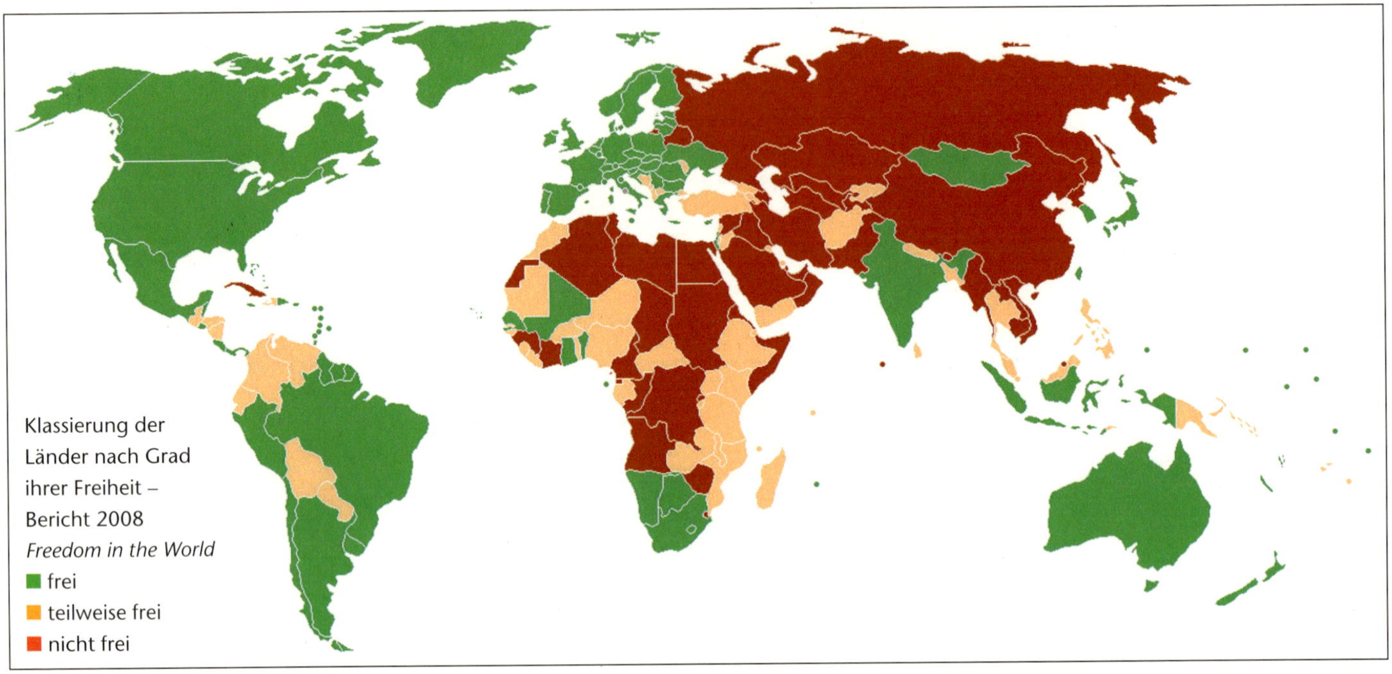

Wie sind freie und unfreie Staaten global verteilt?

Freedom House ist eine Forschungseinrichtung mit Sitz in Washington. Wichtigstes Ziel dieser Organisation ist es, die Demokratie weltweit zu fördern. Sie veröffentlicht jährlich eine Karte, in der alle Staaten der Welt anhand unterschiedlicher Merkmale in freie, teilweise freie und nicht freie Staaten eingeteilt werden.
Frei ist nach den Kriterien von Freedom House ein Staat, in dem es freie Wahlen gibt mit konkurrierenden Parteien, Meinungs-, Presse- und Glaubensfreiheit und in dem die Regierung an die Gesetze gebunden ist.
Teilweise frei ist ein Staat, in dem es zum Beispiel ein demokratisch gewähltes Parlament gibt, aber keine völlig unabhängige Presse. Unfrei sind Staaten, in denen die Regierungen nicht durch freie Wahlen an die Macht gekommen sind, in denen es keine Meinungs- und Pressefreiheit gibt und in denen elementare Menschenrechte missachtet werden. Zu den schlimmsten Merkmalen der Unfreiheit zählen die Verfolgung politisch Andersdenkender sowie der Einsatz der Folter mit Billigung der Regierung.
Von den 194 weltweit erfassten Staaten im Jahr 2007 gelten nach Freedom House 90 Länder als frei, 60 als teilweise frei und 43 als nicht frei.

Was ist eine Diktatur?

Eine Diktatur ist eine Zusammenfassung der politischen Gewalt in der Hand einer Person oder in der Hand einer Gruppe unter Ausschaltung der verfassungsrechtlichen oder gewohnheitsrechtlichen Schranken (Gegensatz: Demokratie). Eine Diktatur wird häufig durch scheindemokratische Elemente, z. B. machtloses Parlament oder „stillgelegte“ Verfassung oder Volksentscheide, die im gewünschten Sinne manipuliert wurden, verschleiert. [...] Diktatur kann durch eine Einzelperson (Diktator, „Führer“), Familie (Familien-Diktatur), durch Militärmachthaber (Militär-Diktatur; „Junta“) oder eine Gesellschaftsklasse (Klassen-Diktatur) ausgeübt werden.

(Aus: DIE ZEIT: Das Junior-Lexikon in 6 Bänden, ZEIT-Verlag, Hamburg 2007)

1. Nach welchen Merkmalen teilt die Forschungsorganisation Freedom House freie, teilweise freie und unfreie Staaten ein?
2. Betrachtet die Weltkarte: Was verdeutlicht sie über die globale Verteilung von Demokratien und von unfreien Staaten?

Trainingsplatz

Wir überlegen, was wir für die Demokratie tun wollen

Mitwirkung in der Demokratie beginnt schon im täglichen Umgang miteinander und in ganz überschaubaren Bereichen. Auch Schule und Freizeitgestaltung bieten dafür wichtige Übungsfelder an. In diesem Fragebogen findet ihr eine Fülle von Mitmachmöglichkeiten in der Demokratie. Geht sie einzeln durch und entscheidet euch bei jedem Vorschlag für die Möglichkeit A, B oder C. Dazu wird Einzelarbeit empfohlen. Lest euch dann gegenseitig eure Antworten vor. In der Klasse könnt ihr die Zahl der A-, B- und C-Antworten insgesamt ermitteln und gemeinsam folgende Fragen beantworten:

1. Welche Formen demokratischer Mitwirkung sind für uns die Favoriten?
2. Wie sieht es insgesamt mit der Mitwirkungsbereitschaft in unserer Klasse aus?

Ich bin dazu bereit …	A Dazu bin ich sofort bereit.	B Jetzt noch nicht, aber in ein paar Jahren.	C Das kommt für mich nicht infrage.
1. mich für die Interessen meiner übrigen Klassenkameraden einzusetzen.			
2. einen Teil meines Taschengeldes für einen guten Zweck zu spenden.			
3. in einem Schulprojekt mitzuarbeiten, bei dem es um Hilfsmaßnahmen für andere Menschen geht.			
4. mich in der SV für die Interessen der Schülerinnen und Schüler einzusetzen.			
5. Freizeit zu opfern, um an einer mehrwöchigen Aktion zur Verschönerung unserer Schule teilzunehmen.			
6. mich in meiner Freizeit innerhalb einer Jugendgruppe für die Verbesserung unserer Freizeitmöglichkeiten zu engagieren.			
7. mich über neue Entwicklungen, Chancen und Probleme in der Demokratie regelmäßig zu informieren.			
8. an einer zeitlich begrenzten Aktion für eine Verbesserung des Umweltschutzes und des Tierschutzes aktiv mitzuarbeiten.			
9. zusammen mit anderen Zeitungsartikel zu schreiben, in denen es um eine Verbesserung des Zusammenlebens zwischen In- und Ausländern geht.			
10. an einer friedlichen Demonstration teilzunehmen, wenn ich deren Sinn und Ziel für vernünftig halte.			
11. bei Greenpeace, Amnesty International oder einer anderen Hilfsorganisation Mitglied zu werden.			
12. in einer kirchlichen oder einer anderen Jugendgruppe Hilfsprojekte für Asylsuchende und andere Not leidende Menschen zu unterstützen.			
13. für eine politische Partei zu werben, deren Ziele ich für wichtig und klug halte.			
14. der Jugendorganisation einer politischen Partei beizutreten.			
15. in meinem Leben ein Amt in einer Bürgerinitiative, einer Partei oder einer anderen Organisation mit politischen Zielen anzustreben.			

3 Welche Rolle spielen die Parteien?

Wäre es nicht einfacher, wir hätten nur eine politische Partei anstelle einer Parteienlandschaft mit großen und kleinen, bekannten und wenig bekannten Parteien? Wahrscheinlich wäre es einfacher, aber es wäre nicht demokratisch. In einer Demokratie muss es verschiedene Parteien geben, weil die Menschen unterschiedliche Ansichten haben, wie die Politik gestaltet werden soll. Das Grundgesetz hebt ausdrücklich die Bedeutung der Parteien hervor und legt im Artikel 21 auch ihre zentrale Aufgabe fest: „Die Parteien wirken bei der politischen Willensbildung des Volkes mit.“

Viele Menschen sind skeptisch, ob die Parteien dieser Aufgabe immer gerecht werden. Auch Jugendliche betrachten die Parteien eher distanziert.
In einer Unterrichtsstunde sagte ein Schüler, mit den politischen Parteien gehe es ihm so wie mit den Zahnärzten: „Ich mag sie nicht besonders, aber ich weiß, dass sie unverzichtbar sind.“ Andererseits: Es gibt auch Jugendliche, die in der Jugendorganisation einer der Parteien mitarbeiten. Viele aktive Menschen haben über solche Jugendorganisationen zur Politik gefunden. Wer verstehen will, wie die Politik in der Demokratie funktioniert, muss sich mit den Parteien auseinandersetzen. Schließlich entscheidet man als Wählerin oder Wähler, welcher Partei man seine Stimme gibt. Das kann man auf kluge Weise tun, wenn man informiert ist und weiß, was die Parteien vorhaben und was sie unterscheidet.
Auf den folgenden Seiten könnt ihr euch mit der Rolle der Parteien in der Demokratie auseinandersetzen. Vielleicht kann diese Grundinformation dazu führen, dass ihr Lust bekommt, euch noch näher mit den Parteien auseinanderzusetzen. Das Internet ist dazu eine nahezu unerschöpfliche Informationsquelle.

1. Was fällt euch spontan ein, wenn ihr den Begriff Parteien hört? Was wisst ihr schon über sie? Sammelt in einem Brainstorming.

Parteien im Bundestag: Was bedeuten die Namen?

In Repräsentativbefragungen zeigt sich immer wieder, dass viele Menschen die Namen der im Bundestag vertretenen Parteien weder richtig benennen noch deren Bedeutung erklären können. Eine Umfrage der Shell-Jugendstudie ergab, dass nur 30 Prozent der Jugendlichen im Alter zwischen 15 und 17 Jahren dies können.
Ihr könnt den Bekanntheitsgrad in eurer Klasse auf 100 Prozent erhöhen, wenn ihr aus den folgenden Puzzleteilen die Namen richtig in euer Heft notiert. In einem zweiten Schritt könnt ihr den sechs Begriffen, die in den Namen der Parteien eine große Rolle spielen, die jeweils richtige Definition zuordnen.

Bündnis	Christlich	Christlich
Die	Freie	Grünen
Soziale	Sozialdemokratische	Union
Demokratische	Demokratische	Deutschlands
Neunzig	Partei	Partei
Union		

Ausgelassen ist bei der Namenssuche die Partei *DIE LINKE*, die ebenfalls im Bundestag vertreten ist. Sie trennte sich 2006 von ihrem ehemaligen Namen PDS (= Partei des demokratischen Sozialismus). Hier könnt ihr auch herausfinden, was es bedeutet, wenn eine Partei „links“ ist.

2. 100 Prozent erreicht? Nach der Bearbeitung sollte jedes Klassenmitglied die Abkürzungen der im Bundestag vertretenen Parteien richtig nennen und darüber hinaus erklären, was die einzelnen Begriffe in den Parteinamen bedeuten.

Welche der Definitionen erklärt welchen Begriff aus den Namen der Parteien?

1. demokratisch 2. frei 3. Union
4. sozial 5. grün 6. links

a) bedeutet mitmenschlich. Die Partei verpflichtet sich zu einer Politik, die gerechte Lebensverhältnisse zum Ziel hat. Man will etwas tun, was gut für die Gemeinschaft ist, und hat dabei vor allem die „kleinen Leute“ im Blick.

b) bedeutet „Vereinigung“ oder „Bündnis“. Gemeint ist, dass sich Parteien mit diesem Begriff im Namen als ein Bündnis für Menschen und Gruppen aus allen Schichten des Volkes verstehen. Ihre Politik soll sich an christlichen Werten orientieren.

c) Alle im Bundestag vertretenen Parteien bekennen sich dazu. Hier drückt der Begriff aus, dass sich die Parteien als Volksparteien verstehen, sie dem Grundgesetz verpflichtet sind und eine Politik gestalten wollen, die – trotz aller Unterschiede – der Verwirklichung der Ziele der Verfassung dient.

d) steht für ein Parteiprogramm, das in besonderer Weise die Individualität betont. Die Partei, die diesen Begriff im Namen hat, tritt für weniger staatliche Eingriffe und für mehr individuelle Verantwortungsbereitschaft ein. Sie wird auch als „die Liberale“ bezeichnet.

e) Die Bezeichnungen „links“ und „rechts“ für Parteien bezogen sich ursprünglich auf die Sitzordnung im französischen Parlament um 1814. „Links“ waren die Parteien, die vom Vorsitzenden aus gesehen links saßen. Sie traten für revolutionäre Veränderungen ein. „Links“ soll heute ausdrücken, dass man sich dem Volk verpflichtet fühlt. Man verlangt Opfer von den Reichen zur Stärkung der Schwachen.

f) Der Begriff drückt eine besondere Verpflichtung gegenüber der Natur und dem Schutz der Umwelt aus. Neben der Ökologie steht das Adjektiv für eine Politik, die sich dem Frieden, der sozialen Gerechtigkeit, der Gleichstellung von Mann und Frau und dem Schutz von Minderheiten besonders verpflichtet fühlt.

Welchen gesetzlichen Auftrag haben die Parteien?

Die Doppelseite enthält vielfältige Informationen zum Thema Parteien. Als Merk- und Visualisierungshilfe wird die Erstellung einer Mindmap empfohlen. Das geht auch in Partnerarbeit.

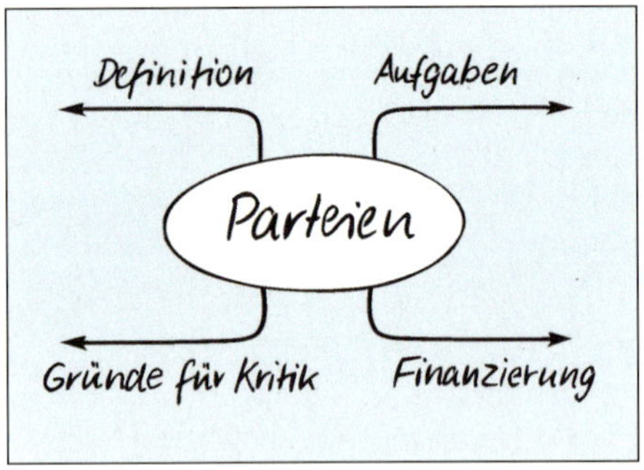

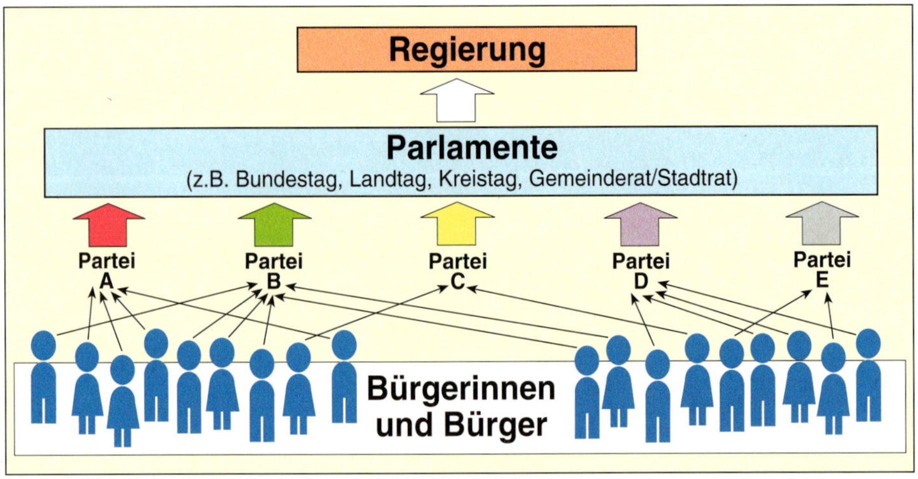

Artikel 21 des Grundgesetzes

Parteien

(1) Die Parteien wirken bei der politischen Willensbildung des Volkes mit. Ihre Gründung ist frei. Ihre innere Ordnung muss demokratischen Grundsätzen entsprechen. Sie müssen über die Herkunft und Verwendung ihrer Mittel sowie über ihr Vermögen öffentlich Rechenschaft geben.
(2) Parteien, die nach ihren Zielen oder nach dem Verhalten ihrer Anhänger darauf ausgehen, die freiheitliche demokratische Grundordnung zu beeinträchtigen oder zu beseitigen oder den Bestand der Bundesrepublik Deutschland zu gefährden, sind verfassungswidrig. Über die Frage der Verfassungswidrigkeit entscheidet das Bundesverfassungsgericht.
(3) Das Nähere regeln Bundesgesetze.

Aus dem Parteiengesetz

in der Fassung vom 12. Dezember 2004

§ 1 Verfassungsrechtliche Stellung und Aufgaben der Parteien
(1) Die Parteien sind ein verfassungsrechtlich notwendiger Bestandteil der freiheitlichen demokratischen Grundordnung. Sie erfüllen mit ihrer freien, dauernden Mitwirkung an der politischen Willensbildung des Volkes eine ihnen nach dem Grundgesetz obliegende und von ihm verbürgte öffentliche Aufgabe.
(2) Die Parteien wirken an der Bildung des politischen Willens des Volkes auf allen Gebieten des öffentlichen Lebens mit, indem sie insbesondere auf die Gestaltung der öffentlichen Meinung Einfluss nehmen, die politische Bildung anregen und vertiefen, die aktive Teilnahme der Bürger am politischen Leben fördern, zur Übernahme öffentlicher Verantwortung befähigte Bürger heranbilden, sich durch Aufstellung von Bewerbern an den Wahlen in Bund, Ländern und Gemeinden beteiligen, auf die politischen Entwicklungen in Parlament und Regierung Einfluss nehmen, die von ihnen erarbeiteten politischen Ziele in den Prozess der staatlichen Willensbildung einführen und für eine ständige lebendige Verbindung zwischen dem Volk und den Staatsorganen sorgen.
(3) Die Parteien legen ihre Ziele in politischen Programmen nieder.

§ 25 Spenden
(1) Parteien sind berechtigt, Spenden anzunehmen. Bis zu einem Betrag von 1 000 Euro kann eine Spende mittels Bargeld erfolgen. Parteimitglieder, die Empfänger von Spenden an die Partei sind, haben diese unverzüglich an ein für Finanzangelegenheiten von der Partei satzungsmäßig bestimmtes Vorstandsmitglied weiterzuleiten.

Seit seiner Verabschiedung 1967 ist das Parteiengesetz wegen „Parteispendenskandalen“ mehrfach überarbeitet worden. Bei diesen Skandalen ging es nicht um persönliche Bereicherung. Vielmehr wurden Rechenschaftsberichte nicht ordnungsgemäß vorgelegt und die Namen von Großspendern nicht genannt, wie es das Gesetz verlangt hätte.

Parteien

1. Warum wird die Bundesrepublik Deutschland auch als *Parteiendemokratie* bezeichnet?
2. Welches sind die wichtigsten Aufgaben der Parteien?
3. Erklärt, warum die Parteien zur Erfüllung ihrer Aufgaben Geld benötigen und wie sich ihre Einnahmen zusammensetzen?

Parteiendemokratie Deutschland

Stellt man sich die deutsche Demokratie als Dampfmaschine vor, dann sind Parteien der Keilriemen: Sie sorgen dafür, dass Bewegung von einem Teil der Maschine in den anderen kommt – und zurück. Parteien werden deshalb oft auch als demokratisches Bindeglied zwischen Staat und Gesellschaft bezeichnet. Es gibt kaum politische Entscheidungen in Deutschland, an denen sie nicht beteiligt sind. Fast alle Abgeordneten in den Parlamenten gehören einer Partei an – obwohl es die Möglichkeit gibt, direkt für ein Amt zu kandidieren. Die Bundesrepublik Deutschland wird daher häufig als Parteiendemokratie bezeichnet.

Die Großen bestimmen die Politik

Viele Deutsche wissen gar nicht, dass es auch zahlreiche kleine Parteien gibt, oder stoßen erstaunt auf ihre Namen auf dem Stimmzettel, wenn sie wählen gehen. Dass wenige große Parteien die Politik bestimmen, hängt mit der deutschen Geschichte zusammen: In der ersten deutschen Demokratie, der Weimarer Republik, führte die Zersplitterung des Parlaments in viele kleine Parteien zu einer unstabilen Regierung.
Ihre Schwäche und die Unzufriedenheit der Bürger mit ihnen war ein Grund dafür, dass die Nationalsozialisten 1933 in Deutschland an die Macht kamen. Daher muss eine Partei heute bei einer Wahl mindestens fünf Prozent aller Stimmen erlangen, um in einem Parlament vertreten zu sein. […]

Zentrale Aufgaben

Zentrale Aufgabe der Parteien ist es, an Wahlen teilzunehmen, politische Ideen und Forderungen in Parteiprogrammen zu bündeln und Personal für politische Ämter bereitzustellen, wie etwa Bundestagsabgeordnete oder Stadträte. Außerdem sollen sie in der Gesellschaft für Akzeptanz der Politiker-Entscheidungen sorgen und die Menschen zum Wählen bewegen. Im Wahlkampf werden Parteien daher besonders aktiv und betonen ihre inhaltlichen und personellen Unterschiede.
Ob die Parteien diesen Aufgaben gerecht werden, ist umstritten. Derzeit wenden sich viele Menschen frustriert von der Politik ab: Es herrscht „Politikverdrossenheit". Andere kritisieren, dass Parteien auch dort Macht haben und ausüben, wo sie es gar nicht sollen. So ist die Mitgliedschaft in einer Partei häufig wichtig für die Besetzung von Posten, deren Vergabe gar nicht durch eine Wahl entschieden wird. […]

Alle können mitarbeiten

Jeder Bürger kann Mitglied einer Partei werden, aber er muss sich für eine Partei entscheiden: Mehrfachmitgliedschaften sind in den Parteisatzungen in der Regel untersagt. Insgesamt sind in Deutschland etwa 2,5 Millionen Menschen Mitglied einer Partei. Das sind etwa vier Prozent der Wahlberechtigten. […]
Parteien werden vom Staat mit Steuergeldern unterstützt und finanzieren sich außerdem durch Mitgliedsbeiträge und Spenden. Die staatlichen Subventionen richten sich nach der Summe der Mitgliedsbeiträge und Spenden sowie der Anzahl der Wahlstimmen, die für eine Partei abgegeben wurden.

(Aus: Sebastian Gievert: Parteien für Einsteiger, Artikel vom 07.04.2007, veröffentlicht von der Bundeszentrale für Politische Bildung, www.bpb.de, letzter Zugriff 25.08.2009)

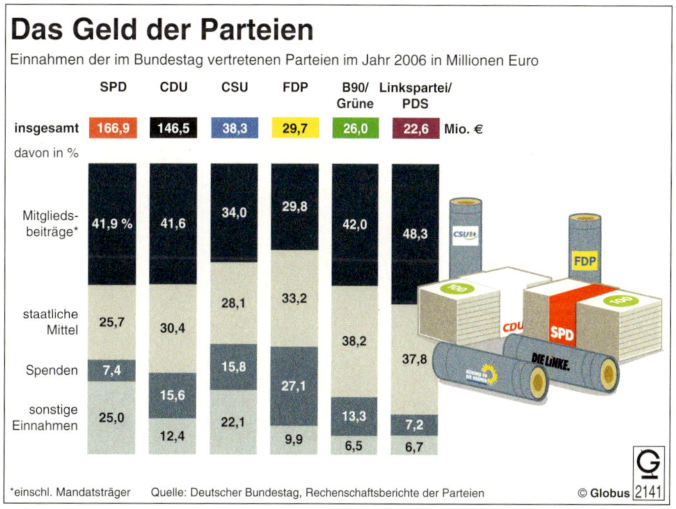

Was wollen die Parteien?

Parteien legen ihre Ziele in Grundsatz- und Wahlprogrammen nieder. Grundsatzprogramme enthalten eine langfristige politische Standortbestimmung der Partei. Wahlprogramme geben über kurzfristige Ziele Auskunft, zum Beispiel darauf, was eine Partei nach einer Bundestagswahl vorhat.
Im Bundestagswahlkampf 2009 veröffentlichte die Bundeszentrale für politische Bildung eine Beschreibung der grundlegenden Standpunkte der im Bundestag vertretenen Parteien.
Die Tageszeitung „Die Welt" untersuchte die Wahlprogramme zur Bundestagswahl und fasste die wichtigsten Programmpunkte zusammen. Die Auszüge aus den beiden Quellen könnt ihr für eine grundlegende Orientierung nutzen.

	CDU Mitgliederzahl 528 972 (alle Zahlen beziehen sich auf das Jahr 2008)	SPD Mitgliederzahl 520 969
Grundlagen der Partei	Die Christlich Demokratische Union (CDU) ist eine christlich-konservative Volkspartei. Die Basis ihres politischen Handelns sind abendländisch-christliche Werte. Nach dem Ende des Zweiten Weltkrieges gründeten sich in den Bundesländern verschiedene christlich-demokratische Gruppen, die sich 1950 dann zur Bundespartei CDU zusammenschlossen. [...] Als große Volkspartei vertritt die CDU vielfältige Interessen zugleich. Der Bezug auf das Christentum und die Grundwerte Freiheit, Solidarität und Gerechtigkeit bindet sie zusammen. (Autorin Andrea Schneiker) Die CSU ist die sogenannte „Schwesterpartei" der CDU. Sie kann nur in Bayern gewählt werden.	Seit ihrer Gründung als Sozialistische Arbeiterpartei im Jahr 1875 blickt sie auf eine ereignisreiche Geschichte, die von der Neugründung 1945 über das Verbot durch die Nationalsozialisten bis zu Bismarcks Sozialistengesetz zurückreicht. Basis der SPD-Politik sind die Grundwerte Freiheit, Gerechtigkeit und Solidarität. Von ihren früheren marxistischen Wurzeln verabschiedete sich die Partei auf dem Godesberger Parteitag 1959. Seitdem gilt die SPD auch programmatisch als breite Volkspartei, die in den folgenden Jahrzehnten mehrere Bundesregierungen anführte. (Autor Martin Mertens)
Aussagen im Wahlprogramm im Bundestagswahlkampf 2009 **Thema Bildung**	Die CDU möchte Deutschland zu einer „Bildungsrepublik" machen. In Zukunft sollen zehn Prozent des Bruttoinlandsproduktes in die Forschung fließen. Zudem wirbt die CDU für das gegliederte Schulsystem und für bundesweit einheitliche Leistungsmaßstäbe in der Schule.	Die Sozialdemokraten wollen ein Schüler-Bafög ab der 11. Klasse einführen und einen flächendeckenden Ausbau von Ganztagsschulen. Die Zahl der Schulabbrecher soll jährlich um zehn Prozent gesenkt werden. Studiengebühren werden kategorisch abgelehnt.
Thema Umwelt	Der Anteil der Öko-Energie an der Stromerzeugung soll in den kommenden zehn Jahren von 15 auf 30 Prozent steigen. [...] Der Bau neuer Kernkraftwerke wird zwar abgelehnt, aber eine Laufzeitverlängerung für bestehende Atommeiler gilt als unverzichtbar.	Die SPD hält am Atomausstieg fest, aber neue Kohle- und Gaskraftwerke sollen gebaut werden. Vorrang haben allerdings die erneuerbaren Energien, die bis 2030 einen 50-prozentigen Anteil an der Stromerzeugung erreichen sollen.

FDP – Die Liberalen Mitgliederzahl 65 000	Bündnis 90 / Die Grünen Mitgliederzahl 45 192	DIE LINKE. Mitgliederzahl 76 031
Die Freie Demokratische Partei (FDP) vertritt liberale Positionen und wird dem bürgerlichen Lager zugerechnet. […] Grundsatz der Partei ist bis heute die persönliche Freiheit und Verantwortung des Einzelnen. Der Bürger soll seine Interessen in einem Staat mit möglichst wenig Vorschriften und Bürokratie verfolgen können. Seit vielen Jahren steht dabei die Forderung nach einer marktliberalen Wirtschaftspolitik im Vordergrund. Sozialpolitik soll dementsprechend „sozial, nicht sozialistisch" sein. (Autor Matthias Kortmann)	Die Partei Bündnis 90/Die Grünen entstand 1993 durch die Fusion der westdeutschen Grünen und des ostdeutschen Bündnis 90. Mit dem Zusammenschluss gelang es der „ökologischen Reformpartei", sich dauerhaft zu etablieren. Ökologie steht nach wie vor im Zentrum grüner Politik – heute eng mit dem Begriff der Nachhaltigkeit verbunden. Andere Ziele sind Gewaltfreiheit, Demokratie und Menschenrechte. (Autor Serkan Agci)	DIE LINKE ist die Nachfolgepartei der aus der ehemaligen DDR-Partei Sozialistische Einheitspartei Deutschlands (SED) hervorgegangenen Die Linkspartei, PDS (Partei des Demokratischen Sozialismus) und der WASG (Wahlalternative Arbeit und Soziale Gerechtigkeit), die am 16. Juni 2007 miteinander fusionierten. DIE LINKE vertritt das Ziel eines demokratischen Sozialismus. Bis heute kann sie vor allem in Ostdeutschland Erfolge erzielen. (Autor Jens Taken) (alle Beschreibungen aus: Dossier Parteien, hrsg. von der Bundeszentrale für politische Bildung, www.bpb.de, letzter Zugriff 28.08.2009)
Die FDP möchte, dass mehr Abiturienten als bisher ein Studium aufnehmen können. Dafür sollen zehn Prozent der Studierenden statt bisher zwei Prozent ein Stipendium erhalten.	Die Grünen wollen 500 000 Studienplätze schaffen. Studiengebühren sollen ebenso abgeschafft werden wie das Bafög. Stattdessen soll jeder Student monatlich 200 Euro erhalten, Studierende aus sozial schwachen Familien bis zu 800 Euro. […] Bei der Schulpolitik wirbt die Partei für ein gemeinsames Lernen bis zur Klasse 9.	In einem „nationalen Bildungspakt" sollen jedes Jahr sieben Prozent des Bruttoinlandsprodukts in die Bildung fließen. Studiengebühren sollen abgeschafft werden. Zudem wirbt die Linke für die Einführung einer Gemeinschaftsschule bis zur 10. Klasse.
Die Kernkraft wird als „Übergangstechnologie" akzeptiert und die Kohleverstromung soll klimaverträglicher werden. Zudem soll auf Energie nur der verminderte Mehrwertsteuersatz von sieben Prozent erhoben werden.	Der Klimaschutz soll als Staatsziel ins Grundgesetz aufgenommen werden. Zudem soll der Strom bis zum Jahr 2030 komplett aus erneuerbaren Energien gewonnen werden. […] Auf den Straßen sollen bald zwei Millionen Elektroautos rollen und für Autobahnen wird ein Tempolimit von 120 km/h gefordert.	Die Energiewirtschaft soll komplett auf erneuerbare Energien umgestellt werden. Zum Klimaschutz werden ferner ein Tempolimit auf Autobahnen sowie zusätzlich 2,5 Milliarden Euro für den Schienenverkehr angestrebt. (alle Texte zu Bildung und Umwelt aus: www.welt.de/politik/bundestagswahl vom 03.07.2009; letzter Zugriff 28.08.2009)

1. Notiert die grundlegenden Ziele, Mitgliederzahlen und weitere Informationen.

2. Worin liegen die Unterschiede und Gemeinsamkeiten in den ausgewählten Themen *Bildung* und *Umwelt* aus den Wahlprogrammen zur Bundestagswahl? Arbeitet sie heraus und sprecht darüber.

3. Welche der fünf Parteien könnten in Sachen Bildung und Umwelt nach einer Bundestagswahl gut zusammenarbeiten, welche eher nicht? Überlegt euch mögliche Koalitionsbildungen.

Mithilfe des Internets könnt ihr weitere Informationen über die Parteien zusammentragen. Ihr findet sie z. B. auf der Homepage der Bundeszentrale für politische Bildung www.bpb.de. Beachtet dazu auch die Methodenkarte auf der folgenden Seite.

Methodenkarte 5

Vergleich von Internetauftritten | Thema: Parteien im Internet

Das Internet bietet mittlerweile eine leicht zugängliche Möglichkeit zur Information über die Parteien. Unter anderem sind die Parteiprogramme abrufbar, in denen die Parteien ihre Ziele beschreiben. Neben den im Bundestag vertretenen Parteien sind auch zahlreiche kleine Parteien im Internet vertreten, darunter auch rechts- und linksextreme.

Als Suchbegriffe bieten sich z. B. die folgenden Themenbereiche der Politik an:

- Arbeitsmarktpolitik
- Energiepolitik
- Jugendpolitik
- Umweltpolitik
- Wirtschaftspolitik
- Sozialpolitik

u. a. m.

Webseiten vergleichen: Wie macht man das?

Wenn man verschiedene Dinge miteinander vergleichen will, braucht man Kriterien, an denen man sich orientiert. Hier werden einige angeboten, die ihr bei eurer Vergleichsarbeit nutzen könnt. Sie ermöglichen euch ein persönliches Werturteil über die Qualität des Angebots. Für jedes Kriterium könnt ihr maximal 5 (hervorragend) und minimal 0 Punkte (sehr unbefriedigend) verteilen. Zählt am Ende eure persönliche Punktzahl pro Partei zusammen. Je mehr Punkte, desto besser bewertet ihr die **Webseite** der Partei. Am Ende solltet ihr eure Bewertungen miteinander vergleichen.

Kriterium	Punkte	Gesamtpunktzahl:
1. **Übersichtlichkeit:** Wie übersichtlich ist die Startseite der Homepage aufgebaut?	5 4 3 2 1 0	
2. **Orientierung:** Wie gut findet man sich in den angebotenen Links zurecht?	5 4 3 2 1 0	
3. **Gezielte Suche:** Kann man einen Suchbegriff eingeben und findet man dazu schnell ein befriedigendes Informationsangebot?	5 4 3 2 1 0	
4. **Service:** Wie interessant und hilfreich ist das Angebot an Serviceleistungen der Partei?	5 4 3 2 1 0	
5. **Materialangebot:** Kann man mit der Menge und der Art der angebotenen Materialien zufrieden sein?	5 4 3 2 1 0	
6. **Qualität:** Findet man gut verständliche Texte über die Ziele und die Programmatik der Partei?	5 4 3 2 1 0	
7. **Gesamteindruck:** Wie überzeugend wirkt die Selbstdarstellung der Partei insgesamt?	5 4 3 2 1 0	

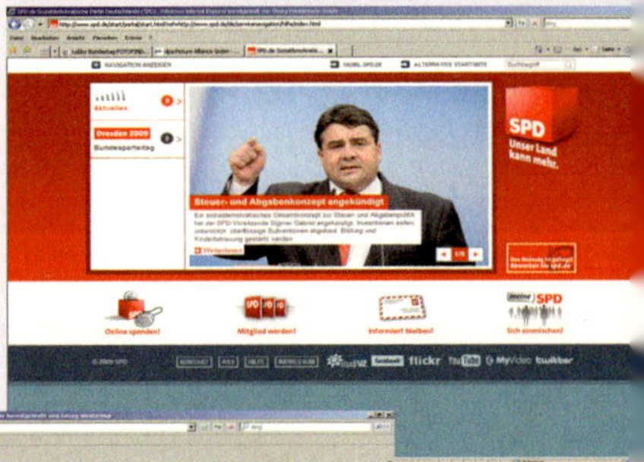

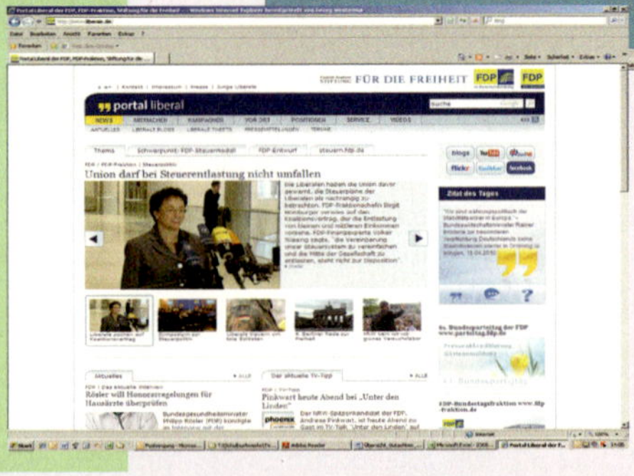

Trainingsplatz

Wir erstellen unsere Charts parteipolitischer Ziele

☐ Schaffung neuer Arbeitsplätze	☐ Verstärkung der Hilfen für die Entwicklungsländer
☐ Schutz vor Datenmissbrauch	☐ Bekämpfung der Armut im eigenen Land
☐ Lösung der Umweltprobleme	☐ Förderung der weiteren Vereinigung Europas
☐ Sicherung der Altersvorsorge	☐ mehr Investitionen zur Verbesserung der Bildung
☐ Erhaltung der Wirtschaftskraft durch neue Technologien	☐ Verstärkung des Kampfes gegen die Kriminalität
☐ Förderung echter Gleichberechtigung	☐ Bekämpfung von Rechtsradikalismus und Fremdenfeindlichkeit
☐ Staatliche Finanzierung von Wohnungen, Kindergärten, Krankenhäusern	☐ Schutz der Bevölkerung vor internationalem Terrorismus

Euer Auftrag:
Ihr überlegt in Gruppen, welchen Problemen sich die Parteien vorrangig zuwenden sollen, und erstellt dazu Ranglisten.

So könnt ihr vorgehen:

- Beratet in der Gruppe, welches Ziel ihr für das wichtigste, das zweitwichtigste usw. haltet.
- Erstellt dann gemeinsam eine Rangliste.
- Sucht euch ein Ziel heraus, zu dem ihr in der Gruppe nach Vorschlägen sucht, wie es verwirklicht werden kann.
- Stellt die Ranglisten und die Vorschläge in der Klasse vor.

Unser Parteiprogramm

1.
2.
3.
4.
5.
6.
7.
8.

Fallen euch weitere Themen ein, um die die Parteien sich kümmern sollten?

Müssen radikale Parteien verboten werden? Der Fall NPD

Rechtsextremistische Szene wird immer gewalttätiger

Die Zahl rechter Gewalttaten ist nach dem am Dienstag vorgestellten Verfassungsschutzbericht im vergangenen Jahr um 6,3 Prozent auf 1042 gestiegen. Die Zahl der Straftaten erreichte mit 19894 einen Höchststand. Innenminister Wolfgang Schäuble will den Kampf gegen rechte Gewalt zum Schwerpunkt der Innenministerkonferenz in Bremerhaven Anfang Juni machen. Er verwies auch darauf, dass Neonazis in der NPD immer mehr Einfluss gewännen. Trotzdem lehnte er einen neuen Anlauf zu einem Verbot der rechtsextremistischen Partei ab: „Ich halte nichts davon, Verbotsverfahren zu betreiben, die auf tönernen Füßen stehen."
Die im Bundestag vertretenen Parteien sprachen sich einhellig für zusätzliche Maßnahmen im Kampf gegen Rechts aus. Die SPD blieb trotz der Ablehnung Schäubles bei ihrer Forderung nach einem neuen NPD-Verbotsverfahren vor dem Bundesverfassungsgericht.

(Artikel vom 19.05.2009 in www.focus.de/politik, letzter Zugriff 30.08.2009, AP)

Wie gefährlich ist die NPD?

Nach der Ansicht des Mainzer Politikwissenschaftlers Jürgen W. Falter gilt die NPD als die am weitesten rechts stehende Partei in Deutschland. Ihr Programm besteht aus einer Mischung von extremem Nationalismus und ausländerfeindlichen Vorstellungen. Zahlreiche Funktionsträger haben sich laut Verfassungsschutzbericht zudem offen als Verfassungsfeinde bezeichnet. Darüber hinaus zeigt die NPD klare Verbindungen ins neonazistische Lager und zur rechten Skinhead-Szene. Die NPD wurde im Herbst 1964 von ewig gestrigen Anhängern Hitlers gegründet, dümpelte nach einigen Anfangserfolgen bei Wahlen vor sich hin und machte erst seit 1997 wieder von sich reden – vor allem mit Aufmärschen in den ostdeutschen Ländern und steigenden Mitgliederzahlen. Als „Zentrum des nationalen Widerstandes" öffnete sie sich zunehmend für Skinheads und Neonazis.

Hohe Hürden für ein Verbot

Ein Parteienverbot ist in der Demokratie mit hohen Hürden versehen. Nur das Bundesverfassungsgericht kann eine Partei für verfassungswidrig erklären. Der Antrag für eine solche Entscheidung kann vom Bundestag, dem Bundesrat und der Bundesregierung gestellt werden. Im Artikel 21 des Grundgesetzes heißt es: „Parteien, die nach ihren Zielen oder nach dem Verhalten ihrer Anhänger darauf ausgehen, die freiheitliche demokratische Grundordnung zu beeinträchtigen oder zu beseitigen [...], sind verfassungswidrig."
Seit der Gründung der Bundesrepublik Deutschland sind erst zwei Parteien verboten worden: 1952 wurde die „sozialistische Reichspartei" verboten, weil sie in ihren Zielen mit der NSDAP zur Zeit Hitlers übereinstimmte. Vier Jahre später war es die „Kommunistische Partei Deutschlands" (KPD).
Für ein Parteienverbot gilt ein strenger Maßstab. Nach Einschätzung von Juristen kann eine Partei nicht nur deshalb verboten werden, wenn sie die obersten Prinzipien der Verfassung nicht anerkennt. Vielmehr muss sie „eine kämpferisch aggressive Haltung gegenüber der bestehenden Ordnung einnehmen".
Das größte Risiko beim Verbotsantrag für die NPD bestand demnach darin, dass das Bundesverfassungsgericht die Gründe für das Verbot als nicht ausreichend ansehen müsste. In diesem Fall würde die rechtsradikale Partei triumphieren und möglicherweise noch populärer werden. Andererseits existierten zahlreiche Belege für die Nähe der NPD zur Gewalt gegen Menschen und Einrichtungen und zur Missachtung der Verfassung.

TEAM kontrovers:
Diskussion zum NPD-Verbot: Wie hättest du entschieden?

Im Jahr 2001 gab es einen ersten Antrag zum Verbot der NPD. Als festgestellt wurde, dass der Verfassungsschutz Verbindungsleute in die NPD eingeschleust hatte, sahen drei der sieben zuständigen Verfassungsrichter darin ein Hindernis, das eine Genehmigung des Verbots unmöglich machte. Somit kam es nicht zu der für das Verbot erforderlichen Zweidrittelmehrheit. Im Mai 2009 legten SPD-Innenminister von fünf Bundesländern neues Material zu den rechtsextremistischen Umtrieben der NPD vor, das aus ihrer Sicht ein neues Verbotsverfahren rechtfertigt.
Muss eine Partei, die gegen elementare Grundwerte unserer Verfassung ankämpft, verboten werden? Oder muss die Demokratie auch ihre Feinde aushalten? Auch Schülerzeitungen haben sich mit dem Thema „NPD-Verbot" auseinandergesetzt. Die folgenden beiden Stellungnahmen sind in der Schülerzeitung *Martinshorn* aus Halberstadt erschienen. Die Zeitung wurde 2008 von der Aktion mut-gegen-rechte-gewalt mit dem Sonderpreis „Medien mit Mut" ausgezeichnet.

Ja, ein Verbot der NPD ist berechtigt!

Großdeutsches Gehabe, Hetzkampagnen gegen Asylbewerber, Unterstützung von rechten Straßenschlägern – Eklats wie diese haben sich in den letzten Jahren gehäuft. Viele Menschen fragen sich deshalb: Warum wurde die NPD noch nicht verboten? Diese Frage ist berechtigt. [...] Die NPD fordert offen die Rückverschiebung der deutsch-polnischen Grenze auf den Stand von 1937, das bedeutet, sie erkennt den heutigen souveränen Staat Polen nicht an. [...] Spätestens hier werden Parallelen mit der NSDAP unter Adolf Hitler sichtbar, den die offensichtliche Nachfolgepartei als „großartigen deutschen Politiker" in den Geschichtsbüchern verewigen will. Und damit wäre ein Parteiverbot laut Artikel 21, Absatz 2 des Grundgesetzes angebracht, denn „Parteien, die [...] darauf ausgehen, die freiheitliche demokratische Grundordnung zu beeinträchtigen oder zu beseitigen oder den Bestand der Bundesrepublik Deutschland zu gefährden, sind verfassungswidrig."
Man kann ebenfalls nicht verneinen, dass die NPD gewaltbereiten Neonazis Schutz bietet. Ein erster Schritt, um die rechtsextremistische Szene auszuhöhlen, ist daher das Parteiverbot.

(Beide Texte aus: www.mut-gegen-rechte-gewalt.de, Zugriff 20.08.2009, Autorin Maria Bauer)

Nein, ein Verbot der NPD bringt nichts!

Meiner Meinung nach besteht bei einem Verbot auch die Gefahr, dass sich die Gesellschaft zurücklehnt und glaubt, die Sache sei damit erledigt. Das rechtsextremistische Gedankengut verschwindet aber nicht mit einem Verbot, es bleibt in den Köpfen. Deshalb finde ich es gut und halte es für den richtigen Weg, wenn die Gesellschaft Mitglieder der NPD zunehmend ächtet und isoliert. So verweigern immer mehr Vereine, wie z. B. die freiwillige Feuerwehr und Sportvereine, Personen, die rechtsextrem orientiert sind, die Mitgliedschaft. In einem Kommentar zum Grundgesetz hat ein Verfassungsrichter (das Bundesverfassungsgericht entscheidet über ein Parteiverbot) Folgendes geschrieben: „Im System einer freiheitlichen Demokratie ist das Parteiverbot ein Fremdkörper; die Beurteilung von Wert oder Unwert politischer Parteien sollte der politischen Entscheidung des Wählers überlassen werden, nicht der juristischen Entscheidung eines Gerichts." Ich finde, dass man dieser Aussage nur zustimmen und durch sein Wahlverhalten deutlich machen kann, dass solche Parteien in Deutschland keine Zukunft haben.

(Autor Eric Ruider)

1. Wie lässt sich begründen, dass es in einer Demokratie hohe Hürden für das Verbot einer Partei geben muss?
2. Die Diskussion zum Verbot der NPD kann in Form einer Pro-und-Kontra-Debatte geführt werden. Nehmt euch zunächst ein wenig Zeit zum Nachdenken. Stimmt dann in der Klasse ab. Falls möglich, setzt euch anschließend in zwei Gruppen einander gegenüber und diskutiert miteinander.
3. Ja oder nein zum Verbot der NPD? Dazu sollte jede und jeder nach der Diskussion seine Ansicht schriftlich begründen.

4 Politikerinnen und Politiker: Sind sie zu Recht unbeliebt?

„Politiker sind nur an ihrer Karriere interessiert. Sie reden, reisen durch die Welt und verdienen zu viel. Für Jugendliche haben sie kein offenes Ohr." Mit solchen und ähnlichen Aussagen wenden sich viele junge Leute angewidert von der Politik ab.
„Was immer wir Politiker tun, die Leute meckern an uns herum. Recht machen können wir es niemandem", seufzt enttäuscht so mancher Politiker. Wer hat Recht?
In dieser Einheit sollt ihr versuchen, euch selbst eine Meinung zu bilden und miteinander zu diskutieren.

1. Welchen Eindruck vermitteln die Fotos auf dieser Seite vom Arbeitsalltag der Berufspolitiker in der Hauptstadt Berlin?

Die Bundestagsabgeordnete Marion Caspers-Merk …

① Abgeordnete im Plenarsaal des Bundestages: diskutieren, reden, abstimmen

② … vor Ort auf einer Baustelle

③ … während einer Ausschusssitzung

④ … bei der Bürgersprechstunde

⑤ … begrüßt Besucher aus ihrem Wahlkreis im Bundestag

⑥ … beim Aktenstudium am Schreibtisch

Die Welt der Politiker

Keine andere Berufsgruppe ist der Bevölkerung so nah wie die Politiker – und gleichzeitig so fern. Politiker reden auf Marktplätzen, besichtigen Betriebe, eröffnen Schulen und Autobahnabschnitte. Doch die meisten Menschen sehen nur, was die Medien ihnen ins Wohnzimmer liefern. Die letzten Minuten vor Beginn der Kabinettsitzung. Die schwarzen Limousinen auf dem Weg zum Kanzleramt. Die leeren Bänke im Bundestag. Es sind Bilder, die Politik zeigen sollen – dabei findet Politik erst statt, wenn die Kameras abgebaut und die Türen geschlossen sind. […]
In der ZEIT-Umfrage schätzen die Deutschen die durchschnittliche Arbeitsbelastung eines Bundestagsabgeordneten auf 44,5 Stunden. Die Wirklichkeit sieht anders aus. Politiker zu sein ist ein 24-Stunden-Job, sieben Tage die Woche, 365 Tage im Jahr. Am Ende einer Parlamentswoche, deren Sitzungen oft bis nach Mitternacht dauern, geht es heim nach Gelsenkirchen, Buxtehude oder Oschatz – nach Hause geht es noch lange nicht. Am Freitagabend warten die ersten Termine im Wahlkreis. Wer Anfang September 2007 im Büro des Bundestagsabgeordneten Bosbach anruft, um sich mit ihm für abends zu verabreden, bekommt bereitwillig eine Zusage – für Mai 2008. Bis dahin ist jeder Abend verplant.

(Aus: Marc Brost u. Tina Hildebrandt: Die Welt der Politiker, in: DIE ZEIT, Nr. 37 vom 06.09.2007)

Hauptarbeit ohne anwesende Kameras

Bei TV-Übertragungen sieht man im Bundestag oft sehr wenige Abgeordnete. Das hat damit zu tun, dass fast alle Abgeordneten Tag für Tag einen sehr vollen Terminkalender haben. Bei vielen Sitzungen im Bundestag kommen nur die Fachleute für ein Thema zusammen, das gerade auf der Tagesordnung steht. Die Arbeit im Parlament bedeutet für die Mitglieder vor allem Mitarbeit in den über 20 Ausschüssen des Deutschen Bundestages. In ihnen arbeiten Abgeordnete mit bestimmtem Fachwissen. Sie sprechen zum Beispiel über den Arbeitsmarkt, über die Arbeit der Geheimdienste, über die Gesundheit und über andere Themenbereiche der Politik.

(Aus: Gerd Schneider: Politik, Arena Verlag, Würzburg 2008, S. 65)

Wo Abgeordnete arbeiten

Im **Plenum** versammeln sich die Abgeordneten zu den Bundestagssitzungen. Hier erfolgen die Aussprachen zu Gesetzesvorlagen, die Abstimmungen und die Wahlen zu wichtigen Ämtern. Die Hauptarbeit der Abgeordneten findet in den sogenannten **Ausschüssen** statt. Hier werden, meist in nicht öffentlichen Sitzungen, Gesetzesentwürfe zwischen den Vertreterinnen und Vertretern der verschiedenen Parteien im Bundestag diskutiert und bearbeitet. In den Ausschüssen findet sozusagen die Feinarbeit an den Gesetzesentwürfen statt.
Neben der Arbeit in Berlin unterhalten die Abgeordneten auch **Büros in ihren Wahlkreisen** überall im Land. Hier kümmern sie sich um die Belange ihrer Wähler vor Ort und planen ihre Termine außerhalb der Parlamentsarbeit

Der gesetzliche Arbeitsauftrag

Artikel 38, Absatz 1 des Grundgesetzes
Die Abgeordneten des Deutschen Bundestages sind Vertreter des ganzen Volkes, an Aufträge und Weisungen nicht gebunden und nur ihrem Gewissen verantwortlich.

Die Abgeordneten, die nach der Wahl zum Deutschen Bundestag zusammenkommen, haben für vier Jahre über die Politik in unserem Land zu entscheiden. Sie sind die Vertreter des ganzen Volkes.
Grundsätzlich sind die Abgeordneten für die Dauer der Wahlperiode nur sich selbst verantwortlich und dürfen – aus Gründen der Unabhängigkeit – zu keiner bestimmten Meinung gezwungen werden. Hier spricht man vom „freien Mandat". […]
Das bedeutet: Der Abgeordnete bestimmt allein über die Art, wie er seinen Beruf als gewählter Volksvertreter ausübt. Allerdings agiert der Abgeordnete auch als Mitglied einer Partei, einer Fraktion oder einer sonstigen Gruppierung. Er muss sich also mit seinen Kollegen abstimmen und sich – aufgrund der sehr komplexen Themen – auf das Urteil anderer verlassen. […]

(Aus: Rerum: Deutscher Bundestag und Schule, Hrsg. Deutscher Bundestag, Referat Öffentlichkeitsarbeit, Berlin 2006, S. 3f.)

2. Sammelt mithilfe der Fotos und der Texte Informationen über die verschiedenen Tätigkeiten der Politikerinnen und Politiker in Berlin.

3. In der Umfrage der Wochenzeitung DIE ZEIT, von der im Text die Rede ist, sagten nur fünf Prozent der befragten Personen, dass sie ziemlich genau wüssten, wie, wo und an welchen Themen die Politikerinnen und Politiker in Berlin arbeiten. 95 Prozent sagten, sie wüssten nichts darüber. Stellt euch vor, ihr müsstet die Befragten aufklären.

Warum macht Politik Ihnen Spaß, Frau Merkel?

Die Frage, warum es Spaß macht, Berufspolitiker zu sein, legte die Wochenzeitung DIE ZEIT im September 2009 Frau Merkel und vier anderen bekannten Bundespolitikern vor. Wir drucken die Antworten ab, damit ihr euch selbst ein Urteil über die Motive bilden könnt.

Liebe Angela Merkel: Warum macht Politik Ihnen Spaß?
Weil ich so viele Menschen kennenlerne und mit ihnen gemeinsam etwas schaffen kann.
Warum sind Sie in Ihrer Partei und nicht in einer anderen?
Weil die CDU den einzelnen Menschen in den Mittelpunkt stellt, die deutsche Einheit nie aufgegeben hat, die soziale Marktwirtschaft durchgesetzt hat und die Freundschaft mit unseren Nachbarn in Europa und den USA ganz wichtig findet.

Lieber Frank Walter Steinmeier: Warum macht Politik Ihnen Spaß?
Ich mache Politik, weil ich will, dass sich die Sachen zum Besseren verändern. Dass es weniger Kriege auf der Welt gibt, dass alle Kinder die gleichen Chancen im Leben haben. Und dass es in unserem Land gerecht zugeht.
Warum sind Sie in Ihrer Partei und nicht in einer anderen?
Weil die SPD am meisten dafür tut, dass jeder Mensch die Chance auf ein gutes Leben hat. Dass er Arbeit hat und dass unsere Gesellschaft nicht in viele kleine Gruppen zerfällt …

Lieber Guido Westerwelle: Warum macht Politik Ihnen Spaß?
Es ist toll, jeden Tag aufs Neue zu sehen, wie man in der Politik unser Land mitgestalten kann. Als Politiker arbeiten wir dafür, dass Deutschland jeden Tag ein Stückchen besser wird …
Warum sind Sie in Ihrer Partei und nicht in einer anderen?
Weil die anderen Parteien meinen, dass sie am besten wissen, was für die Bürger gut ist. Wir in der FDP wollen eine weltoffene und tolerante Gesellschaft. Da kann jeder so leben wie er möchte, frei und fair.

Lieber Gregor Gysi: Warum macht Politik Ihnen Spaß?
Wahrscheinlich weil ich damit die Hoffnung verbinde, das eine oder andere in der Gesellschaft anders, und zwar gerechter gestalten zu können.
Warum sind Sie in Ihrer Partei und nicht in einer anderen?
Weil meine Partei am konsequentesten für die friedliche Lösung von Konflikten eintritt und am deutlichsten soziale Gerechtigkeit in Deutschland, aber auch weltweit einfordert.

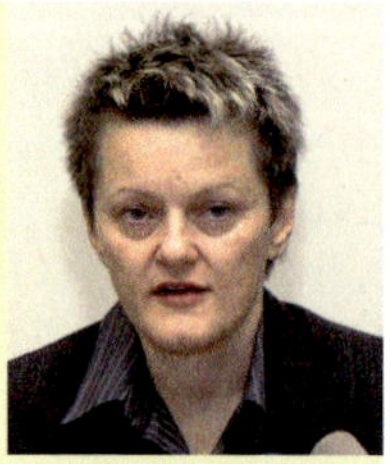

Liebe Renate Künast: Warum macht Politik Ihnen Spaß?
Weil ich was verändern kann. Wenn heute Leute auf den Tierschutz achten, kritisch auf Japan und Norwegen schauen, weil die Wale fangen, wenn immer mehr ökologische Kosmetik und Lebensmittel kaufen, wenn Leute Strom beim Öko-Strom-Hersteller kaufen, dann freut mich das. Weil ich weiß, ich habe dabei mitgeholfen.
Warum sind Sie in Ihrer Partei und nicht in einer anderen?
Weil nur die Grünen genau überlegen, wie die Welt in 20 oder 30 Jahren aussehen soll. […] Weil für mich die Grünen die sind, die am allermeisten darauf achten, dass später noch eine gute Welt da ist für alle, die heute Kinder sind. Egal ob hier oder in Afrika oder in China.

(Aus: Eva Oertwig u. a. in: DIE ZEIT, Ausgabe 40 vom 24.09.2009, S. 51)

1. Sammelt die Motive, die von den fünf Personen genannt werden.
2. Gibt es darunter Motive, die auch zu euch passen könnten? Wenn ja, welche?

Wir formulieren Erwartungen, wie wir uns Politikerinnen und Politiker wünschen

An alle, die Politik hauptamtlich betreiben, haben wir folgende Erwartungen:

1. Du musst alles dafür tun, dass du wiedergewählt wirst.
2. Du musst immer zeigen, dass du die Sorgen der Menschen ernst nimmst.
3. Du musst deine politischen Vorstellungen so erklären können, dass jeder Mensch sie verstehen kann.
4. Du musst immer deutlich machen, dass deine Partei besser ist als alle anderen.
5. Du darfst niemals eine von der Parteiführung abweichende Meinung vertreten.
6. In Fernsehdiskussionen musst du möglichst viel Redezeit für dich in Anspruch nehmen.
7. In Reden an das Volk darfst du nur von den Erfolgen deiner Partei berichten.
8. Du wartest nicht, bis die Leute zu dir kommen, sondern du suchst den Kontakt zu den Leuten.
9. Du besuchst so oft wie möglich Schulen und Betriebe.
10. Den politischen Gegner behandelst du fair und nicht überheblich.
11. Bei Abstimmungen lässt du dich nie auf Kompromisslösungen mit anderen Parteien ein.
12. Du kleidest dich jugendlich, wenn du mit Jugendlichen sprichst.
13. Nie darf es dir nur um deine persönliche Karriere gehen.
14. Sage den Wählern gegenüber immer die Wahrheit, auch wenn sie nicht gerne gehört wird.
15. Habe stets ein offenes Ohr für die Sorgen der Kinder und Jugendlichen.

Hier habt ihr die Gelegenheit, darüber nachzudenken, wie Politikerinnen und Politiker sich verhalten sollten. Schaut euch dazu die Liste der Erwartungen an und entwerft einen Katalog von Verhaltensregeln. Beschränkt euch dabei auf eine Anzahl von fünf bis maximal sieben Verhaltensregeln.

- Bildet Kleingruppen, in denen ihr über die Auswahl der Erwartungen diskutiert.
- Trefft eure Auswahl so, dass die wichtigste Verhaltensregel auf Platz 1, die zweitwichtigste auf Platz 2 usw. steht. Verwendet dazu auch eigene Formulierungen.
- Stellt nach der Gruppenarbeit mehrere Vorschlagslisten in der Klasse vor und versucht, euch auf eine Klassenliste zu einigen.

Politiker aus der Sicht von Karikaturisten

1. Wähle eine der beiden Karikaturen aus. Beschäftige dich eine Weile mit ihr, indem du die „Drei-Fragen-Deutung" anwendest:
   A Was ist dargestellt? **B** Auf welches Problem will der Karikaturist aufmerksam machen? **C** Welche Gedanken und Gefühle zum Thema Bürger und Politik löst die Karikatur in mir aus?
2. Stellt eure Deutungen in der Klasse vor.

TEAM kontrovers: Wir diskutieren über das Ansehen von Politikern

Wer im September 2009 die beiden Suchbegriffe „Politik" und „unbeliebt" bei der Suchmaschine Google eingab, erhielt 129 000 Materialangebote. Hier eine kleine Auswahl aus den Titeln:

- Politiker unbeliebt wie nie
- SPD-Vorsitzender unbeliebt
- Sarkozy unbeliebt
- Kanzlerin immer unbeliebter
- Gesundheitsreform unbeliebt
- Wahlprogramme unbeliebt

Warum scheint alles so unbeliebt zu sein, was mit Politik, Politikern und Parteien zu tun hat? Wird die Politik zu Recht kritisiert oder meckern die Leute nur, weil sie selbst zu bequem zum Mitmachen sind?

Ansehen so schlecht wie nie

Sonderlich beliebt waren Politiker in diesem Land noch nie, und ein Übermaß an Respekt vor dem Stand der Volksvertreter war ebenfalls nicht zu konstatieren. [...] Nach der Erhebung des Allensbacher Instituts für Demoskopie ist das Ansehen der Berufspolitiker auf dem niedrigsten jemals gemessenen Stand. [...] Schuld an diesem durchaus dramatischen Ansehensverfall sind nicht allein die undankbaren Wähler. „Es sind wohl die fortwährenden Streitereien in der Politik, die das Image des Berufsstands nachhaltig zerstört haben", sagt Edgar Piel vom Allensbacher Institut für Demoskopie.

(Aus: Franz Solms-Laubach: Das Ansehen der Politiker ist so schlecht wie nie, in: DIE WELT vom 28.02.2008, in: www.welt.de)

Sicher gibt es schwarze Schafe unter den Politikern, aber ...

Ja, es ist richtig, dass Politikerinnen und Politiker unbeliebt sind.

Immer wieder berichten die Medien, dass die Politiker sich mal wieder ihre Gehälter erhöhen, während gleichzeitig zahlreiche Menschen und vor allem Kinder in die Armut abrutschen. Politikerinnen und Politiker interessieren sich nicht für die wahren Probleme der Leute im Land. Sie hören sich nur gerne reden und verwenden eine Sprache, die kaum jemand versteht. Jugendlichen hören sie überhaupt nicht zu, weil diese ja noch nicht wählen dürfen. Vor den Wahlen machen sie Versprechungen, die sie sofort wieder vergessen, wenn sie auf ihren begehrten Plätzen im Parlament sitzen. Man kann kein Vertrauen in Leute haben, die nur an sich und ihre Karriere denken.

Nein, es ist ungerecht, Politikerinnen und Politiker generell zu missachten.

Andere Berufsgruppen erhalten auch Gehaltserhöhungen, aber darüber berichten die Medien nicht. Die Diäten der Abgeordneten sind mit knapp 8 000 Euro geradezu bescheiden im Vergleich zu dem, was zum Beispiel Manager verdienen. Sicher gibt es schwarze Schafe unter Berufspolitikern, aber die gibt es auch in allen anderen Berufen. Die meisten Abgeordneten arbeiten an sieben Tagen in der Woche und hören sich die Sorgen und Probleme vieler Bürgerinnen und Bürger an. Ihr Bemühen um Problemlösungen hat die Lebenssituation vieler Menschen verbessert, aber es ist nun einmal schwer, es allen Recht zu machen. Wir sollten froh sein, dass es Leute gibt, die bereit sind, die Mühen der Berufspolitik auf sich zu nehmen.

5 Das Wahlrecht zum Deutschen Bundestag: zu kompliziert?

Mithilfe des Beispiels auf dieser Doppelseite könnt ihr herausfinden, wie sich Wahlen auf unterschiedliche Art und Weise auszählen und organisieren lassen. Vor diesem Hintergrund könnt ihr dann beurteilen, ob das Wahlrecht zum Deutschen Bundestag klug gestaltet wurde oder ob es zu kompliziert ist.

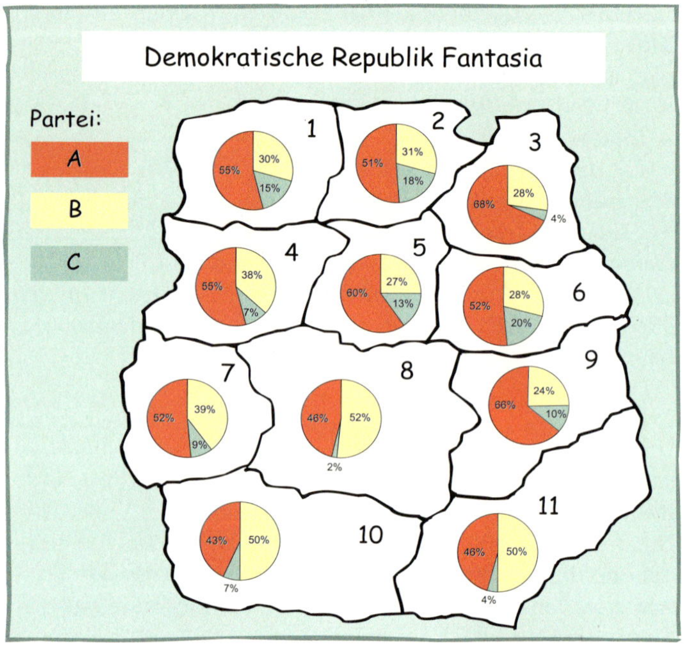

Parlamentswahlen in „Fantasia": Gleiches Wahlergebnis führt zu unterschiedlicher Sitzverteilung im Parlament

In der neu gegründeten demokratischen Republik „Fantasia" finden zum ersten Mal Parlamentswahlen statt. Zu diesem Zweck hat man das Land in 11 Wahlkreise eingeteilt. Pro Wahlkreis wird es einen Sitz im Parlament geben. Zur Wahl stellen sich drei Parteien mit ihren jeweiligen Kandidaten (Partei A, B und C). Unter diesen drei Parteien werden die 11 Parlamentssitze aufgeteilt werden.
Man hat beschlossen, zwei unabhängige Kommissionen mit der Auszählung der Stimmen und der Verteilung der Sitze im Parlament zu beauftragen. Dies soll garantieren, dass keine Fehler vorkommen. Am Abend nach der Wahl verkünden die Vorsitzenden der Auszählkommissionen der gespannt wartenden Öffentlichkeit das Ergebnis.

1. Politiker, Presse und Bevölkerung sind verwirrt. Welcher der beiden Sprecher hat Recht? Wie kann es zu solch unterschiedlichen Auswirkungen kommen?

Die beiden Kommissionssprecher treffen sich zu einem Gespräch

FRAU VERHÄLT: Welches Wahlsystem haben Sie bei der Auszählung der Stimmen verwendet?
HERR MEHRHEIT: Wir haben das Mehrheitswahlsystem angewendet?
FRAU VERHÄLT: Was bedeutet das?
HERR MEHRHEIT: Beim Mehrheitswahlsystem wird das Land in so viele Wahlkreise eingeteilt, wie das Parlament Sitze hat. Da Fantasia ein Parlament mit 11 Sitzen hat, haben wir 11 Wahlkreise eingeteilt. Sie können das auf der Karte sehen. In jedem Wahlkreis wählen die Bürgerinnen und Bürger einen der Kandidaten, die sich zur Wahl stellen. Es zieht jeweils der Kandidat ins Parlament ein, der die meisten Stimmen in seinem Wahlkreis erhält. Partei A hat in 8 von 11 Wahlkreisen die Mehrheit der Stimmen erhalten. Partei B in 3 der 11 Wahlkreise. Also erhalten Partei A 8 und Partei B 3 Sitze. Da Partei C in keinem Wahlkreis die Mehrheit der Stimmen erzielen konnte, erhält sie auch keinen Parlamentssitz. Wie kommt ihre Sitzverteilung zustande, liebe Kollegin?
FRAU VERHÄLT: Wir haben das Verhältniswahlsystem angewendet.
HERR MEHRHEIT: Was bedeutet das?
FRAU VERHÄLT: Beim Verhältniswahlsystem braucht man eigentlich keine Wahlkreiseinteilung. Man zählt alle abgegebenen Stimmen landesweit aus. Die Sitze im Parlament werden dann nach dem Anteil der Wählerstimmen verteilt. Bekommt eine Partei 54 Prozent der Stimmen, so stehen ihr auch 54 Prozent der Sitze im Parlament zu. Dadurch ist auch Partei C, ihrem Anteil von 10 Prozent der Stimmen entsprechend, in unserem Parlament vertreten.
HERR MEHRHEIT: Ehrlich gesagt, finde ich es besser, wenn wir das Mehrheitswahlsystem zur Sitzverteilung verwenden. Es sorgt für klare Mehrheiten im Parlament. So fällt das Regieren leichter. Kleine radikale Parteien haben keine Chance, in das Parlament einzuziehen, weil ihre Kandidaten niemals die Mehrheit in einem Wahlkreis erreichen können. Außerdem wählt man hier eine Person. Man kennt die Kandidatinnen und Kandidaten. Das verschafft den Wählern ein persönlicheres Verhältnis zur Politik. Beim Verhältniswahlsystem gibt es oft keine eindeutigen Mehrheitsverhältnisse, sodass das Land schwer zu regieren ist.
FRAU VERHÄLT: Dafür ist das Verhältniswahlsystem viel gerechter. Man wählt eine Partei und keine bestimmte Person. Da die Parteien so viele Sitze bekommen, wie ihnen nach der prozentualen Stimmenverteilung zustehen, finden alle Stimmen Berücksichtigung. Beim Mehrheitswahlrecht bleiben viele Stimmen völlig unberücksichtigt. Kleine Parteien haben beim Verhältniswahlsystem viel eher eine Chance, den Sprung in das Parlament zu schaffen. Wo gibt es eigentlich sonst noch das von ihnen vertretene Mehrheitswahlsystem?
HERR MEHRHEIT: Wir haben es vom Mutterland der Demokratie, Großbritannien, abgeguckt. Dort wird es seit Langem erfolgreich angewendet.
FRAU VERHÄLT: Das von mir vertretene Verhältniswahlrecht wird bei Parlamentswahlen in Frankreich und in vielen anderen parlamentarischen Demokratien angewendet.
BEIDE: Wir müssen für unser Land eine Entscheidung treffen.

2. Wie sind in Fantasia die Unterschiede in der Sitzverteilung im Parlament zustande gekommen?

3. Ihr könnt nun erklären, wie die beiden unterschiedlichen Wahlsysteme – Mehrheitswahl und Verhältniswahl – funktionieren und welche Vor- und Nachteile sie haben. Fertigt auf einem Blatt eine Übersicht an.

	Mehrheitswahl	Verhältniswahl
Funktionsweise Vorteile Nachteile		

4. Wie würdest du entscheiden? (Für welches System man sich bei den Bundestagswahlen in Deutschland entschieden hat, erfährst du auf der folgenden Seite.)

Die Bundestagswahl: Wie funktioniert sie?

Achtet beim Lesen und beim Betrachten der Schaubilder auf dieser Doppelseite auf folgende Begriffe:

- Personalisiertes Verhältniswahlrecht,
- Erststimme, Zweitstimme, Stimmensplitting,
- Fünf-Prozent-Hürde,
- Überhangmandate.

Erklärt nach dem Lesen, was sie bedeuten.

Das Wahlrecht für die Bundestagswahlen versucht, die Vorzüge beider Wahlsysteme (des Mehrheits- und des Verhältniswahlrechts) miteinander zu verbinden. Durch die Kombination der beiden Wahlsysteme sprechen wir auch von einem personalisierten Verhältniswahlrecht. Die eine Hälfte der Abgeordneten wird in Einzelwahlkreisen nach relativer Mehrheit, die andere Hälfte – unabhängig davon – nach Listen im Verhältniswahlrecht gewählt. Deswegen gibt es bei den Bundestagswahlen eine Erststimme und eine Zweitstimme. Dazu ist der Stimmzettel in zwei Spalten eingeteilt; in jeder der Spalten kann der Wähler eine Stimme durch Ankreuzen abgeben. Auf der linken Spalte, also mit der Erststimme, kann der Wähler seinen Bundestagskandidaten wählen. […] In der rechten Spalte wird mit der Zweitstimme die Partei gewählt. […] Die Zweitstimme ist nicht zweitrangig, wie der Name irrtümlich vermuten lässt. Sie entscheidet vielmehr, wie viele Mandate eine Partei im neuen Bundestag erhält.

(Aus: Rupert Schick/Michael F. Feldkamp: Wahlen, hrsg. vom Referat für Öffentlichkeitsarbeit des Deutschen Bundestages, Berlin 2002, S. 15)

Begriffe für euer Fachwörterverzeichnis

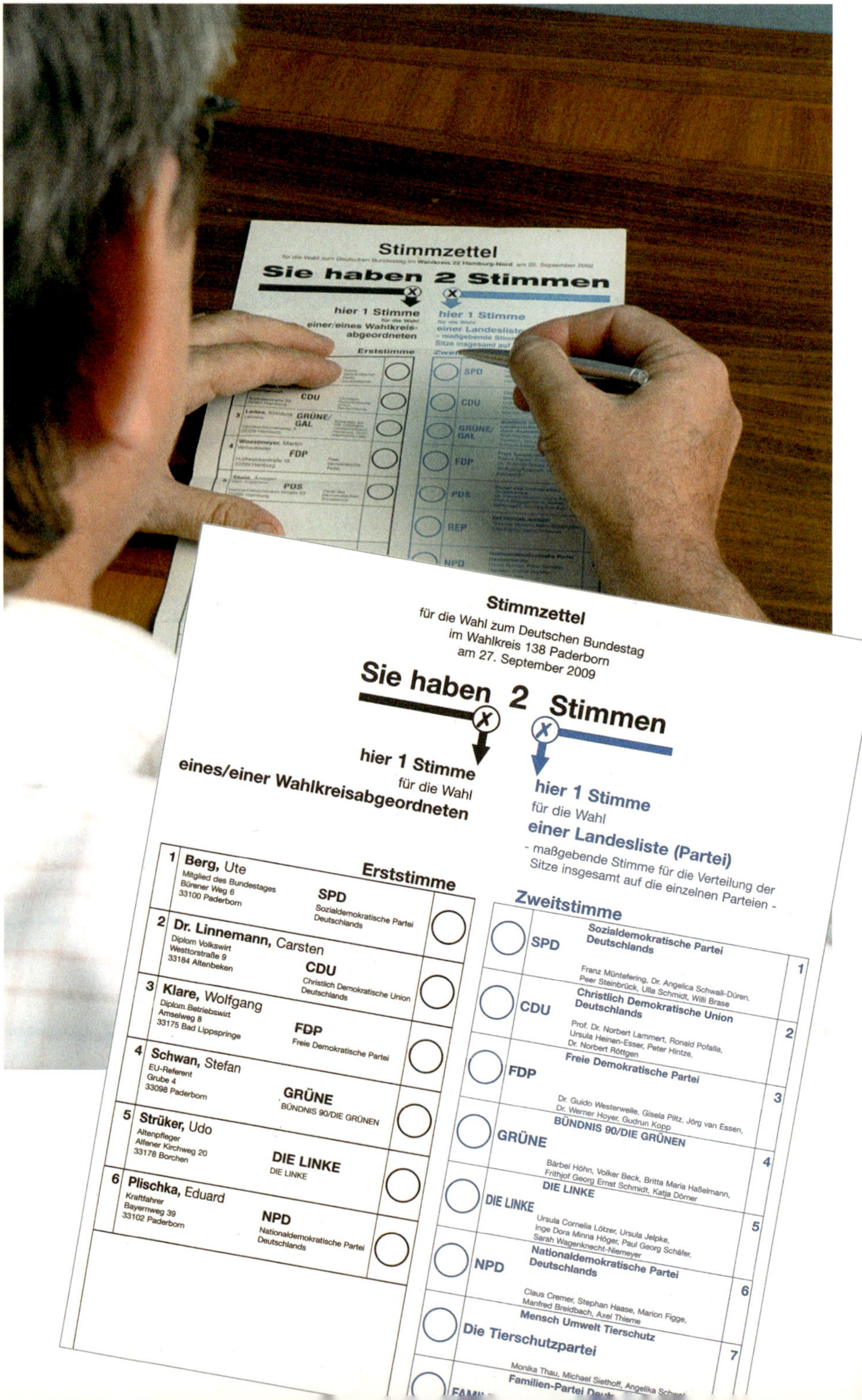

Stimmzettel
für die Wahl zum Deutschen Bundestag
im Wahlkreis 138 Paderborn
am 27. September 2009

Sie haben 2 Stimmen

hier 1 Stimme
für die Wahl
eines/einer Wahlkreisabgeordneten

hier 1 Stimme
für die Wahl
einer Landesliste (Partei)
- maßgebende Stimme für die Verteilung der Sitze insgesamt auf die einzelnen Parteien -

Erststimme

1 Berg, Ute – Mitglied des Bundestages, Bürener Weg 6, 33100 Paderborn – SPD Sozialdemokratische Partei Deutschlands
2 Dr. Linnemann, Carsten – Diplom Volkswirt, Westtorstraße 9, 33184 Altenbeken – CDU Christlich Demokratische Union Deutschlands
3 Klare, Wolfgang – Diplom Betriebswirt, Amselweg 8, 33175 Bad Lippspringe – FDP Freie Demokratische Partei
4 Schwan, Stefan – EU-Referent, Grube 4, 33098 Paderborn – GRÜNE BÜNDNIS 90/DIE GRÜNEN
5 Strüker, Udo – Altenpfleger, Alfener Kirchweg 20, 33178 Borchen – DIE LINKE DIE LINKE
6 Plischka, Eduard – Kraftfahrer, Bayernweg 39, 33102 Paderborn – NPD Nationaldemokratische Partei Deutschlands

Zweitstimme

SPD Sozialdemokratische Partei Deutschlands – Franz Müntefering, Dr. Angelica Schwall-Düren, Peer Steinbrück, Ulla Schmidt, Willi Brase – 1
CDU Christlich Demokratische Union Deutschlands – Prof. Dr. Norbert Lammert, Ronald Pofalla, Ursula Heinen-Esser, Peter Hintze, Dr. Norbert Röttgen – 2
FDP Freie Demokratische Partei – Dr. Guido Westerwelle, Gisela Piltz, Jörg van Essen, Dr. Werner Hoyer, Gudrun Kopp – 3
GRÜNE BÜNDNIS 90/DIE GRÜNEN – Bärbel Höhn, Volker Beck, Britta Maria Haßelmann, Frithjof Georg Ernst Schmidt, Katja Dörner – 4
DIE LINKE DIE LINKE – Ursula Cornelia Lötzer, Ursula Jelpke, Inge Dora Minna Höger, Paul Georg Schäfer, Sarah Wagenknecht-Niemeyer – 5
NPD Nationaldemokratische Partei Deutschlands – Claus Cremer, Stephan Haase, Marion Figge, Manfred Breidbach, Axel Thieme – 6
Die Tierschutzpartei Mensch Umwelt Tierschutz – 7

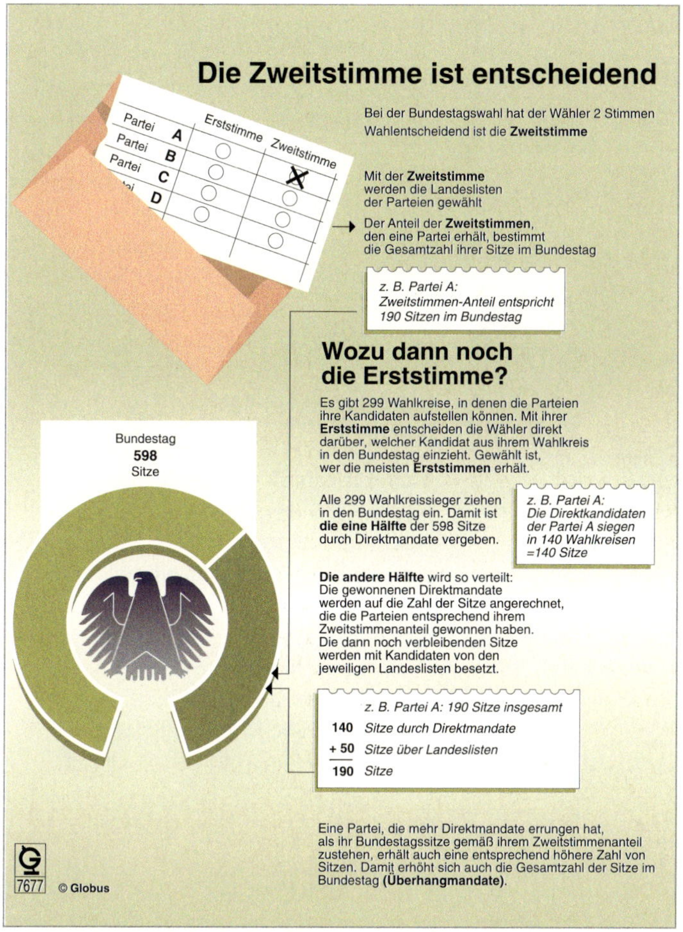

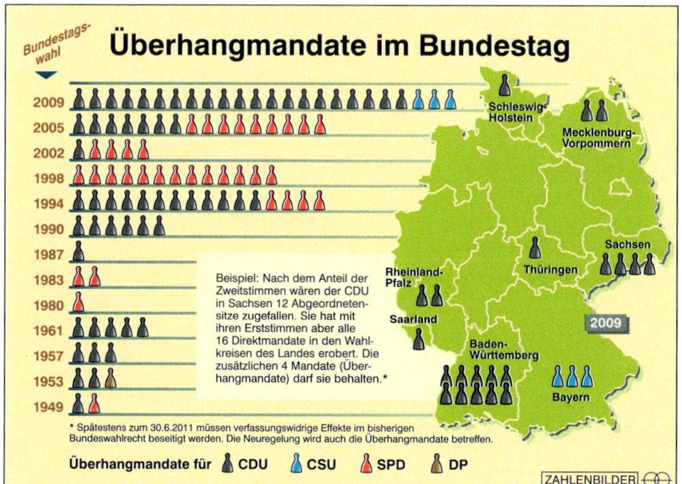

© Erich Schmidt Verlag

Mehrere Möglichkeiten

Der Wähler kann einer Person seine Stimme geben und er kann die Partei wählen, die er bevorzugt. Auch können die Wähler die Erst- und Zweitstimme unabhängig voneinander vergeben. Zum Beispiel ist es möglich, mit der Erststimme den Kandidaten der CDU oder SPD oder einer anderen Partei zu wählen und die Zweitstimme den Grünen, der FDP oder einer anderen Partei zu geben. Dieser Sonderfall der Aufteilung der beiden Stimmen wird als „Stimmensplitting" bezeichnet. Einprägen muss man sich, dass die Zweitstimme die wichtigere von beiden ist. Nur sie entscheidet darüber, wie viele Sitze eine Partei im Bundestag erhält und ob sie überhaupt in den Bundestag einziehen darf. Parteien mit weniger als fünf Prozent der Zweitstimmen erhalten keinen Platz im Bundestag (= Fünf-Prozent-Klausel).
Für die Zweitstimme erstellen die Parteien vor der Wahl für jedes Bundesland eine Landesliste, auf der die Kandidaten für den Bundestag aufgelistet sind. Wer auf Platz eins der Landesliste steht, hat die größten Chancen, nach der Wahl in den Bundestag einzuziehen.

Überhangmandate

Es kommt auch vor, dass eine Partei mehr Sitze im Parlament erhält, als ihr nach den Prozenten der Zweitstimme zustehen. Man bezeichnet diese Sitze als Überhangmandate. Sie entstehen, wenn eine Partei in einem Bundesland mehr Direktmandate gewinnt, als ihr dort nach dem Zweitstimmenanteil eigentlich zustehen würden. Ein Beispiel: Partei X erringt nach ihrem Zweitstimmenanteil 20 Sitze. In 21 Wahlkreisen siegen ihre Kandidaten, die sich direkt um ein Mandat beworben haben. Folge: Partei X erhält 20 Sitze plus einen weiteren als Überhangmandat. Das Parlament wird um diesen Sitz vergrößert.
Im Sommer 2008 entschied das Bundesverfassungsgericht, dass die Vergabe von Überhangmandaten nicht mit dem Grundsatz der Stimmengleichheit vereinbar sei und daher verfassungswidrig ist. Das Gericht setzte dem Gesetzgeber eine Frist, das Wahlrecht bis zum 30. Juni 2011 zu ändern und die Vergabe von Überhangmandaten zu beenden.

1. Versetzt euch in die Rolle einer Lehrerin oder eines Lehrers. Erklärt euren Schülerinnen und Schülern mithilfe der Schaubilder und des Wahlzettels, wie das Wahlsystem zum Deutschen Bundestag funktioniert.

Wir ermitteln, welche Abgeordnete einen Platz im Parlament erhalten

Amtliches Endergebnis nach Auszählung der Zweitstimmen:							
Partei A = 51 % = 6 Sitze			Partei B = 34 % = 4 Sitze			Partei C = 15 % = 2 Sitze	
Einzelergebnisse aus den Wahlkreisen nach Auszählung aller Erststimmen:							
1	Karin Otto	A	51 %	2	Hermann Pit	A	45 %
	Marion Jung	B	30 %		Gabi Schman	B	40 %
	Paul Klein	C	19 %		Dirk Fuchs	C	15 %
3	Brigitte Mohn	A	40 %	4	Volker Maus	A	60 %
	Swen Holz	B	51 %		Sandra Blume	B	30 %
	Harald Fips	C	9 %		Hans Stark	C	10 %
5	Friedel Wald	A	40 %	6	Anna Sachs	A	48 %
	Hanna Rosch	B	45 %		Kurt Hamm	B	37 %
	Simone Daum	C	15 %		Gerd Stein	C	15 %

Landesliste der Partei A Listenplatz:	**Landesliste der Partei B Listenplatz:**	**Landesliste der Partei C Listenplatz:**
1. Karin Otto	1. Holger Boor	1. Simone Daum
2. Hubert Groß	2. Margot Taucher	2. Gerd Stein
3. Petra Kuhn	3. Hermann Herz	3. Hassan Stark
4. Volker Maus	4. Nicole Schön	4. Petra Butter
5. Theo Scholtes	5. Sven Holz	5. Dirk Fuchs
6. Gudrun Land	6. Hanna Rosch	6. Paul Klein
7. Norbert Schröder	…	…
8. Anna Sachs		
…		

Zu Beginn dieser Einheit über das Wahlrecht zum Deutschen Bundestag stand die Frage, ob es zu kompliziert sei? Was meint ihr: Ist es das oder ist es ein klug gewähltes Wahlrecht?

Welche Kandidatinnen und Kandidaten ziehen nach einer Wahl in das Parlament ein, wenn das Wahlsystem ein personalisiertes Verhältniswahlrecht ist, bei dem die Wählerinnen und Wähler eine Erst- und eine Zweitstimme haben?
Mit den Vorgaben auf dieser Seite könnt ihr das entscheiden. Der Einfachheit halber wählen wir ein Parlament, das insgesamt aus 12 Sitzen besteht. Die Parlamentswahl hat folgendes Ergebnis gebracht:

Partei A erhielt 51, Partei B 34 und Partei C 15 Prozent.
Nach dem Umrechnungsschlüssel ergibt sich daraus folgende Sitzverteilung:
Partei A = 6 Sitze, Partei B = 4 Sitze, Partei C = 2 Sitze.

- Wer nimmt für die Parteien A, B und C Platz im Parlament?
- Zeichnet die Umrisse dieses zwölfköpfigen Parlaments in euer Heft.

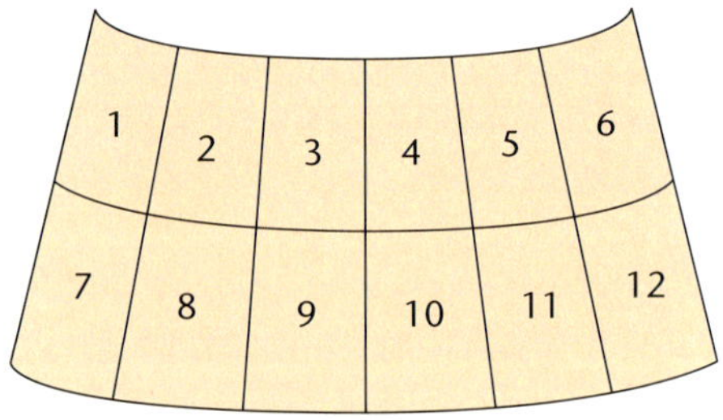

- Schraffiert dann in verschiedenen Farben die Zahl der Sitze, die jeder Partei zustehen.
- Verteilt dann die Sitze an die Personen.
- Zuerst kommen diejenigen ins Parlament, die aus den sechs Wahlkreisen als Sieger hervorgegangen sind.
- Die sechs weiteren freien Plätze füllt ihr dann aus den Landeslisten auf.
- Stellt das Parlament namentlich in der Klasse vor.

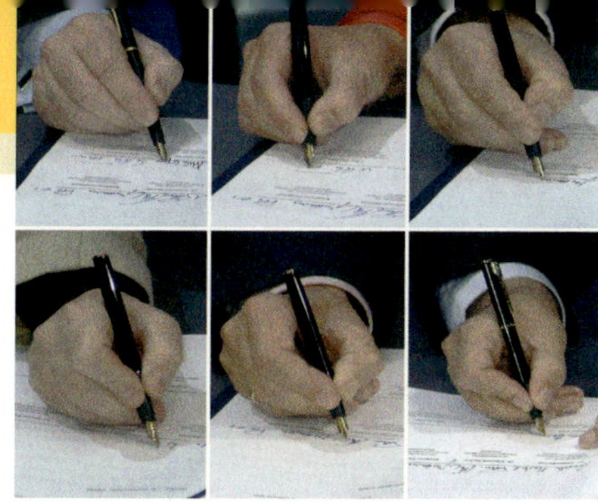

Ergebnis schwieriger Verhandlungen: der Koalitionsvertrag

Von der Wahl zur Regierungsbildung

1. Was passiert in der Zeit von der Wahl bis zur Bildung einer neuen Regierung? Haltet die Schritte stichwortartig fest.
2. Was sind Koalitionsverhandlungen? Warum sind sie schwierig? Was steht in einem Koalitionsvertrag?

Von der Wahl zur Sitzverteilung

Am Abend nach einer Bundestagswahl dauert es nur wenige Minuten, bis Computer aus den gesammelten Daten Hochrechnungen ausspucken, die kaum noch vom endgültigen Wahlergebnis abweichen. Die Wahlsendungen blenden sofort die daraus folgende Sitzverteilung im neuen Bundestag ein. Auch informieren sie über die Fraktionsstärke der einzelnen Parteien.
Eine *Fraktion* besteht aus den Abgeordneten einer Partei im Bundestag. Sie ist die Vertretung der Partei im Parlament. Fraktionen werden von einem Fraktionssprecher bzw. einer Fraktionssprecherin geführt.

Von Verhandlungen zum Koalitionsvertrag

Spätestens 30 Tage nach einer Bundestagswahl muss der neu gewählte Bundestag zum ersten Mal zusammentreten. So schreibt es das Grundgesetz im Artikel 33 vor. Bis dahin bleibt die alte Bundesregierung im Amt. Innerhalb dieser Frist wird über die Bildung einer neuen Regierung verhandelt.
Der Prozess der Regierungsbildung wäre ganz einfach, wenn nur zwei Parteien in den Bundestag einziehen würden, von denen eine die absolute Mehrheit erreicht hätte.
Der Normalfall ist eher, dass keine der Parteien mit einer absoluten Mehrheit aus Bundestagswahlen hervorgeht. Die Bildung einer neuen Regierung beginnt daher mit Koalitionsverhandlungen. Eine *Koalition* ist ein Bündnis von zwei oder mehreren Parteien, um gemeinsam die Mehrheit im Parlament zu erhalten und die Regierung bilden zu können (Koalition = Vereinigung.)
In der Regel lädt die stärkste Partei diejenige Partei oder diejenigen Parteien zu Gesprächen ein, mit der oder mit denen sie für die nächste Legislaturperiode (also für die vier Jahre bis zur nächsten Bundestagswahl) die Regierung bilden möchte.
Wenn sich die Koalitionspartner gefunden haben, handeln sie ein gemeinsames Regierungsprogramm aus, das in einem Koalitionsvertrag festgehalten wird. Darin steht, was die Regierung in den nächsten vier Jahren politisch erreichen will und welche wichtigen Gesetzesvorhaben man zu verwirklichen plant. Diese Verhandlungen sind oft schwierig, denn die Partner müssen überlegen, auf welche gemeinsamen Ziele sie sich verständigen können und auf welche nicht.
Der vorgesehene Bundeskanzler sucht jetzt seine Fachministerinnen und Fachminister aus, die zu seiner Regierungsmannschaft gehören sollen. Bundesminister werden also nicht gewählt, sondern ausgesucht. Obwohl der neue Kanzler formal das Recht hat, die Minister auszuwählen, überlässt er seinem Koalitionspartner die Benennung der Personen. Die Frage, wie viele und welche Ministerposten die an der Koalition beteiligten Parteien haben, spielt in den Verhandlungen oft eine große Rolle.

Wahl des Bundeskanzlers

Der Vorsitzende der stärksten Fraktion teilt dem Bundespräsidenten den vorgesehenen Kandidaten für die Wahl des Kanzlers mit, damit dieser den Kandidaten offiziell vorschlagen kann. Beim ersten Zusammentreffen des neuen Bundestages wählt dieser zunächst den neuen *Bundestagspräsidenten*. Aufgabe dieser Frau oder dieses Mannes ist es, die Parlamentssitzungen zu leiten.
In der zweiten Sitzung wählt der Bundestag den Bundeskanzler. Es folgt dessen Vereidigung und die seiner Minister. Vor dem Parlament stellt die neue Bundeskanzlerin oder der neue Bundeskanzler die Regierungserklärung vor. Damit hat die Arbeit der neuen Bundesregierung begonnen.
Der gesamte Prozess der Regierungsbildung bis zur ersten Regierungserklärung findet unter großer Anteilnahme der Medien und der Öffentlichkeit statt.

Begriffe für euer Fachwörterverzeichnis

6 Wie fallen im Bundestag politische Entscheidungen?

Beispiel: Das „Anti-Graffiti-Gesetz“

In der Politik werden Entscheidungen meist in Form von Gesetzen getroffen. Die Gesetzgebung gehört zu den wichtigsten Aufgaben des Deutschen Bundestages. Gesetze sind schriftlich formulierte Mehrheitsentscheidungen des Parlaments. Sie enthalten Gebote und Verbote, an die sich alle Staatsbürger halten müssen. Als ein Beispiel für den Weg der Gesetzgebung wird hier das Gesetz zur Änderung des § 303 des Strafgesetzbuches behandelt, das auch als Anti-Graffiti-Gesetz bezeichnet wird. Die Arbeit an diesem Gesetz hat eine ungewöhnlich lange Zeit in Anspruch genommen. Nach der Bearbeitung des Beispiels werdet ihr erklären können, warum das so war. Das Schaubild auf der nächsten Doppelseite wird euch dabei eine Hilfe sein.

Bushaltestelle mit Graffiti: Kunst oder Schmiererei?

Der Weg des Gesetzes bis zur Entscheidung

Der Vorschlag für ein neues Gesetz entsteht

Die Initiative zu einem Anti-Graffiti-Gesetz entstand zu einer Zeit, als in der Öffentlichkeit und in den Medien die Verärgerung über die zunehmende Verschandelung der Innenstädte immer lauter wurde. Im Januar 2000 ging der Gesetzesentwurf des Bundesrates beim Bundestag ein. Eigentlich strebte der Bundesrat kein neues Gesetz an, sondern die Änderung des bestehenden Paragraphen 303 aus dem Strafgesetzbuch. Dieser Paragraph stellt Sachbeschädigungen unter Strafe und zwar dann, wenn eine Sache beschädigt oder zerstört wird.

Der Gesetzesvorschlag sah vor, dass zukünftig auch die „Verunstaltung“ von Gebäuden, öffentlichen Verkehrsmitteln und dergleichen als Straftat gelten soll. Diese Änderung hätte zur Folge, dass sich die Täter nicht mehr mit der Begründung herausreden könnten, es handele sich beim Beschmieren von Wänden weder um Zerstörungen noch um Beschädigungen.

Das Grundgesetz regelt das Verfahren

Das Grundgesetz sieht vor, dass ein Gesetzesentwurf nur von den drei Staatsorganen Bundestag, Bundesregierung oder vom Bundesrat eingebracht werden kann (Artikel 76 GG).

Das Anti-Graffiti-Gesetz geht auf eine Initiative des Bundesrates zurück. Gesetzesentwürfe aus dem Bundesrat werden zunächst der Bundesregierung zur Stellungnahme überwiesen. Umgekehrt müssen Gesetzesentwürfe der Bundesregierung und aus einer Gruppe im Bundestag immer dem Bundesrat zur Stellungnahme zugeleitet werden.

Drei Lesungen im Bundestag

Nach den Stellungnahmen folgt die erste Beratung des Gesetzesentwurfs im Bundestag. Weil in dieser ersten Beratung die neuen Gesetzesentwürfe den Abgeordneten vorgelesen werden, wird sie als erste Lesung bezeichnet. Für jedes Bundesgesetz muss es drei Lesungen geben. Nach der ersten Lesung

wird ein Gesetzesentwurf – um geprüft und verbessert zu werden – an einen der zahlreichen Expertenausschüsse überwiesen.
Ausschüsse sind kleine Runden von Abgeordneten aus den verschiedenen Parteien im Bundestag, die sich auf bestimmte Themen spezialisiert haben. Die Anti-Graffiti-Gesetzesvorlage wurde im Rechtsausschuss des Bundestages beraten.
Die Ausschüsse können zum Zweck ihrer besseren Information und Meinungsbildung weitere Experten einladen: Wissenschaftlerinnen und Wissenschaftler, verschiedene Interessengruppen und von der Gesetzesänderung direkt Betroffene. Eine solche Expertenanhörung wird auch als „Hearing" bezeichnet. Hier wird nicht entschieden, lediglich beraten. In der Zeit der Ausschussberatungen werden die Gesetzesvorlagen oft stark verändert. Sind die Beratungen abgeschlossen, wird das Gesetz dem Bundestag zur zweiten Lesung vorgelegt. Die Vertreterinnen und Vertreter der Parteien im Bundestag haben hier noch einmal die Möglichkeit, ihre Kritik und ihre Änderungswünsche vorzutragen. Es folgt die dritte Lesung und danach die Abstimmung im Deutschen Bundestag.

Diskussionen im Bundestag und in der Öffentlichkeit

In der Diskussion zur ersten Lesung zeigen sich in der Regel die unterschiedlichen Meinungen zwischen den Personen und den Parteien im Parlament. Die Diskussionen im Parlament werden stark von der Auseinandersetzung zwischen den Regierungsparteien und der Opposition geprägt. Die Opposition (lateinisch: Gegensatz) bilden die Parteien, die nicht an der Regierung beteiligt sind.

Über die parlamentarischen Auseinandersetzungen zum Anti-Graffiti-Gesetz wurde in den Medien ausführlich berichtet. Das Thema stieß in weiten Teilen der Öffentlichkeit auf großes Interesse. Quer durch die Parlamentsparteien fand der Vorschlag Befürworter und Gegner, was zur Folge hatte, dass der Weg bis zur Entscheidung ungewöhnlich lange dauerte.

Bundesrat und Vermittlungsausschuss

Wird das Gesetz mit Mehrheit angenommen, ist das Gesetzgebungsverfahren noch nicht beendet.
Es muss nun der Vertretung der Länder, dem Bundesrat, zugeleitet werden, wo ebenfalls beraten und darüber abgestimmt wird. Dabei wird zwischen zustimmungspflichtigen und Einspruchsgesetzen unterschieden.
Kommt zwischen den beiden Kammern des Bundesparlaments, dem Bundestag und dem Bundesrat, keine Einigung zustande, so wird der Vermittlungsausschuss eingeschaltet. Er besteht aus 32 Mitgliedern, die je zur Hälfte dem Bundestag und dem Bundesrat angehören und hat die Aufgabe, einen Kompromissvorschlag auszuarbeiten.

Unterschrift des Bundespräsidenten und Veröffentlichung

Jedes neue Bundesgesetz muss vom Bundespräsidenten unterschrieben werden und kann erst in Kraft treten, wenn es im Bundesgesetzblatt veröffentlicht ist.
In seiner ursprünglichen Fassung wurde der Gesetzesvorschlag des Bundesrates im März 2002 vom Bundestag abgelehnt. Erst am 17. Juni 2005 fand ein neu formulierter Gesetzesentwurf eine Mehrheit im Parlament und wurde anschließend auch vom Bundesrat genehmigt. Er enthielt nicht mehr den rechtlich schwierigen Begriff der Verunstaltung, sondern stellt Graffiti unter Strafe, deren Entfernung mit Kosten verbunden ist. Nach Auskunft der Bundesregierung führt die Neufassung des Gesetzes zu einem erheblichen Rückgang unerlaubter Graffiti.

1. Anti-Graffiti-Gesetz: Ja oder nein? Wie hättest du dich bei der Abstimmung im Bundestag verhalten?
2. Zwischen der Initiative und dem Inkrafttreten lagen fünf Jahre. Was geschah in diesem Zeitraum?
3. Zwei Aussagen zur Diskussion:

> Ich finde es gut, dass heftig diskutiert wird über ein solch wichtiges neues Gesetz – auch wenn das Verfahren dadurch lange dauert.

> Ein solches Gesetzesverfahren müsste viel schneller über die Bühne gehen. Die vielen Diskussionen sollte man sich sparen.

■ **Tipp:** Das Hearing zum Anti-Graffiti-Gesetz könnt ihr in der Klasse nachspielen (siehe Seite 103).

Der Gang der Gesetzgebung nach den Bestimmungen des Grundgesetzes

Der Weg bis zur Entscheidung ist bei allen Bundesgesetzen ähnlich. Das Grundgesetz schreibt die doppelte Abstimmung (zuerst im Bundestag, dann im Bundesrat) bei allen Gesetzen vor, welche die Länderinteressen betreffen. Dieses Verfahren ermöglicht es den Bundesländern, ihre Interessen im Prozess der Bundesgesetzgebung angemessen zu vertreten. Es ist zugleich ein Instrument der Machtbeschränkung und Machtkontrolle, weil die beiden Bundesorgane sich gegenseitig kontrollieren.
Im Zuge einer Reform des Gesetzgebungsverfahrens im Jahr 2006 wurde das Verhältnis zwischen dem Bund und den Ländern neu geregelt. Mit einer Zweidrittelmehrheit wurde das Grundgesetz geändert. Nach dieser Änderung ist bei vielen neuen Gesetzen eine Abstimmung im Bundesrat nicht mehr erforderlich. Musste der Bundesrat vor der Reform etwa 60 Prozent aller Bundesgesetze zustimmen, so sind es jetzt nur noch etwa 40 Prozent. Im Gegenzug erhielten die Bundesländer erweiterte Zuständigkeit im Bereich der Landespolitik. Durch diese Reform, die auch als Föderalismusreform bezeichnet wird, können viele Bundesgesetze schneller verabschiedet werden.

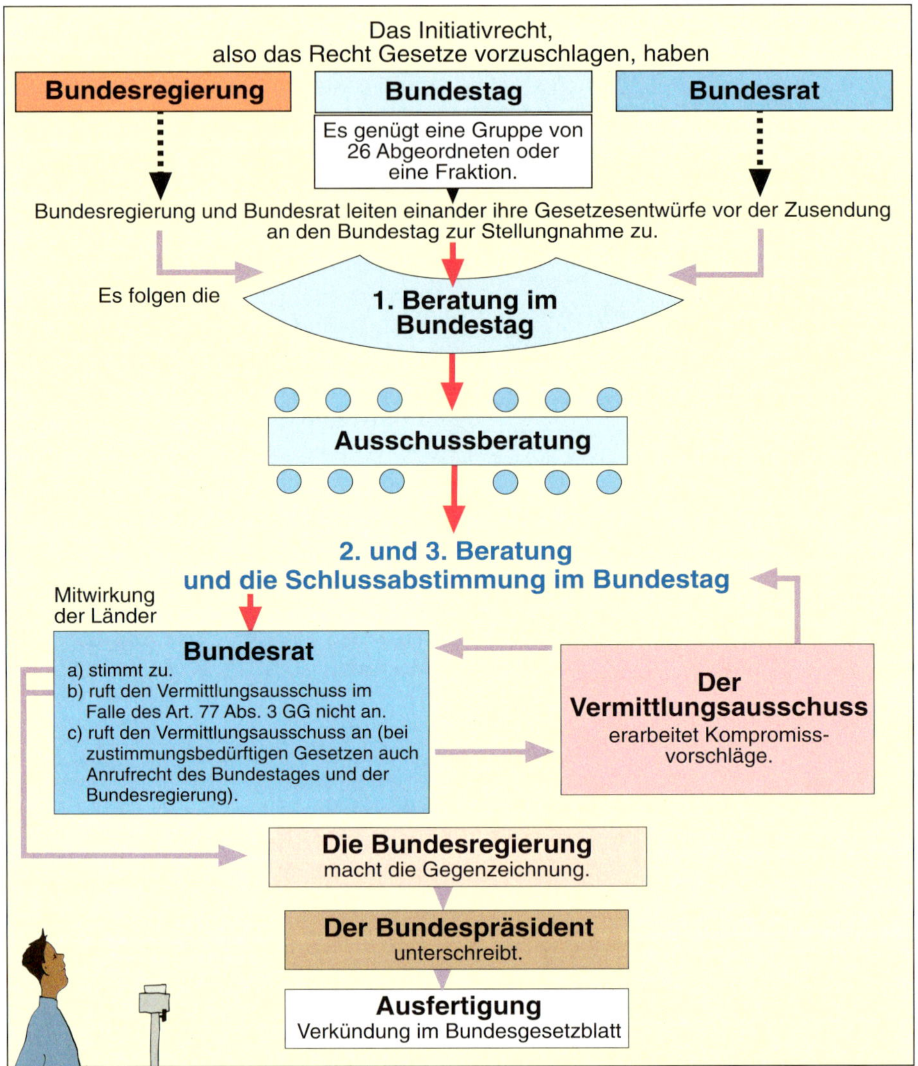

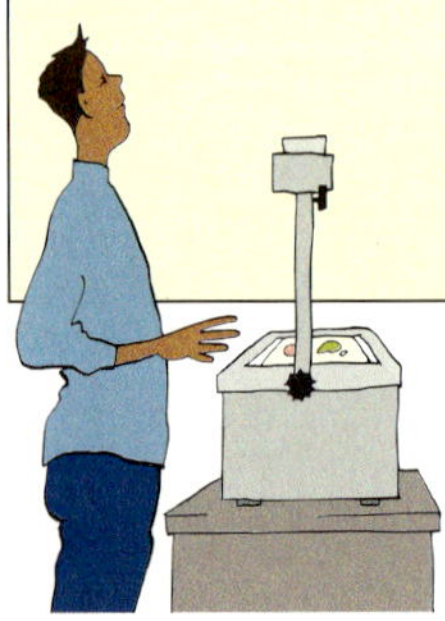

1. Mithilfe dieses Schaubildes könnt ihr in einem Vortrag vor der Klasse das Gesetzgebungsverfahren in der Bundesrepublik erklären. Zur Veranschaulichung der einzelnen Schritte solltet ihr dabei die Informationen über das Anti-Graffiti-Gesetz nutzen, die ihr auf den letzten drei Seiten bekommen habt. Ordnet dabei die im Text genannten Schritte den Stationen im Schaubild zu. Erklärt darin auch, was sich durch die Föderalismusreform am Weg der Bundesgesetzgebung verändert hat.

Begriffe für euer Fachwörterverzeichnis

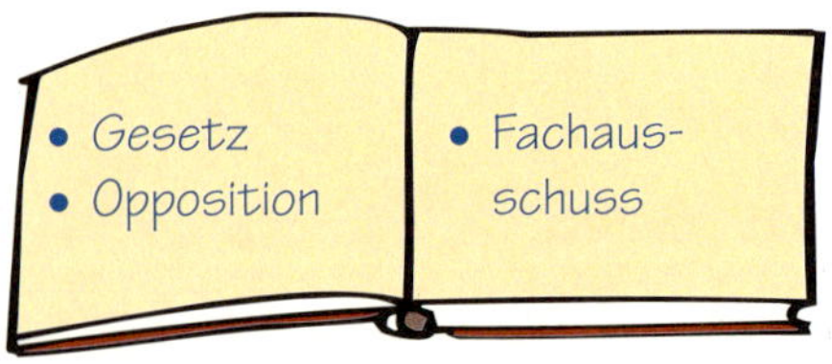

Ja oder nein zum Anti-Graffiti-Gesetz?
Die Klasse spielt ein Hearing im Gesetzgebungsverfahren

Ihr könnt das Hearing zum Anti-Graffiti-Gesetz spielen. Bildet dazu fünf Gruppen und haltet euch an die unten beschriebene Vorgehensweise.

In der Gruppenarbeitsphase sucht und formuliert ihr möglichst viele Argumente, mit denen ihr eure Ansicht zum geplanten Gesetz begründen könnt.

Die Gruppe 3, Rechtsausschuss des Deutschen Bundestages, sucht und formuliert alles, was für und was gegen das Gesetz spricht.

Ja, wir brauchen dieses Gesetz!

Gruppe 1: Verband der deutschen Haus- und Grundstückseigentümer
Der Verband ist mit seiner Geduld am Ende. Alle bisherigen Versuche, die Graffiti-Schmierereien einzudämmen, haben keinen Erfolg gebracht. Der Staat muss den Tätern Grenzen aufzeigen und seiner Pflicht nachkommen, das Eigentum der Menschen im Land zu schützen. Schmierereien an Gebäuden sollen in Zukunft wie Zerstörungen und Beschädigungen unter Strafe gestellt werden.

Gruppe 2: Vertretung des Deutschen Städte- und Gemeindebundes
Eurer Ansicht nach haben die Veränderungen durch Graffiti im Erscheinungsbild von öffentlichen Gebäuden und Verkehrsmitteln ein unerträgliches Maß erreicht. Ihr weist darauf hin, dass die Städte nicht länger bereit sind, die Kosten für die Beseitigung der Schäden zu übernehmen. Ihr seid für die Strafverfolgung, besonders bei den vielen Mehrfachtätern. Härtere Strafen sollen abschrecken.

Gruppe 3: Rechtsausschuss des Deutschen Bundestages
In eurer Gruppe sollte es verschiedene Ansichten zum geplanten Gesetz geben, so wie es der Realität in den Ausschüssen entspricht. Ihr könnt auch eure Parteizugehörigkeit wählen. In der Gruppenarbeit erstellt ihr eine Auflistung aller Pro- und Kontra-Argumente. Zu Beginn des Hearings stellt ihr eure verschiedenen Meinungen vor. Während des Hearings stellt ihr Fragen an die Expertengruppen.

Nein, wir brauchen es nicht!

Gruppe 4: Interessenvertretung deutscher Richterinnen und Richter
Viele Richter sind gegen das Gesetz, weil sie befürchten, dass Mehrbelastungen auf die schon jetzt überlasteten Gerichte zukämen. Für Gerichte ist es schwierig, zu entscheiden, ob ein Graffiti harmlos ist oder eine strafbare Handlung. Angeklagte, die sich gute Anwälte leisten können, würden hier immer den Prozess gewinnen. Deshalb: nein!

Gruppe 5: Verein der Sozialarbeiterinnen und Sozialarbeiter
Ihr haltet das Gesetz für einen gefährlichen Versuch, harmlose Jugendliche zu kriminalisieren. Graffiti-Täter wollen eurer Ansicht nach keine kriminelle Handlung begehen und sollten nicht durch Strafen ins Abseits gedrückt werden. Ihr setzt vielmehr auf vorbeugende Maßnahmen in der Erziehungs- und Jugendarbeit. Mit Abschreckung erreicht man eurer Meinung nach gar nichts.

1. Zu Beginn des Hearings stellt die Gruppe 3 in einer kurzen Stellungnahme vor, was ihrer Ansicht nach für und gegen die geplante Gesetzesänderung spricht. Dann stellen die vier übrigen Gruppen in Kurzvorträgen ihre Positionen zum Gesetz vor.
2. Nach dem Vortrag der Stellungnahmen richten die Ausschussmitglieder ihre Fragen an die einzelnen Gruppen.
3. Nun findet eine Diskussion statt, die entweder vom Lehrer bzw. von der Lehrerin oder von Ausschussmitgliedern geleitet wird.
4. Ein Hearing dient nur der gemeinsamen Beratung, es wird nicht über das Gesetz entschieden. Haltet ihr solche Hearings trotzdem für sinnvoll oder nicht? Formuliert dazu euer eigenes Urteil. Beachtet die Kriterien (a) demokratische Mitwirkung, (b) Zeitaufwand und (c) Qualität des zukünftigen Gesetzes.

7 Wie kann staatliche Macht wirksam kontrolliert werden?

Nie mehr Diktatur in Deutschland

In diesem Unterkapitel werden an drei Beispielen Merkmale der Machtkontrolle in der Demokratie in Deutschland vorgestellt. Ihr könnt die drei Unterabschnitte A, B und C auf je ein Drittel von euch aufteilen und dann folgendermaßen vorgehen:
Einzelarbeit: Alle lesen ihren Abschnitt sorgfältig durch.
Partnerarbeit: Zu zweit beantwortet ihr die Aufgaben in den Kästen unterhalb des Materials.
Gruppenarbeit: Bildet Gruppen zu sechst (oder zu dritt), in denen alle Beispiele vertreten sind. Der Reihe nach stellen die Expertinnen und Experten den übrigen Gruppenmitgliedern ihr bearbeitetes Material vor. Anschließend erstellen die Gruppen gemeinsam eine Übersicht, die präsentiert werden kann.

	A Gewaltenteilung	B Bundesverfassungsgericht	C Opposition
Definition			
Aufgaben			
Bedeutung für die Demokratie			

Den schlimmsten Missbrauch staatlicher Macht erlebte Deutschland in der Zeit von 1933 bis 1945. Vom Tag ihrer Machtergreifung im Jahr 1933 an verwandelten Hitler und die Nationalsozialisten Deutschland in eine verbrecherische Diktatur:

- Sie schalteten das Parlament aus.
- Sie verboten Parteien und Gewerkschaften.
- Sie duldeten keine freie Presse.
- Sie ließen das Volk durch ihre Geheime Staatspolizei (Gestapo) bespitzeln und Andersdenkende in Folterkellern und Konzentrationslagern verschwinden.
- Sie beugten das Recht im Namen des Führers.
- Sie führten Deutschland in einen rassistisch begründeten Vernichtungskrieg.
- Sie ermordeten im Wahn rassischer Überlegenheit nahezu das gesamte Volk der in ihrem Herrschaftsgebiet lebenden Juden.

Vor dem Hintergrund dieser leidvollen Erfahrungen muss man die verfassungsmäßige Ordnung in der Bundesrepublik Deutschland sehen.
Die freiheitlich-demokratische Grundordnung, welche die Mitglieder des Parlamentarischen Rates ab dem 1. September 1948 auf Anweisungen der westlichen Siegermächte ausarbeiteten, sollte jegliche Gewalt- und Willkürherrschaft für alle Zeiten ausschließen. Hitler hatte die Macht in seiner Person konzentriert und missbraucht. Eine staatliche Ordnung, die Konzentration und Missbrauch von Macht verhindern will, muss sie auf verschiedene Institutionen verteilen und ihre demokratische Kontrolle garantieren.
Die Kontrolle staatlicher Macht gilt als eines der wesentlichen Elemente, ohne die eine Demokratie keinen dauerhaften Bestand haben kann.

A Machtkontrolle durch Teilung der Staatsgewalt

„Alle Staatsgewalt geht vom Volke aus"

So steht es im Artikel 20, Absatz 2 des Grundgesetzes. Unter der Staatsgewalt versteht man das alleinige Recht und die Macht des Staates, seine Ziele notfalls auch mit Zwang durchzusetzen. Ohne sie kann der Staat seine wesentlichen Aufgaben nicht erfüllen: den Schutz nach außen und die Wahrung von Recht und Sicherheit im Inneren. Träger der Staatsgewalt in der Demokratie ist das Volk. Politische Herrschaft kann nur auf dem Willen des Volkes beruhen. Dazu muss sie durch Wahlen begründet sein.

Die Gewaltenteilung

Vor über 300 Jahren kritisierte der französische Staatsphilosoph Charles de Montesquieu (1689–1755) die Herrschaft der absolutistisch herrschenden Könige, zu deren Zeit er lebte: „Wenn in derselben Person die gesetzgebende Gewalt mit der vollziehenden vereinigt ist, gibt es keine Freiheit; denn es steht zu befürchten, dass derselbe Monarch tyrannische Gesetze macht, um sie tyrannisch zu vollziehen. Es gibt ferner keine Freiheit, wenn die richterliche Gewalt nicht von der gesetzgebenden und vollziehenden getrennt ist."

Von Montesquieu stammt die Idee, dass die Staatsgewalt geteilt werden muss.

Die Legislative: Darunter versteht man die gesetzgebende Gewalt. Sie wird vom Bundestag und vom Bundesrat ausgeübt.

Die Exekutive: Das ist die Gewalt, die die Gesetze ausführt. Sie wird von der Regierung und von der Verwaltung ausgeführt.

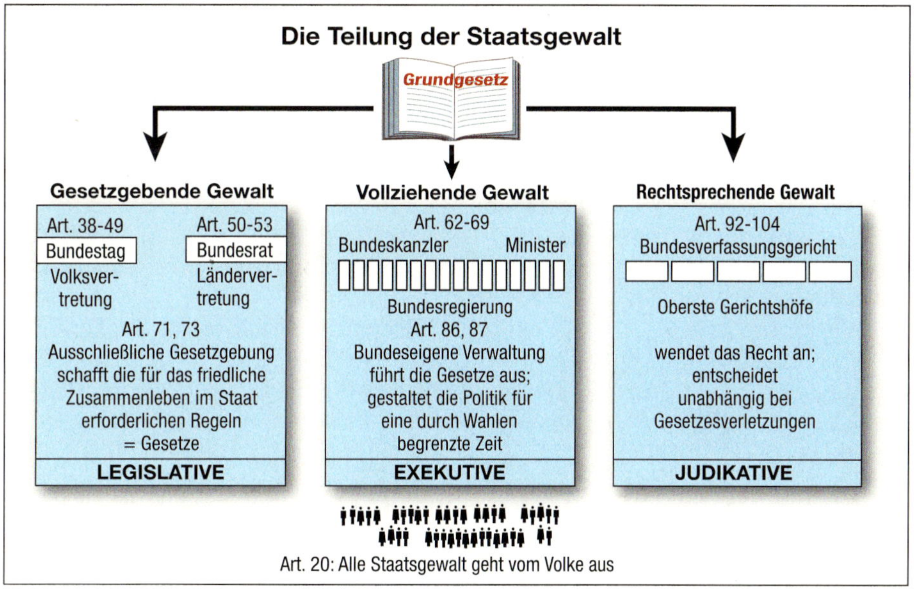

Die Judikative: Das ist die rechtsprechende Gewalt. Sie wird von den unabhängigen Gerichten ausgeführt mit dem Bundesverfassungsgericht an der Spitze.

Die Trennung der Staatsgewalten soll die Zusammenballung staatlicher Macht in den Händen eines Einzelnen oder einer gesellschaftlichen Gruppe verhindern. Der Missbrauch von Macht soll so für alle Zeiten ausgeschlossen und die Freiheit in der Demokratie garantiert sein. Dafür muss man in Kauf nehmen, dass die Machtausübung komplizierter wird als es bei der Herrschaft eines Einzelnen der Fall ist. Das Parlament kontrolliert die Arbeit der Regierung. Entscheidungen der Regierung und der Verwaltung werden von den Gerichten kontrolliert. Ausgeschlossen ist z. B., dass ein Parlamentsmitglied zugleich ein Richteramt wahrnehmen kann und umgekehrt.

Teilweise wird das Prinzip der Gewaltenteilung in der Praxis allerdings durchbrochen. Ein Bundestagsabgeordneter ist als Parlamentsmitglied Teil der Legislative, kann aber gleichzeitig ein Ministeramt in der Regierung ausüben und so Teil der Exekutive sein. Die klassische Aufgabe der Kontrolle der Regierung durch das Parlament wird vor allem von der Minderheit, also von der Opposition, wahrgenommen.

(Montesquieu aus: Vom Geist der Gesetze, XI,6, in: Arnold Bergsträsser/Dieter Oberndörfer (Hrsg.): Klassiker der Staatsphilosophie, Band I, Kohler Verlag, Stuttgart 1975, S. 239 f.; bearbeitet)

1. Wie und warum ist die Staatsgewalt aufgeteilt?
2. Eure Erklärung des Schaubildes sollte enthalten: Definitionen für die drei Staatsgewalten, ihre Zuordnung zu den verschiedenen politischen Institutionen, Träger der Staatsgewalt.

B Machtkontrolle durch das Bundesverfassungsgericht

Die Stellung des Bundesverfassungsgerichts im Grundgesetz (Auszüge):
Artikel 93
(1) Das Bundesverfassungsgericht entscheidet: über die Auslegung dieses Grundgesetzes aus Anlass von Streitigkeiten [...]
(4a) über Verfassungsbeschwerden, die von jedermann mit der Behauptung erhoben werden können, durch die öffentliche Gewalt in einem seiner Grundrechte [...] verletzt zu sein.

Hüter der Verfassung
Ein Beispiel: Im Februar 2006 setzte das Bundesverfassungsgericht das kurz zuvor vom Bundestag beschlossene Luftsicherheitsgesetz außer Kraft. Die Richter erklärten, dass die darin beschlossene Befugnis der Bundeswehr, entführte Passagierflugzeuge im äußersten Notfall abzuschießen, mit der im Grundgesetz garantierten Würde des Menschen nicht vereinbar sei.
„Das Grundgesetz ist die oberste Richtschnur allen staatlichen Handelns. Eine eigene Institution, das Bundesverfassungsgericht, wacht darüber, dass Parlament, Regierung und Rechtsprechung die Verfassung einhalten. Als Hüter der Verfassung kann es jeden Akt der gesetzgebenden Gewalt, der Regierung und Verwaltung und jede Entscheidung der Gerichte auf ihre Verfassungsmäßigkeit prüfen. Dabei schützt es besonders die Grundrechte der Bürger. [...]

Es ist das höchste Gericht des Bundes, die letzte Instanz für die Kontrolle der Verfassungsmäßigkeit des politischen Lebens. Es kann die Entscheidungen aller anderen Gerichte aufheben, wenn sie der Prüfung der Verfassungsmäßigkeit nicht standhalten. Seine Entscheidungen sind für alle verbindlich. Soweit sie die Rechtswirksamkeit von Bundes- und Landesgesetzen betreffen, haben sie sogar Gesetzeskraft und werden im Bundesgesetzblatt verkündet.

(Aus: Horst Pötzsch: Die deutsche Demokratie, hrsg. von der Bundeszentrale für politische Bildung, 3. Auflage, Bonn 2003, S. 115)

Kritiker behaupten, die Richter am BVG mischten sich mit ihren Urteilen zu stark in die Politik ein und bestimmten mehr und mehr darüber, was politisch machbar sei und was nicht. In jüngster Zeit haben die Richter auf diese Kritik reagiert. Sie beanspruchen für sich das „Prinzip der richterlichen Selbstbeschränkung“. Demnach sehen sie ihre Aufgabe nicht darin, zu überprüfen, ob ein Gesetz gut oder schlecht, klug oder unvernünftig ist, sondern einzig und allein, ob es mit den Grundsätzen der Verfassung vereinbar ist oder nicht.

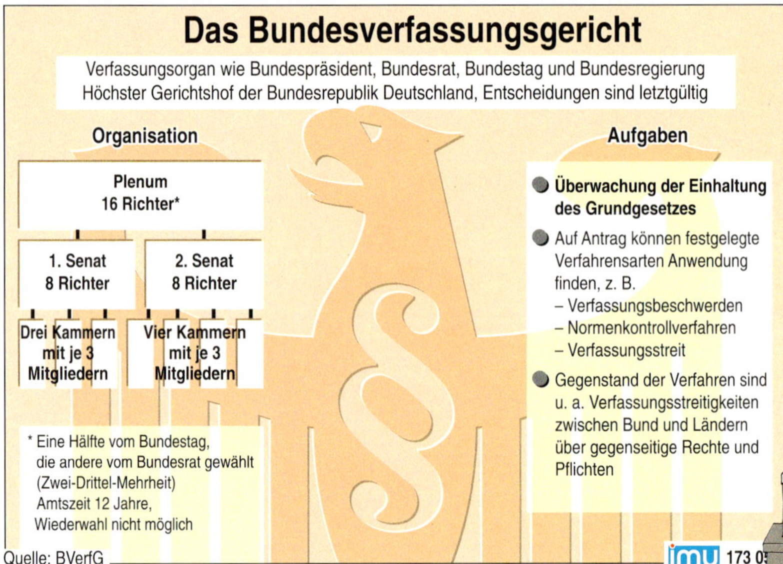

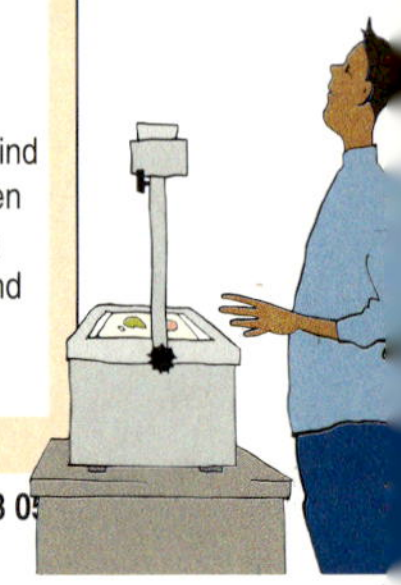

1. Erklärt, warum das Bundesverfassungsgericht als „Hüter der Verfassung“ bezeichnet wird.
2. Euer Merkzettel für die Schaubilderklärung sollte enthalten: Rolle des BVG, Zusammensetzung und Wahl der Richter, Aufgaben des Gerichts.

C Machtkontrolle durch Opposition

In parlamentarischen Demokratien wird die Regierung entweder von der stärksten Partei gebildet oder es schließen sich zwei oder mehrere Parteien zu einer Koalition zusammen. Das ist ein Bündnis von zwei oder mehreren Parteien im Parlament, um gemeinsam mehrheitsfähig zu sein und die Regierung bilden zu können. Alle Parteien (im Parlament), die nicht an der Regierung beteiligt sind, bilden „die Opposition". Opposition heißt Gegensatz, Widerspruch und Widerstand. In einer Demokratie hat die Opposition zwei entscheidende Aufgaben: Sie soll die Regierung ständig überwachen und sie kritisieren, wenn sie ihre Pläne für falsch hält, und sie soll eigene Pläne entwickeln und vortragen. Erfüllt eine Opposition diese Aufgaben, kann sie die Politik der Regierung beeinflussen. Gleichzeitig nimmt sie Einfluss auf die Bürger: Sie hilft ihnen dabei, sich eine Meinung zu bilden und ihren Willen zu äußern. Überzeugen die Vorschläge der Opposition die Mehrheit der Wähler, kann sie bei einer nächsten Wahl die meisten Stimmen gewinnen: Sie bildet dann die Regierung und versucht, die Interessen und den Willen ihrer Wähler durchzusetzen. Die bisherige Regierungspartei geht in die Opposition.

Eine Opposition, die ihre Aufgaben wahrnimmt, schützt die Demokratie. Sie verschafft auch den Menschen und Gruppen die Möglichkeit zur Teilnahme an der Politik, die sich in einer Minderheitenposition befinden. Sie verhindert, dass die Regierung ihre Macht unkontrolliert ausübt bzw. die Meinungen von Minderheiten völlig unberücksichtigt lässt.

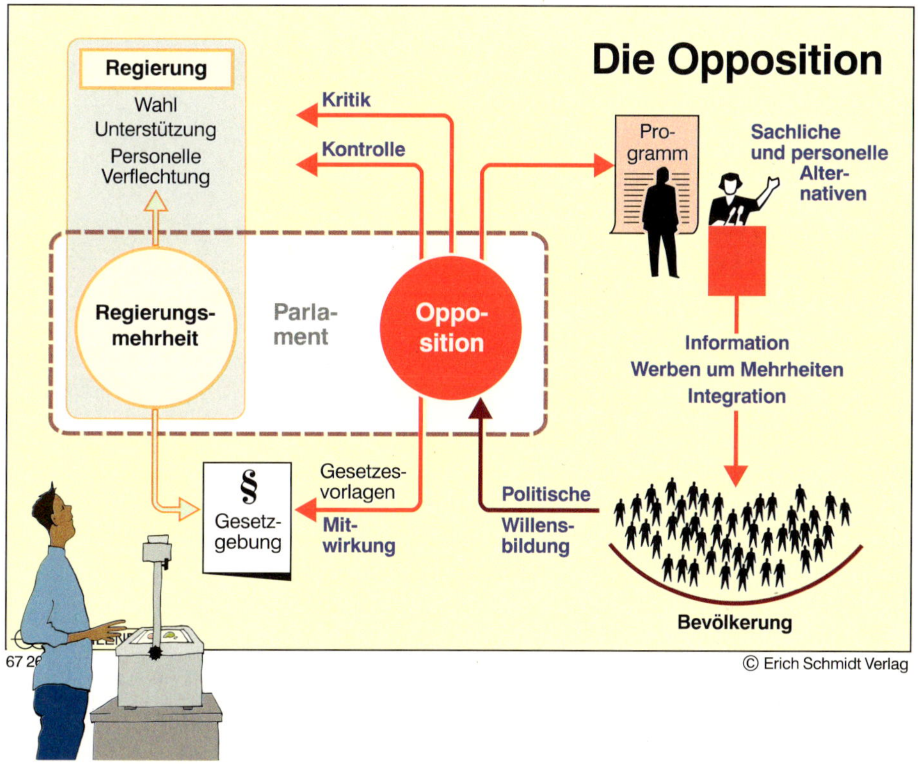

Mittel der Opposition

Um die Regierungsarbeit zu kontrollieren, kann die Opposition schriftliche Anfragen zu bestimmten Themen stellen, die dann von der Regierung öffentlich beantwortet werden müssen. Wenn Missstände in der parlamentarischen Arbeit bekannt werden, kann sie die Einsetzung eines Untersuchungsausschusses verlangen, der die Vorgänge aufklärt. Grundsätzlich lassen sich zwei Formen einer oppositionellen Arbeitsweise im Parlament unterscheiden: die kooperative und die konfrontative. Eine konfrontative Opposition versucht vor allem, sich von der Regierung abzugrenzen und deren Fehler aufzuzeigen, um sich so für die nächsten Wahlen als bessere Alternative darzustellen. Eine kooperative Opposition sucht neben der Kritik auch die Zusammenarbeit mit den Regierungsparteien, um so ihre Vorstellungen in die aktuellen Gesetzesvorhaben einzubringen. In der Praxis können – je nach anstehendem Problem – Phasen der Konfrontation und Phasen der Kooperation zwischen Regierungsmehrheit und Opposition abwechseln.

1. Die Aufgaben der Opposition lassen sich mit den Begriffen *Kritik, Kontrolle* und *Aufzeigen von Alternativen* beschreiben. Erklärt, was damit gemeint ist.
2. Euer Merkzettel für die Schaubilderklärung sollte enthalten: Aufgaben der Opposition, Verhältnis zur Bevölkerung, Verhältnis zur Regierung.

Memorystationen

Demokratie in der Bundesrepublik Deutschland

Station 1 Leben in der Demokratie

Rede und Gegenrede

Im ersten Unterkapitel wurde erwähnt, dass die Demokratie eine recht komplizierte Staatsform ist, deren Vorzüge nicht von allen Menschen verstanden werden.

Was antwortest du jemandem, der die folgenden Ansichten vertritt?

1. „Wenn einer alle Macht hätte, könnte man besser und schneller entscheiden!"
2. „In einer Demokratie wird zu viel diskutiert!"
3. „Freiheit gibt es in Wahrheit nur, wenn gar keine politische Herrschaft ausgeübt wird."

Wählt eine oder zwei der Äußerungen zur Bearbeitung aus.

Station 2 Bürgerbeteiligung in der Demokratie

Mitbestimmung erklären

In der Stadt Schönstadt legt die größte der Parteien im Stadtrat den Plan zum Neubau eines Parkhauses in der Innenstadt vor. Eine Gruppe von Bürgerinnen und Bürgern ist mit diesem Vorhaben nicht einverstanden.

1. Sie gründen eine **Bürgerinitiative**. Was ist das?
2. Sie streben ein **Bürgerbegehren** an? Wie geht das?
3. Es kommt zu einem **Bürgerentscheid**. Wie kommt er zustande?

Station 3 Rolle der Parteien

Eine Definition – drei Aufgaben

Mithilfe des Schaubilds könnt ihr die Rolle der Parteien in der Demokratie erklären. Dabei solltet ihr auch drei Aufgaben von Parteien benennen.

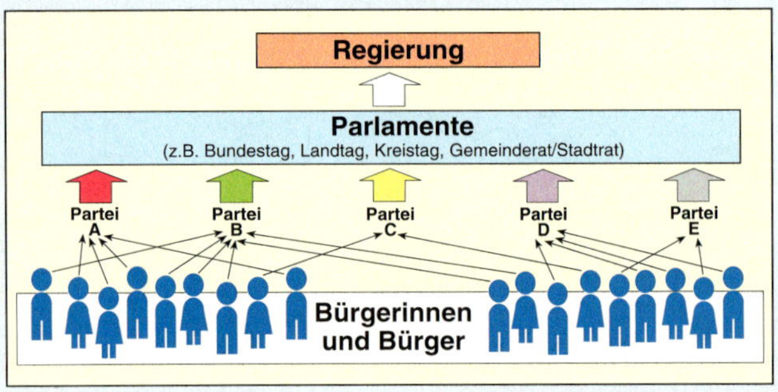

Station 4 Politikerinnen und Politiker

Umgang mit Vorurteilen

Wie auch immer man über die Politikerinnen und Politiker denkt, die als Berufspolitiker in Berlin ihre Arbeit machen. Manche Behauptungen über sie sind auf Unwissen gegründet und gehören ins Reich der Vorurteile. Zwei solche Behauptungen findet ihr hier. Wenn ihr das vierte Unterkapitel durchgearbeitet habt, solltet ihr sie entkräften können.

Station 5 Das Wahlrecht zum Deutschen Bundestag

Hier soll eine klare Übersicht angefertigt werden.

Die Mehrheitswahl
So funktioniert sie: …
Ihr größter Vorteil ist: …
Ein Nachteil ist: …

Die Verhältniswahl
So funktioniert sie: …
Ihr größter Vorteil ist: …
Ein Nachteil ist: …

Das personalisierte Verhältniswahlrecht
So funktioniert es: …

Station 7 Kontrolle staatlicher Macht

Eine Frage – drei Antworten

In der folgenden Übersicht fehlt jeweils eine Antwort auf die Frage in Form eines gut verständlichen Satzes.

Was hat das mit Machtkontrolle zu tun?

- **A** Die Teilung der Staatsgewalt
- **B** Das Bundesverfassungsgericht
- **C** Die Opposition im Parlament

Für diese Aufgabe kann man sich die Bearbeitung teilen.

Station 6 Entstehung eines Bundesgesetzes

Am Beispiel des „Anti-Graffiti-Gesetzes" habt ihr den Weg einer gesetzlichen Entscheidung kennengelernt. Prinzipiell ist der Weg eines Gesetzes immer gleich. Hier sind nun die Schritte durcheinandergeraten. Notiert sie in der richtigen Reihenfolge.

1. Das neue Bundesgesetz wird vom Bundespräsidenten unterschrieben.
2. Es kommt zu einer ersten Lesung im Bundestag. Dabei wird über den Entwurf zum Gesetz diskutiert.
3. Zwischen der ersten und der zweiten Lesung veranstaltet der zuständige Expertenausschuss ein Hearing zur besseren Meinungsbildung.
4. Nach der Bundestagsabstimmung wird das Gesetz auch im Bundesrat behandelt. Im einfachsten Fall stimmt dieser ebenfalls zu.
5. In der Öffentlichkeit und in den Kreisen der Politik taucht ein neues Problem auf, das einer gesetzlichen Regelung bedarf.
6. Nach der zweiten erfolgt die dritte Lesung mit anschließender Abstimmung im Bundestag.
7. Zum Problem entsteht ein erster Gesetzesentwurf, der zunächst dem Bundestag zugeleitet wird.
8. Mit der Veröffentlichung im Bundesgesetzblatt tritt das neue Gesetz in Kraft.
9. In einem der Expertenausschüsse wird das Gesetz intensiv beraten und überarbeitet.
10. Bei der zweiten Lesung hat die Opposition im Bundestag die Möglichkeit, ihre Kritik vorzutragen.

4 Soziale Sicherung heute und morgen

Wie viel Schutz soll der Staat den Menschen bieten?

Was verbindet ihr mit den Begriffen *Sozialstaat* und *sozialer Schutz*? Welche Gedanken dazu kann das Foto auf dieser Seite dazu auslösen? Sammelt in der Klasse, was euch dazu einfällt.

Worum geht es?

Zuerst hatte Katja Pech. Sie wollte doch nur diesen kleinen Felsen hinaufklettern. Ganz vorsichtig trat sie von einem Vorsprung zum anderen. Doch dann rutschte sie mit dem rechten Fuß ab. Ihre Hände verloren den Halt und Katja stürzte – zwar nur zwei Meter tief, aber das reichte für eine Gehirnerschütterung und den komplizierten Bruch eines Handgelenks. Eine Woche lang musste Katja im Krankenhaus bleiben. Drei Wochen konnte sie ihrer Arbeit als Hotelkauffrau nicht nachgehen.
Doch Katja hatte auch Glück. Von den Krankenhauskosten musste sie nur zehn Euro pro Tag übernehmen, also 70 insgesamt, obwohl die Behandlung mehrere tausend Euro kostete. Den größten Teil übernahm Katjas Krankenversicherung. Diese ist eine der Sozialversicherungen, in die Katja eingebunden ist und wofür sie monatlich einen Beitrag bezahlt. Katja hat Glück im Unglück, denn die Bundesrepublik Deutschland ist ein Sozialstaat. Darin wird der Staat mit einer Vielzahl von Gesetzen aktiv, um die Menschen vor Not zu schützen.

Die Idee, die hinter dem Sozialstaat steht, wird durch das Bild auf dieser Seite verdeutlicht: Der Staat als Gemeinschaft von Menschen, die sich gegenseitig Halt geben und füreinander da sind.
Neben den Chancen gibt es eine Reihe von Problemen im Sozialstaat. Das Kernproblem ist die Finanzierung der Sozialpolitik, denn sie kostet sehr viel Geld. An den ausgewählten Problembereichen der Altersversorgung und der Armut in Deutschland werdet ihr euch damit näher beschäftigen können.

Am Ende dieses Kapitel könnt ihr …

- erklären, was junge Leute mit dem Sozialstaat zu tun haben,
- über die unterschiedlichen Vorstellungen von sozialer Gerechtigkeit miteinander diskutieren,
- darstellen, wie das System der sozialen Sicherung funktioniert,
- Vorstellungen entwickeln, wie ihr euch später im Leben vor Armut im Alter schützen könnt,
- überlegen, wie Kindern geholfen werden kann, die in Deutschland in Armut leben müssen.

1 Sozialstaat in Deutschland: Was geht das Jugendliche an?

„Soziale Sicherung, Sozialstaat? Das sind Themen für Rentner, Kranke, Notleidende, Arbeitslose – aber doch nicht für Jugendliche." So oder ähnlich äußern sich manchmal junge Leute. Stimmt das eigentlich? Wenn ihr die Materialien in dieser Einheit bearbeitet, werdet ihr wahrscheinlich zu einem anderen Ergebnis kommen. Ein Schwerpunkt dieses Unterkapitels befasst sich mit der Frage, welche Politik sozial gerecht ist. Erfahrungsgemäß gibt es nur sehr wenige junge Leute, die sich dafür nicht interessieren.

Z. B. Karina, Tina und Joca: Was haben sie mit dem Sozialstaat zu tun?

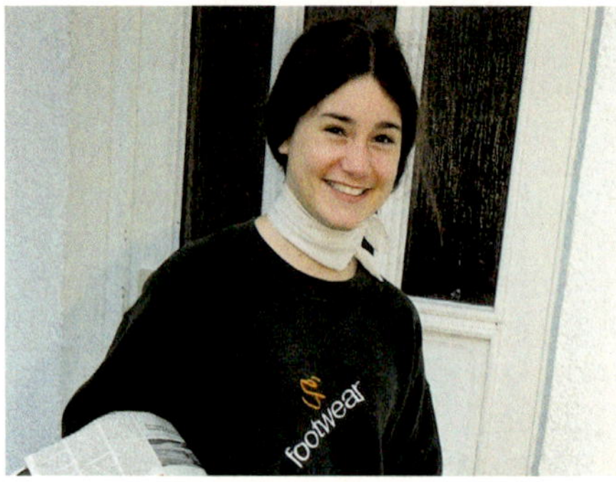

Karina, 17 Jahre alt, ist happy. Sie hat es geschafft, einen Ausbildungsplatz als IT-Systemkauffrau zu bekommen. Sie sieht optimistisch in die Zukunft. Risiken gibt es zwar viele, aber an die denkt sie kaum. Sie hat ein Gefühl von Sicherheit, denn sie lebt in einer Gemeinschaft. Sie hat ihre Familie, ihre Freunde und Bekannten, ihre Nachbarn – kurz: Sie ist Teil eines „sozialen Netzes". Und dazu gehört auch der Staat, obwohl Karina das kaum bemerkt. Als Auszubildende genießt sie vom ersten Tag an Versicherungsschutz. Alles, was mit der Sozialversicherung zusammenhängt, erledigt ihr Arbeitgeber. Trotzdem gibt es viel zu organisieren. Da Karina unter 18 Jahre alt ist, braucht sie eine ärztliche Bescheinigung, dass sie ohne Probleme in dem gewählten Beruf arbeiten kann. Ihre Lohnsteuerkarte und den Berechtigungsschein für eine kostenlose ärztliche Untersuchung bekommt sie bei ihrer Stadtverwaltung. Der Arbeitgeber meldet die neuen Auszubildenden zu allen Zweigen der Sozialversicherung an und beschafft auch den Sozialversicherungsausweis über die Krankenkasse. Alle Berufsanfänger sind in der Sozialversicherung pflichtversichert. Karinas 13-jährige Schwester Tina trägt neben der Schule Zeitungen aus. Die meisten in ihrer Klasse haben ein eigenes Handy. Tina will endlich auch eins haben, doch ihre Eltern sagen ihr, dass das zurzeit im Finanzplan der Familie nicht drin ist. Ihrer Meinung nach soll Tina ihr Taschengeld sparen. Tina will zusätzlich noch einen Job im Supermarkt annehmen, um sich das Geld für das Handy zu verdienen. Doch da schiebt ihre Mutter (und der Staat) einen Riegel vor: „Was meinst du wohl, warum es ein Jugendschutzgesetz gibt? Sei froh, dass du nicht so viel arbeiten musst wie Kinder früher", sagt sie. Das Jugendschutzgesetz erlaubt Kindern ab 13 Jahren nur leichte Tätigkeiten für höchstens zwei Stunden am Tag. Joca ist ein guter Freund von Karina. Er macht eine Ausbildung als Mechatroniker. In seiner Firma engagiert er sich in der Jugend- und Auszubildendenvertretung. Jugendliche Arbeitnehmerinnen und Arbeitnehmer haben damit in größeren Betrieben ihre eigene betriebliche Interessenvertretung. Zusammen mit dem Betriebsrat haben sie gesetzliche Mitwirkungsrechte. Sie achten darauf, dass die besonderen Arbeitsschutzbestimmungen, die im Betriebsverfassungsgesetz und im Jugendarbeitsschutzgesetz geregelt sind, eingehalten werden. Allerdings sind die Mitwirkungsrechte der Jugendvertretungen gegenüber den Erwachsenen eingeschränkt. Der Kampf um Mitbestimmung in den Betrieben begann in der Zeit der Industrialisierung im 19. Jahrhundert. Damals gab es keinerlei staatliche Schutzbestimmungen. Heute ist der soziale Schutz der Menschen im Betrieb überall gesetzlich geregelt.

(Aus: Sozialpolitik, 2001, hrsg. von der Arbeitsgemeinschaft Jugend & Bildung e.V., Taunusstraße 54, 65183 Wiesbaden, in Zusammenarbeit mit dem Bundesministerium für Arbeit und Sozialordnung)

Was haben diese jungen Leute mit dem Sozialstaat zu tun?

Gesetzliche Regelungen zum Schutz Jugendlicher

Arbeitsschutz

Die heutigen Arbeitsschutzgesetze erlauben es Kindern und Jugendlichen, leichte Tätigkeiten auszuüben. Wer 13 Jahre alt ist, darf mit Erlaubnis der Eltern beispielsweise Babysitten, Zeitungen austragen oder Nachhilfeunterricht geben. Weil junge Menschen in ihrer Entwicklung besondere Schutzbefohlene sind, dürfen sie nicht so belastet werden wie Erwachsene.
Das Jugendarbeitsschutzgesetz und die Kinderarbeitsschutzverordnung bewahrt Minderjährige vor Arbeit, die zu früh beginnt, zu lange dauert, zu schwer ist, sie gefährdet oder für sie ungeeignet ist. Das Gesetz regelt unter anderem die Arbeitszeit, die Anzahl der Wochenstunden und den Anspruch auf Urlaub.

Ausbildungsförderung

Das Bundesausbildungsförderungsgesetz (BAföG) soll jungen Menschen die Chance geben, eine Ausbildung zu machen, auch wenn sie oder die Eltern dazu nicht die nötigen finanziellen Mittel haben. BAföG können beanspruchen: Auszubildende an Berufsfachschulen, Fachschulen und Fachoberschulen; ebenso Jugendliche, die ihren Schulabschluss im zweiten Bildungsweg an Abendhauptschulen, -realschulen oder -gymnasien nachholen. [...] Unter bestimmten Voraussetzungen können auch Ausbildungszeiten im Ausland gefördert werden. [...] Schülerinnen und Schüler müssen ihre Ausbildungsförderung nicht, Studierende nur die Hälfte des Förderbetrags zurückzahlen.

(Text aus: www.sozialpolitik.com, Unterrichtsmaterial Sozialpolitik, Zugriff 02.05.2009)

Wohngeld

Das Wohngeld wird als finanzielle Hilfe des Staates an diejenigen gezahlt, die sich Wohnen nicht oder nur teilweise leisten können. Nach dem Wohngeld-Gesetz muss es bei den örtlichen Wohngeldstellen beantragt werden. Es kann zum Beispiel von jungen Leuten ab 18 Jahren beantragt werden, die von zu Hause ausgezogen sind und für ihre Miete in der eigenen Wohnung selbst aufkommen müssen. Durchschnittlich betrug der Zuschuss bis zum Jahr 2009 142 Euro pro Wohnung. Seit dem 1. Oktober 2008 wird zusätzlich zum Mietzuschuss ein Heizkostenzuschuss in der Höhe von 50 Cent pro Quadratmeter pro Monat bezahlt.

Jugendvertretung im Betrieb

In Betrieben mit in der Regel mindestens fünf Arbeitnehmern, die das 18. Lebensjahr noch nicht vollendet haben oder zu ihrer Berufsausbildung beschäftigt sind und das 25. Lebensjahr noch nicht vollendet haben, sind nach dem Betriebsverfassungsgesetz Jugend- und Auszubildendenvertretungen zu wählen. Diese nehmen die spezifischen Interessen der Auszubildenden wahr. Sie können Vertreterinnen oder Vertreter zu allen Sitzungen des Betriebsrats entsenden.

1. Was haben Karina, Tina und Joca mit dem Sozialstaat zu tun?
2. Stellt zusammen, welche Hilfen der Staat speziell für junge Leute anbietet.
3. Was entgegnet ihr Leuten, die davon überzeugt sind, sie hätten mit dem Thema „soziale Sicherung" nichts zu tun?

Soziale Sicherung

1. Beschreibt, was ein Sozialstaat ist und welche Pflichten der Staat darin übernimmt.
2. Sammelt unter der Überschrift „Sozialpolitik" die Bausteine im System der sozialen Sicherung, die im Text genannt sind.
3. Erkläre, was man unter Solidarität und unter Eigenverantwortlichkeit versteht, und begründe, warum diese Prinzipien von grundlegender Bedeutung für den Sozialstaat sind.

Begriffe für euer Fachwörterverzeichnis

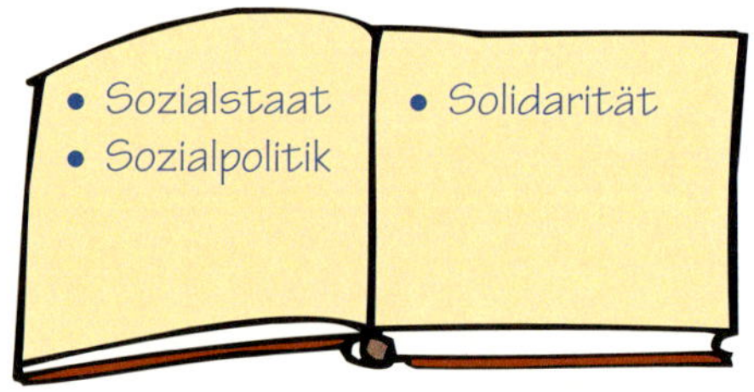

Sozialstaat Deutschland

Deutschland ist ein Sozialstaat. Dieses grundlegende Merkmal des Staates ist im Grundgesetz festgelegt. Die Grundidee des Sozialstaates ist, dass die Menschen füreinander einstehen. Sie bilden eine Solidargemeinschaft, in der die Gesunden Verantwortung für die Kranken übernehmen und die Starken für die Schwachen. Im Sozialstaat übernimmt der Staat die Pflicht, für den sozialen Schutz seiner Bürgerinnen und Bürger zu sorgen und ihnen ein menschenwürdiges Leben zu ermöglichen. Er strebt eine Politik an, welche die Herstellung sozialer Gerechtigkeit zum Ziel hat.

Bausteine der Sozialpolitik

Unter Sozialpolitik versteht man alle Maßnahmen, welche die Menschen in Risikosituationen schützen. Die Grundbausteine der Sozialpolitik bilden die gesetzlichen Sozialversicherungen. Fünf Versicherungsarten gehören dazu: die Arbeitslosenversicherung, die Krankenversicherung, die Rentenversicherung, die Pflegeversicherung und die Unfallversicherung.
Vom ersten Tag des Berufslebens an sind alle Auszubildenden in einer betrieblichen Ausbildung in diesem System pflichtversichert. Mit regelmäßigen Beiträgen finanzieren die Arbeitnehmerinnen und Arbeitnehmer die Versicherungsleistungen etwa zur Hälfte selbst und erwerben so einen persönlichen Anspruch für den Schadensfall. Versicherungsbeiträge werden automatisch vom Lohn einbehalten. Ihre Höhe kann man der monatlichen Lohnabrechnung entnehmen.
Sozialpolitik umfasst noch mehr als den gesetzlichen Versicherungsschutz. Elterngeld, Wohngeld und anderes mehr sind weitere staatlich finanzierte Bausteine, die der sozialen Sicherung dienen. Ein wichtiger Baustein ist auch die Sozialhilfe. Sie steht nur Menschen zu, die dem Arbeitsmarkt nicht zur Verfügung stehen und sich in einer Notlage befinden, die sie aus eigener Kraft nicht bewältigen können. Die Sozialhilfe ist das letzte Auffangnetz im System der sozialen Sicherung.
Gesetze zum Schutz der Menschen am Arbeitsplatz sind ebenfalls ein Bestandteil von Sozialpolitik. Das Verbot von Kinderarbeit und die besonderen Schutzbestimmungen für Jugendliche gehören dazu.

Solidarität und Eigenverantwortlichkeit

Das sind zwei grundlegende Prinzipien, auf denen die soziale Sicherung beruht. Solidarität bedeutet, dass Menschen zusammenhalten und sich gegenseitig beschützen und dass der Staat ihnen eine Verantwortung für alle Mitglieder der staatlichen Gemeinschaft abverlangt. Konkret bedeutet das: Wer viel verdient, zahlt höhere Beiträge in das soziale Netz ein als Menschen mit geringem Einkommen. Eigenverantwortlichkeit heißt, dass man nicht untätig bleiben darf und den Staat für sich sorgen lässt. Jeder Mensch ist verpflichtet, alles zu unternehmen, um sich aus eigener Kraft aus einer sozialen Notlage zu befreien. In diesem Bemühen wird er von der Gemeinschaft unterstützt.

TEAM kontrovers: Welche Politik ist sozial gerecht?

Geht es euch auch so? Wir können relativ gut erklären, was wir unter Ungerechtigkeit verstehen. Wenn es aber darum geht, soziale Gerechtigkeit zu definieren, fällt uns die Antwort schwerer. So ist es auch in der Politik. Der Sozialstaat verpflichtet die Regierungen dazu, für soziale Gerechtigkeit zu sorgen. Zur Frage, welche Politik sozial gerecht ist, gibt es allerdings sehr unterschiedliche Auffassungen.

Position 1: Grundprinzip Solidarität

Für ein Höchstmaß an sozialer Gerechtigkeit sorgt der Staat, wenn er keine große Kluft zwischen armen und reichen Menschen im Land duldet. Solidarität lautet hier das Grundprinzip der Sozialpolitik. Aus einem Zusammengehörigkeitsgefühl heraus stehen alle füreinander ein. Wohlhabende geben einen Teil ihres Reichtums in Form von Steuern und Sozialbeiträgen ab. Mit diesem Geld wird ein umfangreiches System sozialer Hilfen finanziert, das den Geringverdienern zur Verfügung steht. Diese Auffassung wird auch als *Wohlfahrtsstaat* und als *skandinavisches Modell* bezeichnet.

Position 2: Grundprinzip Eigenverantwortung

Sozial gerecht ist eine Politik, die den Bürgerinnen und Bürgern ein Höchstmaß an Freiheit lässt und ihnen möglichst wenig Steuern und Sozialabgaben abverlangt. Dazu gehört auch die Freiheit, selbst zu entscheiden, ob man sich absichert oder nicht. Eigenverantwortliches Handeln ist hier das Grundprinzip von sozialer Gerechtigkeit. Wer arm ist, muss alles tun, um sich selbst aus der Armut zu befreien. Der Staat sichert mit geringen Sozialleistungen nur das blanke Überleben. Den Reichen Geld abzunehmen, um es den Armen zu geben, wird als eher ungerecht empfunden. Diese Auffassung wird auch als *amerikanisches Modell* bezeichnet.

Position 3: Grundprinzipien Eigenverantwortung plus Solidarität

Sozial gerecht ist die Politik, wenn sie den Menschen eine soziale Grundversorgung garantiert. Staatliche Hilfen sollen vor allzu großer materieller Not schützen und den Betroffenen ein menschenwürdiges Leben ermöglichen. Sie dürfen aber nicht so hoch ausfallen, dass den Betroffenen der Anreiz genommen wird, von sich aus aktiv zu werden. Soziale Gerechtigkeit entsteht aus einer Kombination von Solidarität und Eigenverantwortung. Sozial gerecht ist es, wenn die Reichen stärker vom Staat zur Kasse gebeten werden. Allerdings dürfen auch Wohlhabende nicht zu sehr mit Steuern und Abgaben für Sozialleistungen belastet werden.

Stichwort Gerechtigkeit

In diesem Wort stecken zwei Begriffe: Recht und richtig. Gerecht handelt man, wenn man es im Rahmen der Gesetze tut und zusätzlich überlegt, ob das Handeln richtig ist. Richtig heißt in diesem Falle *moralisch wertvoll*. Bedacht werden muss, welche Wirkungen das eigene Handeln für andere Menschen hat. Gerechtes Handeln hat immer die anderen im Blick und sorgt für einen fairen Ausgleich unterschiedlicher Interessen.

1. Arbeitet die Unterschiede zwischen den drei Auffassungen heraus.
2. Notiert und begründet, welcher Position ihr euch anschließen könnt?

■ **Tipp:** Gruppenarbeit plus daran anschließende Diskussion in der Klasse

2 Was leistet die Sozialversicherung?

Warum ist Sandrine sauer auf den Staat?

Sandrine M. ist enttäuscht. In ihrem Ausbildungsvertrag zur Industriekauffrau steht, dass sie im ersten Lehrjahr 654,87 Euro Vergütung erhalten wird. Als dann das erste selbst verdiente Geld auf das neu eröffnete Girokonto überwiesen wird, ist die Ernüchterung groß. Gerade 521,27 Euro stehen auf dem Kontoauszug auf der Haben-Seite. Hat man sich in der Personalabteilung geirrt? Die Gehaltsabrechnung bringt Klarheit.

Vergütung brutto:	654,87 €	Kirchensteuer:	0,00 €	Arbeitslosenversicherung:	10,81 €
Auszuzahlender Nettobetrag:	521,27 €	Krankenversicherung:	52,06 €	Pflegeversicherung:	5,57 €
Lohnsteuer:	0,00 €	Rentenversicherung	65,16 €		

Zu Hause spricht Sandrine mit ihrem Vater

SANDRINE: Warum muss ich 133,60 Euro für Versicherungen bezahlen? Ich habe doch gar nichts unterschrieben. Ich sehe auch nicht ein, dass ich mit siebzehn Jahren schon Rentenversicherung bezahlen soll. Dafür ist doch später noch Zeit genug, ich denke, ich werde das kündigen.
VATER: Du kannst keine von diesen vier Versicherungen kündigen. Du unterliegst nämlich der gesetzlichen Versicherungspflicht. Per Gesetz sind alle Arbeitnehmer dazu verpflichtet, Vorsorge zu treffen für Krankheit, Alter, Arbeitslosigkeit und für den Pflegefall.
SANDRINE: Das ist ein schöner sozialer Schutz, wenn ich alles selbst bezahlen muss.
VATER: Stimmt nicht. Die Beiträge zu den Pflichtversicherungen zahlst du nur zur Hälfte. Die andere Hälfte legt dein Arbeitgeber drauf. Die Unfallversicherung, die dich auf dem Weg zum und am Arbeitsplatz schützt, zahlt der Arbeitgeber sogar alleine. Und das alles reicht noch immer nicht aus, um die Riesensummen aufzubringen, die insgesamt in unserer Gesellschaft für die Altersversorgung, Gesundheitspflege und Arbeitslosenunterstützung aufgebracht werden müssen. Viele Milliarden müssen aus dem allgemeinen Steueraufkommen hinzugezahlt werden.
SANDRINE: Ich sehe überhaupt nicht ein, dass ich mit 17 schon auf Geld wegen einer Rente verzichten muss, die vielleicht einmal in 50 Jahren fällig wird. Heute könnte ich das Geld viel besser gebrauchen. Später, wenn ich alt sein werde, habe ich wahrscheinlich nicht mehr so viele Wünsche.
VATER: Das sagt sich jetzt so leicht. Denk mal daran, dass die Rentner von heute auch einmal 17 Jahre alt waren. Irgendwann wirst du einsehen, dass es gut war, zur Vorsorge verpflichtet zu sein.
SANDRINE: 65 Euro und 16 Cent Rentenversicherung und den gleichen Anteil nochmal vom Arbeitgeber dazu. Das kommt mir verdammt viel vor. Da muss doch später einmal genug Geld angespart sein, um meine Rente zu finanzieren. Und trotzdem höre ich überall, dass die Jungen sich Sorgen um ihre soziale Absicherung machen.
VATER: Die soziale Rentenabsicherung wird wohl bleiben, aber nicht in der Höhe, wie sie bisher staatlich garantiert werden konnte. Das Problem ist einerseits, dass weniger Kinder geboren werden, die später Rentenbeiträge einzahlen, andererseits hat das Problem eigentlich auch eine schöne Seite. Du und deine Generation, ihr habt eine viel höhere Lebenserwartung als die Menschen früher und heute in meinem Alter. Die Leute beziehen schon heute viele Jahre länger Rente als früher. Das verteuert natürlich die Kosten.
SANDRINE: Na, dann will ich hoffen, dass ich später noch lange etwas von dem vielen Geld habe, das ich heute abgeben muss.

1. Erkläre, warum Sandrines Bruttolohn nicht die Summe ist, die ihr tatsächlich ausgezahlt wird.
2. Sandrine hat offensichtlich keine Lust dazu, schon in jungen Jahren Rentenversicherungsbeiträge zu bezahlen. Bewertest du das als kluge oder als unkluge Einstellung?

Die fünf Säulen der gesetzlichen Sozialversicherung

Renten-versicherung	Unfall-versicherung	Kranken-versicherung	Pflege-versicherung	Arbeitslosen-versicherung

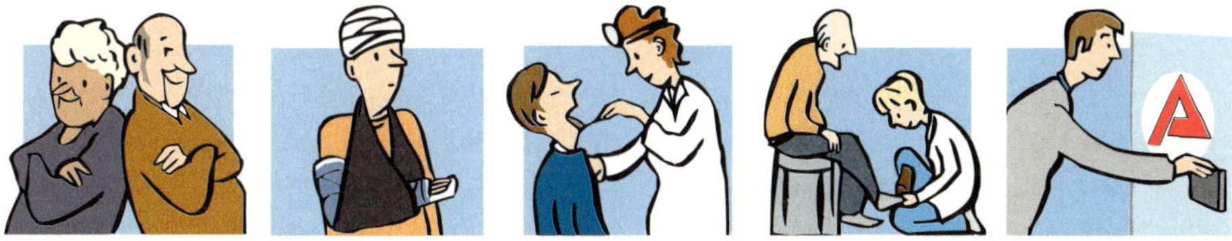

Vom ersten Tag eurer Berufstätigkeit an werdet ihr im System der Sozialversicherung pflichtversichert sein. Zwar könnt ihr die Krankenkasse selbst aussuchen, verzichten könnt ihr nicht auf die Mitgliedschaft. Etwa ein Fünftel eurer Ausbildungsvergütung und eures späteren Gehalts werden monatlich vom Verdienst abgezogen (siehe Verdienstbescheinigung). Grund genug, sich über das Sozialversicherungssystem grundlegend zu informieren.
Das Material auf den folgenden Seiten kann in Einzel-, Partner- und Gruppenarbeit bearbeitet werden. Als besonders lerneffektive Vorgehensweise wird das Gruppenpuzzle empfohlen.

Gruppenmix: Ein Material bearbeiten, fünf Materialien lernen

Erste Phase: Arbeitsteilige Gruppenarbeit

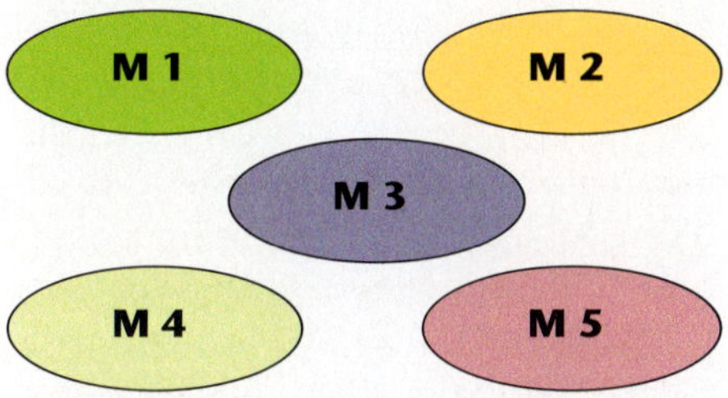

Auf der folgenden Doppelseite erhaltet ihr zu jeder der fünf Pflichtversicherungen je einen Informationstext. Ihr könnt euch die Erarbeitung teilen, indem ihr fünf Gruppen bildet, die jeweils einen Text bearbeiten und daraus einen Kurzvortrag für die übrigen Schülerinnen und Schüler vorbereiten. Alle Vorträge sollten auf folgende Fragen Antwort geben:

1. Was leistet diese Versicherung?
2. Wie wird sie finanziert?
3. Welche Zahlenangaben sollte man sich einprägen?
4. Gab es in der letzten Zeit Veränderungen, Leistungskürzungen, Reformen?

Zweite Phase: Arbeitsgleiche Gruppenarbeit

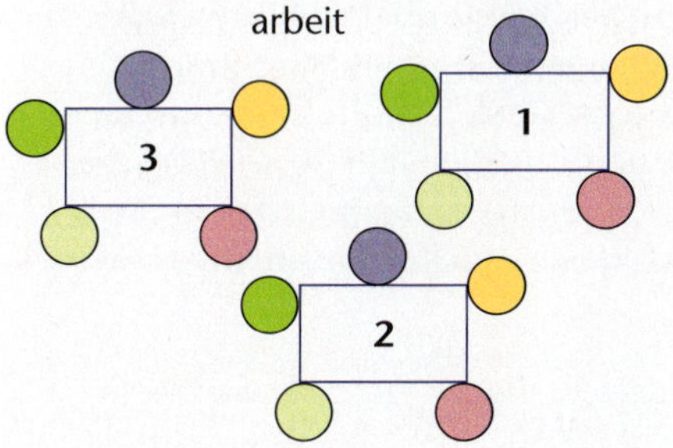

Die Gruppen werden neu zusammengesetzt. In jeder neuen Gruppe soll nun möglichst je eine Expertin bzw. ein Experte für eine Versicherungsart sitzen. Sollten die Gruppen mehr als fünf Mitglieder haben, teilen sich zwei Schüler eine Vorstellung. Bei kleineren Gruppen entfällt die Vorstellung einer Versicherungsart.
In den neu gebildeten Gruppen trägt jedes Mitglied den übrigen Teilnehmern seinen Vortrag vor, sodass in jeder Gruppe fünf Kurzvorträge gehalten werden. Während der Vorträge machen sich die Zuhörenden Notizen und wiederholen am Ende die wichtigen Informationen. Aus den einzelnen Vorträgen kann in der Gruppe eine gemeinsame Präsentation entwickelt werden, z. B. in Form einer Mindmap oder in Form von 5 Säulen zu den Pflichtversicherungen.
Der Vorteil: Man bearbeitet ein Material und lernt fünf!

Dritte Phase: Präsentation

Eine oder zwei Gruppen können am Ende ihre Ergebnisse in Form einer gemeinsamen Präsentation vor der Klasse vorstellen und dabei die erstellte Visualisierung verwenden.

Lexikon: Das System der gesetzlichen Sozialversicherung in Deutschland

1 Die gesetzliche Arbeitslosenversicherung

Sie soll vor den wirtschaftlichen Folgen der Arbeitslosigkeit schützen. Arbeitslosengeld erhält, wer in den letzten drei Jahren mindestens ein Jahr lang versicherungspflichtig beschäftigt war. Grundsätzlich sind alle Arbeitnehmer (also Arbeiter, Angestellte, Heimarbeiter und Auszubildende) in der Arbeitslosenversicherung versichert. Die Beiträge zur Arbeitslosenversicherung tragen Arbeitnehmer und Arbeitgeber je zur Hälfte. Die wichtigsten Leistungen für die Versicherten sind: das Arbeitslosengeld, die Bereitstellung von Arbeitsbeschaffungsmaßnahmen, die Förderung der beruflichen Bildung, z. B. durch Umschulungsmaßnahmen und finanzielle Hilfen für diejenigen, die sich selbstständig machen.
2006 wurde die Höchstdauer des Anspruches auf Arbeitslosengeld von 32 auf 12 Monate gesenkt. Seit 2008 beziehen Arbeitslose ab 50 Jahren 15 Monate Arbeitslosengeld, ab 55 Jahren 18 Monate und ab 58 24 Monate. Nach Ablauf dieser Fristen erhalten Arbeitslose das aus Steuermitteln finanzierte „Arbeitslosengeld II“. Dessen Höhe liegt in etwa auf der Höhe der Sozialhilfe. (359 Euro Regelsatz in 2010). Das Arbeitslosengeld II ist unter dem Namen „Hartz IV“ Gegenstand heftiger Auseinandersetzungen in der Öffentlichkeit.
Der Beitrag für die Arbeitslosenversicherungen wird per Gesetz immer wieder neu festgesetzt. 2007 sank er von 6,5 Prozent des Bruttolohns auf 4,2 Prozent, 2009 sogar auf nur 2,8 Prozent.

2 Die gesetzliche Krankenversicherung

In Deutschland stehen mehr als neun Zehntel der Bevölkerung unter dem Schutz der gesetzlichen Krankenversicherung mit ihren rund 680 Krankenkassen. Die Beiträge werden je zur Hälfte vom Arbeitgeber und Arbeitnehmer aufgebracht. Seit Juli 2005 zahlen die Versicherten einen zusätzlichen Betrag von 0,9 Prozent alleine. Ehegatten und Kinder von versicherungspflichtigen Arbeitnehmerinnen und Arbeitnehmern sind beitragsfrei mitversichert. Aufgabe der Kassen ist es, die Gesundheit der Versicherten zu erhalten, ihnen im Krankheitsfall die notwendige medizinische Hilfe zukommen zu lassen und sie bei längerer Arbeitsunfähigkeit auch finanziell zu unterstützen. Weiterhin haben die Versicherten einen Anspruch auf Leistungen zur Verhütung, Früherkennung von Krankheiten sowie bei Schwangerschaft und Mutterschaft.
Seit einigen Jahren müssen alle Versicherten für alle Leistungen – Medikamente und Behandlungen – Zuzahlungen aus eigener Tasche leisten.
Im Zuge einer 2007 beschlossenen Reform der Krankenversicherung zahlen seit 2009 alle Versicherten einen einheitlichen Beitrag in den sogenannten Gesundheitsfonds ein. Aus diesem Fonds werden dann die Leistungen finanziert. Die Höhe des Versicherungsbeitrags beträgt etwa 14 Prozent des Bruttolohnes.

3 Die gesetzliche Pflegeversicherung

Im Fall der Pflegebedürftigkeit abgesichert zu sein, ist das Ziel der Pflegeversicherung, die seit 1995 Pflicht für alle krankenversicherten Bürger ist.
Die Deutschen werden älter und viele sind im Alter auf Pflege angewiesen. Dann kommen auf den Pflegebedürftigen und seine Familie erhebliche Belastungen zu – nicht zuletzt hohe Kosten. Die Pflegeversicherung sichert dieses Risiko zumindest zum Teil ab.
Der allgemeine Satz der Pflegeversicherung beträgt seit dem 1. Juli 2008 1,95 Prozent des Bruttolohns und für Kinderlose, die das 23. Lebensjahr vollendet haben, 2,2 Prozent. Davon zahlen Arbeitnehmer und Arbeitgeber je die Hälfte.
Dafür erhalten Pflegebedürftige verschiedene Unterstützungsleistungen: Pflegegeld für Angehörige oder Geld für ambulante Pflegedienste oder Zuschüsse zur Pflege im Heim. Drei Viertel der etwa 2,5 Millionen Pflegebedürftigen werden zu Hause versorgt.
Je nach der Hilfsbedürftigkeit wird zwischen drei Pflegestufen unterschieden (I, II und III), für die unterschiedlich hohe Zuschüsse bezahlt werden. Seit April 2004 müssen Rentner den Beitrag für die Pflegeversicherung alleine aufbringen.

(Text zusammengestellt aus: Globus Kartendienst Na-7450 12/2001; Na-7258 8/2001 und Na-6939 3, aktualisiert)

4 Die gesetzliche Rentenversicherung

Die gesetzliche Rentenversicherung ist in Deutschland die Hauptsäule der Alterssicherung für große Teile der Bevölkerung. Als soziale Pflichtversicherung für Arbeiter und Angestellte erbringt sie zurzeit (2010) noch etwa zwei Drittel aller Leistungen zum Lebensunterhalt im Alter. Selbstständige können der gesetzlichen Rentenversicherung zwar beitreten, müssen dies aber nicht. Beamte nehmen nicht am System teil, weil sie vom Staat später durch Pensionen versorgt werden.
Die Pflicht zur Rentenversicherung setzt in Deutschland für die meisten mit dem Beginn der Berufstätigkeit ein. Der fällige Beitrag beträgt derzeit (2010) knapp 20 Prozent des monatlichen Bruttoeinkommens. Es wird je zur Hälfte vom Versicherten und vom Arbeitgeber getragen. Die häufigste Rentenform ist die Altersrente. Die Höhe der Rente richtet sich unter anderem danach, wie lange der Beschäftigte gearbeitet hat und wie viel er verdient hat. Wer nicht mehr voll arbeitsfähig ist, erhält je nach dem vollen oder noch vorhandenen Leistungsvermögen eine volle oder halbe Erwerbsminderungsrente. Auch um die Gesundheit kümmert sich die gesetzliche Rentenversicherung. Sie kommt für Rehabilitationsmaßnahmen auf (zum Beispiel nach einem Herzinfarkt).

(Aus: Safety1st basic, Schülermagazin 2007/2008, Hrsg. Arbeitsgemeinschaft Jugend und Bildung e.V., S. 10)

Im Zuge mehrerer Maßnahmen zur Rentenreform wurde im Jahr 2007 das Renteneintrittsalter ab dem Jahr 2012 von 65 auf 67 Jahre angehoben.
Von 2005 an müssen Renten ab einer bestimmten Höhe zur Hälfte versteuert werden. Bis 2030 soll die Versteuerung auf 100 Prozent angehoben werden.

5 Die gesetzliche Unfallversicherung

Die Aufgabe der gesetzlichen Unfallversicherung besteht darin, Arbeitsunfälle, Berufskrankheiten und arbeitsbedingte Gesundheitsgefahren zu verhüten. Sie hilft außerdem Versicherten, die von einem Arbeitsunfall oder einer Berufskrankheit betroffen sind, wieder gesund und leistungsfähig zu werden.
Die gesetzliche Unfallversicherung kommt nach einem Arbeitsunfall für die Folgen auf: Sie finanziert die Heilbehandlung und eventuell notwendige Rehabilitationsmaßnahmen, leistet Hilfe zur Wiedereingliederung ins Erwerbsleben, zahlt Verletztengeld für die Dauer der Arbeitsunfähigkeit, Übergangsgeld während der beruflichen Rehabilitation, Verletztenrente bei einer länger anhaltenden Minderung der Erwerbsfähigkeit um mindestens 20 % und – im Todesfall – Sterbegeld und Hinterbliebenenrente.
In der gesetzlichen Unfallversicherung pflichtversichert sind alle Beschäftigten, die in einem Arbeits-, Dienst- oder Ausbildungsverhältnis stehen, ferner Heimarbeiter, Hausgewerbetreibende, Unternehmer in der Landwirtschaft, der Schifffahrt und der Fischerei und Personen, die im Interesse des Gemeinwohls (z. B. als Zeugen, Blutspender, Unfallhelfer, in der Wohlfahrtspflege oder im Gesundheitswesen) tätig sind. Die gesetzliche Unfallversicherung erstreckt sich außerdem auf Kinder in Kindertagesstätten, Lernende während der Berufsausbildung und Schüler oder Studenten während des Schul- bzw. Hochschulbesuchs. Selbstständige Unternehmer können der Versicherung freiwillig beitreten.

(Aus: Erich-Schmidt-Verlag, Text zum Schaubild „Die gesetzliche Unfallversicherung" Zahlenbild Nr. 147 114, 1/97)

Die Kosten der Unfallversicherung werden zu 100 Prozent von den Unternehmen aufgebracht.

(Zu allen fünf Säulen der sozialen Sicherung könnt ihr auch im Internet recherchieren. Einen guten Überblick und weitere Informationen zu den fünf Säulen der sozialen Sicherung findet ihr unter www.deutsche-sozialversicherung.de und www.safety1st.de.
Die Texte ohne Quellenangabe auf dieser Seite wurden vom Autor zusammengestellt.)

3 Das Problem der Renten: Können junge Leute noch Vorsorge für das Alter treffen?

Nach dem aktuellen Stand wirst du von deinem Lohn, den du zum Beispiel als Azubi monatlich erhalten wirst, ein Zehntel in die gesetzliche Rentenversicherung einzahlen. Ein weiteres Zehntel wird dein Arbeitgeber dazulegen. Die Rentenversicherung ist damit die teuerste der gesetzlichen Sozialversicherungen. Spätestens beim Anblick deiner ersten Gehaltsabrechnung wird das Thema Rente dich brennend interessieren, denn wenn man etwas bezahlt, will man auch wissen, was man dafür kriegt.

Vorsicht! Diese Aussage ist völlig falsch. Warum, wirst du erklären können, wenn du die Materialien auf dieser Doppelseite bearbeitet hast.

Die Ausgangslage: Ein Vertrag zwischen den Generationen

Zwischen der jungen und der alten Generation gilt das Prinzip, dass die arbeitenden Jungen durch ihre Beiträge, die sie in die Rentenversicherung zahlen, die Renten von heute finanzieren. Die junge beitragszahlende Generation ist darauf angewiesen, dass wiederum die nachfolgenden Generationen bereit sind, das Gleiche zu tun. Dieses Prinzip wird Generationenvertrag genannt. Er ist nicht schriftlich festgelegt, sondern ein unausgesprochener Vertrag zwischen den Generationen – also ein gesellschaftliches Übereinkommen.

Das Umlageverfahren

Die gesetzliche Rentenversicherung wird über das sogenannte Umlageverfahren finanziert. Dabei werden die Einnahmen des laufenden Monats für die Rentenzahlungen des nächsten Monats herangezogen. Das heißt, ein Rentner erhält sein Altersgeld aus den Beiträgen, die im Vormonat von Erwerbstätigen und Arbeitgebern – je zur Hälfte – entrichtet wurden. Die arbeitende Generation kommt somit in Form eines Solidarsystems für die Ruhegelder der älteren Generation auf. Hinzu kommt zur Deckung der Ausgaben ein Zuschuss des Bundes (78 Milliarden Euro im Jahr 2006). Er dient der allgemeinen Beteiligung des Staates an der Aufgabe „Alterssicherung". Mit den Beiträgen, die ein Arbeitnehmer in die gesetzliche Rentenversicherung zahlt, erwirbt er Ansprüche darauf, später selbst eine Rente zu bekommen. Die Höhe der Ansprüche hängt in erster Linie davon ab, wie lange jemand berufstätig war, wie viel er verdient hat und in welchem Alter er in Rente geht.

(Aus: Sozialpolitik – Ein Heft für die Schule, Ausgabe 2006/2007, hrsg. von der Arbeitsgemeinschaft Jugend und Bildung e. V. Wiesbaden)

Das Problem: Was wird denn nun aus meiner Rente?

Zahlen spielen in den Texten auf dieser Seite eine große Rolle. Deshalb ist die **Zahlenmethode** zur Bearbeitung gut geeignet. Schreibt die Zahlen aus den Texten heraus. Wählt dann die – eurer Ansicht nach – wichtigsten daraus aus und erklärt ihre Bedeutung.

Visionen – Deutschland im Jahr 2050:

Die Hälfte der Bevölkerung ist älter als 48 Jahre, ein Drittel mindestens 60 Jahre. Die Einwohnerzahl wird vermutlich von heute 82,5 Millionen auf das Niveau des Jahres 1963 (rund 75 Millionen Einwohner) gesunken sein. Durchschnittlich wird jede Frau weiterhin nicht mehr als 1,4 Kinder zur Welt bringen, die Lebenserwartungen werden bei Jungen auf 81,1 Jahre und bei Mädchen auf 86,6 Jahre steigen. Warum es zu diesem Bevölkerungsrückgang kommt? Wie schon seit 30 Jahren werden auch in den nächsten fünf Jahrzehnten mehr Menschen sterben, als Kinder zur Welt kommen. Es wird angenommen, dass die heutige jährliche Geburtenzahl von ca. 730 000 auf etwa 560 000 im Jahr 2050 sinkt. Das heißt, die Zahl der Neugeborenen wird dann nur noch halb so hoch sein wie die Zahl der jährlich Gestorbenen.

(Nach: Statistisches Bundesamt, aus: Sozialpolitik – Ein Heft für die Schule, Ausgabe 2006/2007, hrsg. von der Arbeitsgemeinschaft Jugend und Bildung e. V. Wiesbaden, S. 30)

Demografischer Wandel

Nur 16 von 100 Jugendlichen zwischen 14 und 17 Jahren glauben, dass sie später einmal eine Rente erhalten werden. Das ergab eine Befragung des Emnid-Instituts.
Tatsächlich ist die gesetzliche Rentenversicherung seit Langem ein Sorgenkind im System der Sozialversicherungen. Die Ursache für die Krise der Rente hat eigentlich erfreuliche Hintergründe. Die Lebenserwartung steigt und damit auch die Dauer des Rentenalters.
Die Zahl der Kinder nimmt ab, weil die Geburtenrate zurückgeht. Insgesamt vollzieht sich ein Prozess der Alterung (siehe Vision 2050). Diese Veränderung in der Altersstruktur der Bevölkerung wird als *demografischer Wandel* bezeichnet. Unter Demografie versteht man den Altersaufbau einer Bevölkerung. Das bedeutet für die Zukunft: Immer weniger Junge finanzieren die Rente für immer mehr Alte, die eine immer längere Lebenserwartung haben.

Begriffe für euer Fachwörterverzeichnis

- Generationenvertrag
- Demografischer Wandel

1. Warum ist die Aussage des jungen Mannes auf Seite 120 falsch? Informiert ihn richtig. Verwendet in eurer Erklärung die Begriffe „Generationenvertrag" und „Umlageverfahren".
2. Warum hat sich die gesetzliche Rentenversicherung zu einem Sorgenkind entwickelt. Nennt die Gründe.

Die Zukunft: Wie reagiert die Politik auf den demografischen Wandel?

In den vergangenen Jahren sind eine Reihe von Gesetzen zur Rettung und Reform des Rentensystems verabschiedet worden.

- Die Höhe der gesetzlichen Rente wurde auf zwei Drittel des letzten Netto-Einkommens begrenzt.
- Der demografische Wandel wird bei der Rentenberechnung einbezogen. Sinkt die Zahl der Beitragszahlungen, weil es weniger Berufseinsteiger gibt, sinkt auch die Höhe der Rente.
- Der Staat will, dass die Menschen zusätzlich zur gesetzlichen Rente private Vorsorge treffen. Wer zusätzlich zur gesetzlichen Rentenversicherung eine Privatversicherung abschließt, wird dabei vom Staat finanziell unterstützt. (Diese gesetzliche Maßnahme ist unter dem Namen „Riester-Rente" bekannt geworden.).
- Die Menschen werden länger arbeiten müssen. Das Renteneintrittsalter wird ab dem Jahr 2012 schrittweise von derzeit 65 auf 67 Jahre erhöht. Wer vorzeitig in Rente geht, muss Rentenkürzungen hinnehmen.

Wie reagierst du?

Für ein behagliches Ruhepolster im Alter werden die Renten aus der gesetzlichen Rentenversicherung künftig alleine nicht mehr ausreichen. [...] So können die Angehörigen der jüngeren Generation zwar davon ausgehen, dass die Beiträge zur gesetzlichen Rentenversicherung auch in zwanzig oder dreißig Jahren noch bezahlbar sein werden. Die Konsequenz daraus ist aber, dass sie für vergleichsweise niedrigere Renten länger arbeiten und zur Sicherung ihres Lebensstandards im Alter nebenbei eine private Altersvorsorge aufbauen müssen.

(Text aus Schmidt Zahlenbild Nr. 149394, 2007)

Die finanzielle Grundlage der gesetzlichen Rentenversicherung beginnt also allmählich zu bröckeln. Wer im Alter gut versorgt sein will, kann sich nicht auf die gesetzliche Rente verlassen. Die betriebliche und private Altersvorsorge werden deshalb immer wichtiger, um den im Erwerbsleben erreichten Lebensstandard auch im Alter zu halten.

(Text und Schaubild aus: Arbeitsgemeinschaft Jugend und Bildung e. V. (Hrsg.), Schülermagazin „Safety 1st basic", Ausgabe 2007/2008, S. 17)

Expertinnen und Experten gehen davon aus, dass Berufstätige, die heute 30 Jahre alt sind, neben der gesetzlichen Rentenversicherung zwischen fünf und acht Prozent ihres Einkommens für private Altersvorsorge anlegen sollten.

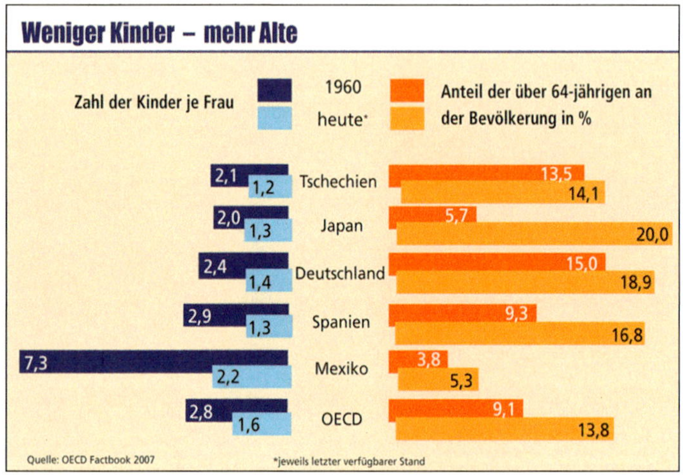

Drei Säulen zukünftiger Alterssicherung		
Erste Säule: Die gesetzlich garantierte Rente Alle sozialversicherungspflichtige Berufstätige haben auch in Zukunft Anrecht auf eine Rente aus der gesetzlichen Rentenversicherung. Sie stellt nur noch die Grundversorgung sicher.	**Zweite Säule: Die freiwillige betriebliche Altersrente** Man verzichtet auf die Auszahlung eines Teils des Lohns. Dieser Anteil bleibt im Betrieb und wird später als Betriebsrente ausgezahlt. Das eingezahlte Geld muss nicht versteuert werden.	**Dritte Säule: Private Vorsorge durch Privatversicherungen** Bei privaten Versicherungsunternehmen schließt man freiwillig eine zusätzliche Altersversicherung ab. Arbeitnehmerinnen und Arbeitnehmer erhalten dazu einen Zuschuss vom Staat.

3. Schreibe einen eigenen Text, in dem du die Ursachen für die Krise der Altersrente und ihre möglichen Folgen beschreibst.

4. Private Altersvorsorge von jungen Jahren an: kein Muss, aber ein Plus! Was haltet ihr von diesem Motto?

Schaubilder geben Auskunft zum demografischen Wandel

Die Schaubilder in diesem Unterkapitel geben unter mehreren Aspekten Auskunft zum Thema. Wählt jeweils eines zur Bearbeitung aus und stellt es in einem Vortrag vor.
Wie das gut funktioniert, erfahrt ihr mithilfe der Methodenkarte auf der folgenden Seite.

1

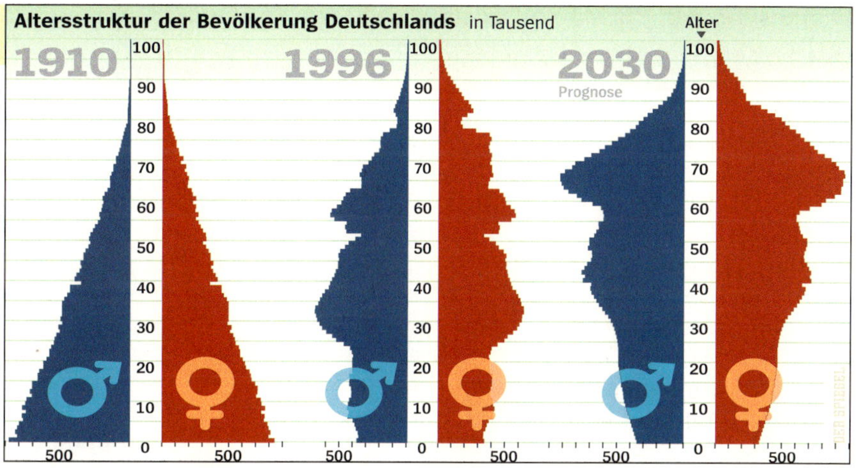

2

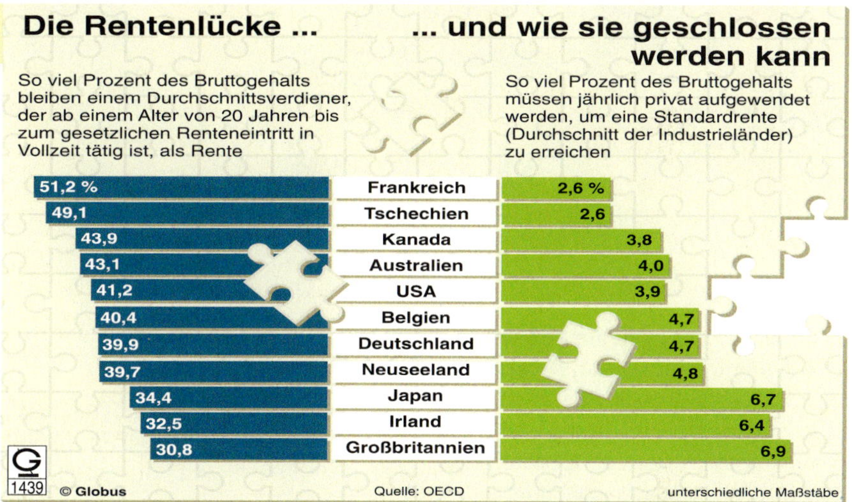

3

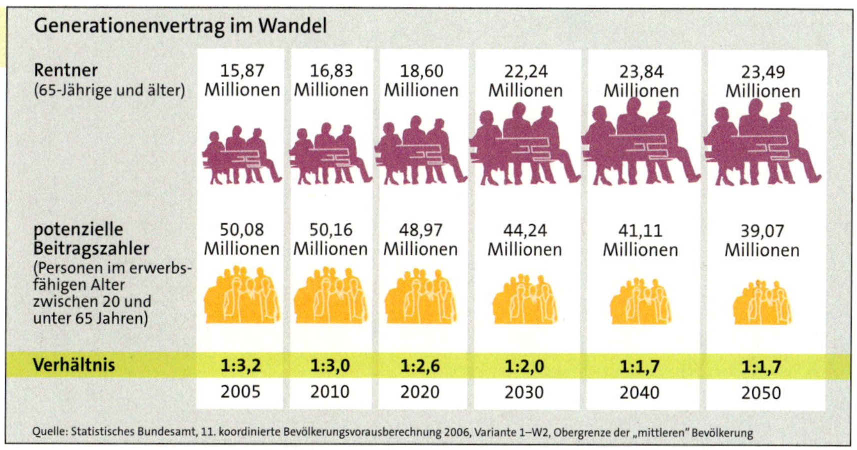

Methodenkarte 6

Ein Schaubild präsentieren

Thema: Demografischer Wandel

falsch

richtig

A Worum geht es?

Schaubilder kann man auf eine Wand projizieren und im Vortrag einem Publikum vorstellen. Auf die Präsentation kann man sich vorbereiten, indem man die Vier-Fragen-Deutung zur Interpretation von Schaubildern anwendet.

1. Wovon handelt das Schaubild?
2. Welche Bedeutung haben die Zahlen?
3. Warum ist das Schaubild gemacht worden?
4. Welche Informationen daraus sollte man sich langfristig merken?

B Wie macht man das?

Ein Vortrag, in dem ein Schaubild präsentiert und erklärt wird, muss nur wenige Minuten dauern. Dennoch sollte man darauf achten, dass dem Publikum genügend Zeit bleibt, die Darstellung in Ruhe zu betrachten.

Euren Vortrag könnt ihr in drei Teile gliedern.

1. Einleitung

Ihr stellt das Thema des Schaubildes vor und erläutert dem Publikum seinen Aufbau und die Gestaltungsmittel (Kurvenverläufe, Säulen, Kreisdiagramme, bildhafte Elemente u. a.).
Ihr informiert darüber, wer (welche Organisation) das Schaubild wann veröffentlicht hat.

2. Hauptteil

Hier könnt ihr den Vortrag entlang der Vier-Fragen-Deutung gliedern:

Hauptteil
- Thema
- Bedeutung der Zahlen
- Wirkungsabsicht
- Besonders bedeutsame Informationen

3. Schlussteil

Stellt noch einmal die Informationen heraus, welche das Publikum sich langfristig merken sollte.

C Worauf sollte man besonders achten

Als Vortragender sollte man nicht mit dem Rücken zum Publikum stehen und an die Wand schauen, auf die das Schaubild projiziert wird. Der Vortragende hält daher ein Blatt mit einer Darstellung des Schaubildes in der Hand, sodass er es während der Präsentation vor Augen hat, ohne sich vom Publikum abwenden zu müssen.

Warum sollte man Schaubilder auch kritisch betrachten?

„Nichts lügt so sehr wie eine Statistik.“ Vielleicht habt ihr diese Aussage schon einmal gehört. Schaubilder enthalten statistische Angaben und der Betrachter kann in der Regel nicht überprüfen, ob diese Angaben auch der Wirklichkeit entsprechen. Die meisten Hersteller von Schaubildern arbeiten seriös und sind um möglichst korrekte Angaben bemüht. Aber wie überall: Auch hier gibt es schwarze Schafe, die unbeabsichtigt oder beabsichtigt Fehlinformationen streuen und diese mithilfe der scheinbaren Objektivität einer Statistik oder eines Schaubildes möglichst glaubwürdig erscheinen lassen.
Man sollte daher immer darauf achten, wer der Verfasser eines Schaubildes ist. Handelt es sich dabei um eine öffentliche Einrichtung (wie zum Beispiel das statistische Bundesamt) oder um eine anerkannte Agentur, die Zeitungen und Zeitschriften beliefert (wie zum Beispiel Globus Grafiken oder Schmidt-Zahlenbilder), kann man ziemlich sicher sein, dass die Angaben gut recherchiert sind. Mit Vorsicht sollte man Zahlen in Schaubildern zur Kenntnis nehmen, die von privaten Interessengruppen oder auch von einigen Firmen veröffentlicht werden. Hier kann die Tendenz bestehen, den Betrachter falsch informieren oder einseitig beeinflussen zu wollen.

Manipulationsmöglichkeiten

Durch die Art der grafischen Darstellung kann ein Schaubild versuchen, die Wirkung beim Betrachter in eine bestimmte Richtung zu lenken, ohne dass dieser es merkt. Das liegt nahe, wenn die Darstellung mit einem bestimmten Interesse verbunden ist.
Die Möglichkeit der Manipulation durch Schaubilder soll nicht dazu führen, dass man sie generell nicht zur Kenntnis nimmt. Man sollte aber immer auf die grafischen Mittel achten. Versucht stets herauszufinden, wer das Schaubild gemacht hat und ob mit der Art der Gestaltung ein ganz bestimmtes Interesse verfolgt wird.

Vergleich zweier Schaubilder zum gleichen Thema

Beide Schaubilder behandeln das gleiche Thema auf der Grundlage gleichen Zahlenmaterials. Beim Schaubild A handelt es sich um das Original, beim Schaubild B um eine Bearbeitung.
Man achte auf:
- die Wortwahl,
- die Darstellung der Kurvenverläufe,
- den erfassten Zeitraum,
- die Bildelemente,
- die Angabe oder das Fehlen einer Quelle.

A

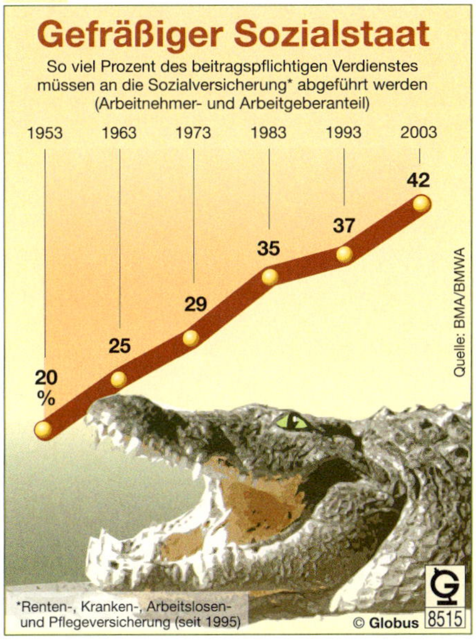

B

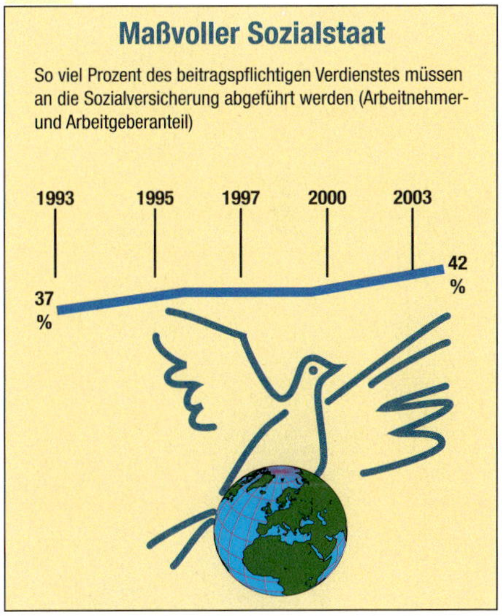

1. Stellt euch vor, ein Betrachter sähe nur Schaubild A, ein anderer nur B. Welche unterschiedlichen Wirkungen könnten entstehen?
2. Fasst zusammen, worauf man beim Betrachten von Schaubildern achten sollte.

4 Armut in Deutschland: Was muss die Politik dagegen tun?

Deutschland ist ein reiches Land. Trotzdem wächst die Zahl derer, die in soziale Not geraten und auf die Hilfe des Staates angewiesen sind. Kinder sind besonders häufig die Leidtragenden dieser Entwicklung. Etwa jedes siebte Kind gilt in Deutschland als arm – Tendenz steigend.
Was geht in den Kindern vor, die ins soziale Abseits geraten? Tut der Staat genug, um ihnen zu helfen? Um diese Fragen geht es auf den nächsten Seiten. Betrachtet zunächst die Fotos. Bearbeitet anschließend die Berichte von Sahar und Mathias. Das geht auch arbeitsteilig.

Die Fotos auf dieser Doppelseite vermitteln einen Eindruck von der Situation armer Kinder in Deutschland. Wählt eines der drei Fotos aus. Erzählt euch gegenseitig, welche Gefühle und Gedanken zum Thema Armut es in euch auslöst.

Eines der Fotos zeigt zwei Kinder, die nach der Schule in einem Kinderrestaurant in der Stadt Hildesheim ein warmes Essen gereicht bekommen. Auch frühstücken können Kinder in diesem und in anderen Kinderrestaurants in Deutschland. Finanziert werden die Mahlzeiten aus Spendengeldern. Dass Kinder, die in Armut leben, nicht nur unter einem Mangel an regelmäßigen Mahlzeiten leiden, kann das obere Foto deutlich machen. Sie leiden an schlechten Wohnverhältnissen, fehlenden Spielmöglichkeiten, fehlender Zuwendung und sozialer Ausgrenzung.

Sahar, 9, aus Bremen

Ich habe einen Wunschzettel geschrieben. Da steht drauf: Liebe Mama. Denn mein Vater lebt nicht bei uns. Und den Weihnachtsmann gibt es ja nicht. Ich habe nur einen Wunsch aufgeschrieben: ein Playmobil-Puppenhaus. Aber das kostet viel Geld. Und meine Mutter hat jetzt für meine beiden Brüder Winterjacken gekauft. [...] Manchmal reicht unser Geld nicht, wir haben ja nur Hartz IV. Dann muss meine Mutter etwas leihen. Auch manche Sachen zum Lesen muss ich jetzt in der Schule bezahlen. Und dann fragt der Lehrer: Sahar, hast du das Geld mit? Und ich sage: Ich habe es vergessen. Letztes Jahr hatten wir fast keinen Tannenbaum. Da hat meine Tante uns noch Geld gegeben, und wir sind mit dem Fahrrad immer hin und her gefahren, um einen billigen zu finden. [...] Ich wünsche mir Pferde, vorne auf meinem Pullover. Oder Delfine, das sind meine Lieblingstiere. Aber ich bekomme immer Pullover von älteren Kindern geschenkt. Da kann man das nicht aussuchen. Ich habe eine Hose mit meiner Mutter ausgesucht. Die hat 15 Euro gekostet. Aber die hat Glitzer an den Beinen. Letztes Jahr habe ich ganz neue Schuhe von der Oma meiner Freundin bekommen. Die passten meiner Freundin nicht. Aber jetzt drücken sie am Zeh.

Mathias, 14, aus Opladen

Mein Vater wohnt nicht mehr bei uns. Aber er kommt jeden Freitag vorbei und dann schauen wir uns DVDs an. Meistens Kung-Fu- oder Horrorfilme. Wir haben so einen Media Player, den hat unser Onkel uns geschenkt. Darauf spiele ich, wenn ich aus der Schule komme. Das sind dann vor allem Rollenspiele, in denen ich Zauberer einsetzen kann oder gegen Monster kämpfe. Da geht dann eine Menge Zeit weg, bis ich abends um sieben ins Jugendhaus gehen kann und dort Kumpel treffe. Wenn ich groß bin, würde ich gern Computerspiele entwickeln. Ich langweile mich oft und denke, die Tage gehen nie vorbei. Wir unternehmen ja auch nichts. Mein Vater sagt, ich sei schon mal im Urlaub gewesen mit meinen Eltern, aber daran erinnere ich mich nicht. Klar würde ich gerne in eine Kung-Fu-Schule gehen, aber die kostet um die 40 Euro im Monat und dann brauche ich noch einen Anzug. Aber das Geld haben wir nicht. Ich denke oft daran, dass wir kein Geld haben. Meine Eltern leben beide von Hartz IV. Ich würde gern mal mit meiner kleinen Schwester in den Zoo gehen oder ins Kino. Wenn ich Geld hätte, würde ich meinen Geschwistern Klamotten kaufen und mir ein eigenes Zimmer einrichten. [...] Ich krieg aber viel von meinen Freunden geschenkt. Das fängt in der Schule an, sie teilen ihr Frühstück, wenn ich was brauche. Zu Hause frühstücke ich nicht. Manchmal, wenn wir zum Burger King gehen, spendiert mir ein Freund einen Hamburger oder eine Cola. Da komme ich mir doof vor, zeige es aber nicht und mache auf lustig. Aber es ist ein Scheißgefühl, danebenzusitzen und anderen dabei zuzusehen, wie es ihnen besser geht als mir.

(Aus: Uli Hauser: Jung und arm – Kinder berichten, in: www.stern.de, Zugriff vom 15.03.2009)

Das Foto dokumentiert eine Aktion gegen Kinderarmut in der Millionenstadt Hamburg. Jedes der 52 000 Fähnchen steht für ein Hamburger Kind, das von Sozialhilfe leben muss.

1. Wie zeigt sich die Armut in Sahars und Mathias Alltag und wie gehen die beiden damit um?
2. Sahar und Mathias schämen sich oft für ihre Armut. Wie denkt ihr darüber?

Warum sind Kinder in Deutschland arm?

Die wichtigsten Informationen auf dieser Doppelseite lassen sich übersichtlich in Form einer Mindmap zusammenfassen. Mithilfe der Zwischenüberschriften könnt ihr eure Zusammenfassung der Arbeitsergebnisse gliedern. Für die Auswertung der Schaubilder solltet ihr die „Vier-Fragen-Deutung" anwenden. In dem Text spielen die Angaben 8, 13, 40, 48, 50 und 60 Prozent eine Rolle. Findet heraus, warum sie wichtig sind.

Armut – ein Begriff mit unterschiedlicher Bedeutung

Manchmal sagt man: „Ach, du armes Kind!" Manchmal fühlen sich Leute als arm, obwohl sie es eigentlich gar nicht sind. Ein armes Kind in Deutschland wird vielen Kindern aus Asien oder Afrika noch als wohlhabend erscheinen. Der Begriff Armut wird im Deutschen häufig mit unterschiedlichen Bedeutungen benutzt. Wichtig ist es, zwischen absoluter und relativer Armut zu unterscheiden.

Absolute und relative Armut

Absolute Armut ist ein Leben am äußersten Rand der Existenz. […] Absolut arme Menschen leiden unter schwerwiegenden Entbehrungen und müssen permanent um ihr Überleben kämpfen. Absolute Armut ist für die meisten der in Deutschland lebenden Menschen kaum nachvollziehbar.
Der gebräuchlichste Indikator (= Maßstab) für die Bestimmung absoluter Armut ist die Verfügbarkeit von einem Dollar und weniger pro Tag für die Befriedigung der Lebensbedürfnisse. […]
In den meisten Fällen haben wir es bei der Armut in Deutschland mit relativer Armut zu tun. Kaum jemand in Deutschland muss mit einem Dollar oder weniger auskommen, ist also absolut arm. […] Unter relativer Armut versteht man eine Unterversorgung an materiellen und immateriellen Gütern und eine Beschränkung der Lebenschancen, und zwar im Vergleich zum Wohlstand der jeweiligen Gesellschaft. Wer relativ arm ist, hat deutlich weniger als die meisten anderen. Sein Einkommen reicht in vielen Fällen nicht aus, um ein annehmbares Leben zu führen. […]
So gilt zum Beispiel in Deutschland als relativ arm, wer maximal 50 % des Durchschnittseinkommens einer Bevölkerungsgruppe zur Verfügung hat. Es wird auch unterschieden zwischen einem „Armutsrisiko" (auch „milde Armut" genannt), das bei 60 % des Durchschnittseinkommens angesetzt wird, der eigentlichen Armutsgrenze, die wie gesagt mit 50 % definiert wird, und einer „strengen Armut", die bei 40 % des Durchschnittseinkommens angesetzt wird. Nach den Kriterien der Europäischen Union ist derjenige arm, der 60 % oder weniger des Durchschnittseinkommens zur Verfügung hat.

(Aus: Kurt Bangert: Armut in Deutschland 2008, in: Deutsches Institut für Armutsbekämpfung DifA, www.armut.de, Zugriff 11.05.2009)

Die Hauptursache

„Wie, du kannst nicht mit ins Kino kommen? Kriegst du so wenig Taschengeld? Du hattest doch erst Geburtstag … Oh Mann, du bist echt arm dran!"
Die Bundesregierung hat im Juni 2008 ihren dritten Armuts- und Reichtumsbericht vorgelegt – laut diesem sind in Deutschland fast 13 Prozent der Bevölkerung arm. Besonders betroffen sind Kinder und Jugendliche. […]
Die Bundesfamilienministerin sieht einen Hauptgrund für die Armut von Kindern und Jugendlichen in der Arbeitslosigkeit der Eltern. Das bestätigt auch der Regierungsbericht. Demnach sinkt das Armutsrisiko von Familien mit Kindern schlagartig von 48 auf 8 Prozent, wenn nur einer von beiden Eltern ganztags arbeitet.

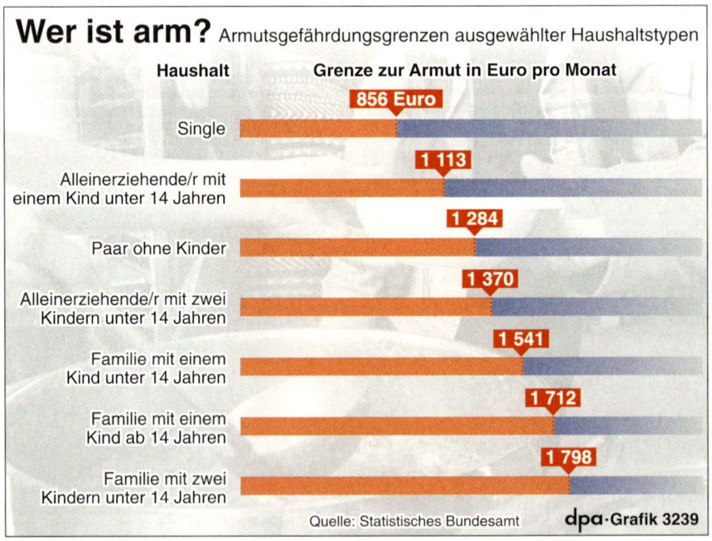

Das statistische Bundesamt hat errechnet, unterhalb welchen monatlichen Einkommen die Grenze zur Armut überschritten wird. Für eine Alleinerziehende mit einem Kind hat man zum Beispiel diese Armutsgefährdungsgrenze bei 1 113 Euro festgelegt.

Die Betroffenen

Auch Alleinerziehende und ihre Kinder – eine in Deutschland stetig wachsende Familienform – sind zunehmend von Armut betroffen, weil ein Erwachsener allein selten genug verdienen kann, um die ganze Familie zu ernähren. […] Insgesamt leben laut dem Bericht mehr als die Hälfte der armen Kinder in Deutschland in einem Alleinerziehendenhaushalt.
Ähnlich schwer haben es Familien mit drei und mehr Kindern. Hier müssen mehr Schulbücher gekauft, mehr Kinobesuche bezahlt und mehr Spaghetti gekocht werden. Die dritte besonders von Armut betroffene Gruppe sind Kinder und Jugendliche mit Migrationshintergrund – ihre Armutsrisikoquote ist mehr als doppelt so hoch wie die von Gleichaltrigen ohne Migrationshintergrund. […]

(Aus: www.mitmischen.de. Das Jugendportal des Deutschen Bundestages, Redaktionsleitung Deutscher Bundestag, Zugriff 11.05.2009)

Staatliche Leistungen

Menschen, die in Deutschland arbeitslos werden, erhalten für die Dauer von 12 Monaten bis zu maximal 24 Monaten das **Arbeitslosengeld I**. Das ist eine Versicherungsleistung, dessen Höhe sich nach dem letzten Netto-Verdienst richtet. Arbeitslose mit Kindern erhalten etwa zwei Drittel davon. Die Betroffenen haben einen Rechtsanspruch darauf, weil sie in den Zeiten der Berufsausübung monatlich ihre Beiträge in die Arbeitslosenversicherung eingezahlt haben. Der Staat füllt die Arbeitslosenkasse auf, weil die eingezahlten Mittel der Arbeitnehmer und Arbeitgeber nicht ausreichen. Nach Ablauf dieser Zeit erhalten Arbeitslose das **Arbeitslosengeld II**, das unter dem Namen „Hartz 4“ bekannt ist. Das ist keine Versicherungsleistung und orientiert sich nicht am früheren Monatsverdienst. Vielmehr sieht es Geldzahlungen nach festen Regelsätzen vor. Voraussetzung für die Auszahlung ist, dass die Leistungsempfänger dem Arbeitsmarkt zur Verfügung stehen. Aus diesem Grund heißt das Arbeitslosengeld II auch „Grundsicherung für Arbeitssuchende.“
2010 betrug die Höhe für den Antragsteller 359 Euro und für zum Haushalt gehörende Lebenspartner 90 Prozent davon. Zusätzlich werden die Kosten für eine angemessene Wohnung und die Heizung übernommen. Kinder erhalten einen reduzierten Satz. Bis zur Vollendung des 14. Lebensjahres erhalten sie 60% und ab 15 Jahren 80% von den Zuwendungen für den Antragsteller. Diese Regelung gilt nur bis 2011. Das Kindergeld, auf das alle Kinder in Deutschland einen Anspruch haben, kommt hinzu. Um die vielen Diskussionen um „Hartz 4“ zu verstehen, muss man wissen, dass das Arbeitslosengeld I früher einmal (bis 2005) bis zu 36 Monate lang gezahlt wurde. Für viele Arbeitslose, die zuvor viel Geld verdient haben, bedeutet die Einstufung in das Arbeitslosengeld II einen herben Verlust bisheriger finanzieller Möglichkeiten.
Wer weder Anspruch auf Arbeitslosengeld I oder II hat, erhält **Sozialhilfe**. Sie steht Menschen in Notlagen zu, die aus Krankheits- oder anderen Gründen weder arbeiten, noch ihr Leben aus eigener Kraft gestalten können und für die es keine Familienangehörige aus dem engeren Kreis gibt, die sie finanziell unterstützen können. Niemand, der sich legal in Deutschland aufhält, darf im Sozialstaat völlig allein gelassen werden. Auch auf Sozialhilfe haben die betroffenen Menschen einen Rechtsanspruch.

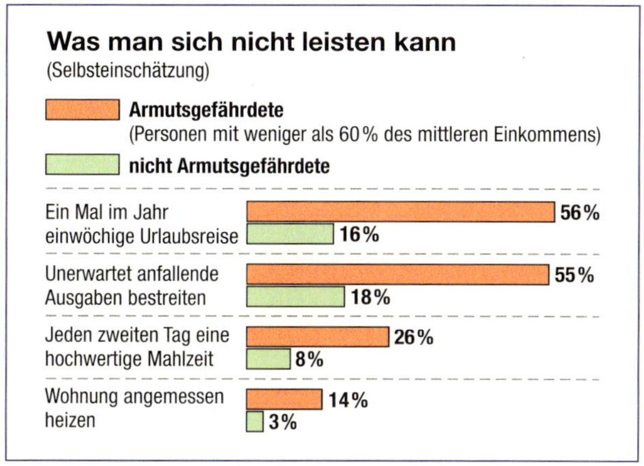

(Süddeutsche Zeitung v. 7.12.2006, S. 2)

Begriffe für euer Fachwörterverzeichnis

1. Welche Bedeutung haben die Prozentzahlen 8, 13, 40, 48, 50 und 60 in diesen Texten?
2. Erklärt den Unterschied zwischen absoluter und relativer Armut.
3. Eure Mindmap zum Thema sollte die Hauptäste Armutsdefinitionen, Ursachen, Betroffene und staatliche Leistungen enthalten.
4. Welchen Folgen sind – eurer Ansicht nach – Kinder ausgesetzt, die in Deutschland in Armut leben müssen? Sammelt sie gemeinsam und fügt eurer Mindmap einen entsprechenden Ast hinzu.

Trainingsplatz

Wir erstellen eine Liste von Leistungen, die ein Kind unbedingt zum Leben braucht

Gehört es zu den Pflichten des Sozialstaates, dafür zu sorgen, dass jedes Kind ...	besonders wichtig	weniger wichtig
1. ausreichend mit gesunden Nahrungsmitteln versorgt ist?		
2. ausreichend Kleidung – auch zum Wechseln – besitzt?		
3. auch Geld für Süßigkeiten zur Verfügung hat?		
4. ein Recht auf kostenlose ärztliche Versorgung hat?		
5. genügend Geld für Kino-, Konzert- und Theaterbesuche hat?		
6. ein eigenes Handy besitzt?		
7. über einen eigenen Computer mit Internetanschluss verfügt?		
8. sein eigenes Zimmer hat?		
9. mindestens einmal im Jahr mit seinen Eltern in Urlaub fahren kann?		
10. mit auf eine Klassenfahrt gehen kann?		
11. umsonst zu seiner Schule befördert wird?		
12. genügend Spielsachen hat?		
13. in der Schule – zusammen mit allen anderen Kindern – täglich ein warmes Mittagessen erhält?		
14. ausreichend Geld für die Anschaffung von Schulmaterialien (Hefte, Textmarker, Zirkel etc.) zur Verfügung gestellt bekommt?		
15. ausreichend Taschengeld zur Verfügung hat?		

Euer Auftrag:
Hier geht es um die Frage, wie viel Hilfe der Staat Kindern und deren Eltern gewähren soll, die – aus welchen Gründen auch immer – in Armut leben. Dazu erstellt ihr eine Liste von Leistungen, die ihr für unbedingt notwendig haltet.

So könnt ihr vorgehen:

- Bearbeitet die Vorschlagsliste zuerst allein. Schreibt heraus, was der Sozialstaat armen Kindern per Gesetz als Mindestleistungen ermöglichen muss. Überlegt für jede Maßnahme, ob sie Staat und Steuerzahler viel oder wenig kostet. Hier müsst ihr schätzen.
- Arbeitet dann mit eurem Banknachbarn zusammen und einigt euch auf diejenigen Leistungen, die unbedingt notwendig sind.
- Notiert sie in euer Heft, stellt sie in der Kasse vor und begründet dabei eure Entscheidung.

TEAM kontrovers: Brauchen arme Kinder mehr Geld oder mehr Zuwendung?

Im April 2009 forderte das „Bündnis Kindersicherung" für Kinder in Deutschland eine Grundsicherung von 500 Euro monatlich. Politikerinnen und Politiker stehen diesen Forderungen nicht grundsätzlich ablehnend gegenüber, verweisen aber darauf, dass dies nicht finanzierbar sei.
Viele Expertinnen und Experten sind der Ansicht, dass es nicht ausreicht, Familien in relativer Armut einfach nur mehr Geld zur Verfügung zu stellen. Kinder in Deutschland müssten ja nicht Hunger leiden. Es mangele ihnen vielmehr an Zuwendung, Betreuung und bessere Zukunftschancen. Hierfür soll der Staat Geld ausgeben. Ideal wäre es natürlich, wenn der Staat beides leisten könnte.
Wenn ihr davon ausgeht, dass nur eine bestimmte Summe an staatlichen Mitteln zur Verfügung steht, wofür würdet ihr sie verwenden: Mehr Geld in die Taschen der Familien oder mehr Geld für eine bessere Zuwendung?
Darüber sollt ihr hier diskutieren.

Position 1: Das Geld soll den armen Familien direkt zufließen.

Das Geld, das Familien mit Kindern innerhalb des Arbeitslosengeldes II zurzeit erhalten, reicht hinten und vorne nicht aus. Mit wenig mehr als 200 Euro für die Kleinen und knapp 250 Euro für die Größeren kann man kein Kind großziehen. Für Essen, Trinken, Kinderkleidung, Gesundheitspflege usw. brauchen die betroffenen Familien mehr Geld für die Kinder.

Es ist überhaupt nicht einzusehen, dass die Regelsätze für Kinder niedriger sind als die für Erwachsene. Zum Beispiel essen Kinder in der Pubertät oft viel mehr als Erwachsene. Auch brauchen sie häufiger neue Kleider und Schuhe, Hefte und Malstifte.

Um in Würde leben zu können, brauchen die Familien das Gefühl, selbst für ihre Kinder sorgen zu können. Das können sie aber nur, wenn sie selbst entscheiden, was für ihre Kinder angeschafft werden soll. Dazu brauchen sie Geld zum Ausgeben.

Position 2: Besser ist es, das Geld in mehr Zuwendung, Betreuung und Bildung zu investieren.

Arme Kinder in Deutschland leiden vor allem unter Ausgrenzung. Das spüren sie in der Schule zum Beispiel bei der Planung von Klassenfahrten. Wenn der Staat das Geld verwendet, damit alle Kinder kostenlose Arbeitsmittel bekommen und möglichst auch ein gemeinsames warmes Mittagessen, braucht sich niemand mehr ausgegrenzt fühlen und zu schämen.

Arme Kinder werden häufiger krank und gehen seltener als andere zum Arzt. Der Staat soll einen Teil des Geldes für eine bessere Gesundheitsversorgung einsetzen.

Arme Familien sind häufig mit den vielen Aufgaben und Mängeln überfordert, die sie zu bewältigen haben. Der Staat soll das Geld ausgeben, um mehr ausgebildete Betreuerinnen und Betreuer einzustellen, die den Kindern und Jugendlichen helfen, die Schule erfolgreich zu meistern und einen Ausbildungsplatz zu finden.

5 Sozialpolitik kostet Steuergelder: Wie kann die Last gerecht verteilt werden?

Die Ausgaben für die soziale Sicherung der Menschen in Deutschland sollte der Staat eigentlich aus den Beiträgen finanzieren können, die in die Sozialversicherungen eingezahlt werden. Allerdings reichen die Beiträge von Arbeitnehmern und Arbeitgebern schon lange Zeit nicht mehr aus, um die enormen Aufwendungen für die Sozialpolitik zu decken. Der Staat muss einen hohen Anteil davon übernehmen. Die zusätzlichen Kosten werden aus Steuereinnahmen finanziert und diese sind natürlich von den Bürgerinnen und Bürgern aufzubringen.

- Wer soll wie viel bezahlen, um den Sozialstaat zu finanzieren?
- Soll man den Reichen mehr Geld abnehmen, um es an die Armen zu verteilen?
- Wie kann die Steuerlast gerecht verteilt werden?

Das sind Fragen, über die immer wieder politischer Streit entsteht.

In diesem Unterkapitel könnt ihr überlegen, warum alle Fragen, die mit der Erhebung von Steuern zu tun haben, die Menschen intensiv beschäftigen und nicht selten Ärger hervorrufen.

Zum Thema, wie ein sozial gerechtes Steuersystem aussehen kann, könnt ihr euch ein eigenes Urteil bilden. Am Beispiel der Einkommenssteuer könnt ihr entscheiden, wie ihr die Steuerlast verteilen würdet, wenn ihr in der Steuerpolitik zu bestimmen hättet.

Seit 5000 Jahren immer Ärger mit der Steuer

Wenn im 16. Jahrhundert der sogenannte Hellwagen durch die Städte und Dörfer der brandenburgischen Altmark rumpelte, wussten die Menschen, dass es mal wieder einigen von ihnen an den Kragen gehen würde. Denn auf dem Wagen zogen der Marktmeister und einige Stadtknechte aus, um im Auftrag des Magistrats säumige Steuerzahler zu „behelligen", also zu belästigen oder zu pfänden. Vor dem Haus eines Zahlungsmuffels hielten die Eintreiber an, hoben die Haustür aus den Angeln und beschlagnahmten sie. Wer seine Steuerschuld begleichen konnte, durfte sich nach geleisteter Zahlung seine Tür im Rathaus abholen.

Sehr viel rauer ging es vor 4300 Jahren im ägyptischen Sakkara zu. Dort band man Tributverweigerer an den Schandpfahl und hieb mit Stöcken auf sie ein. Selbst Zahlungsbereite wurden niedergedrückt, damit sie ihre Steuer gefälligst in ehrfürchtiger Haltung abgaben. [...] Seit etwa 3000 v. Chr. erheben Könige, Diktatoren oder Finanzminister oft willkürlich Steuern, um damit das zu bezahlen, was sie für unausweichlich halten – sei es ein Krieg, die Hochzeit einer Prinzessin oder eine sechsspurige Autobahn. Die Fantasie des Fiskus (lat. Geldkorb, Kasse) kannte dabei keine Grenzen. „Besteuert wurde in den vergangenen 5000 Jahren eigentlich alles – und manches, auf das man wohl nur kommen kann, wenn man als Finanzminister die Kassen der Monarchen und Regierenden füllen muss", sagt der Regensburger Ökonomie-Professor Wolfgang Wiegard, Mitglied des Sachverständigenrats der fünf sogenannten Wirtschaftsweisen.

16. Jahrhundert:
Die Haustür ist so lange weg, bis die Steuer bezahlt ist.

Rom unter Kaiser Vespasian: „Geld stinkt nicht!“ Erst die Steuer, dann das Bedürfnis!

So ließ der römische Kaiser Vespasian sogar Bedürfnisanstalten besteuern. Als sein Sohn ihn dafür tadelte, sprach er den berühmten Satz „Pecunia non olet“ (Geld stinkt nicht). [...]
Wenn alles besteuert werden konnte, warum also keine Bärte? So verlangte der russische Zar Peter der Große ab 1698 von jedem Bartträger einen Obolus. Betuchte Kaufleute hatten 100 Rubel zu zahlen, Höflinge und Beamte 60 und sonstige Städter 30 Rubel. Ehrliche Zahler bekamen Quittungsmarken, die stets mitzuführen waren, wollte man nicht bei einer Kontrolle auf der Stelle zur Bartschur genötigt werden.
Heute müssen zwanghafte Raucher die profitable Tabaksteuer zahlen – um die 14 Milliarden Euro pro Jahr. Auch die Biersteuer in Höhe von knapp 800 Millionen Euro freut den Finanzminister. Im Mittelalter wurde sie als Bierziese, Bierpfennig, Trankgeld oder Malzaufschlag erhoben. Hinzu kommen die Branntweinsteuer (mehr als zwei Milliarden Euro) und die Schaumweinsteuer (mehr als 400 Millionen Euro).
So alt wie die Steuern ist auch das Jammern der Menschen über drückende Lasten und die Verschwendung ihrer Tribute. [...]

(Aus: Walter Schmidt: Seit 5000 Jahren immer Ärger mit der Steuer, in: Hamburger Abendblatt vom 28.01.2007, im Internet unter www.abendblatt.de, Zugriff 28.4.2009)

Männer im alten Russland: Bart ab ohne Steuerquittung!

Ärger auch heute

Die Besteuerung in Deutschland ist umstritten. Die Gegner kommen aus verschiedenen politischen Lagern. Eine Kritik lautet, dass die Steuern zu hoch sind: Wenn der Staat zu viel wegnimmt, dann entmutigt er die Tüchtigen. Er bestraft die Leistungsträger. Die andere Kritik lautet, dass das Steuersystem nicht engmaschig genug ist: Die Reichen, egal ob sie ihren Reichtum der Tüchtigkeit oder einer Erbschaft verdanken, finden immer Möglichkeiten, ihr Geld vor dem Staat in Sicherheit zu bringen. Und eine dritte Kritik lautet, dass das ganze System viel zu kompliziert und undurchsichtig ist und deshalb viele Leute beschäftigt, die ihre Zeit besser mit vernünftigen Sachen verbringen könnten.

(Aus: Winand von Petersdorff-Campen: Das Geld reicht nie, Frankfurter Allgemeine Buch, Frankfurt a. M. 2008, S. 115)

1. Erzählt, was Haustüren, Schandpfähle, öffentliche Toiletten und Bärte mit Steuern zu tun haben.
2. Worin bestand in früheren Zeiten der grundlegende Interessenkonflikt in Steuerfragen zwischen den Herrschern und den Beherrschten?
3. Warum ist die Besteuerung auch heute umstritten? Fasst die Kritikpunkte zusammen.
4. Fallen euch Gründe ein, warum es klug bzw. vernünftig sein kann, Steuern zu zahlen? Sammelt eure Ideen.

Warum ist Sozialpolitik so teuer?

Die Ausgaben für den Bereich der sozialen Sicherung bilden im Haushaltsplan des Bundes den mit Abstand größten Block: Er umfasst mehr als 50 Prozent aller Ausgaben. Das war nicht immer so. In den vergangenen Jahren sind die Kosten erheblich angestiegen. Der Text informiert euch über die Gründe dafür. Die beiden Schaubilder zeigen, wie viel Geld der Staat jährlich in Form von Sozialleistungen an die Bürgerinnen und Bürger zurückgibt. Abgebildet sind zwei Übersichten für die gleiche Sache im Abstand von zwölf Jahren. Im Vergleich der Schaubilder könnt ihr feststellen, wie sich besonders wichtige Ausgaben zwischen 1997 und 2009 entwickelt haben. In Gruppenarbeit könnt ihr zu dieser Doppelseite eine Präsentation vorbereiten.

Die Gründe

Noch im Jahr 1990 wurde für Rente, Arbeitsmarkt und sonstige soziale Aufgaben zusammengenommen nur ein Drittel des gesamten Haushaltes aufgewendet. Doch die Welt hat sich rasant verändert. Insbesondere Deutschland hatte große Aufgaben zu erfüllen, so musste zum Beispiel die Teilung von Ost- und West-Deutschland überwunden werden. Seit der Wiedervereinigung fließen Bundesmittel in Milliardenhöhe in den „Aufbau Ost". Zudem schnellten die Sozialausgaben in die Höhe, was unter anderem auf die Angleichung der Renten zurückzuführen ist. Aber auch der nach 1990 immer rasanter fortschreitende Prozess der Globalisierung wirkte sich auf die Sozialsysteme aus. Viele Unternehmen verlagerten ihre Produktion ins Ausland, wo sie oft nur einen Bruchteil der in Deutschland üblichen Löhne zahlen müssen. Vor allem Arbeitsplätze für gering qualifizierte Arbeitnehmer gingen auf diese Weise verloren und die Zahl der Arbeitslosen stieg an.
Infolge dieser Veränderungen gab es immer weniger sozialpflichtig versicherte Beschäftigte, dafür aber eine wachsende Zahl an Leistungsempfängern. Eine große Finanzierungslücke entstand, die der Staat mit Steuergeldern und Schulden ausgleichen muss. Das gleiche Problem hat auch die gesetzliche Rentenversicherung.

(Aus: Michael Bornkessel, Caspar Dohmen, Achim Pollert: Finanzen und Steuern, hg. vom Bundesministerium der Finanzen, Ausgabe 2006/2007, S. 19)

Die Kostensteigerung in Zahlen

Ausgaben 1997

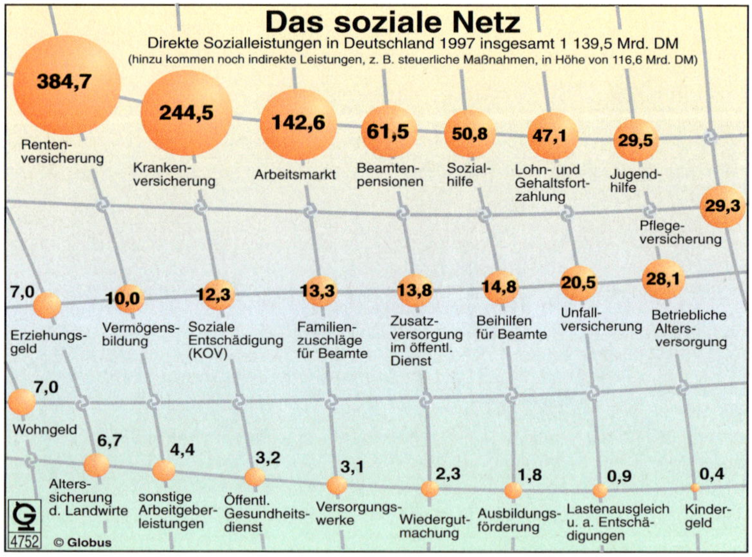

Bitte beachten: Im Plan von 1997 sind die Ausgaben noch in DM ausgedrückt. Um vergleichen zu können, müsst ihr diese Angaben zunächst in Euro umrechnen. Genau entsprechen 100 DM 51,129 Euro. Euch sollte es genügen, wenn ihr die Angaben in DM durch 2 teilt.

und 2009

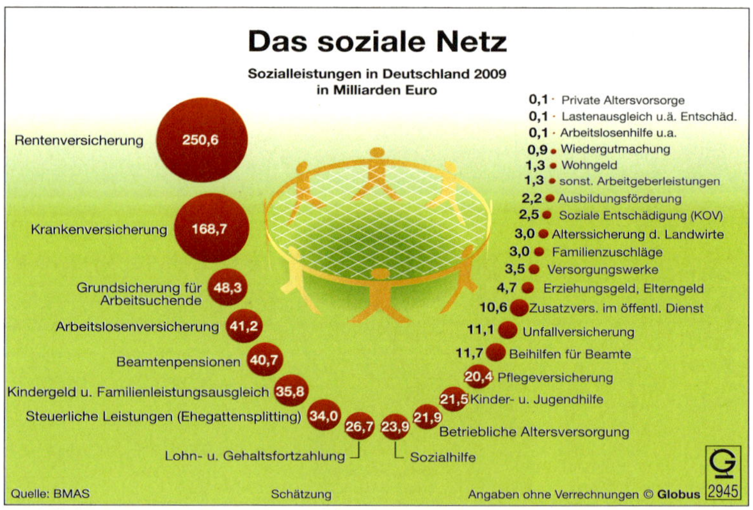

Sozialleistungen 2009 in Deutschland insgesamt (geschätzt) 720 Milliarden Euro

Ausgabenposten	Ausgaben 1997	Ausgaben 2009	Steigerung

Sozialleistungen, Finanzierung, Ausgabenposten, Steuerbelastungen

Die Schaubilder auf dieser Seite informieren mit unterschiedlichen Schwerpunktsetzungen über wichtige Aspekte der Sozialpolitik. Bearbeitet sie mithilfe der Vier-Fragen-Deutung. Dazu empfehlen wir folgende Vorgehensweise:

- Bildet Dreiergruppen.
- Verteilt die drei Schaubilder auf die drei Gruppenmitglieder. Jede bzw. jeder bearbeitet ein Schaubild und fertigt dazu Notizen an.
- In der Gruppe stellt ihr euch dann der Reihe nach eure Schaubilder vor.
- Gemeinsam erarbeitet die Gruppe eine Ergebnispräsentation zu allen Themen auf dieser Doppelseite.

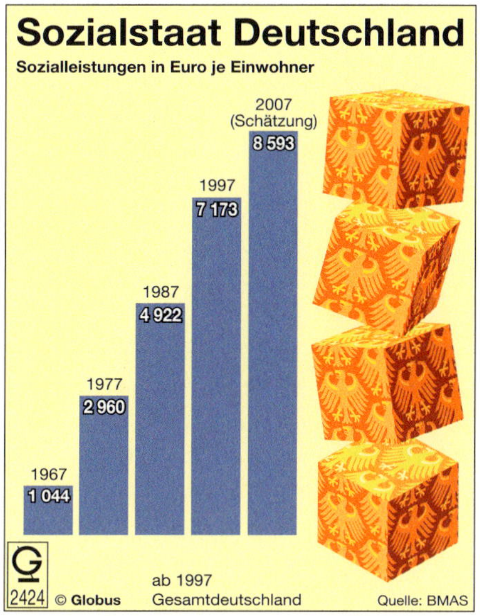

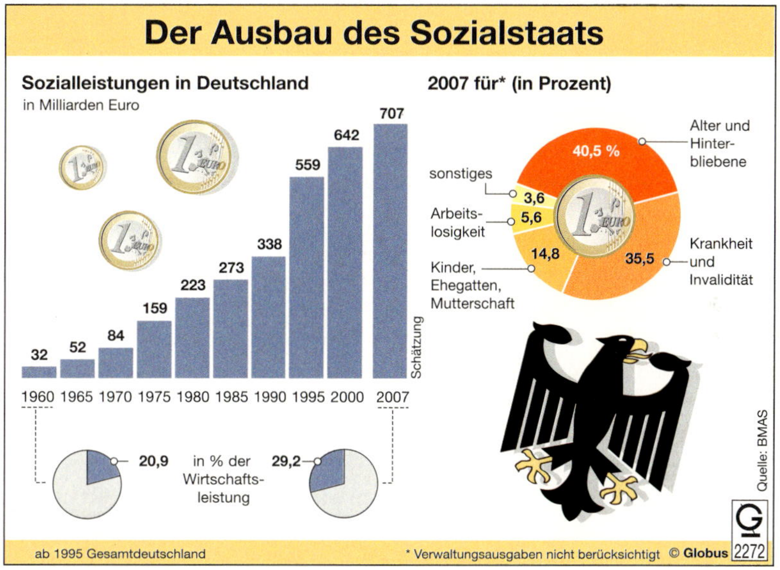

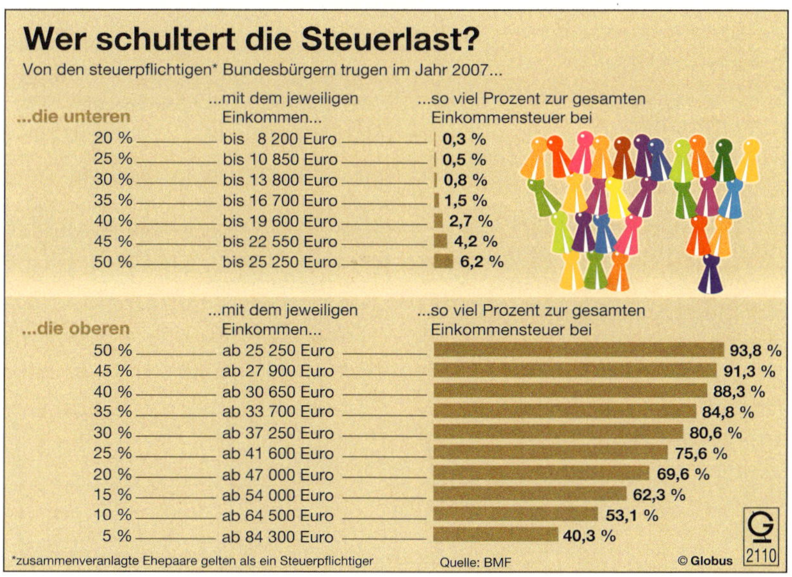

Wer soll wie viele Steuern bezahlen?

Steuerpolitik

Unter Steuerpolitik verstehen wir alle Maßnahmen, mit denen ein Staat sich die nötigen Einnahmen besorgt, um die Vielzahl seiner öffentlichen Aufgaben zu bewältigen. Steuerpolitik ist eine höchst umstrittene Angelegenheit. Steuererhöhungen führen fast immer zu Protesten. Steuersenkungen kommen dagegen in der Regel bei der Bevölkerung gut an, führen aber dazu, dass der Staat seine Leistungen kürzen muss, was dann wiederum zu Protesten bei den von Kürzungen Betroffenen führt.
Steuern sind Zwangsabgaben der Bürger an den Staat. Wer sie nicht bezahlt, macht sich strafbar. Ein besonderes Wesensmerkmal der Steuer besteht darin, dass derjenige, der sie zahlt, keine direkte Gegenleistung dafür bekommt. Sie werden nicht für ganz bestimmte Aufgaben verwendet, sondern wandern in einen Gemeinschaftstopf, aus dem alle Aufgaben finanziert werden.
Darin mag ein Grund dafür liegen, dass viele Leute klagen, wenn Steuern erhöht werden, von denen sie betroffen sind. Man weiß nicht genau, was damit geschieht. Ein weiterer Grund ist natürlich, dass die wenigsten bereit sind, Geld abzugeben, das sie doch viel lieber für sich behalten wollen.

Das Problem der Gerechtigkeit

Die Frage, wie eine gerechte Steuerpolitik auszusehen hat, ist deshalb so schwer zu beantworten, weil es unterschiedliche Auffassungen darüber gibt, was man in diesem Zusammenhang unter Gerechtigkeit versteht.
Ist es gerecht, wenn man von den Reichen höhere Steuern verlangt, um die Armen finanziell besser unterstützen zu können? Oder ist es ungerecht, denjenigen, die Leistungen erbringen und damit Geld verdienen, immer mehr abzunehmen?
Zum Problem der Steuergerechtigkeit hat das Bundesverfassungsgericht zwei Grundsätze verbindlich formuliert:
Erstens: Gleiches muss gleich besteuert werden. Wer eine DVD oder einen Computer kauft, muss Mehrwertsteuer bezahlen – egal ob er Schüler, Priester, Sängerin oder Lehrer ist.
Zweitens: Die Steuer muss die Verhältnisse berücksichtigen, in denen jemand lebt. Das Gericht sprach damit die Überzeugung aus, dass diejenigen, die es sich leisten können, mehr an Steuern aufzubringen haben als diejenigen, die sich finanziell ohnehin schon stark einschränken müssen. Verhältnismäßigkeit betrifft vor allem die Lohn- und Einkommensteuer. Die Lohnsteuer ist der Anteil, den der Arbeitgeber direkt vom Bruttolohn an das Finanzamt abführt. Einkommensteuer zahlen Selbstständige. Sie müssen dazu von sich aus dem Finanzamt ihre Einnahmen mitteilen.
Konkret bedeutet Verhältnismäßigkeit hier, dass die Lohn- und Einkommensteuer bei gut Verdienenden höher anzusetzen ist als bei Geringverdienern. Wie groß dürfen die Unterschiede in der Festsetzung dieser Steuer sein? Darüber gibt es keine festen Vorschriften, aber sehr unterschiedliche Ansichten. Deshalb ist die Festlegung der Steuersätze hier eine Frage, über die heftig diskutiert wird.
Im Folgenden könnt ihr euch an dieser Diskussion beteiligen.

TEAM kontrovers: Welche Steuerpolitik ist sozial gerecht, welche nicht?

Gerecht ist, wenn ...

1. Leuten, die viel verdienen, die Steuer erhöht wird, damit der Staat das Geld an Leute verteilen kann, die wenig oder nichts verdienen.
2. der Staat auch den gut Verdienenden nur einen geringen Teil ihres Einkommens abnimmt.
3. mit ansteigendem Gehalt prozentual die Steuer steigt, die man zu bezahlen hat.
4. alle, die Geld verdienen, den gleichen Prozentanteil an Lohn- und Einkommensteuer zahlen, z. B. alle 10, 20, 30 oder 40 Prozent.
5. arme Leute und Geringverdiener völlig von der Steuer befreit werden.

1. Welchen der Ansichten stimmt ihr zu? Welche lehnt ihr ab? Macht euch dazu einige Notizen.

2. Beginnt die Diskussion mit euren Beiträgen zu den Ansichten. Welchen stimmt ihr zu, welche lehnt ihr eher ab?

Begriffe für euer Fachwörterverzeichnis

Trainingsplatz

Wir legen fest, wer wie viel Steuern zahlen soll

Euer Auftrag:
Wie lässt sich die Steuerlast von Menschen mit unterschiedlichem Einkommen sozial gerecht verteilen? Das ist die schwierige Frage, um die es hier geht.
Stellt euch folgende Situation vor: In der Rolle des Staates habt ihr zu entscheiden, wie die benötigte Steuer auf das Einkommen der fünf ausgewählten Personen verteilt werden soll. Ihr habt die Möglichkeiten A, B oder C. Welche wählt ihr? Setzt euch in Kleingruppen zusammen.

So könnt ihr vorgehen:

1. Berechnet für A, B und C, was das für die einzelnen Personen bedeuten würde. (Das geht arbeitsteilig.)
2. Diskutiert in der Gruppe und entscheidet euch für eine der Möglichkeiten.
3. Stellt eure Gruppenentscheidung samt Begründung in der Klasse vor.

A Fester Prozentsatz
Sozial gerecht ist, wenn alle einen festen Prozentsatz ihres Jahreseinkommens als Einkommensteuer abführen. Also: Alle zahlen z. B. 25 %. So zahlt die Studentin real wenig und die Fabrikantin real viel.

B Sanfter Anstieg
Sozial gerecht ist, wenn alle ein wenig, aber niemand zu viel zahlen muss. Bei der Studentin könnte man z. B. mit 5 % beginnen, bei der Verkäuferin auf 10 % steigern und so weiter –bis zu einem Höchstsatz von 40 % bei der Fabrikantin.

C Starker Anstieg
Sozial gerecht ist, wenn Geringverdiener von der Steuer befreit sind und die sehr gut Verdienenden hohe Lasten schultern. Die Studentin zahlt nichts, die Verkäuferin und der Tischlermeister z. B. höchstens 10 %, der Anwalt 30 % und die Fabrikantin 60 %.

Naschid Özmir,
46 Jahre, verheiratet, 2 Kinder

Tischlermeister

Jahreseinkommen etwa 30 000 €

Sandrine Mathieu,
23 Jahre, ledig

Studentin, jobbt zur Finanzierung ihres Studiums als Kellnerin und Telefonistin

Jahreseinkommen etwa 6 500 €

Hugo Ferring,
36 Jahre, verheiratet, kein Kind

Rechtsanwalt

Jahreseinkommen etwa 50 000 €

Franziska Salz,
27 Jahre, ledig

Verkäuferin in einem Schuhgeschäft

Jahresgehalt etwa 20 000 €

Sigrid Jahn,
32 Jahre, ledig

Textilfabrikantin

Jahreseinkommen etwa 250 000 €

Info: In Deutschland gilt das progressive Steuersystem. Das heißt: Bei zunehmendem Einkommen steigt die prozentuale Besteuerung bis zu einem Spitzensatz an. Wer weniger als circa 8 000 Euro im Jahr verdient, muss nichts zahlen (= Grundfreibetrag). Jeder Euro darüber hinaus wird dann in Stufen ansteigend bis zu einem Spitzensteuersatz versteuert (45 % in 2009).
Es müssten zahlen:

Studentin:	0 Euro
Verkäuferin:	ca. 1 650 Euro
Tischlermeister:	ca. 2 000 Euro
Rechtsanwalt:	ca. 9 500 Euro
Fabrikantin:	ca. 106 000 Euro

Memorystationen

Soziale Sicherung heute und morgen

Station 1 Jugend und soziale Sicherung

Übertragt die Übersicht und führt die Aussagen zu Ende.

Unter **Sozialpolitik** versteht man …

Unter einem **Sozialstaat** versteht man …

Zwei Situationen, in denen Jugendliche mit dem Sozialstaat in Berührung kommen, können sein:
1.
2.

Das Prinzip **Solidarität** bedeutet, dass …

Das Prinzip **Eigenverantwortung** bedeutet, dass …

Station 2 Das System der sozialen Sicherung

Fertigt mithilfe der Elemente im Kasten selbst ein Schaubild an. Es soll auch Antworten auf die zwei Fragen geben. Das geht auf einem Blatt Papier, aber auch mithilfe eines Computerprogramms, z. B. PowerPoint.

Sozialversicherungen in Deutschland

? ? ? ? ?

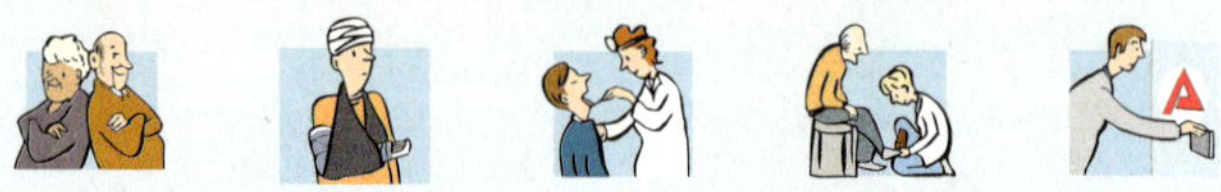

1. Was ist wichtigstes Ziel dieser Versicherung?
2. Wer bezahlt sie?

Station 3 Problem der Altersrenten

Zusammenhänge erklären

Die nebenstehende Zeichnung zum Thema „Demografischer Wandel" hat eine Schülerin entworfen.

1. Auf welche Problematik macht die Zeichnung aufmerksam?
2. Was haben Jugendliche deines Alters mit diesem Problem zu tun?

Station 4 Armut in einem reichen Land

Hat die Politik ihre Hausaufgaben gemacht?

„Deutschland für Kinder", so hieß die gemeinsame Veranstaltung von Unicef, Deutschem Kinderschutzbund und dem Bündnis für Kinder. Dabei ging es unter anderem um die Benachteiligung armer Kinder. Kinderkanal-Moderatorin Nadine (15) überreichte dabei der Bundeskanzlerin ein Hausaufgabenheft.
Was hättet ihr an Nadines Stelle hineingeschrieben? Verfasst einen Text über Kinderarmut in Deutschland und erklärt, was der Staat tun muss, um zu helfen.

Station 5 Sozialpolitik kostet Steuergelder

Zitate aus Texten zur Sozialpolitik – Was kann damit gemeint sein?

Die folgenden Aussagen sind dem 5. Unterkapitel entnommen.
Wer den Zusammenhang nicht herstellen kann, wird sie nicht verstehen.
Du kannst das.

„Zum Problem der Steuergerechtigkeit hat das Bundesverfassungsgericht zwei Grundsätze verbindlich formuliert."

Welche sind das?

„Steuerpolitik ist eine höchst umstrittene Angelegenheit."

Erläutere den Grund dafür.

„Die Ausgaben für den Bereich der sozialen Sicherung bilden im Haushaltsplan des Bundes den mit Abstand größten Block."

Finde mindestens zwei Gründe, warum Sozialpolitik in den vergangenen Jahren immer teurer geworden ist.

5 Zur Situation der Menschenrechte

Welche Bedeutung haben sie für uns?

„Zu den unverzichtbaren Rechten aller Menschen auf der Welt gehören meiner Überzeugung nach …"
„Mir bekannte Menschenrechtsverletzungen sind …"

Ergänzt die Satzanfänge und stellt eure Formulierungen in der Klasse vor.

Worum geht es?

Am 15. Mai 2005 fanden in Äthiopien Parlamentswahlen statt, aus denen die Regierungspartei Ethiopian People's Revolutionary Democratic Front (EPRDF) als Sieger hervorging. Die Journalistin und Herausgeberin Serkalem Fasil war eine von vielen Journalisten und Menschenrechtsverteidigern, die in diesem Zusammenhang festgenommen wurden. Ihr Verbrechen: Sie hatte kritisch über die Regierungspartei berichtet und dieser Wahlbetrug vorgeworfen. Bei friedlichen Protesten wurden 42 Demonstranten von der Polizei erschossen und über 10 000 festgenommen, auch Serkalem Fasil. Zum Zeitpunkt ihrer Festnahme war sie schwanger. Im Juni 2006 brachte sie im Polizeikrankenhaus einen Sohn zur Welt. Unter unmenschlichen Bedingungen musste die junge Frau im Gefängnis von Addis Abeba für ihren Sohn sorgen.
Aktivisten und Unterstützer der Gefangenenhilfsorganisation amnesty international nahmen sich des Falles an. Mit Öffentlichkeitsarbeit, Briefen und Eingaben an die Behörden übten sie Druck auf die maßgeblichen Stellen in Äthiopien aus. Unter denen, die sich beharrlich um die politische Gefangene kümmerten, war auch eine Gruppe engagierter Bürgerinnen und Bürger von Amnesty-Mitgliedern aus der deutschen Stadt Nördlingen. Und sie hatten Erfolg! 2008 ließ ein äthiopisches Gericht alle Anklagepunkte gegen Serkalem Fasil fallen und ordnete ihre Freilassung an. „Serkalem Fasils Fall zeigt, was wir gemeinsam bewirken können", sagte einer der glücklichen Kämpfer für die Menschenrechte. Das Foto zeigt die Nördlinger Amnesty-Gruppe.
Ähnlich wie in diesem Fall aus Äthiopien werden in sehr vielen Ländern der Welt Menschenrechte mit Füßen getreten. Millionen von Menschen werden unterdrückt, verfolgt, gefoltert, vergewaltigt, jahrelang grundlos gefangen gehalten – oder sogar ermordet.
In diesem Kapitel könnt ihr die weltweite Situation der Menschenrechte näher untersuchen.

Wenn ihr dieses Kapitel bearbeitet, könnt ihr …

- an Fallbeispielen Hintergründe von Menschenrechtsverletzungen untersuchen,
- die Arbeit von Menschenrechtsorganisationen präsentieren,
- die Bedeutung der Grundrechte im Grundgesetz darlegen,
- eine Debatte zum Pro und Kontra von Online-Durchsuchungen führen.

1 Wie ist es um die Menschenrechte auf der Welt bestellt?

Stellvertretend für die unzähligen Menschenrechtsverletzungen, die täglich auf der Welt geschehen, werden in diesem Unterkapitel drei Beispiele vorgestellt. Sie können arbeitsteilig untersucht werden.

In vielen Ländern der Erde können Frauen nicht über sich selbst bestimmen – nicht darüber, welche Kleidung sie tragen und nicht darüber, welche politische Meinung sie vertreten wollen.

A Bangladesch: Frauen werden unterdrückt und misshandelt

In Bangladesch werden vor allem junge Frauen Opfer von Säure-Attentaten. Shafina (Name geändert) ist eine von ihnen. „Ich komme aus einem Dorf im Süden. Mein Vater ließ mich und meine vier Geschwister immer zur Schule gehen, auch uns Mädchen." Das erzählt Shafina nicht ohne Stolz, schließlich werden Mädchen in dem mehrheitlich muslimischen Land oft als minderwertig angesehen; der Besuch einer weiterführenden Schule ist keine Selbstverständlichkeit. „Eines Nachts wachte ich auf, weil ich dringend auf die Toilette musste." So verließ Shafina das Haus ihrer Eltern alleine, weil die Toiletten sich auf dem Land außerhalb der Häuser befinden. Darauf hatten drei junge Männer gewartet. Sie rissen Shafina zu Boden und hielten sie fest. „Ich wehrte mich und schrie wie am Spieß, einen der Angreifer kannte ich auch." Es war Amin, er hatte ihr Nachhilfeunterricht in Mathe gegeben. „Monatelang ist er mir hinterhergerannt und hat sogar bei meinem Vater vorgesprochen", erzählt Shafina. In Bangladesch werden viele Mädchen früh verheiratet, aber eine Heirat war in diesem Fall ausgeschlossen, denn Amin ist Hindu und Shafina Muslimin. Shafina stockt, nur leise spricht sie weiter: „In dieser Nacht hatte er ein kleines Fläschchen dabei und schüttete es über mir aus." Heute weiß sie, dass die Flüssigkeit, die so schrecklich brannte, Säure war. Amin wollte Shafinas Schönheit zerstören. Damit sie niemals ein anderer Mann heiraten wird. So wie Shafina geht es fast 2000 Frauen, Männern und Kindern in Bangladesch. Wer ein Säure-Attentat überlebt, ist gezeichnet: Das Gesicht ist oft bis zur Unkenntlichkeit entstellt. Viele Überlebende erblinden oder werden taub. Die Täter sind immer Männer, die meisten Opfer Frauen.
In Bangladesch, wo drei Viertel der Bevölkerung auf dem Land leben, gibt es oft Streit um die Besitzrechte an Grund und Boden. Um es seinem Nachbarn heimzuzahlen, überschüttet man dessen Frau mit Säure. Lehnt die Familie den Heiratsantrag für die Tochter ab, rächt sich der Mann mit einem Glas Säure an dem Mädchen. Auch in Bangladesch sind viele Menschen entsetzt über diese Taten. Auf dem Land aber herrschen oft andere Gesetze. Sie demonstrieren noch immer: Eine Frau ist in Bangladesch nichts wert. Viele Mädchen, die ein Säure-Attentat überlebt haben, schweigen. So wie sie es gelernt haben. Oder sie be-

1. Einzelarbeit: Welche Menschenrechte werden verletzt? Lest den Fall und formuliert eure Antwort auf die Frage unter dem jeweiligen Text.
2. Triangel: Bildet Dreier- oder Sechsergruppen, in denen ihr der Reihe nach euren Fall und eure Antworten vorstellt.
3. Sucht in der Gruppe nach Gründen für Menschenrechtsverletzungen.
4. Präsentiert die Fälle und eure Erklärungen dazu vor der Klasse.

gehen Selbstmord. Nur selten kommt es zu einer Anzeige. Neun von zehn Tätern werden nie verurteilt.
In den Dörfern werden Überlebende wie Shafina verachtet und ausgegrenzt. Entstellte Mädchen sind somit doppelt bestraft: Kein Mann möchte sie mehr heiraten. Hoffnung gab es für Mädchen wie Shafina bis vor wenigen Jahren nicht. Dann kam Monira Rahman. Seit fast zehn Jahren arbeitet diese mutige Frau mit den Überlebenden der Säure-Attentate zusammen. Sie gründete die Organisation „Acid Survivors Foundation" (ASF), richtete ein Krankenhaus ein, sorgte für die Ausbildung von Ärzten im Ausland. ASF steht den Überlebenden vor Gericht zur Seite, macht Aufklärungskampagnen und ist an einer Veränderung der Gesetzgebung in Bangladesch beteiligt. Die Täter können nun schneller festgenommen und nicht mehr auf Kaution freigekauft werden. Säure-Attentate sind in vielen Ländern Süd- und Südostasiens verbreitet, auch aus Nigeria und Uganda, Jamaika und der Türkei werden Fälle berichtet.

(Aus: Ines Burckhardt: „Ich durfte nicht in den Spiegel sehen", in: www.bangladesch.org, Zugriff: 04.08.2009)

Erkläre, warum Mädchen wie Shafina in ihren Dörfern doppelt bestraft werden.

B Burma: Kinder werden als Kindersoldaten zwangsrekrutiert

„Ich bin so traurig, er ist doch mein jüngster Sohn. Die Soldaten haben ihn einfach mitgenommen und in ein Militärlager gesteckt", berichtet eine Frau verzweifelt. Alltag in Burma: Fast täglich werden Kinder auf dem Weg zur Schule oder auf dem Heimweg von „Sicherheitskräften" abgegriffen und in militärische Ausbildungscamps verschleppt. Seit Niederschlagung der Demokratiebewegung im Jahr 1988 wird Burma von einer der brutalsten Militärregime der Welt beherrscht. Etwa eine Million intern Vertriebene leben seit vielen Jahren in Flüchtlingscamps im Lande oder im Grenzgebiet zu Thailand. Die Brutalität des Regimes bekommen auch die Kinder zu spüren: Nach Angaben von Menschenrechtsorganisationen gehören der 350 000 Mann zählenden Armee auch 70 000 Kindersoldaten an. Neben dem Militär zwingen auch die anderen bewaffneten Gruppen Kinder zum Kriegsdienst. Und so hält Burma weltweit einen traurigen Rekord: Es ist das Land mit der größten Zahl an Kindersoldaten. Weltweit sind internationalen Schätzungen zufolge circa 250 000 bis 300 000 Kindersoldaten im Einsatz. Sie sind meist in offiziellen Armeen oder Rebellenverbänden zwangsrekrutiert und werden zum Kämpfen gezwungen. Kindersoldaten sind in vielen bewaffneten Kriegsparteien fester Bestandteil der militärischen Infrastruktur. Auf die kindlichen Bedürfnisse der Kindersoldaten wird keine Rücksicht genommen. Die Kinder werden oft geschlagen, misshandelt und gezwungen, Grausamkeiten zu begehen. Sie müssen zum Beispiel andere Kinder töten, wenn diese fliehen wollen. Diese Behandlung hat nur ein Ziel: Einschüchterung, Erzwingung absoluten Gehorsams und Abstumpfung gegen Grausamkeit. Das Leben als Soldat ist hart: Sie müssen schwere Lasten (Waffen, Verwundete, Lebensmittel, Hausrat, Zelte) über weite Strecken schleppen. Essen, sauberes Wasser und sonstige Versorgungsgüter (Medikamente) sind knapp. Kinder, die diesen Anforderungen nicht gewachsen sind, werden von ihren Vorgesetzten schikaniert oder getötet. Die Rekrutierung

von Kindern und ihr Kriegseinsatz ist Kindesmissbrauch! Dagegen wendet sich die „International Coalition to Stop the Use of Child Soldiers", in der terre des hommes seit Jahren aktiv mitarbeitet. Die „Coalition" hat inzwischen ein internationales Netzwerk aufgebaut. Ein wichtiger Meilenstein im Kampf gegen die Rekrutierung von Kindern ist das Zusatzprotokoll zur UN-Kinderrechtskonvention, in dem sich die Unterzeichnerstaaten verpflichten, keine Kinder und Jugendlichen unter 18 Jahren zu rekrutieren. Ebenso wichtig ist der neue Internationale Strafgerichtshof in Den Haag, denn wer Kinder unter 15 Jahre rekrutiert, kann zukünftig nach dem Statut des Gerichtshofes als Kriegsverbrecher verurteilt werden.

(Aus: www.tdh.de, Kindersoldaten – Daten und Fakten, Zugriff: 04.08.2009)

Erläutere, welchen traurigen Weltrekord Burma hält. Ist Burma ein Einzelfall?

C Usbekistan: Politisch Andersdenkende werden verfolgt

Fast drei Jahre lang saß Saidschachon Sainabitdinow im Gefängnis. Und das nur, weil er die Wahrheit gesagt hatte. Doch in Usbekistan reicht das oft schon aus, um ins Visier der Behörden zu geraten.
Sainabitdinow hatte in eine TV-Kamera blutverschmierte Frauen- und Kinderschuhe gehalten, die er auf den Straßen seiner Heimatstadt Andischan gefunden hatte. Mehrere hundert Menschen waren hier am Tag zuvor von Sicherheitskräften getötet worden. Der Vorsitzende der in Andischan ansässigen Menschenrechtsorganisation „Apelliatsia" (Appell) war Augenzeuge des Massakers. Nun zeigte er die Schuhe einem Fernsehteam – damit die Welt sehen konnte, was in dieser abgelegenen 320 000-Einwohner-Stadt im Osten Usbekistans passiert war.
Im Mai 2005 demonstrierten bis zu 1000 Menschen gegen ein als unfair empfundenes Gerichtsverfahren gegen Geschäftsleute aus der Region. Bewaffnete Aufständische besetzten in den Morgenstunden des 13. Mai mehrere öffentliche Gebäude, stürmten ein Gefängnis und befreiten hunderte Gefangene.
Am selben Tag versammelten sich zehntausende überwiegend friedliche Demonstranten im Stadtzentrum. Sie forderten bessere Lebensbedingungen, mehr Demokratie und den Rücktritt von Staatspräsident Islam Karimo, der das Land seit 1991 autoritär regiert. Ohne Vorwarnung eröffneten Militär und Polizeieinheiten das Feuer auf die Menschenmenge. Die Behörden sprachen von 187 Toten. Doch „Appelliatsia" und andere Organisationen meldeten bis zu 500 Tote.
Laufend informierte Sainabitdinow internationale Medien über die Ereignisse, zeigte großkalibrige Patronenhülsen und eben jene Schuhe, die bewiesen, dass unter den Opfern viele Frauen und Kinder waren. Damit widersprach er der Version der Behörden, nach der es sich bei den Toten ausschließlich um religiöse Extremisten handelte.
Sainabitdinow ahnte, dass das Massaker noch nicht alles war: „Man kann jetzt eine Verhaftungswelle und die Ausschaltung der Opposition erwarten." Er sollte Recht behalten. Die Behörden erzeugten ein Klima der Angst, schüchterten Zeugen ein und nahmen sie fest. Eine Woche nach dem Massaker traf es auch Sainabitdinow. Im Januar 2006 wurde er in einem Geheimprozess zu sieben Jahren Haft verurteilt.
Auch seine Familie geriet ins Visier der Behörden. Regelmäßig mussten sie zu Verhören erscheinen, bei denen sie Sicherheitsbeamte massiv bedrohten: „Ihr seid Insekten, wenn wir wollen, zerdrücken wir euch wie Baumwolle." Monatelang erfuhr seine Familie nicht, wo er festgehalten wurde. Nach zwei Jahren, acht Monaten und zwölf Tagen hatte das Leiden ein Ende. Aufgrund einer alle zwei Jahre ausgesprochenen Präsidentenamnestie wurde der Menschenrechtsverteidiger am 4. Februar freigelassen. Zu Hause erwarteten ihn 10 000 Solidaritätsschreiben von Amnesty-Mitgliedern aus der ganzen Welt. Sainabitdinow hat mittlerweile seine Menschenrechtsarbeit wieder aufgenommen, um denen zu helfen, die verfolgt werden. Er hat die Hoffnung nicht aufgegeben, dass irgendwann auch in Usbekistan Freiheit und Demokratie respektiert werden.

(Aus: Daniel Kreuz: Der Preis der Wahrheit, ai-journal vom April 2009, in: www.amnesty.de, Zugriff: 12.10.2009)

Nach Angaben der Menschenrechtsorganisation amnesty international wird in 77 Ländern das Recht auf Meinungsfreiheit missachtet. So zum Beispiel auch in Weißrussland, wo die Polizei oppositionelle Demonstranten verfolgt.

Saidschachon Sainabitdinow saß fast drei Jahre im Gefängnis, nur weil er die Wahrheit gesagt hatte. Erkläre, wie es dazu kam.

Wir diskutieren Ansichten über die Bedeutung der Menschenrechte

- Den folgenden Fragebogen sollte zunächst jede Schülerin und jeder Schüler für sich beantworten. Wenn ihr einer These voll zustimmt, könnt ihr sie mit +2 Punkten bewerten, bei voller Ablehnung mit –2 Punkten.
- Danach solltet ihr euch in Gruppen zusammensetzen und euch die Bewertungen gegenseitig vortragen und begründen.
- Diskutiert dann in den Gruppen über die Thesen, bei denen eure Meinungen am stärksten auseinandergehen.
- Einigt euch am Ende der vereinbarten Gruppenarbeitszeit auf eine These, die euch besonders interessant erscheint.
- Stellt eure Gruppenergebnisse in der Klasse zur Diskussion.

Zum Abschluss dieser Phase könnt ihr ein vorbereitetes Plakat mit farbigen Klebepunkten bewerten lassen.

		+2	+1	–1	–2
1.	Die Durchsetzung der Menschenrechte ist ein Thema, das Jugendliche kaum interessiert. In Wirklichkeit haben junge Leute ganz andere Sorgen.				
2.	Weil Menschenrechte für alle gelten, dürfen sie auch den Menschen nicht vorenthalten werden, die mit dem Gesetz in Konflikt geraten oder die kriminell geworden sind.				
3.	Wenn wir uns in unserer persönlichen Umgebung umschauen, können wir tagtäglich erleben, wie Menschenrechte verletzt werden.				
4.	Für mich ist es eine Selbstverständlichkeit, dass Inländer und Ausländer in gleicher Weise Anspruch auf den Schutz der Menschenrechte haben.				
5.	Die Massenmedien – insbesondere das Fernsehen – bringen Menschenrechtsverletzungen an die Öffentlichkeit. Das hat zur Folge, dass die Menschen besser informiert sind und sich stärker empören und engagieren.				
6.	Jeder Staat muss selbst dafür sorgen, dass die Menschenrechte eingehalten werden. Von außen soll sich da niemand einmischen.				
7.	Ich kann mir gut vorstellen, dass ich einmal Mitglied in einer Organisation werde, die für die Durchsetzung der Menschenrechte kämpft.				
8.	Wer keinen Arbeitsplatz findet, dem nützen die Menschenrechte gar nichts.				
9.	Ich glaube, dass sich die Situation der Menschenrechte auf der Erde in Zukunft eher verbessern als verschlechtern wird.				
10.	Wer die Menschenrechte schützen will, muss bereit sein, Pflichten gegenüber anderen Menschen zu übernehmen.				

Menschenrechte

1. Menschenrechte kann man in Freiheitsrechte, soziale und politische Rechte unterteilen. Nenne dafür jeweils einige Beispiele und erkläre, in welcher Zeit sie entstanden sind.
2. Fast alle Staaten der Erde haben die Allgemeine Erklärung der Menschenrechte unterzeichnet und doch werden Tag für Tag Menschenrechte verletzt. Wie ist das zu erklären?
3. Erläutert, welchen Beitrag zur Durchsetzung von Menschenrechten internationale Organisationen leisten.

Definition

Menschenrechte sind Rechte, die jedem Menschen von Geburt an zustehen – egal, wo er lebt. Dazu gehören zum Beispiel
- das Recht auf Leben und körperliche Unversehrtheit. Das bedeutet, dass die Todesstrafe, Folter oder auch Formen von Misshandlung verboten sind;
- das Recht auf freie Entfaltung der Persönlichkeit. Jeder Mensch hat die Freiheit so zu leben, wie er möchte, solange er anderen nicht schadet;
- das Recht auf freie Meinungsäußerung;
- das Recht auf Gleichheit. Alle Menschen müssen vor dem Gesetz gleich behandelt werden, ungeachtet ihrer Hautfarbe, ihrer Religion und ihres Geschlechts.

All diese Rechte und Freiheiten sollen Menschen ein menschenwürdiges Leben ermöglichen und die Würde des Menschen schützen.

Entwicklung

Die heutige Idee der Menschenrechte geht auf die Zeit der Aufklärung im 17. und 18. Jahrhundert zurück. Die Aufklärung verfolgte das Ziel, die Freiheit des Einzelnen gegenüber dem Staat zu sichern. Sie forderte für jeden Menschen die Garantie natürlicher Rechte, die der Staat nicht antasten oder verweigern darf. Die klassische Lehre von den Menschenrechten entwickelte der Engländer John Locke (1632–1704). Er ging in seiner Theorie davon aus, dass jeder Mensch von Geburt an natürliche Rechte habe, die kein Staat einschränken oder ihm nehmen dürfe. Zu den natürlichen Rechten gehöre das Recht auf Leben, Freiheit und Eigentum. Danach sei der Staat erst dazu eingerichtet worden, um die natürlichen Rechte der Menschen zu schützen. Er kann ihnen diese Rechte nicht nehmen, denn er hat sie ihnen nicht gegeben.

In den englischen Kolonien haben die Siedler intensiv um die Menschenrechte gekämpft. In der Virginia Bill of Rights und in der amerikanischen Unabhängigkeitserklärung von 1776 wurde zum ersten Mal ein Katalog der Menschenrechte schriftlich niedergelegt. Ein Dokument von ähnlicher historischer Bedeutung ist die Erklärung der Menschen- und Bürgerrechte, die in der Französischen Revolution 1789 verkündet wurde.

Soziale und politische Menschenrechte

Während es im 18. Jahrhundert im Kampf um die Menschenrechte vor allem darum ging, die Freiheit jedes Menschen vor staatlichen Eingriffen zu schützen, rückte im 19. und 20. Jahrhundert der Kampf um soziale und politische Rechte in den Vordergrund. In der Weimarer Verfassung von 1919 wurden erstmals auch soziale und politische Rechte aufgenommen und damit die Interessen aller Volksschichten, auch der Arbeiterschaft, berücksichtigt. Dazu gehörte unter anderem das allgemeine Wahlrecht, Versammlungsfreiheit, Pressefreiheit, das Recht auf Arbeit, gerechter Lohn, Urlaub, Streikrecht und das Recht auf Bildung. Wichtigste Rechtsgrundlage zur Sicherung der Menschenrechte in Deutschland ist heute das Grundgesetz, das im Mai 1949 in Kraft trat.

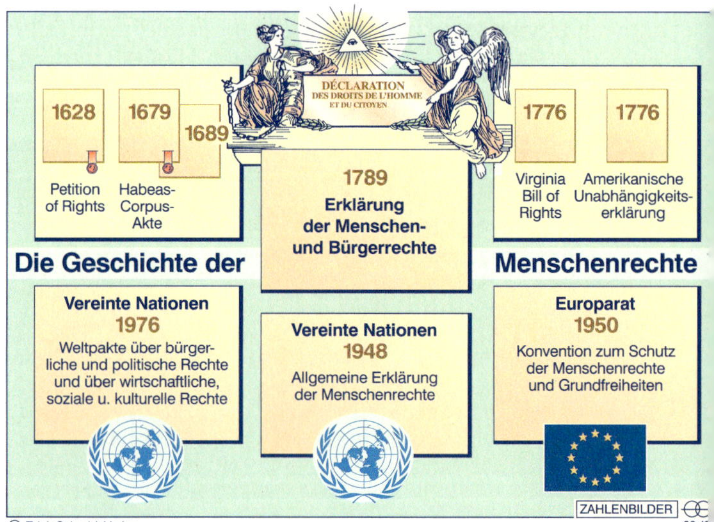

Gründe für Menschenrechtsverletzungen

„Schlagen Sie Ihre Zeitung an irgendeinem beliebigen Tag auf", schrieb 1961 Peter Benenson, der Gründer der Menschenrechtsorganisation Amnesty International, „und Sie werden eine Meldung aus irgendeinem Teil der Welt lesen." Daran hat sich bis heute nichts geändert. Einige der Gründe für die zahlreichen Menschenrechtsverletzungen sind:

- Diktatorische Regime fürchten um ihre Macht und unterdrücken jede Art von abweichender Meinung.
- Radikale Überzeugungstäter halten alle Mittel für gerechtfertigt, um ihre politischen Ziele zu erreichen.
- Immer ist ein Grund der fehlende Respekt vor dem Leben und der Freiheit anderer.

Opfer

Die Opfer sind entweder die Schwachen der Gesellschaft, besonders Frauen und Kinder, oder Minderheiten, die den Regierungen nicht ins Konzept passen. Millionen Kinder werden unter sklavischen Bedingungen zur Arbeit oder als Kindersoldaten zum Kriegsdienst gezwungen. Frauen werden unterdrückt, misshandelt, verschleppt oder vergewaltigt. Politisch Andersdenkende werden verfolgt, gefoltert und mit und ohne Gerichtsurteil hingerichtet. Rassische, religiöse oder andere Minderheiten werden systematisch unterdrückt und verfolgt. Ganze Völker werden als Opfer sogenannter „ethnischer Säuberungen" vertrieben oder getötet.

Menschenrechtsorganisationen

Mehr als 42 Millionen Menschen waren 2008 auf der Flucht vor Krieg und politischer Verfolgung. Die UNHCR, eine Unterorganisation der UNO, unterhalt Flüchtlingslager und versorgt die Flüchtlinge mit Essen, Kleidung und medizinischer Hilfe.

Nach dem Ende des Zweiten Weltkriegs kam der Gedanke auf, dass die Durchsetzung der Menschenrechte zur zentralen Aufgabe internationaler Zusammenarbeit werden müsse. Das sollte eine der wichtigsten Aufgaben der neu gegründeten UNO sein. Die Weltorganisation verabschiedete eine Reihe von Deklarationen (= Erklärungen), mit deren Hilfe die Mitgliedstaaten zu einer aktiven Menschenrechtspolitik verpflichtet werden sollten. Dazu gehören zum Beispiel die Allgemeine Erklärung der Menschenrechte von 1948, das Übereinkommen gegen die Folter von 1984, das Übereinkommen zum Schutz der Rechte des Kindes von 1989 und die Erklärung zur Beseitigung der Gewalt gegen Frauen. Mehrfach haben sich fast alle Länder der Welt feierlich dazu verpflichtet, die Menschenrechtserklärung zu achten, aber eine Unterschrift auf einem Blatt Papier und das, was in einem Land tatsächlich passiert, sind oft zweierlei Dinge. Nach dem geltenden Völkerrecht ist es Aufgabe jedes einzelnen Staates, für die Durchsetzung der Menschenrechte im eigenen Staatsgebiet zu sorgen. Das Problem dabei ist, dass gerade die Staatsregierungen in den zahlreichen unfreien Staaten der Erde zu den Hauptverursachern von Menschenrechtsverletzungen zählen. Es gibt zudem keine Weltpolizei, die überall gegen Menschenrechtsverletzungen eintreten könnte. 1998 wurde in der niederländischen Stadt Den Haag der Internationale Strafgerichtshof (ICC), ein Gericht der Vereinten Nationen, eingerichtet.
Es kann Kriegsverbrecher, die schwere Verbrechen gegen die Menschlichkeit begangen haben, anklagen und zu Freiheitsstrafen von bis zu 30 Jahren verurteilen. Die Richter sind allerdings machtlos, wenn ein Staat nicht bereit ist, Beschuldigte auszuliefern oder das Gericht anzuerkennen. Dazu zählen zurzeit unter anderem noch die USA, Russland und China.
Zahlreiche Nichtregierungsorganisationen beobachten weltweit die Situation der Menschenrechte, decken Menschenrechtsverletzungen auf und setzen sich für den Schutz der Menschenrechte ein. Diese Organisationen versuchen, in der Weltöffentlichkeit Druck auf die betreffenden Regierungen auszuüben. So veröffentlicht Amnesty International jedes Jahr einen vielbeachteten Bericht zur Situation der Menschenrechte.

Begriffe für euer Fachwörterverzeichnis

- Menschenrechte
- UNO
- Internationaler Strafgerichtshof

Internetrecherche: Wie setzen sich Organisationen für die Einhaltung der Menschenrechte ein?

Wie in vielen Ländern der Welt kämpfen auch in Deutschland Nichtregierungsorganisationen gegen Menschenrechtsverletzungen. In einer arbeitsteiligen Internetrecherche könnt ihr beispielhaft einige Organisationen näher untersuchen und herausfinden,

- welche Ziele sie haben,
- in welchen Ländern sie vertreten sind,
- welche Aktionen und Projekte sie durchführen,
- welche Erfolge und vielleicht auch Rückschläge sie bei ihrer Arbeit haben.

Stellt die Ergebnisse eurer Recherche in einem Kurzvortrag der Klasse vor.

REPORTER OHNE GRENZEN
FÜR PRESSEFREIHEIT

terre des hommes
Hilfe für Kinder in Not

Internetadressen

www.igfm.de – Internationale Gesellschaft für Menschenrechte
www.proasyl.de – Pro Asyl
www.tdh.de – terre des hommes
www.terre-des-femmes.de – terre des femmes
www.aerzte-ohne-grenzen.de – Ärzte ohne Grenzen
www.drk.de/jrk – Jugendrotkreuz
www.reporter-ohne-grenzen.de – Reporter ohne Grenzen
www.casa-alianza.org – Casa Alianza
www.gfbv.de – Gesellschaft für bedrohte Völker

Haben Menschenrechte weltweit den gleichen Anspruch auf Geltung?

Eine der zentralen Aussagen der Allgemeinen Erklärung der Menschenrechte war das Bekenntnis zur weltweiten Gültigkeit und Unteilbarkeit. In den letzten Jahren stellen einige Regierungen in Asien und Afrika diesen Anspruch infrage. Die Jugendzeitschrift „fluter" führte dazu ein Interview mit der in China lebenden Politologin Anja Mihr.

Frau Mihr, haben Menschenrechte und Coca-Cola etwas gemeinsam?
Auf den ersten Blick natürlich nicht. Aber beides wird ähnlich wahrgenommen. Das erlebe ich häufig, wenn ich mit Studenten aus nicht europäischen Ländern spreche. Die Menschenrechte werden als westliches Produkt angesehen, das ähnlich wie Coca-Cola für einen westlichen Lebensstil steht und an alle Orte der Welt exportiert wird. Einen Satz höre ich immer wieder: Es ist schön, dass es die Menschenrechte gibt, aber bei uns würden sie nicht funktionieren.
Sind Menschenrechte demnach eine Erfindung des Westens?
Das ist ein Mythos. Die Geschichte der Menschenrechte fängt vor mehr als sechstausend Jahren in Mesopotamien und Indien an. Allerdings ist das gegenwärtige Menschenrechtssystem eindeutig westlich dominiert. Was wir heute unter Menschenrechten verstehen, ist seit 1945 und mit der Gründung der Vereinten Nationen unter Interpretationshoheit des Westens entstanden. Das schürt diesen Mythos.
Die Menschenrechte sind universell und unteilbar. Sie gelten also für jeden und lassen sich nicht gegeneinander aufwiegen. Warum tun sich Länder wie China so schwer mit diesem Anspruch?

Die Universalität der Menschenrechte ist seit 2004 in der chinesischen Verfassung verankert. Dennoch werden in China täglich Menschen- und Freiheitsrechte verletzt. Die allgemeine Argumentation hier ist: Menschenrechte sind zwar wichtig, aber Sicherheit und Wohlergehen des Staates sind wichtiger und stehen an erster Stelle. Kurz gesagt: Das Individuum steht hinter dem Kollektiv zurück.
Kritiker weisen immer wieder auf kulturelle Besonderheiten hin. Ihre Argumentation lautet: Kulturen sind unvergleichlich. Muss der Westen auch bei den Menschenrechten mehr Rücksicht auf kulturelle Unterschiede nehmen?
Die Unveräußerlichkeit der Menschenrechte liegt genau darin begründet, dass sie vor allen kulturellen Eigenarten stehen. Die Annahme dahinter lautet: In allen Kulturen gibt es ein universelles und vorkulturelles Verständnis für Recht und Unrecht. Keine Kultur belohnt Diebstahl, Mord oder Lüge – alle verurteilen das. Wenn der Einzelne zum Wohle der Gesamtheit diskriminiert, misshandelt oder mundtot gemacht wird, widerspricht das der Universalität der Menschenrechte. Dieser Ansicht haben inzwischen alle 192 UN-Mitgliedstaaten zugestimmt.

(Aus: Andreas Braun: Als hätten wir sie mit der Muttermilch aufgesogen, in: fluter, Thema Menschenrechte. Dafür lohnt es sich zu kämpfen, Nr. 29/2008, S. 44)

1. Wie begründet Anja Mihr den Anspruch auf weltweite Geltung von Menschenrechten?
2. Erläutert, wie in China Menschenrechtsverletzungen begründet werden. Nehmt zu den Argumenten Stellung.
3. Sollten sich westliche Länder für die weltweite Einhaltung der Menschenrechte einsetzen? Begründet eure Meinung.

2 Wie wird die Durchsetzung der Menschenrechte in Deutschland gesichert?

Das Grundgesetz beginnt mit einer Auflistung der Menschenrechte. Danach ist es die oberste Pflicht des Staates, die Menschenwürde zu schützen. Die Polizei handelt im Auftrag des Staates. Wird sie diesem Anspruch auf Schutz der Menschenwürde immer gerecht? Unter dieser Fragestellung kann man über den folgenden Fall heftig diskutieren. Die Fotos und die Geschichte entstammen einem Film, der zu den 19 Grundrechten gedreht wurde.

Achtung, Personenkontrolle!

Andreas, genannt Andi, 23, ist Polizist. Gerade erst hat er seine Ausbildung abgeschlossen, und seine Vorgesetzten achten darauf, dass er seine Streife erst mal zusammen mit erfahrenen Kollegen fährt. Heute sitzt er mit Peter und Hans in dem Polizeibus, den er am späten Abend langsam durch die Straßen lenkt. Plötzlich sieht Peter eine reglose Gestalt zwischen zwei Häuserwänden stehen, einen Penner.

„Ach nee, guck mal, wer da wieder rumlungert“, macht er Hans auf ihn aufmerksam.

„Weißte was?“ Peter flüstert dem Kollegen etwas zu. Hans lächelt zustimmend. Hans, Peter und Andreas steigen aus.

„So, da isser“, wendet sich Hans an Andreas. „Komm, Personenkontrolle!“

Andreas zögert angewidert. Er geht auf den Penner zu und greift an seine Gesäßtasche. Zu dumm, seine Diensthandschuhe sind wohl im Bus liegen geblieben. Andreas kann den Penner jetzt besser sehen. Die langen Haare und der verfilzte Bart gehen ineinander über. Sein schwerer Atem ist zu hören. Jacke und Hose sind verdreckt und klamm.

„Guten Abend! Ich führe eine Personenkontrolle durch“, sagt Andreas seinen Spruch auf.

Der Penner regt sich nicht.

„Ihren Ausweis, bitte!“ Keine Reaktion.

„Wie heißen Sie?“ Jetzt erst lässt der Penner wenigstens ein Brummen vernehmen.

„Hören Sie, ich muss Sie durchsuchen.“

Der Penner brummt weiter vor sich hin.

„Treten Sie einen Schritt vor!“, fordert Andreas nun sein Gegenüber auf, und dann lauter: „Treten Sie einen Schritt vor, Mann!“

Die Kollegen im Hintergrund schauen amüsiert zu. Andreas verzieht das Gesicht, als ihn die von Gottfried ausgehende Geruchswolke erreicht. Dann tritt er vor ihn hin und beginnt, seine Jacke zu öffnen. Mit spitzen Fingern, Knopf für Knopf. Die Jacke des Penners steht jetzt offen. Andreas hält die Luft an und dreht seinen Kopf zur Seite. Langsam und deutlich sagt er: „Ich kontrolliere jetzt Ihre Hosentaschen.“ Er tritt hinter den Penner und zieht die Jacke zurück. Dann fährt er in die Taschen hinein. Erst links. Er holt zwei

unverpackte Bonbons und eine gebrochene halbe Zigarette heraus, steckt die Sachen wieder zurück und will die rechte Hosentasche kontrollieren, die tiefer als die andere zu sein scheint, und verharrt plötzlich.
„Scheiße, der Kerl hat nicht mal 'ne Unterhose an."
Vor Ekel und noch halb im Affekt stößt er den Penner von sich weg. Der wankt. Schnell packt Andreas ihn am Jackenzipfel und hält ihn fest. Seine Kollegen grinsen zufrieden. Unterdessen hat sich eine Mutter mit ihrer kleinen Tochter genähert. „Mama, was macht der Mann da?"
„Personenkontrolle", erklärt Andreas. „Gehen Sie doch einfach weiter!" Die Mutter lässt sich nicht so einfach abwimmeln. „Erst wenn Sie den Mann in Ruhe lassen. Der tut doch niemandem was!"
„Ich sehe jetzt in Ihre Tüten." Aus der zweiten Tüte holt Andreas eine eng zusammengerollte Decke hervor, dann eine Geldbörse. Andreas öffnet sie. „Sie ist ja vollkommen leer!", raunzt er den Penner an. Zum Erstaunen des Polizisten sagt dieser zum ersten Mal etwas: „Ich brauche kein Geld."
„So sehen Sie auch aus", kann Andreas nicht umhin zu sagen.
Nach einer kurzen Pause macht der Penner wieder seinen Mund auf: „Ich bin frei." Irritiert wendet Andreas die Tüte und schüttelt einen knittrigen Ausweis hervor. Jetzt sieht er den Namen: Gottfried Götzendorf. Dabei hält er kurz inne und steckt dann all die Sachen schnell, aber, da er mit der Personenkontrolle so gut wie fertig ist, ruhig wieder zurück und beginnt, immer noch mit spitzen Fingern, dem Penner die Jacke wieder zuzuknöpfen.

(Nach: GG 19, 19 Grundrechte, 19 gute Gründe für die Demokratie, hg. von Harald Siebler, Gerstenberg Verlag, Hildesheim 2007, S. 17 ff.)

Freiheit!

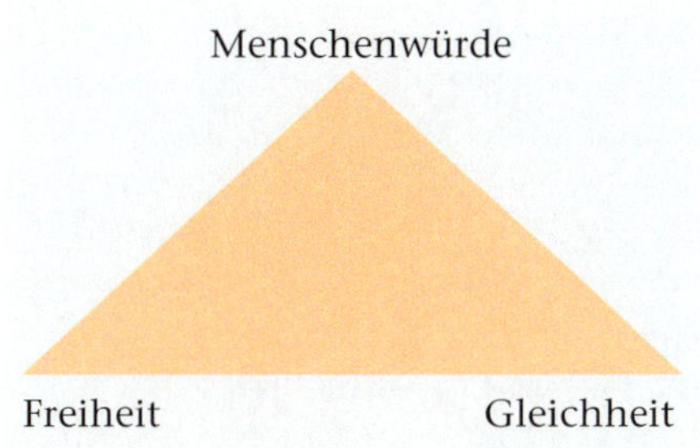

Die Konstruktion am Anfang des Grundgesetzes ist einfach. Ein Dreieck. An der Spitze wird in Artikel 1 die Würde des Menschen garantiert, und an den beiden unteren Enden ergeben sich daraus Artikel 2 und 3. Artikel 2 als Hauptfreiheitsrecht und Artikel 3 als Hauptgleichheitsrecht. Dann erst kommen die einzelnen, genauer formulierten Grundrechte, zum Beispiel Artikel 4 und 5 mit der Glaubens- und Gewissensfreiheit, als Unterformen des Hauptfreiheitsrechts in Artikel 4. Artikel 2 garantiert die Freiheit, aber nicht unbeschränkt. Man kann nur tun, was man will, wenn man nicht die Rechte anderer verletzt oder gegen die Verfassung verstößt.
Der Mann, der da in dieser Geschichte verwahrlost und stinkend auf der Straße steht, verletzt nicht die Rechte anderer, beleidigt sie nicht, nimmt ihnen auch nichts weg, verletzt nicht ihr Ansehen oder Eigentum. Er verstößt also nicht gegen die Verfassung. Im Gegenteil, er beruft sich sogar auf sie, hier auf seine Freiheit.
Manche mögen den verwahrlosten und stinkenden Mann ekelerregend finden. Manche nicht, wie die junge Mutter mit ihrem Kind, die vorbeigeht und dem jungen Polizisten Vorwürfe macht. Es gibt heute viele Obdachlose, die auf der Straße schlafen. Mit ihnen sollte man Mitleid haben, wie es sich hier – gemischt mit Ekel – ja auch bei dem Polizisten Andreas regt. Aber der Staat muss ihre Freiheit achten und darf sie nicht verhaften oder einsperren, wie es in der Zeit des Nationalsozialismus gemacht wurde.

(Aus: Uwe Wesel: Freiheit!, in: GG 19, a. a. O., S. 21)

Aus dem Grundgesetz

Artikel 1 Menschenwürde
(1) Die Würde des Menschen ist unantastbar. Sie zu achten und zu schützen ist Verpflichtung aller staatlichen Gewalt.

Artikel 2 Freiheit der Person
(1) Jeder hat das Recht auf die freie Entfaltung seiner Persönlichkeit, soweit er nicht die Rechte anderer verletzt und nicht gegen die verfassungsgemäße Ordnung [...] verstößt.
(2) Jeder hat das Recht auf Leben und körperliche Unversehrtheit. Die Freiheit der Person ist unverletzlich.

Artikel 3
(1) Alle Menschen sind vor dem Gesetz gleich.

1. Welche Gefühle löst das Fallbeispiel in euch aus? Tauscht euch darüber aus.
2. Hat Andreas die Menschenwürde des Obdachlosen beachtet? Begründet eure Meinung mithilfe des Textes.
3. Erläutert mithilfe der Abbildung die Bedeutung der Artikel 1 bis 3 in unserem Grundgesetz.

Wie reagiert der Staat auf Grundrechtsverletzungen?

Obwohl Grundrechte in Deutschland unmittelbar geltendes Recht sind, ist es nicht selbstverständlich, dass sie immer beachtet werden. Wie der deutsche Staat Grundrechte durchsetzen kann, könnt ihr anhand der folgenden Fälle herausfinden.

Fall 1: Polizist droht mit Folter

Am 27. September 2002 lockte der 27 Jahre alte Jurastudent Markus Gäffgen den 11-jährigen Bankierssohn Jakob von Metzler unter einem Vorwand in seine Wohnung und hielt ihn dort fest. Seine Lösegeldforderung von einer Million Euro zahlt die Familie in der Hoffnung, dass ihr Sohn bald freigelassen werde. Wenige Tage später wurde Markus Gäffgen festgenommen. Während der stundenlangen Verhöre weigerte er sich hartnäckig, den Aufenthaltsort von Jakob zu benennen. Da die Polizei um das Leben des Kindes fürchtete, griff der Frankfurter Polizei-Vizepräsident Roland Daschner verzweifelt zum äußersten Mittel. Er drohte dem Verdächtigen große Schmerzen an, wenn er den Aufenthaltsort des Kindes nicht preisgebe. Erst nach dieser Gewaltandrohung gestand Gäffgen, dass der 11-Jährige tot sei, und führte die Polizei an den Fundort der Leiche. Später stellte sich heraus, dass er den Jungen bereits am 27. September erdrosselte.

Mit der Androhung von Gewalt verstieß Roland Daschner gegen das Folterverbot in Artikel 104 des Grundgesetzes. Doch rechtfertigte er sein Vorgehen mit der akuten Lebensgefahr für das Kind. Er forderte, dass es in extremen Notsituationen erlaubt sein müsse, Folter anzudrohen. Damit löste er eine breite Diskussion in der Öffentlichkeit aus.
Roland Daschner wurde wegen seines Verhaltens vom Dienst suspendiert und zu einer Geldstrafe verurteilt.

Fall 2: Bundesnachrichtendienst bespitzelt Journalisten

Zwischen 1996 und 2005 bespitzelte der Bundesnachrichtendienst (BND) zahlreiche Journalisten und beschattete einige selbst in ihrer Freizeit. Er verstieß damit gegen die Pressefreiheit, die in Artikel 5 des Grundgesetzes garantiert wird.

Ausgelöst wurde die Affäre 2005, als bekannt wurde, dass der Buchautor Erich Schmidt-Esenboom jahrelang wegen seiner kritischen Berichte über den BND beobachtet wurde. Für die Kontrolle der Geheimdienste ist das Parlamentarische Kontrollgremium zuständig. Es setzt sich aus Abgeordneten der im Bundestag vertretenen Parteien zusammen. Zunächst glaubte man noch an einen Einzelfall. Die Mitglieder des Parlamentarischen Kontrollgremiums beauftragten jedoch den ehemaligen Richter Gerhard Schäfer, als Sonderermittler die Praktiken des Bundesnachrichtendienstes zu untersuchen. Sein Bericht brachte neue, alarmierende Verstöße gegen die Pressefreiheit zutage. Danach bespitzelte der Nachrichtendienst über viele Jahre hinweg systematisch Reporter des Spiegel, des Focus und der Süddeutschen Zeitung, um herauszubekommen, ob Mitarbeiter des Nachrichtendiensts geheime Informationen über die Arbeit des BND an die Presse weiterleiteten. Nachdem der Bericht des Sonderermittlers in der Öffentlichkeit große Empörung ausgelöst hatte, gestand der BND Fehler ein und verbot seinen Mitarbeitern, künftig Journalisten als Informanten zu nutzen.

Markus Gäffgen wurde zu einer lebenslangen Freiheitsstrafe verurteilt.

Fall 3: Gesetz über Luftsicherheit verfassungswidrig

Als der damalige Bundesinnenminister Otto Schily (SPD) im Januar 2003 ein „Luftpolizeigesetz" ankündigte, war dies eine unmittelbare Reaktion auf den Flug eines verwirrten Piloten über Frankfurt/Main. Stundenlang war ein 31-Jähriger mit einem gekaperten Motorsegler über dem Rhein-Main-Gebiet gekreist. Die Bundeswehr schickte Abfangjäger, die Sichtkontakt zu dem Piloten aufnahmen. Schließlich gelang es einem Fluglotsen, den Mann zur Landung zu überreden. Vor dem Hintergrund des „Frankfurter Geisterfliegers", wie auch der Anschläge vom 11. September 2001, verabschiedete der Bundestag im September 2004 das Luftsicherheitsgesetz, wonach ein als Terrorwaffe entführtes Flugzeug abgeschossen werden darf. [...]
Die Verordnung war von Anfang an umstritten. Bundespräsident Horst Köhler unterzeichnete das Gesetz zwar im Januar 2005, regte aber eine Überprüfung durch das Bundesverfassungsgericht an. [...]

Im Juli 2005 beging ein Pilot unmittelbar vor dem Reichstag Selbstmord. Manche vermuteten, dass er mit seinem Flugzeug das Reichstagsgebäude treffen wollte. Dadurch wurde die Debatte um die Sicherheit des Luftraums erneut entfacht: Darf die Bundeswehr vollbesetzte Passagierflugzeuge abschießen, wenn sie damit bei einem Terroranschlag möglicherweise das Leben von tausenden Menschen retten kann?

Karlsruhe kippt Luftsicherheitsgesetz

Die Bundeswehr darf auch bei akuter Terrorgefahr keine mit Passagieren besetzten Flugzeuge abschießen. Das Bundesverfassungsgericht kippte das Luftsicherheitsgesetz in diesem zentralen Punkt und erklärte diesen für nichtig. Nach den Worten des Ersten Senats ist die Regelung – die dem Verteidigungsminister im Extremfall den Abschuss voll besetzter Passagiermaschinen erlauben sollte – weder mit dem Recht auf Leben noch mit der Garantie der Menschenwürde vereinbar. Denn dadurch würden Unschuldige zum bloßen Objekt einer staatlichen Rettungsaktion gemacht. [...]
Außerdem enthalte das Grundgesetz derzeit keine Ermächtigung zum Einsatz der Bundeswehr zur Terrorabwehr: „Der Einsatz der Streitkräfte zu anderen Zwecken als zur Verteidigung ist nach geltendem Verfassungsrecht an enge Voraussetzungen gebunden", erläutert Gerichtspräsident Hans-Jürgen Papier. Den Abschuss eines ausschließlich mit Terroristen besetzten Flugzeugs hielt das Gericht dagegen – eine Grundgesetzänderung vorausgesetzt – grundsätzlich für regelbar.

(Aus: www.heute.de, 15.02.2006, Zugriff: 06.08.2009, dpa und AP)

1. Bei der Analyse der Fälle könnt ihr euch an folgenden Fragen orientieren:
- Wer sind die Beteiligten?
- Was ist vorgefallen?
- Welche Grundrechte wurden verletzt?
- Welche Folgen hatten die Verstöße?

2. Wie bewertet ihr die Reaktion der staatlichen Organe auf die Grundrechtsverletzungen? Haltet ihr sie für angemessen? Diskutiert darüber in der Klasse.

Grundrechte im Grundgesetz

1. Erklärt den Unterschied zwischen Menschen- und Grundrechten.
2. Die Verfassungsgeber haben die Einhaltung der Grundrechte durch Garantien abgesichert. Erläutert, welche das sind.
3. Erklärt, warum das Bundesverfassungsgericht als Hüter der Verfassung gilt.

Begriffe für euer Fachwörterverzeichnis

- Grundrechte
- Bundesverfassungsgericht

Was sind Grundrechte?

Zwischen Menschen- und Grundrechten gibt es einen wesentlichen Unterschied: Menschenrechte gelten immer und überall, auch wenn sie nicht aufgeschrieben sind. Grundrechte sind schriftlich formuliert. Sie stehen im deutschen Grundgesetz in Artikel 1 bis 19. Die meisten Grundrechte stehen als allgemeine Menschenrechte allen Menschen zu, die in Deutschland leben. Dazu gehören die Unantastbarkeit der Menschenwürde, das Recht auf Freiheit und Gleichheit vor dem Gesetz. Einige Grundrechte stehen nur deutschen Bürgern zu. Das ist zum Beispiel das Recht, sich überall und ohne Anmeldung zu versammeln. Die Grundrechte schützen jeden einzelnen Menschen gegen Übergriffe der Staatsgewalt.

Garantien der Grundrechte im Rechtsstaat

Die Verfassungsgeber haben eine Reihe von Garantien in die Verfassung eingebaut, die die Durchsetzung der Grundrechte sicherstellen sollen:
Bindung der Staatsorgane: Grundrechte sind unmittelbar geltendes Recht. Alle Staatsorgane und staatlichen Einrichtungen müssen diese in ihrem Handeln beachten.
Unantastbarkeit: Die Grundrechte dürfen in ihrem Kerngehalt weder verändert noch abgeschafft werden – auch nicht mit einer Zweidrittelmehrheit des Bundestags.
Rechtswegegarantie: Wer sich in seinen Grundrechten verletzt fühlt, kann vor Gericht klagen.

Das Computergrundrecht

In unserer computerisierten Gesellschaft ist der rechtliche Schutz vor Datenmissbrauch zu einem immer wichtigeren Freiheitsrecht geworden. Das hat auch das Bundesverfassungsgericht in seinem Urteil von 1983 so entschieden: Alle Bürgerinnen und Bürger haben das Recht, selbst zu entscheiden, welche persönlichen Daten sie wem zur Verfügung stellen. Das oberste deutsche Gericht hat diesem Recht den Rang eines Grundrechts zuerkannt. 2008 wurde es noch ausgeweitet: Grundsätzlich hat jeder Mensch das Recht auf Vertraulichkeit seiner informationstechnischen Systeme (PC, Laptop). Das bedeutet, dass alles, was auf PCs und Laptops gespeichert ist, vom Staat nicht eingesehen werden darf – außer in existenziellen Notfällen.

Das Bundesverfassungsgericht als Hüter der Verfassung

Das Bundesverfassungsgericht wacht darüber, ob sich die Regierung und der Gesetzgeber bei der Ausübung ihrer Macht an das Grundgesetz halten. Es kontrolliert auch, ob Entscheidungen der Gerichte verfassungsmäßig sind. Auch einzelne Bürger können in Karlsruhe, dem Sitz des Bundesverfassungsgerichts, Verfassungsbeschwerde einlegen, wenn sie sich in ihren Grundrechten verletzt fühlen. Das geht allerdings erst, wenn der Rechtsweg vorher ausgeschöpft wurde. Urteile des Bundesverfassungsgerichts sind für Regierung und Gesetzgeber bindend.

60 110 © Erich Schmidt Verlag

Trainingsplatz

Wir erarbeiten Lösungen für Grundrechtsfälle im Schulalltag

- Welcher Fall hat mit welchem Grundrecht zu tun? Lest dazu die im Schaubild angegebenen Artikel im Grundgesetz und übertragt sie in euer Heft.
- Ordnet die vier Fälle den jeweiligen Grundrechten zu.
- Entwickelt in Gruppen Lösungsvorschläge und begründet diese.
- Präsentiert der Klasse eure Vorschläge für die Grundrechtsfälle.

Nach Artikel 7 des Grundgesetzes steht das gesamte Schulwesen unter der Aufsicht des Staates. Das bedeutet, dass der Staat allen Schülerinnen und Schülern den Besuch einer Schule ermöglichen und für einen geordneten Ablauf des Unterrichts sorgen muss. Das ist in der Praxis Aufgabe der Schulleitung. Auf der anderen Seite sind auch in der Schule die Grundrechte des Einzelnen zu beachten. Da kann es leicht zu Streitfällen kommen, bei denen es sorgfältig abzuwägen gilt, was im vorliegenden Fall Vorrang haben sollte. Um die folgenden Aufgaben bearbeiten zu können, benötigt ihr ein Grundgesetz.

Artikel 7 (Absatz 1) Staatliche Schulaufsicht

Artikel 12 Absatz 1
____
____

Artikel 6 Absatz 2
____
____

Artikel 2 Absatz 1
____
____

Artikel 5 Absatz 1 und 2
____
____

A Die Eltern von Sara halten die Unterrichtsmethoden des Mathematiklehrers für veraltet. Sie wollen ihrer Tochter das nicht länger zumuten. Sie schicken sie nicht mehr in die Schule und engagieren einen Privatlehrer. Dürfen sie das?

B Jens hat für das Abibuch seines Jahrgangs einen Artikel über den Chemiekurs verfasst, in dem er humorvoll die Macken seines Chemielehrers auf die Schippe nimmt und einige Anekdoten aus dem Chemieunterricht erzählt, in denen der Lehrer nicht besonders gut wegkommt. Der Chemielehrer fühlt sich verletzt und verlangt, den Artikel nicht zu veröffentlichen. Wer ist im Recht?

C Loredana kaut während des Unterrichts Kaugummi. Auch nach mehreren Aufforderungen, die Regeln der Schulordnung zu beachten, kaut sie weiter. Die Schülerin pocht auf ihr Recht auf freie Entfaltung ihrer Persönlichkeit. Geht das Grundrecht so weit?

D Der Oberstufenschüler Philipp (19 Jahre alt) ist im Zorn auf einen Mitschüler losgegangen und hat ihn erheblich verletzt. Nach seiner Versetzung in ein anderes Gymnasium ist er erneut in einen ähnlichen Vorfall verwickelt. Er wird daraufhin von allen Schulen des Bundeslandes verwiesen. Er besteht auf seinem Recht auf freie Wahl der Ausbildungsstätte. Wer ist im Recht?

(Fälle nach: Amrei Stupperich: Kollidierende Rechte, in: Praxis Politik, Die Grundrechte, 2/2007, S. 25)

3 Sind wir auf dem Weg zum Überwachungsstaat?

Fotos von Überwachungskameras auf öffentlichen Plätzen

Opfern wir für mehr Sicherheit unsere Freiheit?

Von Geburt an ist es für uns ganz selbstverständlich, dass wir uns in Deutschland ungehindert bewegen können, dass wir selbst bestimmen, wer unsere Wohnung betreten darf und dass niemand ohne Erlaubnis unsere Briefe und E-Mails lesen darf. Schließlich sind diese Rechte ja im Grundgesetz garantiert, die darf uns der Staat nicht nehmen. Auf der anderen Seite ist dieser aber auch verpflichtet, für unsere Sicherheit zu sorgen – eine schwierige Herausforderung angesichts der Bedrohung durch internationalen Terrorismus. Der Terroranschlag vom 11. September 2001 hat dazu geführt, dass viele demokratische Staaten Freiheitsrechte ihrer Bürger durch verstärkte Sicherheitsvorkehrungen und neue Gesetze eingeschränkt haben. Längst schon haben wir uns daran gewöhnt, auf Flugplätzen langwierige Sicherheitskontrollen über uns ergehen zu lassen. Schritt für Schritt wurde auch in Deutschland die Videoüberwachung öffentlicher Plätze, Kaufhäuser und Bahnhöfe ausgedehnt. Durch Überwachungskameras am Kölner Hauptbahnhof kam die Polizei im Juli 2006 in Köln Terroristen auf die Spur, die einen schlimmen Anschlag auf Regionalzüge planten.
Doch gibt es in Deutschland immer mehr Menschen, die eine Einschränkung ihrer persönlichen Freiheit nicht hinnehmen wollen. Sie sehen in den neuen Sicherheitsgesetzen eine schleichende Aufweichung wichtiger Grundrechte und Deutschland auf dem Weg in einen Überwachungsstaat. Welche Einschränkungen unserer Freiheit wollen wir hinnehmen? Ab wann wird der Preis für mehr Sicherheit zu hoch?

Wanzen, Kameras und Online-Durchsuchung: Geht der Staat bei der Terrorabwehr zu weit?

Am 1. Januar 2009 trat ein Gesetz in Kraft, das die Kompetenzen des Bundeskriminalamts (BKA) bei der Terrorabwehr wesentlich erweitert. Einige Beispiele aus dem Gesetz:

Gefahrenabwehr: Zur Terrorabwehr soll das BKA erstmals zur Abwehr von Gefahren durch den internationalen Terrorismus vorbeugende Aufgaben übernehmen. […]
Akustische und optische Überwachung: Zur Abwehr einer Gefahr für den Bestand oder die Sicherheit des Staates, für Leib, Leben und Freiheit einer Person oder Sachen von bedeutendem Wert, darf das BKA verdeckt Personen abhören und auch Bildaufnahmen machen. Dabei dürfen BKA-Ermittler auch in Kauf nehmen, dass Unschuldige ausgespäht werden. […]
Online-Durchsuchung: Das BKA darf ohne Wissen des Betroffenen in informationstechnische Systeme greifen und aus ihnen Daten erheben. Die Durchsuchung muss durch einen Richter angeordnet werden. Dies gilt auch in Eilfällen. […]
Telekommunikation: Das BKA darf ohne Wissen der Betroffenen dessen Telekommunikation überwachen. Es darf Daten über Verbindungen erheben und bei Mobilfunk den Standort des Geräts ermitteln.
Wohnungsdurchsuchung: Unter bestimmten Voraussetzungen darf das BKA ohne Einwilligung des Inhabers dessen Wohnung durchsuchen.

(Aus: Hintergrund: Das BKA-Gesetz, in: www.tagesschau.de, Zugriff: 17.08.2009)

Ist das BKA-Gesetz verfassungswidrig?

Bereits gegen den ersten Entwurf des Gesetzes (2007) liefen Bürgerrechtler Sturm und riefen das Bundesverfassungsgericht an. Besonders umstritten war die geplante Online-Durchsuchung. In seinem Urteil vom Februar 2008 knüpfte das Gericht die Durchsuchung an strenge Bedingungen. In das sogenannte Computergrundrecht darf der Staat nur in existenziellen Notsituationen eingreifen, wenn zum Beispiel das Leben von Personen gefährdet ist oder öffentliche Versorgungseinrichtungen zerstört werden sollen. Auch gegen die Neufassung des BKA-Gesetzes liegen mehrere Klagen vor.

Jeder ist verdächtig

Präventiv tätig werden kann das BKA zur Abwehr internationaler terroristischer Verbrechen. Wohin und auf wen die Beamten ihren Verdacht auch lenken – das Gesetz steht ihnen bei, und niemand, auch nicht die Bundesanwaltschaft, kann sie aufhalten. […] Das BKA-Gesetz erlaubt präventive Eingriffe in die Freiheit des Einzelnen – zum Beispiel durch Wohnraumüberwachung mit Mikrofon und Kamera. Der sogenannte „Spähangriff" mit Kleinstkameras hebt die Privatsphäre nicht nur von Verdächtigen auf, sondern auch von Besuchern, die vom Tatvorwurf gegen den Wohnungsbesitzer nichts wissen. Ein intimerer Eingriff des Staates ist kaum vorstellbar. Dabei macht das Gesetz keinen großen Unterschied zwischen der sogenannten Zielperson und Begleit- und Kontaktpersonen.

(Aus: Michael Naumann: Jeder ist verdächtig, in: Die Zeit, 23.04.09, www.zeit.de, Zugriff: 12.08.09, Michael Naumann ist einer der Kläger vor dem Bundesverfassungsgericht.)

1. Unbegrenzte Freiheit und Sicherheit vor Terroranschlägen sind nicht gleichzeitig zu verwirklichen. Erklärt, warum das so ist.
2. Erläutert, warum das BKA-Gesetz umstritten ist. Bezieht dabei auch die Aussage der Karikatur mit ein.

TEAM kontrovers:
Darf der Staat heimlich Festplatten von PCs durchsuchen?

Nein, Online-Durchsuchungen verletzen die Privatsphäre!

Auf ihrem PC haben die meisten Menschen sehr persönliche Daten gespeichert: private Fotos, Tagebücher, Liebesbriefe, Bankgeschäfte – alles Dinge, die den Staat nichts angehen. Die Online-Durchsuchung verletzt die Intimsphäre von Menschen erheblich – zumal die Gefahr besteht, dass auch Unschuldige ins Netz der Fahnder geraten.
Bei der Online-Durchsuchung wird über E-Mail eine Such-Software (ein sogenannter Robot) auf den PC eingeschleust, die die Festplatte nach bestimmten Dateinamen oder Inhalten durchforstet. Doch Terroristen können den Staat leicht austricksen, indem sie mit Tarnbezeichnungen für Dateien und Verschlüsselungsprogrammen arbeiten. Wie will der Robot diese finden? Außerdem kann ein Robot die Festplatte nur durchsuchen, wenn der PC an das Internet angeschlossen ist. Wenn Terroristen wichtige Dateien offline speichern, hat der Robot keinen Zugang. Die Online-Durchsuchung ist deswegen ungeeignet, um Terroranschläge zu verhindern. Wer Sicherheit vor Terrorismus will, will immer mehr in Erfahrung bringen. Mit dem Argument, Terroranschläge zu verhindern, wird der Staat immer weiter in die Intimsphäre seiner Bürger dringen. Vollkommene Sicherheit gibt es nicht – dafür dürfen wichtige Grundrechte nicht eingeschränkt werden.
Deshalb gilt: Wehret den Anfängen!

Ja, der Zugriff auf die Festplatte ist unverzichtbar!

Der Staat hat die Pflicht, seine Bürger vor Terroranschlägen zu schützen. Früher galten nur wichtige Politiker oder hochrangige Wirtschaftsbosse als gefährdet. Heute kann es jeden treffen – in der U-Bahn, beim Einkaufen oder bei Sportveranstaltungen. 82 Millionen Menschen kann man nicht so schützen wie früher einzelne Personen. Deshalb muss der Staat zu neuen Mitteln greifen, um Anschläge zu verhindern. Die heutigen Terroristen nutzen gezielt das Internet, um miteinander Kontakt zu halten und Anschläge zu planen. Wer heute eine Anleitung zum Bombenbasteln aus dem Internet herunterlädt, bewahrt diese Unterlagen nicht im Aktenordner auf, sondern speichert sie auf der Festplatte. Also müssen die Behörden darauf zugreifen dürfen. Schließlich darf die Polizei seit Mitte der Neunzigerjahre auch Wohnräume durch Wanzen überwachen. Von diesen Möglichkeiten macht er aber nur sehr selten Gebrauch: 2007 wurde von Richtern sechsmal, 2008 sogar nur zweimal die Überwachung von Wohnräumen genehmigt. Ähnliche Zahlen werden wir bei der Online-Durchsuchung bekommen. Wer nichts zu verbergen hat, braucht also eine Überwachung nicht zu befürchten. Die Ängste vor einem Überwachungsstaat sind deshalb unbegründet. Terroristen planen Anschläge, bei denen möglicherweise hunderte unschuldiger Bürger sterben könnten. Solche Menschen haben kein Recht auf Schutz ihrer Privatsphäre.

Führt zu der Frage in der Überschrift eine Debatte. Vorbereiten könnt ihr euch mithilfe der Argumente auf dieser Seite und der übrigen Materialien in dem Unterkapitel. Hinweise zur Durchführung findet ihr auf der Methodenkarte auf der folgenden Seite.

Methodenkarte 7

Debatte | Thema: Online-Durchsuchung

A Was ist eine Debatte?

Wörtlich kann man Debatte mit „Wortschlacht" übersetzen. Sie ist eine Diskussion zwischen zwei Gruppen, die nach genau festgelegten Regeln verläuft und mit einer Abstimmung endet. Zugrunde liegt stets eine Entscheidungsfrage. In diesem Fall lautet sie:

„Soll der Staat heimlich Festplatten von PCs untersuchen dürfen: Ja oder nein?"

Während einer Debatte versucht jeder Redner durch eine überzeugende Begründung seines Urteils, das Abstimmungsergebnis in seinem Sinne zu beeinflussen. Nach Möglichkeit sitzen die Pro- und Kontra-Gruppen einander gegenüber. Die Seiten können gewechselt werden, falls jemand im Debattenverlauf seine Überzeugung ändert.

B Wie organisiert man eine Debatte?

1. Nachdenken

Der erste Schritt besteht darin, dass jeder von euch sich die Zeit nimmt, sein persönliches Urteil zu finden und zu formulieren. Urteile über kontroverse Fragen aus Politik und Wirtschaft können sich in der Qualität sehr unterscheiden. Die Überzeugungskraft von Pro- und Kontra-Sprechern in einer Debatte hängt wesentlich davon ab, wie gut ihre **Urteilskompetenz** ausgeprägt ist. Sie besteht darin, einen klar formulierten Standpunkt vorzutragen, der sich auf eine genaue Kenntnis der Sachlage stützt, mit guten Begründungen untermauert wird und der die Folgen, die sich aus dem eigenen Standpunkt ergeben, mitbedenkt.

2. Austauschen

Nachdem alle ihr Urteil formuliert haben, solltet ihr euch in Dreier- oder Vierergruppen gleichgesinnter Leute zusammensetzen. Hier stellt ihr euch eure Urteile der Reihe nach vor, überarbeitet sie gemeinsam und bestimmt eine Anwältin, die oder einen Anwalt, der anschließend vor der Klasse die Pro- bzw. Kontra-Position vortragen wird. Den Vortrag übt ihr in der Gruppe.

3. Debattieren

Die Debatte beginnt mit der Vorstellung der Pro- und Kontra-Positionen durch die Gruppensprecherinnen bzw. -sprecher. Ideal ist, wenn die Zahl der Sprecher für beide Positionen gleich groß ist, z. B. je drei Pro- und Kontra-Anwälte. Sollte eine Position nur von einer Minderheit vertreten werden, müssen ein oder zwei Anwälte gegen eine Mehrzahl aus der anderen Gruppe antreten. Nach den Vorträgen beginnt die Diskussion im Plenum. Nach einer zuvor vereinbarten Zeit stimmt das Plenum über die Problemfrage ab. Anschließend könnt ihr feststellen, ob und wie sich im Verlauf der Debatte die Urteile einzelner Teilnehmerinnen und Teilnehmer stabilisiert oder verändert haben.

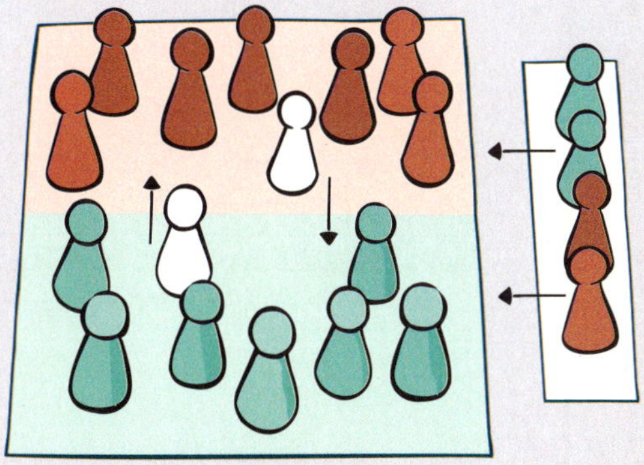

grün = pro; rot = kontra;
weiß = unentschieden

Wie lässt sich euer Urteil überzeugend begründen?
Versucht, euch bei der Formulierung eures Urteils an die folgenden Schritte zu halten:

- **Die Ausgangslage**
Vor dem Hintergrund welcher aktuellen Situation stellt sich das Problem?
- **Die rechtliche Situation**
Welche gesetzlichen Regelungen gibt es zurzeit zur Regelung des Problems?
- **Die eigene Position und ihre Begründung**
Beachtet bei der Formulierung mehrere wichtige Kriterien, die bei der Problemlösung von Bedeutung sein können. Hier sind das Auswirkungen meiner Position auf die Grundrechte, die Demokratie, die Gefahrenabwehr, den Schutz der Bürger, die Rolle des Staates.
- **Die Folgen meines Urteils für die zukünftige Wirklichkeit**
Wie stelle ich mir den Umgang mit persönlichen Daten auf PCs in der Zukunft vor?

Wir interpretieren Karikaturen zum Überwachungsstaat

Auf dieser Seite findet ihr vier Karikaturen zum Thema Überwachungsstaat.

1. Wählt eure Lieblingskarikatur aus.
2. Verfasst dazu einen kurzen Text nach der Drei-Fragen-Deutung: Was ist dargestellt? Was ist die Aussage der Karikatur? Welche Gedanken löst die Karikatur in mir aus?
3. Stellt die Karikatur und euren Text dazu in der Klasse vor.

A

B

C

D

Memorystationen

Zur Situation der Menschenrechte

Station 1 Wie ist es um die Menschenrechte auf der Welt bestellt?

3 plus 3 plus 3 plus 3

Drei Menschenrechte werden durch die Piktogramme veranschaulicht. Gemeint sind: …

Drei besonders oft von Menschenrechtsverletzungen betroffene Gruppen sind: …

Drei Hauptgründe für die weltweite Missachtung von Menschenrechten sind: …

Drei Arten von Diskriminierung, unter denen Frauen weltweit leiden müssen, sind: …

Station 3 Sind wir auf dem Weg zum Überwachungsstaat?

Deine Meinung ist gefragt!

Nimm zu folgenden Aussagen Stellung. Dabei kannst du dich an fünf Fragen orientieren:

1. Was ist der Inhalt der Aussage?
2. Was spricht für die Aussage?
3. Was spricht dagegen?
4. Wie beurteile ich die Aussage?
5. Was sollte geschehen?

A Wer nichts zu verbergen hat, braucht sich vor den neuen Gesetzen nicht zu fürchten.

B Die neuen Sicherheitsgesetze sind ein erheblicher Eingriff in die Privatsphäre des Einzelnen.

C Die Aufregung um die neuen Gesetze ist übertrieben. Schließlich sind im Internet Millionen sehr privater Daten veröffentlicht.

Station 2 Durchsetzung der Menschenrechte in Deutschland

Silbenrätsel

1. So bezeichnen wir die Menschenrechte, die schriftlich im deutschen Grundgesetz niedergelegt sind.
2. Dieses Gericht wird oft als Hüter der Verfassung bezeichnet.
3. Jeder Mensch, gleichgültig welcher Staatsangehörigkeit und Rasse, besitzt sie von Geburt an.
4. Sie ist in allen Handlungen an die Grundrechte gebunden.
5. Das ist eine Bezeichnung für die Verfassung der Bundesrepublik Deutschland.
6. Damit Christen, Juden, Moslems und andere Religionen friedlich zusammenleben können, ist sie unerlässlich.
7. Dieses Menschenrecht bedeutet, dass niemand gefoltert, geschlagen oder misshandelt werden darf.
8. Dieses Menschenrecht gilt für das Verhältnis von Männern und Frauen.

auf – be – bun – che – de – des – fas – frei – ge – ge – ge – gions – gleich – grund – grund – gung – heit – heit – kör – li – li – men – per – re – rech – rech – recht – richt – schen – sehrt – setz – staats – sungs – te – ti – un – ver – ver – walt – wür

6 Massenmedien und Politik

Wo immer etwas Außergewöhnliches passiert in der Welt sind die Medien zur Stelle, um es zu dokumentieren, und so scheint in der Welt der Medien nur das zu existieren, worüber berichtet wird.

Wie groß ist die Bedeutung der Medien?

**Welches Ereignis aus den letzten Tagen und Wochen, über das in den Medien Zeitung, Fernsehen, Radio oder Internet berichtet wurde, ist euch noch im Gedächtnis?
Denkt ein wenig nach und sammelt dann gemeinsam, was ihr aus den Medien erfahren habt.**

Worum geht es?

Im kriegerischen Irak-Konflikt, an dem auch britische Truppen beteiligt waren, wurde der 26-jährige Royal Marine Justin Smith in der umkämpften Stadt Basra schwer verletzt. Als er heftig blutend an einem staubigen Straßenrand lag, fragte ihn ein Kamerad, ob er ihn fotografieren solle, um die Fotos ins Internet zu stellen. Und so machte er ein paar Aufnahmen, die den Schwerverletzten blutüberströmt am Straßenrand liegend zeigten. Smith wurde gerettet und in die Heimat geflogen. „Leider", sagte er, sei die „bloody camera" irgendwo zwischen dem Irak und dem Vereinigten Königreich verloren gegangen. Das sei für ihn fast das Schlimmste an der ganzen Sache, weil er ohne die Fotos und ohne die medial verbreitete Information niemandem beweisen könne, was ihm passiert sei. Weder die Öffentlichkeit noch die Regierung seines Landes habe sich für sein Schicksal interessiert.
Was sagt Smiths Geschichte über die Bedeutung der Medien aus? Themen werden offensichtlich nur öffentlich wahrgenommen, wenn die Medien Kenntnis davon nehmen. Ohne die Massenmedien können Notleidende keine Aufmerksamkeit erzeugen und wir wüssten fast nichts von der Welt. Wir blieben uninformiert und ohne Chance zur Meinungsbildung. Ohne Massenmedien könnten auch Skandale unter den Tisch gekehrt werden, gäbe es kaum Kontrolle der Regierenden durch die Öffentlichkeit. Die Massenmedien haben eine zentrale Bedeutung für jeden Einzelnen, aber auch für die Politik und die Demokratie insgesamt.
In diesem Kapitel steht die politische Rolle der Massenmedien im Vordergrund. Wir fragen, wie wichtig eine freie Berichterstattung für uns ganz persönlich und für die Demokratie ist. Wir werfen einen Blick auf das Internet und überlegen, ob die Freiheit der Medien grenzenlos sein darf. Wir nutzen die neuen technischen Möglichkeiten, um wirkungsvolle Computerpräsentationen zu gestalten.

Wenn ihr dieses Kapitel bearbeitet, könnt ihr …

- euch mit Vorurteilen über den Mediengebrauch Jugendlicher auseinandersetzen,
- die Aufgaben der Medien in der Demokratie beschreiben,
- Chancen, Grenzen und Gefahren für die Pressefreiheit ermitteln,
- darüber diskutieren, ob der Staat der Freiheit im Netz Grenzen setzen muss.

(Der Fall des Soldaten Justin Smith wurde von dem Journalisten Hans Durrer in einem Artikel zum Thema „Die Macht der Fotografie" in der Zeitung „Morgenwelt" berichtet, Erscheinungsdatum 08.02.2005)

1 Welche Bedeutung haben die Massenmedien im Alltag der Jugendlichen?

Der Umgang Jugendlicher mit den Angeboten der Medien ist ein Thema, das für viele Menschen von besonderem Interesse ist. Bei manchen Erwachsenen scheinen Vorurteile zu überwiegen. Sie glauben, dass sich Jugendliche nur für Computerspiele, Chatten und Online-Shopping interessieren und für sonst nichts. Hier stellen Erwachsene Fragen, auf die ihr begründete Antworten geben sollt. Bevor ihr das tut, solltet ihr den Text und die Schaubilder aufmerksam zur Kenntnis nehmen.

Forschungsergebnisse

Die 12- bis 19-Jährigen können heute auf ein enormes Medienangebot zurückgreifen. […] Im Medienalltag Jugendlicher stehen Computer und Fernseher an erster Stelle, dicht gefolgt von Handy, Internet und MP3-Player. Klassische Medien sind ebenfalls von Interesse, jeder Zweite hört täglich Radio und knapp die Hälfte der Jugendlichen liest regelmäßig eine Tageszeitung. Daneben gewinnen die Onlineausgaben der Tageszeitungen an Bedeutung, die von jedem zehnten Jugendlichen regelmäßig genutzt werden. Am Beispiel Musik wird deutlich, dass Jugendliche die unterschiedlichen technischen und inhaltlichen Angebote sehr differenziert nutzen. Am häufigsten wird Musik mit dem Radio gehört, neben dem MP3-Player hat sich zunehmend das Handy als Musikabspielgerät etabliert. Das Fernsehen nimmt weiterhin viel Raum im Leben der Jugendlichen ein. Das liebste Programm ist wie in den Jahren zuvor Pro7, aus Sicht der 12- bis 19-Jährigen hat dieser Sender das beste Filmangebot. Bei Nachrichtensendungen sehen die Jugendlichen die höchste Kompetenz bei DAS ERSTE/ARD, die besten Comedys bei SAT. 1. […]

Als Offline-Medium dient der Computer vielen Jugendlichen als Lernmittel für die Schule, zur Musiknutzung und vor allem zum Spielen. Computer- und auch Konsolenspiele sind immer wieder wegen des jugendgefährdenden Potenzials gewalthaltiger Titel in der Kritik. Eine Schlüsselfunktion im Jugendschutz kommt hierbei der Einstufung der Spiele und ihrer Kennzeichnung mit Altersbeschränkungen zu. Dass dieses System nur bedingt greift, zeigt sich in den Angaben der Jugendlichen, die mehrheitlich schon einmal Spiele gespielt haben, für die sie eigentlich zu jung waren. […]

Nahezu alle Jugendlichen zählen zu den Internetnutzern und Internet bedeutet für die Generation der 12- bis 19-Jährigen in erster Linie Kommunikation, also die Nutzung von Instant-Messenger, E-Mail, Chat und Communities. Weiter wird das Internet zum Spielen, zur Informationssuche und als Unterhaltungsmedium genutzt. Da das Internet mittlerweile auch klassische Medien wie Fernsehen, Radio und Zeitungen umfasst, hat es aufgrund seiner Multifunktionalität bei Jugendlichen die größte Bindungskraft. Vor die Wahl gestellt, auf welches Medium sie am wenigsten verzichten könnten, würden sich die meisten Jugendlichen für das Internet entscheiden.

Trotz der Begeisterung, die Jugendliche dem Internet entgegenbringen, würden sie sich bei widersprüchlicher Berichterstattung zum gleichen Ereignis nicht für das Internet, sondern größtenteils für die Tageszeitung als die glaubwürdigste Quelle entscheiden. Besondere Bedeutung kommt derzeit den Online-Communities zu, die von über der Hälfte der Internetnutzer regelmäßig besucht werden. Neben den Chats, die ja bekanntermaßen ein Gefährdungspotenzial für Jugendliche bieten, sind auch die Online-Communities nicht unproblematisch. Einerseits besteht die Gefahr, durch naiven Umgang mit persönlichen Daten die Privatsphäre der Öffentlichkeit preiszugeben – über die Hälfte der Internetnutzer hat eigene Fotos und Filme im Netz hinterlegt und mehr als ein Drittel hat seine Instant-Messenger-Nummer im Internet angegeben. Andererseits sind Online-Communities im schlimmsten Fall auch eine Plattform, um andere bloßzustellen, zu beleidigen oder gar systematisch fertigzumachen.

Mit wenigen Ausnahmen zeigen Jungen und Mädchen deutliche Unterschiede in der Mediennutzung. Computer, Internet und MP3-Player werden von Jungen häufiger genutzt und insbesondere der Bereich der Computerspiele ist noch immer eindeutig eine „Männerdomäne“: Fast viermal so viele Jungen wie Mädchen spielen regelmäßig Computer- oder Konsolenspiele. Auch die Nutzung der Onlinezeitungen hat für Jungen mehr Relevanz. […] Mädchen liegen dagegen beim Handy vorn, hören mehr Radio und CDs, und deutlich mehr Mädchen als Jungen greifen regelmäßig zum Buch. Auch fotografieren Mädchen häufiger mit Digitalkameras. Keine oder nur wenige Unterschiede zeigen sich bei der Nutzung von Fernsehen und Zeitschriften.

(Aus: JIM 2008, Jugend, Information, (Multi-)Media, Basisstudie zum Medienumgang 12- bis 19-Jähriger in Deutschland, Hrsg.: Medienpädagogischer Forschungsverbund Südwest, Stuttgart Nov. 2008, S. 13 und 67f.)

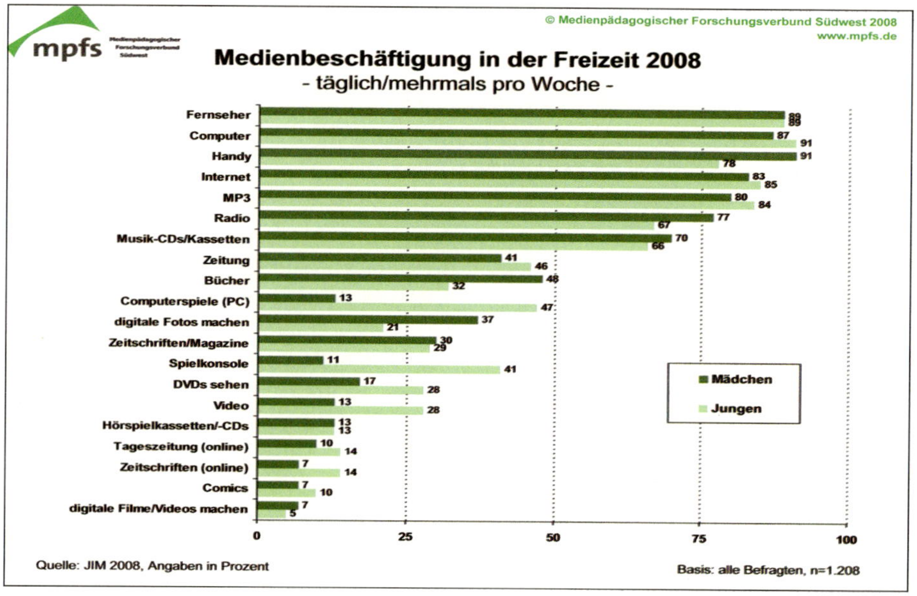

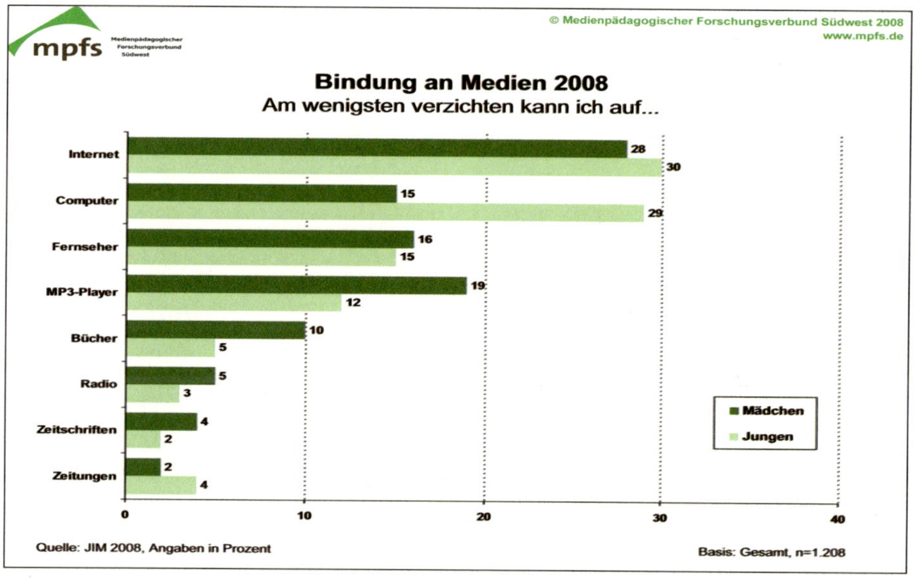

1. Nachdem ihr euch informiert habt: Wie fallen eure Antworten auf die Fragen der Erwachsenen auf der linken Seite aus?
   ■ **Tipp:** In Partnerarbeit könnt ihr dazu ein Interview zwischen einem Erwachsenen und einem Jugendlichen vorbereiten und vor der Klasse präsentieren.
2. Im Text ist von den Gefahren jugendgefährdender Gewaltdarstellungen und vom sorglosen Umgang mit persönlichen Daten die Rede. Wie stark sind Jugendliche eurer Erfahrung nach dadurch gefährdet?

2 Welche Bedeutung haben die Massenmedien für die Politik und die Demokratie?

Im Fach Politik und Wirtschaft fragen wir nicht nur nach der Bedeutung der Medien für den einzelnen Menschen, sondern auch nach ihrer Bedeutung für das Zusammenleben in der Gesellschaft und besonders in der Politik. Lest euch dazu die Geschichte „Massenmedien verboten" durch. Auf der folgenden Seite lassen wir dann mehrere Experten zu Wort kommen, die die politische Bedeutung der Medien intensiv untersucht haben. Auf weiteren Seiten dieses Unterkapitels könnt ihr euch mit den Chancen und Gefahren für die Pressefreiheit auseinandersetzen.

Eine Geschichte zum Nachdenken: Massenmedien verboten

Ich hatte einen Traum: Gut gelaunt stand ich auf und frühstückte. Bevor ich mich auf den Schulweg machte, wollte ich noch einen Blick in die Zeitung werfen. An diesem Morgen war jedoch keine Zeitung geliefert worden. Na ja, dachte ich, vielleicht ist der Zeitungsausträger krank und kein Ersatz da. Ich schaltete das Frühstücksfernsehen ein und zappte mich durch die Programme. Doch auch hier – ich konnte es kaum glauben – gab es nur Geflimmer in allen Kanälen. Ich sah darin noch kein großes Problem. Schließlich habe ich ein Handy mit Internetzugang. Doch als ich meine Nachrichtenseite öffnen wollte, hieß es „Server nicht gefunden".
Während der Fahrt fiel mir auf, dass der Kiosk, an dem sonst immer eine Menge Leute ihre Zeitungen und Zeitschriften kauft, geschlossen war. Auch der Zeitungsverkäufer auf dem Marktplatz hatte heute anscheinend Urlaub. Komischerweise gab's diesmal im Bus auch keine Nachrichten aus dem Radio. In der Schule mussten sich alle Schülerinnen und Schüler um zehn Uhr in der Aula versammeln. Der Schulleiter hatte eine wichtige Meldung zu verkünden. „Gestern sind alle Zeitungs- und Zeitschriftenverlage und alle Rundfunk- und Fernsehanstalten von der Regierung verboten worden. In wenigen Tagen, in denen wichtige Umstrukturierungsmaßnahmen erfolgen sollen, werden sie wieder wie gewohnt erscheinen." Die wenigen Tage wurden zur Ewigkeit. Kein Mensch wusste, was im Lande vorging. Hinter vorgehaltener Hand wurde gemunkelt, die Regierung mache sich die Massenmedien zu eigen, um ihre fehlgeschlagene Politik zu vertuschen. Als die Medien wieder erschienen, war ich heilfroh und zunächst fiel mir überhaupt kein Unterschied zu früher auf. Im Fernsehen gab es wieder meine Lieblingstalkshow und meine tägliche Serie. Man suchte wieder den Superstar und es meldeten sich noch mehr Jugendliche als früher zum Casting. Es gab auch Nachrichtensendungen und die Tageszeitung erschien ebenfalls wieder. Aber genau hier war plötzlich alles ganz anders geworden.
In jeder Nachricht und in jedem Kommentar war nur von den großartigen Leistungen der Regierung die Rede. Es schien in unserem Land keine Probleme mehr zu geben: keine Arbeitslosigkeit, keine Umweltverschmutzung, keine sozialen Krisen. Einige Tage später verkündete eine Sprecherin im Fernsehen, dass die Regierung es von nun an als eine wichtige Aufgabe ansehe, die Massenmedien zu kontrollieren und das Volk gut zu unterhalten. Viele Zuschauer schienen darüber gar nicht unglücklich zu sein. Alle Reporterinnen und Reporter, die früher die Regierung kritisiert hatten, wurden des Landes verwiesen. An dieser Stelle meines Traumes wurde ich schweißgebadet wach.

Politikbezogene Aufgaben in der Mediengesellschaft

Im Allgemeinen ordnet man den Massenmedien in der Demokratie drei, einander zum Teil stark überschneidende, politische Funktionen zu:

1. Information,
2. Mitwirkung an der Meinungsbildung,
3. Kontrolle und Kritik.

Zu den weiteren Aufgaben zählen Unterhaltung und Bildung.
Die Massenmedien sollen so vollständig, sachlich und verständlich wie möglich informieren, damit die Staatsbürger in der Lage sind, mit kritischem Bewusstsein das öffentliche Geschehen zu verfolgen.

[...]

Wir müssen uns der Tatsache bewusst sein, dass wir die Welt zum großen Teil nicht mehr unmittelbar erfahren; es handelt sich überwiegend um eine durch Medien vermittelte Welt. Was der Einzelne heute weiß, beruht höchstens noch zu 20 Prozent auf eigener Erfahrung, 80 Prozent werden ihm vor allem durch Presse, Hörfunk und Fernsehen zugetragen. Wir sind eine Mediengesellschaft. Was in den Medien nicht präsent ist, ist in unserer Gesellschaft nicht mehr präsent.

(Aus: Hermann Meyn: Massenmedien in der Bundesrepublik Deutschland, Hüthing Verlag, Heidelberg 2004, S. 24f.)

Auswirkungen der Medien auf das politische Wissen

Politik wird in erster Linie nicht direkt, sondern fast ausschließlich über Massenmedien erfahren. Ohne Massenmedien würde der größte Teil der Bevölkerung Politik überhaupt nicht oder in keinem nennenswerten Umfang wahrnehmen. Massenmedien sind die Hauptquellen politischer Information. Wenn Jugendliche gefragt werden, auf welchem Weg sie etwas über Politik erfahren, dann rangieren Massenmedien mit großem Abstand vor Eltern, Lehrern und Freunden an erster Stelle. [...]
Der wichtigste Beitrag der politischen Information in den Massenmedien zur politischen Sozialisation dürfte in der Vermittlung von politischem Wissen liegen. Kinder und Jugendliche, die das Informationsangebot stärker nutzen, haben nicht nur mehr Wissen über aktuelle politische Ereignisse, sondern auch spezifischeres und fundamentaleres Wissen um politische Zusammenhänge. [...]
Wer sich häufiger der politischen Information im Fernsehen (Nachrichtensendungen, politische Magazine) zuwendet, ist politisch interessierter, glaubt eher etwas von Politik zu verstehen und politisch Einfluss nehmen zu können, hat eine positivere Einstellung zur Idee der Demokratie, würde sich eher an der Bundestagswahl beteiligen oder auch an anderen politischen Aktivitäten wie Demonstrationen und Unterschriftensammlungen. Die gleichen Zusammenhänge lassen sich auch für die häufige Zuwendung zur Tageszeitung nachweisen.

(Aus: Hans-Peter Kuhn: Politische Sozialisation zwischen Information und Unterhaltung in den Massenmedien, in: forum medienethik, Heft 2, kopaed Verlag, München 2002, S. 28ff.)

Wer das politische Geschehen verfolgen und beurteilen will, braucht Informationen. Wer an Wahlen und Abstimmungen in der Demokratie teilnehmen oder sich an politischen Organisationen oder vor Ort in der Gemeinde engagieren will, braucht ebenfalls Informationen. Die Bürgerinnen und Bürger müssen sich selbstständig Informationen beschaffen,
um zu wissen, welche Probleme gelöst werden sollen und welche Vorschläge dazu gemacht werden;
um die wirtschaftlichen, gesellschaftlichen und politischen Zusammenhänge zu begreifen;
um zu erkennen, wo ihre eigenen Interessen liegen;
um sich ihre eigene Meinung bilden zu können.

(Aus: Paul Ackermann: Bürgerhandbuch, Wochenschau Verlag, Schwalbach i. Ts. 2004, S. 41f.)

1. Warum ist der geschilderte Traum ein Alptraum?
2. Welche politischen Aufgaben haben die Medien? Notiert dazu die wichtigsten Aussagen aus den Texten und stellt sie übersichtlich dar.
3. Welche Vorteile haben Menschen, die bereit und dazu in der Lage sind, die politischen Informationsangebote in den Medien zu nutzen?
4. Wie groß schätzt ihr die Bereitschaft von Jugendlichen ein, die Massenmedien auch als Mittel zur Informations- und Meinungsbildung zu benutzen? Formuliert dazu eure Position und sprecht miteinander.

Pressefreiheit

1. Erklärt, welches die wichtigsten Aufgaben einer freien Presse in der Demokratie sind.

2. Erläutert, warum Manipulation zu den größten Gefahren der Pressefreiheit zählt.

Begriffe für euer Fachwörterverzeichnis

Bedeutung

Pressefreiheit bedeutet, dass die Presse über alles, was sie erfährt, uneingeschränkt und unbeaufsichtigt berichten kann. Mit der Pressefreiheit sind die folgenden politischen Aufgaben der Medien verbunden:

- die Menschen zu informieren,
- zur Meinungsbildung beizutragen,
- Missstände in der Gesellschaft aufzuklären,
- Regierungen, Parteien und Politiker zu kontrollieren,
- dazu beizutragen, dass die Bevölkerung mitmacht in der Demokratie.

Pressefreiheit und Meinungsfreiheit gehören zusammen. Jeder, der etwas veröffentlicht, hat auch das Recht, seine persönliche Meinung zu einer Sache und auch einer Person zu äußern. Meinungsäußerungen genießen in einer Demokratie besonderen Schutz, auch wenn die geäußerten Meinungen manchmal unangenehm sind oder nur die Meinung einer Minderheit oder eines Einzelnen darstellen.

Grenzen

Nach Artikel 5, Absatz 2 des Grundgesetzes finden Meinungs- und Pressefreiheit „ihre Schranken in den allgemeinen Gesetzen, in den Gesetzen zum Schutz der Jugend und in dem Recht der persönlichen Ehre." Wer zum Beispiel jemanden verleumdet, kann sich nicht auf die Meinungs- und Pressefreiheit berufen.

Oft ist es allerdings schwierig, die Grenzen der Meinungsfreiheit zu bestimmen. Das betrifft besonders die Berichterstattung über die Prominenz aus Adel, Showbranche, Sport und Politik. Einerseits haben diese Menschen – wie alle anderen auch – ein Recht auf Schutz ihrer Privatsphäre, andererseits gesteht das Bundesverfassungsgericht in einem Urteil der Öffentlichkeit ein Informationsinteresse bei Personen des öffentlichen Lebens zu. Nach den Pressegesetzen der einzelnen Bundesländer können sich Betroffene gegen falsche Berichterstattungen mit Schadensersatzklagen und Gegendarstellungen wehren.

Gefahren durch Manipulation

Als eine der größten Gefahren der Massenkommunikation gilt die *Manipulation* des Lesers, Zuschauers oder Zuhörers. Darunter versteht man die geschickte Beeinflussung und Lenkung von Menschen, ohne dass diese es bemerken. Die Benutzer der Medien werden in ihrem Denken von den Machern in die von ihnen gewünschte Richtung gelenkt. Zur Manipulation gibt es viele Möglichkeiten.
Wir sind darauf angewiesen, dass die uns angebotenen Informationen der Wahrheit entsprechen, können das aber in der Regel nicht überprüfen. Nach Ansicht von Journalisten kommt die dreiste Lüge in den Massenmedien eher selten vor. Es gibt sie, aber sie wird auch oft – und dann zum Schaden des Senders oder der Zeitung – als Falschmeldung entlarvt. Viel häufiger ist die Übertreibung, das Aufbauschen eines eher alltäglichen Ereignisses zu einer Sensation. Ein normales Unwetter kann sehr schnell zu einem zerstörerischen Orkan werden. Unter dem Konkurrenzdruck und dem Erfolgszwang neigen die Medien dazu, sensationeller und publikumswirksamer zu berichten als die Konkurrenz.

Grundsätze für die Berichterstattung des deutschen Presserates

Mit dem Presserat haben sich die Massenmedien selbst eine Einrichtung geschaffen, die eine verantwortliche Berichterstattung garantieren soll. In den Grundsätzen des Presserates heißt es:

1. Die Achtung vor der Wahrheit, die Wahrung der Menschenwürde und die wahrhaftige Unterrichtung der Öffentlichkeit sind oberste Gebote der Presse.
2. Zur Veröffentlichung bestimmte Nachrichten und Informationen in Wort und Bild sind mit der nach den Umständen gebotenen Sorgfalt auf ihren Wahrheitsgehalt zu prüfen.

Über Chancen und Grenzen der Pressefreiheit: Worüber soll die Zeitung berichten, worüber nicht?

Wenn die Redakteure einer Schülerzeitung von massiver Kritik an einem Lehrer erfahren und diese in der Schülerzeitung veröffentlichen wollen, können sie in einen Konflikt geraten. Sollen sie von ihrem Grundrecht auf Meinungs- und Pressefreiheit Gebrauch machen oder hat das Recht des betroffenen Lehrers auf Schutz seiner Person, seiner Ehre und Würde Vorrang?
Zwischen dem Recht auf Pressefreiheit und der Pflicht, die persönliche Ehre von Menschen nicht zu verletzen, kann es zu Konflikten kommen, in denen von Fall zu Fall entschieden werden muss. Untersucht die fünf Fälle und entscheidet für jedes Beispiel:

- Muss in diesem Fall das Grundrecht auf Meinungs- und Pressefreiheit ungehindert gewährleistet werden?
- Werden hier die Grenzen der Meinungs- und Pressefreiheit unzulässig überschritten?

Artikel 5 des Grundgesetzes

(1) Jeder hat das Recht, seine Meinung in Wort, Schrift und Bild frei zu äußern und zu verbreiten und sich aus allgemein zugänglichen Quellen ungehindert zu unterrichten. Die Pressefreiheit und die Freiheit der Berichterstattung durch Rundfunk und Film werden gewährleistet. Eine Zensur findet nicht statt.
(2) Diese Rechte finden ihre Schranken in den Vorschriften der allgemeinen Gesetze, den gesetzlichen Bestimmungen zum Schutze der Jugend und in dem Recht der persönlichen Ehre.

Angenommen, dass ...

Fall 1 Redakteure einer Tageszeitung befragen Passanten in einer Fußgängerzone über das „Ansehen des Lehrers" in der Öffentlichkeit. Der Schüler Pascal äußert, dass einige viel zu streng und ungerecht seien. Als am nächsten Tag diese Stellungnahme mit Foto in der Zeitung erscheint, muss Pascal sich viele kritische Fragen und Kommentare in der Schule anhören. Hätte die Zeitung nicht berichten dürfen?

Fall 2 Redakteure einer Tageszeitung erhalten Unterlagen von einem Mitarbeiter eines ortsansässigen Unternehmens, aus denen eindeutig hervorgeht, dass die Unternehmensleitung die Umweltgesetze massiv missachtet und Schadstoffe immer wieder heimlich in den Bach leitet, der durch die kleine Stadt fließt. Der Mitarbeiter möchte nicht genannt werden. Die Redakteure überlegen, ob sie den Skandal öffentlich machen sollen. Dürfen sie?

Fall 3 In einer saarländischen Zeitung erschien ohne Nennung von Namen ein Bericht über einen Ehemann, der angeklagt worden war, weil er ständig Gewalt gegenüber seiner Ehefrau und seinen Kindern ausgeübt hatte. Die Ehefrau war mit den Kindern aus der gemeinsamen Wohnung geflohen und hatte Anzeige wegen Körperverletzung erstattet. Der Ehemann wollte nun seinerseits die Zeitung verklagen, weil diese seine persönliche Ehre verletzt habe. Hat sie das?

Fall 4 In einer von der Polizei durchgeführten Verkehrskontrolle wurde zwei Personen die Fahrerlaubnis entzogen, da sie zu viel Alkohol getrunken hatten. Die Lokalzeitung berichtet am folgenden Tag: „Eine Fahrzeugkontrolle am gestrigen Nachmittag hat gezeigt, dass es immer noch unverbesserliche Verkehrssünder gibt, die eine Gefahr für die Bevölkerung darstellen. So konnte die Polizei gestern Anton Müller und Manfred Klein den Führerschein vorläufig wegen Trunkenheit am Steuer entziehen." Wurden die Grenzen der Pressefreiheit überschritten?

Fall 5 Mitglieder des Betriebsrats eines großen Unternehmens haben offensichtlich nicht nur die Interessen ihrer Kolleginnen und Kollegen vertreten. Vielmehr haben sie sich von den Chefs der Firma immer wieder zu teuren Urlaubsreisen einladen lassen, die offiziell als Geschäftsreisen bezeichnet wurden. Das berichtet die mittlerweile geschiedene Ehefrau eines der Betriebsratsmitglieder. Muss die Öffentlichkeit darüber informiert werden? Die Entscheidung fällt der Zeitungsredaktion schwer, weil das Unternehmen bisher regelmäßig Anzeigen in Auftrag gibt, von deren Einnahmen der Zeitungsverlag profitiert.

Wie ist es weltweit um die Pressefreiheit bestellt?

Der folgende Text wurde anlässlich des Welttages der Pressefreiheit am 3. Mai 2009 veröffentlicht. Er enthält mehrere Thesen, über die man nach dem Lesen miteinander diskutieren kann. Eine davon lautet zum Beispiel „Ohne Pressefreiheit gibt es keine Demokratie."
Welche weiteren Thesen zum Thema Pressefreiheit fallen euch auf?
Notiert sie, um anschließend darüber zu sprechen.

Zum internationalen Tag der Pressefreiheit hat die Organisation Reporter ohne Grenzen eine Gefängniszelle in der Bundeshauptstadt aufgestellt, um so auf die weltweite Bedrohung der Pressefreiheit aufmerksam zu machen.

Welttag der Pressefreiheit

Am Welttag der Pressefreiheit haben UN und EU die Bedeutung des Journalismus für Demokratie und Frieden unterstrichen. EU-Entwicklungskommissar Louis Michel warnte vor Einschränkungen der freien Berichterstattung. Ohne die Pressefreiheit gebe es keine Demokratie, sagte Michel am Sonntag (03.05.2009) in Brüssel. Entwicklung, Menschenrechte und Demokratie könne es nur geben, wenn freie und unabhängige Medien Fragen aufwerfen und Debatten anstoßen dürften. „Eine schlecht informierte Gesellschaft ist eine kranke Gesellschaft", fügte der EU-Entwicklungskommissar hinzu. Der Generalsekretär der Vereinten Nationen, Ban Ki Moon, sagte in New York, Medien könnten zum Dialog, zur Versöhnung und zu gegenseitigem Verständnis beitragen. Die Arbeit von Journalisten stelle einseitige oder fest verwurzelte Standpunkte über religiöse oder politische Differenzen infrage und verleihe Minderheiten eine Stimme.

Zahlreiche Übergriffe auf Journalisten

Die Zahl der weltweiten Übergriffe gegen Journalisten nannte Ban „schockierend". Im laufenden Jahr seien weltweit bereits elf Reporter in Ausübung ihres Berufs getötet worden, im Jahr 2008 seien es 41 gewesen, teilte der UN-Generalsekretär unter Berufung auf Zahlen des Komitees zum Schutz von Journalisten (CPJ) mit. Mindestens 125 Medienmitarbeiter säßen weltweit in Haft, einige von ihnen bereits seit Jahren. Mord und Festnahmen seien aber „nur die offensichtlichsten Arten, wie Journalisten zum Schweigen gebracht werden. Oft üben sie aus Angst Selbstzensur. Das ist ebenfalls inakzeptabel", meinte Ban. Er appellierte insbesondere an China, Kuba und Eritrea, festgenommenen Journalisten das Recht auf einen fairen Prozess zu ermöglichen.

Pressefreiheit: keine Selbstverständlichkeit

Wie aus dem Jahresbericht der US-Organisation „Freedom House" hervorgeht, leben lediglich 17 Prozent der Weltbevölkerung in Ländern mit völliger Pressefreiheit. Neben autoritären Staaten habe sich die Situation auch in Ländern wie Italien, Israel oder Taiwan verschlechtert. Am wenigsten frei berichten konnten Medien laut „Freedom House" in Birma, Kuba, Eritrea, Libyen, Nordkorea und Turkmenistan. Die größten Einschränkungen im Vergleich zum Vorjahr verzeichnete die Organisation in Ost- und Südosteuropa. In Bulgarien und Kroatien wurden Journalisten getötet, in Bosnien tätlich angegriffen. In Russland zeigten die Behörden demnach keinerlei Eifer, Journalisten vor derartigen Übergriffen zu schützen.

Eine lebensgefährliche Arbeit

Einen besseren Schutz für Journalisten und Medien fordert auch die Organisation „Reporter ohne Grenzen". In Ländern wie Russland, Pakistan, Mexiko oder Italien setzten Reporter ihr Leben aufs Spiel, wenn sie Missstände öffentlich machten, beklagte die Geschäftsführerin der deutschen Sektion, Elke Schäfter. „Korruption, Amtsmissbrauch, religiöse, ethnische oder sexuelle Verfolgung von Menschen – viele Verbrechen bleiben im Dunkeln, wenn niemand den Opfern ein Gesicht und eine Stimme gibt." Auch in Kriegszonen müssten Journalisten ungehindert recherchieren können. Reporter hätten denselben Status wie Zivilisten. „Das müssen Armeen und bewaffnete Gruppen respektieren", verlangte Schäfter.

(Aus: „Schlecht informiert ist krank", Beitrag der Neuen deutschen Welle vom 03.05.2009; Namenskürzel der Autoren wa/gri/se/dpa/epd/kna/afp, gefunden unter www.dw-world.de, letzter Zugriff 12.08.09)

Europäische Charta für Pressefreiheit

Am 25. Mai 2009 haben 48 Chefredakteure und leitende Journalisten aus 19 Staaten in Hamburg die „Europäische Charta für Pressefreiheit" beschlossen und unterzeichnet. Sie formuliert in zehn Artikeln Grundsätze für die Freiheit der Medien gegenüber staatlichen Eingriffen.

Art. 1
Die Freiheit der Presse ist lebenswichtig für eine demokratische Gesellschaft. Journalistische Medien aller Art zu achten und zu schützen, ihre Vielfalt sowie ihre politischen, sozialen und kulturellen Aufgaben zu respektieren, ist Auftrag aller staatlichen Macht.

Art. 2
Zensur ist untersagt. Unabhängiger Journalismus in allen Medien ist frei von Verfolgung und Repressalien, ohne politische oder regulierende Eingriffe des Staates zu garantieren. Presse und Online-Medien dürfen nicht staatlicher Lizenzierung unterworfen werden.

Art. 3
Das Recht von Journalisten und Medien zum Sammeln und Verbreiten von Informationen und Meinungen darf nicht bedroht, eingeschränkt oder unter Strafe gestellt werden. [...]

Art. 7
Staatliche und staatlich beeinflusste Institutionen dürfen den freien Zugang von Medien und Journalisten zu Informationen nicht behindern. Sie sind verpflichtet, deren Informationsauftrag zu unterstützen. [...]

Art. 10
Der Staat darf den Zugang zum Beruf des Journalisten nicht beschränken.

(Den vollständigen Text der Charta findet ihr unter www.pressfreedom.eu)

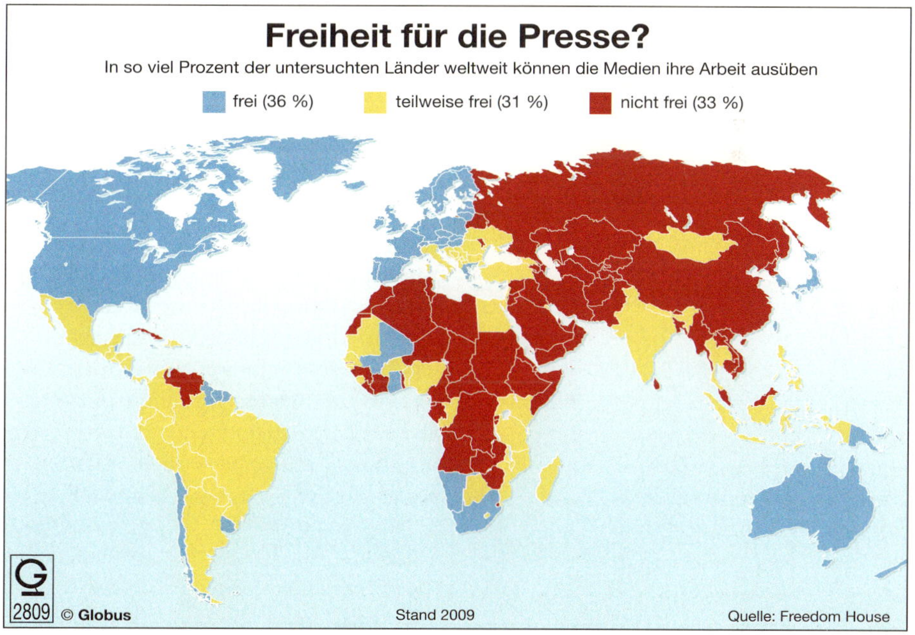

1. „Ohne Pressefreiheit keine Demokratie", lautet eine der Thesen. Welche weiteren Thesen zur Pressefreiheit findet ihr in diesem Text?
2. Wo ist die Pressefreiheit gefährdet? Warum ist sie gefährdet? Findet die Orte und die Gründe.
3. ■ **Tipp:** Zum Thema Pressefreiheit könnt ihr eine PowerPoint-Präsentation erstellen. Regeln für eine gelungene PC-Präsentation findet ihr in der folgenden Methodenkarte.

Die computergesteuerte Präsentation Regeln für PowerPoint

Thema: Pressefreiheit global

A Worum geht es?

Überall wird heute präsentiert – in Schulen und Universitäten, in der Arbeitswelt, im Vereinsleben, in der Politik. Von einer guten Präsentation erwartet das Publikum mittlerweile in der Regel, dass sie computerunterstützt gestaltet wird. PowerPoint hat sich dabei als das Programm zur Herstellung von Folien etabliert, das weltweit am häufigsten zum Einsatz kommt. Schlecht gemachte PowerPoint-Präsentationen können jeden Vortrag ruinieren, sind ein Ärgernis für das Publikum und erzeugen Unzufriedenheit bei den Präsentierenden.
Gut gemachte Präsentationen hingegen helfen dem Publikum, dem Vortrag zu folgen, machen ihn lehrreicher und führen dazu, dass die Kompetenz der Vortragenden hoch bewertet wird.
Diese Methodenkarte soll euch dabei helfen, wirkungsvolle PowerPoint-Präsentationen zu gestalten.
Im Rahmen dieses Kapitels bietet sich das Thema „Die globale Situation der Pressefreiheit“ an.

B Wie macht man das?

Eine Präsentation beginnt immer mit der inhaltlichen Vorbereitung. Aus diesem Grund kann die Gestaltung von Folien nicht am Anfang stehen. Haltet euch an folgende Vorgehensweise:

1. Planung des Vortrags

1.1 Was will ich sagen?
1.2 Wie gebe ich meinem Vortrag eine angemessene Struktur?

2. Gestaltung der Folien

2.1 Welche Informationen auf den Folien können meinen Vortrag inhaltlich unterstützen?
2.2 Welche formale Gestaltung der Folien fördert die Aufmerksamkeit des Publikums?

Die häufigsten Fehler

Das Computerprogramm bietet zahlreiche Animations- und Spielmöglichkeiten an. Ein ärgerlicher Fehler ist es, wenn die technischen Möglichkeiten in übertriebener Weise genutzt werden. Spielereien lenken vom Inhalt ab. Außerdem kann man heute davon ausgehen, dass die Mehrheit der Zuschauer das Programm kennt und daher gleich zu gähnen beginnt, wenn eine Präsentation so wirkt, als habe ein Anfänger alle technischen Möglichkeiten ausprobiert. Das Gleiche gilt mittlerweile für den Einsatz vorgefertigter Folienlayouts und sogenannter Clipart-Bilder. Hier gewinnen die Zuschauer den Eindruck, dass die Präsentierenden wenig Kreativität in die Vorbereitung der Präsentation eingebracht haben. Problematisch ist es, wenn die Folien vom eigentlichen Vortrag ablenken. Das ist der Fall, wenn auf den Folien etwas anderes steht als das, worüber die Vortragenden sprechen. Als besonders hinderlich gilt die Verwendung von längeren Textabschnitten in den Folien. Hilfreich sind demgegenüber Aufzählungen in Form von kurzen Sätzen.

5 Regeln zur wirkungsvollen Foliengestaltung

1. sauberes, einfaches Folienlayout
2. gut lesbare Schrift
3. nur ein Bildelement pro Folie
4. kurze, leicht verständliche Informationen
5. ähnliche Gestaltungsmittel für alle Folien

Wie langweilt man die Zuhörer?

1. zu viele Folien
2. zu viele Spielereien
3. zu viel Text

So geht es gut und schnell

- Einigt euch auf ein durchgängiges Folienlayout.
- Verwendet gut lesbare Schrifttypen. Setzt Farben behutsam ein. (Präsentationen für Kinder können etwas bunter gestaltet werden als für Erwachsene.)
- Wählt möglichst keinen schneeweißen Hintergrund. Er blendet leicht und führt zur Ermüdung.
- Orientiert euch bei der Bestimmung der Textmenge für die Präsentation an der folgenden Faustregel:

Die „3-mal-7-Regel"
- maximal **7** Zeilen pro Folie
- pro Zeile höchstens **7** Wörter
- **7** Folien für eine Kurzpräsentation insgesamt

C Worauf ihr besonders achten solltet

Jedes Foto im Internet ist urheberrechtlich geschützt und darf daher nicht beliebig durch andere Nutzer verwendet werden. Für den Unterricht gilt: Wenn die Präsentation nur innerhalb eurer Klasse gezeigt wird, gilt das nicht als Veröffentlichung. Hierzu dürft ihr Bilder aus dem Internet verwenden. Wenn die Präsentation auf einer Schulveranstaltung gezeigt oder in die Homepage eurer Schule eingestellt wird, gilt diese Freiheit nicht. Dafür könnt ihr auf legale Art Fotos verwenden, wenn ihr euch aus Internetadressen bedient, in denen Privatleute ihre Fotos ausdrücklich zur kostenlosen Nutzung zur Verfügung stellen.

Beispiele zur Foliengestaltung

Präsentation
Die globale Situation der Pressefreiheit

So kann die erste Folie für eine Präsentation aussehen. Sie enthält nur das Thema und ein Bild. Während ihr noch mit der Vorbereitung beschäftigt seid, betrachten die Zuschauer in Ruhe die Folie. So prägt sich das Thema ein. Das Bild macht bereits deutlich, dass es mit der Pressefreiheit nicht zum Besten steht. Die Zuhörer werden nun gespannt sein, was ihr im weiteren Verlauf darüber berichten werdet.

Gliederung

1. Pressefreiheit in der Bundesrepublik Deutschland
2. Bedrohte Freiheit in zahlreichen Ländern
3. Darstellung ausgewählter Länder
4. Die Europäische Charta der Pressefreiheit

In einer zweiten Folie könnt ihr die Gliederung eures Vortrages vorstellen. Zu den einzelnen Punkten könnt ihr weitere Informationen einfließen lassen. Ihr könnt erzählen, wie lange der Vortrag dauern wird, an welchen Stellen Fragen gestellt werden können, wie es nach dem Ende der Präsentation weitergehen soll und anderes mehr.

Die Europäische Charta der Pressefreiheit

Artikel 1
Freie Presse ist lebenswichtig.

Artikel 2
Zensur muss untersagt sein.

Artikel 3
Kein Journalist darf bedroht werden.

Mithilfe dieser Folie könntet ihr zum Beispiel die Europäische Charta der Pressefreiheit vorstellen (siehe Seite 171). Der Originaltext wurde auf das Wesentliche verkürzt. Das Publikum hat kein Problem, die Inhalte der Artikel zur Kenntnis zu nehmen. Parallel dazu könnt ihr detaillierte Informationen zu einzelnen Artikeln vortragen oder auch Artikel vorlesen. Die Folie unterstützt so, was ihr sagt.

3 Darf die Demokratie das Internet sich selbst überlassen?

Einerseits gibt es gute Gründe, das Internet zu bejubeln. Weltweit und grenzenlos liefert es Informationen und kann zur persönlichen Bildung, Unterhaltung und Lebensgestaltung genutzt werden. Viele Menschen sehen in der Existenz des täglich wachsenden Netzes einen Raum totaler Freiheit. Und Freiheit ist nun einmal das Wesensmerkmal von Demokratie.
Andererseits gibt es viele Gründe, das Netz zu fürchten. Wo alles möglich ist, versammelt sich zunehmend auch Schmutz, Verbrechen, Hass, schlechtes Benehmen, Lüge und Verführung im Netz. Das Internet, so sehen es viele, bedroht die Demokratie. Werte wie Fairness, Toleranz und Freundlichkeit werden zunehmend durch Cybermobbing, Verleumdung und Schamlosigkeit verdrängt.
Vor diesem Hintergrund ist über die Grenzen der Freiheit im Netz eine Diskussion über die folgende Frage entbrannt:
Darf der Staat, der für Recht und Ordnung zu sorgen hat, das Internet sich selbst überlassen oder muss er Regeln schaffen zum Schutz der Kinder, der Jugendlichen und der Erwachsenen und zum Schutz der guten Umgangsformen in der Demokratie?
Lest dazu die Textquellen 1 bis 4, sammelt daraus Chancen und Probleme und diskutiert dann über diese zentrale Zukunftsfrage.
▪ **Tipp:** Die Texte können in Vierergruppen bearbeitet werden. Alle Gruppenmitglieder übernehmen einen der Texte und stellen ihn in der Gruppe vor. Gemeinsam werden dann die Fragen 1 bis 3 beantwortet.

1a Junta fährt Server runter

Die Bewohner Myanmars haben neue Repressalien auszuhalten. Pünktlich zum ersten Jahrestag der Mönchsaufstände am 18. September 2008 hat die Militärjunta aus Angst vor einer Wiederholung den Zugang zum Internet stark eingeschränkt.

(Meldung vom 23.09.2008 in www.politik-digital.de, verf. von Finn Kirchner)

1b Internetzensur in China: Hinter der Großen Mauer

Die Wut auf die chinesischen Zensurbehörden ist groß. In den vergangenen Monaten hat sich die Pekinger Regierung immer neue Schikanen für die rund 300 Millionen chinesischen Surfer ausgedacht. Jüngstes Ärgernis: Ab der kommenden Woche müssen alle in China verkauften Computer mit der vorinstallierten Zensursoftware „Grüner Damm" ausgeliefert werden. Offiziell dient das Programm zum Schutz der Jugend vor Internetpornografie. Doch Chinas Netzgemeinde fürchtet, bald auch die letzten digitalen Freiheiten zu verlieren.

(Aus: Janis Vougioukas: Shanghai, in: Stern-online vom 25.06.2009; letzter Zugriff 02.09.2009)

2 Freiheit im Netz nützt den Bürgern und schadet den Diktatoren

Das Internet hat die Medien weltweit revolutioniert. Private Webseiten, Blogs und Diskussionsgruppen verschaffen Menschen eine Stimme, die vormals Informationen lediglich passiv konsumiert haben. Die globale Vernetzung hat damit viele Zeitungsleser und Fernsehzuschauer zu ziemlich erfolgreichen Journalisten gemacht.
Diktatoren stehen dieser explosionsartigen Vermehrung von Online-Informationen machtlos gegenüber, könnte man jedenfalls meinen. Denn wie sollten sie imstande sein, die E-Mails von 130 Millionen chinesischen Internetnutzern zu überwachen oder die Botschaften von 70000 iranischen Bloggern zu zensieren? Doch leider zeigen sich die Feinde des Internets entschlossen und imstande, genau dies zu tun. Die chinesische Regierung hat als erstes repressives Regime erkannt, dass das Internet ein außerordentliches Instrument der freien Meinungsäußerung darstellt und entsprechend schnell reagiert. Inzwischen verfügt die Regierung in Peking über das Geld und das Personal, um den E-Mail-Verkehr auszuspionieren und „staatsfeindliche" Webseiten zu zensieren. Das Regime beweist also, dass man das Internet ebenso kontrollieren kann wie die traditionellen Medien. Man braucht nur die richtige Technologie, und schon hat man die ersten „Internet-Dissidenten" herausgefischt. [...]
Die Internet-Zensur greift immer weiter um sich und findet heute in allen fünf Kontinenten statt. In Kuba, wo der Kauf eines Computers nur mit Zustimmung der herrschenden Partei möglich ist, werden alle dem Regime nicht genehmen Webseiten weggefiltert. Im Nahen und Mittleren Osten und in Nordafrika hat sich die Situation verschärft. Seit November 2005 zensiert Marokko alle politischen Webseiten, die für die Unabhängigkeit der Westsahara eintreten. Im Iran wird die Liste der verbotenen Seiten von Jahr zu Jahr länger; sie umfasst mittlerweile alle Publikationen, in denen von Frauenrechten die Rede ist. Die chine-

sischen Behörden können heute Texte von Bloggern automatisch zensieren, dabei werden Wörter wie „Demokratie" und „Menschenrechte" einfach gelöscht. [...]
Die Verantwortung für die Zukunft des Internets tragen allerdings nicht nur die privaten Unternehmen, sondern auch die demokratischen Regierungen. Doch viele Staaten, die in der Regel die Freiheit des Internets respektieren, setzen sich nicht etwa für diese Freiheit ein, sondern wollen selbst eine unangemessene Kontrolle ausüben. Häufig haben sie dafür gute Gründe – etwa den Kampf gegen den Terrorismus, gegen Kinderpornografie und Internet-Verbrechen – doch dieser Überwachungsdrang bedroht zugleich das Recht auf freie Meinungsäußerung.

(Aus: Julien Pern: Die Gefängniswärter des Internets, in: www.politik-digital.de vom 14.09.2006; letzter Zugriff 02.09.2009)

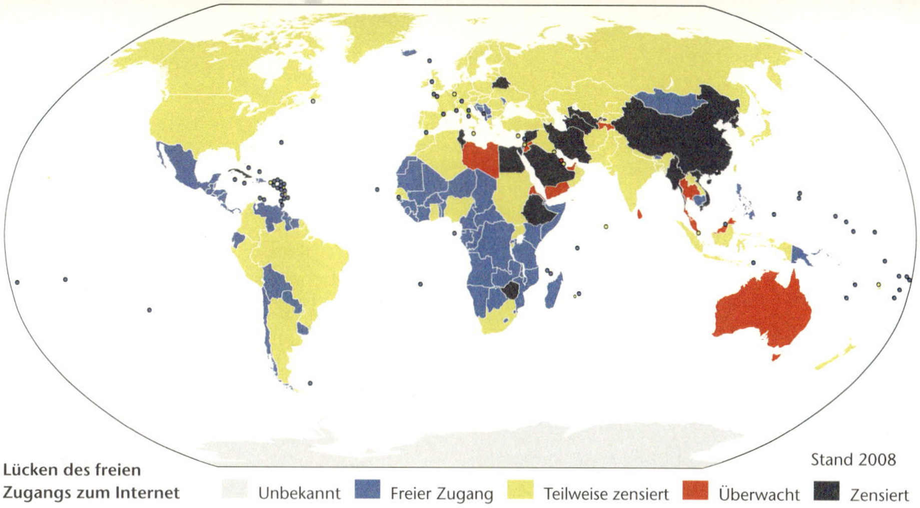

Lücken des freien Zugangs zum Internet

3 Das für alle offene Netz bedroht den Frieden der Welt

Viele Eintrage in den rund 200 000 aktiven deutschsprachigen Blogs enthalten Pöbeleien, Vulgäres, das die Bürger im Land der Dichter und Denker sich nicht einmal unter vier Augen sagen würden. „Die Chefin von dem Laden ist 'ne Nazi-Schlampe", hinterließ ein Netzbürger über seine Bekannte auf einer Nachbarschaftsseite mit dem Google-Luftbild des Hamburger Nordens. [...]
Die Geschichte vom „dog shit girl" zeigt, wie Menschenjagd im Cyberspace funktioniert. Eine junge Südkoreanerin, deren Schoßhündchen ein Häufchen in die U-Bahn Seoul setzte, musste erleben, wie davon ein Bild um die Welt gepostet wurde. Als die ersten Blogger warnten, dass man die Frau in den Selbstmord treibe, antwortete einer: „Sie hat verdient, dass ihr Leben zerstört wird, und sie wird sich schon nicht umbringen, sie ist eine dickhäutige Schlampe." So ist das Internet zwar die größte Befreiung des Geistes seit der Erfindung der Buchdruckerkunst, aber zugleich ein Massenspeicher für alle Übel, die Menschen sich ausdenken, vom schlimmsten Schmutz bis zu den schlimmsten Auswüchsen der Fantasie.

(Thomas Darnstädt u. a.: freiheit@unendlich. Welt, in: Der Spiegel Nr. 33 vom 10.08.2009, S. 70)

4 Regierung erwägt „Internetausweis" für alle

In den letzten Tagen hatten ranghohe Regierungsmitglieder aus der Union in dramatischen Worten verschärfte Kontrollen im Internet gefordert. Kanzleramtsminister Thomas de Maizière war für Verkehrsregeln im Internet eingetreten, die ähnlich wie auf den Finanzmärkten aussehen sollten. Sonst werde es im Internet zu Scheußlichkeiten kommen, die jede Vorstellungskraft sprengten, warnte er. Bundesfamilienministerin Ursula von der Leyen (CDU) hatte ebenfalls angedeutet, das Gesetz für Internetsperren ausweiten zu wollen. Das Internet drohe sonst zu einem rechtsfreien Chaosraum zu werden, in dem hemmungslos gemobbt, beleidigt und betrogen werde. Unionsfraktionsvize Wolfgang Bosbach hat zudem der *Rheinischen Post* erklärt: „Wir brauchen mehr verdeckte Ermittler, die als Internetpatrouille im Netz kriminelle Machenschaften aufspüren". Das Internet sei neben seiner fantastischen Vielfalt zugleich „Quelle für Kriminalität, Terrorismus und ziemlich viel Schmutz", malte Bosbach aus.

(Aus: Achim Sawall: Regierung erwägt rückverfolgbaren „Internetausweis" für alle, in: zeit-online vom 14.09.2006, gefunden unter www.zeit.de; letzter Zugriff 02.09.2009)

1. Warum haben die Regierungen in Diktaturen Angst vor dem Internet? Sucht nach Gründen.
2. „Die Wut auf die chinesischen Zensurbehörden ist groß", heißt es in einer der Quellen. Was können dafür die Gründe der Menschen im Land sein?
3. Welche positiven und welche negativen Auswirkungen auf die Gesellschaft und die Demokratie könnt ihr aus den Materialien ableiten? Erstellt dazu eine Übersicht.

■ **Tipp:** Über die Frage, ob der Staat die Freiheit im Internet per Gesetz begrenzen soll oder nicht, könnt ihr miteinander diskutieren. Informationen dazu gibt es auf der folgenden Seite.

TEAM kontrovers: Soll der Staat Hass- und Verleumdungsseiten im Netz sperren können? Ja oder Nein?

Neonazis und andere extremistische Gruppen verbreiten zunehmend ihre Hassbotschaften im Internet. Vielfach wird im Netz nicht davor zurückgeschreckt, zu Verbrechen gegen die Menschlichkeit aufzurufen. Der Staat fühlt sich zunehmend machtlos gegenüber diesen Umtrieben. Er kann zwar kriminelle Aktivitäten strafrechtlich verfolgen, denn alles, was im realen Leben unter Strafe steht, ist auch online kriminell. Er kann auch die Provider (= Anbieter) dazu auffordern, Internetseiten zu sperren und hat davon auch schon Gebrauch gemacht.
Er kann aber nicht aus eigener Macht handeln und von sich aus Internetseiten sperren. Hierzu fehlt ihm die gesetzliche Grundlage. Vorstellbar ist, dass mithilfe eines neuen Gesetzes eine Internetpolizei gebildet wird, die das Netz beobachtet und Hass- und Verleumdungsseiten sperrt.
„Zum Schutz der Demokratie muss der Staat endlich handeln, am besten auf europäischer Ebene", sagen die einen.
„Ein solches Gesetz darf es in einer Demokratie nicht geben", sagen die anderen.

Stell dir vor, das folgende Gesetz stünde europaweit zur Entscheidung an:

„Die Mitgliedstaaten der Europäischen Union schaffen eine polizeiliche Behörde zur Überwachung des Internets und zum Schutz der Bürgerinnen und Bürger vor Hass, Gewalt und Verbrechen im Netz. Diese Behörde prüft, welche Internetseiten massiv gegen Recht und Gesetz verstoßen, Verbrechen in Kauf nehmen oder zu Verbrechen aufrufen. Wird ein Internetauftritt als verbrecherisch eingestuft, hat die Behörde das Recht und die Möglichkeit, den Zugang zu dieser Seite zu sperren."

- Wie fällt dein Urteil zu diesem Vorschlag aus? Darüber könnt ihr hier diskutieren.

Nein, Internetkontrolle darf nicht Aufgabe des Staates sein!

Das wäre so, als würde der Staat auch in privaten Wohnzimmern in den Bücherschränken herumschnüffeln, um nach irgendwelchen anstößigen Büchern oder Zeitschriften zu suchen. In der Demokratie gilt das Grundrecht auf Meinungs- und Informationsfreiheit. Eine Zensur darf nicht stattfinden. Die Privatsphäre der Menschen muss geschützt sein. So schreibt es das Grundgesetz vor.
Eine Sperrung von Internetseiten ist ein Verstoß gegen die Grundrechte und ein unzumutbarer Eingriff in die Freiheit der Menschen.
Wir dürfen uns nicht unfreie Staaten zum Vorbild nehmen und nun auch den Weg in staatliche Bevormundung gehen.
Mündige Bürgerinnen und Bürger wollen selbst entscheiden, ob sie Hassinternetseiten zur Kenntnis nehmen oder ablehnen.
Der Schutz der Kinder vor Gefahren im Netz ist Aufgabe der Eltern. Erziehung muss die Menschen so stark machen, dass sie auf die Gemeinheiten und den Müll im Netz nicht hereinfallen. Das schafft man nicht durch staatliche Kontrolle und nicht durch ein Gesetz zur Sperrung von Netzseiten.

Ja, der Staat muss die Möglichkeit haben, Hassseiten im Internet zu sperren!

In die Wohnzimmer der Menschen findet niemand Zugang, der nicht die Genehmigung der Bewohner hat. Das Internet ist demgegenüber ein öffentlicher Raum. Kinder und Jugendliche können es überall nutzen und sind an vielen Orten den Gefahren von Nazihass und Verbrechen ausgesetzt. Die Möglichkeit, menschenverachtende Internetseiten zu sperren, schränkt die Demokratie nicht ein. Im Gegenteil: Sie dient ihrem Schutz, denn sie schützt die Würde des Menschen. Das ist nach unserer Verfassung die wichtigste Pflicht des Staates in der Demokratie.
Nirgendwo in der realen Welt kann die Freiheit grenzenlos sein. Wäre sie es, würden die Brutalen und die Gesetzesbrecher die Macht übernehmen. Warum soll das im Netz anders sein?
Wer Internetkontrollen durch den Staat ablehnt, leugnet auch das Recht des Staates, für die Einhaltung der Gesetze und der Ordnung zu sorgen.
Es ist völlig unverständlich, dass sich begeisterte Internetnutzer gegen jede Einschränkung wehren. Sie können das Netz weiterhin nutzen, wie sie wollen. Sie müssen nur akzeptieren, dass man es nicht auf kriminelle Art tun darf.

Memorystationen

Massenmedien und Politik

Station 1 Bedeutung der Medien für Jugendliche

Ein Interview mit dir über Medien

Eine Zeitungsredaktion hat erfahren, dass du dich mit Forschungsergebnissen zum Thema „Jugendliche und ihr Medienalltag" intensiv beschäftigt hast. Deshalb hat man dich um ein Interview gebeten. Von welchen Forschungsergebnissen kannst du berichten?

- Stimmt es, dass nahezu 100 Prozent aller Jugendlichen nie einen Blick in die Zeitung werfen?
- Trifft es zu, dass Jugendliche das Internet ausschließlich zu ihrem Vergnügen nutzen?
- Für viele Erwachsene ist das Fernsehen das bedeutendste Medium, mit dem man viel Zeit verbringt. Ist das bei Jugendlichen auch so?

Station 2 Bedeutung der Massenmedien für Politik und Demokratie

Übertrage die Mindmap in dein Heft und vervollständige sie.

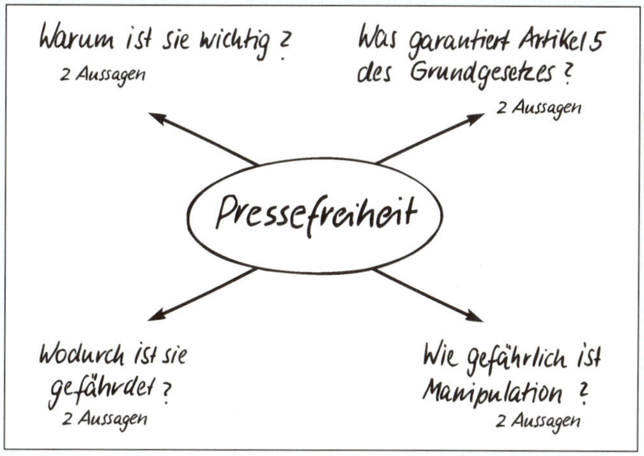

Station 3 Darf die Demokratie das Internet sich selbst überlassen?

Zwei kluge Köpfe lösen eine Aufgabe

Hier stehen Schlagzeilen aus Zeitungsnachrichten aus dem Unterkapitel 3. Wer sie liest, weiß erst einmal nicht, worum es in dem dazu passenden Artikel geht. Ihr wisst es.
Bildet Partnerschaften.
Jeder sucht sich einen der Titel aus und informiert dann seine Partnerin oder seinen Partner möglichst genau und mit eigenen Worten über den Inhalt des Zeitungstextes.

Beispiele:

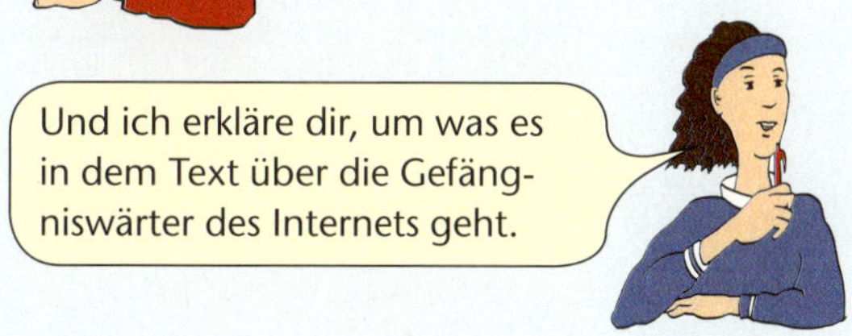

- **Internetzensur in China**
- **Die Gefängniswärter des Internets**
- **Das Netz bedroht den Frieden der Welt**
- **Regierung erwägt „Internetausweis" für alle**

■ **Tipp:** Diese Aufgabe kann man auch zu viert lösen.

7 Merkmale unserer Wirtschaftsordnung

Wer bringt Ordnung in das Wirtschaftsgeschehen?

Allein in Deutschland wollen über 80 Millionen Menschen essen, trinken, wohnen, einkaufen, ins Kino gehen, verreisen und mit allem versorgt sein. Wer alles kümmert sich darum, dass das funktioniert? Notiert eure Ideen und sammelt, was euch dazu einfällt, in der Klasse.

Worum geht es?

Stellt euch vor, ihr befändet euch auf einer Klassenwanderung über die Höhen des Rheintales. Ihr schwitzt und habt Lust auf kalte Getränke, Süßigkeiten und vieles mehr. Endlich: Nach einem Abstieg erreicht ihr ein Dorf und seht auch schon das Leuchtzeichen eines Supermarktes in der Hauptstraße. „Ich hol mir 'ne Limo!", ruft Marek. „Ich brauch jetzt 'nen Schokoriegel!", seufzt Cosima. Am Supermarkt angekommen, stürmen fast alle von euch hinein. Und tatsächlich: Unter zehn anderen Schokoriegeln findet Cosima genau den mit Haselnüssen, auf den sie Lust hat. Marek greift sich seine Limo aus dem Kühlregal und Jil entdeckt das Biogetränk ihrer Lieblingsmarke. Jeder, der noch Geld übrig hat, findet exakt zum Zeitpunkt, an dem er Lust auf etwas hat, das Produkt seiner Wahl. Was für ein Zufall!
„Aber das ist doch selbstverständlich", denkt ihr wahrscheinlich jetzt. Ist es das wirklich? Über achtzig Millionen Menschen leben in Deutschland. Sie alle wollen mit dem versorgt sein, was sie zum Leben brauchen. Natürlich hängt das von ihrem Geldbeutel ab, aber auch von vielem anderen. Wer sorgt dafür, dass die Regale im Supermarkt immer gut gefüllt sind? Wer weiß, wie groß die Menge an Schokoriegeln sein muss, die täglich verzehrt werden? Wer macht die Preise? Welches Ordnungsprinzip reguliert die Abläufe? Alles das sind Fragen, die wir an die Wirtschaft stellen.
Sind es langweilige Fragen? Viele Menschen scheinen das zu denken und interessieren sich nicht dafür. Fehlende wirtschaftliche Bildung wird vielerorts beklagt. Unterschiede zwischen Markt- und Planwirtschaft? Keine Ahnung. Bedeutung von Angebot und Nachfrage? Nur ein blasser Schimmer. Das Positive: Jugendliche denken anders. 80 Prozent aller Jugendlichen wünschen sich Wirtschaftsthemen im Unterricht. So hat es eine Jugendstudie des Bankenverbandes herausgefunden. Sie wollen die Zusammenhänge verstehen und herausfinden, wie die Wirtschaft funktioniert. Antworten auf die grundlegenden Fragen einer Wirtschaftsordnung werdet ihr in diesem Kapitel finden.

Bei der Arbeit an diesem Kapitel könnt ihr …

- eine Familie im Umgang mit Geld beraten,
- wichtige Merkmale der freien und der sozialen Marktwirtschaft sowie der Zentralverwaltungswirtschaft vorstellen,
- die besonderen Merkmale der sozialen Marktwirtschaft erklären,
- grundlegende wirtschaftliche Zusammenhänge mithilfe des Modells vom Wirtschaftskreislauf erklären.

1 Warum ist gutes Wirtschaften wichtig?

Alle müssen wirtschaften: Einzelpersonen, Familien, Schulen, Betriebe, Städte und Staat. Für alle ist entscheidend, ob sie es gut oder schlecht können. Schlechtes Wirtschaften kann Menschen in den Ruin treiben. Gutes Wirtschaften kann man lernen. Um dieses Lernen geht es hier. Zur Übung wählen wir das Beispiel des privaten Haushalts. Hier könnt ihr lernen zu planen, zu beraten und zu entscheiden. Warum? Damit es euch später einmal nicht so ergeht, wie der Familie in dem folgenden Bericht.

Wer gut wirtschaften will, muss rechnen können. Familie Bade konnte es nicht und wurde unglücklich.

„Wir hatten keine Ahnung"

Die Bades sind nur eine Familie von vielen im modernen Schuldenturm. Trotz kurzfristig angemeldeten Reporterbesuchs: Die Wohnung sieht picobello aus. Eine gut eingerichtete Küche mit dekorativ-zierlichen Topfblumen vor den beiden schmalen Fenstern, die Böden komplett sauber mit Laminat ausgelegt. Keine Spur von Asozialität. Die Bades (alle Namen von der Redaktion geändert) gehören nicht zu den gesellschaftlichen Randgruppen. […] Sie gehören auch nicht zur immer größeren Gruppe derer, die ihre Arbeit verloren haben und sich mühevoll mit Arbeitslosengeld oder neuerdings „Hartz IV" über Wasser halten müssen. Manfred Bade hat eine völlig reguläre, unbefristete Stelle, wird ordentlich, wenn auch nicht üppig bezahlt, und ist von Arbeitslosigkeit genauso viel und genauso wenig bedroht wie alle Arbeitnehmer in der Republik. Trotzdem sind die Bades in die Schuldenfalle geraten. Das schleichende Unglück begann im Jahre 1994. Scheinbar völlig harmlos. Damals bezogen die Bades ein Haus in einem Vorort von Trier. Die Miete von 1200 Mark [ca. 600 Euro] war bei 130 Quadratmetern Wohnfläche angemessen und für die damals fünfköpfige Familie auch bezahlbar. Auch für zwei weitere Kinder reichte es finanziell und räumlich. Bis dann der Vermieter vor fünf Jahren das Haus verkaufen musste. Um nicht auf der Straße zu stehen, kaufte Manfred Bade kurzerhand das Haus, zum durchaus angemessenen Preis von 147 000 Euro. Zu 100 Prozent kreditfinanziert.
Damit beginnen die Schwierigkeiten. Die Darlehensrate, zunächst bei 1 000 Euro, steigt im Laufe der nächsten Jahre auf dramatische 1 700 Euro. Bei einem Gesamteinkommen von 2 900 Euro bleiben noch 1 200 Euro. Dann dreht sich das Schuldenkarussell immer schneller. Die Bades kommen mit dem Schuldendienst nicht mehr nach. 2004 wird das Haus versteigert und geht für 60 000 Euro an den Meistbietenden. Die Familie steht zunächst ohne Wohnung und mit 82 000 Euro Schulden da. […]
Ehefrau Irene Bade macht eine Rechnung auf. Im Juni 2005 bleiben der Familie nach Abzug aller Verbindlichkeiten 330,23 Euro. Auch wenn die Belastung schwankt, mehr als 500 Euro dürfte den Bades selten zur Verfügung stehen. Damit fällt nicht nur der kleine Luxus für die Kinder weg – Kino, Zirkus, Eis, die Limonade zwischendurch – Irene Bade muss jeden Cent umdrehen und kommt doch nicht zurecht. Vor wenigen Tagen standen die Vertreter des Stromlieferanten vor der Tür, verlangten aus offenen Rechnungen tausend Euro, wollten die Stromzufuhr kappen und waren nur durch Drohungen mit der Öffentlichkeit zum Einlenken zu bewegen. […]
„Mein Mann fährt manchmal mit leerem Magen zur Arbeit", sagt Irene Bade, weil nichts zu essen mehr im Haus sei. […] Was ihr entscheidender Fehler gewesen sei? „Das Haus zu kaufen", sagt Irene Bade ohne Zögern. Aber man habe ja damals „von Tuten und Blasen keine Ahnung gehabt".

(Aus: Martin Möller: schleichend in die Armut, in: Trierischer Volksfreund, 18./19.06.2005, S. 3)

Weitere Infos zu Familie Bade

Wenn die Familie ein Haus für 147 000 Euro zu hundert Prozent kreditfinanziert gekauft hat, so bedeutet das, dass sie sich etwa 160 000 Euro bei einer Bank leihen musste. Zum Kaufpreis kommen nämlich noch Grunderwerbssteuer und die Notarkosten hinzu – häufig auch noch eine Maklerprovision. Bei einem vereinbarten Zins von 5 Prozent müssen die Bades pro Jahr 8 000 Euro an Zinsen aufbringen, also monatlich knapp 780 Euro. Zinsen können steigen und sinken. Steigt der Zins von 5 auf 8 Prozent, beträgt die neue jährliche Zinsbelastung 12 800 Euro. Zusätzlich müssen sie natürlich versuchen, die Gesamtschuld für das Haus abzuzahlen. Ohne Eigenkapital kaufen Menschen in der Regel kein Haus.

(Anmerkung des Autors zum Fall)

Wirtschaften bestimmt unseren Alltag

Für die ersten Menschen war es eine Überlebensfrage zu wirtschaften. Ob Nahrung, schützende Kleidung oder ein Dach über dem Kopf – alle Dinge, die die Menschen brauchten, mussten sie sich erst mühevoll beschaffen oder anfertigen. Das Empfinden von Mangel und Knappheit ist somit eine sehr alte Erfahrung der Menschen – eine Tatsache, die wir in unserem heutigen Wohlstand oft vergessen. Die Menschen waren von Anfang an gezwungen, zu planen, Vorsorge zu treffen sowie sparsam und erfinderisch zu sein – also zu wirtschaften.

Der sorgsame Umgang mit der Natur und ihren Schätzen, aber auch mit der menschlichen Arbeitskraft, gilt seit dem großen griechischen Philosophen Aristoteles vor mehr als 2 300 Jahren als das grundlegende Prinzip der Wirtschaft. Sie wird deshalb nach dem griechischen Wort „oeconomia" auch Ökonomie genannt.

Jeder von uns ist Teil der Wirtschaft. Du zum Beispiel wirtschaftest mit deinem Taschengeld: Du kaufst ein, und vielleicht lässt du dich bei deiner Kaufentscheidung von der Werbung beeinflussen.

Manche deiner Freunde planen besonders gut und teilen sich das Geld ein, um bis zum nächsten Taschengeld-Termin damit auszukommen, andere sparen für größere Anschaffungen. […]

Wirtschaften hängt eng mit Sparsamkeit, mit Planung und mit Verantwortung zusammen. Dazu gehört zum Beispiel, Geld nicht zu verschwenden, sondern sinnvoll einzusetzen. Und dazu gehört auch, dass wir mit den Gütern, die uns die Natur geschenkt hat, oder die andere Menschen mühevoll hergestellt haben, verantwortungsbewusst umgehen. Wirtschaften bedeutet Vergleichen, Organisieren, neue Produkte oder Lösungen erfinden, unterschiedliche Interessen verstehen und ausbalancieren, Regeln und rechtliche Beziehungen zwischen Partnern durchhalten und gestalten.

Wenn jemand plan- und ziellos vorgeht und die Wünsche seiner Familie, seiner Kunden oder Mitarbeiter nicht beachtet, handelt er unwirtschaftlich.

(Aus: Dr. Ulrike Reisach: Wirtschaft spezial, Tessloff Verlag Nürnberg 2002, S. 4 f.)

Dieses Eichhörnchen wirtschaftet tagein, tagaus. Im Herbst, wenn es Nüsse im Überfluss gibt, betreibt es eine vorsorgende Wirtschaft, indem es Vorräte anlegt für die harten Wintermonate. Klug deponiert es seine „Ersparnisse" an Früchten in vielen unterschiedlichen Verstecken. Seine „Wertanlagendepots" merkt es sich genau. Sollte eines davon entdeckt und ausgeraubt werden, bleiben mehrere andere übrig. „Risikostreuung" nennt man das. Das Eichhörnchen lebt von der Natur, aber es schädigt sie nicht.

1. Angenommen, ein Mitglied der Familie Bade fragt euch: „Was haben wir alles falsch gemacht in den vergangenen Jahren?" Wie fällt eure Antwort aus?
2. Was alles gehört zu gutem Wirtschaften? Sammelt dazu die Informationen aus den Texten.
3. Könnt ihr das „Eichhörnchen-Prinzip" des guten Wirtschaftens auf menschliches Verhalten übertragen?

Wir beraten eine Familie im Umgang mit Geld

Mithilfe der Materialien auf dieser und der folgenden Seite sollt ihr einen monatlichen Ausgabenplan für eine dreiköpfige Familie erarbeiten, am Ende euren Plan vorstellen und auf Fragen der Familienmitglieder als Finanzberatungsteam Stellung nehmen. Empfohlen wird, in Partnerarbeit oder kleinen Gruppen zu arbeiten. Formuliert dazu nach und nach Antworten auf die Fragen A, B und C im Material.
Die zur Information angegebenen Zahlen sind auf dem Stand von 2010. Sie können sich ändern. Aktuelles Zahlenmaterial könnt ihr problemlos mit den entsprechenden Suchbegriffen im Internet abrufen.

A Wie viel Netto vom Brutto bleibt Familie Schweiger monatlich übrig?

Familie Schweiger besteht aus der Ehefrau Jasmin (38), dem Ehemann Lars (41) und der Tochter Liz (14). Das Ehepaar ist voll berufstätig. Frau Schweiger arbeitet als Reiseverkehrskauffrau in einem großen Reisebüro und verdient monatlich brutto 2050 Euro. Herr Schweiger ist Konditormeister und arbeitet im Angestelltenverhältnis in einer Großkonditorei. Sein Bruttoverdienst beträgt 1950 Euro. Liz besucht die achte Klasse einer Realschule.

Die Sozialversicherungsbeiträge
Um das Netto-Einkommen zu ermitteln, muss man zunächst einmal die Sozialversicherungsbeiträge vom Brutto-Monatsverdienst abziehen. Sie bestehen aus der Renten-, Kranken-, Arbeitslosen- und Pflegeversicherung. In der Summe machen sie circa 40 Prozent des Monatseinkommens aus. Etwa 20 Prozent davon zahlt der Arbeitgeber, sodass von den beiden Gehältern je 20 Prozent abzuziehen sind.*

(*genaue Angaben: 19,9 Rente, 15,5 Krankheit, 3,0 Arbeitslosigkeit, 1,95 Pflege, Stand 2010)

Steuerabzug, Freibeträge, Kindergeld
Die Höhe des monatlichen Lohnsteuerabzugs hängt vom Familienjahreseinkommen beider Ehepartner ab. Also muss man beide Bruttogehälter mal 12 rechnen.
Das Finanzamt zieht von dieser Summe mehrere Freibeträge ab. Zunächst einmal sind das die Gesamtkosten des Arbeitnehmeranteils für die Sozialversicherungsbeiträge.
Weiterhin sind die ersten 7 500 jährlich verdienten Euro für alle Arbeitnehmer steuerfrei. Also werden 15 000 Euro des Familieneinkommens nicht versteuert. Abgezogen wird auch eine sogenannte Werbepauschale von circa 950 Euro pro Gehalt. Das ist ein Freibetrag für alle Aufwendungen, die man zur Ausübung seines Berufes im Jahr bestreiten muss (z. B. Arbeitsmaterialien etc.) Die Summe, die nach Abzug dieser drei Posten übrig bleibt, ist das zu versteuernde Einkommen. Davon werden bei dieser Einkommenshöhe 14 Prozent Steuern fällig.
Wenn Schweigers evangelisch, katholisch oder jüdischen Glaubens sind, fällt noch die Kirchensteuer an. Sie beträgt z. B. in NRW 9 Prozent der Lohnsteuer. Jetzt lässt sich die Summe der jährlichen Gehaltssteuerlast berechnen. Man teilt sie durch zwölf und zieht sie von der Summe der beiden Monatsgehälter ab.
Hinzu kommt noch das Kindergeld für die Tochter Liz. Es beträgt 184 Euro (Stand 2010).

Unsere Rechnung:

Jahresbruttoeinkommen des Ehepaars Schweiger
= ___?___

Davon sind abzuziehen:
– 2 mal 7 500 Euro
– 2 mal 950 Euro
– Sozialversicherungsbeiträge
= ___?___

zu versteuerndes Einkommen.
davon circa 14 Prozent Lohnsteuer
= ___?___

von der Lohnsteuersumme
9 Prozent Kirchensteuer
= ___?___

Jahreslohnsteuer
plus Kirchensteuer
geteilt durch 12
= ___?___

plus Kindergeld
= 184 Euro

Es verbleiben insgesamt netto:
= ___?___

Netto vom Brutto
= Bruttojahreseinkommen
minus Sozialversicherung
minus Steuern
plus Kindergeld

B Wie hoch sind die zu erwartenden monatlichen Ausgaben?

Posten	Infos	Geschätzte Kosten
1. Wohnungsmiete	Bei den Wohnungsmieten kommt es auf die Lage, das Alter der Wohnung, der Qualität der Ausstattung und die Größe an. Neue Wohnungen mit gehobener Ausstattung in Düsseldorf können z. B. bis zu 10 Euro pro Quadratmeter kosten, ältere, wenig zentral gelegene Wohnungen nur etwa 4 Euro. Der Durchschnitt in Deutschland liegt 2010 bei etwa 5,80 Euro pro Quadratmeter. Eine dreiköpfige Familie benötigt mindestens 70 bis 80 Quadratmeter Wohnfläche.	?
2. Mietnebenkosten	Dazu zählen die monatlich anfallenden Kosten für Strom, Wasser, Heizung, Müllabfuhr, Straßenreinigung, Beleuchtung im Treppenhaus und anderes mehr. Man muss etwa 1,80 Euro pro Quadratmeter Wohnfläche rechnen. Ist man sparsam im Verbrauch, sinkt die Summe. Heizt man kräftig bei offenen Fenstern, kann sie erheblich ansteigen.	?
3. Privatversicherungen	Neben den Pflichtversicherungen schließen die meisten Familien noch private Versicherungen ab, zum Beispiel eine Hausratversicherung (für Brandschäden, Schäden durch einen Wasserrohrbruch etc.) sowie eine Rechtsschutz- und Haftpflichtversicherung. Pro Versicherungstyp sind circa 20 Euro pro Monat zu veranschlagen.	?
4. Lebensmittel	Zur Berechnung solltet ihr die Kosten für einen durchschnittlichen Tagesverbrauch ermitteln und dann auf den Monat hochrechnen. Nach dem Existenzminimumsbericht der Bundesregierung für 2010 liegt die untere Grenze bei einem Drei-Personen-Haushalt bei etwa 18 Euro pro Tag.	?
5. Reinigungsmittel, Kosmetika, Körperpflege	In diesem Posten sind große Schwankungen möglich. Man kann in allen Bereichen billige „No-Name-Produkte" einkaufen oder auch sehr teure Markenartikel. Erkundigt euch zu Hause oder in Supermärkten nach den Preisunterschieden.	?
6. Medien	Handy, Telefon, Internet (PC), Rundfunk, Zeitungen, Zeitschriften. Die Rundfunkgebühren der GEZ für Fernsehen und Radio betragen etwa 18 Euro pro Monat. Kabelanschlüsse kosten zwischen 15 und 20 Euro, das Abonnement einer Tageszeitung um die 25 Euro. Etwa 50 Euro geben viele Deutsche monatlich für ihr Handy und das Internet aus.	?
7. Mobilität	Auto, Benzin, Steuern und Versicherung, Fahrkarten; Beispiel: Bei einem Anschaffungswert von 15 000 Euro, einer Anzahlung von 6 000 Euro und einer Kreditfinanzierung mit 5 % Kreditzinsen, finanziert auf 48 Monate, würde die monatliche Rate 250 Euro betragen.	?
8. Anschaffungen	Kleidung, Möbel etc. Nicht jeden Monat kauft man neue Schränke, Haushaltsgeräte oder Schuhe. Schätzt daher einen Jahresbedarf, den ihr durch 12 teilt. Überlegt, ob die Tochter Liz ihre Kleidung vom Taschengeld selbst kaufen soll.	?
9. Unterhaltung, Bildung	Bücher, Kino, Theater, Ausgehen, Ausgaben für die Schule	?
10. Taschengeld für Liz		?
11. Hobbys, Urlaub		?

Die Gesamtsumme der monatlichen Ausgaben beträgt:

? ____________

C Wie viel kann Familie Schweiger monatlich sparen?

Immer wieder kommt es in einer Familie zu Sonderausgaben, die in den laufenden monatlichen Kosten nicht erfasst sind. Man spart zum Beispiel für eine besondere Anschaffung. Man will etwas auf die hohe Kante legen für eine gute Ausbildung von Liz, für eine bessere Versorgung im Alter etc.
Um zu ermitteln, wie viel die Familie monatlich als Sparsumme zurücklegen kann, müsst ihr die Gesamtsumme der monatlichen Ausgaben vom zur Verfügung stehenden Monatseinkommen abziehen.

2 Marktwirtschaft: Wie funktioniert das?

Überall, wo viele Menschen in einer Gesellschaft zusammenleben, stellt sich die Frage, wie ihre wirtschaftliche Versorgung organisiert werden soll. Um Chaos zu vermeiden, muss eine Ordnung geschaffen werden. Wie kann sie aussehen? Zwei grundlegende Möglichkeiten sind denkbar:

1. Die Versorgung wird geplant. Eine staatliche Behörde legt fest, welche Güter in welcher Menge zu welchem Preis angeboten werden.
2. Die Versorgung wird nicht zentral geplant. Alle sind selbst für ihre wirtschaftliche Versorgung verantwortlich. Um Gewalt, Raub und Chaos bei der Güterverteilung zu vermeiden, gibt es Gesetze, an die sich alle halten müssen.

Marktwirtschaft heißt unsere Wirtschaftsordnung, weil sie sich an der zweiten Möglichkeit orientiert. Nicht der Plan soll Ordnung schaffen, sondern der Markt. Wie das funktioniert, erfahrt ihr hier.

Äpfel oder Bananen

Um das System der Marktwirtschaft zu verstehen, gehen wir einmal auf einen Wochenmarkt. Dort bieten zehn Händler Äpfel an. Alle haben die gleiche Sorte in der gleichen Größe, ein Apfel sieht aus wie der andere. Doch ein Verkäufer verlangt 1,50 pro Kilo, drei fordern 1,45, vier wollen 1,40 Euro für die gleiche Menge, und bei zwei Händlern beträgt der Preis 1,38. Logisch, dass die beiden Apfelverkäufer, die 1,38 verlangen, ihre Ware als Erste verkauft haben. Erst wenn es keine Äpfel zu 1,38 mehr gibt, wenden sich die Käufer dem Stand mit den nächstbilligen Preisen zu. Nach wenigen Stunden haben sechs Apfelhändler ihr Obst verkauft, nur die vier teuersten sind auf ihrer Ware sitzengeblieben. Sie haben nun die Wahl: Entweder sie warten weiter, oder sie senken die Preise, um ihre Äpfel verkaufen zu können. Da sie auch Geld verdienen wollen, bieten sie das Obst nun ebenfalls für 1,40 oder sogar für 1,38 an. Am nächsten Tag sind wieder zehn Apfelhändler auf dem Markt, die alle 1,38 für ihre Ware verlangen. Plötzlich taucht ein neuer Verkäufer auf, der Bananen anbietet. Und zwar für 2 Euro das Kilo. Da die Käufer Äpfel schon etwas langweilig finden, stürzen sie sich auf die Bananen, obwohl sie teurer sind als die Äpfel. Im Handumdrehen ist der Tisch des Bananenhändlers leer. Die Apfelverkäufer sind frustriert, weil ihr Geschäft trotz einheitlicher Preise kaum in Gang kommt. Schließlich senken sie ihre Preise auf 1 Euro, um doch noch Käufer anzulocken. Alle zehn verdienen deutlich weniger als am Vortag. Vier von ihnen entscheiden deshalb schnell, am nächsten Tag auch Bananen anzubieten, und zwar zum gleichen Preis wie der Bananenmann. Doch sie haben den Appetit der Kunden auf Bananen überschätzt. Es gibt nicht fünfmal so viele Käufer, die bereit sind, zwei Euro für ein Kilo Bananen zu zahlen. Also müssen sie die Preise senken, bis sie genügend Abnehmer für ihre Bananen finden.

(Aus: Christiane Oppermann: Nachgefragt: Wirtschaft, Loewe Verlag, Bindlach 2006, S. 16f.)

1. Kein Plan hat den Händlern vorgeschrieben, entweder Äpfel oder Bananen anzubieten. Der Markt hat es geregelt. Erkläre, warum das so ist.
2. Übernimm die folgende Tabelle und fülle sie aus:

Die Preise steigen, wenn	Die Preise fallen, wenn	Die Konkurrenz führt bei den Kunden dazu, dass	Der Wettbewerb unter den Händlern ist wichtig, weil
…	…	…	…

Marktwirtschaft

1. Erkläre die Zusammenhänge zwischen Markt, Angebot, Nachfrage und Preisbildung. Verwende dazu auch das Schaubild unten.
2. Welche Rolle spielen der Wettbewerb und die Freiheit der Produzenten und Konsumenten für das Funktionieren der Marktwirtschaft?

Märkte

Unter einem Markt stellen wir uns gerne einen Wochenmarkt oder einer Flohmarkt oder auch einen orientalischen Bazar vor. Das Grundprinzip ist dabei immer gleich: Käufer und Verkäufer treffen sich, um wirtschaftliche Güter gegen Geld zu tauschen. In der Sprache der Wirtschaft wird jedes Zusammentreffen von Angebot und Nachfrage als Markt bezeichnet. Ein Markt muss kein konkreter Ort sein. Es gibt zum Beispiel auch einen Lehrstellenmarkt, den man nicht konkret sehen kann, oder auch Märkte, die über das Internet funktionieren. Neben Waren werden auf Märkten auch Dienstleistungen angeboten, z. B. bei einem Frisör, einem Arzt oder bei Handwerksbetrieben.

Preise

Für den Abschluss eines Geschäftes spielt der Preis eine entscheidende Rolle. Der Kunde prüft unterschiedliche Angebote auf dem Markt. Stimmen Preis und Gegenleistung überein, dann wird gekauft. Deshalb heißt es auch: Der Preis einer Ware regelt sich über Angebot und Nachfrage. Eine hohe Nachfrage und ein geringes Angebot haben nach diesem Prinzip einen hohen Preis zur Folge. Und umgekehrt ist ein niedriger Preis zu erwarten, wenn ein hohes Angebot einer geringen Nachfrage gegenübersteht. So waren zum Beispiel die ersten Taschenrechner sehr teuer. Es gab wenige im Angebot und die Nachfrage war groß. Heute bekommt man Taschenrechner zum Teil geschenkt und wer einen kaufen will, muss nur wenig Geld dafür bezahlen, denn das Angebot an Taschenrechnern ist groß und die Nachfrage geht zurück.

Wettbewerb

Die Preisregulierung über Angebot und Nachfrage funktioniert nur, wenn es mehrere Anbieter für gleiche und ähnliche Produkte gibt, die miteinander über die Preise um die Kunden konkurrieren. Sie befinden sich dann in einem Wettbewerb und dieser ist für das Funktionieren der Marktwirtschaft elementar wichtig. Wettbewerb sorgt für günstigere Preise und treibt die Unternehmen dazu an, neue Produkte von besserer Qualität und innovativer Technik anzubieten. Gäbe es keine Konkurrenz und nur einen Anbieter, so hätte dieser ein Monopol (das heißt Alleinverkauf) und er könnte die Preise für eine Ware nach Belieben nach oben treiben.

Begriffe für euer Fachwörterverzeichnis

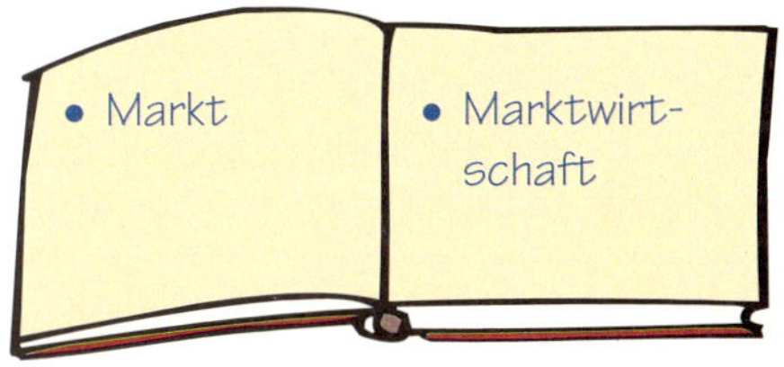

Marktwirtschaft

Marktwirtschaft heißt diese Wirtschaftsordnung, weil am Markt über den Kauf und Verkauf von Waren und Dienstleistungen entschieden wird. Es gibt keine lenkende Hand, die sich zentral um die Versorgung der Bevölkerung kümmert. Der Markt ist das ausgleichende Instrument. Wer mit seinem Angebot am Markt vorbei produziert, muss seine Firma schließen. Wer Wirtschaftsgüter nachfragt, muss das über den Markt tun. Man spricht von der freien Marktwirtschaft, weil die Anbieter (= Produzenten) und die Käufer (= Konsumenten) von Waren und Dienstleistungen frei in ihren Entscheidungen sind und weil die Preise frei nach Angebot und Nachfrage gestaltet werden. Die Wirtschaftsordnung der Bundesrepublik Deutschland wird soziale Marktwirtschaft genannt. Das zusätzliche Adjektiv „sozial" drückt aus, dass der Staat in das Wirtschaftsgeschehen eingreift, um grobe soziale Ungerechtigkeiten zu verhindern.

(Nach Schmidt Zahlenbild 200310)

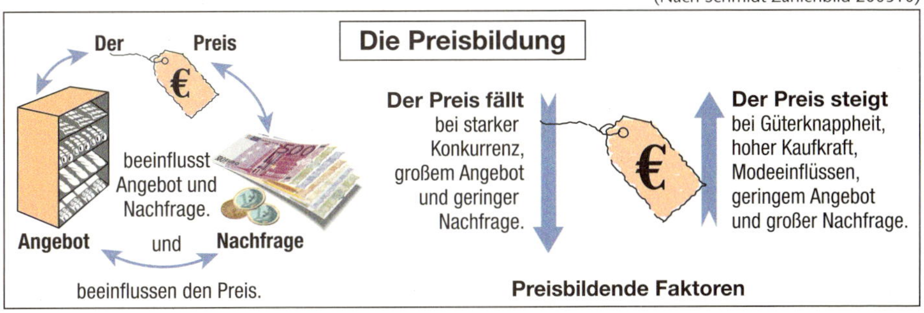

Sonderfall Arbeitsmarkt: Wieso ist hier alles etwas anders?

Eigentlich ist der Arbeitsmarkt ein Markt wie jeder andere. Es werden Arbeitsplätze angeboten und von den Arbeitsuchenden nachgefragt. Der Preis, der Angebot und Nachfrage steuert, ist der Lohn.
Warum hier trotzdem vieles anders ist als auf einem Wochenmarkt, erfahrt ihr hier.

Auf dem Arbeitsmarkt geht es um mehr

Für höhere Löhne: Arbeitnehmerinnen und Arbeitnehmer protestieren gegen Niedriglöhne.

Hat schon einmal jemand nach dem „gerechten Preis“ einer Erdbeere gefragt? Hat sich schon einmal irgendwer gefragt, ob eine Orange ihren Preis „verdient“? Oder sich den Preis einer Kartoffel so richtig zu Herzen genommen? Bestimmt nicht. Wenn die Markthändler das Gut Obst verkaufen, geht es normalerweise nur um Geld. Beim Gut Arbeit ist das anders. Der Arbeitsmarkt ist ein Sonderling, der sich von allen anderen Märkten unterscheidet. Denn die Arbeitskraft ist untrennbar mit dem Menschen verbunden. Im Gegensatz zu Orangen oder Erdbeeren kann man einen Menschen natürlich nicht kaufen, sondern nur seine Leistung und sein Wissen. Aber weil es immer auch um den Menschen geht, dreht es sich auf dem Arbeitsmarkt nicht nur um den richtigen Preis, den Lohn, sondern um viel mehr. Es geht um Werte, es geht um Schutz und es geht immer auch um Gerechtigkeit. Arbeit ist schließlich wichtig. Mit ihrem Lohn müssen die Menschen ihr Leben finanzieren: Kleidung, Nahrung, eine Wohnung oder ein Haus für sich und ihre Familien. Menschen, die ihre Arbeitskraft anbieten, wollen viel mehr als nur ein Einkommen. Sie wünschen sich eine Aufgabe, die ihnen Spaß macht. Ihre Arbeit sei ihr „Lebensinhalt“ erzählen viele Menschen. Andere sagen: „Meine Arbeit füllt mich aus“, und meinen damit, dass sie glücklich sind. Und weil der Markt für Arbeit so anders ist, herrschen hier besondere Regeln. Sie sollen die Menschen schützen. […]

Schutzvorschriften begrenzen die Marktfreiheit

Auf dem Arbeitsmarkt können sich die Preise nicht in alle Richtungen bewegen. Sie können zwar steigen, aber nicht sinken.
Das liegt am Tariflohn, den Gewerkschaften und Arbeitgeber miteinander für alle Beschäftigten aushandeln. Er wirkt wie eine Grenze nach unten. Weniger als einen Tariflohn darf ein Chef seinen Beschäftigten nämlich nur in Ausnahmefällen zahlen. […]
Der Tarifvertrag ist nur eine von vielen Regeln auf dem Arbeitsmarkt, die geschaffen wurden, um die Beschäftigten zu schützen. Einige Vorschriften legen fest, wie viel Urlaub die Menschen in jedem Jahr machen dürfen, wie ein gesunder Schreibtischstuhl aussehen muss und wie viele Stunden man am Tag arbeiten darf. Andere regeln, dass Bauarbeiter Schutzkleidung tragen müssen und der Chef auch dann einen Lohn zahlen muss, wenn sein Mitarbeiter mit einer Grippe zu Hause im Bett liegt. Dann wiederum gibt es Regeln wie den Kündigungsschutz, der genau festlegt, wann und welchem Mitarbeiter ein Firmenchef eine Kündigung schicken darf. Nach Gutdünken kann ein Chef seine Mitarbeiter nicht vor die Tür setzen.
Insgesamt haben Politiker und Beamte Tausende von Schutzvorschriften für den Arbeitsmarkt geschaffen – von A wie Arbeitszeitverordnung bis Z wie Zeitarbeitergesetz.

(Aus: Cornelia Schmergal: Wirtschaftspolitik – Was geht mich das an? Deutscher Taschenbuch Verlag, München 3/2006, S. 22ff.)

Gegen hohe Löhne: Mit dieser Protestaktion warnt der Arbeitgeberverband der Bauindustrie vor zu hohen Löhnen, ihre Begründung: „Sie sind der Tod der Bauunternehmen.“

1. Warum geht es auf dem Arbeitsmarkt um mehr als in anderen bekannten Märkten?
2. Regeln grenzen die Freiheit des Marktgeschehens ein: Sind sie in diesem Fall eine Bereicherung oder eine Einschränkung oder sind sie beides?

TEAM kontrovers: Mindestlöhne auf dem Arbeitsmarkt: Ja oder nein?

Angebot und Nachfrage regeln den Preis. So lautet eine der Grundlagen der Marktwirtschaft. Der Preis für eine Arbeitsleistung ist der dafür gezahlte Lohn. Darf er immer niedriger werden, wenn das Angebot an Arbeitsplätzen gering ist und die Nachfrage groß? Niedrige Löhne sind angesichts hoher Arbeitslosigkeit keine Seltenheit – auch nicht in Deutschland. Im Jahr 2009 arbeiteten hier 6,5 Millionen Beschäftigte in Branchen, in denen die Löhne stetig sinken.

Vor diesem Hintergrund wird heftig über die Einführung von Mindestlöhnen gestritten. Mindestlöhne sind gesetzlich festgelegte untere Lohngrenzen. In Deutschland gibt es Mindestlöhne nur in einigen wenigen Branchen, zum Beispiel bei den Postangestellten, im Baugewerbe und bei Gebäudereinigern. In anderen europäischen Ländern sind sie weit verbreitet. Ein Mindestlohn auf Stundenbasis könnte in Deutschland zwischen 6 und 10 Euro liegen.

Von den Parteien sind SPD, Grüne und die LINKE für Mindestlöhne, in der CDU und CSU gibt es unterschiedliche Stimmen, strikt dagegen ist die FDP. Sowohl bei den Arbeitgebern als auch bei den Gewerkschaften sind beide Positionen vertreten. Einige Gewerkschaftler sind gegen Mindestlöhne, weil sie nicht wollen, dass der Staat per Gesetz Löhne festsetzt. Sie fürchten, dass die Gewerkschaften dadurch an Einfluss verlieren. Es wird also heftig diskutiert in Deutschland und ihr könnt euch hier an der Diskussion beteiligen.

Nein, Mindestlöhne sind schädlich!

Mindestlöhne steigern die Lohnkosten. Das führt dazu, dass Arbeitsplätze abgebaut werden. Vor allem für die schlecht ausgebildeten Arbeitsuchenden verringert sich so die Chance auf Beschäftigung. Bei steigenden Arbeitskosten werden noch mehr Unternehmen als bisher ihren Standort ins Ausland verlagern, weil dort die Arbeitsuchenden gerne bereit sind, für vergleichsweise niedrige Löhne zu arbeiten.

Es ist besser, eine schlecht bezahlte Arbeit zu haben, als gar keine. Wenn höhere Löhne gezahlt werden müssen, werden die jetzt noch bezahlbaren Arbeitsplätze gestrichen. Das hilft niemandem. Mindestlöhne gefährden auch das Einkommen derjenigen, die mehr verdienen als ein gesetzlich vereinbarter Mindestlohn vorschreiben würde. Die Arbeitgeber haben nämlich dann die Möglichkeit, Lohnkürzungen vorzunehmen, weil sie nur noch den Mindestlohn bezahlen müssen. Was gut gemeint ist, muss nicht auch hilfreich sein.

Deshalb: Nein zu Mindestlöhnen.

Ja, Mindestlöhne müssen sein!

Wer den ganzen Tag arbeitet, muss von dem Lohn seinen Lebensunterhalt bestreiten können. Viele können es nicht. Man bezeichnet sie als „working poor", als Menschen, die für ihre oft sehr harte Arbeit nur Hungerlöhne erhalten. Das ist ein unerträglicher Verstoß gegen die Menschenwürde.

Auf dem Arbeitsmarkt herrschen wieder Zustände wie im 19. Jahrhundert, als der Staat sich nicht um die Arbeitsbedingungen kümmerte. Heute haben die Politiker eine soziale Verantwortung für die Menschen im Land. Deshalb muss der Staat aktiv werden.

Mindestlöhne garantieren Frauen und Männern ein existenzsicherndes Einkommen. Sie schützen sie vor Konkurrenz billiger Arbeitskräfte aus dem Ausland und erhöhen die Motivation und die Arbeitsleistung der Arbeitnehmerinnen und Arbeitnehmer.

Was in anderen Staaten Europas selbstverständlich ist, muss auch hierzulande gelten.

Deshalb: Ja zu Mindestlöhnen.

1. Fasst die Pro- und Kontra-Argumente jeweils kurz zusammen. Fallen euch weitere Argumente ein?
2. Standpunkte hängen in der Regel von Interessen ab. Welche Gruppen werden eher ein Interesse an Mindestlöhnen haben und welche nicht?
3. Egal, ob man sich für oder gegen Mindestlöhne ausspricht: Alle Lösungen haben Vor- und Nachteile. Worin bestehen diese?
4. In der Diskussion tauchen stets die Begriffe „Menschenwürde" und „Arbeitslosigkeit" auf. Worin bestehen die Zusammenhänge?

3 Was unterscheidet die soziale Marktwirtschaft von anderen Wirtschaftsordnungen?

Wirtschaftsordnungen haben große Auswirkungen auf die Lebensbedingungen der Menschen. Das wird deutlich, wenn wir einen Blick in die Vergangenheit werfen. Stellt euch einen Tag in Deutschland um 1880 vor. Wir befinden uns in der Zeit der Industrialisierung. Große Fabriken entstehen. Immer mehr Menschen ziehen in die Städte, um dort Arbeit zu finden. Der Staat mischt sich kaum in das Wirtschaftsgeschehen ein. Mit seinen Gesetzen schützt er lediglich die Freiheit des Unternehmers. Von England ausgehend hat die Wirtschaftsordnung der *freien Marktwirtschaft* auch Deutschland erfasst. Was bedeutete Freiheit in der Zeit dieser Wirtschaftsordnung?

Ein Tag in Deutschland um 1880 …

▪ **Tipp:** Für diese Doppelseite kann die Arbeit aufgeteilt werden. Lest dazu die Texte A bis E in Einzelarbeit. Bildet anschließend Vierergruppen, in denen jeder von euch zunächst seinen Text vorstellt.

A Zur Situation der Fabrikarbeiter

Der Arbeiterführer Julius Wahlsieg berichtet über die Zeit in seinen Lebenserinnerungen:
„Es war nur ein sehr kleiner Teil der Arbeiter, welcher die allernotwendigsten Lebensbedürfnisse einigermaßen befriedigen konnte, die ungeheure Mehrzahl war tatsächlich auf das Niveau der Arbeitstiere herabgedrückt. In den Fabriken wurde in der Regel von früh sechs bis abends acht Uhr gearbeitet. Es gab eine Mittagspause von einer halben Stunde und halbstündige Pausen für Frühstück und Vesper. Der Lohn reichte für den geschicktesten, bestbezahlten Arbeiter nicht aus, um, sofern er unverheiratet war, ein eigenes Zimmer zu mieten. […] Die Pflege des Körpers wurde genauso vernachlässigt wie die des Geistes. Die Nahrung war schlecht. Der Genuss von vielem trockenem Brot verursachte außer den anderen Übelständen besonders Sodbrennen, das man durch Kreideessen bekämpfte. Zur Reinlichkeit fehlte jede Gelegenheit; es waren keine 25 Pfennig wöchentlich übrig, um regelmäßig ein Bad zu nehmen.

(Nach: Franz Josef Furtwängler: Die Gewerkschaften, Rowohlt Verlag, Reinbek 1956)

B Kinder

Ein Kind aus einer Aachener Tuchfabrik erzählt: „Das Spulen war für uns Kinder eine schreckliche Marter. Da hockten wir, Stunde um Stunde auf dem niedrigen Stühlchen hinter dem Spulrad bei der entsetzlich eintönigen und ermüdenden Arbeit, immer nur spulen, spulen, spulen: Der Rücken schmerzte, der rechte Arm, der das Rad drehen musste, drohte zu erlahmen, die Finger der linken Hand wurden von den scharf gesponnenen Fäden, die zur gleichmäßigen Verteilung auf die Spulen geleitet werden mussten, blutig gerissen.

(Aus: L. Zietz: Aus meinem Leben, in: Die Kämpferin, Beilage 1. Jg. 1919, Nr. 2)

Eltern berichten:
„Kaum sind die Kinder so weit herangewachsen, dass ihre Kräfte zur Verrichtung einer Arbeit auszureichen scheinen, so werden sie von den Eltern in die Fabriken gesandt, oder sie sitzen neben dem Webstuhl, den ganzen Tag mit Spulen beschäftigt. Die Stunden, welche die Kinder nicht dem Schulunterricht zu widmen haben, sind sie genötigt, in den Wohnungen ihrer Eltern zu verbringen; diese zwingen sie, die Zeit mit Arbeiten jeder Art, die einen Gewinn abwerfen, auszufüllen und sind leider auch durch den Drang der Umstände darauf angewiesen, streng darauf zu halten, weil es dem Haupt der Familie höchst selten möglich ist, allein den Lebensunterhalt für die ganze Familie zu erwerben. […]“

(Aus: Ruth Hoppe: Dokumente zur Geschichte der Lage des arbeitenden Kindes in Deutschland von 1700 bis zur Gegenwart, Berlin 1969, S. 57ff.)

Eines der frühen Fotos aus der Arbeitswelt zeigt einen sechsjährigen Jungen, der zusammen mit seinem Vater in einer Chemnitzer Weberei arbeitet, täglich von morgens 5 Uhr bis abends 19 Uhr.

C Zur Situation der Frauen

Die Fabrikarbeiterin Ottilie Baader berichtet: „Die wirtschaftliche Entwicklung brachte es mit sich, dass immer mehr Frauen aus der Familie gerissen und in die Fabriken, Werkstätten, auf die Bauten, in die Landarbeit, die Kohlengruben gedrängt wurden. Diese Frauen aber, deren Tätigkeit bisher nur die Familie war, verstanden es nicht, die Erwerbsarbeit in Geld zu bewerten; sie betrachteten ihren Lohn meist nur als Zubrot zu dem des Mannes. Sie arbeiteten für viel geringeren Lohn als die Männer und beeinflussten so die Lebenshaltung der Arbeiterklasse auf das Allerschlimmste. Das Unternehmertum aber begriff sehr schnell, dass trotz der niedrigen Löhne die weibliche Arbeitskraft meist nicht geringer als die der männlichen Arbeiter war, der Profit dadurch also deutlich erhöht wurde.

(Aus: Ottilie Baader: Ein steiniger Weg (1921), zitiert nach: Wolfgang Emmerich (Hg.), Proletarische Lebensläufe, Bd. 1, Reinbek 1974, S. 268f.)

D Die Umwelt

Der Chemiker Konrad Julisch über das Fischsterben in den Flüssen des Ruhrgebiets: „Es hat sich herausgestellt, dass für ganz Deutschland der wirtschaftliche Wert der Industrien, welche Abwässer liefern, circa tausendmal größer ist als der Wert der Binnenfischerei in Seen und Flüssen, also sicher mehr als tausendmal größer als der Wert der Flussfischerei. [...]
Haben sich an einem kleinen Flusse, wie z. B. Wupper, Emscher, Bode und anderen, so viele Fabriken angesiedelt, dass die Fischzucht in denselben gestört wird, so muss man dieselbe preisgeben. Die Flüsse dienen dann als die wohltätigen, natürlichen Ableitungen der Industriewässer nach dem Meere. In solchen Fällen muss das geringfügige Interesse der Fischzucht dem überwältigenden Interesse der Industrie weichen.

(Aus: Th. Rommelspacher: Das natürliche Recht auf Wasserverschmutzung, in: F. J. Brüggemeier/Th. Rommelspacher (Hg.), Besiegte Natur. Geschichte der Umwelt im 19. und 20. Jahrhundert, Beck München 1987, S. 51f.)

Eine Arbeiterin bedient mehrere Spinnmaschinen gleichzeitig. Hergestellt wird Asbestgarn; die Schädlichkeit von Asbest war noch nicht bekannt.

Die „Rauchplage" wird zum allgemeinen Übel der Industrielandschaft. Aus London erfahren wir, dass dort in einer Woche im Februar 1880 allein 1 557 Menschen an einer Erkrankung der Atemwege starben.

1. Stellt zusammen, welche Erkenntnisse der Blick in das Jahr 1880 auf die Situation von Arbeitern, Kindern, Arbeiterinnen und der Umwelt in der Zeit des Wirtschaftsliberalismus deutlich macht.
2. Sucht nach Gründen, warum die damalige Wirtschaftsordnung der *freien Marktwirtschaft* kein Modell für die Gegenwart sein kann.

Drei Wirtschaftsordnungen im Überblick

Wenn du Herrscherin oder Herrscher über ein Königreich wärest: Würdest du die Wirtschaft deines Landes deinem Volk überlassen oder würdest du eine staatlichen Behörde damit beauftragen, die Wirtschaft nach einem großen Plan zu organisieren?
Du stündest damit vor der Frage, ob du eine Marktwirtschaft oder eine Planwirtschaft einführen willst. Solltest du dich für die Marktwirtschaft entscheiden, stündest du wieder vor einer Entscheidung: Wirst du das Marktgeschehen sich selbst überlassen oder wirst du eingreifen, um soziale Härten auszugleichen und die Schwachen zu schützen? Du müsstest dich also zwischen einer freien und einer sozialen Marktwirtschaft entscheiden. Alles nur Fantasie? Nein, nach dem Ende des Zweiten Weltkriegs und der Entstehung zweier deutscher Staaten standen die Politikerinnen und Politiker in Ost und West vor genau dieser Entscheidung.
Unter einer Wirtschaftsordnung verstehen wir die Summe aller Regeln, in deren Rahmen sich das gesamte Wirtschaftsgeschehen in einem Staat oder in einem Bündnis von Staaten abspielt. Theoretisch lassen sich drei Modelle von Wirtschaftsordnungen voneinander unterscheiden: die freie Marktwirtschaft, die soziale Marktwirtschaft und die Planwirtschaft (sie wird auch Zentralverwaltungswirtschaft genannt). Das Verhältnis zwischen dem Staat und der Wirtschaft ist bei den drei Modellen von besonderer Bedeutung. Es lässt sich modellhaft mit zwei Kreisen veranschaulichen. Ein Kreis ist die Wirtschaft, der andere ist der Staat.
Mithilfe der beiden Kreise könnt ihr in den drei Wirtschaftsordnungen das Verhältnis zwischen Wirtschaft und Staat erklären.

A Die freie Marktwirtschaft

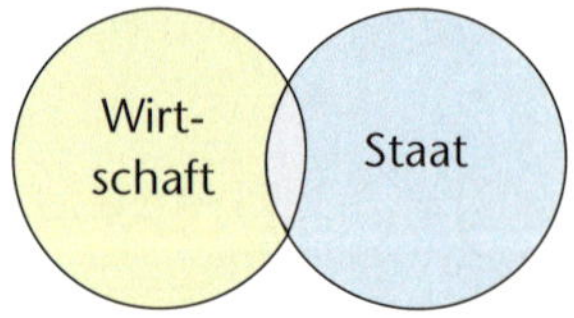

In der Zeit des Wandels von einer bäuerlichen Gesellschaft zur Industriegesellschaft im 19. Jahrhundert bildete sich in Deutschland und in anderen europäischen Staaten die Wirtschaftsordnung der freien Marktwirtschaft heraus. Maßgeblich für ihre Entwicklung waren die Ideen des schottischen Volkswirtschaftlers Adam Smith (1723–1790). Seiner Ansicht nach sorgt der Unternehmer dann am besten für das allgemeine Wohl, wenn er nach maximalem Gewinn strebt. Gewinn kann er nämlich nur erzielen, wenn er gute Produkte zu einem angemessenen Preis zum Kauf anbietet. Den Markt für Wirtschaftsgüter solle man weitestgehend sich selbst überlassen. So würden Angebot und Nachfrage am besten in Übereinstimmung gebracht. Smiths Theorie wird auch als „Wirtschaftsliberalismus" bezeichnet (von lateinisch liber = frei).
Wichtige **Grundlage** der freien Marktwirtschaft war das Recht des Unternehmers, mit seinem Privateigentum tun und lassen zu können, was er wollte. Auf dieser Grundlage konnten die Fabrikbesitzer in der Zeit der Industrialisierung in ihren Unternehmen ohne staatliche Beschränkungen und Kontrollen weitestgehend frei schalten und walten.
Charakteristische Merkmale der freien Marktwirtschaft sind, dass Markt und Preise das Verhältnis zwischen Angebot und Nachfrage regeln, dass die Unternehmen Gewinn erwirtschaften können und dass Wettbewerb besteht. Der Staat greift wenig in das Wirtschaftsgeschehen ein. Seine wirtschaftlich bedeutsamste Aufgabe bestand darin, mit Gesetzen die Freiheit des Unternehmertums zu garantieren.
Die uneingeschränkte unternehmerische Freiheit hatte zur Folge, dass nur sehr geringe Löhne bei unzumutbaren Arbeitszeiten gezahlt wurden, sodass große Teile der Bevölkerung in sozialem Elend lebten.

B Die soziale Marktwirtschaft

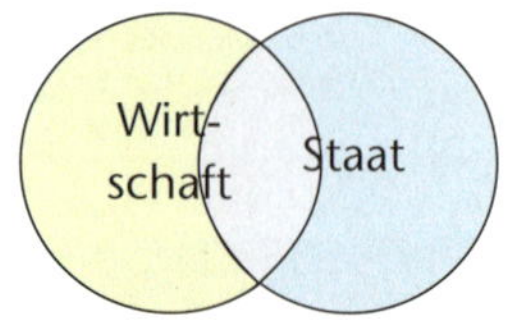

Als soziale Marktwirtschaft bezeichnen wir die Wirtschaftsordnung, in der wir heute in Deutschland leben. Sie baut auf den historischen Erfahrungen der freien Marktwirtschaft auf, will aber im Unterschied dazu deren sozial ungerechte Auswirkungen beseitigen.
Eingeführt wurde die soziale Marktwirtschaft nach dem Zweiten Weltkrieg in der neu entstandenen Bundesrepublik Deutschland. Entwickelt wurde sie von dem deutschen Wirtschaftswissenschaftler Alfred Müller Armack. Untrennbar mit ihrer Einführung verbunden ist der Name des ersten Wirtschaftsministers und späteren Kanzlers der Bundesrepublik Deutschland, Ludwig Erhard, der sie weiterentwickelte und praktisch anwendete.
Ihre **grundlegende Idee** besteht darin, dass man die Vorteile der freien Marktwirtschaft erhalten und gleichzeitig deren negative Auswirkungen beseitigen wollte. Wie in der freien Markt-

wirtschaft werden Angebot und Nachfrage über den Markt gesteuert, es herrscht Wettbewerb unter den Anbietern und es gibt das Recht auf Privateigentum an Produktionsmitteln. Der Staat greift aber viel stärker als in der freien Marktwirtschaft mit gesetzlichen Regelungen in das Wirtschaftsgeschehen ein. „Es ist Aufgabe des Staates, den Rahmen für einen funktionierenden Wettbewerb zu schaffen. Gleichzeitig muss er die Bereitschaft und die Fähigkeit der Menschen zu eigenverantwortlichem Handeln und mehr Selbstständigkeit fördern.
Der zweite Grundsatz der sozialen Marktwirtschaft neben dem freien Markt ist der soziale Ausgleich. Dieser soll die Freiheit des Marktes möglichst nicht einschränken. Trotzdem sollen die Nachteile des freien Marktes, wie zerstörerischer Wettbewerb, Ballung wirtschaftlicher Macht oder unsoziale Auswirkungen von Marktprozessen, wie etwa Arbeitslosigkeit, vermieden werden. Deswegen greift der Staat durch sozialpolitische Maßnahmen aktiv in das Marktgeschehen ein. Ziel ist eine bestmögliche soziale Absicherung bei gleichzeitig größtmöglichem Wohlstand.

(Aus: Bundesministerium für Wirtschaft und Technologie, Soziale Marktwirtschaft, www.bmwi.de 2009)

In der sozialen Marktwirtschaft treibt der Staat eine aktive Wirtschaftspolitik. Mit Gesetzen sorgt er zum Beispiel dafür, dass der Wettbewerb unter den Unternehmen erhalten bleibt. Er verbietet den Zusammenschluss mächtiger Unternehmen, die das Ziel verfolgen, unliebsame Konkurrenz auszuschalten. Er stellt Preisabsprachen unter Strafe, weil er bestrebt ist, die Konkurrenz zu erhalten und die Verbraucher zu schützen.
Weitere Ziele aktiver Wirtschaftspolitik bestehen darin, die Arbeitslosigkeit zu bekämpfen, den Wert des Geldes stabil zu halten und für Wirtschaftswachstum und Umweltschutz zu sorgen.

C Die Planwirtschaft

Das Gegenmodell zur sozialen Marktwirtschaft war in den ehemaligen Staaten des Ostblocks und in der damaligen DDR das Wirtschaftssystem der zentralen Planwirtschaft. Die **Grundidee** dieses Modells besteht zunächst einmal in einer völligen Ablehnung marktwirtschaftlicher Vorstellungen. Marktfreiheit führt demnach immer zur Anhäufung der Macht und des Geldes in Händen weniger Kapitalisten und zur Ausbeutung der arbeitenden Menschen. Man war überzeugt, dass die Wirtschaft am besten funktioniert, wenn der Staat die Planung übernimmt. In der Planwirtschaft der ehemaligen Sowjetunion und der DDR trafen staatliche Planbehörden alle wichtigen Wirtschaftsentscheidungen. In Fünfjahresplänen wurde festgelegt, welche Güter hergestellt werden sollten, zu welchen festgelegten Preisen sie angeboten wurden und wie die vorhandenen Arbeitskräfte im Wirtschaftsprozess eingesetzt werden sollen. Die Fabriken waren verstaatlicht. Da Staat und Wirtschaft eine Einheit bilden, überdecken sich die beiden Kreise fast vollständig.
Einige planwirtschaftliche Elemente finden wir auch heute noch in verschiedenen Wirtschaftsordnungen. Der große Nachteil dieses Modells bestand darin, dass es der geplanten Wirtschaft nicht gelang, schnell und flexibel auf die wirtschaftlichen Bedürfnisse der Menschen zu reagieren. Immer wieder kam es zu Mängeln und Engpässen in der wirtschaftlichen Versorgung. Insgesamt gilt das Modell der Planwirtschaft unter Expertinnen und Experten heute als überholt.

Begriffe für euer Fachwörterverzeichnis

1. Legt eine Tabelle nach dem folgenden Muster an und füllt sie aus.

	Freie Marktwirtschaft	Soziale Marktwirtschaft	Planwirtschaft
Grundidee			
Merkmale			
Verhältnis Staat/ Wirtschaft			

2. Zwischen dem Modell der freien und der sozialen Marktwirtschaft gibt es Gemeinsamkeiten und Unterschiede. Welche sind das?

Was sind die besonderen Merkmale der sozialen Marktwirtschaft?

Auf dieser Doppelseite sind grundlegende Merkmale der sozialen Marktwirtschaft mithilfe von Fotos visualisiert. Ihr könnt sie und die erläuternden Texte für eine Sammlung der Merkmale benutzen.
Eure Sammlung und die Fotos könnt ihr als Grundlage für eine mündliche Erklärung verwenden.

1

Niemand schreibt einem Unternehmen vor, welche Produkte es auf dem Markt anbietet – also welche Blumen, welche Jeans, welche Autos. Einschränkend gilt, dass Produkte in Fragen der Sicherheit, des Gesundheitsschutzes und der Umweltverträglichkeit zahlreiche gesetzliche Auflagen erfüllen müssen. Der Unternehmer hat die Chance des Gewinns, trägt aber auch das Risiko des Verlusts, wenn sein Angebot am Markt bzw. vom Verbraucher nicht angenommen wird. Unternehmerfreiheit, Unternehmensrisiko, Angebots- und Konsumfreiheit sind Grundpfeiler der sozialen Marktwirtschaft.

2

Das Foto zeigt die Arbeitnehmerschaft in einem Großbetrieb bei der Wahl ihres Betriebsrates. Betriebliche Mitbestimmung ist ein weiteres Merkmal der sozialen Marktwirtschaft. Gewerkschaften und die Arbeitgeberorganisationen können selbstständig Vereinbarungen zum Ausgleich ihrer unterschiedlichen Interessen treffen. Soziale Marktwirtschaft will mithilfe von gesetzlichen Regelungen die Beschäftigten in den Unternehmen vor Ausbeutung schützen. In diesem Merkmal unterscheidet sie sich grundlegend von der freien Marktwirtschaft in der Zeit der Industrialisierung.

3

Gewerbefreiheit gehört zu den Grundmerkmalen der sozialen Marktwirtschaft ebenso wie die Tatsache, dass die meisten Unternehmen in privater Hand sind. Das gilt auch für den „rollenden Fastfoodladen" auf dem Foto. Der Betreiber des Ladens kann sich – wie alle anderen privaten Unternehmer auch – auf das im Grundgesetz garantierte Recht auf Privateigentum berufen. Allerdings schreibt Artikel 14 des Grundgesetzes auch vor, dass Privateigentum dem Wohl der Allgemeinheit zu dienen habe. Einschränkend gilt weiterhin, dass die Gründung zahlreicher gewerblicher Betriebe an bestimmte Voraussetzungen geknüpft ist.

4

Zu den Wesensmerkmalen der sozialen Marktwirtschaft gehören alle Maßnahmen, die einen Ausgleich schaffen zwischen der wirtschaftlichen Freiheit auf der einen Seite und dem Schutz der Menschen auf der anderen Seite. Gesetze gewähren Mutterschutz, Kinder- und Jugendschutz, Jugendarbeitsschutz, Elternzeit und Elterngeld, Kindergeld u. a. Sozialpolitik soll sich in besonderer Weise auf Fördermaßnahmen für die sozial Schwachen konzentrieren. Dazu gehören oft Alleinerziehende, Frauen und Kinder. Über das System der gesetzlichen Sozialversicherung sind alte Menschen, Kranke, Pflegebedürftige und Arbeitslose vor allzu großer materieller Not geschützt. In der sozialen Marktwirtschaft stehen die Wirtschaftsordnung und der Sozialstaat in einer untrennbaren Verbindung zueinander.

Ein **Kartell** liegt vor, wenn zum Beispiel mehrere Unternehmen, die Schokolade anbieten, eine heimliche Absprache treffen, alle ihre Tafeln zum gleichen Preis anzubieten, um so den lästigen Wettbewerb auszuschalten. Solche Absprachen sind in der sozialen Marktwirtschaft verboten.

5

Wettbewerbssicherung gehört zu den grundlegendsten Aufgaben des Staates in der sozialen Marktwirtschaft. Warum das so wichtig ist, erklärt der folgende Textauszug:

„Wenn möglichst viele verschiedene Anbieter um die billigsten Preise konkurrieren, um den besten Service und um die neuesten Erfindungen, so ist das schlicht unbequem. Um dem lästigen Wettbewerb zu entgehen, lassen sich die Unternehmen daher einiges einfallen. Sie kaufen Konkurrenten auf. Sie verschenken ihre Produkte, um die Konkurrenz in die Pleite zu treiben. Und wenn das nicht hilft, sprechen sie die Preise mit anderen Anbietern ab. Solche Aktionen zu verhindern, ist Aufgabe des Staates. Er ist damit gut beschäftigt. In Deutschland gibt es gleich drei Einrichtungen, die den Wettbewerb schützen sollen: das Kartellamt, die Monopolkommission und die Bundesnetzagentur. Ihre Aufgabe ist wichtig. Keinesfalls dürfte der Staat den Wettbewerb von den Unternehmen aushebeln lassen. Denn Konkurrenz bringt Fortschritt und Wohlstand in die Wirtschaft. Wenn der Wettbewerb gut funktioniert, bewirkt dies, dass Autos, Ananas und anderes so billig angeboten werden, wie es nur geht – das hat der österreichische Ökonom Friedrich August von Hayek betont. Er sagt: Wie billig ein Gut sein kann, das lässt sich überhaupt erst durch Wettbewerb ermitteln. [...]
So merken auch die Verbraucher erst, wie billig sich eine Ananas produzieren und nach Deutschland schaffen lässt, wenn sich mehrere Hersteller gegenseitig um das Geschäft reißen. [...]
Wer etwas Neues erfindet, hat im Wettbewerb einen Vorteil und wird belohnt. Deshalb strengen sich die Unternehmen beim Entwickeln und beim Bauen an. Sind in diesem Jahr Klapphandys beliebt, im nächsten aber solche zum Auf- und Zuschieben? Im Wettbewerb merken das die Anbieter am schnellsten. Wer das neue Trendprodukt als Erster anbietet, verdient am meisten.“

(Aus: Rainer Hank: Was Sie schon immer über Wirtschaft wissen wollten, Frankfurter Allgemeine Buch, Frankfurt a. M. 2008, S. 155 f.)

1. Erklärt, warum der unternehmerischen Freiheit in der sozialen Marktwirtschaft Grenzen gesetzt sind.
2. Wer gewinnt, wer verliert im wirtschaftlichen Wettbewerb, wer empfindet ihn als vorteilhaft, wer als lästig, wer überwacht ihn und was hat er mit einer Ananas zu tun?

4 Was leistet das Kreislaufmodell für die Erklärung des Wirtschaftsgeschehens?

Geht es euch auch so wie der Marquise von Pompadour?

Die Marquise von Pompadour (1721–1764) war eine kluge Frau. Aber es gelang ihr einfach nicht, zu begreifen, wie das Wirtschaftsgeschehen in ihrem Land Frankreich funktionierte. Das war aber wichtig für sie, denn sie wollte ihren Geliebten, König Ludwig XV., bei dessen Regierungsgeschäften gut beraten, um sich so bei Hofe unersetzlich zu machen.
In dieser Situation hatte ihr Leibarzt François Quesney (1694–1774) eine Idee. Er hatte Madame schon ein Modell des menschlichen Blutkreislaufes erläutert. Die adelige Dame hatte so mühelos begriffen, welche Aufgaben die einzelnen Organe im Körper des Menschen übernehmen und wie sie miteinander in Verbindung stehen. Er entwickelte nun das Modell eines wirtschaftlichen Tableaus: „Tableau Economique". Darin stellte er die Wirtschaft ebenfalls als einen Kreislauf dar. So wie das Blut in dem einen vom Herzen zur Lunge und umgekehrt fließt, so fließen in der Wirtschaft Geldströme und Güterströme hin und her. Quesney ordnete die Menschen nach ihrer Rolle im Wirtschaftsgeschehen in unterschiedliche Gruppen ein. Er verwendete das Modell eines Hauses für die Gruppe der Grundbesitzer, ein kleines Schloss für den Staat, eine Miniaturwerkstatt für das Handwerk usw.
Schritt für Schritt baute er so die Akteure des Wirtschaftsgeschehens vor den Augen der Marquise auf und erklärte währenddessen, wie Geld und die Güter zwischen diesen festen Größen hin- und herfließen. Quesney hatte mit seinem wirtschaftlichen Tableau bei Madame Pompadour einen durchschlagenden Erfolg. Sie begriff, wie der Zustand der landwirtschaftlichen Betriebe, des Handels und die Einnahmen des Hofes miteinander in Verbindung standen. Sie fand heraus, wie der Kreislauf der von Schuldenbergen gedrückten französischen Wirtschaft wieder in Schwung gebracht werden konnte. Sein Modell hatte ihr die Wirklichkeit erklärt, ohne sie zu verfälschen. Es machte ihr Prozesse deutlich, die immer wieder abliefen, und es lehrte sie, an welcher Stelle im Kreislauf der König eingreifen musste, um das Kreislaufgeschehen in seinem Sinne zu steuern. Damit waren ihr Einfluss auf den König und ihre Stellung bei Hofe fürs Erste gesichert.
So wie der Marquise de Pompadour scheint es heute vielen Menschen zu gehen, wenn sie versuchen, die komplizierten Abläufe und Probleme des Wirtschaftsgeschehens zu verstehen. Der Wirtschaftsprozess in einem großen Land mit Waren- und Geldaustausch über die Grenzen hinweg ist durch eine unüberschaubare Zahl von Aktivitäten, Auswirkungen und Problemen gekennzeichnet, die auf den ersten Blick als schwer verständlich erscheinen.
Unter Wirtschaftsexpertinnen und -experten gilt die Idee des François Quesney noch heute als genial. Man fasst die Vielzahl der einzelnen Akteure im Wirtschaftsgeschehen zu großen Einheiten zusammen und erklärt ihre Aufgaben, Leistungen und gegenseitigen Abhängigkeiten mithilfe von Pfeilen, welche Geld und Güterströme symbolisieren. Man erhält so ein Kreislaufmodell, das die Wirklichkeit zwar stark vereinfacht wiedergibt, dafür aber für klare Erkenntnisse sorgt.
So wie Madame Pompadour Bildung und Erfolg mithilfe des klugen Leibarztes zu steigern wusste, so soll es

euch auch ergehen, wenn ihr euch auf den folgenden Seiten näher mit dem Modell vom Wirtschaftskreislauf beschäftigen werdet.

Unternehmen und Haushalte

Im Vergleich mit dem menschlichen Kreislauf sind Unternehmen das Herz der Wirtschaft, weil sie die Menschen mit all den Waren und Dienstleistungen versorgen, die auf den verschiedenen Märkten zu kaufen sind. Dabei reicht die Größe der Unternehmen von der Ein-Personen-Firma bis zum „Global Player" mit Tausenden von Mitarbeitern.
Wegen ihrer herausragenden Bedeutung für das Wirtschaftsgeschehen ist es angebracht, die Entwicklung eines Kreislaufmodells mit dem Sektor Unternehmen zu beginnen. Der Begriff Betrieb wird oft gleichbedeutend verwendet, meint aber im engeren Sinn nur die eigentliche Produktionsstätte. Große Unternehmen, wie zum Beispiel Siemens oder Daimler, können aus zahlreichen Einzelbetrieben bestehen. Die privaten Haushalte bilden im Wirtschaftskreislauf den Sektor des Verbrauchs. Hier werden die Güter und Dienstleistungen konsumiert, die im Unternehmenssektor produziert werden. Dem Güterstrom steht der Geldstrom gegenüber, der in Form von Preisen an die Unternehmen fließt. Unternehmen und Haushalte können in der modernen Volkswirtschaft nicht ohne einander existieren.

Der einfache Wirtschaftskreislauf

Beim einfachen Wirtschaftskreislauf wird von der Modellvorstellung ausgegangen, dass die Austauschbeziehungen lediglich zwischen zwei Teil-

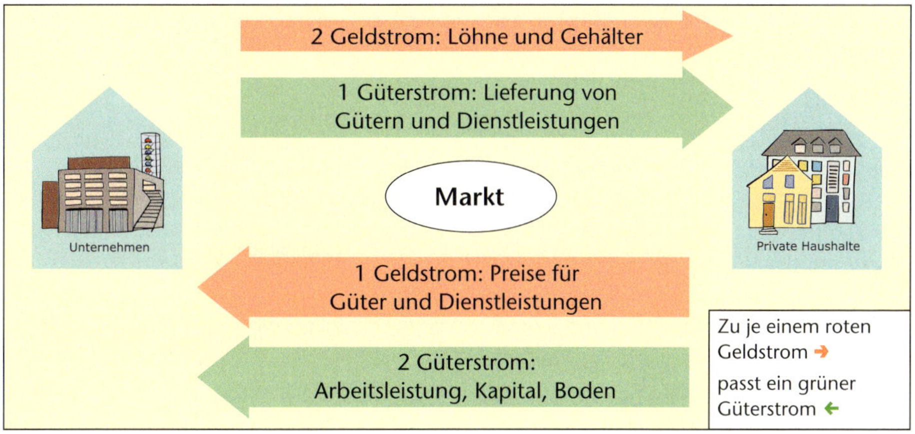

nehmern am Wirtschaftsleben (Wirtschaftssubjekten), den Unternehmen und den privaten Haushalten, stattfinden. Diese beiden Gruppen sind zu sogenannten Sektoren zusammengefasst. Im Modell des einfachen Wirtschaftskreislaufs bestehen keine außenwirtschaftlichen Beziehungen und auch der Staat greift nicht in das Wirtschaftsleben ein. Die privaten Haushalte stellen die Produktionsfaktoren Arbeit, Boden und Kapital den Unternehmen zur Verfügung, produzieren keine Güter selbst und verbrauchen ihr gesamtes Einkommen. Die Unternehmen bieten den Menschen Arbeitsplätze und produzieren Waren und Dienstleistungen, die am Markt angeboten werden.

Das Kreislaufschema zeigt nun, dass die privaten Haushalte am Markt ihre Arbeitsleistung sowie die Faktoren Kapital und Boden den Unternehmen anbieten, die diese nutzen und die Haushalte dafür bezahlen. Die Unternehmen ihrerseits erzeugen durch Kombination der von den Haushalten erworbenen Produktionsfaktoren Güter, die sie an die Haushalte verkaufen. Die Haushalte kaufen die von den Unternehmen produzierten Güter und zahlen dafür mit ihren Geldeinkommen, das den Unternehmen als Erlös zufließt. Damit ist der einfache Wirtschaftskreislauf geschlossen.

(Aus: Duden. Wirtschaft von A bis Z. Grundlagenwissen für Schule und Studium, Beruf und Alltag. 2. Aufl. Mannheim: Bibliographisches Institut & F.A. Brockhaus 2004. Lizenzausgabe Bonn: Bundeszentrale für politische Bildung 2004)

1. Warum hatte François Quesney mit seinem Wirtschaftsmodell bei Madame Pompadour einen durchschlagenden Erfolg? Findet mehrere Gründe.

2. Nehmt ein Blatt zur Hand, auf das ihr die Sektoren Unternehmen und Haushalt um einen Markt herum skizziert. Tragt dann die folgenden Aktionen in Form von Geld- und Güterströmen ein:
a) Frau X kauft ein neues Auto.
b) Herr Y besucht ein Fitnessstudio.
c) Frau Z nimmt eine neue Arbeitsstelle an.
d) Herr Q erwirbt Aktien des Unternehmens W. (Mit dem Preis für die Aktien stellt er dem Unternehmen Kapital zur Verfügung und erhält dafür einen Anteil am Wert des Unternehmens.)

Der erweiterte Wirtschaftskreislauf

Im einfachen Kreislauf bilden Unternehmen und Haushalte die Sektoren 1 und 2. Im erweiterten Wirtschaftskreislauf fügen wir drei Sektoren hinzu: den Staat, die Banken und das Ausland.
Zur Bearbeitung empfehlen wir, dass je ein Drittel der Klasse sich zu Spezialisten für einen der Sektoren 3, 4 und 5 macht und anschließend den anderen die Rolle seines Sektors im Wirtschaftskreislauf erklärt.

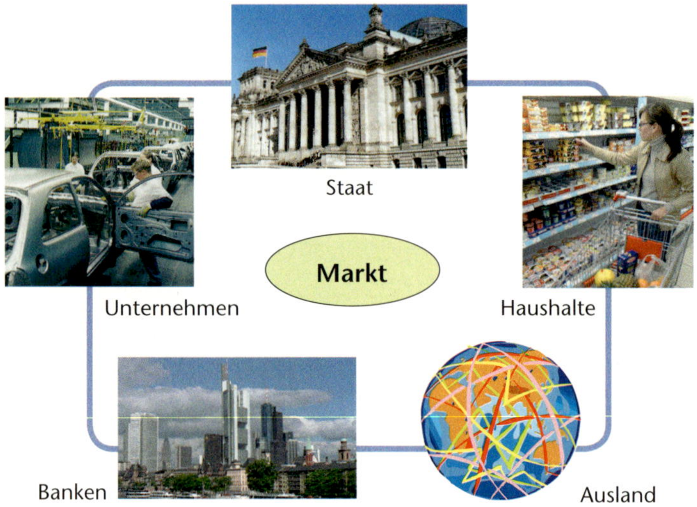

Sektor 3: Der Staat

Im Wirtschaftskreislauf muss der Staat als eigenständiger Sektor gesehen werden. Er entzieht dem Kreislauf des Geldes ständig bedeutende Beiträge und führt diese als Staatsausgaben wieder in den Wirtschaftskreislauf zurück. So ist die Rolle des Staates im Wirtschaftskreislauf die einer großen Umverteilungsmaschine zwischen hereinkommenden und herausfließenden Geldströmen.
Die wichtigsten Einnahmen des Staates bilden die Steuern. Steuern sind Zwangsabgaben der Bürger zur Finanzierung staatlicher Leistungen. Unternehmen müssen ihren Gewinn versteuern, private Haushalte ihr Einkommen bzw. ihren Lohn. Auch sonst gibt es kaum einen wirtschaftlichen Vorgang, an dem der Staat nicht beteiligt ist: Beim Kauf eines Döners wird Mehrwertsteuer fällig, beim Tanken fällt die Mineralölsteuer an, beim Autokauf muss die Kfz-Steuer abgeführt werden, in einem Konzertticket ist die Vergnügungssteuer enthalten usw. Diese Liste ließe sich noch lange fortsetzen.
Zusammengenommen werden alle zum Staat hin fließenden Geldströme als Staatseinnahmen bezeichnet. Natürlich werden diese nicht in irgendwelchen Schatzkammern gesammelt. Vielmehr fließen sie in Form von Staatsausgaben wieder in den Kreislauf zurück: für Straßen- und Wohnungsbau, für die Bundeswehr, das Polizeiwesen, für den Bau von Universitäten, Schulen, Krankenhäusern, für Maßnahmen im Umweltschutz, für Forschung. Auch Personalkosten und Pensionen für die Staatsbediensteten schlagen zu Buche. Da Staaten Schulden machen, um ihre Aufgaben zu finanzieren, fließt ein erheblicher Teil der Staatseinnahmen in Form von Schuldentilgungen an die Banken in den Wirtschaftskreislauf zurück.
Den größten Anteil der Staatsausgaben machen die Kosten für Sozialleistungen aus.
Die Rolle des Staates im Wirtschaftskreislauf gehört zu den am heftigsten diskutierten Themen in einer Volkswirtschaft. Der Staat kann nämlich über die Gestaltung seiner Einnahmen und Ausgaben das Land politisch verändern. Wird z. B. die Mineralölsteuer erhöht, kann das dazu führen, dass die Menschen verstärkt auf öffentliche Verkehrsmittel umsteigen; eine Erhöhung der Tabaksteuer führt vielleicht dazu, dass so mancher das Rauchen einstellt. Senkt der Staat die Einkommensteuern, kurbelt er wahrscheinlich die Nachfrage im Unternehmenssektor an, verzichtet aber gleichzeitig auf einen Teil seiner Einnahmen.

Sektor 4: Die Banken

Eine Bank ist ein Unternehmen, das mit Geld handelt. Sie kauft Geld in Form von Spareinlagen ein und zahlt dem Sparer dafür einen Zins aus. Sie verwendet die Einlagen unter anderem, indem sie Kredite verkauft. Der Gewinn einer Bank entsteht aus der Differenz zwischen dem höheren Kreditzins und dem niedrigeren Spareinlagenzins.
Banken bilden den vierten Sektor im erweiterten Wirtschaftskreislauf. Sie versorgen die Wirtschaft mit Geld. Indem sie über die Höhe ihrer Spar- und Kreditzinsen entscheiden, beeinflussen sie die Bereitschaft der privaten Haushalte und Unternehmen, Kredite aufzunehmen oder überschüssiges Geld als Spareinlagen für einen guten Zins anzulegen.
Die Europäische Zentralbank mit Sitz in Frankfurt nimmt im Bankengefüge

die wichtigste Rolle ein. Als Notenbank hat sie als einzige das Recht, die Herstellung von Euronoten und -münzen in Auftrag zu geben. Mit einer Fülle möglicher Maßnahmen entscheidet sie über die Menge des Geldes, das im Wirtschaftskreislauf zirkuliert.
Bankenkrisen entstehen, wenn die Banken sich mit ihren Geldgeschäften verspekulieren. Das passiert, wenn sie allzu bereitwillig Kredite vergeben, die von den Kreditnehmern nicht zurückgezahlt werden können, oder wenn sie selbst mit hohen Gewinnerwartungen risikoreiche Geldgeschäfte tätigen, die dann in Totalverlusten enden. Im schlimmsten Fall können krisengeschüttelte Banken den Wirtschaftskreislauf nicht mehr mit Geld versorgen. Das bedeutet, dass Unternehmen nicht mehr investieren können, weil sie keine Kredite mehr erhalten oder dass die Spareinlagen von Privatleuten nicht mehr ausgezahlt werden können, weil die Bank das Geld nicht mehr hat. So kann eine Bankenkrise zum Zusammenbruch des gesamten Wirtschaftskreislaufs führen. Das ist dann so, als ob man dem menschlichen Kreislauf das Blut entzieht. (Näheres zur Bankenkrise erfahrt ihr im Kapitel Globalisierung.)

Sektor 5: Das Ausland

Äpfel aus Neuseeland, Sportartikel aus Vietnam, Computer aus Taiwan, Spielzeug aus China, Unterhaltungselektronik aus Japan – einen Großteil der Waren des täglichen Ge- und Verbrauchs beziehen wir aus dem Ausland. In umgekehrter Richtung wird der größte Teil der in Deutschland produzierten Güter als Exportware verkauft.
Die internationalen Handelsbeziehungen bilden im Wirtschaftskreislauf einen wichtigen eigenen Sektor und dieser hat für Deutschland eine größere Bedeutung als für jedes andere Land in der Welt. Geldströme in kaum vorstellbarer Höhe fließen für den Import von Waren aus dem nationalen Wirtschaftskreislauf ab und im Gegenzug für Exporte wieder in den Wirtschaftskreislauf hinein. Mit Exporten im Wert von 774 Milliarden Euro wurde Deutschland im Jahr 2007 zum wiederholten Mal vor China Exportweltmeister. Im gleichen Zeitraum importierte Deutschland Waren und Dienstleistungen im Wert von 577 Milliarden Euro. Das ergab einen Überschuss von 196,4 Milliarden oder 25,4 Prozent. Der erzielte Geldüberschuss im Verhältnis der Export- und Importausgaben wird als *aktive Handelsbilanz* bezeichnet. Exporte und die erzielten Überschüsse stärken die Wirtschaftskraft, sichern die Existenz zahlreicher Unternehmen und Arbeitsplätze. Zwei von fünf Arbeitsplätzen in der deutschen Wirtschaft hängen direkt oder indirekt vom Auslandsgeschäft ab.
Auf der anderen Seite ist eine exportabhängige Wirtschaft sehr stark mit Entwicklungen in der Weltwirtschaft verbunden, auf welche die nationale Politik keinen Einfluss nehmen kann.

1. Bildet Dreiergruppen, in denen jeder von euch Expertin bzw. Experte für einen der Sektoren Staat, Banken und Ausland ist.

2. Orientiert euch an den folgenden Vorgaben und stellt euch gegenseitig die Fragen.

„Ich bin der Staat im Wirtschaftskreislauf. Ich erkläre, welche Geldströme ich einnehme und welche ich verteile.
Ich möchte wissen, wie es die anderen Sektoren beeinflusst, wenn ich
a) die Steuern für Unternehmen senke,
b) das Kindergeld erhöhe,
c) neue Schulden aufnehme, um meine Aufgaben zu finanzieren?"

„Ich vertrete die Banken im Wirtschaftskreislauf. Ich erkläre, welche Geldströme ich einnehme und ausgebe und warum ich so wichtig für den gesamten Kreislauf bin.
Ich möchte wissen, wie es die anderen Sektoren beeinflusst, wenn ich
a) die Kreditzinsen senke,
b) die Kreditzinsen erhöhe,
c) nicht mehr in der Lage sein sollte, Geld zu verleihen?"

„Ich stehe für das Ausland im Wirtschaftskreislauf. Ich erkläre, welche Güter- und Geldströme mit Export und Import zu tun haben. Ich möchte wissen, wie es die anderen Sektoren beeinflusst, wenn
a) die Nachfrage nach deutschen Autos im Ausland sinkt,
b) deutsche Hightechprodukte weltweit zunehmend nachgefragt werden,
c) Auslandsfernsehgeräte besser und billiger angeboten werden."

Hilfen bei der Lösung der Aufgaben findet ihr in der Methodenkarte auf den folgenden Seiten.

Lernen mit Modelldarstellungen | Thema: Der erweiterte Wirtschaftskreislauf

A Warum benutzen wir Modelldarstellungen?

Im Wort Modell steckt der lateinische Begriff *modulus*. Er bedeutet so viel wie Muster oder Abbild. Modelldarstellungen haben die Funktion, etwas abzubilden, was in der Wirklichkeit existiert. Indem sie die Realität vereinfachen, schaffen sie Klarheit. Die Modelldarstellung verzichtet auf einen Großteil der Informationen und Besonderheiten, die die Wirklichkeit oft so kompliziert machen. Wer ein Modell erstellt, muss entscheiden, welche Informationen von grundlegender Bedeutung sind und auf welche verzichtet werden kann. Modelldarstellungen spielen im Politik-, Wirtschaftskunde- und im Erdkundeunterricht stets eine große Rolle, weil sie Klarheit in eine komplizierte Wirklichkeit bringen und so das Erkennen von Zusammenhängen und das Lernen insgesamt erleichtern.

B Wie kann man mit Modellen lernen?

Fünf Chancen

1. Lernen durch Veranschaulichung

Modelldarstellungen prägen sich gut ein, allerdings nur unter der Voraussetzung, dass vorher eine intensive Beschäftigung damit stattgefunden hat. Am nachhaltigsten werdet ihr euch das Modell des Wirtschaftskreislaufs einprägen, wenn ihr eine eigene Zeichnung davon anfertigt.

2. Lernen durch Übung

Mit Modelldarstellungen lässt sich sehr gut üben. Nehmt dazu irgendein wirtschaftlich bedeutsames Ereignis zum Anlass. Das kann zum Beispiel eine Erhöhung des Kindergeldes sein oder eine steigende Auslandsnachfrage nach deutschen Autos. Übt dann mithilfe des Wirtschaftskreislaufs, wie sich dieses Ereignis auf die verschiedenen Sektoren auswirken kann.

3. Lernen durch die Herstellung von Zusammenhängen

In der Wirtschaft und in der Politik geht es oft um die Frage: Was passiert, wenn …? Zum Beispiel: Was passiert, wenn die Steuern erhöht werden? Jedes Mal führen solche Ereignisse zu einer Vielzahl nachfolgender Wirkungen. Wer diese verstehen will, muss Zusammenhänge erkennen und darstellen können. Diese Befähigung lässt sich mit dem Modell des Wirtschaftskreislaufs gut trainieren.

4. Lernen, indem man es anderen erklärt

Modelle müssen erklärt werden, damit man sie versteht. Sie lassen ja ganz bewusst einen Teil der notwendigen Informationen weg, die der Erklärende dann wieder hinzufügen muss. Was man selbst erklärt – am besten einer anderen Person – lernt man viel intensiver als etwas, das man nur stumm zur Kenntnis nimmt.

5. Lernen durch Begreifen der Wirklichkeit

Wer z. B. in der Zeitung liest, dass die Europäische Zentralbank eine Zinssenkung beschlossen hat, um die Wirtschaft in Europa anzukurbeln, kann diese Information in sein Modell vom Wirtschaftskreislauf einordnen. So kann er viel leichter die Folgen für die Unternehmen, die Haushalte, den Staat, den Handel mit dem Ausland ableiten als jemand, der das Modell des Wirtschaftskreislaufs nicht kennt.

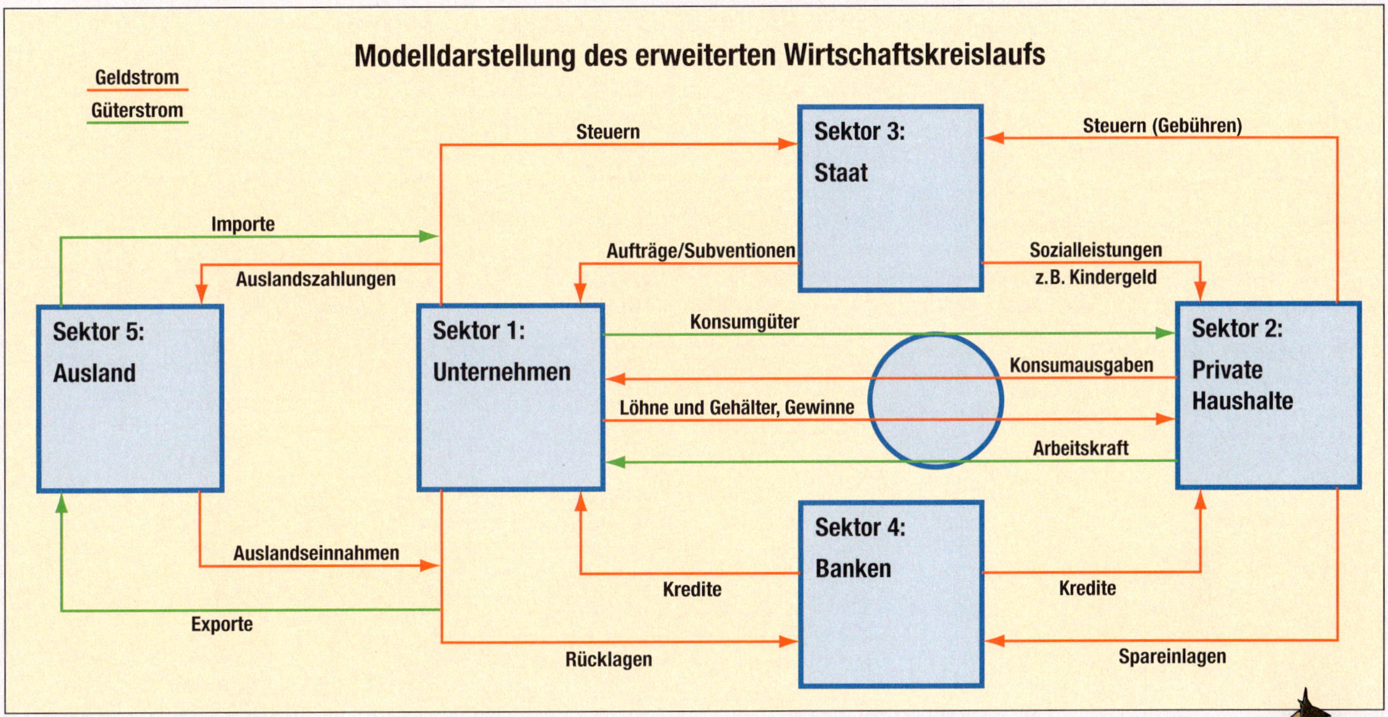

C Wie kannst du bei der Vorstellung des Wirtschaftskreislaufs vorgehen?

- Wähle einen Ausgangspunkt im Modell, an dem du mit deiner Erklärung beginnst. Geht es um eine Erhöhung des Kindergeldes, solltest du vom Sektor Staat ausgehen. Geht es um eine Preiserhöhung für Wirtschaftsgüter, nimmst du den Sektor Unternehmen als Ausgangspunkt.
- Veranschauliche deinen Zuhörern immer, an welcher Stelle des Modells du dich gerade befindest (bei Benutzung einer Folie für den Tageslichtprojektor z. B. mit einem Stift).
- Denke daran, dass die Folgen eines Ereignisses in der Wirtschaft nicht mit hundertprozentiger Sicherheit vorausgesagt werden können. Werden zum Beispiel die Steuern gesenkt, ist es wahrscheinlich, dass die Nachfrage nach Gütern steigt, weil die Haushalte mehr Geld zur Verfügung haben. Sicher ist diese Folge nicht. Wer mehr Geld zur Verfügung hat, muss es ja nicht zwingend auch ausgeben. Betone bei deiner Erklärung stets, dass es sich bei der Darstellung der Folgen eines Ereignisses um eine begründbare Erwartung und nicht um eine sichere Feststellung handelt.
- Vergleicht immer mehrere Erklärungen und überlegt dann gemeinsam, welche die wahrscheinlichste ist.

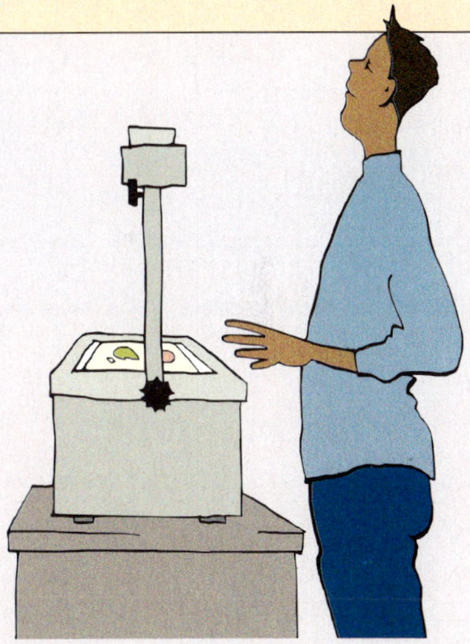

Trainingsplatz

Wir erklären die Folgen wirtschaftlich bedeutsamer Ereignisse

Euer Auftrag:
Am Beispiel von Steuersenkungen werden hier die Auswirkungen auf die fünf Sektoren im erweiterten Wirtschaftskreislauf vorgestellt. Nach diesem Muster sollt ihr für zwei weitere wirtschaftlich bedeutsame Ereignisse selbst die Auswirkungen auf den Wirtschaftskreislauf darstellen. Dabei kommt es jeweils darauf an, die möglichen Folgen für die fünf Sektoren zu bestimmen. Es geht darum festzustellen, welche Folgen **wahrscheinlich** eintreten werden. Garantien gibt es nicht in der Einschätzung der Folgen wirtschaftlicher Prozesse.

So könnt ihr vorgehen:

- Einzelarbeit:
  Skizziert die fünf Sektoren auf einem Blatt. Wählt Beispiel 2 oder 3 aus. Beschreibt die möglichen Folgen. Fertigt dazu Notizen an.
- Gruppenarbeit:
  Stellt eure Überlegungen in Kleingruppen vor. Einigt euch auf gemeinsame Lösungen für beide Beispiele.
- Präsentation:
  Erläutert die Folgen in der Klasse. Vergleicht verschiedene Lösungen.

Beispiel 1: Der Staat beschließt eine **Steuersenkung für Löhne und Gehälter.**

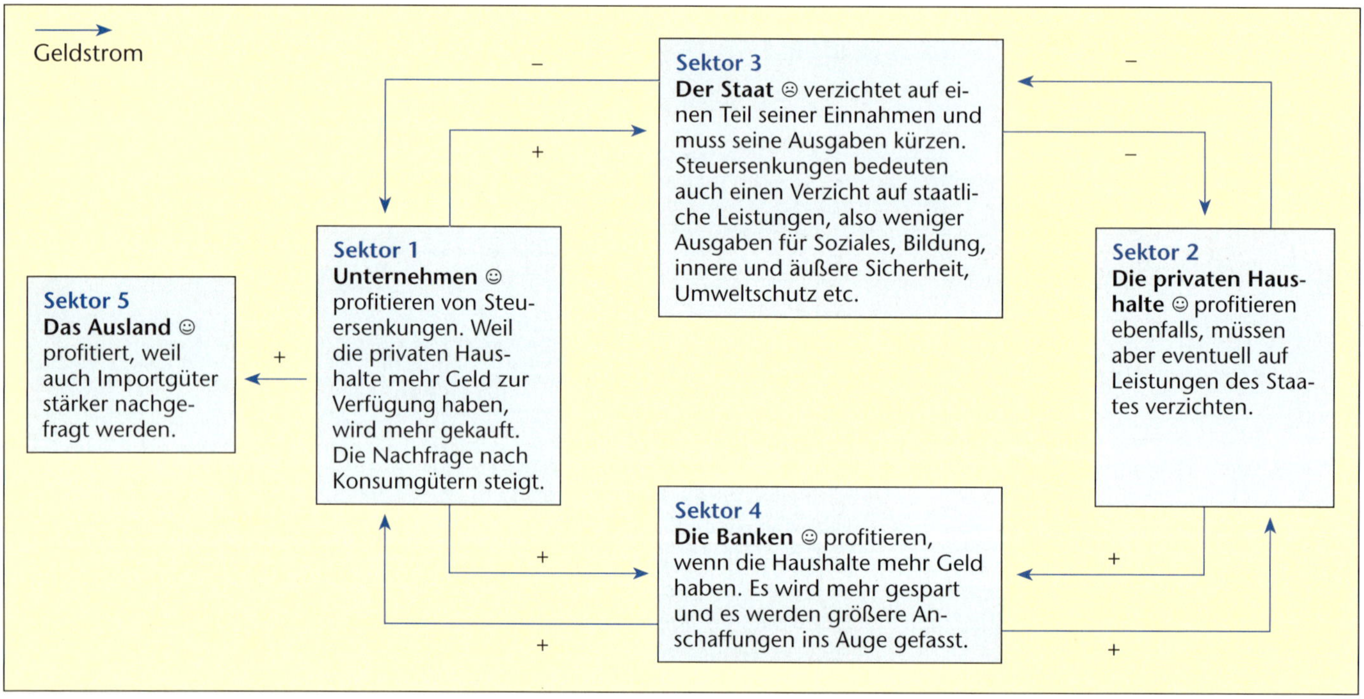

Beispiel 2:
Umwelttechnologien aus Deutschland werden im außereuropäischen Ausland immer stärker nachgefragt. Gekauft werden vor allem komplexe technische Einrichtungen zur Verhinderung von Schadstoffemissionen und zur Aufbereitung von Trinkwasser.

Beispiel 3:
Wissenschaftlerinnen und Wissenschaftler haben herausgefunden, dass mit Zucker versüßte alkoholische Mixgetränke bereits Kinder zum regelmäßigen Genuss von Alkohol verführen. Aus diesem Grund hat das Parlament die Einführung einer Sondersteuer auf alle Getränke dieser Art beschlossen.

Wir erklären eine Wirtschaftskrise mithilfe des Kreislaufmodells

Das Modell des erweiterten Wirtschaftskreislaufs kann eine große Hilfe sein, wenn es darum geht, wirtschaftliche Prozesse und Zusammenhänge zu verdeutlichen. Wir betrachten dazu eine internationale Krise in der Vergangenheit, die die Menschen auch heute noch beschäftigt. Mit dem Crash an der New Yorker Börse am 25. Oktober begann 1929 die schlimmste Wirtschaftskrise, die die Welt je erlebt hat.
TEAM erklärt die Zusammenhänge in 15 Schritten. Ihr könnt so Schritt für Schritt untersuchen, wie sich die geschilderten Ereignisse auf die Sektoren im Wirtschaftskreislauf auswirkten.

Am 25. Oktober 1929, dem „Schwarzen Freitag", versammeln sich verzweifelte Aktionäre vor der Börse in New York.

1. Betrachtet Punkt 10 genauer. Wenn Aktienbesitzer ihre Papiere loswerden wollen, so bedeutet das, dass der Kapitalfluss (= Geldstrom) von den Haushalten zu den Unternehmen versiegt. Erklärt die weiteren Folgen mithilfe des Kreislaufmodells.
2. 3 aus 15: Wählt 3 weitere der 15 Schritte aus, an denen ihr die Auswirkungen auf die Haushalte, die Unternehmen, den Staat, die Banken und das Ausland (in diesem Fall außerhalb der USA) erklärt.

1 1920: Der Erste Weltkrieg und seine schlimmsten Folgen sind überwunden. Die Menschen sehnen sich nach Frieden und Wohlstand. In den USA boomt die Wirtschaft. Autos, Flugzeuge, Radios und Telefone werden entwickelt. Die Unternehmen machen prächtige Gewinne.

2 Die amerikanischen Unternehmen zahlen höhere Löhne. Zwei Monatslöhne reichen einem Facharbeiter in Detroit jetzt aus, um sich das Ford-Modell „Thin-Lizzy" leisten zu können.

3 Die Leute verdienen gut und legen ihr überschüssiges Geld in Aktien an. Große kapitalkräftige Industrieunternehmen entstehen.

4 Amerikaner investieren ihr Geld auch im Ausland. Deutsche Unternehmen profitieren davon, weil sie dringend Kapital benötigen.

5 Auch unseriöse Geschäftsleute wollen am Aufschwung verdienen und gründen Aktiengesellschaften. Die Leute stürzen sich auch auf deren Aktien.

6 Viele Amerikaner leihen sich Geld, um sich Aktien kaufen zu können. Die Banken geben bereitwillig Kredite.

7 Der Markt für Autos ist gesättigt. Die Nachfrage sinkt dramatisch. 1929 sinkt die Autoproduktion in den USA um über ein Drittel.

8 Facharbeiter in der amerikanischen Automobilindustrie verlieren ihren Arbeitsplatz. Sie können ihre Schulden nicht mehr zurückzahlen.

9 Weil die Kaufkraft sinkt, bricht auch die Nachfrage nach anderen Wirtschaftsgütern ein. Immer mehr Unternehmen geraten in eine wirtschaftliche Talfahrt.

10 Die Besitzer von Aktien geraten in Panik. Sie wollen ihre Aktien loswerden. Die Werte sinken ins Bodenlose. 25. Oktober 1929: Der Crash an der Börse ist da.

11 Die Amerikaner brauchen ihr Geld jetzt für sich selbst. Sie ziehen das investierte Kapital aus Deutschland ab. Deutsche Unternehmen können nicht mehr investieren.

12 Deutsche Banken haben viele ihrer Geschäfte mit geliehenem Geld aus den USA finanziert. Weil dieses Geld jetzt fehlt, können sie weder Firmen noch Privatleuten Kredite gewähren.

13 In Deutschland sinkt die Nachfrage nach Gütern dramatisch.

14 Der deutsche Staat kann seine Aufgaben nicht mehr finanzieren. Er sieht sich zu extremen Sparmaßnahmen gezwungen und vergibt keine Aufträge mehr an Wirtschaftsunternehmen.

15 1933: Massenentlassungen in Deutschland. 6,5 Millionen verlieren ihren Arbeitsplatz. Das Volk verarmt. Die Not ist groß. Das wirtschaftliche Leben in Deutschland und in vielen anderen Ländern liegt am Boden.

Merkmale unserer Wirtschaftsordnung

Station 1 Warum ist gutes Wirtschaften wichtig?

Du berätst Philipp in Geldfragen

Philipp, 20 Jahre alt, hat Glück. Nach dem Abschluss seiner Ausbildung zum Kaufmann für Speditions- und Logistikdienstleistung hat seine Firma ihm einen unbefristeten Arbeitsplatz im Angestelltenverhältnis zugesagt. Sein erstes Gehalt wird monatlich 1800 Euro brutto betragen. Philipp will jetzt aus der elterlichen Wohnung ausziehen und einen eigenen Haushalt gründen – vorerst als Single.

Bisher hat er sich über finanzielle Dinge noch wenig Gedanken gemacht. Das lag auch daran, dass er mit seiner jährlichen Ausbildungsvergütung von zuletzt 620 Euro brutto unter dem Steuerfreibetrag lag und daher keine Lohnsteuer entrichten musste (siehe Schaubild).

Jetzt interessiert ihn der Umgang mit Geld brennend. Er wendet sich an dich mit der Bitte, seine Fragen zu beantworten. Sehr präzise können diese ausfallen, wenn du dabei auch die Informationen aus den beiden Schaubildern verwendest.

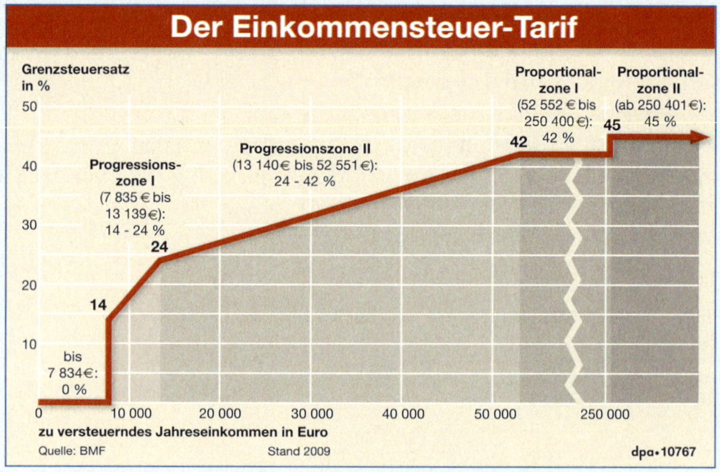

1. Wie hoch wird circa die Lohnsteuer sein, die mir monatlich abgezogen wird?

2. Welche Sozialversicherungsbeiträge muss ich monatlich zahlen und wie viel Geld wird das insgesamt im Monat sein?

3. Wie viel von meinen 1800 Euro werde ich tatsächlich jeden Monat zur Verfügung haben?

4. Ich würde gerne eine kleine Wohnung mieten und denke an eine Größe zwischen 35 bis 50 Quadratmetern. Mit welcher Miethöhe und mit welchen Mietnebenkosten muss ich rechnen?

Anteil der monatlichen Kosten für die Sozialversicherungsbeiträge

Rentenversicherung	Krankenversicherung	Arbeitslosenversicherung	Pflegeversicherung
19,9 %	14,8 %	3,3 %	1,95 %

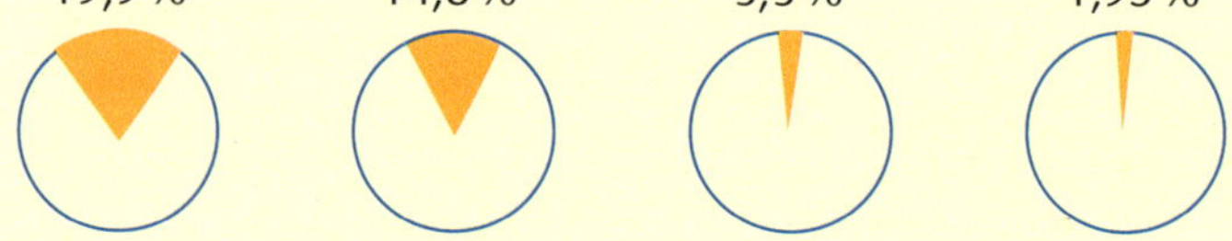

Beitragssatz in % des Bruttoverdienstes (2008)

■ **Tipp:** Diese Aufgabe kann auch zu zweit bearbeitet werden.

Station 2 Marktwirtschaft: Wie funktioniert das?

Übertrage den Lückentext vollständig in dein Heft.

In der Sprache der Wirtschaft wird jedes Zusammentreffen von Angebot und Nachfrage als (?) bezeichnet. Für den Abschluss eines Geschäftes spielt der (?) eine entscheidende Rolle. Eine hohe (?) und ein geringes (?) haben demnach einen hohen Preis zur Folge. Die Preisregulierung am Markt funktioniert nur, wenn es mehrere (?) für gleiche und ähnliche Produkte gibt, die miteinander über die Preise um die (?) konkurrieren. Sie befinden sich dann in einem (?).

Fehlende Begriffe sind: Anbieter, Angebot, Kunden, Markt, Nachfrage, Preis, Wettbewerb

Station 4 Wirtschaftskreislauf

Ein Modell anlegen

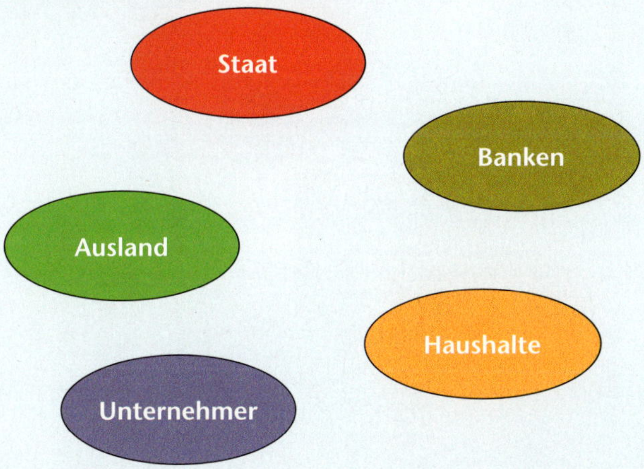

Lege das Modell eines Wirtschaftskreislaufs mit diesen fünf Sektoren an. Trage darin für jeden Sektor einen Geldstrom ein, der von ihm ausgeht, und einen, der zu ihm hinführt.

Station 3 Soziale Marktwirtschaft und andere Wirtschaftsordnungen

Merkmale zuordnen

Unter der Überschrift „Merkmale der sozialen Marktwirtschaft" hat ein Schüler alles aufgeschrieben, was er über Wirtschaftsordnungen gelernt hat. Dabei hat er auch Merkmale notiert, die eindeutig zur freien Marktwirtschaft und zentralen Planwirtschaft gehören. Schaffe Ordnung, indem du notierst, was eindeutig wozu gehört?

1. Der Staat übernimmt eine Schutzfunktion gegenüber den sozial schwachen Bürgern.
2. Die Betriebe sind verstaatlicht.
3. Das Marktgeschehen wird sich selbst überlassen.
4. Der Unternehmer muss beachten, dass sein privateigener Betrieb dem Wohl der Allgemeinheit dient.
5. Die Preise für Wirtschaftsgüter werden von einer Planungsbehörde festgelegt.
6. Der Unternehmer kann mit seinem Besitz machen, was er will.
7. Ein Versicherungssystem für Krankheit, Rente, Arbeitslosigkeit, Unfall und Pflege schützt die Arbeitnehmer.
8. Der Unternehmer bestimmt einseitig die Höhe der Löhne.
9. Der Plan legt fest, welche Güter hergestellt werden.
10. Staat und Wirtschaft bilden eine Einheit.
11. Der Staat greift mit Gesetzen in die Wirtschaft ein, um den Wettbewerb zu sichern und dauerhaft zu erhalten.

8 Wirtschaftspolitik verstehen

Warum ist Wirtschaftspolitik für uns alle so bedeutsam?

„It's the enonomy, stupid!" „Es ist die Wirtschaft, Dummkopf!" So lautete 1992 der Wahlkampfslogan des amerikanischen Präsidentschaftskandidaten Bill Clinton. Zum Ausdruck bringen wollte er, dass Wirtschaftspolitik darüber entscheidet, ob eine Regierung erfolgreich ist oder nicht. Warum ist das so? Sucht nach Antworten auf diese Frage.

Worum geht es?

Angenommen, dass ...
In eurer Schule hat ein großes Fest stattgefunden mit Präsentationen, Spielen für Groß und Klein, Verkaufsständen. Am Ende ergab sich ein Einnahmeüberschuss von 1500 Euro. Was soll mit dem Geld geschehen?
Die Schulleitung bittet die Schülervertretung um Vorschläge und du sollst mitentscheiden. Soll man es für die Modernisierung der Computerräume verwenden? Soll es einer Schule einem Entwicklungsland gespendet werden?
Fakt ist: Das Geld kann nur einmal ausgegeben werden und darum ist eine Entscheidung nötig. Woran denkt man bei einer solchen Entscheidung?
Reichen die Mittel aus, um einen Computerraum zu modernisieren oder um beim Aufbau einer Schule zu helfen? Wem wollen wir helfen? Uns selbst oder lieber anderen? Geht es um Eigennutz oder um Solidarität?
Da es um Geld geht, ist die Wirtschaft im Spiel. Da es um eine öffentlich bedeutsame Entscheidung geht, haben wir es mit Politik zu tun. Während du vielleicht noch über die Fragen nachdenkst, bist du mittendrin in der Wirtschaftspolitik.
Wirtschaftspolitik – im Großen wie im Kleinen – hängt immer von den **Mitteln** ab, die zur Verfügung stehen. Man hat immer zwischen verschiedenen **Möglichkeiten** zu entscheiden. Stets gibt es Leute, die für die eine oder für andere Lösung sind. Daher ist **Streit** meist vorprogrammiert. Immer spielen die **Ziele** eine Rolle, die man erreichen will.
Es ist nicht schwer zu begreifen, dass Wirtschaftspolitik uns alle betrifft. Schwieriger ist es, zu verstehen, wie sie funktioniert und wie sie gesteuert werden kann. Euch dabei zu helfen, wird Inhalt des folgenden Kapitels ein.

Bei der Arbeit an diesem Kapitel könnt ihr ...

- einem Land helfen, indem ihr eigene wirtschaftspolitische Entscheidungen trefft,
- Ziele, Handlungsmöglichkeiten und Konflikte staatlicher Wirtschaftspolitik verstehen,
- Stellung nehmen zum Spannungsverhältnis zwischen Wirtschaftswachstum auf der einen und Umweltschutz auf der anderen Seite.

1 Wie machen Schülerinnen und Schüler Wirtschaftspolitik?

Oft meinen Leute, Wirtschaftspolitik sei zu schwierig, zu kompliziert und zu schwer verständlich für Jugendliche. Dass genau das Gegenteil der Fall sein kann, bewiesen Schülerinnen und Schüler aus Nordrhein-Westfalen, die für drei Tage im Düsseldorfer Landtag über ein umstrittenes Wirtschaftsthema so heftig miteinander diskutierten, dass ihnen – wie viele von ihnen hinterher sagten – die Ohren glühten. Das Thema lautete: Soll das Verbot an wirtschaftlicher Werbung an Schulen aufgehoben werden? Stellt euch vor, eure Klasse sei für den Rest der Stunde der Landtag von Nordrhein-Westfalen. Vielleicht könnt ihr genauso heiß miteinander diskutieren, wie es die Jugendlichen im Jugendlandtag getan haben.

Beratung in der Pause: „Sollen wir dem Antrag zustimmen?"

Jugendliche im Düsseldorfer Landtag

Werbung macht Schule

Wenn ab Sonntag 187 Jugendliche aus ganz Nordrhein-Westfalen für drei Tage den Düsseldorfer Landtag übernehmen, steht als erste Politik-Übung ein heißer Antrag auf der Tagesordnung: „Grundsätzliches Verbot wirtschaftlicher Werbung an Schulen aufheben." Das Thema wurde von einem für den Jugendlandtag zuständigen Gremium vorgeschlagen – „weil es reelle Chancen hat, später tatsächlich in den Fachausschüssen beraten zu werden", wie eine Sprecherin erklärte. Kommerzielle Produktwerbung ist in den meisten Bundesländern noch verboten, auch in NRW. Sponsoring hingegen ist erlaubt und nimmt angesichts knapper öffentlicher Mittel ständig zu. Doch wo verläuft die Grenze? Besonders wenn es um Unterrichtsmaterialien geht, wird die Frage heikel. Ein Beispiel aus der Praxis: Die renommierte Stiftung Lesen gibt unterrichtsergänzende Broschüren für Schulen heraus, die von Unternehmen finanziert werden. Dass für Bares jedoch mehr als nur der Firmenname des Sponsors auf dem Deckblatt erscheint, sorgt bei Lehren und Verbänden für Kritik.

(Aus: Nicole Hille-Priebe: Werbung macht Schule, in: Neue Westfälische Zeitung Nr. 143 vom 21./22.06.2008)

Du bist ab sofort Mitglied des Jugendlandtags. Du musst entscheiden, ob du dem nebenstehenden Antrag auf Parlamentsabstimmung deine Stimme gibst oder nicht.
So könnt ihr vorgehen:

1. Lest euch in Ruhe den Antrag, die Stellungnahmen und die beiden Petitionen zum Antrag durch.
2. Überlegt, wie ihr euch entscheiden werdet.
3. Steigt dann in die parlamentarische Diskussion ein.
4. Stimmt am Ende über den vorliegenden Antrag ab.

Unsere Klasse als Jugendlandtag
Wir diskutieren über ein Werbeverbot an Schulen

Antrag zur Parlamentsabstimmung

Der Landtag möge beschließen:
Werbung zu wirtschaftlichen Zwecken soll in Schulen erlaubt sein, wenn die dadurch erwirtschafteten finanziellen Mittel ausschließlich dazu verwendet werden, die Qualität der schulischen Arbeit zu verbessern.
Der Paragraph im Landesschulgesetz, der Werbung, die nicht schulischen Zwecken dient, grundsätzlich verbietet, ist ersatzlos zu streichen.
❍ Zustimmung ❍ Ablehnung
❍ Enthaltung (Überweisung zur Überarbeitung an den Ausschuss)

1 Stellungnahme des Arbeitskreises West:
Werbung in der Schule soll erlaubt sein, wenn die dadurch erwirtschafteten Mittel zur Verbesserung der schulischen Arbeit verwendet werden. Den Schulen bietet sich so die Chance, Werbeflächen an Unternehmen zu vermieten und damit erhebliche finanzielle Einnahmen zu erzielen. Damit können die Schulen mit modernsten Unterrichtsmitteln und moderner Technik ausgestattet werden. Werbung begegnet Kindern und Jugendlichen heute überall in der Gesellschaft, ohne dass diese dadurch Schaden nehmen. Ausgenommen sollte nur Werbung für jugendgefährdende Produkte sein.
Wir empfehlen, dem Parlamentsantrag zuzustimmen.

2 Stellungnahme des Arbeitskreises Süd:
Produktwerbung in Form von Plakaten und Ähnlichem soll verboten bleiben, Sponsoring ist erlaubt. So wie es zurzeit das Landesschulgesetz vorsieht, ist es gut und so soll es bleiben. Schulen dürfen Geld und Sachleistungen von Unternehmen annehmen, wenn diese dazu dienen, die Unterrichtsqualität zu verbessern. Mit ihrem Engagement als Sponsoren dürfen Unternehmen werben – auch innerhalb der Schule. Der Antrag muss an den zuständigen Parlamentsausschuss zurücküberwiesen werden. Er soll im Sinne unserer Stellungnahme überarbeitet und dem Parlament erneut zur Abstimmung vorgelegt werden.
Wir empfehlen Stimmenthaltung.

3 Stellungnahme des Arbeitskreises Nord:
Werbung in der Schule muss grundsätzlich verboten bleiben. Das Verbot muss auch für Sponsoring durch Privatunternehmen gelten. Zu verbieten sind weiterhin Unterrichtsmaterialien in Form von Broschüren und dergleichen, die von Privatunternehmen, Banken, Versicherungen, Arbeitgeberverbänden, Gewerkschaften oder anderen Interessengruppen finanziert und zur Verfügung gestellt werden. Diese Materialien verfolgen immer das Ziel, Werbung für die Gruppe zu machen, die das Material verteilt. Die Schülerinnen und Schüler werden dadurch manipuliert. Sie können sich kein eigenes Urteil bilden.
Wir empfehlen die Ablehnung des Antrags.

Warum gibt es so viele unterschiedliche Interessen?

Wie hier im Jugendlandtag ist es fast immer, wenn es um bedeutsame wirtschaftspolitische Entscheidungen geht. Sie sind umstritten! Und das liegt daran, dass es immer unterschiedliche Interessen gibt. Vielleicht ärgert sich der eine oder andere, dass das Landesschulgesetz von Nordrhein-Westfalen in Bezug auf die Werbung in der Schule so enge Grenzen vorsieht. Das Landesparlament hat damit versucht, das Interesse einer möglichst großen Mehrheit der Gesamtbevölkerung zu berücksichtigen. In der Wirtschaftspolitik lohnt es sich immer, darüber nachzudenken, welche Interessen hinter den Lösungsvorschlägen stecken. Welche haben in diesem Fall die Sponsoren, die Eltern, die Lehrerschaft? Kann man sie verallgemeinern? Muss man differenzieren?

1. Welche unterschiedlichen Gruppeninteressen könnt ihr in diesem Fall ermitteln?
2. Was können die Gründe für die unterschiedlichen Interessen sein?

Der Fall Montego
Unsere Klasse hilft einem Staat aus der Wirtschaftskrise

Montego ist ein erfundener Staat. Stellt ihn euch wie ein europäisches Land vor mit Demokratie und sozialer Marktwirtschaft. Seine wirtschaftlichen Probleme sind ganz realer Natur. Weil es eine soziale Marktwirtschaft gibt, betreibt der Staat eine aktive Wirtschaftspolitik. In der Rolle von Regierungsmitgliedern könnt ihr an diesem Beispiel überlegen, mit welchen Ideen die Politik dem Land wirtschaftlich auf die Beine helfen kann.

Montego hat circa 10 Millionen Einwohner. Das entspricht etwa der Einwohnerzahl Belgiens oder Ungarns. Montego ist ein Inselstaat im Atlantik. Die Hauptstadt Moncavri besitzt einen bedeutenden Seehafen. Stahlproduktion und Maschinenbau haben eine lange Tradition. Im Ballungsgebiet „Schwarzland" findet man Braun- und Steinkohle, auch Eisenerz.
Wegen der landschaftlichen Schönheiten der Insel und der Fruchtbarkeit der Böden zählen auch der Tourismus und die Landwirtschaft zu den bedeutenden Wirtschaftssektoren. In der Vergangenheit rechnete man die Insel zu den wohlhabenden Staaten dieser Erde. Seit einigen Jahren geht es allerdings wirtschaftlich gewaltig bergab. Traditionsreiche Unternehmen schließen ihre Pforten. Eine stetig ansteigende Arbeitslosenquote hat ein erschreckendes Ausmaß erreicht. Die Steuereinnahmen des Staates gehen Jahr für Jahr zurück, sodass der Staat viele seiner Aufgaben durch Schulden finanzieren muss. Immer weniger Touristen kommen ins Land. Sie beklagen sich über veraltete Verkehrsverbindungen, verschmutzte Strände und schmutziges Badewasser. Trotz hoher Arbeitslosigkeit suchen viele Unternehmen händeringend nach gut ausgebildeten Fachkräften, die nur im Ausland angeworben werden können. Es gibt immer weniger Unternehmensgründungen.

Junge Unternehmerinnen und Unternehmer mit innovativen Firmenkonzepten schrecken vor den bürokratischen Hürden zurück und investieren lieber gar nicht oder in einem anderen Land. Viele junge Leute sehen schon keinen anderen Weg mehr, als ihre schöne Insel für immer zu verlassen.
Ein unabhängiges Forschungsinstitut kommt zu folgenden Aussagen über die Ursachen der Krise:
Der Wirtschaft geht es schlecht, weil die Nachfrage nach Wirtschaftsgütern ständig sinkt. Die Menschen sparen ihr Geld lieber als es auszugeben, weil sie Angst vor der Zukunft haben. So machen die Unternehmen weniger Gewinne und entlassen Arbeitskräfte. Geringere Gewinne auf der einen und steigende Arbeitslosigkeit auf der anderen Seite sind die Ursache für die sinkenden Steuereinnahmen des Staates. Arbeitslose und unrentable Unternehmen können keine Steuern zahlen. In Montego wird zu wenig investiert: in den Umweltschutz, in ein modernes Verkehrssystem und in die Modernisierung der Industrie. Das ist der Hauptgrund, warum die Touristen mehr und mehr ausbleiben und die Hotels schließen müssen. Schließlich die Bildung: Ein Teil der Arbeitslosen ist nicht hinreichend qualifiziert, um den Anforderungen in den Firmen gerecht zu werden.

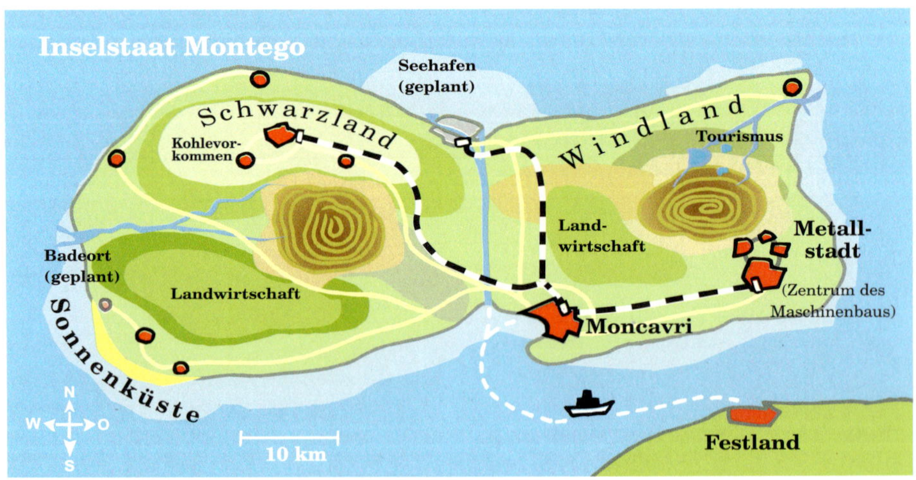

Du als Regierungsmitglied von Montego

Es müssen wirtschaftspolitische Entscheidungen getroffen werden, die Montego aus der Krise führen. Das sollt ihr nun als Regierungsmitglieder von Montego tun. Zur Vorbereitung eurer Entscheidungen habt ihr als Regierung Experten eingeladen, um euch deren Ideen zur Lösung der Wirtschaftskrise anzuhören. Das Problem: Die Vorschläge der Experten widersprechen sich zum Teil völlig. Ihr werdet daher die Vorschläge aussuchen müssen, von denen ihr euch die größten Vorteile für Montego versprecht.

■ **Tipp:** Beratet in Gruppen und präsentiert dann eure eigenen Lösungsvorschläge.

1. Erstellt zunächst eine Liste der Probleme von Montego.
2. Prüft dann, welche der Expertenmeinungen ihr am ehesten für geeignet haltet, die Probleme zu lösen.
3. Tragt eure Vorschläge vor (in Kleingruppen oder in der Klasse) und diskutiert miteinander über den besten Weg.
4. Einigt euch am Ende per Mehrheitsbeschluss auf eine, zwei oder drei sinnvolle Maßnahmen.

Experte 1: Steuersenkungen sind der richtige Weg
Hätten die Menschen mehr Geld für private Ausgaben in der Tasche, würden sie mehr kaufen und investieren. Dazu sind Steuersenkungen auf breiter Basis der richtige Weg. Wenn mehr gekauft wird, wird es den Firmen besser gehen und sie werden zusätzliche Arbeitskräfte benötigen. Das „Konsumklima" verbessert sich und die Regierung erhöht möglicherweise ihre Chancen für eine Wiederwahl.
Risiko: Die positiven Effekte können sich erst nach einer längeren Anlaufzeit einstellen. Kurzfristig wird der Staat seine Ausgaben kürzen müssen. Erhöhter Konsum kann zu erhöhten Umweltbelastungen führen.

Experte 2: Steuererhöhungen sind wirksamer
Montego fehlt das Geld, das zur Problemlösung nötig ist. Der Ausbau des Schienennetzes, die Behebung von Straßenschäden, der Bau von Kläranlagen – all das sind staatliche Aufgaben, die Geld kosten. Montego muss die Steuern erhöhen, weil so zusätzliches Geld in die Staatskasse fließt. Der Staat kann Firmen Aufträge erteilen, wozu diese dann zusätzliche Arbeitskräfte benötigen.
Risiko: Wenn der Staat den Bürgern mehr Geld abverlangt, bleibt diesen weniger Geld für private Ausgaben übrig. Regierungen, die Steuererhöhungen beschließen, verschlechtern oft ihre Chancen, wiedergewählt zu werden.

Experte 3: Der Staat muss sich zurückziehen
Nach dieser Ansicht leidet Montego schon jetzt unter einem Zuviel an Bürokratie und staatlicher Regelung. Wenn sich der Staat aus vielen Bereichen zurückzieht und den Bürgern wieder mehr Freiheit und Eigenverantwortung abverlangt, werden diese selbst die Probleme in die Hand nehmen und an Lösungen arbeiten. Vorgeschlagen wird die Abschaffung einer Vielzahl von Gesetzen. Zum Beispiel werden Gesetze unnötig, welche die Neugründung von Unternehmen behindern oder den Mitarbeitern Kündigungsschutz gewähren. Junge, gut ausgebildete Leute werden so im Land bleiben, innovative Ideen umsetzen, Firmen gründen, Arbeitskräfte einstellen usw.
Risiko: Niemand wird garantieren können, dass die nun freieren Bürger auch wirklich im Interesse der Allgemeinheit handeln werden. Firmen mit zweifelhaftem Ruf werden leichter zu gründen sein. Weniger Staat bedeutet auch weniger Schutz und weniger Fürsorge. Für viele, oder auch für die Umwelt, kann sich die Situation verschlechtern.

Experte 4: Der Staat muss aktiver werden
Für die Modernisierung braucht Montego einen aktiven und starken Staat. Dieser kann z. B. strenge Gesetze zur Reinhaltung der Luft, des Wassers und der Böden beschließen. Ein staatliches Investitionsprogramm muss in Gang gesetzt werden. Es sichert Unternehmen finanzielle Unterstützung zu, wenn diese in Umweltschutz und in umweltfreundliche Produkte investieren. Privatleute erhalten Zuschüsse, wenn sie in moderne Heizungen, sparsame Autos oder alternative Energien investieren. So wird Montego wieder zu einem international angesehenen modernen Industriestaat werden.
Risiko: Umstritten ist, wie ein solches Investitionsprogramm finanziert werden soll. Mehr Regeln und Gesetze können sich einschränkend auf die Entscheidungsfreiheit des Einzelnen auswirken.

2 Wie funktioniert staatliche Wirtschaftspolitik?

Beispiel Umweltprämie

Im Herbst 2008 kam in den USA eine Bankenkrise zum Ausbruch, die sich sehr bald auch auf Europa und auf Deutschland auswirkte. Das Jahr 2009 galt als schweres Krisenjahr. Die Bundesregierung, die zu dieser Zeit aus einer Koalition zwischen CDU, CSU und SPD bestand, sah sich gezwungen, Maßnahmen zu ergreifen, um – wie ein Sprecher sagte – „die Krise zu meistern".
Es wurde ein ganzes Paket wirtschaftspolitischer Maßnahmen verabschiedet. Eine dieser Maßnahmen trug den offiziellen Namen „Umweltprämie", wurde aber bekannt unter dem Namen „Abwrackprämie". Sie funktionierte so: Der Staat zahlte jedem, der sich dazu entschloss, sein mindestens neun Jahre altes Privatauto stillzulegen, um gleichzeitig ein neues Auto zu erwerben, 2 500 Euro. „Tolle Sache", dachten viele, die sich ein neues Auto kaufen wollten. Aber – wie fast immer, wenn wirtschaftspolitische Entscheidungen getroffen werden – es waren längst nicht alle mit dieser Maßnahme zufrieden. Warum das so ist, könnt ihr nun herausfinden.

Gewinner und Verlierer

Fünf Milliarden Euro ließ sich der Staat die Abwrackprämie kosten und löste damit einen regelrechten Kaufrausch aus. Für zwei Millionen Anträge reicht das Geld, und die werden bis schätzungsweise Anfang September gestellt sein. Dann ist der Topf leer. Hinzu kommt: Selten kamen Autokäufer so günstig an einen Neuwagen wie in den vergangenen Monaten. Denn neben der Umweltprämie, wie sie offiziell genannt wird, heizten die Autohersteller dem Kaufrausch zusätzlich mit hohen Rabatten ein. […]
Dank der Prämie verkauften die Autobauer in Deutschland so viele Neuwagen wie lange nicht. Die Absatzzahlen schossen von Januar bis Juli im Vergleich zum Vorjahr um 26,6 Prozent in die Höhe. Dem Umsatz der in Deutschland produzierenden Hersteller hat das allerdings weniger genutzt. Der ging um 20 Prozent zurück, weil sich die Käufer auf die billigen Kleinwagen stürzten. Dieses Segment wuchs in den ersten sieben Monaten um 77 Prozent. Dagegen brach die Nachfrage nach den teuren Oberklasse-Wagen um fast ein Drittel ein.
Von den Geldgeschenken des deutschen Steuerzahlers profitierten vor allem die ausländischen Hersteller: Fiat, Hyundai, Toyota und Renault steigerten ihre Verkaufszahlen bei einzelnen Modellen dreistellig. […] Die Autoverwerter machten dank Abwrackprämie wahrscheinlich das Geschäft ihres Lebens. „Uns hat sie richtig geholfen", heißt es beispielsweise bei der Autoverwertung Franz Maag in Essen. Kamen in normalen Jahren rund 1200 Fahrzeuge zum Ausschlachten und Verschrotten auf den Hof, sind es in den ersten sieben Monaten bereits 3500. Entsprechend voll sind die Ersatzteillager der Firma. „Die Abwrackprämie wird uns damit auch längerfristig helfen", so ein Mitarbeiter. Auch die Qualität der Ersatzteile dürfte gestiegen sein. Schließlich verschrotten Menschen ihr Auto, das in normalen Zeiten noch weiter gefahren wäre. […]
Kurzfristig hat die Prämie auch dem Arbeitsmarkt geholfen. Drei Beispiele:
1. Die Mitarbeiter von Opel, Volkswagen und Ford hatten dank der hohen Nachfrage gut zu tun. Die Hersteller konnten somit die Kurzarbeit in ihren Werken deutlich zurückfahren oder sogar ganz aussetzen. Und der Staat sparte das Kurzarbeitergeld.
2. Die Verschrotter haben ebenso alle Hände voll zu tun. Franz Maag in Es-

sen beispielsweise musste zwei neue Mitarbeiter einstellen, um der Masse an Abwrackautos Herr zu werden.
3. Auch beim Bundesamt für Ausfuhrkontrolle löste die Prämie einen, wenn auch kurzfristigen Beschäftigungsboom aus: 180 neue Mitarbeiter wurden befristet eingestellt, um die Anfragen und die Berge von Anträgen abzuarbeiten. [...]
Wer seinen Gebrauchten derzeit verkaufen will, erlebt sein blaues Wunder. Die Nachfrage nach Gebrauchtwagen ist im Keller, die Preise dementsprechend auch. Schließlich haben sich potenzielle Interessenten für Neuwagen bzw. Jahreswagen entschieden. [...]
Aus Sicht des Bundes der Steuerzahler NRW ist die Abwrackprämie für die Allgemeinheit der deutschen Steuerzahler kein Erfolgsmodell gewesen. Da die 5 Milliarden Euro kreditfinanziert sind, führen sie zu einer höheren Verschuldung, die die Steuerzahler noch einige Jahre belasten wird. Hans-Ulrich Liebern vom Steuerzahlerbund NRW geht außerdem davon aus, dass die staatlichen Mehrausgaben auch durch die positiven Effekte nicht aufgefangen werden. Unterm Strich, so Liebern, wird ein Betrag beim Staat und damit beim Steuerzahler hängen bleiben.

(Aus: Janet Lindgens: Gewinner und Verlierer der Abwrackprämie, in: Der Westen, Online-Ausgabe der Westdeutschen Allgemeinen Zeitung vom 01.09.2009 unter www.derwesten.de, letzter Zugriff 10.11.2009)

Afrika statt Schrottpresse

Die Abwrackprämie hat das Geschäft mit den Altautos ruiniert und die Auslieferungen nach Westafrika gebremst. Etliche Gebrauchtwagenhändler mussten in den vergangenen Monaten ihre Gewerbe abmelden. Besonders auf den großen Autoverkaufsplätzen in Städten wie Berlin, Hamburg oder Hannover wachsen die leeren Flächen. [...]
Wie in den vergangenen Wochen bekannt wurde, sind manche der angeblich verschrotteten Pkws allerdings trotzdem nach Hamburg und Bremen gelangt, wo sie verschifft werden sollten – mit gefälschten Fahrzeugpapieren.

(Aus: Johannes Gernert: Autos sind nun wirklich Schrott, in: www.taz.de vom 15.05.2009, letzter Zugriff 10.11.2009)

Ist die Umwelt Gewinner oder Verlierer der „Umweltprämie"?

Über diese Frage gehen die Meinungen auseinander, wie die folgenden Stellungnahmen zeigen.

Positive Umweltbilanz

Ulrich Höpfner vom unabhängigen Institut für Energie- und Umweltforschung Heidelberg kommt zu einem eindeutigen Schluss: Seine aufgestellte Umweltbilanz der Abwrackprämie ist positiv. So sei der Schadstoff-Ausstoß der neuen Wagen 90 bis 95 Prozent geringer als der der abgewrackten Fahrzeuge. Auch die Kohlendioxid-Belastung ging demnach zurück – vor allem, weil die Menschen auf Kleinwagen umgestiegen sind. 2008 hatten die neu zugelassenen Fahrzeuge im Durchschnitt einen CO_2-Ausstoß von 167 Gramm pro Kilometer, so Höpfner. In diesem Jahr sank der Wert auf 155 Gramm und damit um rund sieben Prozent. Als dritten Umwelteffekt nennt Höpfner die geringere Lärmbelastung. Die Energiebilanz fällt nach Höpfners Berechnungen selbst dann noch positiv aus, wenn man die Herstellung des Neuwagens einrechnet. Denn die Neufahrzeuge würden meist deutlich weniger Sprit verbrauchen als die alten und machen somit die „weggeworfene" Energie mehr als wett.

(Aus: Janet Lindgens: Gewinner und Verlierer der Abwrackprämie, a. a. O.)

Vorsicht ist geboten

Von der Prämie profitieren nach Ansicht der Bundesregierung Autohersteller, Kunden und die Umwelt. Deshalb wird die Prämie auch „Umweltprämie" genannt. Doch der Bund für Umwelt und Naturschutz Deutschland (BUND) rät zur Vorsicht. Ein altes Auto durch ein neues zu ersetzen, ist nicht in jedem Fall umweltfreundlich. So werden mit der Abwrackprämie Spritschlucker genauso subventioniert wie sparsame Autos. Das ist ein falsches Signal an die Autoindustrie, die so keinen Anreiz bekommt, schnellstmöglich verbrauchsarme Pkw zu bauen. Leidtragende sind das Klima und die Verbraucher, die die Rechnung beim Tanken erhalten.

(Aus einer Stellungnahme des Bundes für Umwelt und Naturschutz vom Februar 2009, Quelle: http://www.bund.net/abwrackpraemie-autokaufen-ja-oder-nein/)

1. Versetzt euch in die Rolle der Bundesregierung: Was waren die Gründe und was waren die Ziele für die Einführung der Prämie?
2. Wer sind die Gewinner, wer die Verlierer der Maßnahme? Erstellt dazu eine Liste.
3. War der Titel „Umweltprämie" die richtige Bezeichnung? Was spricht dafür, was dagegen?
4. Wirtschaftspolitische Entscheidungen des Staates haben immer zum Ziel, das Wirtschaftsleben positiv zu beeinflussen. Es gibt aber nur sehr wenige Entscheidungen, die auf ungeteilte Zustimmung stoßen. Versucht herauszufinden, warum das so ist.

■ Tipp: Rollenspiel
Ihr könnt in die Rollen von Befürwortern und Gegnern der Prämie schlüpfen und so eine Diskussion führen.

Wie kann man die Funktion von Wirtschaftspolitik erklären?

Wirtschaftspolitik steht tagtäglich vor neuen Herausforderungen. Literatur über Wirtschaftspolitik füllt Abteilungen von Bibliotheken. Wer soll da noch durchblicken? Mit diesem Unterkapitel wollen wir Ordnung in die komplexe Thematik bringen. Wir wählen grundlegende Aspekte aus, die wir getrennt darstellen: (A) Werte, (B) Ziele, (C) Bereiche, (D) Handlungsmöglichkeiten des Staates und (E) Akteure der Wirtschaftspolitik. So entsteht eine Struktur, die euch das Verständnis erleichtern soll.

■ **Tipp:** Teilt die Klasse in fünf Gruppen ein, von denen jede zunächst einen der Aspekte A bis E bearbeitet. Bildet dann gemischte Gruppen.

Am Ende könnt ihr die verschiedenen Teilbereiche zu einer zusammenhängenden Darstellung zusammenfügen. Mithilfe der Gliederungspunkte wird es euch nicht schwerfallen, über das Funktionieren der Wirtschaftspolitik mündlich zu referieren. Die Methodenkarte Nummer 10 auf der Seite 217 gibt Tipps dazu.

A An welchen Werten orientiert sich die Wirtschaftspolitik?

Für die Wirtschaftspolitik spielen folgende gesellschaftliche Grundwerte eine besondere Rolle:

1 Freiheit

Zur Freiheit gehört, dass man Eigentum erwerben, besitzen und frei darüber verfügen darf. Was aber ist, wenn ...?
Jemand, der einen Balkon oder einen Garten besitzt, sollte die Freiheit, also das Eigentumsrecht, haben, ihn nach eigenem Willen zu benutzen und andere davon auszuschließen, wenn er das möchte. Aber sollte dieses Eigentumsrecht auch die Freiheit beinhalten, zu jeder Tages- und Nachtzeit zu grillen oder laute Musik zu hören?
Ein wesentlicher Bereich der Wirtschaftspolitik, die „Ordnungspolitik", befasst sich daher mit der Ausgestaltung von Eigentumsrechten und Institutionen, die entsprechende Probleme des wirtschaftlichen Zusammenlebens behandeln. Beispiele sind Regelungen zum Schutz des Privateigentums und seiner sozialen Bindung.

2 Gerechtigkeit

Jeder Einzelne hat sich in seinem Leben gewiss schon einmal ungerecht behandelt gefühlt, sei es in der Schule, von Freunden, am Arbeitsplatz, von den Eltern – besonders Geschwister kennen das Gefühl. [...]
Ungerechtigkeit lässt aber nicht allein persönliche Verbitterung aufkommen, sondern sie führt auch dazu, dass die Gesellschaft insgesamt ihre Stabilität und ihren Zusammenhang verliert. Daher gehört Gerechtigkeit zu den gesellschaftlichen Grundwerten, und die Wirtschaftspolitik soll nach Gerechtigkeit streben.

3 Sicherheit

Sicherheit ist ein gesellschaftlicher Grundwert, denn ohne Sicherheit wäre die Gesellschaft ein „Kampf aller gegen alle". Die Gewährung von Sicherheit und Frieden ist daher eine vordringliche staatliche Aufgabe. [...]
Wirtschaftliche Sicherheit bedeutet, dass der Einzelne nicht mit der Zerstörung seiner wirtschaftlichen Grundlagen rechnen muss und sicher in die Zukunft blicken kann, um sein Leben zu planen und zu gestalten.

4 Fortschritt

Die Vermehrung und Anwendung von Wissen bezeichnet man als Fortschritt. Er ist eine Voraussetzung für die Bekämpfung von Armut und Krankheit und hat zu mehr Freiheit, Gerechtigkeit und Sicherheit geführt. Deshalb kann Fortschritt selbst als ein gesellschaftlicher Grundwert angesehen werden, den die Wirtschaftspolitik daher anstreben sollte. Allerdings lässt sich die Frage stellen, ob Fortschritt stets Fortschritt zum Besseren ist: Er enthält auch die Möglichkeit von unvorhergesehenen Folgen und Irrtum. Technische Entwicklungen können sich als gefährlich erweisen oder missbraucht werden. Ein Beispiel ist die Nutzung der Atomenergie. [...]

(Aus: Hans Jürgen Schlösser: Wirtschaftspolitik und gesellschaftliche Grundwerte, in: Informationen zur politischen Bildung, Bd. 294, 2007 S. 4ff.)

B Welche Ziele sind wichtig?

Die wichtigsten wirtschaftspolitischen Ziele in der Bundesrepublik Deutschland sind
- Vollbeschäftigung,
- Preisstabilität,
- Wirtschaftswachstum,
- außenwirtschaftliches Gleichgewicht, also zum Beispiel Vermeidung von Auslandsverschuldung,
- Erhalt der natürlichen Umwelt.

Die Ziele der Wirtschaftspolitik können zu den gesellschaftlichen Grundwerten in Beziehung gesetzt werden:
- Vollbeschäftigung betrifft den Grundwert Sicherheit, aber auch das Freiheitsziel, da unfreiwillige Arbeitslosigkeit einen Verlust an materieller Freiheit darstellt.
- Preisstabilität bezieht sich dagegen auf die Werte Gerechtigkeit und Sicherheit, da eine Inflation die Einkommens- und Vermögensverteilung zum Beispiel zu Ungunsten der Sparer verändert und wirtschaftliche Unsicherheit schafft.
- Wirtschaftswachstum kann einen Zuwachs an materieller Freiheit bringen und ist mit dem Fortschrittswert verbunden.
- Eine gerechte Einkommensverteilung betrifft dagegen nicht allein den Wert Gerechtigkeit, sondern auch den Wert Sicherheit, da eine extrem ungleiche Verteilung zu Konflikten führt.
- Der Erhalt der natürlichen Umwelt dient dem Wert Sicherheit sowie der Gerechtigkeit im Blick auf nachwachsende Generationen.

(Aus: Hans Jürgen Schlösser: Ziele und Instrumente, in: Staat und Wirtschaft, Informationen zur politischen Bildung, Bd. 294, 2007, S. 27)

© Erich Schmidt Verlag 200 515

Zielkonflikte

Das Schaubild zu den Zielen staatlicher Wirtschaftspolitik ist mit der Überschrift „Magisches Sechseck“ versehen. Der Begriff „magisch“ soll ausdrücken, dass die Ziele oft miteinander in Konflikt stehen und dass es geradezu der Kunst eines Magiers bedarf, will man alle Ziele gleichzeitig erreichen. „So kann eine Verbesserung der Umweltqualität dadurch erreicht werden, dass Produktionsfaktoren aus der Güterproduktion abgezogen werden, was sich wiederum negativ auf das Wirtschaftswachstum auswirkt. Umgekehrt kann ein hohes Wachstum die Umwelt schädigen. Weiterhin geht ein schnell wachsendes Volkseinkommen zwar in der Regel mit einer höheren Beschäftigung einher, andererseits ist dies oft von Preissteigerungen begleitet. Das hat normalerweise zur Folge, dass die Importe zu- und die Exporte abnehmen und damit das außenwirtschaftliche Gleichgewicht gefährdet werden kann.

(Aus: Herbert Sperber: Wirtschaft verstehen – nutzen – ändern, Schaeffer-Poeschel Verlag, Stuttgart 2002, S. 23)

1. Notiert die der Wirtschaftspolitik zugrunde liegenden Werte und ordnet ihnen die dazu passenden Ziele zu.
2. Warum gilt das Sechseck der Ziele als „magisch“? Erklärt die Problematik am Beispiel eines Zielkonfliktes.
3. Was ist Gerechtigkeit? Von den politisch bedeutsamen Werten gilt dieser als der schwierigste und umstrittenste. Ist es Gerechtigkeit (a) wenn alle die gleiche Chance haben, reich zu werden oder (b) wenn der Reichtum in einer Gesellschaft etwa gleich auf alle Menschen verteilt ist oder (c) wenn die Wohlhabenden vom ihrem Reichtum abgeben, um so einen sozialen Ausgleich herbeizuführen? Überlegt, notiert eure Gedanken und sprecht miteinander.

C Welche Politikbereiche sind betroffen?

Insgesamt verstehen wir unter Wirtschaftspolitik die Gesamtheit aller Maßnahmen, mit denen der Staat regelnd und lenkend in das Wirtschaftsgeschehen eingreift.
Dabei spielt sich Wirtschaftspolitik in vielen Bereichen ab:

- der Wettbewerbspolitik,
- der Arbeitsmarktpolitik,
- der Finanzpolitik,
- der Steuerpolitik,
- der Konjunkturpolitik,
- der Verbraucherschutzpolitik,
- der Umweltpolitik.

Einige Bereiche, die nicht direkt mit der wirtschaftlichen Situation in Verbindung stehen, haben dennoch erheblichen Einfluss auf die Wirtschaft. Das gilt zum Beispiel für die Bildungspolitik. Eine möglichst qualifizierte Bildung der Bevölkerung gilt als Grundvoraussetzung wirtschaftlicher Stärke und internationaler Konkurrenzfähigkeit. In der sozialen Marktwirtschaft sind die Wirtschafts- und Sozialpolitik zwei sich überschneidende Politikbereiche.

D Welche Handlungsmöglichkeiten hat der Staat?

Der Staat hat nur begrenzte direkte Gestaltungsmöglichkeiten in der Wirtschaft. Er kann entscheiden, ob mehr Staatsbeamte und staatliche Angestellte eingestellt werden, mehr Lehrer, Richter und Verwaltungsleute. Auch kann er per Gesetz Verbote und Gebote erlassen, zum Beispiel ein Verbot von Sonntagsarbeit oder aber auch ein Gebot für Ausnahmeregelungen.
In den meisten Fällen sind die Möglichkeiten staatlicher Einflussnahme eher indirekter Natur. Das gilt besonders in Bezug auf die Ziele der Wirtschaftspolitik. Der Staat kann nicht befehlen, dass die Wirtschaft wachsen soll, er kann Vollbeschäftigung nicht per Gesetz herstellen und er kann nicht verordnen, dass der Wert des Geldes stabil bleibt. Er muss es mit indirekten Maßnahmen versuchen. Und so hofft jede Regierung, dass mit den von ihr eingeleiteten Regelungen die gewünschten Ziele auch erreicht werden.

Ein klassischer wirtschaftspolitischer Handlungsbereich ist die **Wettbewerbspolitik**. Gesetzliche Regelungen sollen dazu führen, dass die Konkurrenz unter den Unternehmen erhalten bleibt. Der Staat verbietet Monopole in privater Hand und stellt Kartelle unter Strafe.
Weitere politische Handlungsmöglichkeiten bietet die **Steuerpolitik**. Der Staat kann Steuern erhöhen oder senken.
Ein wichtiges wirtschaftspolitisches Instrument ist die **Konjunkturpolitik**. Unter der Konjunktur versteht man den Verlauf des Wirtschaftsgeschehens, das einem ständigen Auf und Ab gleicht. Phasen des wirtschaftlichen Aufschwungs gehen immer wieder in Abschwungphasen über und umgekehrt.
In Krisenzeiten muss die Politik versuchen, die Konjunktur mit geeigneten Maßnahmen anzukurbeln. Der Staat kann zum Beispiel ein Konjunkturpaket verabschieden, das Geld und Investitionen vorsieht, die geeignet sind, den Konjunkturverlauf wieder anzukurbeln. Dazu können gehören: Die Vergabe von Aufträgen zum Bau von Schulen, Straßen, Flughäfen etc. oder zur Einrichtung von Naturschutzgebieten. Konjunkturpolitik dient vordringlich den Zielen der Wachstumsförderungen und der Vollbeschäftigung.

Die Konjunkturkurve

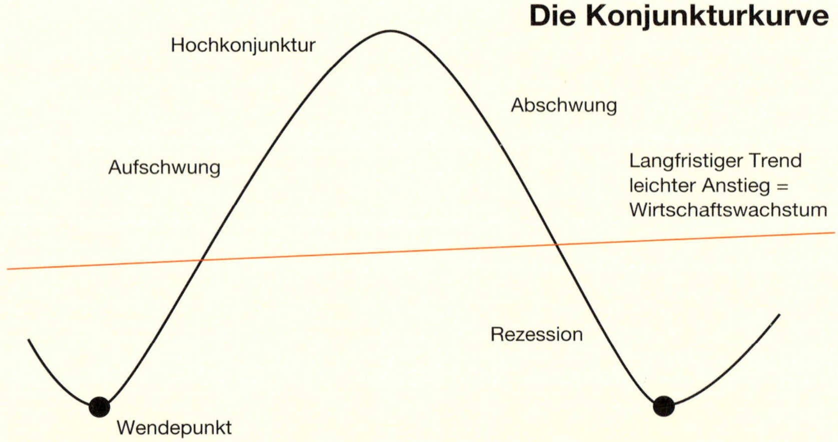

Mal läuft die Wirtschaft gut, mal weniger gut. Dieses Auf und Ab wird als Konjunktur bezeichnet und in einem Kurvenverlauf dargestellt. Gut läuft die Wirtschaft z.B., wenn die Nachfrage steigt und neue Arbeitsplätze entstehen. Man spricht dann von einer Aufstiegsphase oder einer Hochkonjunktur. Sinkt die Nachfrage, kommt es zu einem Abschwung, der sogenannten Rezession (= lat. zurückweichen). In den Phasen der Rezession versucht die Konjunkturpolitik, den Abschwung aufzuhalten und umzukehren.

Mit der gezielten Förderung bestimmter Wirtschaftszweige oder besonders benachteiligter Gebiete in Deutschland greift der Staat in die Struktur der Wirtschaft ein (= **Strukturpolitik**). Er kann bestimmte Industriezweige, die aus eigener Kraft nicht überlebensfähig sind, mit staatlichen Hilfsgeldern unterstützen. Solche Zahlungen werden als Subventionen bezeichnet. Er kann technisch innovative Betriebe zeitweise oder dauerhaft von den Unternehmenssteuern befreien und er kann Unternehmensgründungen gezielt fördern.
Verbraucherschutzpolitik hat zum Ziel, die Rechte der Verbraucher zu stärken. Der Staat hat zum Beispiel dafür gesorgt, dass Kaufverträge bei sogenannten Haustürkäufen oder Kaffeefahrten innerhalb bestimmter Fristen widerrufen werden können, um so die Konsumenten vor unüberlegten Kaufentscheidungen zu schützen.
Alle Handlungen des Staates müssen sich immer den Zielen des magischen Sechsecks unterordnen.

E Welche Akteure machen Wirtschaftspolitik?

Nationale Akteure

Meist fällt einem zunächst die Bundesregierung ein, wenn man an die Akteure der Wirtschaftspolitik denkt. Sie ist aber nur einer von vielen Beteiligten. Im bundesstaatlichen Aufbau übernehmen auch die 16 Landesregierungen und die Gemeindeparlamente wichtige Funktionen.
Als Interessenvertretung der Arbeitnehmer und Arbeitgeber üben die Gewerkschaften und die Arbeitgeberverbände direkten Einfluss auf die Wirtschaftspolitik aus. In den jährlich stattfindenden Tarifverhandlungen legen sie die Vereinbarungen über die Höhe der Löhne und die Gestaltung der Arbeitsbedingungen in Tarifverträgen fest. Dieses Entscheidungsrecht wird als Tarifautonomie bezeichnet. Zahlreiche weitere Interessengruppen wie Industrieverbände, Umweltschutzgruppen und Bürgerinitiativen nehmen Einfluss auf die Wirtschaftspolitik, indem sie Lobbyarbeit betreiben. Sie haben keine direkten Entscheidungsbefugnisse, können aber mit ihren Forderungen auf die Parteien und Politiker einwirken und haben so einen indirekten Einfluss.

Internationale Akteure

In dem folgenden Textauszug ist von der EU als supranationale Organisation die Rede. Supranationalität liegt vor, wenn Kompetenzen einer Organisation auf eine übergeordnete Einrichtung übertragen werden. Das ist bei der EU der Fall, weil die Mitgliedstaaten einen Teil ihrer Kompetenzen an sie abgetreten haben.

Bestimmte Entscheidungen der Europäischen Union sind dementsprechend für alle EU-Staaten und die gesamte EU-Bevölkerung verpflichtend. Die Mitgliedstaaten haben zu diesem Zweck ihre wirtschaftspolitische Souveränität in wichtigen Bereichen auf die EU übertragen.
Die Europäische Zentralbank wacht über die Geldwertstabilität ihrer Mitgliedstaaten. Auch die europäische Handelspolitik und die europäische Agrarpolitik unterliegen supranationalen Akteuren, der Europäischen Kommission und dem Rat der Europäischen Union. Die einzelnen Mitgliedstaaten haben die Handelspolitik der Europäischen Kommission übertragen, die zum Beispiel für die gesamte EU mit der World Trade Organisation (WTO) über Zollsenkungen verhandelt. Beschlüsse der EU zur Agrarpolitik, zum Beispiel zu Agrarmarktordnungen, welche die Preise für landwirtschaftliche Produkte regulieren, sind ebenfalls für alle EU-Mitglieder verbindlich.

(Aus: Hans Jürgen Schlösser: Akteure der Wirtschaftspolitik, in: Informationen zur politischen Bildung, Bd. 294, 2007, Seite 26)

Im Zeitalter der Globalisierung spielen weitere internationale Organisationen eine zunehmend wichtige Rolle. Besonders bedeutsam ist der Internationale Währungsfonds (IWF), der Kredite an verschuldete Länder vergibt, und die Vergabe dieser Kredite an wirtschaftspolitische Auflagen bindet. Auch die Vereinten Nationen mit Sitz in New York haben einen Einfluss. So fordern sie zum Beispiel von allen Industrieländern eine Aufstockung der Ausgaben für Entwicklungshilfe. Die UNO trifft damit zwar selbst keine verbindliche Entscheidung, erzeugt aber über die Berichterstattung in den Medien einen Druck, dem sich die verantwortlichen Staaten nicht entziehen können.

1. Notiert die wichtigen Bereiche der Wirtschaftspolitik. Ordnet ihnen jeweils passende Handlungsmöglichkeiten zu.
2. Erklärt, warum es in der Wirtschaftspolitik nicht leicht ist, den Erfolg eindeutig vorauszusagen.
3. Im Zeitalter der Globalisierung spielen supranationale und internationale Organisationen eine immer größere Rolle. Wie ist das zu verstehen?

Trainingsplatz

Wir visualisieren das Thema Wirtschaftspolitik

Euer Auftrag:

Nachdem ihr das Unterkapitel bis hierhin durchgearbeitet habt, könnt ihr anschauliche Übersichten erstellen. Das geht zum Beispiel in Form einzelner Merkzettel oder auch Folien – möglicherweise mithilfe eines Computers. Ihr erhaltet so eine Lernhilfe für euch selbst und zugleich eine Grundlage für ein mündliches Referat zum Thema.

So könnt ihr vorgehen:

- Bereitet nach den Mustern auf dieser Seite Folienvorlagen vor.
- Ordnet alle Begriffe im Begriffstopf in die passenden Folien ein.

5. Welche Akteure machen Wirtschaftspolitik?

4. Welche Handlungsmöglichkeiten hat der Staat?

3. Welche Politikbereiche umfasst sie?

2. Welche Ziele sind wichtig?

1. An welchen Werten orientiert sie sich?

Wie funktioniert Wirtschaftspolitik?

Begriffstopf

Arbeitgeberverbände
Arbeitsmarktpolitik
Außenwirtschaftliches Gleichgewicht
Bundesregierung
Europäische Union
Europäische Zentralbank
Finanzpolitik
Fortschritt
Freiheit
Gebote und Verbote
Gemeindevertretungen
Gerechte Einkommensverteilung
Gerechtigkeit
Gesetze
Gewerkschaften
Internationaler Währungsfonds (IWF)
Kartellverbot
Konjunkturpakete verabschieden
Konjunkturpolitik
Landesregierungen
Maßnahmen zum Schutz der Verbraucher
Preisstabilität
Sicherheit
Steuerpolitik
Subventionszahlungen
Umweltpolitik
Umweltschutz
Verbot von Monopolen in privater Hand
Verbraucherschutzpolitik
Vereinte Nationen
Vergabe staatlicher Aufträge
Vermeidung von Auslandsschulden
Vollbeschäftigung
Wettbewerbspolitik
Wirtschaftswachstum

Methodenkarte 10

Ein Referat überzeugend vortragen | Thema: Wirtschaftspolitik

Das Thema dieses Unterkapitels „Wie funktioniert die staatliche Wirtschaftspolitik?“ eignet sich für die Ausarbeitung und den Vortrag eines Referates. Das kann man alleine tun, man kann die Gliederungspunkte A bis E aber auch auf mehrere Referenten aufteilen.
Im Internet und in weiteren Publikationen können zusätzliche Informationen recherchiert werden. Der Vortrag wird besonders anschaulich, wenn ihr ihn mit einer Computerpräsentation unterstützt (z. B. PowerPoint).

A Was ist ein Referat?

Das Wort Referat stammt aus dem Lateinischen „referre“ und heißt wörtlich übersetzt „überbringen“. Referate sind schriftliche Ausarbeitungen, die (im Unterschied zu einer Facharbeit) vor einem Publikum mündlich vorgetragen werden. Ob ein Referat gut beim Publikum ankommt, hängt nicht nur davon ab, *was* vorgetragen wird, sondern vor allem auch *wie* etwas vorgetragen wird. Wer ein gut vorbereitetes Referat überzeugend und wirkungsvoll vor der Klasse präsentieren kann, erwirbt Kompetenzen, die überall im weiteren Leben sehr gefragt sind.

B Worauf kommt es beim Vortrag an?

Fünf Regeln

1. Gute Vorbereitung

Das Publikum merkt sehr schnell, ob eine Referentin oder ein Referent gut vorbereitet ist und ob sie oder er von der Sache etwas versteht, über die gesprochen wird. Dem Vortragenden selbst gibt die gute Vorbereitung die notwendige Sicherheit für ein überzeugendes Auftreten.

2. Kontakt zum Publikum

Man kann Referenten schlecht zuhören, wenn diese nur in ihre Unterlagen versunken sind und nicht zum Publikum hingewendet sprechen. Durch den Blickkontakt zum Publikum erzeugt ihr Aufmerksamkeit. In den Gesichtern der Zuhörerinnen und Zuhörer könnt ihr ablesen, ob das, was ihr vortragt, auch verstanden wird.

3. Möglichst frei sprechen

Auch ein schriftlich vorbereitetes Referat sollte nicht vom Blatt abgelesen werden. Niemand hört einer solchen Art des Vortragens gerne zu. Als Referent weißt du, was du geschrieben hast, und kannst vor Publikum frei über deine Arbeitsergebnisse berichten. Dabei kannst du dich an deine Referatsgliederung halten. Auch stört es nicht, wenn du hin und wieder kleinere Teile aus deinen schriftlichen Ausführungen vorliest.

4. Sich angemessen präsentieren

Wer vor Publikum spricht, wird immer auch in seiner Person wahrgenommen. Deshalb ist die Art und Weise, wie man sich präsentiert, für die Wirkung des Vortrages von großer Bedeutung. Wer gelangweilt und undeutlich spricht, die Hände in die Hosentaschen steckt, wird auch in der Sache nicht überzeugen können. Auch sollte man – so gut es einem möglich ist – auf ein gepflegtes Erscheinungsbild achten. Auf die Befähigung zur persönlichen angemessenen Präsentation wird später in den meisten Berufen großer Wert gelegt.

5. Rückfragen zulassen

Ein guter Referent ermuntert seine Zuhörerinnen und Zuhörer dazu, Fragen zu stellen. Da niemand allwissend sein kann, kann man durchaus auch einmal zugeben, die Antwort auf eine Frage nicht zu kennen.

3 Sind Wirtschaftspolitik und Umweltpolitik miteinander vereinbar?

Der Staat ist dazu verpflichtet, in seiner Wirtschaftspolitik für „angemessenes Wirtschaftswachstum" zu sorgen. Aber: Wenn die Wirtschaft eines Landes wächst, wird dann nicht die Umwelt immer stärker geschädigt?
Wirtschaftspolitik steht vor der schwierigen Aufgabe, den Widerspruch zwischen Wachstum auf der einen Seite und Umweltbelastung auf der anderen Seite aufzulösen. Mit den Materialien auf dieser Doppelseite könnt ihr nach Ideen suchen, wie das funktionieren kann.

Ruiniert die Wirtschaft die Umwelt?

Saurer Regen, Waldsterben, Erderwärmung, Klimakatastrophen, Ozonlöcher, Flutwellen ... Die Umweltbelastung durch die Wirtschaft lässt sich schon lange nicht mehr schönreden und vertuschen. Die Unternehmen haben erheblich zur Umweltzerstörung beigetragen.
In den vergangenen zwei Jahrzehnten erzielte die Wirtschaft aber auch Erfolge bei der Umstellung auf eine umweltverträgliche Produktion. Wer in den 50er-Jahren ins Ruhrgebiet reiste, musste bei der Ankunft in Dortmund, Duisburg oder Mülheim nur die Nase aus dem Zugfenster stecken, um zu wissen, dass er am Ziel war. Dichter Rauch oder der Geruch von Braunkohle waberte durchs Revier. Diese Zeiten sind vorbei – der Himmel im Ruhrpott ist wieder blau, die Luft kaum stärker belastet als in anderen deutschen Ballungsräumen. Auch auf anderen Gebieten hat die Industrie gezeigt, dass ein sorgfältiger Umgang mit natürlichen Rohstoffen möglich und nicht geschäftsschädigend ist: Der Spritverbrauch der Autos wurde um die Hälfte reduziert, strengere Abgasvorschriften verringerten den Schadstoffausstoß erheblich. [...]

(Aus: Christiane Oppermann: Nachgefragt. Wirtschaft, Loewe Verlag, Bindlach 2006, S. 128f.)

Quantitatives und qualitatives Wachstum

Wirtschaftswachstum kann unter mengenmäßigen, materiellen Gesichtspunkten betrachtet werden (quantitatives Wachstum) oder unter qualitativen Aspekten (qualitatives Wachstum). Quantitatives Wachstum zielt auf die rein mengenmäßige Zunahme der gesamtwirtschaftlichen Produktion im Sinne der Zunahme des BIP ab. Qualitatives Wachstum beinhaltet neben der reinen Steigerung der gesamtwirtschaftlichen Produktionsmenge die Verbesserung der Lebensqualität der Menschen, die Schonung der Umwelt oder die gerechte Einkommensverteilung.

(Aus: Duden. Wirtschaft von A bis Z. Grundlagenwissen für Schule und Studium, Beruf und Alltag. 2. Aufl. Mannheim: Bibliographisches Institut & F. A. Brockhaus 2004)

Bruttoinlandsprodukt

BIP steht für Bruttoinlandsprodukt. Das ist der Gesamtwert aller Waren und Dienstleistungen, die in einem Land innerhalb eines Jahres produziert werden. Dazu zählen auch die Erzeugnisse und Dienstleistungen, die von im

Land arbeitenden Ausländern und ausländischen Firmen erbracht werden. Das BIP betrug in Deutschland im Jahr 2009 rund 2,5 Billionen Euro, erarbeitet haben es 40 Millionen Erwerbstätige. […] Das Wirtschaftswachstum bezeichnet die Zunahme des Bruttoinlandsprodukts, meistens im Vergleich zum Vorjahr. Die Zahl wird in Prozent ausgedrückt.

(Nach: Christiane Oppermann: Nachgefragt. Wirtschaft, Loewe Verlag, Bindlach 2006, S. 100f.)

Brauchen wir ein ständiges Wirtschaftswachstum?

Die Bäume können nicht in den Himmel wachsen – aber unsere Wirtschaft scheinbar schon. Seit Beginn der industriellen Revolution wächst die Wirtschaft mit einer durchschnittlichen Rate von etwa 1,5 Prozent. […]
Die Frage ist nur: Wie lange kann das so weitergehen angesichts steigender Umweltprobleme und Ressourcenknappheit? Und: Wollen wir das überhaupt? Uns geht's doch schon gut! Wozu brauchen wir also ein ständiges Wirtschaftswachstum?
Professor Andreas Irmen von der Universität Heidelberg gehört zu den führenden Wachstumsexperten in Deutschland. Er glaubt: Deutschlands Volkswirtschaft, also der Wert unserer produzierten Güter und Dienstleistungen muss gar nicht um jeden Preis weiter wachsen. […]
Wir müssen Technologien entwickeln, die mit einem Bruchteil der bisherigen Energie auskommen oder mit nachwachsenden Rohstoffen betrieben werden können. Gelingt uns das besonders gut, ist darüber auch weiteres Wirtschaftswachstum möglich. Wer hätte schließlich vor 50 Jahren gedacht, dass nachwachsende Rohstoffe oder gar Windkraftanlagen einmal zu einem boomenden Markt würden?
Eine zweite Möglichkeit, trotz steigender Umweltprobleme weiter zu wachsen, ist der Dienstleistungssektor. „Hier brauchen wir in vielen Bereichen dringend Wachstum", sagt Professor Irmen. Man denke nur an den Bereich der Altenpflege oder Kinderbetreuung – hier würde wohl keiner ernsthaft fordern, dass wir aufhören sollen zu wachsen, denn hier bedeutet „mehr Angebot" nicht automatisch mehr Umweltverschmutzung, sondern einfach besseren Service.
[…]

(Aus: Sonja Kolonko: Brauchen wir ein ständiges Wirtschaftswachstum?, in: Westdeutscher Rundfunk, ein Sendebeitrag vom 19.05.2009, in: www.wdr.de, letzter Zugriff 02.11.2009)

Grüne Technik im Dienst von Wachstum und Vollbeschäftigung

Solaranlagen, effiziente Fabriken und sauberes Wasser: Mit grüner Technik erobert die deutsche Industrie schneller als erwartet neue Märkte und schafft eine Million Jobs. […]
Mit 16 Prozent Marktanteil ist Deutschland Weltmeister und liegt damit deutlich vor den USA und Japan. Angetrieben von rigiden Umweltgesetzen, gepäppelt von üppigen staatlichen Subventionen und umgesetzt mit deutschen Ingenieurtugenden ist hierzulande eine Industrie herangewachsen, die ihresgleichen sucht. 1,2 Millionen Menschen arbeiten inzwischen in der heimischen Umweltwirtschaft, von Experten auch Greentech-Industrie genannt. Weitgehend unbemerkt von der Öffentlichkeit hat sie die klassischen deutschen Leitbranchen – Maschinenbau und Automobilindustrie – hinter sich gelassen: Die Autobranche beschäftigt 760000 Menschen, die Maschinenbauer rund eine Million. „Gemessen an den Jobs ist die Umweltindustrie schon heute die deutsche Leitindustrie", sagt RWE-Vorstand Fritz Vahrenholt.

(Aus: Wolfgang Augter, Sefanie Seiwert u. a.: Hart im Wind. Grün aus der Krise, in: Wirtschaftswoche Nr. 19 vom 04.05.2009, S. 94)

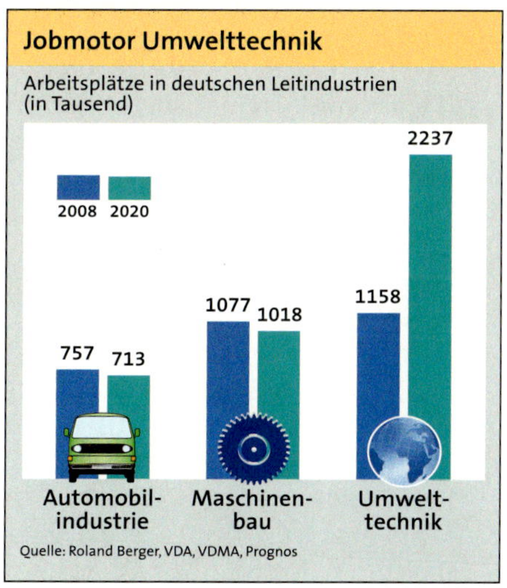

1. Welchen grundlegenden Zielkonflikt hat der Zeichner in seiner Karikatur dargestellt?
2. Was bedeutet es konkret, wenn das Wirtschaftswachstum im Vergleich zum Vorjahr 2 Prozent beträgt?
3. Wodurch unterscheiden sich quantitatives und qualitatives Wachstum?
4. Wie kann Wachstum umweltverträglich gestaltet werden? Formuliert dazu eine Antwort, in die ihr möglichst viele Ideen einbringt.

Begriffe für euer Fachwörterverzeichnis

- Bruttoinlandsprodukt (BIP)
- Wachstum
- qualitatives Wachstum

Staatliche Umweltpolitik

1. Legt eine Mindmap an, in der ihr Ziele, Akteure, Prinzipien und Handlungsfelder veranschaulicht.

2. Welches Problem muss eine zukunftsweisende Umweltpolitik lösen und welche Rolle spielt qualitatives Wachstum dabei?

3. Sucht nach einem positiven Beispiel für einen Ausgleich zwischen Ökonomie und Ökologie.

Begriffe für euer Fachwörterverzeichnis

Ziele

Der Artikel 20 des Grundgesetzes erklärt die Zielsetzung staatlicher Umweltpolitik: „Der Staat schützt auch in Verantwortung für die künftigen Generationen die natürlichen Lebensgrundlagen [...]“ Dementsprechend verstehen Wissenschaftler Umweltpolitik als die Summe aller öffentlichen Maßnahmen zur Begrenzung, Reduzierung oder Vermeidung ökologisch negativer Folgen wirtschaftlichen Handelns.
Zukunftsweisende Umweltpolitik muss den Widerspruch zwischen Ökonomie und Ökologie auflösen. Der Schlüssel dazu ist eine veränderte Wachstumspolitik. Wirtschaftswachstum darf nicht länger mit der Schädigung und Zerstörung der Umwelt erkauft werden, sondern muss im Dienst der Umwelt stehen. Qualitatives Wachstum bedeutet, dass die Umweltverträglichkeit zu einem entscheidenden Qualitätsmaßstab für die Herstellung, Verteilung und für den Gebrauch von Gütern wird.

Akteure

In Deutschland arbeiten Bund, Länder und Gemeinden im Umweltschutz zusammen. Auf Bundesebene ist das Bundesumweltministerium für den Umweltschutz zuständig. Aber auch die 16 Bundesländer haben Umweltministerien. Bund und Länder erarbeiten gemeinsam Umweltschutzgesetze. Bei der Umsetzung dieser Gesetze kommt den Gemeinden eine verantwortungsvolle Aufgabe zu. Sie entscheiden zum Beispiel über die Ausweisung von Trinkwasserschutzgebieten und Industrieanlagen, sie organisieren die Müllentsorgung und anderes mehr.
Mittlerweile ist die Europäische Union zu einem der wichtigsten Akteure der Umweltpolitik geworden. Achtzig Prozent aller Umweltschutzgesetze werden auf europäischer Ebene verabschiedet.

Prinzipien

Heute hat man erkannt, dass es falsch ist, auf eine Katastrophe zu warten und dann erst zu reagieren. Deshalb wurde eine Strategie der Prävention, also des vorsorgenden Handelns entwickelt, die heute allen wichtigen umweltpolitischen Entscheidungen zugrunde liegt. Sechs Prinzipien leiten die präventive Umweltpolitik heute:

1. *Das Verursacherprinzip*, nach dem diejenigen, die die Umwelt belasten, auch für die Schäden haften.
2. *Das Kooperationsprinzip*, das die Beteiligung aller wichtigen Gruppen beim Umweltschutz fordert.
3. *Das Substitutionsprinzip*, wonach gefährliche Stoffe ersetzt werden sollen, sobald es umweltfreundlichere Ersatzstoffe gibt.
4. *Das Integrationsprinzip*, das Umweltschutz zu einer Aufgabe macht, an der sich alle Politikbereiche beteiligen müssen.
5. *Das Vorsorgeprinzip*, das bedeutet, dass Umweltpolitik so angelegt sein soll, dass Gefährdungen der Umwelt so gering wie möglich gehalten werden.
6. *Das Prinzip der Nachhaltigkeit*, wie es im Artikel 20 a, des Grundgesetzes beschrieben ist. Danach muss Umweltpolitik dafür Sorge tragen, dass auch die nachfolgenden Generationen in einer gesunden Umwelt aufwachsen können.

Handlungsfelder

Zur genaueren Unterscheidung, in welchen Bereichen Umweltpolitik aktiv sein muss, bietet es sich an, von vier grundlegenden Handlungsfeldern zu sprechen:
- dem Schutz des Bodens
- dem Gewässerschutz
- dem Schutz vor gefährlichen Strahlungen,
- dem Klimaschutz.

Wirtschaftspolitik verstehen

Station 1 Schüler machen Wirtschaftspolitik

Wer hat welches Interesse?

Eine Firma, die Süßigkeiten in großer Menge herstellt, hatte die Idee, Klassenfahrten zu sponsern. Jede Schülerin und jeder Schüler, der Süßigkeiten der Firma im Wert von einem Euro erstand, erhielt dafür eine Bonusmarke. Gratis gab es Bonusklassenbücher, in die man die Marken einkleben konnte. Einen Zuschuss für eine Klassenfahrt von 50 Prozent der Kosten für die Fahrt innerhalb Deutschlands und die Unterbringung gab es aber nur, wenn das Klassenbuch mit 400 Bonusmarken voll war. Auch durfte die Klassenfahrt nur bei drei von der Firma ausgewählten Reiseveranstaltern gebucht werden. Viele Schülerinnen und Schüler sammelten eifrig. Auch Eltern, Omas, Opas, Tanten und Onkel wurden eingespannt. So gab es viel Zustimmung für das Sponsoring, aber auch heftige Proteste.

1. Mehrere Eltern, die zur Zeit der Aktion arbeitslos waren, sagten, die Aktion sei negativ für das Klassenklima: Warum?
2. Die Schülerinnen und Schüler einer achten Klasse waren begeistert, als sie ihr Markenbuch voll hatten: Warum?
3. Der Bundesverband für Kinder- und Verbraucherschutz forderte, das Sponsoring per Gerichtsbeschluss verbieten zu lassen: Warum?
4. Die ausgewählten Reiseveranstalter lobten die pfiffige Aktion: Warum?

Versuche herauszufinden, welche Begründungen hinter den Interessen der verschiedenen Gruppen stehen, und formuliere sie möglichst stichhaltig.

Station 2 Wie funktioniert staatliche Wirtschaftspolitik?

Ordne zu:

Welcher Baustein gehört in welches Paket?

Staatliche Wirtschaftspolitik

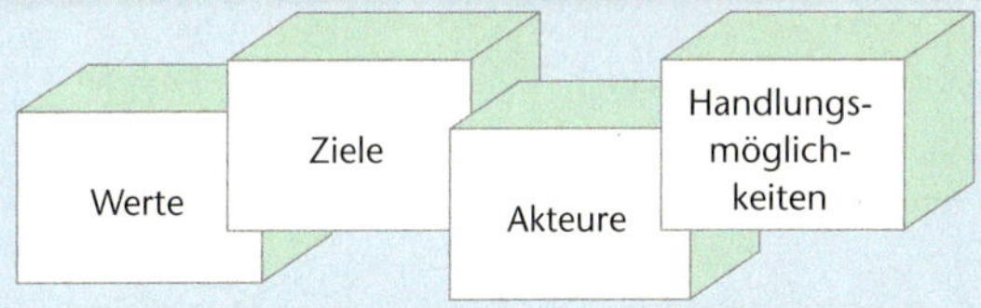

Geldwertstabilität | Konjunkturpaket | Subventionen | Bundesregierung | Gerechtigkeit | Landesregierungen | Vollbeschäftigung | Fortschritt

Station 3 Wirtschafts- und Umweltpolitik

Erkläre das Schaubild:

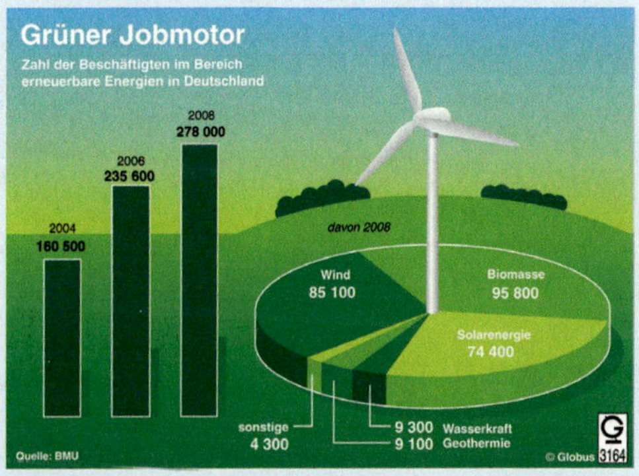

1. Auf welchen Bereich der Wirtschaftspolitik bezieht sich das Schaubild?
2. Welcher Trend ist daraus ableitbar?
3. Schafft oder vernichtet Umweltschutz Arbeitsplätze? Formuliert eine Antwort zu dieser Frage, in der ihr möglichst genau auf die Informationen im Schaubild Bezug nehmt.

9 Klimawandel – Herausforderung für Wirtschaft und Politik

Was ist zu tun, um den Gefahren zu begegnen?

Was habt ihr bereits über den Klimawandel und seine Folgen erfahren? Denkt darüber nach und sammelt euer Vorwissen.

Worum geht es?

Das gab es noch nie in der Geschichte der Menschheit. Eine Regierung tagte in drei Metern Tiefe unter dem Meeresspiegel. Tische und Stühle waren eigens dafür auf dem Boden des Meeres installiert worden. So geschehen vor der Inselgruppe der Malediven im Indischen Ozean. Ministerpräsident Nasheed und seine Regierungsmannschaft wollten mit dieser Aktion die Weltöffentlichkeit wachrütteln und auf die verzweifelte Lage ihres Inselstaates aufmerksam machen. Steigt der Meeresspiegel in Folge des Klimawandels noch in diesem Jahrhundert um 60 Zentimeter an, werden viele der mehr als 1 000 Maledivеninseln überschwemmt und für immer unbewohnbar werden.

Der Klimawandel ist jedoch kein Problem, das nur die Malediven betrifft. Er ist ein Problem, das viele Gesichter hat: In Indonesien bedroht der steigende Meeresspiegel die Inselwelt des Pazifiks, in Afrika sorgt er für langanhaltende Dürren, in Amerika radieren gigantische Wirbelstürme ganze Städte von der Landkarte und auch bei uns in Europa kommt es immer häufiger zu sintflutartigen Regenfällen mit unvorhersehbaren Überschwemmungen oder sommerlichen Dürren, die zu Missernten führen.

Angesichts der verheerenden Folgen des Klimawandels wünschen sich die meisten Menschen, in einer intakten, sauberen und gesunden Umwelt zu leben. Von der Politik erwarten sie, dass sie Lösungen für diese Bedrohung unserer Zivilisation aufzeigt. Aber Klimapolitik ist schwierig, weil sie große Opfer von den Akteuren verlangt: von den Betrieben und Unternehmen, von der Politik und auch von jedem Einzelnen.

Im Fach Politik und Wirtschaft richten wir den Blick auf solche Probleme und suchen nach Antworten auf die Frage, wie sich wirtschaftliches Handeln und Klimaschutz unter einen Hut bringen lassen.

Am Ende des Kapitels könnt ihr …

- die Erderwärmung und ihre Auswirkungen auf den Wohlstand und die Zivilisation der Menschheit beschreiben,
- die Widersprüche zwischen wirtschaftlichem Handeln und Umweltschutz erläutern,
- die nationalen und internationalen Politikbestrebungen zur Erreichung der Weltklimaziele beurteilen,
- entscheiden, was ihr selbst in eurem Alltag für mehr Klimaschutz tun wollt.

1 Patient Erde: Warum ist der Klimawandel ein so großes Problem?

Klimawandel, Erderwärmung, Treibhauseffekt: Begriffe, die euch schon früher begegnet sind und die ihr bereits aus anderen Fächern kennt. Doch was bedeuten sie genau? Um die Beantwortung dieser Frage geht es im ersten Unterkapitel.

Überschwemmung in Bangladesch

Hurrikan in New Orleans

Kohlekraftwerk in Deutschland

Dürre in China

1. Welche Gedanken zum Thema Klimawandel lösen diese Fotos in euch aus? Denkt eine Zeit lang nach, bevor ihr die Frage beantwortet. Bildet Partnerschaften und sucht zu zweit nach Antworten. Sammelt dann gemeinsam eure Beiträge.
2. Welche Erklärung für den Klimawandel bietet die Grafik?

Wir erklären Hintergründe des Klimawandels

Mit den Texten der nächsten Seiten könnt ihr folgendermaßen verfahren:

Gruppentour

Schritt 1: Planung
- Ihr bildet Dreier-Teams. Das ist eure Stammgruppe.
- Ihr verschafft euch einen Überblick über die nächsten Seiten.
- Ihr teilt die Arbeit auf: Jedes Teammitglied bearbeitet einen Text (A, B oder C).

Schritt 2: Einzelarbeit
- Jedes Gruppenmitglied liest seinen Text und fasst die wichtigen Informationen so zusammen, dass er sie den anderen vorstellen kann.

Schritt 3: Expertengruppe
- Ihr setzt euch mit Gruppenmitgliedern, die den gleichen Text bearbeitet haben, zusammen.
- Ihr vergleicht als Experten eure Ergebnisse.
- Ihr korrigiert und ergänzt eure Informationen.

Schritt 4: Präsentation
- Ihr geht zurück in eure Stammgruppe.
- Ihr präsentiert eure korrigierten Ergebnisse.
- Ihr protokolliert die Informationen der beiden anderen Gruppenmitglieder.

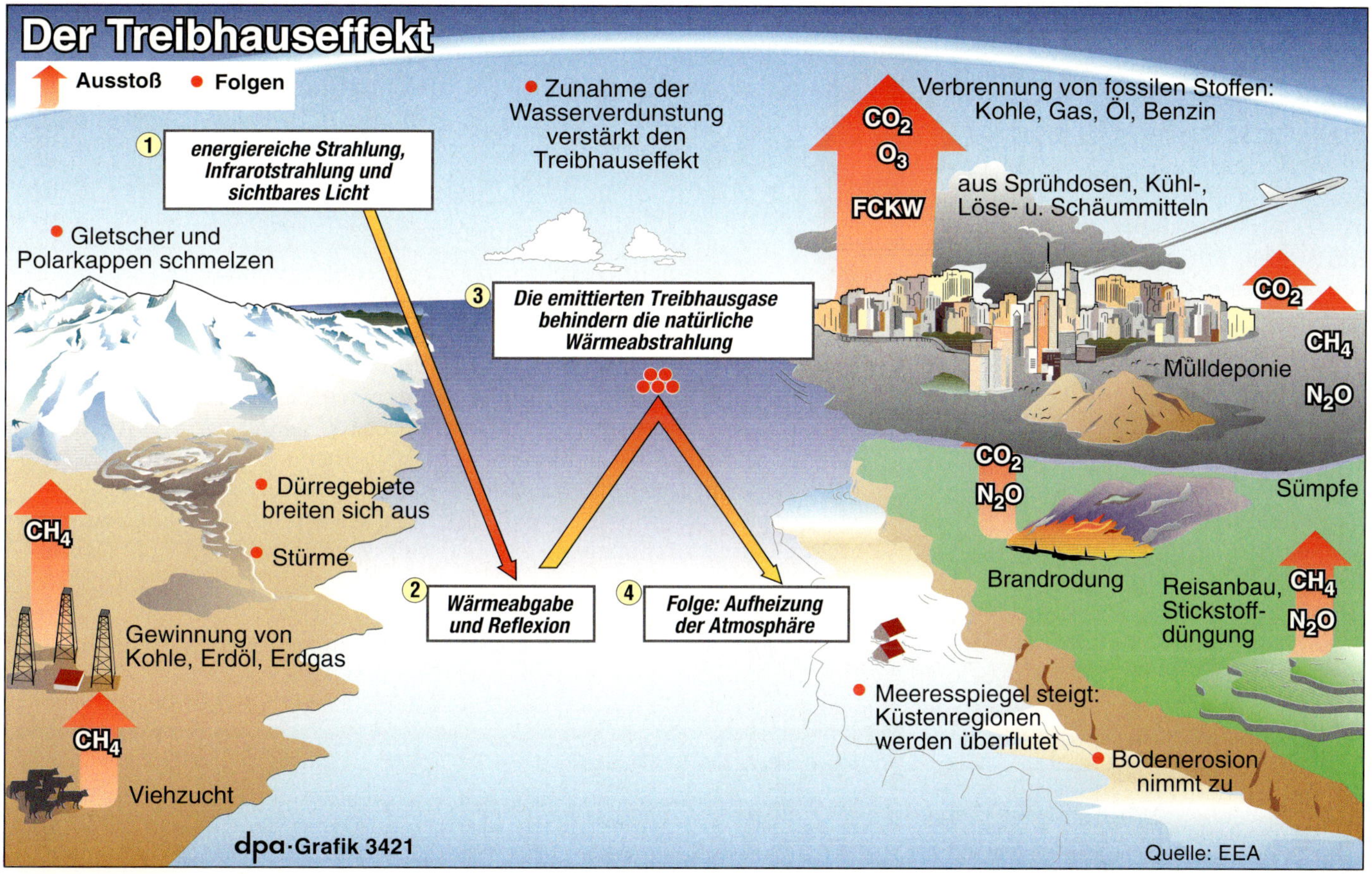

CO_2 = Kohlendioxid; CH_4 = Methan/Kohlenwasserstoff; N_2O = Stickstoff; O_3 = Ozon; FCKW = Flurchlorkohlenwasserstoff

A Klimawandel und Treibhauseffekt

Das Treibhausgas CO_2

CO_2 steht für Kohlenstoffdioxid. Die Verbindung aus Kohlenstoff und Sauerstoff. Es ist ein farb- und geruchloses Gas und ein natürlicher Bestandteil der Luft. CO_2 entsteht bei der Verbrennung von kohlenstoffhaltigen Substanzen wie den fossilen Energieträgern Kohle und Öl, aber auch im Organismus von Lebewesen. Kohlenstoffdioxid ist ein natürliches Treibhausgas, so wie unter anderem auch Ozon, Wasserdampf und Methan. Indem sie die Temperaturen anheben, sorgen die natürlichen Treibhausgase für einen Durchschnittswert von circa 15 Grad Celsius. Ohne sie würden auf der Erde lebensfeindliche Temperaturen von circa minus 18 Grad Celsius herrschen. Der Treibhauseffekt selbst entsteht, weil CO_2 einen Teil der vom Boden abgegebenen Infrarotstrahlung absorbiert, die ansonsten ins Weltall entweichen würde. Eine Störung des natürlichen Gleichgewichts (etwa durch steigende CO_2-Emissionen) führt zur Erderwärmung mit unkalkulierbaren Folgen.

(cle: Das Treibhausgas CO_2, in: Welt am Sonntag Nr. 49 vom 7.12.2008. Nachhaltigkeit und Klima. Sonderausgabe, S. 5)

Das Problem

Ein Report des Global Humanitarian Forum unter der Leitung des früheren UN-Generalsekretärs Kofi Annan nennt Zahlen über mögliche Todesopfer durch den Klimawandel. Danach könnten bis zu 300 000 Menschen pro Jahr an den Folgen des Klimawandels sterben. Betroffen wären vor allem Entwicklungsländer. […] Nach Angaben des Global Humanitarian Forum (GHF) kostet diese Entwicklung die Weltwirtschaft jedes Jahr mindestens 90 Milliarden Euro – und damit dieselbe Summe, welche die Industriestaaten für Hilfen in der Dritten Welt bereitstellen. Bis 2030 steigen die Ausgaben auf 244 Milliarden Euro. 99 Prozent der Klima-Opfer werden in den Entwicklungsländern sterben. „Der Klimawandel ist die größte humanitäre Herausforderung unserer Zeit, unter der Hunderte Millionen Menschen leiden werden", so Kofi Annan, ehemaliger UN-Generalsekretär und GHF-Präsident. Vor allem Schwarzafrika, Zentralasien, der Nahe Osten sowie Süd- und Südostasien werden dem Report zufolge von den Klimaveränderungen betroffen sein. Nach Angaben der Hilfsorganisation Oxfam verursachen die 20 Länder, die am stärksten unter dem Klimawandel zu leiden haben, nur ein Prozent der weltweiten Luftverschmutzung. […]

(Stefanie Bolzen: Studie prognostiziert Tote durch Klimawandel. Welt Online-Meldung vom 29.5.2009, letzter Zugriff 03.06.2009)

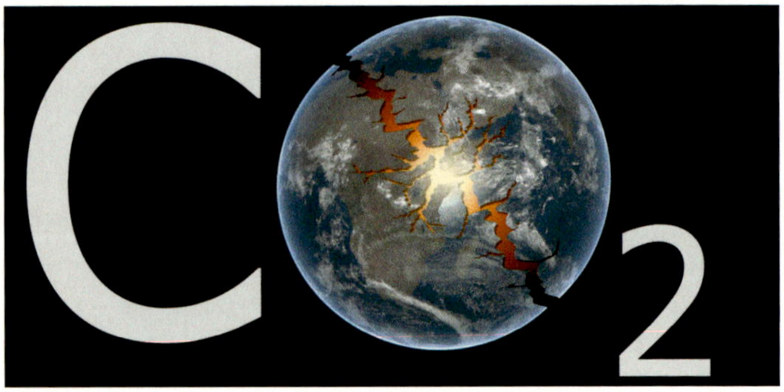

Die Ursachen

Über die Ursache der Erderwärmung wurde lange gerätselt. Strahlt die Sonne intensiver? Gibt es mehr Wolken, die die Erde gleichsam wie eine Bettdecke wärmen? Oder sind die Abgase wie Kohlendioxid schuld, die die Atmosphäre in ein Treibhaus verwandeln? Heute sind sich die meisten Wissenschaftler einig, dass Letzteres stimmt: Die globale Erwärmung wird zum Großteil von den Abgasen der Menschen verursacht, vor allem durch Kohlendioxid. Das Gas entsteht bei der Verbrennung von Kohle, Gas, Benzin, Diesel und Holz. Kohlendioxid in der Atmosphäre wird von der Wärmestrahlung der Erde aufgeheizt und reflektiert einen Teil der Wärme wieder zurück zur Erde. Das funktioniert ähnlich wie in einem Gewächshaus oder Treibhaus, wo die Sonne durch das Glasdach scheint und die Wärme dann im Innern zurückgehalten wird. Darum sprechen Wissenschaftler auch vom Treibhauseffekt und nennen Kohlendioxid ein Treibhausgas.

(Max Rauner: Klimawandel. Hat die Erde Fieber?, in: Die Zeit. Das Junior-Lexikon Bd. 3, S. 164ff., Zeitverlag 2007)

Begriffe für euer Fachwörterverzeichnis

- Treibhauseffekt
- Klimawandel

1. Wie entsteht der Treibhauseffekt?
2. Warum wird der Klimawandel durch den Treibhauseffekt ein immer größeres Problem?
3. Welche Ursachen für die globale Erwärmung haben Wissenschaftler herausgefunden?

B Folgen – Europa und Amerika

Nord- und Südamerika: Die Regenwälder Nord- und Südamerikas binden enorme Mengen Kohlendioxid. Ihr Verlust würde den Treibhauseffekt noch schneller voranschreiten lassen.

Nordeuropa: Wie bereits in der Antarktis, so könnte sich durch den Klimawandel auch über Nordeuropa ein Ozonloch bilden. Bei den Bewohnern der betroffenen Regionen würde das Krebsrisiko enorm ansteigen.

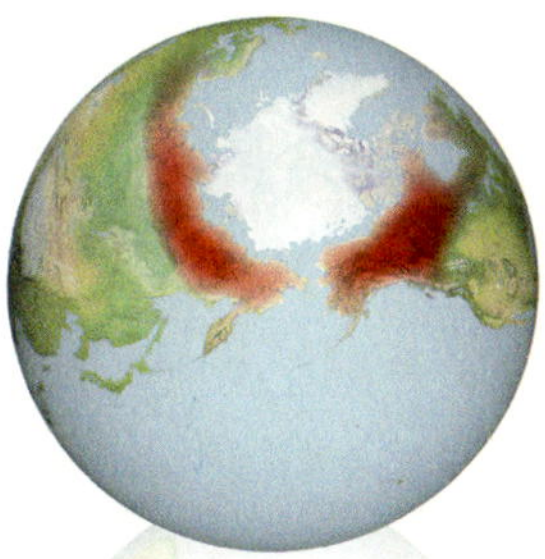

Nordamerika und Russland: Die Permafrostböden der beiden Länder binden gigantische Mengen des schädlichen Klimagases Methan. Tauen sie infolge des Klimawandels auf, dann gelangt das Methan in die Atmosphäre und verstärkt den Treibhauseffekt.

Wirbelstürme in Amerika

In Nord- und Mittelamerika gibt es schon seit langer Zeit und derzeit öfter Wirbelstürme. Ende der Neunzigerjahre waren es doppelt so viele wie im Jahresdurchschnitt des 20. Jahrhunderts. Sie sind nicht nur häufiger, sondern auch stärker geworden und richten oft große Schäden an. 2005 verwüstete zum Beispiel der schreckliche Hurrikan Katrina die amerikanische Stadt New Orleans.
In den nächsten hundert Jahren soll die Zahl der Stürme und ihre Stärke weiter zunehmen, denn die Entstehung solcher Naturkatastrophen wird vom warmen Wasser in den Ozeanen begünstigt. So erlebt die US-Bevölkerung die Klimaerwärmung nicht mehr als etwas, was sich erst in Jahrzehnten oder Jahrhunderten bemerkbar machen wird, sondern als reale Bedrohung in der Gegenwart. Dazu gehört auch die Zunahme der Waldbrände. Seit 1970 hat sich ihre Zahl in den USA jährlich vervierfacht. Forscher erklären die gestiegene Anzahl der oft verheerenden Brände mit den gestiegenen Temperaturen und der Schneeschmelze, die immer früher im Jahr einsetzt. Beides führt zu größerer Trockenheit und erhöhter Feuergefahr. Erst seit kurzer Zeit findet das Problem des Klimawandels in den USA Beachtung. Der prominenteste amerikanische Fürsprecher für den Klimaschutz ist der ehemalige US-Vizepräsident Al Gore, der sich in einer medienwirksamen Kampagne für die Bekämpfung der Klimakrise engagiert. Dafür erhielt er 2007 den Friedensnobelpreis.

Unruhige Zeiten in Europa

Extreme Wetterverhältnisse und daraus resultierende Naturkatastrophen, wie sie in Amerika vorkommen, scheinen für uns Europäer weit weg zu sein und man kann sie sich nicht richtig vorstellen. Erste Anzeichen einer Klimaveränderung sind aber auch bei uns für jeden erkennbar. Auch in Europa gab es außergewöhnliche Stürme wie zum Beispiel im Januar 2008 den Orkan Kyrill, der in Deutschland wütete. Bei uns gibt es statistisch gesehen nicht mehr Stürme als früher, aber ihre Heftigkeit hat zugenommen. Die Hochwasser infolge von Stürmen sollen in 50 Jahren einen halben Meter höher steigen als heute. Entsprechend müssen die Küstenschutzmaßnahmen verstärkt und die Deiche erhöht werden.
Im Winter gibt es in Mitteleuropa nur noch selten Gelegenheit zum Schlittenfahren, Schnee fällt in vielen Jahren nur noch in den Bergen und auch da wird er knapp. Durch die Erwärmung haben einige Gletscher in den Alpen schon 50 Prozent ihrer Masse verloren. Die Gletscherschmelze hat zu einem Anstieg der Meeresspiegel im letzten Jahrhundert beigetragen. Das bedroht natürlich wiederum die Küstengebiete in aller Welt. […]
In den Wintermonaten regnet es häufiger und stärker, es kommt zu Stürmen und Überschwemmungen. In England haben sich die Tage mit starken Niederschlägen im Winter im Vergleich von 1960 bis 1990 verdoppelt. […]
Im Sommer gibt es Hitzerekorde, d. h. viele Tage mit über 30 Grad Wärme und Höchstwerten von über 40 Grad. […] Insgesamt waren die letzten zehn Jahre des 20. Jahrhunderts die wärmsten, die jemals gemessen wurden.

(Aus: Ruth Omphalius, Monika Azakli: Klimawandel, Arena Verlag, Würzburg 2008, S. 86ff.)

1. Wie sehen die Folgen des Klimawandels aus?
2. Diskutiert darüber, wie sich all diese Veränderungen auf euer Leben auswirken können.

C Folgen – Afrika, Asien und Australien

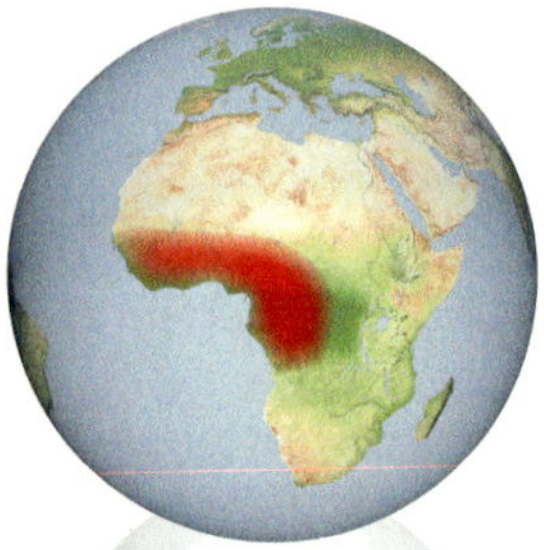

Westafrika: Die Zahl der Dürrejahre in der Sahelzone verdoppelt sich bis 2100.

Indien: CO_2 und Luftverschmutzung können den indischen Sommermonsun versiegen lassen, dem Indien fast seinen kompletten Regen verdankt.

Nordpol: Die Erderwärmung lässt das arktische Eis schmelzen. Ab einer durchschnittlichen Temperaturerhöhung um drei Grad Celsius ist der Prozess nicht mehr umkehrbar. Der Meeresspiegel würde weltweit um etwa sieben Meter steigen.

Besonders gefährdet: Afrika

Afrika besteht in seinen tropischen und subtropischen Trockenzonen überwiegend aus Wüste und Steppe. Durch den Klimawandel sind diese Gebiete von anhaltender Dürre bedroht und das Wasser wird knapp. Die Wüste Sahara wächst. Fruchtbares Land wird zur Steppe. Neue Wüsten entstehen. In der afrikanischen Sahelzone, die sich südlich der Sahara befindet, herrscht bereits seit den Sechzigerjahren Dürre. […] Klimaforscher haben das Regenaufkommen der Region untersucht und mit Computermodellen simuliert. Die Wolken für den Monsunregen in der Sahelzone bilden sich über dem Indischen Ozean. Aber auch die klimatischen Bedingungen im Indischen Ozean haben sich verändert und die notwendigen Voraussetzungen für den Monsunregen haben sich verringert. Die Dürre hat zur Folge, dass sich die Bevölkerung in weiten Teilen Afrikas kaum noch selbst ernähren kann. […]

Klimaänderungen in Asien

Bangladesch in Südasien am Indischen Ozean ist eines der ärmsten und am dichtesten besiedelten Länder der Welt. […] Rund zehn Millionen Menschen in Bangladesch leben in Regionen, die weniger als einen Meter über dem Meeresspiegel liegen. Ein Anstieg des Meeresspiegels würde bewohnte Gebiete unter Wasser setzen und riesige Gebiete zum Risikogebiet für Fluten machen. Viele Menschen sind in Gefahr, ihren gesamten Besitz oder sogar ihr Leben zu verlieren. […]
Doch nicht nur die Küstenregionen im Süden Asiens sind bedroht. In Sibirien, im hohen Norden, hat sich das Klima in den letzten 30 Jahren um etwa 3 Grad erwärmt. […]
In riesigen Gebieten Sibiriens ist der Erdboden bis in eine Tiefe von über 1 000 Metern dauerhaft gefroren. […] Heute weicht der Boden im Sommer auf, Gebäude geraten ins Rutschen, Mauern stürzen ein und in den Straßen entstehen Löcher, weil das Eis darunter schmilzt und Hohlräume entstehen. Auch die Landschaft verändert sich. Aufgetaute Böden verwandeln sich in Seen und Sümpfe. Aber vor allem werden beim Tauen des sogenannten Permafrostbodens große Mengen des Treibhausgases Methan freigesetzt, die den Klimawandel verstärken.

Trockenheit in Australien

Australien ist schon heute der trockenste Kontinent der Erde. Seit 2001 hat es kaum geregnet – die schlimmste Dürreperiode seit mehr als 100 Jahren. In fast allen großen Städten muss das Trinkwasser rationiert werden. Durch den Temperaturanstieg wird auch hier eine Häufung von Stürmen vorhergesagt. Es besteht die Gefahr, dass sie die alljährlich auftretenden Buschfeuer kräftig anfachen und stärker als bisher in die Vorstädte treiben. Das Great Barrier Reef in Australien ist mit einer Länge von gut 2 300 Kilometern das größte Korallenriff der Welt. Umweltexperten warnen vor einer Zerstörung des Unterwasser-Paradieses. Von den Ökosystemen des Meeres sind besonders die Korallenriffe gefährdet. Die Erwärmung des Meerwassers und seine Übersäuerung führen zum Ausbleichen der Korallen und langfristig zu ihrem Absterben. Korallenriffe sind Lebensraum für eine Vielzahl von Pflanzen und Tieren. […]

(Aus: Ruth Omphalius, Monika Azakli: Klimawandel, Arena Verlag, Würzburg 2008, S. 91 ff.)

1. Wie sehen die Folgen des Klimawandels aus?
2. Diskutiert darüber, wie sich all diese Veränderungen auf euer Leben auswirken können.

Trainingsplatz

Wir ordnen Stichworten zum Thema Klimawandel die passenden Erklärungen zu und halten einen Kurzvortrag

Klimawandel ist eine Störung des natürlichen Treibhauseffektes (etwa durch steigende CO_2-Emissionen) und führt zur Erderwärmung.

Um das Problem zu lösen, muss der Mensch Treibhausgas-Emissionen verringern, indem er ...

- Energie einspart,
- klimafreundliche Energiequellen erschließt,
- seine Lebensweise ändert.

Ich bin der Ansicht, dass
... der Mensch den Treibhauseffekt verursacht, deshalb muss in Zukunft Energie eingespart werden und alternativ erzeugt werden;
... der Mensch da gar nichts tun kann, außer zu lernen, mit den Veränderungen klarzukommen.

Ich will in Zukunft zum Beispiel darauf achten, dass ich keine Energie verschwende. Deshalb werde ich ...

Die Folgen des Klimawandels sind:

- Wetterextreme in Deutschland,
- Hurrikane in Amerika,
- Dürren in Afrika,
- Überschwemmungen in Asien,
- Trockenheit in Australien,
- Schmelzen der Polkappen,
- hohe Kosten für die Weltwirtschaft,
- humanitäre Katastrophen.

Der Klimawandel hat seine Ursache im steigenden Energieverbrauch der Menschheit. Durch die Verbrennung von Kohle, Öl und Gas entstehen CO_2 und andere Treibhausgase.

Das Problem liegt darin, dass das natürliche Gleichgewicht der Atmosphäre gestört ist. Wenn es auf der Erde immer wärmer wird, hat dies schwerwiegende Folgen für die Menschen.

1. Schritt:
Übertragt den Stichwortzettel in euer Heft und ergänzt ihn mit den Informationen aus den Textkästchen.

Mein Stichwortzettel zum Thema „Klimawandel"

1. Definition:
2. Problem:
3. Ursachen:
4. Folgen:
5. Lösungsansätze:
6. Meine Position:

2. Schritt:
Merkt euch die wichtigen Informationen und übt in Zusammenarbeit mit eurem Banknachbarn einen Kurzvortrag ein.

3. Schritt:
Haltet den Kurzvortrag gemeinsam vor der Klasse.

2 Was können Unternehmen für einen besseren Klimaschutz leisten?

Unternehmen reagieren ganz unterschiedlich auf den Klimawandel. Was sie im Einzelnen tun und warum es für sie nicht immer einfach ist, sich für mehr Klimaschutz zu engagieren, das erfahrt ihr in diesem Kapitel.

Welche Firma soll den Umweltpreis erhalten?

Wuppertal vergibt in regelmäßigen Abständen gemeinsam mit der Energieagentur NRW einen Energie- und Umweltpreis an Unternehmen. Doch welches Unternehmen hat ihn eurer Ansicht nach am ehesten verdient? Stellt euch vor, ihr seid Mitglied der Wettbewerbsjury und müsst gemeinsam entscheiden, an wen die ersten drei Plätze vergeben werden.

- Dazu muss sich jedes Jurymitglied zuerst selbst über die Unternehmen informieren.
- Dann könnt ihr in Gruppen zu einer gemeinsamen Entscheidung kommen.
- Stellt eure Wahl der Klasse vor. Zu einem solchen Anlass ist es üblich, eine sogenannte „Laudatio", also eine „Lobrede" zu halten, in der ihr den Preisträger und sein Werk vorstellt und erklärt, warum er den Preis gewonnen hat. Mit folgenden Kriterien könnt ihr eure Entscheidung begründen:
  - Hat das Unternehmen ein alltagstaugliches Produkt mit langer Lebensdauer und geringen Wartungs- und Reparaturkosten entwickelt?
  - Warum ist das Produkt ein Gewinn für den Klimaschutz?
  - Kann das Produkt von vielen Menschen benutzt werden?
  - Schafft das Produkt neue Arbeitsplätze?

Die Wettbewerbsbeiträge

Rolf Disch ist Solararchitekt aus Freiburg: Er hat ein Dienstleistungsgebäude, das sogenannte „Sonnenschiff" geplant und errichtet, das als Passivhaus nicht nur wenig Energie verbraucht, sondern darüber hinaus die benötigte Energie auch noch selbst herstellt. Dies gelingt ihm, indem er zum einen das „Sonnenschiff" gut wärmedämmt und darüber hinaus durch den Einsatz moderner Solartechnologien selbst Strom erzeugt. Das Gebäude wurde weitgehend mit nachwachsenden Rohstoffen errichtet. Trotzdem ist seine Bauweise kostengünstig. Dazu trägt auch sein geringer Stromverbrauch bei: Während ein konventionell errichtetes Bürogebäude im Durchschnitt 60 kWh pro m^2 im Jahr an Heizenergie verbraucht, kommt das „Sonnenschiff" mit gerade einmal 11 kWh pro m^2 im Jahr aus. Bei diesem Gebäude liegt dann die Jahreseinsparung bei 235 000 kWh. Viel Strom, der nicht teuer gekauft werden muss.

Sonnenschiff Freiburg

Seyed Taghi Mohseni ist Bauingenieur aus Essen: Er hat ein neues System zur Wärmedämmung von Fassaden für Neu- und Altbauten entwickelt. In die vorgefertigten Fassadenelemente ist Weizenstroh, ein biologischer Baustoff, eingearbeitet. Das verhindert Rissbildungen, wie sie bei herkömmlicher Fassadendämmung häufig vorkommen. Das neue System ist einfach und schnell zu montieren, was Kosten spart und die Wärmedämmung noch attraktiver machen könnte. Fachleute sehen in der Wärmedämmung von Gebäuden den größten privaten Klimaschutzbeitrag, da wärmegedämmte Häuser wesentlich weniger Heizenergie benötigen und deshalb auch weniger Kohlendioxid produzieren.

Frank Meyer zur Heide aus Detmold: Private Haushalte und Industrie produzieren stündlich Unmengen von verschmutzten Abwässern, in denen viel Wärmeenergie steckt. Diese Wärme gewinnt Frank Meyer mit seinem „Energie-Trichter" zurück. Seine Erfindung überzeugt durch das Verhältnis von eingesetzter Energie und aus dem Abwasser gewonnener Energie. Das Verhältnis liegt bei 1 zu 5. Das bedeutet, dass man eine Kilowattstunde Strom einsetzt, um fünf Kilowattstunden Wärme zu gewinnen. Man spart also deutlich Energie und entlastet die Umwelt. Die neue Technik ist unempfindlich gegenüber Verunreinigungen, was bei Abwässern besonders wichtig ist. Sollte die neue Technik Verbreitung finden, könnten etliche neue Arbeitsplätze in der Produktion und Montage dieser Anlage entstehen.

Dorothea Hess ist Designerin aus Bad Homburg vor der Höhe: Sie hat ein neues Druckverfahren entwickelt, das komplett mit ökologischen Naturfarben arbeitet. Herkömmliche Farben, die in der Regel sehr energieaufwändig aus Erdöl hergestellt werden, sind nicht mehr nötig. Die so hergestellten Druckerzeugnisse weisen die gleiche hohe Qualität auf wie traditionelle Druckerzeugnisse, die mit chemisch hergestellten Farben arbeiten. Das Druckverfahren ist auch in Großdruckereien einsetzbar. Es hat aber im Vergleich zu herkömmlichen Druckverfahren den Vorteil, die Umwelt weniger zu belasten.

Diplom-Ingenieur Franz Josef Schulte und sein Team aus Olsberg: Sie entwickelten die Strom erzeugende Heizung „lion-Powerblock", die seit 2006 serienmäßig hergestellt wird. Der lion-Powerblock ist eine Dampfmaschine, bei der herkömmliche Brennwertheiztechnik für die Erzeugung des Dampfes genutzt wird. Das Gerät stellt sich optimal auf den tatsächlichen Bedarf an Strom und Wärme im Haus ein. Es ist vornehmlich für Ein- bis Dreifamilienhäuser konzipiert und spart den Besitzern viel Geld, da die Stromrechnung deutlich niedriger ausfällt, weil bis zu 80 % des selbst produzierten Stroms direkt im Gebäude verwendet werden. Nach der Stromerzeugung wird die Wärme auch noch im Haus genutzt. Die neue Technik ist verschleißarm und wartungsfreundlich, ein weiterer Kostenvorteil. Außerdem wird bis zu 50 % Primärenergie eingespart, ein aktiver Beitrag zu Klima- und Ressourcenschutz. Das Produkt hat sehr gute Marktchancen und entsprechend viele neue Arbeitsplätze können entstehen.

lion Powerblock

1. Lege eine Tabelle an. Orientiere dich dabei an folgenden Begriffen:
   - Zielgruppe
   - Klimagewinn
   - Kostenvorteil
   - Arbeitsplätze
2. Welche Erfindung überzeugt dich am meisten? Begründe deine Entscheidung.

Lohnt sich betrieblicher Umweltschutz?

Unternehmen, die das EMAS-Logo erworben haben, werben damit, so wie in diesem Fall ein Hersteller von Outdoor-Bekleidung.

Betrieblicher Umweltschutz zahlt sich aus

Die Zeiten, in denen Umweltschutz von den Unternehmen lediglich als Kostenfaktor angesehen wurde, gehören der Vergangenheit an. Moderne, gut geführte Unternehmen zeichnen sich inzwischen dadurch aus, dass sie den betrieblichen Umweltschutz gezielt als Mittel zur Kostensenkung und zur Steigerung der Wettbewerbsfähigkeit einsetzen. Denn es hat sich herumgesprochen, dass systematischer Umweltschutz handfeste wirtschaftliche Vorteile bringt. In rund 5000 Unternehmensstandorten mit insgesamt weit über einer Million Beschäftigten wurden bereits Umweltmanagementsysteme [...] eingeführt.

(Aus: Umweltbundesamt (Hrsg.), Erfolgreich durch Umweltschutz, Berlin 2002, S. 12)

Öko-Audit durch EMAS-Logo: ein Zeichen mit viel Inhalt

Umweltsiegel kennst du vom Einkaufen: z. B. das Bio-Siegel für Nahrungsmittel oder den blauen Engel. Diese garantieren, dass ein Produkt ökologisch hergestellt worden ist. Es gibt aber auch ein Zeichen für Unternehmen, die eine besondere Leistung im Umweltschutz vollbringen – das EMAS-Logo. EMAS (Eco-Management and Audit Scheme) ist die Abkürzung für eine Verordnung der Europäischen Union und das EMAS-Logo ist die höchste Anerkennung für systematisches Umweltmanagement und zeichnet Unternehmen aus, die mehr tun als gesetzlich gefordert.
An EMAS kann jede Organisation teilnehmen, ob aus Industrie, Dienstleistung, Gewerbe, Verwaltung, Kirche oder sonstigen Bereichen. Um das EMAS-Logo verwenden zu können, muss zunächst eine Bestandsaufnahme der Umweltauswirkungen des Unternehmens erfolgen. Im Weiteren sollen der Ressourcenverbrauch verringert und eigene Umweltschutzziele sowie ein klares Umweltprogramm festgelegt werden. Ob dies auch alles eingehalten wird, muss regelmäßig überprüft werden: durch Umweltgutachter, so wie z. B. der TÜV die Autos prüft.

(Geschäftsstelle des Umweltgutachterausschusses (UGA) beim Bundesministerium für Umwelt, Naturschutz und Reaktorsicherheit, Berlin, 13.01.2010)

Was bewirkt das EMAS-Logo?

EMAS ist leistungsorientiert: Der Betrieb soll sich über die umweltgesetzlichen Anforderungen hinaus verbessern! Bei EMAS sind in den Prozess der kontinuierlichen Verbesserung der Umweltleistung die Beschäftigten einzubeziehen. Dies soll der Identifizierung der Arbeitnehmerinnen und Arbeitnehmer mit den Umweltschutzzielen des Unternehmens dienen und dafür sorgen, dass Umweltmanagement „gelebt" wird und nicht in Form ungelesener Handbücher im Schrank verstaubt.
Der Betrieb ist verpflichtet, eine Umwelterklärung zu erstellen, in der er die umweltrelevanten Tätigkeiten und die Daten zur Umwelt, wie Ressourcen- und Energieverbräuche, Emission, Abfälle etc. genau darstellt. [...]
Der Umweltgutachter achtet nicht allein auf die Einhaltung der formellen Regeln, sondern vielmehr auch auf die echte Umweltleistung der Organisation. Hält sie alle relevanten Umweltrechtsvorschriften ein und erreicht sie die selbst gesteckten Ziele? Die Begutachtung erfolgt mindestens alle drei Jahre. [...]
Die Qualität von EMAS wird von den Mitgliedstaaten der EU überwacht. [...]

(Aus: UGA-Geschäftsstelle: Was ist EMAS? www.emas.de, letzter Zugriff 20.09.2009)

Umweltorientierte Unternehmensführung

In diesen Bereichen sparen Unternehmen mit EMAS-Siegel Kosten ein

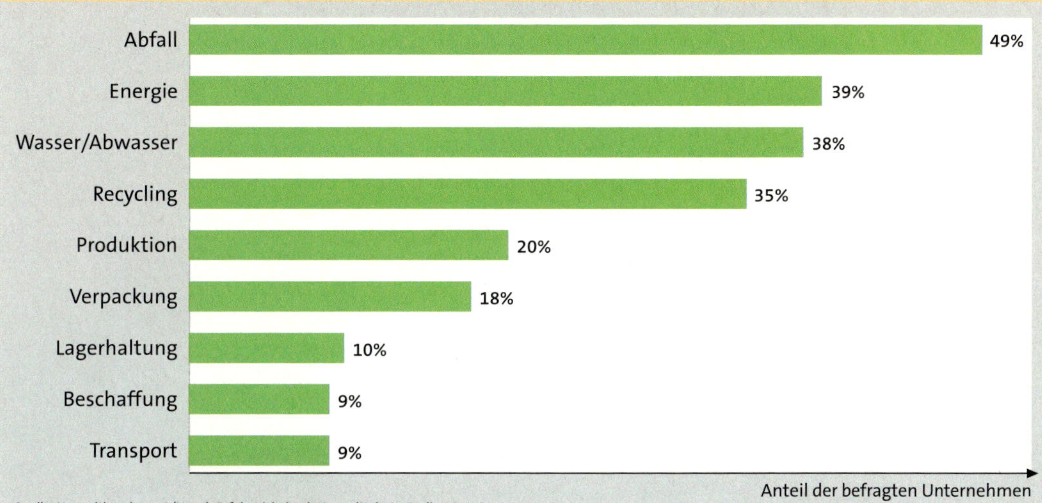

Quelle: Umweltbundesamt (Hrsg.): Erfolgreich durch Umweltschutz, Berlin 2002, S. 12

Falls Klimawandel als Argument nicht ausreicht
Wenn in einem Unternehmen erste Überlegungen angestellt werden, ob man vielleicht im Umweltschutz mehr machen sollte als gesetzlich gefordert, kommt schnell die Frage auf, warum sich ein Betrieb selbst mögliche Zusatzkosten auferlegen sollte. Der in den Medien fast täglich thematisierte Klimawandel könnte der Geschäftsleitung als Argument nicht ausreichen, da sich bei manchem langsam eine Gewöhnung an die Bedrohung einzustellen scheint. Da erscheint eine Aufklärung, was eine umweltorientierte Unternehmensführung eigentlich bedeutet und leisten kann, angebracht.

Nicht nur die Umwelt profitiert
Schnell wird deutlich, dass der Nutzen solcher Bemühungen nicht nur bei der Umwelt liegt, sondern dass das Unternehmen sogar unmittelbar von seiner Umweltorientierung profitieren kann. Vorteile aus einem Öko-Audit ergeben sich sowohl für die Kostensituation im Betrieb oder in der Behörde als auch für die interne Organisation und das Erscheinungsbild nach außen. Eine Reduktion der Emissionen, eine Reduzierung des Energie- und Wasserverbrauchs und eine Verringerung des Restmüllanteils lassen sich ohne Weiteres in echte Kostenersparnisse umrechnen. Da muss man sich nur einmal ansehen, wie hoch die aktuellen Verbrauchsrechnungen für Wasser und Energie und die Rechnungen für die Müllentsorgung sind. […]

Abläufe lassen sich optimieren
Wie in einer Kettenreaktion wirken sich Umweltbemühungen auch auf die internen Abläufe aus, wobei Sauberkeit und Ordnung im Unternehmen ebenso steigen wie die Arbeitssicherheit und die Produktqualität. Gesündere, angenehme Arbeitsplätze erhöhen die Mitarbeitermotivation, mit einer positiven Auswirkung auf die Produktivität und Fehlerrate. […]

Tue Gutes und sprich darüber
Behörden und Unternehmen, die über ein zertifiziertes Umweltmanagementsystem verfügen und gegenüber externen Stellen erfolgreich den Nachweis erbringen, die Forderungen nach EMAS zu erfüllen, dürfen das EMAS-Logo als Umweltsiegel tragen. Zudem schätzt die Öffentlichkeit die Transparenz solcher Organisationen, das Image kann nachhaltig gesteigert werden. Und die Zusammenarbeit mit öffentlichen Stellen kann sich vereinfachen, wenn bestimmte Überwachungen und Kontrollen […] verringert werden können.

(Aus: Oliver Schonschek: Umweltorientierte Unternehmensführung – lohnt das? Veröffentlicht 2008 unter www.qm-web.de, letzter Zugriff 9.7.2009)

1. Was versteht man unter einem Umweltsiegel für Unternehmen?
2. Warum stehen wirtschaftliches Handeln und Umweltschutz häufig in einem Spannungsverhältnis?
3. Warum sollten sich Unternehmen durch umweltfreundliches Verhalten „Zusatzkosten auferlegen"?

3 Wie kann die Politik in Deutschland den Klimaschutz verbessern?

Aufgabe der Politik ist es, Gesetze zu beschließen, um Klimaschutz zu fördern. Dies geschieht, indem sie klimaschädliches Verhalten verbietet und zugleich Handlungsanreize schafft, sich klimafreundlich zu verhalten. Wie sie dies tut, davon handelt dieses Kapitel.

Was erwarten die Menschen von der Politik?

Umwelt- und Klimaschutz sind die Topthemen von Jugendlichen

Für die repräsentative Umfrage befragte das renommierte Meinungsforschungsinstitut Emnid 1 050 Jugendliche im Alter zwischen 11 und 17 Jahren.

Das Ergebnis: Mit 89 Prozent der Nennungen liegt das Thema im Interesse der 11- bis 17-Jährigen noch vor der Weltwirtschaftskrise, Gewalt an Schulen und der Bekämpfung von Terrorismus. Die Hälfte der Jugendlichen hat explizit Angst vor den Folgen der Klimaerwärmung, fast zwei Drittel gehen davon aus, dass die Folgen ihr Leben stark beeinflussen werden. Gleichzeitig ist der größte Teil der Generation der heute 11- bis 17-Jährigen bereit, sich für den Klimaschutz zu engagieren und zugunsten der Umwelt auf Annehmlichkeiten zu verzichten. […] 89 % der befragten Jugendlichen setzen „Klimawandel und Umweltschutz" ganz oben auf die Tagesordnung der deutschen Politik – gleichauf mit „Schule und Bildung" (90 %).

(Aus: Bauer Media Group, Bravo Umfrage: Umwelt- und Klimaschutz sind die Top-Themen der Jugendlichen – noch vor Wirtschafts- und Finanzkrise und Terrorismus)

Bürgerwünsche an die Umweltpolitik der Bundesregierung

Die Regierung soll mehr für den Umweltschutz tun. Diese Meinung vertreten mehr als zwei Drittel der Deutschen, unter denjenigen mit höherer Schulbildung sogar drei Viertel. […] Doch was konkret sollte die Bundesregierung nach Meinung der Bürgerinnen und Bürger für den Umweltschutz tun? […] Am häufigsten finden sich Antworten dahingehend, dass die Regierung weitergehende Gesetze und Richtlinien zum Umweltschutz – zum Beispiel Verschärfungen von Schadstoffgrenzen – erlassen sollte. Damit zusammenhängend wird ferner gefordert, die Einhaltung bestehender Gesetze müsse besser kontrolliert werden. Ein Drittel der Deutschen zählt spontan Maßnahmen in dieser Richtung auf. An zweiter Stelle der Bürgerwünsche an die Regierung steht konsequenterweise die Förderung alternativer und erneuerbarer Energien. […]

(Aus: Bundesministerium für Umwelt, Naturschutz und Reaktorsicherheit (Hrsg.): Umweltbewusstsein in Deutschland 2006, Ergebnisse einer repräsentativen Bevölkerungsumfrage Berlin 2006, S. 41)

Jugendliche demonstrieren vor dem Bundeskanzleramt in Berlin für mehr Klimaschutz.

1. Mit welchen Aussagen der beiden Umfragen kannst du dich identifizieren?
2. Was sollte die Bundesregierung eurer Meinung nach tun? Führt dazu eine offene Befragung – zum Beispiel in Form eines Brainwritings – in eurer Klasse durch und vergleicht die Ergebnisse mit der Umfrage des Bundesministeriums.

Nationale Klimaschutzziele – Beispiel „Erneuerbare Energien"

Erneuerbare Energien in Deutschland

Zielsetzungen der nationalen Politik
Der bisherige Ausbau erneuerbarer Energien ist eine Erfolgsgeschichte. Aber die Ziele der Bundesregierung sind noch weiter gesteckt [...]. Bis 2050 soll mindestens die Hälfte des deutschen Primärenergieverbrauchs aus regenerativen Quellen stammen. Das Bundesministerium für Umwelt, Naturschutz und Reaktorsicherheit hält es für realisierbar, bis 2020 mit erneuerbaren Energien 25 % der Stromversorgung abzudecken.

Im Einzelnen: Windenergie
Vorreiter des dynamischen Ausbaus der erneuerbaren Energien ist die Windenergie. [...] Auch in den kommenden Jahren wird der Beitrag der Windenergie weiter wachsen.
Ein neuer Schwerpunkt wird die Entwicklung von Offshore-Windparks sein: In der Nord- und Ostsee sind die Windbedingungen exzellent. Im Rahmen ihrer Nachhaltigkeitsstrategie „Perspektiven für Deutschland" hat die Bundesregierung [...] erste Eignungsgebiete für Windparks und Schutzgebiete ausgewiesen. [...]

Im Einzelnen: Geothermie
Die Wärme aus dem Erdinneren kann zur Beheizung von Gebäuden oder Nahwärmenetzen, aber auch zur Stromerzeugung genutzt werden. Nachdem schon Geothermie-Heizkraftwerke bestehen, wurde im Jahr 2003 das erste deutsche Geothermie-Kraftwerk eingeweiht. Damit die Technologie weiterentwickelt und die großen deutschen Erdwärmepotenziale an verschiedenen Standorten erschlossen werden, fördert die Bundesregierung verschiedene Projekte zur geothermischen Stromerzeugung.

Im Einzelnen: Wasserkraft
Für den Ausbau der Wasserkraft liegen die wichtigsten Potenziale im Ersatz und in der Modernisierung vorhandener Anlagen. Eine Leistungssteigerung verbunden mit der Verbesserung des gewässerökologischen Zustands ist erklärtes Ziel der Bundesregierung. [...]

Im Einzelnen: Fotovoltaik/Solarthermie
Technische Innovationen und wachsende Märkte werden auch weiterhin dazu führen, dass Strom aus Fotovoltaik-Anlagen mit jedem Jahr kostengünstiger wird. Sonnenkollektoren erfreuen sich zunehmender Beliebtheit. Rund 1 Million Anlagen unterstützen in Deutschland die Erwärmung von Brauch- und Heizungswasser. Die Kosten für Solarkollektoranlagen konnten in den vergangenen 12 Jahren halbiert werden. Hohe Öl- und Gaspreise und die Förderung im Rahmen des Marktanreizprogramms des Bundes werden auch weiterhin den Einbau solarthermischer Anlagen voranbringen.

(Aus: Bundesministerium für Umwelt, Naturschutz und Reaktorsicherheit (Hg.): Umweltpolitik, Berlin 2006, S. 8 f.)

Windräder: erzeugen direkt Strom

Biogasanlage: erzeugt über Biogas indirekt Strom und Wärme

Fotovoltaikanlage: erzeugt direkt Strom aus Sonne

Klimapolitik

1. Was versteht man unter Klimapolitik?
2. Sammelt die nationalen, die europäischen und die globalen Klimaschutzziele in einer Tabelle.
3. Warum ist es so schwierig, Klimaschutzpolitik international erfolgreich und gerecht zu gestalten?

Die Bedeutung

Die Bekämpfung der Klimaerwärmung stellt nach Meinung aller Expertinnen und Experten die bedeutendste umweltpolitische Herausforderung dar. Klimapolitik umfasst alle Maßnahmen, die dazu beitragen, den Klimawandel zu stoppen oder ihn zumindest zu verlangsamen. Das entscheidende Mittel dazu muss eine Senkung der Treibhausgasemissionen sein.

Akteure

Klimapolitik muss auf der untersten politischen Ebene beginnen und bis zur Ebene der globalen Zusammenarbeit fortgesetzt werden. In Deutschland arbeiten Bund, Länder und Gemeinden im Umwelt- und Klimaschutz zusammen. Auf Bundesebene ist das Bundesumweltministerium für den Klimaschutz zuständig. Darüber hinaus gehört Klimapolitik zu den wichtigsten Aufgaben der Bundesregierung. Auch die 16 Bundesländer sind klimapolitisch aktiv und verfügen über eigene Umweltministerien. Diese arbeiten eng mit dem Bundesministerium zusammen. Bei der Umsetzung der Gesetze kommt den Gemeinden eine Schlüsselrolle zu. Sie sorgen auf lokaler Ebene dafür, dass die gesetzlichen Umweltauflagen eingehalten werden. Auf internationaler Ebene gehören die Europäische Union und die Organisation der Vereinten Nationen (= UNO) zu den wichtigen Akteuren.

Nationale Klimaschutzziele

2007 beschloss die Bundesregierung Eckpunkte für ein „Energie- und Klimaprogramm" mit dem konkreten Ziel, den Kohlendioxidausstoß bis 2020 um 40 Prozent zu senken. In insgesamt 30 Punkten beschreibt das Programm, wie der Energieverbrauch beim Heizen, in Haushaltsgeräten, im Verkehr und in Betrieben vermindert werden kann. Diese Punkte werden durch eine Vielzahl von Gesetzen im Alltag durchgesetzt. In diesen Gesetzen sind nicht nur Verbote definiert, zum Beispiel über den maximal zulässigen CO_2-Ausstoß von Heizanlagen, sondern es werden auch Anreize für Unternehmen wie private Haushalte geboten. Wer freiwillig mehr als vorgeschrieben für den Klimaschutz leistet, wird mit Subventionen – also Geld vom Staat – belohnt. Etwa 2,6 Milliarden Euro lässt der Staat sich die direkte Unterstützung für mehr Klimaschutz im Jahr kosten.

Europäische Klimaschutzziele

Im Vertrag von Lissabon, der Ende 2009 in Kraft trat, hat die Europäische Union festgelegt, dass Klimapolitik ein Schwerpunkt der europäischen Politik sein wird. Die 27 Staaten der Europäischen Union haben sich zu folgenden Zielen verpflichtet:

- Senkung der Treibhausgasemissionen um mindestens 20 Prozent bis 2020 gegenüber dem Stand von 1990,
- Steigerung der Nutzung erneuerbarer Energiequellen (Wind, Sonne, Biomasse usw.) auf 20 Prozent der Gesamtenergieproduktion.

Klimapolitik global

Auf der internationalen Ebene haben die Vereinten Nationen die Aufgabe übernommen, die Klimapolitik global zu koordinieren. Das entscheidende Ziel ist klar definiert: Im Vergleich zum vorindustriellen Zeitalter (um 1850) muss die globale Klimaerwärmung unter 2 Grad Celsius bleiben. Zur Erreichung des Ziels müssten die Treibhausgasemissionen um 80 Prozent gegenüber 1990 gesenkt werden. Der Erfolg wird davon abhängen, ob die gesamte Menschheit sich auf dieses gemeinsame Ziel verständigen kann und bereit ist, dafür Opfer zu bringen.
Eine besondere Schwierigkeit besteht in der Frage, wie weit die Entwicklungsländer in die politische Verantwortung einbezogen werden können. Viele der armen Länder sind mit der Zunahme von Dürren oder Hochwasserkatastrophen Opfer der Klimaerwärmung, ohne selbst zu den Verursachern zu gehören. Die Qualität globaler Klimapolitik wird demnach auch daran zu messen sein, wie sehr die reichen Länder zu solidarischem Handeln mit den Armutsländern bereit sein werden.

Begriffe für euer Fachwörterverzeichnis

Emissionshandel – das wichtigste Werkzeug europäischer Klimaschutzpolitik

Wie funktioniert der Emissionshandel?

Stell dir folgende Situation vor:

Die Regierung des Staates Fantasia will die Umwelt schützen. Deshalb hat man sich darauf geeinigt, für jedes Familienmitglied 5 000 Liter Wasser im Monat zur Verfügung zu stellen. Klar, dass in einer großen Familie mit vielen Kindern der tagtägliche Wasserverbrauch, zum Beispiel, um zu duschen, größer ist als in einer kleinen. Deshalb bekommt die große Familie auch mehr Wasser zugewiesen. Bewirtschaftet die Familie außerdem noch einen großen Garten, bekäme sie zum Gießen des Gemüses nochmals eine bestimmte Menge Wasser zum Verbrauch zur Verfügung gestellt. Eine Familie, die nur einen Balkon mit einigen Topfpflanzen hat, bräuchte dieses zusätzliche Wasser nicht und könnte darauf verzichten.
Familie Bad geht sorglos mit dem Wasser um und verbraucht daher 5 500 Liter Wasser pro Kopf im Monat. Das ist schlecht für sie, denn jetzt muss sie eine Abgabe für jeden zusätzlich verbrauchten Liter bezahlen.
Familie Better hingegen bemüht sich, sparsam mit dem Wasser umzugehen und verbraucht genauso viel, wie ihr zugeteilt wurde. Sie muss keine zusätzlichen Gebühren bezahlen. Familie Best hingegen hat im Baumarkt einen neuen umweltfreundlichen Duschkopf erstanden. Mit ihm gelingt es ihr, nur 4 500 Liter Wasser pro Kopf zu verbrauchen. Sie wird für ihr umweltbewusstes Verhalten belohnt und bekommt eine Prämie.

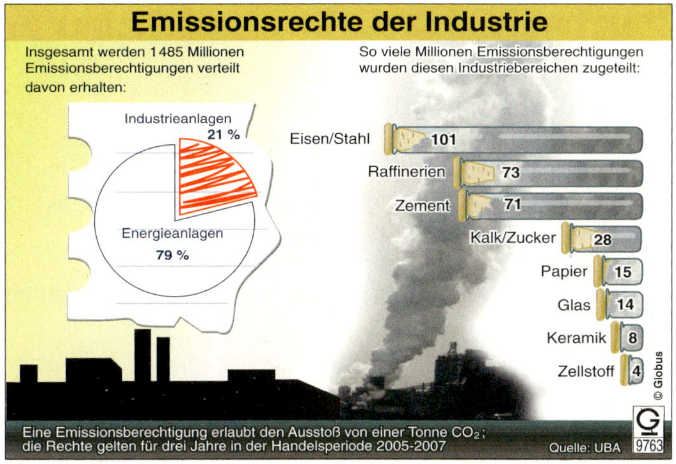

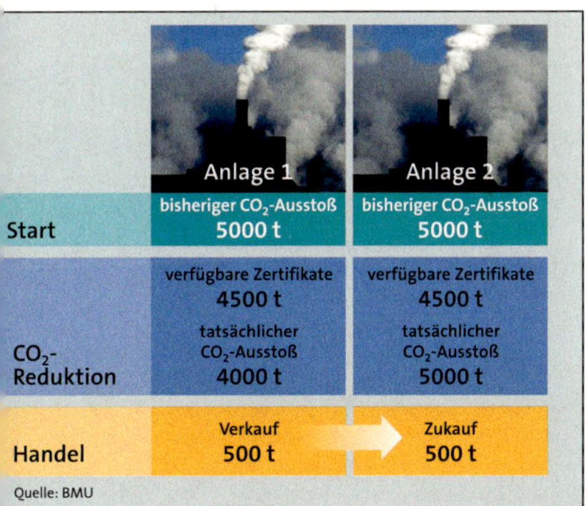

Emissionshandel

Emissionen sind wie Wasser. Wie die Familien in unserem Beispiel, bekommen auch die energieintensiven Kraftwerke und Industrieanlagen Rechte zugeteilt, eine bestimmte Menge CO_2 auszustoßen. Diese Rechte heißen in der Fachsprache Emissionszertifikate. Sparen nun Unternehmen, wie die Familie Best in unserem Beispiel, durch Investitionen in klimafreundliche Technologien CO_2 ein, dann können sie damit Geld verdienen. Sie verkaufen ihre überflüssigen Emissionszertifikate an Unternehmen, die mehr CO_2 ausgestoßen haben, als ihnen zugestanden wurde. Auf der anderen Seite müssen Unternehmen, die nicht in klimafreundliche Technologien investieren mit zusätzlichen Kosten rechnen, denn die fehlenden Zertifikate müssen sie bei den sparsamen und klimafreundlichen Unternehmen zukaufen. So fließt Geld von den Klimasündern zu den klimabewusst wirtschaftenden Unternehmen, die dadurch einen Wettbewerbsvorteil erlangen. Damit Unternehmen, die aufgrund ihrer Produktionsweise viel CO_2 ausstoßen, nicht benachteiligt sind, dazu gehören zum Beispiel Kraftwerke, bekommen sie von vornherein mehr Emissionszertifikate zugewiesen. In unserem Beispiel sind sie vergleichbar mit einer Familie, die einen großen Garten bewirtschaftet und deshalb mehr Wasser verbrauchen darf als eine Familie ohne Garten.

1. Erkläre mithilfe der beiden Schaubilder den Emissionshandel.
2. Für welchen Weg zu mehr Klimaschutz hat der Staat sich mit dem Emissionshandel entschieden?
   Weg a: Der Staat belohnt klimafreundliches Verhalten durch Prämien.
   Weg b: Der Staat legt Höchstgrenzen fest und bestraft Klimasünder, die diese überschreiten.
   Weg c: Eine Mischung aus Weg a und b ist die beste Lösung.
   Diskutiert darüber in der Klasse und erläutert eure Behauptungen mithilfe des Textes.

4 Klimaschutz global: Warum ist es so schwierig, internationale Lösungen zu finden?

Kohlendioxid kennt keine Grenzen. Deshalb ist der Klimawandel durch den Treibhauseffekt ein Problem, das alle Länder angeht. Um es zu lösen, müssen sich die Staaten dieser Welt zusammensetzen und gemeinsam Wege finden, die in eine bessere Zukunft führen. Warum das so schwierig ist, findet ihr am besten heraus, indem ihr eine internationale Konferenz zum Klimaschutz simuliert.

Begriffe für euer Fachwörterverzeichnis

Das Ziel und der schwierige Weg zu internationalen Vereinbarungen

A Das Ziel: Nachhaltigkeit

Wenn es um Vereinbarungen geht, die alle Staaten der Welt angehen, dann kommt der UNO eine zentrale Vordenkerrolle zu. Bereits in den Achtzigerjahren erkannte die UNO, dass es in Zukunft für den Frieden in der Welt darauf ankommen würde, überzeugende Antworten auf drei zentrale Fragen zu geben:

- Wie können wir wirtschaften, ohne dabei unsere natürlichen Lebensgrundlagen zu zerstören?
- Wie kann der Wohlstand in der Welt gerecht verteilt werden?
- Wie können humane Lebensgrundlagen für alle Menschen organisiert werden?

Die Antwort auf all diese Fragen lautet „nachhaltig“!
Eine erste umfassende Definition von Nachhaltigkeit wurde 1987 im Auftrag der UNO von der sogenannten Brundtland-Kommission unter dem Vorsitz der damaligen Ministerpräsidentin von Norwegen, Gro Harlem Brundtland vorgestellt: „Nachhaltige Entwicklung befriedigt die Bedürfnisse der heutigen Generation, ohne die Fähigkeiten der künftigen Generationen zu gefährden, ihre eigenen Bedürfnisse zu befriedigen und ihre eigenen Lebensstile zu wählen.“

B Der Weg: Die Rio-Deklaration von 1992

Im Juni 1992 fand im brasilianischen Rio de Janeiro eine Konferenz der Regierungschefs fast aller Staaten der Welt statt. In dieser Konferenz ging es vor allem darum, sich auf nachhaltige Entwicklungsziele zu einigen. In der sogenannten „Rio-Deklaration“ sind sie festgehalten worden:

Die Vereinbarung der Weltgemeinschaft

1987: Brundtland-Kommission → 1992: Rio-Deklaration → 1997: Kyoto-Protokoll → 2009: Kopenhagen

1987: Brundtland-Kommission	1992: Rio-Deklaration	1997: Kyoto-Protokoll	2009: Kopenhagen
↓	↓	↓	↓
Nachhaltigkeit:	• … • … • …	• … • … • …	• … • … • …

Grundsatz 1
Die Menschen stehen im Mittelpunkt der Bemühungen um eine nachhaltige Entwicklung. Sie haben das Recht auf ein gesundes und produktives Leben im Einklang mit der Natur. […]

Grundsatz 3
Das Recht auf Entwicklung muss so erfüllt werden, dass den Entwicklungs- und Umweltbedürfnissen heutiger und künftiger Generationen in gerechter Weise entsprochen wird.

Grundsatz 4
Eine nachhaltige Entwicklung erfordert, dass der Umweltschutz Bestandteil des Entwicklungsprozesses ist und nicht von diesem getrennt betrachtet werden darf.

Grundsatz 5
Die Beseitigung der Armut als unabdingbare Voraussetzung für eine nachhaltige Entwicklung ist eine Aufgabe von grundlegender Bedeutung, die der Zusammenarbeit aller Staaten und aller Völker bedarf, um die Ungleichheit der Lebensstandards zu verringern und den Bedürfnissen der Mehrheit aller Menschen besser gerecht zu werden. […]

(Aus: Bundesministerium für Umwelt, Naturschutz und Reaktorsicherheit (Hrsg.), Umweltpolitik. Agenda 21. Konferenz der Vereinten Nationen für Umwelt und Entwicklung im Juni 1992 in Rio de Janeiro, Berlin o. J., S. 41)

Das Kyoto-Protokoll von 1997

1997 wurde im japanischen Kyoto mit dem sogenannten „Kyoto-Protokoll" ein erster internationaler Vertrag verabschiedet, in dem festgelegt wurde, was jeder Staat leisten muss, um den Klimawandel zu bekämpfen.

Darin verpflichten sich die Industrieländer erstmals auf eine überprüfbare Reduktion ihrer Treibhausgasemissionen um insgesamt 5,2% bis [...] 2012. Die Emissionsziele variieren von Land zu Land – je nach Vorleistung, Energiemix und Stand der wirtschaftlichen Entwicklung. Während Deutschland sich z.B. auf eine Reduktion um 21% verpflichtet hat, dürfen die Emissionen in Portugal um 27% zunehmen. [...] Neben der Reduktion von Emissionen können die Verpflichtungen auch durch Ausweitung der Waldflächen, die als Kohlensstoffspeicher (CO_2-Senken) anerkannt werden, erfüllt werden – und zwar bis zu 3,5 Prozentpunkte der jeweiligen Reduktionsverpflichtung. Außerdem können Emissionsrechte von anderen Ländern erworben werden, die ihr Soll übererfüllen. Schließlich können sich Industriestaaten [...] Investitionen in klimafreundliche Technologien – mit Ausnahme der Kernkraft – in Entwicklungsländern auf ihr Reduktionsziel anrechnen lassen.

Ergebnisse umstritten

Es ist bereits heute absehbar, dass es vielen Industrieländern nicht gelingen wird, ihre Kyoto-Ziele zu erreichen. Vielmehr sagt die Internationale Energieagentur [...] – beim Ausbleiben zusätzlicher Maßnahmen – einen Anstieg der energiebedingten CO_2-Emissionen in den Industriestaaten um 36% bis 2030 voraus. Weltweit würden die Emissionen aufgrund des rasch wachsenden Energiebedarfs in den Schwellenländern in diesem Fall sogar um 57% ansteigen. [...] Es sind deshalb internationale Vereinbarungen nötig, die weit über die Bestimmungen des Kyoto-Protokolls hinausgehen und die Schwellenländer mit einbeziehen.

(Aus: Der Fischer Weltalmanach 2009, Themen der Welt, Klimawandel, Fischer Taschenbuch Verlag 2008, S. 24 verf. von Mario von Baratta)

Die Verhandlungen um mehr Klimaschutz gehen weiter ... 2009 trafen sich die Staatschefs von acht wichtigen Industriestaaten in Italien, um darüber zu diskutieren, wie es nach Kyoto weitergehen soll.

Weltklimakonferenz in Kopenhagen 2009

Im Dezember 2009 trafen sich Vertreter von 192 Ländern zu Verhandlungen auf einem Weltklimagipfel in Kopenhagen. Ziel sollte die Abfassung eines Nachfolgevertrages für das Kyoto-Abkommen sein. Dazu kam es allerdings nicht. Man konnte sich nicht auf konkrete Ziele und Maßnahmen verständigen. Stattdessen gab es eine Absichtserklärung, die für die meisten Staaten unverbindlich ist. Der schwierige Weg zu wirksamen globalen Klimaschutzvereinbarungen ist noch nicht zu Ende. Weitere Konferenzen werden folgen.

1. Übertrage das Schaubild in dein Heft und ergänze die fehlenden Informationen.
2. War der Weg zum globalen Klimaschutz bisher ein Erfolg oder nicht? Formuliere deine Ansicht.

■ **Tipp:** Internationale Verhandlungen zum Klimaschutz sind ständig in Bewegung. Über den aktuellen Stand könnt ihr im Internet recherchieren.

Internationale Klimakonferenz: Warum ist es so schwierig, sich auf verbindliche Klimaschutzziele zu einigen?

Mit dem Material auf den nächsten Seiten könnt ihr an einem vereinfachten Modell eine internationale Klimakonferenz durchspielen und den Prozess der Einigung auf einen für alle verbindlichen Vertrag nachgestalten. Danach werdet ihr die Frage beantworten können, warum es so schwierig ist, sich auf gemeinsame Klimaschutzziele zu einigen. Teilt dazu die Klasse in sechs Gruppen auf.

Unsere Ausgangslage

Auch nach Kyoto versucht die Weltgemeinschaft, in verschiedenen Klimakonferenzen einen Fahrplan für die Zukunft aufzustellen, um neue Klimaschutzziele zu vereinbaren. Das erwies sich in den vergangenen Jahren als schwieriges Unterfangen, weil viele Staaten unterschiedliche nationale Interessen verfolgen und darüber streiten, wer was tun und vor allem, wer was bezahlen soll.

Unser Konferenzablauf

Informationsphase

Ihr lest die Informationszeitung und alle Rollenkarten. Dann notiert jeder,

- was sein Land bereits für den Klimaschutz geleistet hat (**Tipp**: Rollenkarte nochmals lesen),
- was sein Land zukünftig bereit wäre, für mehr Klimaschutz zu tun (**Tipp**: Handlungsvorschläge des Klimareports nochmals lesen),
- welche Forderungen an die anderen teilnehmenden fünf Staaten gestellt werden.

Beratungsphase

Einigt euch in eurer Ländergruppe auf einen gemeinsamen Vertragstext. Überlegt auch, inwieweit ihr bereit seid, für mehr Klimaschutz höhere Preise und höhere Steuern zu akzeptieren.

Spielphase

Spielt die Konferenz. Einer aus eurer Gruppe spricht vor der Konferenz. Er stellt euren Vertragsentwurf vor und begründet eure Entscheidung. Die anderen Gruppenmitglieder bewerten die Vertragsentwürfe der anderen Ländergruppen: Dazu notieren sie, was an Vorschlägen akzeptabel ist und welche Vorschläge sie kritisieren. Sie begründen ihre Meinung. In einer Beratungsphase solltet ihr die notierten Ergebnisse zusammentragen und eure Diskussionsbeiträge abstimmen.

Diskussionsphase

Nach der Spielphase könnt ihr gemeinsam die Ergebnisse vergleichen und darüber reden, welche Lösungen euch am meisten überzeugt haben und welche Vorschläge nicht akzeptabel sind. Am Ende dieser Phase solltet ihr versuchen, euch auf einen gemeinsamen Vertragsentwurf zu einigen. Beachtet dabei die unterschiedlichen Verantwortlichkeiten der Staaten für den Klimawandel und ihre Möglichkeiten, teure Klimaschutzmaßnahmen zu finanzieren.

■ **Tipp:** Ein guter Vertrag ist immer ein Kompromiss, mit dem alle gewinnen.

Reflexionsphase

Sprecht zum Abschluss der Konferenz über die Frage, warum es so schwierig ist, sich auf verbindliche Klimaschutzziele zu einigen.

Folgende Aspekte solltet ihr dabei ansprechen:

- War es schwer, sich innerhalb der Ländergruppe auf Klimaschutzziele zu einigen?
- Welche Widersprüche zum Klimaschutz tauchten auf?
- Gab es schwer zu überwindende Meinungsverschiedenheiten zwischen den Ländergruppen?

Alle Spielerinnen und Spieler sind nun nicht mehr an ihre Rolle und Gruppe gebunden und können sich frei äußern.

WELTKLIMAKONFERENZ – VEREINBARUNG VON TUVALU

§ 1
Unser globales Klimaschutzziel

§ 2
Unsere nationalen Klimaschutzziele

Tuvalu: …
USA: …
Kenia: …
Deutschland: …
Mali: …
Brasilien: …

§ 3
Verpflichtung aller Staaten

§ 4
Besondere Verpflichtungen der Einzelstaaten

§ 5

Forderungen an alle Beteiligten
Bis zum Jahr 2020 müssen die Regierungen dafür sorgen, dass …
Bis zum Jahr 2020 müssen die Unternehmen dafür sorgen, dass …
Bis zum Jahr 2020 müssen die Bürgerinnen und Bürger dafür sorgen, dass …

Informationszeitung

Weltklimakonferenz in Tuvalu

Die Teilnehmer stellen sich vor

Mali steht beispielhaft für Afrikas bedrohte Landwirtschaft. Die Hälfte der Menschen arbeitet dort. Industrie spielt eine untergeordnete Rolle. Im ganzen Land werden aufgrund des Klimawandels die Ernteerträge zurückgehen. Im Sahelgürtel, so schätzt die Welternährungskommission, wird mit Ernteeinbußen von 50 % und mehr zu rechnen sein. Das bedeutet für die Menschen in Mali, dass das Hungerrisiko auf 44 % steigen wird. Also wird fast die Hälfte der Malier mit dem drohenden Hungertod leben müssen. Da das Land den Einsatz neuer Pflanzensorten und neuer Bewässerungssysteme nicht finanzieren kann, werden immer mehr Menschen ihr Überleben in der Flucht nach Europa suchen.
Mali sieht sich aufgrund seines minimalen CO_2-Ausstoßes von jährlich 100 kg pro Kopf als Opfer des Klimawandels. Es erwartet von der Konferenz Hilfe, um die drohende Hungerkatastrophe abzuwenden.

Kenia steht beispielhaft für Entwicklungsländer. Allerdings hat Kenia aufgrund seiner geografischen Lage mehr Glück als andere Länder Afrikas. Denn die Landwirtschaft des Landes leidet weniger unter den Folgen des Klimawandels als in anderen afrikanischen Ländern. Die Hälfte der Wirtschaftsleistung des Landes wird durch Dienstleistungen erbracht. Besonders der Tourismus hat sich in den letzten Jahren an der Küste entwickelt und bietet etlichen Menschen ein Auskommen. Die insgesamt jedoch hohe Arbeitslosigkeit von fast 30 % bereitet Sorge. Denn infolge der Unzufriedenheit kann es zu sozialen Spannungen und gewalttätigen Auseinandersetzungen kommen.
Da **Kenia** mit 300 kg pro Kopf keinen nennenswerten CO_2-Ausstoß zu verantworten hat, fühlt es sich für den Klimawandel nicht verantwortlich. Von der Konferenz erwartet das Land Hilfe bei der Tourismusentwicklung und beim Ausbau von Verkehrswegen und der Stromversorgung.

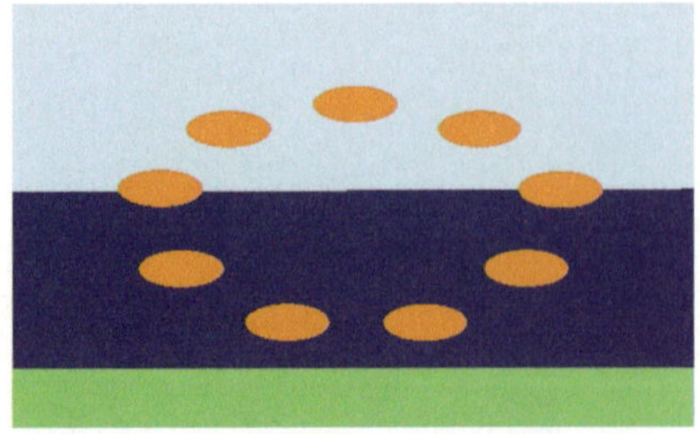

Tuvalu ist der Gastgeber der Klimakonferenz der Vereinten Nationen. Die 10 000 Einwohner der Inselgruppe mitten im Pazifik befinden sich in einer verzweifelten Lage. Da ihre neun Inseln im Durchschnitt nur 1,5 Meter aus dem Meer ragen, sind sie von den Folgen des Klimawandels lebensbedrohlich betroffen. Der Weltklimarat geht in seinem Sachstandsbericht aus dem Jahr 2007 davon aus, dass der Meeresspiegel bis zum Jahr 2100 um bis zu 59 cm steigen kann. (Das gilt als möglich, allerdings nicht als gesichert.) Wenn dies geschieht, sind die Inseln Ozeaniens entweder von der Landkarte der Erde verschwunden oder unbewohnbar, weil Salzwasser in die Süßwasserreservoirs eindringt. Das zerstört nicht nur die Trinkwasservorräte, sondern lässt Palmen und andere Vegetation auf den Inseln absterben. Zudem lässt der Temperaturanstieg des Wassers Korallenriffe absterben und damit einen für Tauchtourismus, Fischerei und Inselschutz entscheidenden Faktor.
Tuvalu selbst produziert fast keine Klimagase. Es ist unverschuldetes Opfer der Klimakatastrophe und der erste Staat, der in Folge des Klimawandels von der Weltkarte verschwinden würde. Von der Konferenz erhofft Tuvalu sich weitgreifende Beschlüsse, die den Klimawandel stoppen.

Informationszeitung

Weltklimakonferenz in Tuvalu

Brasilien steht beispielhaft für Schwellenländer. Seine Wirtschaftsleistung hat sich in den letzten fünf Jahren verdoppelt. Es ist Weltmarktführer für Biokraftstoffe. Für die benötigten Zuckerrohrplantagen werden jedoch die Regenwälder Amazoniens abgeholzt. Wenn die Waldverluste nicht gestoppt werden, dann setzt Brasilien bis 2030 zusätzlich 15 bis 26 Milliarden Tonnen CO_2 frei. Außerdem sind vor Brasiliens Küste ergiebige Erdölfelder entdeckt worden. Auf die Förderung setzt Brasilien große Hoffnung, um seine hohe Verschuldung abbauen zu können. Durch weiteres Wirtschaftswachstum hofft das Land die große soziale Ungleichheit in weiten Teilen der Bevölkerung ausgleichen zu können.
Brasiliens jährlicher CO_2-Ausstoß liegt bei 1,8 t pro Kopf. Für den Klimawandel sieht **Brasilien** sich nicht verantwortlich, da es anders als die Industrieländer, in den vergangenen Jahrzehnten kaum nennenswerte Mengen an Klimagasen produziert hat. Mit den Regenwäldern Amazoniens verfügt Brasilien über eine der wichtigsten CO_2-Senken der Welt. Da von ihrem Schutz alle Länder profitieren, wünscht Brasilien sich von der Konferenz, dass auch alle Staaten sich an der Finanzierung der Schutzgebiete beteiligen.

Die **USA** stehen beispielhaft für Industrieländer, die seit Jahrzehnten die Atmosphäre mit Treibhausgasen belasten und so den Klimawandel anheizen, ohne sich an das Kyoto-Protokoll gebunden zu fühlen. Die Wirtschaftsleistung wird fast vollständig durch energieintensive Industrie und Dienstleistungen erbracht. Die Wirtschaft des Landes wächst kontinuierlich. Die USA sind für beinahe ein Viertel der weltweiten CO_2-Emissionen verantwortlich. Jährlicher CO_2-Ausstoß liegt bei 20,6 t pro Kopf. Die bisherigen Maßnahmen zur CO_2-Reduzierung sind alle freiwillig erfolgt: So fördern einzelne Bundesstaaten zum Beispiel Maßnahmen zur effizienteren Energienutzung und erneuerbare Energien.
Die **USA** hat den Kyoto-Vertrag zwar unterschrieben, ihn aber nie ratifiziert, d. h., durch ihre Parlamente anerkennen lassen. Deshalb ist der Vertrag nicht rechtsverbindlich und die Kyoto-Vereinbarungen sind für sie nicht verpflichtend.
Die Konferenz wird von den USA kritisch gesehen. Sie möchte sich bislang nicht auf teure CO_2-Reduktionsverpflichtungen einlassen.

Die **Bundesrepublik Deutschland** steht beispielhaft für Industrieländer, die sich an die Kyoto-Vereinbarungen gebunden fühlen. Die Wirtschaftsleistung wird fast vollständig durch Industrie und Dienstleistungen erbracht, wobei ein Großteil der Waren und Dienstleistungen in andere Länder exportiert werden. Das kostet viel Energie und dementsprechend hoch ist der CO_2-Ausstoß. Er liegt jährlich bei 9,9 t pro Kopf.
Die **Bundesrepublik Deutschland** ist weltweit Vorreiter beim Klimaschutz und hat sich ehrgeizige Reduktionsziele gesetzt. Deutschland ist bereit, diesen Weg weiter zu beschreiten und noch mehr für den Klimaschutz zu tun als bislang. Allerdings möchte Deutschland in der Konferenz erreichen, dass möglichst viele Staaten, allen voran die Industrie- und Schwellenländer, beim Klimaschutz mitziehen und ihrerseits ihre Anstrengungen verstärken.

5 Wie kann ich mich als Einzelner klimafreundlich verhalten?

Klimawandel und persönliche Lebensweise: Zwischen beidem besteht ein direkter Zusammenhang. Denn wer viel konsumiert, verbraucht viele Güter und viel Energie. Sein persönlicher CO_2-Ausstoß und damit auch seine Verantwortlichkeit für den Klimawandel ist höher als der eines Menschen, der sich als Verbraucher umweltbewusst verhält.
In diesem Unterkapitel kannst du deine persönlichen Konsumgewohnheiten genauer unter die Lupe nehmen und überlegen, was du für ein besseres Klima tun kannst.

Teste dich selbst!

Mit dem folgenden Quiz kannst du dein Wissen über Klimaschutzmaßnahmen im Alltag testen. Da Klimagase hauptsächlich bei der Gewinnung von Strom und Wärme entstehen, ist es wichtig, zu wissen, wie viel Energie unsere Haushaltsgeräte verbrauchen. Nur so kann man seinen Energieverbrauch klimafreundlich steuern.

- Bildet Lernpartnerschaften und testet euch gegenseitig.
- Bereitet mithilfe eurer Testergebnisse gemeinsam einen Kurzvortrag zum Thema „Energiesparen im Alltag" vor.
- Stellt dann eure Ergebnisse der Klasse vor.

Tipp: Das vollständige Quiz findet ihr auf der Internet-Seite der Bundeszentrale für politische Bildung unter www.bpb.de.

1 Welches Gerät im Haushalt verbraucht am meisten Energie?
A Wäschetrockner
B Eierkocher
C Mikrowelle
D Herd

2 Wie viel Geld könnte man durch das Vermeiden von Stand-by-Betrieb jährlich sparen?
A 300 €
B 70 €
C 100 €
D 40 €

3 Wie viel Energie lässt sich mit Energiesparlampen sparen?
A 20 Prozent
B 40 Prozent
C 80 Prozent
D 55 Prozent

4 Was beeinflusst den Treibstoffverbrauch eines Autos am meisten?
A dicke Reifen
B Fahrräder auf dem Dach
C Anzahl der Insassen
D Flaggen am Fenster

5 Um wie viel Prozent erhöht sich der Energiebedarf, wenn die Raumtemperatur um 1 Grad steigt?
A 10 Prozent
B 2 Prozent
C 4 Prozent
D 6 Prozent

6 Ein vereister Gefrierschrank frisst Energie. Wann sollte er abgetaut werden?
A ab 1,5 cm
B ab 0,5 cm
C ab 1 cm
D ab 2 cm

7 Um Wasser möglichst energieschonend zum Kochen zu bringen, benutzt man ...
A eine Mikrowelle
B einen Elektroherd
C einen Gasherd
D einen Wasserkocher

8 Kurze Pause: Ab wann lohnt es sich, den Computer herunterzufahren?
A 5 Minuten
B 30 Minuten
C 60 Minuten
D 15 Minuten

9 Beim Waschen lässt sich am meisten Energie sparen durch ...
A Energiesparwaschmittel
B Weichspüler
C halbe Beladungsmenge
D maximale Beladungsmenge

Auflösung: 1 = A; 2 = C; 3 = C; 4 = B; 5 = D; 6 = C; 7 = D; 8 = B; 9 = D

Was Jugendliche noch tun können: „Global-Warning"-Wettbewerb

Ob in der Schule oder privat mit Freunden: Etwas für den Klimaschutz zu tun, ist nicht nur sinnvoll, es macht auch Spaß. Das belegen die Jugendlichen, die mit ihren Projekten hier vorgestellt werden. Im Januar 2009 trafen sich die Gewinnergruppen des Wettbewerbs zur Preisverleihung in Berlin. Drei Wettbewerbsbeiträge wurden besonders ausgezeichnet.

„Wetten, dass…" – Jugendliche fordern die Industrie heraus: 2,5 Millionen Kilogramm CO_2 wollen die Jugendlichen in ihrem Alltag einsparen, indem sie sich klimabewusst verhalten.

Projekt: www.rette-unseren-planeten.de
Die Macher der Website „rette-unseren-planeten.de" waren nicht umsonst zur finalen Jurysitzung in Berlin angereist. Die Vielfältigkeit ihrer Aktionen und die Konzeption der Homepage überzeugte auch die anderen TeilnehmerInnen. Die Seite bietet neben den üblichen Alltagstipps, wie im Haushalt mit einfachen Handgriffen Energie und Geld gespart werden können, umfangreiche Informationen über die Ursachen der globalen Erderwärmung sowie „Mach Mit!-Aktionen". Darunter eine Petition an Sigmar Gabriel zur Reduzierung der CO_2-Emissionen. Eine weitere sehr gelungene und kreative Idee ist das „Klima-Knöllchen": Autofahrer, die Wagen mit einem CO_2-Ausstoß besitzen, werden mit einem „Klima-Knöllchen" verwarnt und so auf ihr unverantwortliches Handeln aufmerksam gemacht. Bevor die Schüler jedoch dazu übergingen, Aufrufe ins Netz zu stellen, wurden sie selbst aktiv, indem sie ihre Seite mit Ökostrom betrieben. Damit zeigt die Gruppe, wie einfach es sein kann, nachhaltiges Denken in die Tat umzusetzen. Mit ihrer Website beweisen die Jugendlichen nicht nur Faktenwissen über den Klimawandel, sondern auch aufsehenerregendes außerschulisches Engagement, das zum Mitmachen anregt.

Projekt: Informations-DVD in Gebärdensprache
Die Gruppe, bestehend aus 9 SchülerInnen der 7. Klasse, hat von Februar bis Ende April 2008 mit ihren Lehrerinnen ein freiwilliges Projekt zum Thema Klimawandel/-schutz durchgeführt. Wie leider oft bei komplizierten Themen, wie der globalen Erderwärmung, erwies sich das vorhandene Material als nur schwer zugänglich und sprachlich zu komplex für gehörlose Jugendliche. Deshalb produzierten die Jugendlichen eine Informations-DVD zu diesem Thema in Deutscher Gebärdensprache (DGS). Auf der DVD zeigen die SchülerInnen in vier anschaulichen Episoden, dass sie sich intensiv mit dem Thema beschäftigt haben. Sie erklären, wie der Treibhauseffekt funktioniert, warum sie das Klima schützen möchten, wieso sie Obstbäume im Schulgarten gepflanzt haben und – was natürlich nicht fehlen darf – wie jeder im Alltag etwas für das Klima tun kann. Ziel dieser äußerst gelungenen und verdienstvollen Pionierarbeit ist es, anderen gehörlosen SchülerInnen einen Zugang zum Thema Klimawandel zu bieten, damit alle mithelfen können, unser Klima zu schützen.

Projekt: Werbespots für Klimaschutz
Der Beitrag der SchülerInnen aus Pinneberg nähert sich dem Thema Klimaschutz mal von einer anderen Seite. Mit pfiffigen Werbespots „verkaufen" die Jugendlichen der 10. Klasse gekonnt Tipps an Privathaushalte zur Reduzierung der CO_2-Emissionen. So wird in einem der Werbefilme anschaulich und amüsant erklärt, wie richtig gelüftet werden sollte, um möglichst wenig Energie zu verschwenden, denn: „Heize den Raum – nicht das Klima"! Fahrradfahren statt Auto oder Motorroller, Glasflaschen statt Plastikmüll und Recyclingpapier statt Frischfaserpapier gehören ebenso zum Angebot der Werbeserie wie eine vernünftige Gebäudeisolation, das Anpreisen von stromsparenden Geräten und dem Verkaufsschlager der regionalen und saisonalen Kochkünste.

(www.bundjugend.de, letzter Zugriff 17.08.2009)

1. Welcher Wettbewerbsbeitrag überzeugt euch am meisten? Begründet eure Stellungnahme.
2. Was könntet ihr auf die Beine stellen? Sammelt weitere Ideen.

Oliver und Mariam werden zu Energieberatern

Der Fall

In den Ferien waren Oliver und seine Schwester Mariam bei ihren Großeltern zu Besuch. Zwei herrliche Wochen verbrachten die beiden in Norddeutschland an der Ostsee. Eines Abends während des gemeinsamen Abendessens bekamen sie mit, wie ihre Großeltern sich über die steigenden Energiepreise beschwerten, die ihnen Sorgen bereiteten, weil sie mit ihrer Rente sparsam haushalten müssen. „Ich kann doch nicht im Kalten sitzen, nur weil das Heizöl immer teurer wird!", schimpfte Oma. „Nein, das sollst du auch nicht", beruhigte Opa sie, „aber ich weiß auch nicht, wie es damit weitergehen soll."

Da Oliver und Mariam sich in der Schule bereits mit dem Thema „Klimaschutz" befasst hatten, wussten sie, dass es möglich ist, Energie einzusparen. „Aber wie genau funktionierte das noch?", rätselten Mariam und Oliver. Scheinbar hatten sie so gut doch nicht in der Schule aufgepasst. Deshalb versprachen sie ihren Großeltern, sich darum zu kümmern und sich genauer zu informieren. Sobald sie wieder zu Hause waren, beschlossen die beiden, ihren Großeltern einen Brief zu schreiben, in dem sie konkrete Vorschläge machen wollten. Die entsprechenden Tipps waren im Internet zwar schnell gefunden. Aber welcher passte nun für Oma und Opa? „Dach isolieren", stand da zum Beispiel. Dafür hatten die Großeltern nun wirklich kein Geld, das war den beiden klar.

Also versuchten sie sich zu erinnern, wie ihre Großeltern sich im Alltag verhielten und kamen so auch ein gutes Stück weiter.

Die Bestandsaufnahme

Die Großeltern wohnen in einem hübschen, aber alten Häuschen. Die Fenster sind auch nicht mehr ganz dicht. Wenn ein steifer Wind von der See her bläst, dann wackeln im Wohnzimmer abends die Vorhänge. „Gespenstisch", sagt Mariam. Oliver erinnert sich: „Oma lässt die Heizung oft nachts durchlaufen, weil sie es morgens immer gern mollig warm hat." „Ja, und das Radio läuft den ganzen Tag, auch wenn Opa im Garten bei seinem Gemüse ist." „Und was für Musik, schädlich für die Ohren! ... Nur Oma ist fast nie im Garten anzutreffen", ergänzt Oliver, „sogar bei schönem Wetter stopft sie die Wäsche lieber in den Trockner, anstatt sie draußen hinzuhängen." „Energieverschwendung!", bemerkt Mariam trocken. „Viel ist das nicht, was wir da zusammengetragen haben", meint Oliver etwas zerknirscht, „für eine wirkliche Energieberatung reicht das nicht." Also beschließen sie, ihren Großeltern einen Fragebogen zu schicken, um mehr über deren Lebensgewohnheiten zu erfahren.

Der Fragebogen

Schon nach wenigen Tagen kommt der Fragebogen ausgefüllt zurück.

Liebe Oma, lieber Opa,
um unsere Energieberatung machen zu können, brauchen wir noch ein paar Informationen von euch, zum Beispiel über eure Angewohnheiten. Füllt deshalb den Fragebogen aus. Ihr müsst nur ankreuzen, was zutrifft.

Liebe Grüße, Oliver und Mariam

Fragebogen zu euren Alltagsgewohnheiten

	ja	nein
Mehrwegtasche verwenden	☒	☐
Türen und Fenster abdichten	☐	☒
Nachts Rollläden schließen	☒	☐
Heizung nachts runterdrehen	☐	☒
Heizkörper nicht verdecken	☒	☐
Stoßlüften	☐	☒
Thermostatventile an den Heizkörpern	☐	☒
Kühlschrank nicht offen stehen lassen	☒	☐
Keine warmen Lebensmittel in den Kühlschrank	☒	☐
Kühlschrank regelmäßig abtauen	☐	☒
Lebensmittel im Kühlschrank gut verpacken	☒	☐
Gefrorene Lebensmittel rechtzeitig auftauen	☐	☒
Mikrowelle selten benutzen	☐	☒
Kochen mit Deckel	☒	☐
Wasserkocher statt Herd benutzen	☐	☒
Duschen statt Baden	☐	☒
Niederdruck-Brausekopf installieren	☐	☒
Wasserhahn zudrehen	☒	☐
Energiesparlampen	☐	☒
Überflüssige Lampen ausschalten	☒	☐
Elektrogeräte abschalten	☐	☒
Geschirrspüler nur gefüllt anschalten	☐	☒
Wo möglich auf Elektrogeräte verzichten	☐	☒
Stand-by-Betrieb vermeiden	☒	☐
Öffentliche Verkehrsmittel benutzen	☒	☐
Akkus statt Batterien	☐	☒

Das Ergebnis der Internetrecherche

Als die beiden nun den von ihren Großeltern ausgefüllten Fragebogen vor sich liegen haben, ist es relativ einfach, die passenden Tipps zu finden. „Wir müssen jetzt noch feststellen, wo Oma und Opa Energie verschwenden und dann aus der Liste den passenden Tipp raussuchen, oder?", fragt Oliver etwas unsicher seine Schwester, von der er weiß, dass sie eher den Überblick behält als er. „Ja, das stimmt," antwortet Mariam und fährt nachdenklich fort, „aber ich befürchte, wir müssen den Großeltern in dem Brief auch erklären, warum unser Vorschlag ihnen weiterhilft und zugleich das Klima schützt." „Na dann, legen wir los!"

Der Brief

„Lass uns gleich den Brief schreiben!", meint Oliver, als sie bereits nach 20 Minuten vor ihren fertigen Notizen sitzen. „So schwer war das gar nicht, gut dass du auf die Idee gekommen bist, eine Tabelle anzulegen; in der einen Spalte die Energievergeudung, in der anderen der passende Tipp." „Wir hätten besser von Anfang an drei Spalten angelegt, noch eine für die Begründung, verstehst du? Und du hättest besser etwas leserlicher schreiben sollen, verstehst du?" „Hm, schon, … aber die Begründung können wir ja jetzt genauso gut direkt in den Brief schreiben."

1. Welche Maßnahmen kommen für Mariams und Olivers Großeltern überhaupt infrage?

2. Versetzt euch in die Lagen von Mariam und Oliver. Verfasst mithilfe des Maßnahmenkatalogs den Brief an die Großeltern.

Infobroschüre: Klimaschutz im Haushalt

Keine Plastiktaschen verwenden: muss man immer wieder neu kaufen und Herstellung ist energieaufwändig

Türen und Fenster abdichten: durch die Ritzen zieht kalte Luft, die zusätzlich aufgeheizt werden muss

Nachts Rollläden schließen: hält die Wärme besser im Haus, spart Heizenergie

Heizung nachts runterdrehen, aber nicht ganz ausstellen: spart Heizenergie

Heizkörper nicht verdecken: erhöht die Heizleistung, aber nicht den Energieverbrauch

Stoßlüften: spart Energie

Thermostatventile an den Heizkörpern: regeln die Raumtemperatur automatisch

Kühlschrank nicht offen stehen lassen: vermeidet unnötige Erwärmung

Keine warmen Lebensmittel in den Kühlschrank: das Herunterkühlen kostet zusätzlich Energie

Kühlschrank regelmäßig abtauen: Vereisung kostet Strom

Lebensmittel im Kühlschrank gut verpacken: bleiben so bei geöffnetem Kühlschrank länger kalt

Gefrorene Lebensmittel rechtzeitig auftauen: spart Stromkosten beim Herd

Mikrowelle selten benutzen: Mikrowelle verbraucht sehr viel Strom

Kochen mit Deckel: man benötigt weniger Strom beim Kochen

Wasserkocher statt Herd benutzen: Wasserkocher ist energieeffizienter

Duschen statt Baden: benötigt weniger warmes Wasser

Niederdruck-Brausekopf installieren: vermindert automatisch den Wasserdurchfluss

Wasserhahn zudrehen: spart Wasser und senkt die Kosten, besonders bei Warmwasser

Energiesparlampen: verringern die Stromrechnung

Überflüssige Lampen ausschalten: spart Strom, senkt die Kosten

Elektrogeräte abschalten: spart Strom, senkt die Kosten

Geschirrspüler nur gefüllt anschalten: ist wirtschaftlich und verringert die Stromrechnung

Wo möglich auf Elektrogeräte verzichten: spart Strom, senkt die Kosten

Stand-by-Betrieb vermeiden: Geräte sind nur scheinbar ausgeschaltet, verbrauchen aber weiterhin Strom

Öffentliche Verkehrsmittel benutzen: billiger und klimafreundlicher als das Auto

Akkus statt Batterien: auf Dauer billiger und klimafreundlicher

Szenario | Thema: Klimawandel

Ihr habt in diesem Kapitel das Problem des Klimawandels kennengelernt und bereits über Lösungsansätze, die in der Verantwortung der Politik, der Unternehmen und des Einzelnen liegen, diskutiert. Das Szenario bietet euch Gelegenheit, …

1. eure Arbeitsergebnisse der letzten Wochen zu wiederholen und anzuwenden,
2. mögliche Zukunftsvarianten zu entwickeln,
3. politisch zu denken und zu argumentieren, um so Verantwortung für eine bessere Zukunft zu übernehmen.

Szenariotrichter

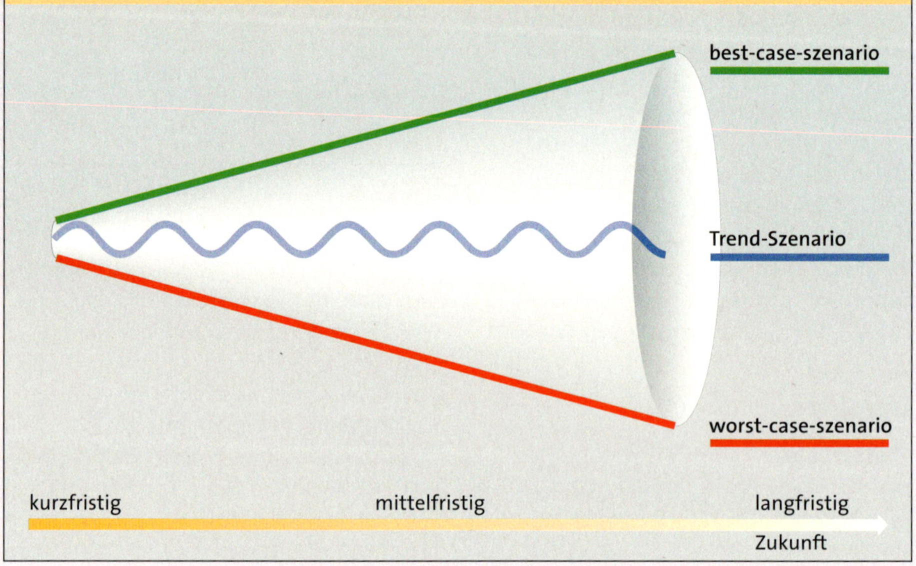

A Was ist das?

Wer will nicht wissen, wie seine Zukunft aussieht? Wohl niemand. Die Szenariomethode bietet Antworten auf diese Frage. Sie nimmt die Zukunft der Menschheit unter einer bestimmten Fragestellung in den Blick. Am Beispiel des Klimawandels könnt ihr …

- die bestmögliche zukünftige Entwicklung prognostizieren (Fachleute nennen diesen Fall „best-case-szenario"),
- eine katastrophale Zukunftsentwicklung prognostizieren (Fachleute nennen diesen Fall „worst-case-szenario"),
- im Anschluss an die Präsentation dieser beiden Extremszenarien über die wahrscheinliche Zukunftsentwicklung diskutieren (Fachleute nennen diesen Fall „Trend-Szenario").

B Wie macht man das?

Ein Szenario sollte immer in der Gruppe durchgespielt werden. Nur so können die vielfältigen Aspekte eines Zukunftsproblems erfasst werden und nur so ist es möglich, umfassende Lösungen für das Problem zu erarbeiten. Das Ablaufdiagramm auf der folgenden Seite führt euch durch die sieben Phasen der Szenarioarbeit.

Phase 6: Wer muss was tun?

Welches Klimaschutzziel soll erreicht werden?	Wann soll das Ziel erreicht sein (kurz-, lang- oder mittelfristig)?	Wer muss handeln, um das Ziel zu erreichen?	Was muss getan werden, um das Ziel zu erreichen?
Ziel 1:			
Ziel 2:			
…			

Phase	Aufgaben	Sozialform
Phase 1: Wo liegt das Problem?	Das sind eure Aufgaben: • Beschreibt die Folgen des Klimawandels. Sammelt dazu im ersten Unterkapitel die nötigen Informationen.	Gruppenarbeit
Phase 2: Welche Faktoren beeinflussen das Problem?	Das sind eure Aufgaben: • Wer verursacht das Problem? • Was ist daran so dramatisch? Beispiel: Denkt an Verkehr, Haushalte, Industrie …	Gruppenarbeit
Phase 3: Was passiert, wenn …?	Das sind eure Aufgaben: • Diskutiert dann, wie die Zukunft aussehen würde, wenn die Problemverursacher ihr Verhalten ändern würden. Beispiel: Wenn mehr CO_2 ausgestoßen wird, erwärmt sich die Erde stärker. Wenn die Unternehmen zukünftig auf erneuerbare Energien zurückgreifen, dann wird der CO_2-Ausstoß sinken.	Gruppenarbeit
Phase 4: Welche Faktoren und Handlungen führen in eine klimafreundliche Zukunft, welche in eine Klimakatastrophe?	Das sind eure Aufgaben: • Sortiert eure Arbeitsergebnisse. Verwendet dazu die Farben Rot und Grün. Beispiel: Wenn mehr CO_2 ausgestoßen wird, erwärmt sich die Erde stärker. Wenn die Unternehmen zukünftig auf erneuerbare Energien zurückgreifen, dann wird der CO_2-Ausstoß sinken.	Gruppenarbeit
Phase 5: Wie kann ein Zukunftsszenario konkret aussehen?	Teilt eure Gruppe. Ein Teil entwickelt mit den vorhandenen Arbeitsmaterialien eine optimale Zukunft. Der andere Teil entwickelt ein Katastrophenszenario. Gestaltet gemeinsam ein Plakat für eure Präsentation.	Partnerarbeit
Phase 6: Wer muss was tun, um eine positive Entwicklung zu garantieren?	Das sind eure Aufgaben: • Formuliert Forderungen an die Politik, an Unternehmen, an den Einzelnen. • Haltet die Forderungen auf dem Plakat fest, zum Beispiel in Form einer Tabelle. Beispiel: Die internationale Politik muss sich auf neue und für alle Staaten verbindliche Klimaschutzziele einigen.	Gruppenarbeit
Phase 7: Wie sieht das wahrscheinliche Zukunftsszenario aus?	Nachdem die Gruppen ihre Zukunftsszenarien vorgestellt haben, könnt ihr gemeinsam diskutieren, wie die wahrscheinliche Zukunftsentwicklung (Trend-Szenario) aussehen wird.	ganze Klasse

Memorystationen

Klimawandel – Herausforderung für Wirtschaft und Politik

Station 1 Klimawandel

Eine Karikatur erklären

Erkläre die Karikatur mithilfe folgender Fragen:

- Was zeigt die Karikatur und auf welches globale Problem bezieht sich der Karikaturist?
- Was bedeuten die beiden Fachbegriffe, die der Skifahrer verwendet?
- Welche Gefühle und Gedanken löst diese Karikatur in dir aus?

Station 2 Klimafreundliche Unternehmen

Einen Stichwortzettel anlegen

Die Unternehmensberaterin Brigitte Höhler ist eingeladen, in der Firma ProTech einen Vortrag zum Thema „Lohnt sich eine klimafreundliche Unternehmenspolitik" zu halten. Leider hat ihr Sohn am Abend zuvor heimlich an ihrem Computer gespielt. Dabei ist der Stichwortzettel der Referentin durcheinandergeraten. Jetzt musst du einspringen:
Lege einen neuen Stichwortzettel an. Ordne dabei die Argumente in Pro und Kontra und vom weniger Wichtigen zum Wichtigen.

Mit der Umstellung der Produktion können langfristig Arbeitsplätze gesichert werden. – Um energiesparende Maschinen bedienen zu können, müssen die Mitarbeiter und Mitarbeiterinnen erst geschult werden. Das kostet zu viel. – Investitionen in den Klimaschutz rechnen sich nicht für das Unternehmen, weil die Produkte sich verteuern und dann weniger verkauft werden. – Klimaschutz verbessert das Image des Unternehmens. Immer mehr Menschen verlangen nach ökologisch hergestellten Produkten. – Konkurrenzbetriebe investieren auch nur das Nötigste in den Umweltschutz. So entsteht ein Wettbewerbsnachteil für Unternehmen, die dies tun. – Fossile Energieträger werden immer teurer, deshalb müssen günstigere Energiequellen erschlossen und vor allem Energie eingespart werden. – Unternehmen tragen auch Verantwortung für die positive Entwicklung unserer Gesellschaft als Ganzes und für die Sicherung der Lebensgrundlagen.

Station 3 Klimapolitik in Deutschland

Richtige und falsche Aussagen unterscheiden

Fünfmal richtig – fünfmal falsch: Notiere die Informationen geordnet in dein Heft und verfasse mit den richtigen Informationen einen Merktext.

1. Deutschland ist Vorreiter im Klimaschutz.
2. Bei den Kohlendioxideinsparungen übernimmt Deutschland innerhalb der Europäischen Union ein Viertel.
3. Deutschland hat ein Einsparziel von 2,1 Prozent bis 2012 zu erreichen.
4. Zu den erneuerbaren Energien gehören Kohle, Gas und Öl.
5. Erneuerbare Energien aus Deutschland sind Ladenhüter. Sie sind wenig gefragt.
6. Erneuerbare Energien werden in Deutschland vom Staat unterstützt.
7. Jugendliche in Deutschland sind der Meinung, dass Umwelt- und Klimaschutz eine wichtige Aufgabe der Politik ist.
8. Erneuerbare Energien sollen in Zukunft noch weiter ausgebaut werden.
9. Fossile Energieträger werden auch in Zukunft unbegrenzt zur Verfügung stehen.
10. Solaranlagen, Windräder und Biogasanlagen setzen bei der Produktion von Strom und Wärme genauso viele Klimagase frei wie fossile Energieträger.

Station 4 Internationale Vereinbarungen zum Klimaschutz

Informationen zuordnen

Ordnet die Informationen den einzelnen Stationen zu. Legt dazu ein Schaubild an.

- 1992
- Erste Definition von Nachhaltigkeit
- 1987
- Staaten verpflichten sich, Treibhausgasemissionen zu senken
- 1997
- Deutschland verspricht eine Minderung um 21 %
- Einigung auf nachhaltige Entwicklungsziele
- 2009
- Erste UNO-Umweltkonferenz, an der fast alle Staatschefs der Welt teilnahmen
- Statt auf einen Nachfolgevertrag für das Kyoto-Abkommen einigen sich 192 Länder lediglich auf eine unverbindliche Absichtserklärung.
- „Nachhaltige Entwicklung befriedigt die Bedürfnisse der heutigen Generation, ohne die Fähigkeiten der künftigen Generationen zu gefährden."

Brundtland-Kommission

Rio-Deklaration

Kyoto-Protokoll

Kopenhagen

Station 5 Was kann der Einzelne für den Klimaschutz leisten?

Wir beraten in Klimaschutzfragen

Als Olivers Freund Daniel mitbekommt, dass Oliver und Mariam ihre Großeltern in Klimaschutzfragen erfolgreich beraten haben, sodass die beiden nun eine deutlich geringere Stromrechnung haben, wird er hellhörig. Denn auch bei ihm zu Hause wäre mehr Klimaschutz nicht schlecht, zumal man damit auch noch Geld sparen könnte. Da er selbst keine Ahnung hat, bittet er Oliver, ihm zu helfen. Verfasst einen Dialog zwischen den beiden, in dem die wichtigsten Energiespartipps zur Sprache kommen.

Globalisierung

10

Wie verändert sie unser Leben?

Welche Gedanken zum Thema Globalisierung löst das Foto in euch aus? Sammelt gemeinsam mithilfe eines Brainstormings.

Worum geht es?

Globalisierung gehört längst zu unserem Alltag. Für uns ist es inzwischen ganz normal

- dass man in fast jeder Ecke der Welt die Geschichte von Harry Potters Kampf gegen Lord Voldemort kennt,
- dass am Flughafen Tegel die Lautsprecherstimme ab 18 Uhr aus Kalifornien kommt,
- dass der Werbeanruf für eine Versandhauskette aus Bangladesch kommt,
- dass über zwei Milliarden Menschen am Bildschirm das Endspiel der Fußballweltmeisterschaft verfolgen konnten,
- dass Globalisierungskritiker ihre Protestaktionen weltweit untereinander über das Internet abstimmen.

Als Globalisierung bezeichnet man das weltweite Zusammenwachsen von Wirtschaft und Gesellschaft. Es ist ein Prozess, der die Arbeitswelt und auch unseren Alltag in den letzten Jahren tiefgreifend verändert hat und auch weiter verändern wird. Welche Chancen, aber auch welche Risiken dieser Prozess hat und wie die Menschen mit diesen Risiken umgehen, ist Thema dieses Kapitels.

Wenn ihr dieses Kapitel bearbeitet, könnt ihr …

- anhand von Beispielen wirtschaftliche, politische und kulturelle Merkmale der Globalisierung beschreiben und die Folgen des Prozesses erklären,
- in einem Planspiel eine Standortentscheidung für ein Industrieunternehmen nachspielen und die Bedeutung der wirtschaftlichen Globalisierung für Beschäftigte in Deutschland bewerten,
- am Beispiel der Ausbeutung von Arbeitskräften in Entwicklungsländern und der weltweiten Finanzkrise Probleme der Globalisierung beschreiben und über Lösungsmöglichkeiten diskutieren,
- in einem Szenario ein Zukunftsbild der globalisierten Gesellschaft und Wirtschaft entwerfen.

1 Wie erleben wir die Globalisierung im Alltag?

Auf dieser und der nächsten Doppelseite findet ihr vier Beispiele aus vier Gebieten. Ihr könnt die Materialien arbeitsteilig in Gruppen bearbeiten:

- Bearbeitet zunächst in Einzelarbeit ein Material und formuliert Antworten auf die Arbeitshinweise.
- Bildet Gruppen, die sich aus je einem Bearbeiter der Beispiele 1 bis 4 zusammensetzen.
- Stellt der Reihe nach den Inhalt eures Materials und die beantworteten Arbeitsaufträge vor.
- Erstellt gemeinsam in der Gruppe eine Mindmap, in der ihr wichtige Arbeitsergebnisse visualisiert.
- Präsentiert die Mindmap vor der Klasse.

Allein zu Hause und doch unter Freunden – dank sozialer Netzwerke im Internet

Beispiel 1: Kommunikation im Internet

Geschwindigkeit ist das markanteste Zeichen der Globalisierung – Zeit ist Geld. Dabei hilft die moderne Technik. Schüler und Studenten treffen sich, wenn sie miteinander reden wollen, oft nicht mehr persönlich, sondern über PC und Breitbandanschluss. Sie brauchen ihr Zimmer nicht mehr zu verlassen, um Mitglied eines sogenannten sozialen Netzwerkes zu sein. Das größte Netzwerk dieser Art ist *myspace* mit über 200 Millionen Mitgliedern in aller Welt. Es ist eine Online-Plattform mit Videos und Musikstücken, die bei Musikern und Fans sehr beliebt ist. Bei *facebook* (über 58 Millionen Mitglieder) treffen sich Freunde und Bekannte, reden miteinander, pflegen ihre neuen Kontakte, bilden neue Freundeskreise. Wer heute über einen Anschluss verfügt, ist an keinen Standort mehr gebunden, kann mit Leuten in der ganzen Welt reden und, wie die Befürworter dieser Entwicklung begeistert feststellen, zur Völkerverständigung beitragen. Kritiker nennen diese Art des Kommunizierens allerdings eher oberflächlich und sehen darin keinen Ersatz für die persönliche Begegnung.

(Aus: Gerd Schneider: Globalisierung, Arena Verlag, Würzburg 2008, S. 36 f.)

Small World

Das Internet ist eine kleine Welt: Jeder kennt jeden über durchschnittlich sechs Ecken. Das hat ein Experiment amerikanischer Soziologen ergeben, die den E-Mail-Verkehr von 61 168 Freiwilligen aus 166 Ländern ausgewertet haben. […]
Die Teilnehmer des […] Projekts sollten eine E-Mail so lange weiterleiten, bis diese einen von 18 vorbestimmten Empfängern in 13 Ländern erreichte. Von denen waren Daten wie Name, Beruf und Wohnort bekannt. Die Studienteilnehmer sandten ihre elektronische Post dazu an Bekannte, von denen sie annahmen, dass diese näher am Zielobjekt „dran" waren […], eine der beschriebenen E-Mail-Ketten nahm ihren Ursprung in Eastbourne (Großbritannien). Ein britischer Offizier sandte die Nachricht zu seinem Onkel im ugandischen Kampala, von wo aus sie zu dessen Internet-Freundin Karina nach Moskau gelangte. Karina war mit Zinerva aus Novosibirsk zur Schule gegangen, wohin sie die Mail weiterleitete. Zinerva hatte mit dem „Zielobjekt" Olga studiert, die ebenfalls in Novosibirsk wohnt – und beendete die Kette. […]

(Aus: Westfälische Nachrichten, 8.8.2003, dpa)

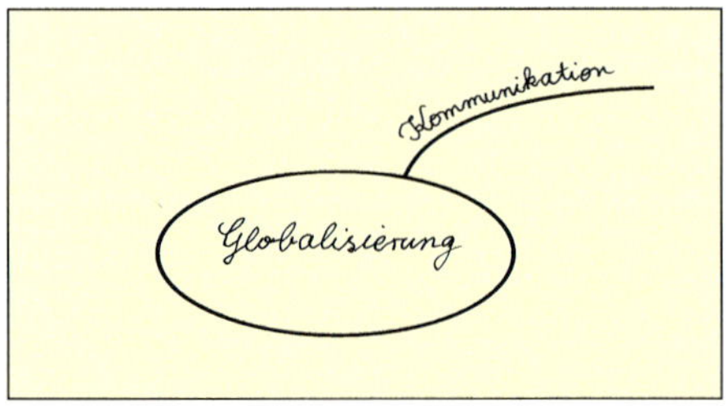

1. Erläutert, wie sich die Kommunikation und der Umgang der Menschen miteinander durch die Globalisierung verändert haben.
2. Die meisten jüngeren Menschen empfinden diese Veränderungen als überwiegend positiv. Fallen euch auch negative Aspekte auf?

Beispiel 2: Produktion und internationale Arbeitsteilung

In der globalisierten Wirtschaft wird rund um die Uhr und rund um den Globus produziert. Das trifft auch auf die Produktion einer elektrischen Zahnbürste zu.
Die Firma Philips produziert, inklusive Zulieferfirmen, die elektrische Zahnbürste „Sonicare Elite 7000" und ihre Schwestermodelle an zwölf Standorten und in fünf Zeitzonen. Ein- bis zweimal in der Woche verlassen rund 100 000 Platinen* mit aufgelöteten Komponenten [= Einzelteile] das Werk in Manila. Vom Cargo-Flughafen Manilas werden sie via Tokio nach Seattle geflogen; eine Verzögerung von einem halben Tag kann alles durcheinanderbringen, man arbeitet mit einem Minimum an Lagerreserven. […] Die Zahnbürste besteht im Wesentlichen aus 38 Komponenten. Die Einzelteile für die Energiezelle stammen aus Japan, Frankreich, China. Die Platine, das elektronische Herzstück, kommt, vorgeätzt aus Zhuhai, im Südosten Chinas. Nicht weit von Zhuhai, aus der chinesischen Industriestadt Shenzhen, stammen auch die Kupferspulen, gedreht von Heerscharen von Frauen mit verpflasterten Fingerspitzen – die Globalisierung ist weiblich.
Die 49 Komponenten auf der Platine, streichholzkopfgroße Transistoren und Widerstände, wiederum stammen aus Malaysia. In Manila werden sie aufgelötet und getestet. Dann ausgeflogen nach Snoqualmie, an die amerikanische Westküste, wo das Mutterwerk ist. Gleichzeitig kommen aus Klagenfurt per Lkw die komplizierteren Kunststoff-Gussteile nach Bremerhaven, außerdem in Klagenfurt vorgeschnittene Stahlblätter, der Spezialstahl stammt aus Sandviken, Schweden. Von Bremerhaven aus fährt ein Frachtschiff die halbe Bürste über den Atlantik nach Port Elizabeth, New Jersey. Von dort geht es per Bahn weiter, quer durch die USA. Und in Snoqualmie, 40 Autominuten von Seattle entfernt, wird alles zusammengeschraubt, verpackt.
Zu dem Zeitpunkt haben die Komponenten 27 880 Kilometer zurückgelegt, zwei Drittel des Erdumfangs. Philips ist ein niederländischer Konzern. Aber unter etwa 120 Leuten, die man auf einer Reise durch das Karussell der Kulturen und Kontinente trifft, sind gerade mal zwei Niederländer. Der Vorarbeiter im amerikanischen Snoqualmie stammt aus Gambia. Bernhard Lim Nam Onn, der Chef in Zhuhai, ist Chinese, aber in Malaysia geboren und in Singapur aufgewachsen. Es gibt Iren, Ukrainer, Inder, Kambodschaner, Vietnamesen, Thailänder. Globalisierung schafft überall auf der Welt ganz neue Lebensläufe und verzahnt sie.

(Nach: Ralf Hoppe: Die Weltbürste, in: Spiegel spezial, Globalisierung, 7/2005, S. 136 f.)

* Platinen sind kleine Platten, auf die die elektronischen Bauteile montiert werden.

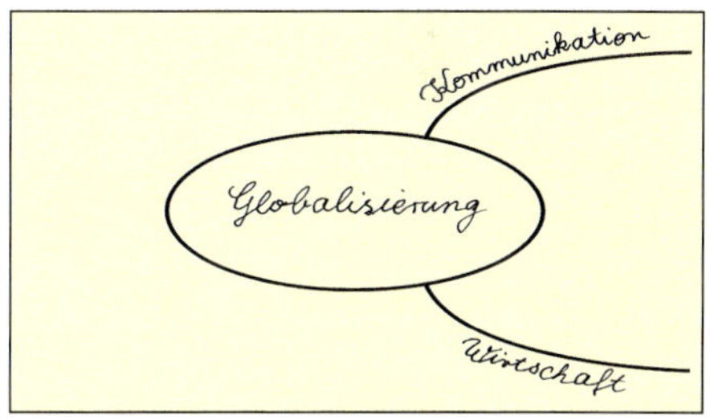

1. Erklärt mithilfe der Karte, welche Stationen die „Sonicare Elite 7000" auf ihrer Reise um den Globus zurücklegt.
2. „Globalisierung schafft ganz neue Lebensläufe." Überlegt, was damit gemeint ist und wie sich die Globalisierung für die Beschäftigten auswirkt.

Beispiel 3: Kultur

Traditionen verblassen

Das rosa gestrichene Zimmer der 13-jährigen Jiang Yufei in Shanghai hängt voller Poster taiwanesischer Popstars und ihrer Lieblingssängerin Avril Lavigne, sie hat einen iPod und mag Pizza und Burger. Aus dem Fenster im 15. Stock sieht sie auf die Türme der Megametropole. „Ich liebe große Städte“, sagt sie. „Da kann man am besten shoppen.“ Nur 35 Yuan – knapp vier Euro – bekommt sie Taschengeld pro Woche, aber dafür von Verwandten ein paar Tausend an hohen Feiertagen wie dem chinesischen Neujahrsfest. Jiang ist ein aufgewecktes Mädchen mit runder Brille, Pferdeschwanz und Nike-Turnschuhen. „Sie ist schon so weit, dass sie sagt: Adidas mag ich nicht. Ich möchte Nike-Schuhe, die sind bequemer“, sagt ihre Mutter. „Sie kann leicht an einem Tag 100 oder 200 Yuan ausgeben.“ […]

Seit Geld und Güter fast ungehindert und in immer schnellerem Tempo um den Erdball jagen, breitet sich der westliche Lebensstil in immer mehr Ländern und Kulturen aus. Die Menschen vergessen althergebrachte Traditionen, sagen Kritiker. Stattdessen huldigen sie Coca-Cola, Sony oder Nike.

Musik verbindet

Für den 31-jährigen Aniruddha Shanbhag lässt sich die Globalisierung in drei Buchstaben zusammenfassen: MTV. Anfang der 90er-Jahre bekam er in seiner Heimat in Indien erstmals den amerikanischen Musiksender zu sehen. Und die Videos amerikanischer und europäischer Bands haben das südasiatische Land ebenso verändert wie viele andere Regionen der Welt: Statt für die traditionelle Musik ihres Landes, interessierten sich Jugendliche wie Aniruddha plötzlich für Bands wie Metallica und Nirvana. Und statt eines klassischen indischen Wickelrocks trugen junge Leute lieber absichtlich geschlitzte Jeans. Kurz nach MTV kam auch Coca-Cola nach Indien und in den vergangenen Jahren folgte die Burgerkette. Unter dem Eindruck von MTV ist Aniruddha Toningenieur geworden, dann hat er für einen Internetshop Musik-CDs aus anderen Ländern eingekauft. Inzwischen verkauft er Versicherungen für eine Tochterfirma des deutschen Allianz-Konzerns. Sieben Sprachen hat sich Aniruddha nebenbei angeeignet. Auf Deutsch bringt er nur ein paar Worte über die Lippen, aber er weiß, dass Bayern München Rekordmeister ist.

(Aus: Anette Dowideit, Steffen Fründt, Sebastian Jost, Christiane Kühl: Generation global, in: Welt am Sonntag, Globalisierung kinderleicht, 25.01.2009, S. 19)

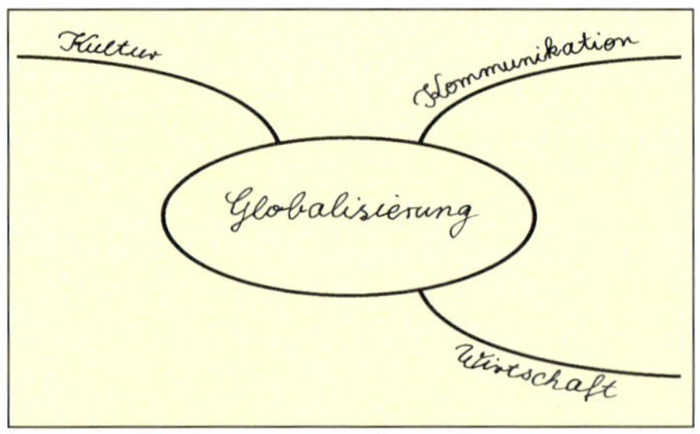

1. Erläutert am Beispiel Jiang Yufeis und Aniruddha Shanbhags, welchen Einfluss die Globalisierung auf ihren Lebensstil hatte.

Beispiel 4: Umwelt

Die eine Hälfte der Menschheit hat kein oder kaum sauberes Wasser. Die anderen Milliarden Menschen verbrauchen inzwischen offenbar mehr als nachfließt.
Wo viele Menschen wohnen, ist Wasser fast immer knapp. Insgesamt übersteigt die Nachfrage weltweit inzwischen deutlich die Menge, die aus sich natürlich erneuernden Quellen gedeckt werden kann. [...]
Im Norden Chinas verbrauchen die intensivierte Landwirtschaft, die florierende Industrie und eine Bevölkerung, deren wachsender Wohlstand die Ansprüche steigert, mehr Wasser, als die Natur nachliefern kann. In Indien werden gigantische Kanalprojekte diskutiert, um die Knappheit in weiten Teilen des Landes zu bekämpfen. In Spanien stellt man sich auf die Verwüstung weiter Gebiete ein. Ohnehin eher trockene Länder wie Australien oder Äthiopien litten im vergangenen Jahr unter extremer Dürre. Und die Prognosen sehen dort weiter sinkende Niederschläge voraus. Wie genau sich das Klima und damit die Wassersituation auf der Erde entwickelt, weiß niemand, sagt Malin Falkenmark, Hydrologin am Stockholm International Water Institute. [...]
Bereits heute ist Wasser Ursache unzähliger politischer, sozialer und wirtschaftlicher Konflikte. Wie Bodenschätze und fruchtbares Land ist es sehr ungleich verteilt. Die Hälfte des nutzbaren Süßwassers ist im Besitz von einem halben Dutzend Ländern. Ähnlich ungleich verteilt ist auch die Trinkwasserqualität. Eine Milliarde Menschen hat keinen Zugang zu sauberem Wasser, 2,5 Milliarden leiden unter ungenügenden Hygienestandards – zusammen macht das mehr als die Hälfte der Menschen auf dem Planeten Erde. [...]
Es muss darum gehen, Wasser effizienter zu gebrauchen „anstatt zu versuchen, ein unerschöpfliches Wasserangebot zu garantieren". Dezentral ließen sich zum Beispiel Regenwasserreservoire einrichten, und Effizienz bedeutet, zum Beispiel weniger Trinkwasser als bisher zum Wegspülen von Abfällen zu nutzen. [...]
Für die Zukunft ist die Frage, wie Staaten, internationale Organisationen und Unternehmen die Wasserprobleme bewältigen, zumindest ebenso wichtig wie der Umgang mit schwindenden Ölreserven und dem Klimawandel. „Wasser ist selten per se knapp", sagt Christian Leibundgut, bis vor Kurzem Leiter des Instituts für Hydrologie der Universität Freiburg. „Wasserkrisen sind eigentlich immer eine Folge falschen Managements."

(Nach: Richard Friebe: Der erschöpfte Planet, in: www.sueddeutsche.de, Zugriff: 23.03.2009)

Sauberes Wasser – in einigen Regionen der Welt im Überfluss vorhanden, in anderen Gegenden äußerst knapp, wie hier in Indien, wo die Menschen in langen Schlangen um Trinkwasser anstehen.

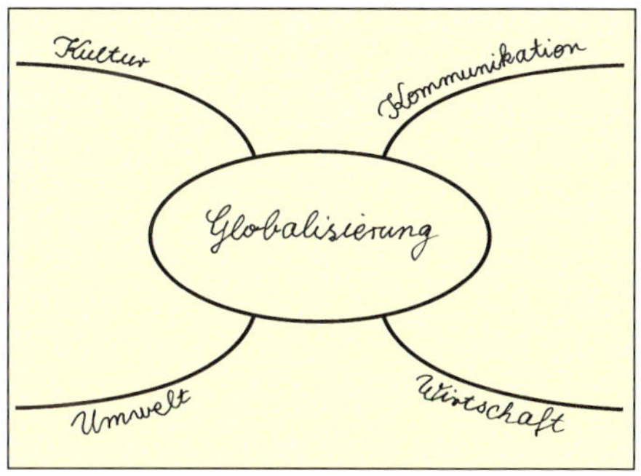

1. Warum ist Wasserknappheit ein Problem, das global gelöst werden muss?
2. Im Text steht, dass Wasser zu unzähligen politischen, sozialen und wirtschaftlichen Konflikten führen kann. Versucht zu erklären, warum das so ist.

Globalisierung

1. Erklärt die vier im Text genannten Aspekte der Globalisierung in jeweils einem Satz.
2. Erläutert die Ursachen für Globalisierung.
3. Wie haben sich die Einstellungen gegenüber Globalisierung verändert?

Begriffe für euer Fachwörterverzeichnis

- Globalisierung
- Weltbinnenmarkt

Was ist das?

Seit Anfang der Neunzigerjahre spricht man von Globalisierung. Man bezeichnet damit den weltweiten Prozess des wirtschaftlichen Zusammenwachsens, bei dem Produktion und Handel in den verschiedenen Ländern immer stärker voneinander abhängig werden. Nationale Grenzen spielen für die Wirtschaft eine zunehmend geringere Rolle. In diesem Zusammenhang fällt häufig auch das Schlagwort „Weltbinnenmarkt".
Damit möchte man zum Ausdruck bringen, dass durch die engen wirtschaftlichen Verflechtungen die ganze Welt ein einziger, beinahe grenzenloser Markt geworden ist.

Ursachen

Produktion und Handel weit über die Grenzen von Staaten hinweg ist nichts Neues. Das gab es schon zu Zeiten von Kolumbus. Neu an der Globalisierung ist, dass nicht nur Waren und Dienstleistungen in bisher unbekanntem Ausmaß weltweit produziert und verkauft werden, sondern auch Geldströme frei von allen Beschränkungen dorthin fließen, wo sie den höchsten Profit versprechen. Ermöglicht wurde diese Entwicklung durch eine Reihe technischer Neuerungen. So hat zum Beispiel die Entwicklung des Internets den weltweiten Austausch von Informationen erheblich vereinfacht. Rund um den Globus können Menschen an verschiedenen Orten eng zusammenarbeiten, weil mit hoher Geschwindigkeit Daten und Bilder ausgetauscht werden können. Diese Entwicklung meint man, wenn von der „vernetzten Welt" die Rede ist.
Neuerungen auf dem Gebiet des Transport- und Verkehrswesens erleichterten den Warentransport und senkten die Transportkosten. Zur gleichen Zeit wurde der Außenhandel in vielen Staaten vereinfacht, indem man Handelshemmnisse wie Zölle und Einfuhrbeschränkungen abbaute.

Weitere Dimensionen

Im weiteren Sinn umfasst der Begriff Globalisierung auch folgende Entwicklungen:
Welt als globales Dorf:
Dieses Schlagwort benutzt man, um weltweite gesellschaftliche Trends zu charakterisieren: etwa die globale Verbreitung von Konsumgewohnheiten, der Popmusik, von Essgewohnheiten oder Modeströmungen. Nationale Eigenheiten verlieren zunehmend an Bedeutung.
Welt als Risikogemeinschaft:
Gefährdungen wie Umweltverschmutzung, Armut, Kriege, Flüchtlingsströme bedrohen die Menschen grenzüberschreitend und erfordern internationale politische Zusammenarbeit, um diese Probleme zu lösen.

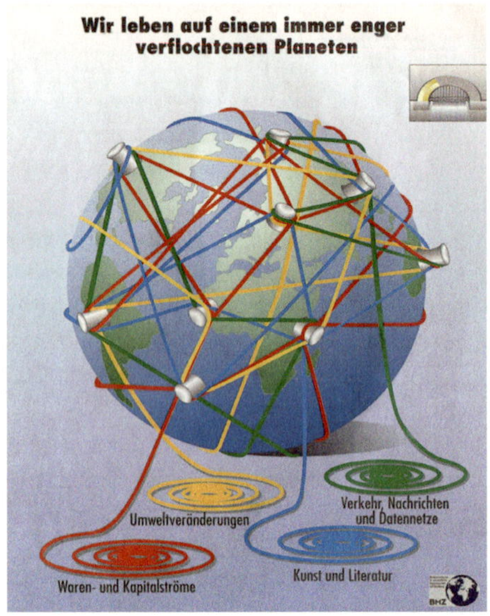

Reaktionen

Anfang der Neunzigerjahre löste die Globalisierung eine weltweite Aufbruchstimmung aus. Viele sahen ein neues Zeitalter heraufziehen, das für viele Menschen neue Arbeitschancen und Wohlstand bringen könne. Inzwischen haben viele Menschen in der Weltwirtschaftskrise ab 2008 auch negative Auswirkungen der weltweiten Verflechtung zu spüren bekommen. Doch ist klar, dass sich das Rad der Geschichte nicht zurückdrehen lässt. Es geht vielmehr darum, den Prozess der Globalisierung politisch und wirtschaftlich so zu gestalten, dass möglichst viele Menschen auf der Erde davon profitieren.

Trainingsplatz

Wir ermitteln Chancen und Risiken der Globalisierung

Wenn eine neue Entwicklung die gesamte Gesellschaft erfasst, bieten sich für viele Menschen neue Chancen, es gibt jedoch auch Risiken. Bei der Globalisierung ist das nicht anders. Auf dieser Seite werden einige Auswirkungen der Globalisierung dargestellt. Ihr sollt selbst entscheiden, ob dabei das Positive oder Negative überwiegt.

- Arbeitet für jedes Beispiel positive und negative Auswirkungen heraus.
- Entscheidet dann, ob die positiven oder negativen Seiten überwiegen und begründet eure Entscheidung.
- Präsentiert eure Ergebnisse vor der Klasse.
- Abschließend könnt ihr über die Meinung des Journalisten Nikolaus Piper diskutieren: „Wer vor der Globalisierung in Politik und Wirtschaft die Augen verschließt, spürt ihre negativen Folgen mit besonderer Wucht. Aber wer sie nutzt, kann gewinnen."

1 Wer heute über einen Internetanschluss verfügt, dem steht als Kunde die ganze Welt zur Verfügung. Kaufen und Verkaufen ist an keinen Standort mehr gebunden. Kunden können weltweit Produkte bestellen und Preise vergleichen. Die Zahl der Internetfirmen wächst. Das schafft mehr Konkurrenz, aber auch Chancen für hoch qualifizierte Arbeitskräfte auf der ganzen Welt.

2 Das Warenangebot in Deutschland ist größer denn je. Wir können heute in jeder Saison Früchte und Gemüse aus der ganzen Welt kaufen. Die Preise sind insgesamt gesunken. Auch technische Geräte wie DVD-Player, Fernseher können wir billig kaufen. Die günstigen Preise verdanken wir den niedrigen Löhnen in Entwicklungsländern, wo die Waren produziert werden. Dort werden in verschiedenen Industriezweigen auch Kinder beschäftigt.

3 Die Deutschen sind nach wie vor Reiseweltmeister. Flugreisen sind durch die Konkurrenz ausländischer Anbieter auf dem deutschen Markt so billig geworden, dass sich immer mehr Menschen die Flüge leisten können. So können sie andere Länder bereisen – das erweitert den geistigen Horizont und fördert das Verständnis für andere Kulturen. Durch die starke Zunahme der Flugreisen wird die Atmosphäre zusätzlich mit Abgasen belastet.

4 Mitarbeiter weltweit tätiger Unternehmen haben die Möglichkeit, in viele Länder der Welt zu reisen und sogar für einige Zeit im Ausland zu arbeiten. Dort kommen sie in Kontakt mit Menschen anderer Kulturen, lernen das Leben in anderen Ländern kennen. Wer beruflich erfolgreich sein möchte, ist viel unterwegs, muss stets flexibel sein. Freunde und häufig auch die Familie bleiben in Deutschland zurück.

5 Die armen Länder in Afrika, Asien und in Südamerika haben einen riesigen Nachholbedarf an technologischen Gütern. So verkauft die Firma Siemens seine High-Tech-Kommunikationsprodukte mittlerweile in über 120 Staaten der Welt. Das Know-how liefern die deutschen Mitarbeiter, deren Arbeitsplätze so gesichert sind. Dabei ist Siemens nur ein Beispiel von vielen.

6 Auf der ganzen Welt hören die Menschen dieselbe Musik, sehen im Fernsehen die gleichen Sendungen. So ist zum Beispiel die Sendung „Wer wird Millionär?" in über 60 Ländern verbreitet. Auch die Essgewohnheiten werden immer ähnlicher. Zunehmend geraten alte Traditionen in Vergessenheit, wird die heimische Kultur von einer globalen Weltkultur verdrängt.

Wir diskutieren im World Café über Globalisierung

Für die Dauer einer Unterrichtsstunde könnt ihr eure Klasse in ein World Café verwandeln. Das geht ohne großen Aufwand. Man benötigt Gruppentische, einige Bögen Papier und einige dicke farbige Stifte. In einem World Café sitzt man an Tischen zusammen, um über wichtige Weltfragen zu sprechen und miteinander zu diskutieren. Überall auf der Welt veranstalten Schülerinnen und Schüler mittlerweile solche Caférunden. Die Methode ist beliebt, weil man so in angenehmer Atmosphäre seine Gedanken äußern kann.

In eurem World-Café sollt ihr euch darüber austauschen, wie die Globalisierung Kommunikation, Wirtschaft und Kultur verändert hat und wie diese Veränderungen zu bewerten sind.

Anregungen für eure Diskussion findet ihr auf der folgenden Seite. Wenn euch nur eine Unterrichtsstunde zur Verfügung steht, müsst ihr vielleicht die Gesprächsrunden verkürzen und in der Folgestunde fortsetzen.

So organisiert man das World Café:

1 Stellt eure Schultische zusammen und gruppiert sie so im Raum, dass eine angenehme Kaffeehausatmosphäre entsteht. Der Erfolg eures World Cafés hängt auch davon ab, dass ihr ein Klima schafft, in dem sich jeder wohlfühlt.

2 Legt große Papierbögen auf den Tischen aus (am besten Packpapier). Die Tischflächen sollten möglichst vollständig bedeckt sein. Legt farbige dicke Stifte bereit.

3 Bildet Gruppen mit vier bis fünf Teilnehmern. Jede Gruppe bestimmt eine Gastgeberin oder einen Gastgeber. Sie haben die Aufgabe, die Gäste zu begrüßen, das Gespräch zu leiten und die Beiträge zusammenzufassen.

4 Die Gastgeberin oder der Gastgeber gibt das erste der Themen vor und liest dazu die Diskussionsthesen vor (siehe nächste Seite). Die Gäste notieren in zwei bis drei Minuten ihre Gedanken dazu auf dem Papier. Anschließend reden und diskutieren sie miteinander. Der Gastgeber übernimmt die Gesprächsleitung. Nach einer vorher bestimmten Zeit (zum Beispiel 8 bis 10 Minuten) fasst der Gastgeber die Diskussion mündlich zusammen und verabschiedet die Gäste. Damit endet die erste Runde.

5 Nun wechseln die Gruppen die Tische. Nur die Gastgeber bleiben sitzen. Sie begrüßen die neuen Gruppen an ihrem Tisch und stellen vor, was die „Caféhausgäste“ in der ersten Runde gesagt haben. Mit dem Thema 2 und dem Verlesen der Thesen dazu beginnt eine neue Runde nach dem gleichen Muster wie beim Thema 1. Zum dritten Thema wird wieder gewechselt.

6 Nach dem Durchlaufen von drei oder vier Runden könnt ihr im Plenum die Einzelergebnisse auswerten und zusammenfassen:
Was war besonders interessant?
In welchen Punkten waren sich die Gruppen einig, wo gab es besonders große Unterschiede?
Was war überraschend?

(Nach einer Idee von teamGlobal, Bundeszentrale für politische Bildung und www.theworldcafe.com)

Darüber könnt ihr im World Café diskutieren

Auf dieser Seite findet ihr Diskussionsvorschläge für vier Runden. In den Sprechblasen sind jeweils zwei gegensätzliche Meinungen dargestellt. Schreibt auf, wie ihr darüber denkt und begründet eure Meinung.

1. Runde: Thema Kommunikation

Toll, dass man über das Internet Menschen auf der ganzen Welt kennenlernen kann. Das fördert weltweite Freundschaften und baut Vorurteile ab.

Das sind doch nur ganz oberflächliche Kontakte. Echte Freundschaften kann man nur in der persönlichen Begegnung finden.

2. Runde: Thema Wirtschaft

Von der internationalen Arbeitsteilung profitieren alle – besonders die Verbraucher.

Die Umwelt profitiert nicht. Im Gegenteil, sie wird sogar massiv geschädigt. Schuld daran sind die langen Transportwege.

3. Runde: Kultur

Die Globalisierung hat zu einem ähnlichen Lebensstil von Jugendlichen in aller Welt geführt. Das fördert Freundschaften.

Die Globalisierung zerstört regionale Lebensweisen. Viele Jugendliche kennen nicht einmal mehr wichtige Traditionen ihrer Heimat.

4. Runde: Umwelt

Wasser ist ein globales Problem, das nur durch internationale Zusammenarbeit gelöst werden kann.

Für die Wasserversorgung ist jeder Staat selbst verantwortlich. Dazu braucht man keine internationale Zusammenarbeit.

2 Die ganze Welt ein einziger Markt: Wie funktioniert die globalisierte Wirtschaft?

Die Rolle der Global Player

Als Global Player bezeichnet man Konzerne, die in vielen Ländern der Welt Waren oder Dienstleistungen produzieren und verkaufen. Sie gelten als das Herz der globalisierten Wirtschaft. Die typischen Merkmale eines Global Player könnt ihr euch am Beispiel des schwedischen Ikea-Konzerns erarbeiten.

Ikea-Filiale in Saudiarabien

Das Beispiel Ikea

Während die Möbelbranche gerade katastrophale Umsatzrückgänge verzeichnet, betreibt Ikea mal eben die Eroberung der Welt. […] Jeden Tag strahlt Kamprads Name [Gründer von Ikea] über mittlerweile 177 Geschäften in 31 Ländern, lockt jährlich 286 Millionen Besucher zum Griff ins Portemonnaie, von Australien bis Saudi-Arabien, von Island bis Taiwan. In China heißt Ikea „Yi Jia Jia Ju", „Gemütlich zu Hause wohnen", und gilt als hipper Shopping-Spot. […] In den nächsten fünf Jahren soll der Konzern weltweit um weitere 75 Prozent wachsen – so wie er in den vergangenen Jahren um 100 Prozent gewachsen ist. […] Wer wissen möchte, wie diese Möbelmaschine funktioniert, wer wissen will, wie ein Weltmöbelgeschmack geplant und der Ikea-Mensch gebastelt wird, der fährt nach Älmhult. Eine Kleinstadt an der Durchgangsstraße nach Stockholm. […] Älmhult ist Kaderschmiede und Kommandozentrale, Ideenfließband und endloses Motivationsseminar. […] Hier suchen zwei Mitarbeiterinnen nach netten Produktnamen. […] In zwei gigantischen Fotostudios produziert der Amerikaner Bill Agee den Katalog in einer jährlichen Auflage von 118 Millionen Stück in 23 Sprachen – das meistgelesene „Buch" nach der Bibel. […] In elf „Business Areas" arbeiten hier rund 100 Produktentwickler. Ihre Ideen müssen stets für die Massenproduktion verwertbar sein, dazu weltweit verkäuflich und stets so gestaltet sein, dass sie in kostensparende Flachkartons passen. Gemeinsam reisen Produktentwickler und Designer in Fabriken überall auf der Welt, um die Entwürfe den örtlichen Produktionsbedingungen anzupassen. […] Ikea lässt in 55 Ländern von 1800 Lieferanten produzieren. Jeder zweite Artikel stammt aus Niedriglohnländern. […] Länder wie China und Vietnam gehören zu den Großlieferanten. […] In der vietnamesischen Rattan-Fabrik „Rapexco" arbeiteten vor neun Jahren 102 Menschen. Dann kam Ikea. Heute flechten 6500 Frauen an Rattanmöbeln, mindestens 300000 Stühle der Marke „Agen" pro Jahr. Eine Arbeiterin schafft gut einen Stuhl am Tag. Sie verdient umgerechnet zwei Euro pro Tag – mehr als der gesetzliche Mindestlohn.

Doch die Lieferanten sollen ihre Verkaufspreise an Ikea möglichst jedes Jahr senken. „Dafür ordert Ikea auch jedes Jahr größere Stückzahlen“, sagt Firmendirektor John Wallace. „Ja, es ist hart. Aber solange Ikea wächst, wachsen auch wir. Das System Ikea funktioniert.“ Für acht Euro wird „Agen“ an Ikea verkauft, für 26 Euro steht der Stuhl in deutschen Läden.

(Nach: Ikea. Ein Mann vermöbelt die Welt, in: Stern 24.04.2003, S. 82ff.)

Warum sind Global Player umstritten?

Wohin auch immer in der Welt wir reisen, sie sind da. Die Autos mit dem dreizackigen Stern und die Turnschuhe mit den drei Streifen, die Schnellrestaurants mit den zwei goldenen Torbogen und die Musik-Abspielgeräte mit dem angebissenen Apfel. Wie viele andere Produkte werden sie von Unternehmen hergestellt, die in aller Welt verkaufen und meistens auch in vielen verschiedenen Ländern produzieren: den multinationalen Konzernen [= Global Player].
Die globalsten von ihnen sind fast so international wie die Vereinten Nationen. Siemens etwa ist in 190 Ländern vertreten, der UNO gehören nur zwei Staaten mehr an. Volkswagen verkauft Autos in mehr als 150 Ländern und hat Fabriken in 18 Ländern. Und die größten von ihnen beschäftigen mehr als 200 000 Menschen und setzen pro Jahr mehr als 100 Milliarden um. Manche dieser Unternehmen haben sogar überhaupt keine Heimat mehr. Der Elektrokonzern ABB beispielsweise, der durch Fusion [= Zusammenschluss] aus den Unternehmen Asea (Schweden) und BBC (Schweiz) entstand, ist sowohl schwedisch als auch schweizerisch, die Konzerne Unilever und Shell sind seit Jahrzehnten sowohl in Großbritannien als auch in den Niederlanden zu Hause. So groß sie sind, so umstritten sind die multinationalen Konzerne auch. Politiker werfen ihnen vor, ihre Gewinne mit Finanztricks in Länder zu verlagern, in denen besonders niedrige Steuern fällig werden; Gewerkschafter werfen ihnen vor, höher bezahlte Arbeitsplätze in den Industrieländern zu vernichten und die Produktion in Billiglohnländer zu verlagern. Umweltschützer werfen ihnen vor, ihre Fabriken dort aufzubauen, wo laxe Umweltschutzgesetze gelten. Und Globalisierungsgegner werfen ihnen vor, die armen Länder auszubeuten und die Gewinne an ihre Aktionäre auszuschütten. Hinter all diesen Vorwürfen steht die Tatsache, dass nationale Gesetze und Regelungen von global agierenden Konzernen umgangen werden können. Die Vereinten Nationen haben deshalb im Jahr 2000 eine Initiative auf den Weg gebracht, um die Unternehmen auf die weltweite Einhaltung von sozialen und ökologischen Mindeststandards zu verpflichten. Diesen „Global Compact“ haben inzwischen 3 700 Unternehmen aus 120 Ländern unterzeichnet.

(Aus: Detlef Gürtler: Die Tagesschau erklärt die Wirtschaft, Rowohlt Verlag, Berlin 2008, S. 256f.)

Wirtschaftskundeunterricht im Jahr 2020

Begriffe für euer Fachwörterverzeichnis

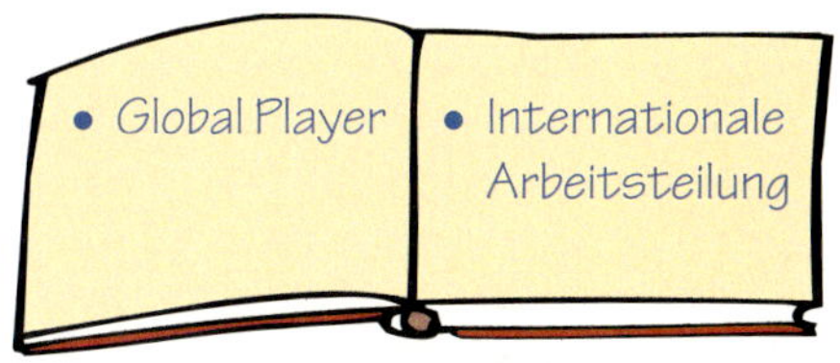

1. Beschreibe, wie das „System Ikea“ funktioniert.
2. Erkläre am Beispiel des Ikea-Konzerns die typischen Merkmale eines Global Players. Verwende dazu die Begriffe Arbeitsteilung, Produktentwicklung, Produktion, Transport und Preisgestaltung.
3. Diskutiert darüber, warum Ikea bei Verbrauchern in aller Welt so beliebt ist.
4. Warum sind Konzerne wie Ikea trotzdem umstritten? Wie denkt ihr über die Kritik?

Wo soll das neue Werk der Klimex AG gebaut werden? – Wir führen ein Planspiel durch

Um welches Problem geht es in dem Planspiel?

Bei der Betriebsversammlung der Klimex AG in der Kleinstadt Aumühle herrscht große Aufregung. Alle reden durcheinander, diskutieren und machen ihrem Ärger Luft. Soeben hat der Vorstand einen Überblick über die Geschäftsentwicklung des letzten Jahres gegeben: Das Unternehmen steht weltweit in hartem Wettbewerb mit der Konkurrenz. Es will seinen Marktanteil vergrößern, um die Zukunft des Unternehmens zu sichern. Deshalb soll ein weiteres Werk gebaut werden, das 800 neue Arbeitsplätze schaffen wird. Doch der Jubel über die gute Nachricht legt sich rasch: Der Vorstand will sich noch nicht festlegen, wo das neue Werk entstehen soll. Die Mitarbeiter der Klimex AG sind fassungslos: Dem Unternehmen geht es blendend, das Werk in Aumühle arbeitet rentabel, alle haben mitgewirkt an der erfolgreichen Entwicklung des Unternehmens – und nun will man das neue Werk möglicherweise im Ausland bauen? Werden womöglich in Aumühle Arbeitsplätze wegfallen?

Der Vorstand hat ohne Wissen der Beschäftigten in den letzten Monaten mehrere Standorte im Ausland besichtigt und mit den Vertretern der Städte verhandelt. Besonders beeindruckt war er von den Standortbedingungen in der rumänischen Stadt *Tebiu* sowie im chinesischen *Hwengwu*. Vor allem aber könnte das Unternehmen Lohnkosten sparen, denn die Löhne betragen nur einen Bruchteil der in Deutschland üblichen.

Die Klimex AG gehört zu den alteingesessenen Familienunternehmen der Kleinstadt Aumühle. Sie wurde 1958 von dem Ingenieur Lutz Peters gegründet, dessen Kinder heute das Unternehmen führen. Zusammen mit weiteren leitenden Angestellten bilden sie den *Vorstand*. In den ersten Jahrzehnten produzierte das Unternehmen hauptsächlich Ventilatoren für Büros und Haushalte. Nachdem jedoch in den letzten Jahren die Nachfrage nach Klimageräten wegen der heißen Sommer immer größer wurde, produziert die Klimex AG heute vor allem Klimageräte. Diese verkauft sie in der ganzen Welt. Im letzten Jahr ist der Forschungsabteilung eine vielversprechende Neuentwicklung gelungen – ein energiesparendes Klimagerät, das einen um 30% reduzierten Energieverbrauch gegenüber herkömmlichen Modellen aufweist. Von diesem neuen Modell verspricht sich die Geschäftsleitung große Absatzchancen in Europa, Amerika und Asien. Es ist damit zu rechnen, dass die Nachfrage nach älteren Modellen bald sinken wird und Arbeitsplätze im alten Werk Aumühle gefährdet sind. Diese Gefahr sieht auch die Interessenvertretung der Arbeitnehmer, der *Betriebsrat*. Er will mit allen Mitteln dafür kämpfen, dass das neue Werk in Aumühle gebaut wird und die Arbeitsplätze für die Mitarbeiter gesichert werden. Es ist in seinen Augen unverantwortlich, dass der Vorstand nur an seinen Profit denkt und das Wohl der Beschäftigten, denen das Unternehmen so viel verdankt, außer Acht lässt.

Die Klimex AG hat insgesamt 3480 Beschäftigte. Neben dem Werk in Aumühle (880 Beschäftigte) hat das Werk weitere Niederlassungen in Deutschland, den USA und Brasilien. Der Hauptsitz des Unternehmens befindet sich in Aumühle.

Auch der Bürgermeister und der *Stadtrat* reagieren besorgt auf die Neuigkeiten aus der Klimex AG, denn schließlich ist das Unternehmen der größte Steuerzahler der Stadt. Kaum auszudenken, wenn diese Einnahmen wegfallen würden! Bereits heute ist die Arbeitslosigkeit in Aumühle sehr hoch, weil im letzten Jahr ein Hersteller von Haushaltsgeräten seine Produktion nach Osteuropa verlagerte und das Werk in Aumühle schloss. Einen weiteren Abbau von Arbeitsplätzen könnte die Stadt nur schwer verkraften. Gemeinsam wollen Bürgermeister und Stadtrat die Geschäftsleitung überzeugen, dass Aumühle der ideale Standort für das neue Werk sei. Schließlich sind in vielen Familien beide Elternteile bei der Klimex AG angestellt. Die Arbeitslosigkeit hätte katastrophale Folgen für die betroffenen Familien.

Was tun? Diese Frage soll im Planspiel geklärt werden.

So verläuft das Planspiel

Die Geschäftsführung hat alle Beteiligten zu einer gemeinsamen Sitzung eingeladen. Euer Klassenraum wird der Sitzungssaal sein. In Gruppen bereitet ihr diese Verhandlung vor und spielt sie bis zu einer Entscheidung durch.

1. Gruppenbildung
Bildet in der Klasse fünf etwa gleich große Gruppen: Vorstand, Betriebsrat, Stadtrat von Aumühle, Vertreter von Tebiu, Vertreter der Stadt Hwengwu.

2. Lesephase
Lest die Problembeschreibung nochmals aufmerksam durch. Achtet dabei besonders auf Aussagen, die eure Gruppe betreffen. Informiert euch auf der Rollenkarte (S. 266) über die Rolle, die ihr spielen sollt. Alle Gruppen müssen sich an diese Anweisungen halten. Anschließend bearbeitet jedes Gruppenmitglied in Stillarbeit die Spielmaterialien auf den Seiten 267–269 und notiert wichtige Informationen. Tipp: Ihr könnt euch die Arbeit teilen.

3. Gruppenarbeit
Bereitet euch in Gruppen auf die Verhandlung vor. Diskutiert eure Situation und klärt eure Interessen und Ziele. Sammelt Argumente, die euren Standpunkt begründen. Überlegt auch, wie eine Lösung aussehen könnte und zu welchen Zugeständnissen eure Gruppe bereit ist. Bereitet einen Kurzvortrag vor, in dem ihr zu Beginn der Konferenz euren Standpunkt und eure Forderungen darstellt. Bestimmt einen Gruppensprecher, der den Vortrag hält.

4. Kontakt zu anderen Gruppen
Während der Gruppenarbeitsphase können die Gruppen untereinander Kontakt aufnehmen und – wie im richtigen Leben – Absprachen über das gemeinsame Vorgehen in der Verhandlung treffen.

5. Spiel der Verhandlung
Zu Beginn der Verhandlung tragen alle Gruppen in einem 3- bis 5-minütigen Kurzvortrag ihre Standpunkte vor. Dann diskutieren alle Gruppen diese Vorschläge. Ziel ist, die unterschiedlichen Vorstellungen anzunähern und vielleicht eine Kompromisslösung zu erreichen.

6. Entscheidung
Die Geschäftsleitung zieht sich zurück und berät, wo das neue Werk gebaut werden soll. Währenddessen bereiten die anderen Gruppen eine Stellungnahme zu verschiedenen möglichen Entscheidungen vor. Anschließend präsentiert die Geschäftsleitung ihre Entscheidung und begründet sie. Die Vertreter der anderen Gruppen nehmen dazu Stellung.

7. Auswertung des Spiels
Diskutiert nach dem Spiel folgende Fragen:
- Wie wirkungsvoll haben die Gruppen ihre Interessen vertreten?
- Wie sind sie mit den anderen Gruppen umgegangen: Haben sie auch andere Meinungen respektiert? Sind sie auf Vorschläge anderer Gruppen eingegangen?
- Wie bewertet ihr die gefundene Lösung?

Rollenkarten

Vorstand
Ihr seid für das gesamte Unternehmen verantwortlich, also nicht nur für das Werk in Aumühle. Euer Ziel ist es, möglichst viele Klimageräte zu produzieren, zu verkaufen und dabei einen hohen Gewinn zu erzielen. Ihr seid entschlossen, das neue Werk in Rumänien oder China zu bauen. Allerdings ist euch bewusst, dass die Beschäftigten das nicht ohne Weiteres hinnehmen werden. Ihr werdet den Betriebsrat vertrösten, dass auf jeden Fall die 320 Arbeitsplätze in der Verwaltung erhalten bleiben. Allerdings befürchtet ihr, dass durch die Proteste und die Medien das Unternehmen ein schlechtes Bild in der Öffentlichkeit abgeben wird. Deshalb seid ihr bereit, mit dem Betriebsrat zu verhandeln, um den Beschäftigungsabbau möglichst sozialverträglich zu gestalten.

Betriebsrat
Ihr vertretet die Interessen der Beschäftigten der Klimex AG. Setzt alle Hebel in Bewegung, damit das neue Werk in Aumühle gebaut wird. Für dieses Ziel seid ihr bereit, der Geschäftsleitung Zugeständnisse zu machen, zum Beispiel auf Urlaubstage oder Weihnachtsgeld zu verzichten oder auch einem 2-jährigen Lohnstopp zuzustimmen. Eine denkbare Lösung könnte auch sein, Teile der Klimageräte im Ausland herzustellen und diese in Aumühle zu montieren. Außerdem verhandelt ihr mit der Stadt und versucht sie zu überzeugen, wenigstens auf einen Teil der Gewerbesteuer zu verzichten. Mit einem Flugblatt informiert ihr die Öffentlichkeit über die Problematik und begründet, warum das neue Werk in Aumühle gebaut werden soll. Dieses Flugblatt verteilt ihr an den Vorstand und die Vertreter der Städte.

Stadtrat
Als gewählte Volksvertreter setzt ihr euch natürlich dafür ein, dass das neue Werk in Aumühle gebaut wird. Ihr betont bei euren Verhandlungen mit dem Vorstand, dass die Stadt in der Vergangenheit das Unternehmen stets unterstützt hat, zum Beispiel bei der Suche nach einem geeigneten Baugrundstück für die erste Werkserweiterung. Ihr signalisiert, dass die Stadt bereit ist, für fünf Jahre die Gewerbesteuer zu senken. Da Aumühle in einer wirtschaftlich schwachen Region liegt, setzt ihr euch dafür ein, dass das Unternehmen auch vom Land zinsvergünstigte Kredite für den Bau des neuen Werkes bekommen kann.

Vertreter von Tebiu
Ihr seid Abgesandte der Stadt und versucht mit euren Argumenten den Vorstand zu überzeugen, dass das neue Werk in Tebiu gebaut wird. Betont die positive wirtschaftliche Entwicklung eurer Stadt und dass die Zukunftschancen von Experten sehr positiv beurteilt werden. Ihr präsentiert der Geschäftsleitung eine Folie, auf der ihr übersichtlich die Vorteile Tebius gegenüber anderen Standorten auflistet. Diese Folie kann auch Grundlage für eure Präsentation auf der Konferenz sein.

Vertreter von Hwengwu
Als Vertreter der Stadt setzt ihr alles daran, dass das Unternehmen sein neues Werk in Hwengwu baut. Ihr seid alle Mitglieder in der Kommunistischen Partei Chinas, die in China die Macht hat. Deshalb könnt ihr dem Vorstand auch versprechen, dass er sehr schnell alle notwendigen Genehmigungen bekommen wird. Ihr weist auch darauf hin, dass China für Klimageräte einen riesigen Markt bildet und das Unternehmen seine Geräte auch in China sehr gut verkaufen kann. Natürlich wird der Betriebsrat auf der Konferenz die gute Ausbildung, die Qualität und Zuverlässigkeit deutscher Facharbeiter betonen. Ihr bereitet euch auf die Einwände vor, indem ihr auf einer Folie übersichtlich die Vorteile Hwengwus gegenüber dem deutschen Standort auflistet. Diese Folie könnt ihr für euren Kurzvortrag auf der Konferenz verwenden.

Spielmaterialien zum Planspiel

M 1 Informationen zu den Standorten

a) Standort Aumühle

Viele Beschäftigte der Klimex AG arbeiten seit Jahrzehnten für das Unternehmen und haben das Unternehmen mit aufgebaut. Sie sind hochmotiviert und außerordentlich qualifiziert. Bei besonders hoher Nachfrage waren sie in der Vergangenheit immer wieder bereit, eine Sonderschicht einzulegen. Die Abläufe bei der Produktion von Klimageräten sind ihnen bestens vertraut, der Aufwand für eine Schulung wäre bei der Produktion der neuen Geräte sehr gering. Anders als bei der Produktion in anderen Ländern weisen die in Aumühle produzierten Geräte nur selten Qualitätsmängel auf, nur ein geringer Teil ist Ausschuss. Die Kunden sind mit diesen Geräten überdurchschnittlich zufrieden, nur selten kommt es zu Reklamationen. In Aumühle werden zwar im internationalen Vergleich sehr hohe Löhne gezahlt, doch in den letzten Jahren gab es kaum noch Lohnzuwächse. Aumühle liegt in einer ländlich geprägten Region in Niedersachsen und hat 13 000 Einwohner. Die Infrastruktur ist sehr gut, über die nur 3 km entfernte Autobahn ist der Ort gut in das europäische Fernstraßennetz eingebunden.

b) Standort Hwengwu

Wie viele Städte in China hat auch Hwengwu in den letzten Jahren einen ungeheuren Wirtschaftsaufschwung erlebt. Hwengwu liegt in einer Freihandelszone. Das bedeutet, dass Unternehmen hier keine Steuern und auch keine Zölle zahlen müssen. Zahlreiche ausländische Firmen haben sich inzwischen niedergelassen. Ihnen steht eine schier unbegrenzte Anzahl von sehr billigen, motivierten Arbeitskräften zur Verfügung, die bereit sind, unter harten, teilweise sogar menschenunwürdigen Bedingungen zu arbeiten. Menschenrechtsorganisationen kritisieren seit Langem die Ausbeutung chinesischer Arbeitskräfte in den Fabriken. In Hwengwu gibt es keine Facharbeiter, die eine mit deutschen Kollegen vergleichbare Ausbildung haben. Die Klimex AG müsste also die Arbeitskräfte vor Ort qualifizieren. Auch dann ist nicht sicher, ob die neu ausgebildeten Fachkräfte im Unternehmen bleiben, denn chinesische Arbeitnehmer sind sehr schnell bereit, den Arbeitgeber zu wechseln, wenn sie dadurch Vorteile haben. Ausländische Unternehmen müssen für die Genehmigung ihrer Fabriken den Behörden die Pläne ihrer Anlagen vorlegen. Immer wieder sind Fälle bekannt geworden, wo die Behörden solche Pläne an chinesische Unternehmen weitergereicht haben, die diese Maschinen dann kopierten und wesentlich billiger verkauften (Produktpiraterie).
Die chinesische Regierung unterstützt die Ansiedlung ausländischer Unternehmen sehr, denn sie fördern die wirtschaftliche Entwicklung des Landes. China hat keine demokratisch gewählte Regierung, die wichtigste Macht im Land ist die kommunistische Partei, die alle Bereiche des Lebens kontrolliert. Ohne ihre Zustimmung kann kein Unternehmer tätig werden. Auch die Medien werden staatlich gelenkt. Menschen, die politisch eine andere Meinung als die Partei vertreten, riskieren, verfolgt und inhaftiert zu werden. Hwengwu hat 2 Millionen Einwohner und liegt im Landesinneren. Die Bevölkerung wächst rasch, weil sehr viele Menschen vom Land zuziehen. Die Stadt liegt in einer erdbebengefährdeten Region: Im letzten Jahr hat es ein großes Erdbeben der Stärke 6 gegeben, bei dem Hunderte Menschen ums Leben gekommen sind. Das Straßennetz rund um Hwengwu ist in schlechtem Zustand, die Regionalverwaltung will aber in den nächsten Jahren sehr viel Geld in den Ausbau des Straßennetzes und des öffentlichen Verkehrs investieren.

c) Standort Tebiu

Tebiu ist bekannt für seine Textilproduktion, in den letzten Jahren wurden jedoch bereits einige Fabriken geschlossen und die Produktion nach Asien verlagert. Sehr erfolgreich hat die Stadt daher in den letzten Jahren neue Industrien angesiedelt und profitierte auch von dem hohen Wirtschaftswachstum des Landes. Die Grundstücke stellt sie den Unternehmen kostenlos zur Verfügung. Noch sind die Löhne überall in Rumänien sehr niedrig, steigen allerdings stark. Es gibt genügend ausgebildete Facharbeiter, doch für die speziellen Anforderungen bei der Produktion von

Klimageräten müsste die Klimex AG Fachkräfte schulen.
Rumänien hat eine demokratische Regierungsform und ist seit 2007 Mitglied der EU. Die EU unterstützt die wirtschaftliche Entwicklung des Landes mit vielen Milliarden Euro, denn noch gehört der Staat zu den wirtschaftlich am wenigsten entwickelten Ländern der EU. Die Mitgliedschaft in der EU erleichtert auch den Handel mit Deutschland, das seit vielen Jahren zu den wichtigsten Wirtschaftspartnern des Landes gehört. Ein großes Problem ist allerdings immer noch die Bestechlichkeit (Korruption) der Behörden, sie behindert die Tätigkeit der Unternehmer. Tebiu liegt im Landesinneren nahe der ungarischen Grenze und hat 200 000 Einwohner. Das Straßennetz ist in den letzten Jahren mit EU-Fördermitteln ausgebaut worden. Die Infrastruktur ist jedoch immer noch erheblich schlechter als in Deutschland.

M 2 Die Rechte des Betriebsrats

Der Betriebsrat vertritt die Interessen der Arbeitnehmer. Da in Aumühle 880 Mitarbeiter beschäftigt sind, gehören ihm 11 Mitglieder an. So regelt es das Betriebsverfassungsgesetz. Wenn in einem Betrieb Arbeitsplätze abgebaut werden, hat der Betriebsrat nur wenige Einflussmöglichkeiten. Natürlich wird er versuchen, in Verhandlungen, mit Demonstrationen und Kundgebungen Druck auf die Geschäftsleitung auszuüben. Doch bleibt ihm in der Praxis häufig nichts anderes übrig, als einen Sozialplan auszuhandeln, der die Mitarbeiter für den Verlust des Arbeitsplatzes entschädigt. Sozialpläne berücksichtigen meist die Dauer der Betriebszugehörigkeit und das Alter der Betroffenen. Die Entschädigungen liegen zwischen 12 und 18 Monatsgehältern. Außerdem werden häufig Fortbildungs- und Umschulungsmaßnahmen finanziert, die den Betroffenen helfen sollen, eine neue Arbeitsstelle zu finden.

M 3 Was ist bei der Standortwahl wichtig?

Im Zeitalter fast grenzenloser Mobilität muss eine Region viele Kriterien erfüllen, um als Produktionsstandort ausgewählt zu werden.
Kosten: Eine Befragung von mehr als 100 Wirtschaftsfördergesellschaften zeigt, dass die Kosten als wichtige Messlatte [gelten ...]. Auf einer Skala von 1 (= sehr wichtig) bis 5 (= eher unwichtig) stuften die befragten Wirtschaftsförderungsgesellschaften die Arbeitskosten mit durchschnittlich 1,7 von allen Kostenkriterien am höchsten ein.
Infrastruktur: Im Bereich der Infrastruktur zählen vor allem die Qualität des Straßennetzes sowie die verfügbaren Gewerbeflächen. Die Nähe zu den Kunden rangiert ebenfalls ganz vorne [...] Von allen einzeln zu benotenden Faktoren schießt jedoch die Verfügbarkeit von qualifizierten Arbeitskräften den Vogel ab – mit 1,3 stufen sie die Wirtschaftsfördergesellschaften als die wichtigste Messlatte für Standortqualität ein. Dies zeigt wieder einmal mehr, dass Deutschland nur dann als Wirtschaftsstandort bestehen kann, wenn es genügend gut ausgebildete und entsprechend produktive Arbeitskräfte hervorbringt.

(Nach: iwd, Informationsdienst des Instituts der deutschen Wirtschaft, Nr. 33/14.08.2003)

M 4 Rolle rückwärts – immer mehr Firmen kehren zurück

Die Bleche kamen aus Rumänien zurück, „als wären sie von Ratten angeknabbert worden". Das war der Punkt, an dem Rutger Dautel die Notbremse zog. Und es war der Punkt, an dem ein Abenteuer zu Ende ging.
Dautel ist ein klassischer Mittelständler im Württembergischen, der Ladebordwände und Kipperaufbauten für Lastwagen herstellt. Die Mitarbeiter im Werk Leingarten bei Heilbronn trennen das Metall dafür mit hochmodernen Brennschneidemaschinen. In Rumänien hatten sie für die gleiche Arbeit schlichte Blechscheren benutzt. „Das konnte man keinem Kunden anbieten", sagt ein Dautel-Schweißer. „Es gab große qualitative Mängel in der Verarbeitung. Wir mussten in Deutschland andauernd nachbessern. Das Rumänien-Geschäft war ein Schuss in den Ofen" – auch wenn die Firmenleitung noch vor vier Jahren etwas ganz anderes erhofft hatte. [...]
Allein seit der Jahrtausendwende traten mehr als 3 500 Firmen aus den beiden großen Branchen Metall und Chemie wieder die Heimreise an. Dienstleistungs- oder Konsumgüterunternehmen, die ebenfalls munter verlagert haben, sind in dieser Statistik noch gar nicht enthalten. [...] Auch die Industrie selbst räumt ein, dass „weniger im Ausland und wieder mehr in Deutschland investiert" wird, wie es beim Bundesverband der Deutschen Industrie heißt.

(Aus: Janko Tietz: Rolle rückwärts, in: Spiegel special, Made in Germany, Wie die deutsche Wirtschaft durch Globalisierung gewinnt, 5/2008, S. 112f.)

M 5

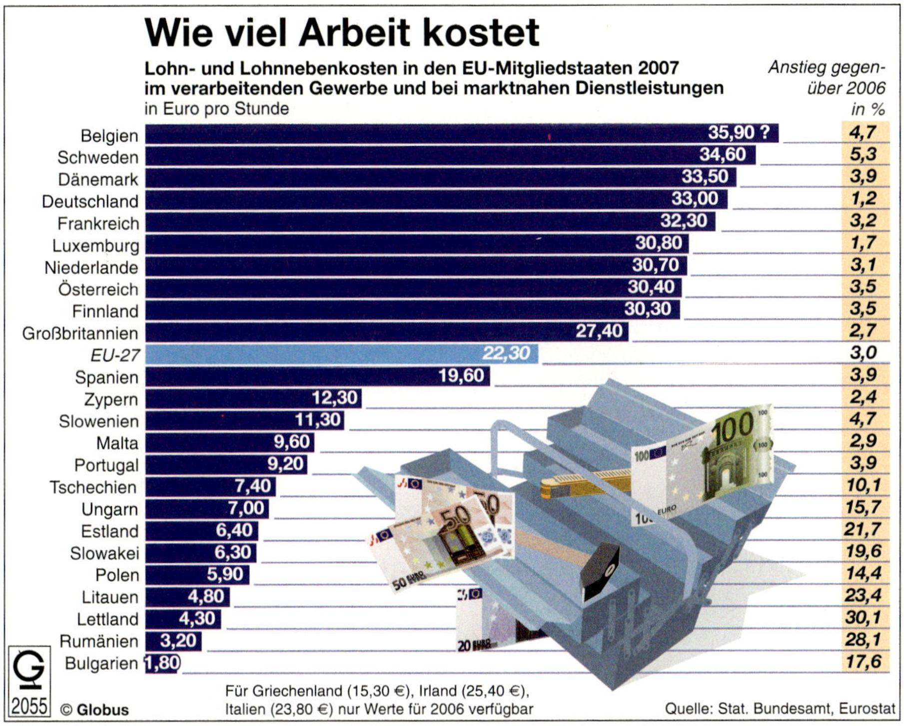

M 6

	Lohnvorteil China vs. Deutschland (in Prozent)	China (in Euro/Std.)	Deutschland (in Euro/Std.)
Industriearbeiter	94	2,0	31,4
Verkäufer	82	3,2	19,8
Chefsekretär	82	5,3	29,8
Ingenieur	79	8,1	45,8
Abteilungsleiter	54	12,6	60,5
Produktmanager	54	24,4	53,2

M 7 Produktivität

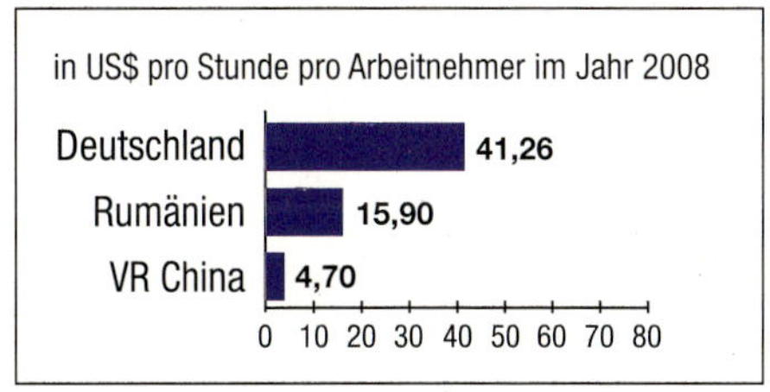

(Aus: IMD World Competitiveness Yearbook 2009, Lausanne, S. 395, www.imd.ch/wcy)

Lesehilfe: Ein Arbeitnehmer in Deutschland produziert pro Stunde Waren im Wert von 41,26 $.

M 8 Motivation

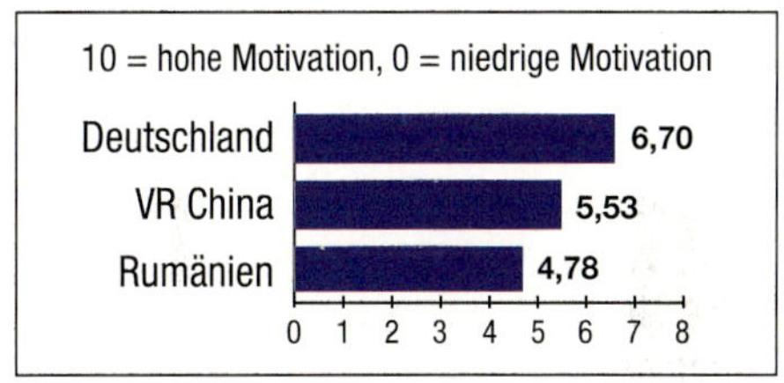

(Aus: IMD World Competitiveness Yearbook 2009, Lausanne, S. 404, www.imd.ch/wcy)

3 Die Schattenseiten: Brauchen wir eine andere Globalisierung?

Wie Rekha arbeiten zahllose Frauen in asiatischen Textilfabriken, wie hier bei der Schuhproduktion für Nike in Vietnam.

Problem Nr. 1: Werden Arbeiterinnen und Arbeiter in Entwicklungsländern ausgebeutet?

Kleidung und Schuhe werden in der globalisierten Wirtschaft fast ausschließlich in Entwicklungsländern produziert. In letzter Zeit wird in den westlichen Industrieländern diskutiert, ob die Arbeitsbedingungen in den Fabriken von Billiglohnländern unmenschlich sind. Der folgende Text schildert den Arbeitsalltag der jungen Näherin Rekha in Bangladesch, die für einen Zulieferer der Discount-Kette Lidl arbeitet. Welche Gefühle löst das Beispiel bei euch aus?

„Ich bin gerade 19 Jahre alt. Aber ich habe schon drei Jahre Erfahrung mit der Arbeit in einer Bekleidungsfabrik. Ich komme aus einem Dorf im Süden. Die Krankheit meines Vaters führte dazu, dass er nicht mehr arbeiten konnte. Ich war gezwungen, eine Arbeit anzunehmen, um etwas zum Einkommen der Familie beizutragen. Ich bekam eine Arbeitsstelle in einer Bekleidungsfabrik. Die Fabrik liegt eine Stunde Fußmarsch weg von meinem Elternhaus. Eine Rikscha würde 15 Taka kosten, also musste ich laufen, hin und zurück, mit einem anderen Mädchen aus meinem Dorf. Ich fing an als Hilfe mit monatlich 930 Taka (9,30 EUR). Jetzt bin ich Näherin und kriege 1800 Taka (18 EUR) monatlich. In der Fabrik bekam ich weder einen Arbeitsvertrag noch ein Einstellungsschreiben.
In der Fabrik arbeite ich täglich so lange, wie angeordnet wird. Die Aufträge oder Arbeitsaufgaben sind so, dass es unmöglich ist, nach acht Stunden den Arbeitsplatz zu verlassen. Jede Arbeiterin hat eine festgelegte Arbeitsmenge zu erledigen, bevor sie geht. Sie kennen unsere Möglichkeiten und unsere Fähigkeiten ziemlich gut, und mit Absicht verlangen sie mehr von uns, sodass wir über unsere Kräfte hinausgehen müssen, um mit der Arbeit fertig zu werden. Wenn eine Arbeiterin früher gehen will, weil sie zu weit weg wohnt, wird ihr gesagt, sie müsste ja die Arbeit nicht machen, niemand hält sie, sie könnte die Arbeit gleich ganz aufgeben. In der letzten Woche habe ich sieben Tage gearbeitet, auch am Freitag. [...] Oft arbeite ich die ganze Nacht, die Fabrik spendiert dann eine Banane und ein Stück Brot (im Wert von 2 Taka).
Wir Arbeiterinnen werden bei jeder Gelegenheit beschimpft, gequält, fertiggemacht. [...] Es ist wirklich so, ich fühle mich in der Fabrik wie am Ersticken. Oft werden wir Arbeiterinnen ohnmächtig. Die Toiletten sind einfach grauenhaft. Ich fürchte mich geradezu, sie zu benutzen. Das Trinkwasser ist nicht sauber, ein Wasserfilter wurde installiert, funktioniert aber nicht. Ich wünsche mir, und ich bin nicht allein, wir hätten eine Gewerkschaft. Aber wer einmal protestiert, verliert sofort seine Arbeit. [...] In unserer Fabrik haben wir keine Möglichkeit, gegen die Oberen etwas zu sagen, sogar wenn sie Schlimmes tun, sind wir verpflichtet, ihren Anordnungen zu gehorchen.
Ich verbringe die meiste Zeit in

meinem Leben in der Fabrik, ich habe keine Zeit für mich selber, für meinen kranken Vater und für meine Familie. Wir haben kein Fernsehen, wir können es uns nicht leisten. [...] Ich weiß nicht, was ich tun werde oder was mit mir wird."

(Nach: Korshed Alam u. a.: Wer bezahlt unsere Kleidung bei Lidl und Kik? Hg.: Clean Clothes u. a., 2008, S. 34 f.)

Wohltat oder Ausbeutung?

In Mexiko, Thailand, Korea und vielen anderen Ländern schuften Menschen für winzigste Löhne unter oft unwürdigen Bedingungen; Urlaub, Kranken- und Arbeitslosenversicherung sind Fremdwörter für sie. Die Produkte ihrer Arbeit verkaufen die westlichen Firmen mit großem Gewinn.
Nutzen Konzerne der Textil- und Sportartikelindustrie die Menschen, die für sie in Entwicklungs- und Schwellenländern arbeiten, schamlos aus? Diese Frage kann man ziemlich eindeutig mit Ja beantworten. Andererseits argumentieren Befürworter der Globalisierung immer wieder, dass in einheimischen Betrieben in Asien und Lateinamerika die Arbeitsbedingungen oft noch entsetzlicher sind als in den Filialen europäischer Firmen. Europäische Großkonzerne bekommen häufig Waren von Zulieferern vor Ort. Über die Arbeitsbedingungen dieser einheimischen Firmen haben sie keine Kontrolle.
Das ist keine Entschuldigung, sagen wiederum viele Globalisierungsgegner. Dass es anderswo gleich schlecht oder noch schlechter ist, ist noch kein Grund, sich bei den Ausbeutern einzureihen. Die Multis seien verpflichtet, die Arbeitsbedingungen in Zulieferbetrieben zu überprüfen und jenen, in denen die Verhältnisse inakzeptabel sind, die Zusammenarbeit aufzukündigen. Doch was passiert dann wiederum mit den Arbeitern dort, die dann vielleicht entlassen werden? Auf diese Probleme gibt es keine einfachen Antworten. Immerhin sind aber die Bedingungen, unter denen die Arbeiter und Arbeiterinnen in vielen Schwellenländern für ausländische Firmen arbeiten müssen, inzwischen in vielen Publikationen öffentlich gemacht worden. Es gibt Selbstverpflichtungen der Industrie, auf menschenwürdige Arbeitsbedingungen zu achten. Ein Denkprozess hat sich in Gang gesetzt.

(Aus: Gerd Schneider: Globalisierung, Arena Verlag, Würzburg 2008, S. 98 f.)

KundInnenkarte

ALL DIE TEXTIL-SCHNÄPPCHEN – NUR UM DEN PREIS VON HUNGERLÖHNEN!

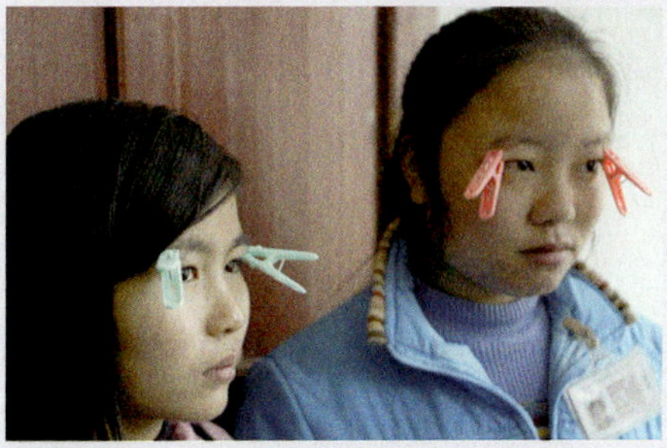

Kampagne für Saubere Kleidung

Kampagne für Saubere Kleidung c/o VEM | Rudolfstr. 131 | D 42219 Wuppertal | www.saubere-kleidung.de

Die weltweite Kampagne „Clean Clothes", die in Deutschland von Kirchen, Gewerkschaften und anderen Organisationen unterstützt wird, setzt sich für fairen Handel in der Textilindustrie ein. In ihrer Charta fordert sie angemessene Löhne, Reduzierung der Überstunden, Recht auf Bildung von Gewerkschaften, sichere und gesunde Arbeitsbedingungen sowie Verzicht auf Kinderarbeit.

1. Welche Gefühle löst das Beispiel von Rekha bei euch aus?
2. Sind auch Verbraucher in den Industrieländern für die Arbeitsbedingungen in den asiatischen Textilfabriken verantwortlich? Diskutiert darüber in der Klasse.
3. Sammelt Vorschläge, wie man die Situation in den Fabriken verbessern könnte, und bewertet diese.
4. Die „Kampagne für saubere Kleidung" fordert bessere Arbeitsbedingungen. Wärt ihr bereit, diese zu unterstützen, auch wenn ihr dann etwas mehr für eure Kleider bezahlen müsstet?

Problem Nr. 2: Die globale Finanz- und Wirtschaftskrise 2008/2009

2008/2009 erlebten die Menschen in Deutschland die schlimmste Wirtschaftskrise seit über 80 Jahren. Doch Deutschland war kein Einzelfall – nach vielen Jahren des Aufschwungs schrumpfte die gesamte Weltwirtschaft, in fast allen Ländern der Erde sank die Wirtschaftsleistung. Da die deutsche Wirtschaft besonders viele Güter für den Export produziert, traf sie die Krise in doppelter Hinsicht: Die Aufträge aus dem Ausland gingen drastisch zurück und gleichzeitig brach wegen der Krise auch die Nachfrage nach Gütern im Inland zusammen. Wie es dazu kam, schildert der folgende Text.

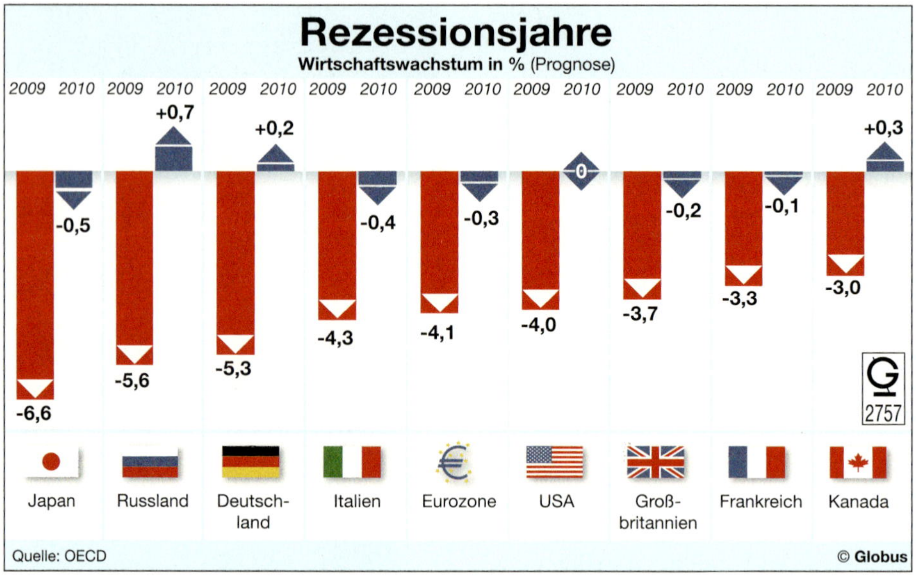

So sank das Wirtschaftswachstum 2009.

1. In dem Text wurden die Zwischenüberschriften getilgt. Fügt folgende Überschriften an passender Stelle ein: Banken misstrauen einander – Trauriger Abschied vom Eigenheim – Leman Brothers geht pleite – Angst vor Massenentlassungen – Der Traum vom eigenen Haus – Auch deutsche Banken geraten in Schwierigkeiten – Bundesregierung hilft Hypo Real Estate – Keine Angst, das Ersparte ist sicher – Die Finanzkrise greift auf die Wirtschaft über – Nicht zurückgezahlte Kredite werden für Banken ein Problem.
■ **Tipp:** Partnerarbeit

Wie die Krise aus den USA zu uns kam

Es begann weit weg in Amerika. Viele Menschen wollten dort einfach nur ein Haus kaufen. Nicht alle hatten genug Geld. Die Banken hat das nicht gestört. Daraus wurde ein Problem für die ganze Welt.

↓

1. Ein eigenes Zimmer, ein großer Garten, vielleicht sogar ein Pool. Wer träumt nicht davon? In Amerika erfüllt sich für viele dieser Traum. Sie kaufen einfach ein schickes Haus. Millionäre müssen sie dafür nicht sein. Das Geld leiht ihnen der freundliche Mann bei der Bank. Er gibt ihnen das Geld für den Hauskauf, einen Kredit. Dafür müssen sie Zinsen bezahlen, jeden Monat wird ein Teil des Kaufpreises zurückgezahlt. Alles scheint gut. […]

↓

2. Plötzlich stellen die Hausbesitzer fest, dass sie nicht mehr genug Geld haben, um der Bank den Kredit zurückzuzahlen. So geht es seit Anfang 2007 vielen Familien in den USA. Die Gründe sind unterschiedlich: Die einen haben ihre Arbeit verloren oder wurden krank. Bei anderen kam die Bank und verlangte höhere Zinsen. Das Haus wieder zu verkaufen, hilft den Menschen mit Geldsorgen nicht weiter. Denn sie finden niemanden, der ihnen genug bezahlt, um der Bank das Geld zurückzugeben. Hunderttausende müssen ausziehen.

↓

3. Jetzt gehören Haus, Garten und Pool der Bank. Sie verkauft alles an den, der den höchsten Preis bietet. Zwangsversteigerung nennen das die Fachleute. Viel kommt dabei aber nicht herum. Die Bank macht Verlust. […] Ein einziger nicht zurückgezahlter Kredit ist kein Problem. Doch die Mitarbeiter der Geldhäuser haben ganz viele Kredite vergeben, ohne vorher genau zu prüfen, ob die Kunden diese jemals zurückzahlen können. Sie haben sogar so viel Geld verliehen, dass sie die Kredite an andere Banken weiterverkauft haben – in England, in Frankreich und auch Deutschland.

↓

4. Bei einem Geldhaus in Düsseldorf mit dem Namen IKB werden von

einem Tag auf den anderen riesige Verluste entdeckt. Vorstände und Eigentümer sind außer sich. Es klang doch so einfach: Die Bank gibt Geld für Hauskredite an die Banken in Amerika und erhält von denen eine Extraprämie. Dass die Leute von der IKB von amerikanischen Häusern keine Ahnung hatten, spielte lange Zeit keine Rolle. Bis, ja bis der Hausbesitzer im fernen Florida seine Raten nicht mehr zahlte und die Kredite wie Luftballons platzten. Auch andere deutsche Banken, beispielsweise in Sachsen, haben falsch spekuliert. [...]

5. Mit der Rettung der IKB im Sommer 2008 ist das Problem nicht erledigt. Jetzt geht die Krise erst richtig los: Alle Banken beginnen sich zu misstrauen, weil sie fürchten, dass jeder den amerikanischen Häuserbauern Geld geliehen hat und jetzt nichts mehr zurückbekommt. [...] Sie leihen sich untereinander nichts mehr. [...] Wenn den Banken die Mittel ausgehen, können sie die Akteure im Wirtschaftskreislauf nicht mehr mit Geld versorgen. Das ist dann so, als wenn kein Blut mehr durch die Adern fließt. Immer häufiger stehen Institute vor dem endgültigen Aus – vor allem in den USA, wo alles begann.

6. Der Staat muss ran. [...] Die amerikanische Regierung nimmt ihre Aufgabe ernst und greift allen unter die Arme. Doch bald fühlt sich die Politik von den Leuten in den Banken ausgenutzt. Die Leman Brothers, eine Bank in New York, bettelt im September 2008 vergeblich um Dollar-Millionen. Das einst so angesehene Bankhaus mit deutschen Wurzeln geht pleite.

7. Nach dem Zusammenbruch der Bank Leman Brothers droht ein Flächenbrand. [...] Die Banken bekommen noch mehr Angst. Sie trauen anderen Banken noch weniger als vorher. Denn alle wissen, das Schicksal von Leman Brothers kann jeden ereilen. In Deutschland zum Beispiel droht es, die Bank Hypo Real Estate zu treffen. Der Regierung ist klar, noch eine Pleite einer großen Bank darf es nicht geben. Sonst greift das Feuer auf die anderen über. Gemeinsam mit den Chefs der wichtigsten deutschen Banken eilen die Bundeskanzlerin Angela Merkel und ihre Regierung mit viel Geld herbei.

8. In den Fernsehnachrichten reden die Leute immer häufiger von „Krise" und „Pleite". „Wenn es den Banken so schlecht geht, wäre es nicht besser, das gesparte Geld nach Hause zu holen?", fragt sich mancher Zuschauer. [...] Wenn nun aber jeder zur Bank geht und sein Erspartes wieder abhebt, haben die Banken noch weniger Geld. Die Krise verschärft sich weiter. Das muss verhindert werden. Bundeskanzlerin Angela Merkel und ihre Regierung greifen ein. Sie spannen einen Schutzschirm und versprechen: Das Geld ist sicher. Wenn eine Bank zusammenbricht, bekommt jeder sein Geld vom Staat zurück.

9. Die Sparer sind nach dem Garantieversprechen der Kanzlerin beruhigt. Aber nicht die Banken. Die haben Angst. Nur kein Geld verleihen. [...]. Ohne Geld der Banken funktioniert die Wirtschaft nicht. Unternehmen, ganz gleich ob sie Autos oder Solaranlagen herstellen, benötigen Kredite, um weiterarbeiten zu können. Der Staat sieht nur noch eine Lösung: Er muss die Banken mit so viel Geld überschütten, dass keine Bank mehr Angst hat, es könne irgendwann alle sein. Rund 500 Milliarden Euro werden garantiert. Verdammt viel. Auf jeden einzelnen Bundesbürger gerechnet sind das mehr als 6000 Euro.

10. Angst breitet sich aus. In Autofabriken stehen Produktionsbänder still. Betriebe müssen Mitarbeiter entlassen. Viele Menschen haben in der Wirtschaftskrise vor allem Angst, ihren Arbeitsplatz zu verlieren. Die wichtigsten Regierungschefs treffen sich in Washington. Sie überlegen, wie sie Menschen wieder Mut machen können, damit sie Autos kaufen, Häuser bauen und Geld ausgeben. Denn nur so gibt es genug Arbeit für alle. Und die Politiker wollen Regeln schaffen, damit Banken nie wieder so leichtsinnig mit Geld umgehen.

(Nach: Jan Dams, Karsten Seibel: Wie die Krise aus den USA zu uns kam, in: Welt am Sonntag, 16.11.2008, S. 26f.)

2. Erklärt euch gegenseitig, warum die Häuserkrise in den USA zum Problem für die ganze Welt wurde. Verwendet dabei die Zwischenüberschriften und fasst abwechselnd den Inhalt des jeweiligen Abschnitts in eigenen Worten zusammen.

3. Welche Lehren sollte man aus der Krise ziehen? Diskutiert darüber in der Klasse.

Braucht die globalisierte Wirtschaft neue Regeln?

Weltweit hat sich eine Protestbewegung gebildet. Sie wird getragen von Bürgerbewegungen, Gewerkschaften, Bauernverbänden, Verbraucherorganisationen und Umweltschützern. Die meisten sind nicht grundsätzlich gegen Globalisierung, sondern sie fordern eine „andere Globalisierung" mit gerechteren und sozialeren Regeln. Auch die Politik hat inzwischen erkannt, dass sie eingreifen muss, um Missstände zu beseitigen. Die folgenden Texte geben euch einen Überblick über die Forderungen der Kritiker und stellen euch zwei globalisierungskritische Organisationen vor. Schließlich könnt ihr anhand der Rede von Bundespräsident Köhler herausarbeiten, welche Aufgaben die Politik in den kommenden Jahren zu bewältigen hat. Die Inhalte der Texte könnt ihr mithilfe einer Mindmap visualisieren.

■ **Tipp:** Partnerarbeit

A Was fordern Globalisierungskritiker?

Die Forderungen der Globalisierungskritiker ähneln sich bei allen Protestaktionen.

Schluss mit der Ausbeutung der Entwicklungsländer!
Die Welt befindet sich immer stärker im Würgegriff des Kapitals: Der ungebremste Wettbewerb dient nur den Reichen, die armen Länder haben keine Chance; ausschließlich die Macht der großen Unternehmen wird gestärkt, die Entwicklungsländer sind die absoluten Verlierer; die reichen Länder beuten die Rohstoffe der Welt aus, ohne diejenigen, denen sie gehören, daran zu beteiligen, wie zum Beispiel die afrikanischen Länder; dies muss sich ändern.

Schärfere Gesetze zum Schutz der Umwelt!
Es wird wegen des alleinigen Ziels der Gewinnmaximierung keinen Schutz der Umwelt mehr geben; für diesen Schutz müssen schärfere Gesetze geschaffen werden.

Mehr Einfluss für Regierungen!
Die einzelnen Staaten und ihre Regierungen haben bald nichts mehr zu sagen und müssen sich dem Willen der großen Konzerne unterordnen; dem muss entgegengewirkt werden.

Verbindliche Regeln für Finanzmärkte!
Es müssen Regeln her, zum Beispiel höhere Steuern für die internationalen Kapitalströme, die wie Heuschrecken über die Länder herfallen und alles aufkaufen.

Stärkere Verantwortung für Unternehmen!
Die Unternehmen und Finanzinvestoren müssen stärker zur Verantwortung gezogen werden können, wenn sie sich auf Kosten anderer bereichern.

(Nach: Gerd Schneider: Globalisierung, Arena Verlag, Würzburg 2008, S. 119f.)

B Welchen Beitrag leisten Nichtregierungsorganisationen?

Das Beispiel Attac

Die Geschichte der Organisation Attac ist eng mit der wirtschaftlichen Globalisierung verknüpft: Nachdem 1997 internationale Kapital-Spekulationen eine Wirtschaftskrise in Südostasien ausgelöst haben, rief der Chefredakteur von „Le Monde diplomatique", Ignacio Ramonet, zur Gründung einer Organisation auf, die eine Kontrolle der internationalen Finanzmärkte vorantreiben sollte. [...] Inzwischen ist aus der Organisation Attac so etwas wie eine globale Bewegung geworden, die nach eigener Definition nicht gegen die Globalisierung, sondern für eine soziale und gerechtere Gestaltung der Globalisierung kämpft. Attac ist mittlerweile in über 50 Ländern aktiv und gemeinsam mit anderen internationalen NGOs regelmäßige Teilnehmerin am Weltsozialforum. [...]

Das Beispiel Fairtrade

In manchen Ländern, vor allem in den Entwicklungs- und Schwellenländern, wurden Kinderarbeit und gesundheitsgefährdende Arbeitsbedingungen geduldet. Dazu kamen oft laxe Umweltvorschriften. [...]
Einige Unternehmen [...] haben faire und ökologische Bedingungen in ihren Zulieferbetrieben zu ihrer neuen Markenidentität erklärt. Vereinigungen wie „Fair Labour Association" oder „Fairtrade" haben Arbeitsstandards entwickelt, denen sich Firmen freiwillig anschließen können. [...] Eines der bekanntesten Gütesiegel für Produkte, die unter sozialen und ökologischen Rahmenbedingungen hergestellt werden, ist Fairtrade. Diese Organisation sorgt mit eigenen Verträgen für die ProduzentInnen und regelmäßigen Inspektionen dafür, dass Mensch und Natur nicht ausgebeutet werden. Gleichzeitig sollen die ProduzentInnen faire Preise über dem Weltmarktniveau erzielen. Mittlerweile sind schon viele Produkte – von Schokolade über Kaffee, Orangensaft sowie Sportartikel – mit dem Fairtrade-Siegel gekennzeichnet.

(Aus: Wolfgang Böhm, Otmar Lahodynsky: Globalisierung. So funktioniert die weltweite Vernetzung, Veritas Verlag, Linz 2008, S. 86, 108 f.)

C Wie reagiert die Politik auf Probleme der Globalisierung?

Bundespräsident Horst Köhler hat zu einer Stärkung der internationalen Organisationen aufgerufen, um die Globalisierung gerecht zu gestalten. [...] „Lasst uns bei allen Interessenkonflikten nicht übersehen, dass wir in einer Welt leben und dass wir Fairplay brauchen statt Gemeinheit, Brot und Bücher statt Aufrüstung, Respekt statt Überheblichkeit", forderte Köhler. Es sei die entscheidende Aufgabe des 21. Jahrhunderts, die Globalisierung allen zugute kommen zu lassen. An die Bundesregierung appellierte er, [...] Lasten wie Chancen fair zu verteilen.
Der Bundespräsident warnte vor der wachsenden Ungleichheit der Einkommen in Deutschland: „Der Aufstieg der einen darf nicht der Abstieg der anderen sein!" Arbeitnehmer sollten stärker als bislang am Kapital ihrer Firmen beteiligt werden. [...]
Er unterstrich mehrmals in seiner Rede, dass die Globalisierung sowohl den Entwicklungsländern als auch den Industrienationen mehr Vor- als Nachteile gebracht habe. Um den ärmsten Ländern der Welt zu helfen, forderte er einen besseren Zugang zu den Märkten der Industrienationen: „Auch Europa errichtet Handelsbarrieren gegen Entwicklungsländer, überschwemmt sie – auf Kosten der hiesigen Steuerzahler – mit Lebensmitteln zu Dumpingpreisen." Er verwies darauf, dass die Industrienationen ihren Agrarbereich pro Tag mit fast einer Milliarde Dollar subventionieren [= finanziell unterstützen] würden. Die afrikanischen Staaten bekämen dagegen Agrarhilfen von nur einer Milliarde Dollar pro Jahr. Köhler forderte eine Stärkung der Vereinten Nationen. Beispiel dafür sei die von afrikanischen Ländern angebotene partnerschaftliche Zusammenarbeit.
„Niemand kann ausschließen, dass die nächste Krise auf den internationalen Finanzmärkten die ganze Weltwirtschaft in Mitleidenschaft ziehen wird." Nötig sei eine Institution, die für die Stabilität des internationalen Finanzsystems zuständig sei.

(Aus: Köhler fordert gerechte Globalisierung, in: www.wiwo.de, 01.10.2007, letzter Zugriff 24.09.2009 © Economy.one GmbH)

1. Erklärt, welche Forderungen die Globalisierungskritiker erheben.
2. Wie stellen sich Attac und Fairtrade eine „andere Welt" vor?
3. Welche Zukunftsaufgaben beschreibt Horst Köhler für die deutsche Politik, welche Aufgaben für internationale Organisationen?
4. Haltet ihr die Forderungen der Globalisierungskritiker für berechtigt? Diskutiert darüber abschließend in der Klasse und bezieht auch eure Arbeitsergebnisse in diesem Unterkapitel mit ein.

Wir interpretieren Karikaturen zur Globalisierung

Auf dieser Seite findet ihr Karikaturen, die Probleme und Risiken der Globalisierung thematisieren. Ihr könnt auch hier fragen: Wer sind die Gewinner, wer die Verlierer? Wählt eine Karikatur aus, die euch besonders anspricht. Interpretiert sie mithilfe der 3-Fragen-Methode und stellt euren Text der Klasse vor.

EXPORTSPEZIALISTEN

Unser ganz normales Konsumentenverhalten ...

Globalisierung

Station 1 Globalisierung im Alltag

Das Schaubild zeigt die vier wichtigen Aspekte der Globalisierung.

1. Nenne zu jeder Farbe ein Beispiel und erläutere anhand des Beispiels, was sich durch die Globalisierung verändert hat.
2. Veränderungen bieten Chancen, aber auch Risiken. Nenne für jeden Aspekt eine Chance und ein Risiko.
3. Wie denkst du über Globalisierung? Eher positiv oder eher negativ? Begründe deine Auffassung.

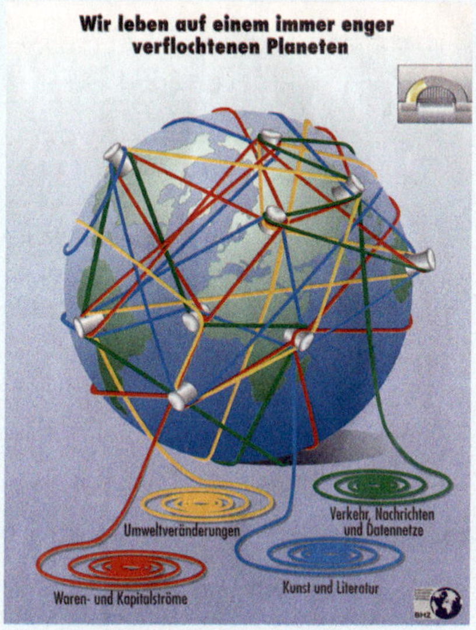

Station 2 Wie funktioniert die globalisierte Wirtschaft?

Auf den ersten Blick haben folgende Schlagzeilen nichts miteinander zu tun. Formuliere einen kurzen Text, in dem du einen möglichen Zusammenhang zwischen den Meldungen herstellst.

Multi-Markt senkt zum vierten Mal in diesem Jahr die Preise für Handys.

Tausende von Beschäftigten sitzen nach der Schließung ihrer Betriebe auf der Straße. Kaum Chancen auf Arbeit.

Global Player Siemens beschäftigt seit 1997 mehr Mitarbeiter im Ausland als in Deutschland.

Wer hoch qualifiziert ist, braucht die globale Konkurrenz nicht zu fürchten.

Station 3 Schattenseiten der Globalisierung

Ergänze die Satzanfänge.

1. Die Menschen auf dem Foto demonstrieren gegen …
2. Die Organisation „Saubere Kleidung" fordert …
3. Die Politik kann das Los der Textilarbeiterinnen verbessern, indem sie …
4. Auch die Verbraucher tragen zur Ausbeutung von Arbeitskräften bei, weil …
5. Ich selbst kann auch etwas zur Verbesserung der Arbeitsbedingungen in Entwicklungsländern beitragen, indem ich …

Die Europäische Union:

11 Erfolge und Herausforderungen

Warum brauchen wir das vereinte Europa?

Das Foto zeigt Jugendliche in der lettischen Hauptstadt Riga. Sie freuen sich, dass ihr Land in die EU aufgenommen wurde. Haben sie Grund zur Freude? Haltet ihr die Vereinigung der europäischen Staaten in der Europäischen Union für eine wichtige Sache oder eher nicht? Tauscht dazu eure Ansichten aus.

Worum geht es?

Das hätte sich Marie nicht träumen lassen, dass ihr Leben einmal von einem Stapel Papier namens „Richtlinie 2005/36/EG" bestimmt würde. Marie ist 26 Jahre alt und kommt aus Utrecht in den Niederlanden. Bei einem Besuch in Deutschland hat sie sich in Fabian verliebt. Fabian wohnt und arbeitet in Passau. Marie würde gerne zu ihm ziehen und jetzt kommt die Richtlinie ins Spiel. Sie regelt nämlich die gegenseitige Anerkennung von Berufsabschlüssen. Der Stapel Papier macht es möglich, dass Maries Studium von „Geneeskunde" – auf Deutsch Humanmedizin, in den Niederlanden auch von einer deutschen Klinik anerkannt werden kann. Auf den Weg gebracht hat die Idee die Europäische Kommission in Brüssel im Jahr 2000. Bis zur Entscheidung war ein langer Weg mit vielen Diskussionen und Abstimmungen notwendig. Aber das interessiert Marie jetzt nicht so besonders. Sie hat die Koffer gepackt und freut sich auf Fabian und auf ihre Arbeitsstelle als Ärztin in Bayern.
Bis zum Ende des Zweiten Weltkrieges war Europa ein Kontinent der Feindschaften und der Kriege. Die Europäer haben es geschafft, in einer sehr kurzen Zeitspanne die Feindschaften in Freundschaften umzuformen. Mit der Europäischen Union schufen sie ein Bündnis, in dem alle Mitglieder friedlich und partnerschaftlich zusammenleben können.
Trotzdem: Nicht alle Menschen sind begeistert, wenn sie an die europäische Politik denken. Viele stellen kritische Fragen: Greift die Europäische Union zu stark in die Angelegenheiten der Mitgliedstaaten ein? Ist sie demokratisch genug organisiert? Macht es Sinn, noch weitere Mitglieder aufzunehmen?
Urteilsfähigkeit ist gefordert, wenn man an Europa und die Zukunft denkt. Dazu sollte man auch wissen, wie die EU funktioniert und was sie leistet.

Bei der Arbeit an diesem Kapitel könnt ihr …

- beschreiben, wie die EU in unseren Alltag hineinwirkt,
- wichtige Merkmale der EU in Kurzvorträgen vorstellen,
- die Institutionen der EU erklären und darstellen, wie in der EU Entscheidungen getroffen werden,
- das Pro und Kontra der Aufnahme weiterer Mitgliedstaaten am Beispiel der Türkei diskutieren.

1 Wie erleben wir Europa im Alltag?

Hier lernt ihr Herrn Kleinschmidt kennen. Er ist einer von denen, die denken, dass sie mit Europa und der Europäischen Union nichts zu tun haben. Wenn ihr den Text gelesen habt, könnt ihr erklären, warum das nicht stimmt.

Wenn Herr Kleinschmidt morgens das Licht anknipst, denkt er nicht an Europa, aber Europa kümmert sich um ihn. Eine Energiesparlampe erleuchtet ihm den Weg ins Bad, weil die EU das für alle Mitgliedstaaten ab 2009 so beschlossen hat. Im Bad scheint Europa weit weg zu sein. Aber das Wasser, mit dem er sich die Zähne putzt, muss der von der EU vorgeschriebenen „Qualität von Wasser für den menschlichen Gebrauch" entsprechen. So legt es die EU-Richtlinie fest, die seit dem 1. Januar 2003 in Deutschland Gesetz ist. Daran denkt Herr Kleinschmidt beim Duschen natürlich nicht, auch nicht daran, was mit dem Wasser geschieht, das in den Abfluss läuft. Eine EU-Richtlinie über die Behandlung kommunalen Abwassers schreibt vor, dass die Gemeinde, in der Herr Kleinschmidt lebt, an eine Kläranlage auf dem neuesten Stand der Technik angeschlossen sein muss.
Herr Kleinschmidt mag Cornflakes und Joghurt zum Frühstück. Würde er sich die Mühe machen, das Kleingedruckte auf den Verpackungen zu lesen, käme er direkt mit Europa in Kontakt. E-Stoffe müssen mit einer Nummer versehen auf den Packungen vermerkt sein. Das sind Konservierungs- und Beimischungsstoffe, die nicht typisch für ein Lebensmittel sind. Herr Kleinschmidt weiß nicht, dass das „E" in den 305 kennzeichnungspflichtigen Zusatzstoffen für „Europa" steht. Dafür wissen es die Australier und die Neuseeländer. Die haben nämlich die einheitlichen Kennzeichnungen für ihre Länder übernommen. Auch die Kennzeichnungszahl auf Herrn Kleinschmidts Frühstücksei ist das Ergebnis eines europaweiten Beschlusses und verrät den Kennern, ob das Huhn ein Freilandhuhn war, das es gelegt hat.
Orangensaft aus Portugal, Butter aus Österreich, Tomaten aus Spanien und Salami aus Tschechien gehören für Herrn Kleinschmidt zum selbstverständlichen täglichen Warenangebot. Da es den europäischen Binnenmarkt gibt, gibt es keine Handelshemmnisse und keine zeitlichen Verzögerungen an den Grenzen. So dauert es oft weniger als 24 Stunden, bis Waren aus allen Ländern der Union hier frisch angeboten werden können. Der unkomplizierte Warenverkehr wirkt sich auch auf die Preise aus. Wenn Herr Kleinschmidt Obst und Gemüse im Wert von 6 Euro einkauft, so müsste er – nach Berechnungen der Europäischen Kommission – im Nicht-EU-Land Schweiz für die gleiche Menge bis zu zehn Euro bezahlen, für Fleisch sogar das Doppelte. Dass Herrn Kleinschmidts neuer Kühlschrank eine Garantiezeit von zwei Jahren hat und dass dieser keine giftigen Stoffe an die Umwelt abgeben darf, hat auch die Europäische Union beschlossen. Steigt Herr Kleinschmidt in sein Auto ein, wird's ebenfalls europäisch. Europäisches Recht zwingt alle Automobilhersteller zum Katalysatoreinbau. Sollte Herr Kleinschmidt doch einmal ins europäische Ausland fahren, kann er sein neues Auto überall da kaufen und nach Hause mitnehmen, wo es am billigsten ist. Der Automobilhersteller muss sein Altauto kostenfrei zurücknehmen und recyceln. Aus dem Ausland nach Hause telefonieren kann er auch günstiger als in früheren Zeiten. Seit 1. Juli 2009 ist nämlich eine EU-Verordnung in Kraft, welche die Mobiltelefonanbieter zwingt, Handy- und SMS-Gebühren um bis zu 60 Prozent zu reduzieren.

1. Fasst zusammen, welche europäischen Regelungen in den Alltag von Herrn Kleinschmidt eingreifen.
2. Bewertet die Äußerungen der Comicfigur, indem ihr sie mit den Textaussagen vergleicht.

Wo Europa zu bestimmen hat – eine Auswahl

Die Europäische Union kann gesetzliche Bestimmungen erlassen, die in allen Mitgliedstaaten Gültigkeit haben. Über 50 Prozent aller Regeln, an die wir uns halten müssen, werden auf europäischer Ebene beschlossen. Tendenz steigend. Nicht immer sind alle Leute begeistert von dem, was in Brüssel festgelegt wird. Ihr findet hier eine kleine Auswahl neuerer Regelungen.
Beurteilt selbst, ob ihr sie für wichtig und vernünftig haltet oder eher nicht. Das könnt ihr tun, indem ihr Noten verteilt und eure Noten begründet.

Leitern

„Leitern müssen so gebaut werden, dass die Arbeitnehmer jederzeit sicher stehen und sich sicher festhalten können." Auch müssen sie so konstruiert sein, dass die Leitersprossen auch bei Belastungen in horizontaler Lage verbleiben. So legt es die neue EU-Arbeitsschutzrichtlinie verbindlich fest. Kritiker halten diese Regelung für ein besonders komisches Beispiel übertriebener Regelungswut der europäischen Politiker. Die Befürworter weisen darauf hin, dass jedes Jahr 1 000 Menschen in Europa beim Sturz von einer Leiter sterben.

Deine Bewertung: 1 2 3 4 5 6 ?

Garantie

Wer einen neuen iPod kauft, muss damit rechnen, dass dieser irgendwann kaputtgeht. Seit 2002 müssen die Händler europaweit allerdings zwei Jahre Garantie gewähren. Das gilt auch für alle anderen Gebrauchsartikel. Früher galten Garantiezeiten meist nur für ein Jahr. Die neue Regelung freut viele Verbraucher, begeistert aber die Hersteller nicht.

Deine Bewertung: 1 2 3 4 5 6 ?

Autohandel

Autohändler in Europa, die bisher nur eine Automarke im Angebot hatten, dürfen in Zukunft mehrere Marken nebeneinander verkaufen. Das soll die Konkurrenz erhöhen und Vorteile für die Kunden bringen. Kritiker befürchten, dass kleinere Händler damit überfordert sein werden.

Deine Bewertung: 1 2 3 4 5 6 ?

Mülltonnen

Damit die Müllmänner sich nicht den Rücken kaputtmachen, müssen schwere Tonnen in allen Ländern der EU Rollen haben – so sagt es die Richtlinie 90/269/EWG über die „Manuelle Handhabung von Lasten". Sie hatte z. B. zur Folge, dass allein im Landkreis Augsburg 60 000 Behälter durch größere mit Rollen ausgetauscht werden mussten. Was die Müllmänner begrüßten, lehnten manche Bürger ab. Die neuen Mülltonnen passten nicht mehr in die alten Unterstellhäuschen.

Deine Bewertung: 1 2 3 4 5 6 ?

TV-Werbung

Mehr als zwölf Minuten Werbung pro Stunde sind laut Brüsseler TV-Richtlinie verboten. Weil RTL, Sat. 1 und Pro Sieben 2002 diese Grenzen überschritten haben, startete die EU im Oktober 2002 ein Verfahren gegen diese Privatsender. Was die Beschuldigten für eine übertrieben kleinliche Regelung halten, sehen die Kläger als eine wichtige Maßnahme zum Schutz der Fernsehzuschauer, besonders der Kinder und der Jugendlichen an.

Deine Bewertung: 1 2 3 4 5 6 ?

Wir schätzen die Vor- und Nachteile der EU ein

A Vorteile für den Arbeitsmarkt

Im Jahr 1957 nahm die europäische Einigung Formen an: Damals gründeten sechs Staaten die Europäische Wirtschaftsgemeinschaft (EWG), Vorläufer der heutigen Europäischen Union (EU). Ihr Ziel war, die wirtschaftliche Zusammenarbeit zu stärken und damit den Frieden in Europa dauerhaft zu sichern – mit Erfolg!
Jeder EU-Bürger kann sich in jedem Mitgliedsland frei bewegen, in mittlerweile 16 EU-Staaten mit dem Euro bezahlen und viele europäische Grenzen ohne Zollkontrollen passieren. Für Arbeitslose, die in ihrem Heimatland keinen passenden Job finden, bietet der europäische Arbeitsmarkt neue Chancen. Alle EU-Bürger dürfen grundsätzlich in jedem Mitgliedstaat arbeiten, das nennt sich im EU-Fachchinesisch „Freizügigkeit der Arbeitnehmer“. Schüler und Auszubildende können einen Teil ihrer Ausbildung in einem anderen EU-Land absolvieren.

(Aus: www.sozialpolitik.com: Europäische Union – Eine starke Gemeinschaft, letzter Zugriff 25.10.2009)

B Vorteile für den Frieden und die Freiheit

Günter Verheugen war von 1999 bis Ende 2009 deutscher EU-Kommissar in Brüssel. Der SPD-Politiker bearbeitete das Themenfeld „Industrie und Unternehmen“. In einem Interview äußerte er sich zu den Leistungen und den Ängsten in Europa.

Ich glaube, die wachsende Skepsis in einer ganzen Reihe von Mitgliedsländern, besonders auch in Deutschland, hängt eher damit zusammen, dass viele Menschen Zukunftsangst haben. Das ist eher eine Folge der ökonomischen Globalisierung und ich verstehe, dass es für viele Menschen schwer ist, hier zu unterscheiden: Was ist ökonomische Globalisierung, was ist europäische Integration? Die Botschaft ist aber ganz einfach die: Die europäische Integration ist das stärkste und wirkungsvollste Mittel, das wir haben, um in einer völlig neuen Dimension der wirtschaftlichen Globalisierung unsere Arbeitsplätze zu verteidigen. Der europäische Binnenmarkt, um nur ein Beispiel zu nehmen, schafft mehr Wachstum, er schafft mehr Arbeitsplätze; je größer der Binnenmarkt ist, desto größer die Chancen. Und Deutschland als das wirtschaftlich stärkste und bevölkerungsmäßig größte Land in der EU hat den größten Vorteil.
Wenn man im vergangenen Jahrhundert gefragt hat, was die wichtigste Begründung für Europa ist, war die Antwort ganz klar: Friedenssicherung. Wenn wir jetzt danach gefragt werden, müssen wir drei Dinge nennen: Erstens bleibt es natürlich bei der Friedenssicherung, zweitens Selbstbehauptung in einem immer schärfer werdenden Wettbewerb, und drittens Verteidigung unserer politischen Unabhängigkeit und unserer Freiheit angesichts einer Welt, die sich auch politisch völlig neu formiert.

(Aus: Günter Verheugen, Europa ist und bleibt das größte Friedensobjekt der Geschichte, in: www.inform-online.org, letzter Zugriff 25.10.2009)

Was die Europäische Union für Jugendliche bedeutet

Frage: „Ich werde dir jetzt ein paar Aussagen darüber vorlesen, was die Europäische Union für Menschen bedeutet. Bitte sage mir zu jeder dieser Aussagen, ob die Europäische Union dies für dich persönlich bedeutet oder nicht.“

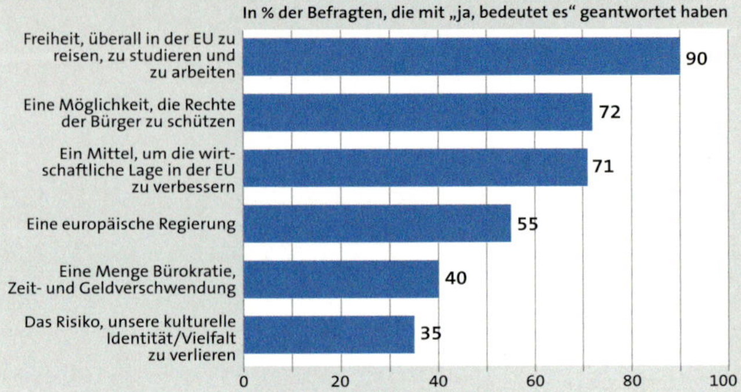

nach: European Commission (Hrsg.): Flash Eurobarometer 202. Young Europeans. A survey among young people aged between 15–30 in the European Union. Analytical Report. Februar 2007.

C Skepsis gegenüber der Bürokratie

So nah und doch so fern – auch nach 52 Jahren EU fällt es den meisten Deutschen noch schwer, sich mit dem gewaltigen Politikapparat in Brüssel anzufreunden. Europa, ja, aber bitte mit weniger Einmischung in nationale Angelegenheiten lautet der Tenor. Undurchsichtige Entscheidungswege, gescheiterte Reformen und eine angeblich überbordende Bürokratie haben den Staatenverbund aus inzwischen 27 Mitgliedern über die Jahre nicht beliebter gemacht bei seinen Bürgern.

(Aus: Christina Otten: Das Mysterium EU, in: Focus Online, Artikel vom 02.06.2009, unter www.focus.de, letzter Zugriff 25.10.2009)

1. Welche Vorteile und welche Gründe für die Skepsis gegenüber der EU werden in den Texten genannt?
2. Worin seht ihr die Vorteile der Gemeinschaft? Worin bestehen möglicherweise die Nachteile? Macht euch hierzu einige Notizen und tauscht euch untereinander aus.

Trainingsplatz

Wir bereinigen Fehlurteile über die EU

Euer Auftrag:

Häufig beruht die Skepsis gegenüber Europa auf mangelnder Information. Ihr könnt Abhilfe leisten, indem ihr einige der am häufigsten geäußerten Negativmeinungen auf ihren Wahrheitsgehalt überprüft.
Bereitet euch auf ein Rollenspiel vor. Einer der Teilnehmer übernimmt die Rolle einer Person, die sich ablehnend gegenüber der EU äußert. Die Partnerin oder der Partner versucht, in einem gespielten Dialog die Fehlurteile zu korrigieren. Zur Bearbeitung empfehlen wir Partnerarbeit.

So könnt ihr vorgehen:

1. Ordnet den Meinungen die passenden Informationen zu.
2. Prägt euch die Informationen ein, sodass ihr sie mündlich verwenden könnt.
3. Übt den Dialog mit wechselnden Rollen zweimal ein.
4. Stellt euer Rollenspiel vor der Klasse vor.

■ **Tipp:** Ihr könnt das Rollenspiel ausweiten, indem ihr die Meinungen von Herrn Kleinschmidt (S. 280) einbaut.

„Die Europapolitiker haben nichts Besseres zu tun, als per Gesetz festzulegen, wie krumm eine Salatgurke oder eine Banane sein darf."

„Die deutschen Steuerzahler sind der Zahlmeister Europas. Viel Geld fließt in die Kassen der EU, für das wir nichts zurückbekommen."

„In der EU sind Unmengen von Bürokraten beschäftigt, die sich in gut bezahlten Jobs überlegen, wie sie die Menschen ärgern können."

„Die Erweiterung der EU führt hierzulande zu Arbeitslosigkeit und Lohndumping, weil billige Arbeitskräfte aus dem Ausland herkommen und die Einheimischen verdrängen."

Als größtes und wirtschaftlich stärkstes Land leistet Deutschland zunächst einen größeren Beitrag zur EU als die kleineren Mitgliedstaaten. 2009 betrug der Anteil am EU-Haushalt von 133 Milliarden etwa 22 Milliarden Euro. Davon fließen 15 Milliarden Euro wieder an Deutschland zurück, zum Beispiel als Fördermittel für strukturschwache Regionen oder für die Landwirtschaft. Darüber hinaus profitiert Deutschland als Exportnation am meisten vom europäischen Binnenmarkt. Fast zwei Drittel der deutschen Exporte gehen in andere EU-Staaten.

(Nach: Christian Otten: Das Mysterium EU, Focus online; www.focus.de, Zugriff 25.10.2009)

Je größer Europa wird, desto mehr haben die Menschen in den „alten" Mitgliedstaaten Angst vor Lohndumping und der Verlagerung von Arbeitsplätzen in die neuen EU-Länder, ohne zu sehen, dass meist das Gegenteil der Fall ist. Weil das Wohlstandsgefälle sinkt, bleiben die Arbeitskräfte lieber im eigenen Land als vorher. Für die „alten" Mitgliedsländer eröffnen sich neue Märkte, die Jobs schaffen.

Viele Menschen arbeiten für die EU. Das kann auch gar nicht anders sein, wenn man bedenkt, dass die EU 27 Länder mit insgesamt über 450 Millionen Einwohnern umfasst. Gemessen an dieser Zahl und an den ständig erweiterten Zuständigkeiten sind aber die rund 20 000 Beamten, die für die Europäische Union arbeiten, geradezu ein Kleinigkeit. Jede deutsche Großstadt beschäftigt einen viel größeren Beamtenapparat.

(Ingke Brodersen, Rüdiger Dammann: Das neue Europa, Ravensburger Buchverlag 2007, S. 92)

Es gab einmal eine Verordnung, die den Krümmungsgrad von Gurken und Bananen festlegte. Das entsprach dem Wunsch der Supermarktketten und Erzeugerverbände. Einheitlich geformtes Obst und Gemüse lässt sich leichter in genormten Kisten stapeln. Doch seit dem 1. Juli 2009 ist die Gurkenkrümmungsnorm Geschichte. Auch für 26 andere Obst- und Gemüsesorten gibt es keine gesetzlichen Vermarktungsnormen mehr. Der Spott über eine unsinnige EU-Regel geht ins Leere.

(„Das Ende einer Legende", aus den EU-Nachrichten Nr. 23 vom 2.7.2009 © Europäische Gemeinschaften, 2009)

Warum sind immer eine junge Frau und ein Stier im Spiel, wenn es um Europa geht?

In nahezu jeder Karikatur über die Europäische Union ist ein Stier zu sehen. Um diese Symbolik zu verstehen, müssen wir an die Ursprünge des Namens Europa zurückdenken und uns mit einer alten Sage beschäftigen. Lest diese Seite und erzählt die Geschichte „Wie der Kontinent zu seinem Namen kam".

Die Ursprünge: Ein Name voller Geheimnisse

Fern von Griechenland, in Phönikien, wo König Agenor über die Städte Tyros und Sidon herrschte, wuchs die wunderschöne Europa heran. Niemand, so sagten die Leute, war der Jungfrau an Schönheit gleich, und im Lande ringsum rühmte man die liebreiche Art, mit der sie jedermann begegnete. Wenn sie mit den Gespielinnen am Strand einher wandelte oder blumenbekränzt den Reigentanz der Mädchen anführte – stets war sie die Schönste, der sich alle willig unterordneten. Eines Tages schritt Europa wieder zum Spiel aus dem Palast des Vaters …

So beginnt die antike Sage der Königstochter Europa. Göttervater Zeus hatte sich in das Mädchen verliebt und er wendete einen Trick an, um sie für sich zu gewinnen. In der Gestalt eines weißen Stieres landete Zeus am Strand Phönikiens und entführte die schöne Prinzessin auf die Mittelmeerinsel Kreta. Dort nahm er seine Göttergestalt wieder an, vermählte sich mit Europa und zeugte im Laufe der Zeit drei Söhne mit ihr. Europas Sohn Minos begründete auf Kreta eine der ersten blühenden Hochkulturen in Europa. Von diesem Ort im Mittelmeer ausgehend nahm die kulturelle Entwicklung in Europa ihren Ausgang. Die alte Sage berichtet so von der Entstehung der abendländischen Kultur und der Namensgebung für den Kontinent Europa.

(Die Sage von der Prinzessin Europa kann man zu Ende lesen in: Gustav Schwab/Richard Carstensen, Griechische Sagen: Die schönsten Sagen des klassischen Altertums, dtv junior, 17. Aufl. 193, S. 23ff., Ensslin und Laiblin Verlag.)

Ein Begriff mit mehreren Bedeutungen

Man nimmt an, dass der Begriff „Europa" um 1000 vor Christus aus der Sprache des Volkes der Phönikier stammt, die an der kleinasiatischen Küste des Mittelmeeres siedelten. „Ereb", das Dunkle, nannten sie das Land im Westen, über dem die Sonne unterging. Europa steht so auch für das Abendland (Okzident), während „Orient" für das Morgenland steht, über dem die Sonne aufgeht.

Kulturelle Gemeinsamkeiten

Unter einer gemeinsamen Kultur der Europäer verstehen wir, dass es – trotz aller Vielfalt und Verschiedenartigkeit zwischen den Völkern und Staaten in Europa – eine Übereinstimmung in wichtigen geistigen, künstlerischen und religiösen Grundhaltungen gibt, die in der Vergangenheit entwickelt wurden. Dazu gehören die Idee der Demokratie, welche die Europäer von den alten Griechen gelernt haben, die gemeinsame Tradition im Christentum, europäische Entwicklungen in der Kunst, der Architektur, der Wissenschaft, der Philosophie, der Technik. Diese gemeinsamen Wurzeln und die Sage machen deutlich, dass Europa mehr ist als eine geographische Bezeichnung. Es ist die Bezeichnung eines Kulturraumes, in dem die Staaten nach vielen schmerzlichen Erfahrungen den Weg zueinanderfinden in Frieden, Freiheit und Demokratie.

Zwei Karikaturen zur Auswahl

Eine der beiden Karikaturen beschreibt eine aktuelle Entwicklung in Europa, die andere weist auf Probleme hin, die es immer wieder gibt, wenn viele verschiedene Teilnehmer auf die Suche nach einem gemeinsamen Weg gehen.

Wohin will Europa?

Europa bekommt Nachwuchs

1. Wählt eine der beiden Karikaturen aus und erklärt sie mithilfe der „Drei-Fragen-Methode".
1. Was ist dargestellt?
2. Zu welchem Problem nimmt der Karikaturist Stellung?
3. Welche Gedanken zum dargestellten Thema löst die Karikatur bei mir aus?

2. Das ist gemeint, wenn man von der gemeinsamen Kultur der Europäer spricht?

3. Bereitet euch darauf vor, die Sage von der Prinzessin Europa zu erzählen, und tragt sie vor der Klasse vor.

2 Die Europäische Union: Was ist das eigentlich?

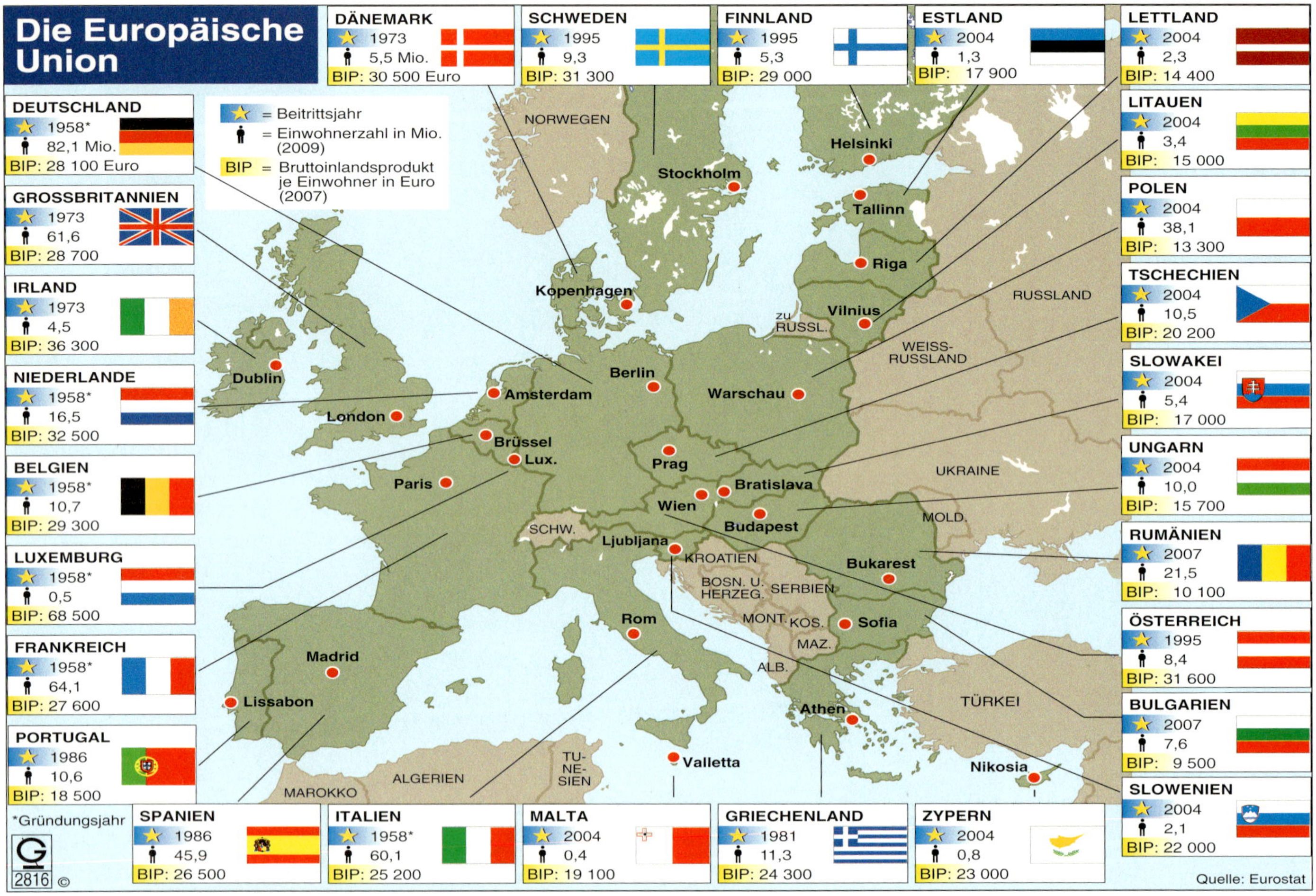

▪ Tipp: Arbeitsteiliges Lernen an Stationen

Auf den folgenden Seiten werden in vier Teilthemen grundlegende Informationen zum Gesamtthema Europäische Union vorgestellt. Ihr könnt zum Beispiel vereinbaren, dass jede und jeder von euch mindestens eine oder zwei der Stationen A, B, C, D als Pflichtstationen bearbeitet und eventuell die freiwillige Station E.

Jeder von euch sollte zumindest zu einer Station einen Kurzvortrag vorbereiten. In gemeinsamen Präsentationen können mehrere Stationen in Teams vorgestellt werden. Mit den Internetadressen in der Lernstation E könnt ihr euch zu allen Themenbereichen weitere Informationen beschaffen.

Besondere Freude hat vielen Schülerinnen und Schülern die Bearbeitung des Themas Europa mithilfe der **Portfolio-Methode** gemacht. Beachtet dazu die Methodenkarte Nummer 12 auf der nächsten Seite.

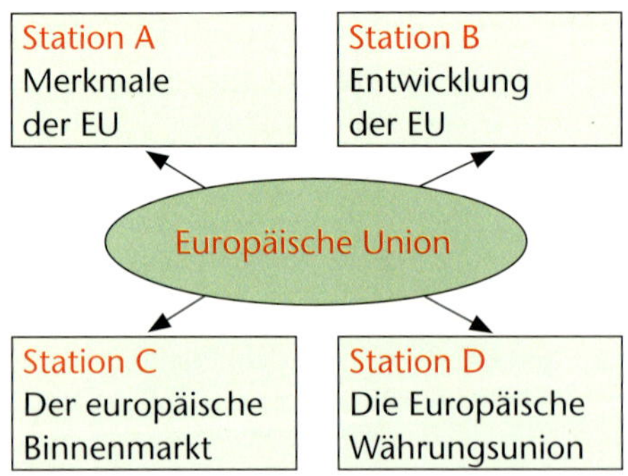

Adressatenorientiertes Portfolio | Thema: Europa

A Was ist das?

Vielleicht hast du es schon einmal gemerkt. Man lernt sehr gut, indem man etwas einer anderen Person erklärt. Genau darum geht es bei der Erstellung einer adressatenorientierten Portfoliomappe. Das Kapitel Europa lässt sich bearbeiten, indem du eine Mappe zum Thema erstellst. Diese Mappe widmest du einer Person oder einer Gruppe von Personen, die du kennst, z. B. den Eltern, Verwandten oder Freunden.

Der Begriff Portfolio wurde aus den lateinischen Wörtern *folion* (= Blatt) und *portare* (= tragen) zusammengesetzt. Ursprünglich verstand man darunter eine Mappe aus Arbeiten, mit denen sich Künstler und Architekten im Mittelalter um Aufträge bewarben. Diese Grundidee gilt auch heute noch. Du erstellst damit deine ganz persönliche Mappe, in der du deine Überlegungen und Aktivitäten zu einem ausgewählten Thema auf möglichst ansprechende Art und Weise dokumentierst.

Drei besondere Vorteile hat ein Portfolio zum Thema Europa:

Du kannst

- über einen längeren Zeitraum selbstständig arbeiten,
- deine Mappe nach deinen individuellen Vorstellungen gestalten,
- selbst auf die Suche nach Materialien gehen, die du in dein Portfolio aufnehmen wirst.

B Themen für ein Europa-Portfolio

Zur Auswahl stehen alle Themen, die in diesem Kapitel behandelt werden, z. B.

- Wie erleben wir die EU im Alltag?
- Was ist die EU?
- Was ist der europäische Binnenmarkt, die europäische Währungsunion?
- Wie wird in der EU Politik gemacht?
- Was sind die Neuerungen im Vertrag von Lissabon?

Einigt euch in der Klasse auf eine bestimmte Anzahl von Pflichtthemen. Darüber hinaus könnt ihr eigene Wahlthemen in euer Portfolio aufnehmen, z. B. indem ihr von einer Reise in ein Land der EU erzählt oder eine Collage erstellt oder eine Zeichnung anfertigt.

Als Beispiel für ein adressatenorientiertes Portfolio drucken wir hier das Vorwort der 16-jährigen Liana F. aus einer zehnten Realschulklasse zu ihrem Europa-Portfolio ab.

Lieber Papa,

ich hoffe, es geht dir gut in Russland und dass du dich genauso freust wie ich, dass wir uns so bald wiedersehen. Was mich aber absolut unzufrieden macht, ist, dass du niemals so wie Mama teilhaben kannst an meinen schulischen Erfolgen. Im Moment arbeite ich an einem Projekt für unseren Politikunterricht, welches sich Portfolio nennt. Es ist eine neue und moderne Art des Lernens und das Tolle: Ich kann es mit einem Brief an dich verbinden. In Russland lebst du ein ganz anderes Leben als ich hier in Deutschland … als ich hier in Europa … in der Europäischen Union. Ich möchte dir mit diesem Portfolio zeigen, wie die Europäische Union aufgebaut ist, wie sie funktioniert und welche Aufgaben in ihren Bereich gehören. Ich habe ein Inhaltsverzeichnis für dich vorbereitet, damit du sehen kannst, wie ich das Portfolio aufgebaut habe und damit du eine gute Übersicht über alle Themen hast. Ich wünsche dir Spaß beim Erkunden und Entdecken der Europäischen Union.

A Was sind die Gemeinsamkeiten in der Europäischen Union?

Die Europäische Union (EU) ist eine in der Welt einmalige Konstruktion: Sie ist ein Zusammenschluss demokratischer europäischer Staaten, die sich die Wahrung des Friedens und das Streben nach Wohlstand als oberstes Ziel gesetzt haben. Sie ist kein Staat, der an die Stelle bestehender Staaten tritt. Sie ist aber auch mehr als andere internationale Organisationen. Die Union ist ein bewegliches Gebilde, ihre Geschichte ist von Prozessen der Vertiefung und Erweiterung gekennzeichnet. Seit der Gründung der ersten europäischen Gemeinschaft 1951 haben sich Strukturen, Aufgaben und Mitgliederzahl kontinuierlich verändert.

Die EU-Flagge zeigt einen Kreis aus zwölf Sternen vor nachtblauem Himmel. Die Flagge symbolisiert die Zusammengehörigkeit der Völker Europas. Die Zahl steht nicht für die Zahl der Mitgliedstaaten, sondern als Zeichen für Harmonie und Einheit.

Gemeinsame Organe, gemeinsame Rechte

Die Mitgliedstaaten der EU haben gemeinsame Organe und Institutionen geschaffen. Teile ihrer einzelstaatlichen Souveränität haben sie diesen Organen übertragen, damit in bestimmten Angelegenheiten von gemeinsamem Interesse auf europäischer Ebene demokratische Entscheidungen getroffen werden können. Zentrale Grundlage des Verhältnisses zwischen den Bürgerinnen und Bürgern der Union und ihren Organen sind die Grund- und Bürgerrechte. Seit 1993 gibt es die Unionsbürgerschaft, die die Staatsbürgerschaft der Mitgliedstaaten ergänzt und eine Reihe von grenzüberschreitenden Rechten garantiert. […]

Das Grundprinzip der Subsidiarität

Die Europäische Union basiert auf dem Grundsatz der Subsidiarität: Subsidiarität ist ein politisches und gesellschaftliches Prinzip, nachdem Aufgaben und Entscheidungen auf die niedrigstmögliche administrative und politische Ebene verlagert werden sollen. […] Gesetze und Regeln dürfen nur dann auf europäischer Ebene erlassen werden, wenn die damit verbundenen Ziele nicht von den Mitgliedstaaten allein in ausreichendem Maße erreicht werden können und ein gemeinsames Handeln nachweislich bessere Ergebnisse verspricht.

Aufgabenverteilung und Kooperation nach Maß

Alle Aufgaben und Verfahren der EU sind in Verträgen festgelegt, die von den Mitgliedstaaten freiwillig und demokratisch vereinbart wurden. Aus den Verträgen leitet sich ab, in welchen Politikfeldern die Organe der Gemeinschaft allein tätig werden können, in welchen die Gemeinschaft und die Regierungen der Mitgliedstaaten gemeinsam zuständig sind und in welchen die Staaten nach wie vor für sich allein Politik machen oder nur auf Regierungsebene zusammenarbeiten:
In einigen Bereichen (wie z. B. Agrarpolitik, Außenhandel, Zollpolitik) sind die Organe der EU ganz oder weitgehend allein zuständig. Sie erlassen Gesetze, die in allen Mitgliedstaaten gelten. Die Mitgliedstaaten können allein nicht mehr tätig werden.
In anderen Politikbereichen (wie z. B. Umwelt, Verbraucherschutz, Entwicklungspolitik) liegt die Zuständigkeit zu Teilen bei der Union, zu Teilen bei den Mitgliedstaaten. […]
In einigen Politikbereichen (wie Wirtschaftspolitik und Beschäftigungspolitik) handeln die Mitgliedstaaten in der Regel allein für sich, stimmen sich aber gegenseitig ab, koordinieren also ihre Politik untereinander. […]
In der Außenpolitik sowie in einigen Bereichen der Innen- und Rechtspolitik, bei denen die EU-Staaten ihre Hoheitsrechte nicht teilen möchten, arbeiten primär die Regierungen der Mitgliedstaaten zusammen. Die Gemeinschaftsorgane Parlament und Kommission haben eine weniger bedeutende Rolle.

(Aus: Die Europäische Union, hg. vom Informationsbüro des Europäischen Parlaments für Deutschland, veröffentlicht unter www.europarl.de, Text von 2009, letzter Zugriff 25.10.2009)

Begriffe für euer Fachwörterverzeichnis

So kannst du deine Ergebnisse präsentieren:

1. Erkläre, was die EU ist und welches Ziel sie sich gesteckt hat.
2. Was bedeutet der Begriff Subsidiarität? Finde eine anschauliche Erklärung.
3. Erläutere, für welche Politikbereiche die EU allein zuständig ist, für welche zum Teil und für welche die Zuständigkeit weitgehend bei den nationalen Parlamenten verbleibt.

B Was waren wichtige Etappen auf dem Weg zur EU?

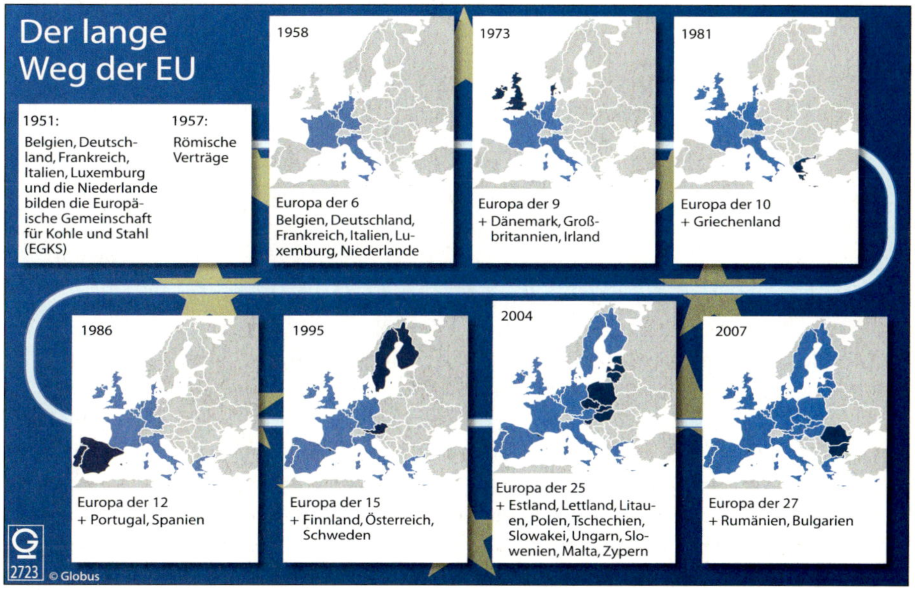

Sehnsucht nach Frieden

Nach dem Ende des Zweiten Weltkrieges 1945 gab es überall in Europa eine große Sehnsucht nach Frieden. Es entstand eine „Europabewegung“, die den friedlichen Zusammenschluss der Völker Europas forderte. Kurz nach Kriegsende legte der französische Außenminister Robert Schuman einen Plan vor, der die Europäer in einem Bündnis zusammenschließen sollte. Die Idee war, dass Nationen, die in einem Bündnis zusammenarbeiten, nicht mehr aufeinander schießen werden. 1951 gründeten Frankreich, Italien, Belgien, Luxemburg, die Niederlande und die Bundesrepublik Deutschland die *Europäische Gemeinschaft für Kohle und Stahl (EGKS)*. Schon sechs Jahre nach Kriegsende war damit ein erster Schritt zur Einigung Europas vollbracht.

Von der EWG 1957 ...

Das Gründungsdatum der *Europäischen Gemeinschaft* ist der 25. März 1957. Mit der Unterzeichnung der „Römischen Verträge“ schlossen sich sechs Gründernationen in der Hauptstadt Italiens zur Europäischen Wirtschaftsgemeinschaft zusammen (EWG). Von der Gründung an erlebte das Europa der Sechs einen starken wirtschaftlichen Aufschwung und wurde zunehmend für weitere Staaten attraktiv. Zwischen 1973 und 1995 traten weitere neun Staaten der Gemeinschaft bei.

... zur EU 1993

1991 beschlossen die Staats- und Regierungschefs der EG in Maastricht die Einrichtung des europäischen Binnenmarktes und die Einführung einer gemeinsamen europäischen Währung. Der Binnenmarkt begann am 1. November 1993.
Im allgemeinen Sprachgebrauch wurde die Abkürzung EG durch EU ersetzt. Die neue Bezeichnung *Europäische Union* drückt aus, dass die ehemalige Gemeinschaft nun zu einer „Vereinigung“ mit vertraglich festgelegten politischen Zielen geworden ist.
Am 1. Januar 2002 wurde der Euro als Bargeld eingeführt. 2004 vollzog die EU ihre größte Erweiterung, indem sie zehn neue Mitgliedstaaten aufnahm. 2007 erweiterten Bulgarien und Rumänien die EU auf 27 Mitgliedstaaten.

Rückschläge

Im Prozess der Einigung Europas hat es immer wieder Rückschläge gegeben. Hauptgrund dafür ist der ständige Konflikt zwischen Einzelinteressen und Gemeinschaftsinteresse. Immer wieder kommt es vor, dass Mitgliedstaaten ihre eigenen Interessen wichtiger sind als die Interessen der Gemeinschaft.
Als Symptom einer europäischen Krise gilt auch die Ablehnung der Europäischen Verfassung im Jahr 2005 durch die Mehrheit der Teilnehmer an den Volksabstimmungen in Frankreich und den Niederlanden. Nach vielen Auseinandersetzung trat Ende 2009 anstelle einer Verfassung der Vertrag über die Europäische Union in Kraft.

So kannst du deine Ergebnisse präsentieren:

1. Gib einen Überblick über die wichtigsten Ereignisse auf dem Weg zur heutigen EU.
2. Wähle von den Daten drei aus, die dir als besonders wichtig erscheinen, und begründe, warum.
3. In einem Prozess der Entwicklung und Veränderung, wie ihn der europäische Einigungsprozess darstellt, gibt es immer auch Rückschläge, Krisen und Enttäuschungen. Suche nach einer Erklärung, warum das so ist.

C Was ist der europäische Binnenmarkt?

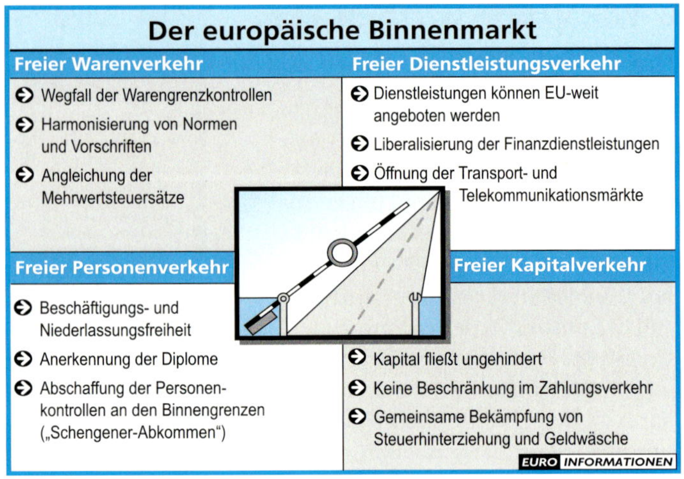

Ein grenzenloser Raum für 491 Millionen Europäer – der Binnenmarkt ist Europas ehrgeizigstes Projekt und gleichzeitig das Kernstück der wirtschaftlichen Integration der 27 Mitgliedstaaten. [...] Der freie Verkehr von Waren, Personen, Dienstleistungen und Kapital zwischen den Mitgliedstaaten bildet die Basis des Binnenmarktes. Waren, die in einem EU-Land nach dort gültigem Recht hergestellt und verkauft werden dürfen, können überall im Binnenmarkt angeboten werden; berufliche Befähigungsnachweise werden heute überall im Binnenmarkt anerkannt.

Der europäische Binnenmarkt existiert offiziell seit 1993. Das Warenangebot ist seitdem bunter und vielfältiger geworden, Wettbewerb und das Ende nationaler Monopole haben die Preise vieler Güter und Dienstleistungen gesenkt, beispielsweise bei Telekommunikation, Energie oder Flugreisen. Auch die Möglichkeit für Studierende, innerhalb der EU ohne aufenthaltsrechtliche Probleme den Studienort wechseln zu können, ist dem Binnenmarkt zu verdanken.

Ein wesentliches Prinzip des Binnenmarktes ist, dass alle EU-Bürger innerhalb der gesamten EU wie Inländer behandelt werden müssen; jede Diskriminierung aus Gründen der Staatsangehörigkeit ist also EU-weit verboten. [...]

Jeder Unionsbürger muss als Arbeitssuchender, Hauskäufer oder Unternehmer in jedem Staat des Binnenmarktes behandelt werden, als sei er ein Einheimischer.

Dass der europäische Binnenmarkt kein Markt „um jeden Preis" ist, beweist das hohe Niveau im Verbraucher- und Umweltschutz in der EU, denn grenzenlos bedeutet keineswegs, den Raum dem freien Markt zu überlassen: Vielmehr sind die europäischen Institutionen bei der Gesetzgebung vertraglich dazu verpflichtet, ein hohes Schutzniveau in den Bereichen Gesundheit, Sicherheit, Umweltschutz und Verbraucherschutz zu gewährleisten. So hat die EU beispielsweise Richtlinien erlassen zur Etikettierung von gentechnisch veränderten Lebensmitteln („Novel Food"), zur Sicherheit kosmetischer Mittel, zum Schutz der Verbraucher vor irreführender Werbung oder bei Haustürgeschäften zur Sicherheit von Spielzeug und zur allgemeinen Produktsicherheit. Seit August 2005 müssen im ganzen Binnenmarkt elektrische und elektronische Geräte kostenlos von den Herstellern zurückgenommen und entsorgt werden, seit dem 1. Januar 2007 auch alle Personenwagen (sogenannte Altautoregelung).

(Aus: Europa ohne Grenzen: Binnenmarkt und Verbraucherschutz, Hg. Europäisches Parlament, Informationsbüro für Deutschland, www.europarl.de, letzter Zugriff 28.10.2009)

Verschärfter Wettbewerb

Eine Marktöffnung, wie sie durch den europäischen Binnenmarkt geschaffen wurde, hat natürlich zur Folge, dass der Wettbewerb und die Konkurrenzsituation zunehmen. So gibt es bei den Unternehmen Gewinner und Verlierer. Nicht wettbewerbsfähige Firmen bleiben auf der Strecke. Auch gibt es eine spürbare Tendenz zu einer verstärkten Unternehmenskonzentration in Europa. Wenn Arbeitssuchende überall in der EU tätig werden können, nimmt auch die Konkurrenz an den Arbeitsmärkten zu.

Begriffe für euer Fachwörterverzeichnis

So kannst du deine Ergebnisse präsentieren:

1. Erkläre, was ein Binnenmarkt ist, und erläutere die vier Freiheiten mithilfe des Schaubildes.
2. Was sind wichtige Regelungen für die Menschen in der EU, die bisher im Rahmen des Binnenmarktes in Kraft gesetzt wurden?
3. Bietet der europäische Binnenmarkt mehr Chancen als Risiken? Nimm dazu Stellung und sprich mit deinen Mitschülerinnen und Mitschülern darüber.

D Wie funktioniert die Europäische Währungsunion?

Eine Währungsunion ist der freiwillige Zusammenschluss mehrerer Staaten mit dem Ziel, ihre unterschiedlichen Währungen abzuschaffen und einen gemeinsamen Währungsraum zu bilden. Zu einer Währungsunion gehört die Bereitschaft der Teilnehmerstaaten zum Verzicht auf ihre eigene, von den übrigen Staaten isolierte Währungspolitik. Sie übergeben dieses ehemals nationale Recht an die Gemeinschaft.
In der EU begann die Währungsunion nach einer langen Vorbereitungszeit mit der Umstellung der nationalen Währungen auf den Euro am 1. Januar 1999. Als Bargeld kam der Euro am 1. Januar 2002 in Umlauf.
Nicht alle Mitgliedstaaten gehören automatisch der Währungsunion an. Der Grund dafür sind die strengen Kriterien, die über die Qualifikation eines Landes für die Eurozone entscheiden. Man nennt sie **Konvergenzkriterien** (Konvergenz bedeutet Übereinstimmung.)
Nach diesen Kriterien muss in einem Land, das der Eurozone beitreten will,

- relative Preisstabilität herrschen,
- die Zinsen müssen stabil sein,
- die Staatsverschuldung darf bestimmte Grenzen nicht überschreiten,
- der Wechselkurs der Währung gegenüber anderen EU-Währungen muss über einen Beobachtungszeitraum von zwei Jahren stabil geblieben sein.

In den osteuropäischen Mitgliedstaaten gilt der Beitritt zur Eurozone als attraktives Ziel. Anders sieht es in den EU-Mitgliedstaaten Großbritannien, Dänemark und Schweden aus. Hier sind es in erster Linie innenpolitische Widerstände, die bisher einen Beitritt verhindert haben. In allen drei Staaten sprechen sich in Umfragen immer noch Mehrheiten gegen die Einführung einer europäischen Währung aus.

Disziplin und „blaue Briefe"

Eurostaaten müssen strikte Haushaltsdisziplin wahren. Das haben die Staats- und Regierungschefs in einem sogenannten Stabilitätspakt vereinbart. Danach muss die öffentliche Hand zum Beispiel eine übermäßige Neuverschuldung vermeiden. Die Grenze liegt bei 3 Prozent des Bruttoinlandsproduktes. Das heißt, dass die jährliche Neuverschuldung zur Finanzierung des Staatshaushaltes nicht höher sein darf, als 3 Prozent des gesamten Wertes der im gleichen Jahr im Land produzierten Güter und Dienstleistungen. Hält ein Land den Stabilitätspakt nicht ein, droht zunächst eine Verwarnung in Form eines „blauen Briefes" und dann eine Geldstrafe (siehe Schaubild).

Die Europäische Zentralbank – Hüterin des Euro

Die Europäische Zentralbank mit Sitz in Frankfurt am Main ist seit dem 1. Juni 1998 für die Geldpolitik der Euro-Mitgliedstaaten verantwortlich. Die Hauptaufgabe der EZB ist die Preisstabilität im Euro-Gebiet (Wahrung der Kaufkraft des Euro). Die EZB wird deshalb häufig als „Hüterin der Währung" bezeichnet. Soweit es mit dem Ziel der Preisstabilität vereinbar ist, soll sie auch die allgemeine Wirtschaftspolitik der EU unterstützen. Nach der Definition der EZB ist Preisstabilität dann gegeben, wenn der Anstieg der Verbraucherpreise gegenüber dem Vorjahr unter 2% liegt. Um Preisstabilität zu erreichen, beobachtet die EZB die Preisentwicklung (Inflation) und kontrolliert die Geldmenge. […] Der Maastrichter Vertrag garantiert die Unabhängigkeit der EZB, damit sie ihre geldpolitischen Entscheidungen ohne Rücksicht auf politische Einflussnahme fällen kann.

(Aus: Bruno Zandonella: Pocket Europa. EU-Begriffe und Länderdaten, Bonn: Bundeszentrale für politische Bildung 2005)

Begriffe für euer Fachwörterverzeichnis

So kannst du deine Ergebnisse präsentieren:

1. Erkläre, was man unter einer Währungsunion versteht und welche Aufgaben die Europäische Zentralbank hat.
2. Stelle dar, warum nicht alle Mitgliedstaaten der EU automatisch auch Mitglieder in der Währungsunion sind.
3. Warum müssen die Eurostaaten strikte Haushaltsdisziplin halten und was geschieht, wenn sie es nicht tun? Versuche eine Erklärung mithilfe des Schaubildes.

Zusatzstation E

Mein Land der Europäischen Union: Wir stellen ein Mitgliedsland der EU vor

27 Mitgliedstaaten hat die Europäische Union. Bald werden es vielleicht noch mehr sein. Da bietet es sich an, dass jede und jeder von euch sich zur Expertin oder zum Experten für einen der Mitgliedstaaten macht.

- Einzeln oder zu zweit könnt ihr euer Land auf verschiedene Arten präsentieren, z. B. mithilfe einer kleinen Wandzeitung, die in der Klasse aufgehängt wird. Auch solltet ihr in der Lage sein, euer Land in einem Kurzvortrag zu präsentieren.
- Für die Informationsbeschaffung bietet sich eine Internetrecherche an. Über die angegebenen Adressen findet ihr aktuelle Länderberichte zu allen Ländern der Europäischen Union. Ihr könnt aber auch Lexika und andere aktuelle Veröffentlichungen benutzen.
- Gliedert eure Länderpräsentation mithilfe der Übersicht.

Unter den folgenden Internetadressen findet ihr Länderberichte über alle Mitgliedstaaten der EU:
www.auswaertiges-amt.de
www.aktuell-lexikon.de
www.weltalmanach.de
www.europa.eu
Jeder Mitgliedstaat verfügt über eine eigene Homepage. Dort findet ihr auch Fotomaterial. Die Informationen sind aber oft nicht so klar strukturiert wie bei den Adressen oben.

Ich bin Expertin/Experte für das EU-Land: ...

A Allgemeines

1. Hauptstadt des Landes
2. Lage in Europa, Nachbarstaaten
3. Einwohnerzahl
4. Sprache(n), Religion(en)
5. Landesflagge
6. Angaben zur Geschichte des Landes
7. Besondere Sehenswürdigkeiten
8. Tourismus
9. Empfehlenswerte Besuchsziele

B Politik

10. Mitglied der EU, der Europäischen Währungsunion seit ...
11. Staatsform
12. Regierungschef(in)
13. Staatsoberhaupt
14. Parlament, Zahl der Parlamentssitze, Wahlen

C Wirtschaft

15. Pro-Kopf-Einkommen
16. Arbeitslosenquote
17. Inflationsrate
18. Wirtschaftswachstum in Prozent
19. Besondere Leistungen und Probleme

Allgemeines Informationsmaterial zu allen Themen der EU findet ihr unter den folgenden Internetadressen:

www.europa.eu	www.europarl.de	www.europa-digital.de
www.auswaertiges-amt.de	www.bpb.de	www.eu-kommission.de
www.jugendfuereuropa.de	www.etwinning.de	

(Etwinning informiert über Schulpartnerschaften in Europa)

Trainingsplatz

Wir lösen gemeinsam ein Quiz über Europa

Die Lösung der folgenden Quizaufgaben wird euch leichtfallen, wenn ihr zu viert in Gruppen arbeitet. Von den Gruppenmitgliedern sollte jede und jeder mindestens eine der vier Pflichtstationen A, B, C oder D bearbeitet haben. Jedes der vier Gruppenmitglieder kann drei der zwölf Fragen übernehmen und dazu am Ende die richtigen Lösungen vortragen. Ihr habt das Quiz richtig gelöst, wenn A, B und C jeweils viermal vorkommen.

1. Welches der folgenden Länder ist nicht Mitglied der EU?
(A) Norwegen,
(B) Finnland,
(C) Schweden.

2. Was ist die Europäische Union?
(A) ein Gemeinschaftsstaat, der die ehemaligen Nationalstaaten abgelöst hat,
(B) ein Wirtschaftsbündnis, das verbesserte Handelsbeziehungen zum Ziel hat,
(C) ein Zusammenschluss selbstständiger europäischer Staaten.

3. Was symbolisiert die Flagge der EU?

(A) die Anzahl der Mitgliedstaaten in der EU,
(B) das Zusammengehörigkeitsgefühl der Völker Europas,
(C) die Orte, an denen die europäischen Institutionen ihren Sitz haben.

4. Was bedeutet der Begriff Subsidiarität?
(A) Politische Entscheidungen in der EU müssen auf niedrigstmögliche Ebene getroffen werden.
(B) Alle EU-Staaten sind in allen Politikbereichen zu gemeinschaftlichem Handeln verpflichtet.
(C) Die kleinen Staaten in der EU müssen sich den großen unterordnen.

5. Das Gründungsdatum der Europäischen Gemeinschaft ist der
(A) 13. Januar 1951,
(B) 25. März 1957,
(C) 17. Juni 1962.

6. Der Euro wurde in Form von Bargeld eingeführt ab dem 1. Januar
(A) 2000, (B) 2001, (C) 2002.

7. Ein Binnenmarkt ist ein
(A) Wirtschaftsgebiet ohne Grenzen für alles, was sich im wirtschaftlichen Geschehen von einem Ort zum anderen bewegt,
(B) ein Raum ohne Grenzen für alle Firmen, die gleiche oder ähnliche Produkte anbieten,
(C) ein Markt für Produkte, die mit Binnenschiffen transportiert werden.

8. Der europäische Binnenmarkt existiert seit
(A) 1991,
(B) 1993,
(C) 1995.

9. Ein wesentliches Prinzip des europäischen Binnenmarktes ist, dass alle EU-Bürger
(A) beim Kauf einer Ware eine gleich hohe Mehrwertsteuer bezahlen müssen,
(B) dass die Behörden der EU keinen Einfluss auf das Marktgeschehen nehmen,
(C) innerhalb der gesamten EU wie Inländer behandelt werden.

10. Der europäischen Währungsunion gehören
(A) diejenigen Staaten an, die Mitgliedschaft wollen und die Konvergenzkriterien erfüllen,
(B) automatisch alle Mitgliedstaaten an,
(C) nur Staaten der EU mit an, die mehr als eine Million Einwohner haben.

11. Unter dem europäischen Stabilitätspakt versteht man, dass
(A) in allen Mitgliedstaaten etwa gleiche Einkommensverhältnisse herrschen,
(B) dass die nationalen Regierungen keine neuen Schulden machen dürfen,
(C) alle Mitgliedstaaten der Währungsunion strikte Haushaltsdisziplin wahren müssen.

12. Die Europäische Zentralbank hat ihren Sitz in
(A) Paris,
(B) Frankfurt,
(C) Rom.

3 Wie wird in Europa für Europa Politik gemacht?

Drei Beispiele für die Arbeit der Abgeordneten im Europäischen Parlament

A Schutz für Kinder vor gefährlichem Spielzeug

Das EP hat die neue Richtlinie über die Sicherheit von Spielzeug verabschiedet. Die Richtlinie muss in zwei Jahren angewendet werden und sieht strengere Sicherheitsauflagen bei der Herstellung von Kinderspielzeug vor. Die Sicherheitsanforderungen betreffen etwa enthaltene chemische Stoffe, physikalische und mechanische Eigenschaften, Entzündbarkeit sowie elektrische Eigenschaften.

Die Richtlinie legt fest, welchen Sicherheitsanforderungen Spielzeug entsprechen muss, wenn es in der EU hergestellt und/oder verkauft werden soll. Sie gilt „für Produkte, die offensichtlich dazu bestimmt oder gestaltet sind, von Kindern unter 14 Jahren zum Spielen verwendet zu werden".

Abstimmung im EP am 18. Dezember 2008, Richtlinie angenommen mit 480 Stimmen, 73 Gegenstimmen, 40 Enthaltungen.

(Texte im Originalwortlaut der Veröffentlichung des Europäischen Parlaments (gekürzt), Quellen: Text A: Armin Czysz, www.eu-info.de, Texte B und C: www.europarl.eu; letzter Zugriff 02.11.2009)

B Autos sollen sicherer und umweltfreundlicher werden

Das EP hat eine neue Verordnung verabschiedet, mit der die Sicherheit und Umweltverträglichkeit von Autos verbessert werden soll. Vorgesehen sind u.a. die serienmäßige Einführung von Systemen zur Überwachung des Reifendrucks bei Pkw sowie erhöhte Anforderungen an das Reifendesign, etwa bei der Nasshaftung und beim Rollwiderstand. Als europaweite Serienausstattung wird die Einführung zusätzlicher Sicherheitssysteme bei Neuwagen, wie das Antiblockiersystem ESP, verbindlich vorgeschrieben.

„Diese Verordnung ist ein Beispiel dafür, dass man Umwelt- und Verbraucherschutz miteinander vereinbaren kann", kommentierte Andreas Schwab (CDU), Berichterstatter des Europäischen Parlaments. Die geplanten Verbesserungen gingen zugunsten der Umwelt, verursachten aber keine höheren Kosten.

Abstimmung im EP am 10. März 2009, 610 Abgeordnete stimmten für die Verordnung, 34 dagegen, 20 enthielten sich der Stimme.

Blick auf das im Jahr 2000 eröffnete Parlamentsgebäude des Europäischen Parlaments in Straßburg. Mit der Architektur des Rundgebäudes wollten die Architekten andeuten, dass die EU noch kein endgültig fertiges Gebilde ist.

C Tierschutz: Verbot von Robbenerzeugnissen

Der Handel mit Robbenerzeugnissen in der EU wird verboten. Robben werden innerhalb und auch außerhalb der EU gejagt, um aus ihnen eine große Bandbreite an Erzeugnissen zu gewinnen: Fleisch, Öl, Organe und Felle. Die daraus hergestellten Produkte, wie unter anderem Textilien aus verarbeiteten Robbenhäuten und -fellen sowie Omega-3-Kapseln, werden auch auf dem Gemeinschaftsmarkt gehandelt, wobei es für Verbraucher schwierig oder gar unmöglich ist, sie von ähnlichen, nicht von Robben stammenden Produkten zu unterscheiden.

Sofern gegen Vorschriften dieser Verordnung verstoßen wird, sollen Sanktionen verhängt werden, die wirksam, verhältnismäßig und abschreckend sind.

Abstimmung im EP am 5. Mai 2009, 550 Abgeordnete stimmten für die Verordnung, 49 dagegen, 41 enthielten sich der Stimme.

1. Notiert für die drei Beispiele: Aus welchen Gründen und mit welchen Zielen wurde das Europäische Parlament aktiv?
2. Bei den Entscheidungen für 27 Mitgliedstaaten muss man Kompromisse finden. Ein einzelnes Mitgliedsland hätte vielleicht noch strengere Regeln erlassen können. Was ist besser: ein weniger strenges Gesetz, das alle Mitgliedstaaten zu gemeinsamem Handeln zwingt, oder ein strenges Gesetz, das aber nur in einem einzelnen Mitgliedstaat gilt? Wägt die Vor- und Nachteile ab und diskutiert dann miteinander.

Das Entscheidungsverfahren in der EU

1. Erkläre den Unterschied zwischen einer Verordnung (europäisches Gesetz) und einer Richtlinie (europäisches Rahmengesetz).
2. Warum ist das Prinzip der doppelten Mehrheit notwendig und wie funktioniert es?

Arten von EU-Gesetzen

Die Mitgliedstaaten haben der Europäischen Union das Recht übertragen, in vielen Politikbereichen Entscheidungen zu treffen, die für alle Unionsbürger Gesetzeskraft haben. Dabei muss zwischen zwei Arten von EU-Gesetzen unterschieden werden, *Richtlinien* und *Verordnungen*. Verordnungen sind EU-Gesetze, die unmittelbar nach ihrer Verabschiedung in allen Mitgliedstaaten geltendes Recht sind. Sie gelten, ohne dass die nationalen Parlamente noch einen Beitrag dazu leisten müssen. Das kann zum Beispiel eine Verordnung über die Höchstgrenzen von Schadstoffen in Benzin oder dergleichen sein. Verordnungen stehen im Rang über den nationalen Gesetzen. Sie werden auch als *europäische Gesetze* bezeichnet. Richtlinien sind Gesetzesentscheidungen, die bestimmte Forderungen an die Mitgliedstaaten stellen. Sie sind nicht unmittelbar geltendes Recht, sondern müssen erst innerhalb einer vorgegebenen Frist von den nationalen Parlamenten der Mitgliedstaaten in ein Gesetz umgewandelt werden. Weil sie einen Rahmen bilden, in dem alle Mitgliedstaaten noch selbst gesetzgeberisch aktiv werden müssen, bezeichnet man sie als *europäische Rahmengesetze*.

Das Verfahren der doppelten Mehrheit

Bei der Gründung der Gemeinschaft 1957 bestand sie aus sechs Mitgliedstaaten. Damals wie heute wurden wichtige Entscheidungen im Ministerrat getroffen. Es galt das Prinzip der Einstimmigkeit. Mittlerweile ist die EU auf 27 Mitglieder angewachsen. Entscheidungen nach dem Prinzip der Einstimmigkeit sind daher unmöglich geworden. Also hat man im Zug der Reform der EU das Mehrheitsprinzip im Ministerrat eingeführt. Damit war das Problem allerdings noch nicht gelöst. Sollten die Stimmen kleiner Länder wie Zypern, Luxemburg oder Malta das gleiche Gewicht haben wie die der bevölkerungsreichsten Länder Deutschland, Großbritannien, Frankreich und Italien? Dies erschien unmöglich zu sein. So einigte man sich nach vielen Diskussionen auf das *Prinzip der doppelten Mehrheit*. Es bedeutet: Mindestens 15 der zurzeit 27 Mitgliedstaaten müssen im Ministerrat einem Gesetz zustimmen, damit es in Kraft treten kann. Diese 15 Staaten müssen zusätzlich mindestens 65 Prozent der Bevölkerung der Union ausmachen. Damit verhindert man, dass die Stimmen kleiner Staaten mit geringer Bevölkerungszahl ein Übergewicht erhalten. Um das Verfahren praktikabel zu machen, hat man die Stimmen entsprechend der Bevölkerungszahl gewichtet. Die vier bevölkerungsreichsten Länder haben jeweils 29 Stimmen und das kleinste Land Malta hat 3. Nach dem Vertrag von Lissabon für die Europäische Union tritt das Prinzip der doppelten Mehrheit ab dem 1. November 2014 in Kraft.

Begriffe für euer Fachwörterverzeichnis

- Verordnung
- Richtlinie

Stimmenverteilung im Ministerrat	
Deutschland, Großbritannien, Frankreich, Italien	29
Spanien, Polen	27
Rumänien	14
Niederlande	13
Griechenland, Tschechien, Belgien, Ungarn, Portugal	12
Schweden, Bulgarien, Österreich	10
Slowakei, Dänemark, Finnland, Litauen, Irland	7
Lettland, Slowenien, Estland, Zypern, Luxemburg	4
Malta	3

Der Konflikt zwischen nationalen und europäischen Interessen

Streit gibt es in der EU immer dann, wenn nationale Interessen einem gesamteuropäischen Vorhaben entgegenstehen. So war es auch bei der Verteilung der Stimmengewichte im Entscheidungsverfahren. Mehrere kleine EU-Staaten pochten auf ihre nationale Souveränität und wollten sich nicht mit einem Übergewicht der großen Länder in der EU abfinden. Alle Bereiche, für die die EU das Recht hat, Gesetze zu erlassen, sind mittlerweile vertraglich genau geregelt. Alle der Union nicht in Verträgen zugewiesenen Zuständigkeiten verbleiben bei den einzelnen Mitgliedstaaten.

Welche Aufgaben haben die europäischen Institutionen?

Die wichtigsten Institutionen sollte man kennen, um zu verstehen, wie die Europäische Union funktioniert. Sie sind hier mit Fotos und Texten vorgestellt. Es fehlt allerdings die Zuordnung des jeweiligen Textes zum passenden Bild.

Ordnet die Fotos den passenden Texten zu.

A

B

Neben den fünf hier abgebildeten Institutionen gibt es noch die Europäische Zentralbank und den Europäischen Rechnungshof.

C

D

E

1 Die **Europäische Kommission** hat das alleinige Recht, Vorschläge für neue europäische Gesetze zu machen (= Initiativrecht). Sie besteht aus 27 Kommissaren, die von den Regierungen der Mitgliedstaaten hierhin entsendet werden. Den Vorsitz führt der Kommissionspräsident, der auf Vorschlag der Staats- und Regierungschefs vom Europäischen Parlament für die Dauer von fünf Jahren gewählt wird. Das Foto zeigt den mit Übersetzerkabinen ausgestatteten festen Tagungsort in Brüssel.
Funktion im Gesetzgebungsverfahren: Wenn die Europäische Kommission einen Vorschlag für ein neues Gesetz ausgearbeitet hat, informiert sie das Europäische Parlament und den Ministerrat über ihr Vorhaben. Weiterhin sendet sie den nationalen Parlamenten der Mitgliedstaaten den Entwurf zu und wartet deren Stellungnahmen ab. Danach arbeitet sie die Änderungswünsche in den Entwurf ein.

2 Das **Europäische Parlament** wird alle fünf Jahre von den Bürgerinnen und Bürgern in der EU gewählt. Gemeinsam mit dem Rat entscheidet es (mit einigen Ausnahmen) über die europäischen Gesetze. Zukünftig wird es aus 750 Mitgliedern plus Parlamentspräsident bestehen. Die Anzahl der Sitze pro Land hängt von der Einwohnerzahl ab. Deutschland stehen 96 Sitze zu. Das Foto zeigt den Plenarsaal des Parlaments in Straßburg. Zusätzliche Arbeitsorte sind Brüssel und Luxemburg.
Der Vorschlag für ein neues Gesetz wird von der Kommission an das Parlament geleitet und dort beraten. Stimmt das Parlament mehrheitlich zu, wird es an den Rat weitergeleitet.

3 Der **Rat** (oft auch **Ministerrat** genannt) ist zusammen mit dem Europäischen Parlament der Gesetzgeber der EU. Je nach anstehendem Thema treffen sich hier die Fachministerinnen und -minister eines jeden EU-Landes zur Beratung und Beschlussfassung. Seine Besetzung wechselt also. Seit dem Inkrafttreten des Vertrages von Lissabon werden die Treffen der Außenminister von einer für die Außenpolitik der EU zuständigen Person geleitet. Sie trägt den Titel „Hoher Beauftragter für Außen- und Sicherheitspolitik" und wird für die Dauer von fünf Jahren von den Regierungschefs bestellt. Das Foto zeigt eine Sitzung des Ministerrates in der mit modernen Gemälden ausgestatteten Hofburg in Wien.
Wenn der Rat mit der Zustimmung des Europäischen Parlamentes zum neuen Gesetz einverstanden ist und ebenfalls zustimmt, ist das Gesetz angenommen. Können sich Parlament und Rat nicht einigen, wird ein Vermittlungsausschuss einberufen.

4 Alle Staats- und Regierungschefs der Mitgliedstaaten bilden zusammen den **Europäischen Rat**. Man trifft sich hier mindestens zweimal im Jahr zu sogenannten Gipfeltreffen. Die Sitzungen werden zukünftig von einem Präsidenten geleitet, der vom Rat für zweieinhalb Jahre gewählt wird. Im Europäischen Rat wird auf höchster Ebene über wichtige Zukunftsfragen der EU verhandelt. Das Foto entstand bei einem Gipfeltreffen 2009 in Brüssel.

5 In den **Europäischen Gerichtshof** entsendet jedes Mitgliedsland je eine Richterin bzw. einen Richter. Sie entscheiden bei europäischen Rechtsstreitigkeiten und überprüfen die Rechtmäßigkeit von Beschlüssen der anderen EU-Organe. Das Foto zeigt das Gericht bei einer Urteilsverkündung.

1. Der Gesetzgebungsprozess in der EU spielt sich in einem Dreieck zwischen Kommission, Parlament und Ministerrat ab. Erklärt, wer in diesem Prozess welche Aufgabe übernimmt.

■ **Tipp:** Auf der folgenden Doppelseite findet ihr eine Merkhilfe, mit der es euch leichtfallen wird, die Aufgaben der Institutionen der EU auseinanderzuhalten und langfristig zu speichern.

Wir vergleichen die EU mit einem Bus

Durchblick ist gefragt

In einem Buch mit dem Titel „Das neue Europa" finden wir folgenden Text:

Konferenzen, Verträge, Gremien, Gesetze – das klingt alles furchtbar abstrakt: Will man es genauer wissen und fragt, wie die EU praktisch funktioniert und womit sich die verschiedenen Organe konkret befassen, ist zunächst ein wenig Geduld gefordert. Um ein Beispiel zu geben: Auf Wunsch von Tier-schutz- und Umweltverbänden erarbeitet die EU-Kommission eine Verordnung oder Richtlinie, die den Schutz wild lebender Tiere europaweit verbessern soll. Dieser Entwurf wird dann dem Ministerrat und dem Parlament vorgelegt. Dort wird er geprüft, man berät sich, diskutiert und verlangt in vielen Fällen Veränderungen. Erst, wenn Ministerrat und Parlament der Verordnung oder Richtlinie zustimmen, ist sie angenommen. Dann wird sie im „Amtsblatt der Europäischen Gemeinschaften" veröffentlicht und ist von da an gültig. Aber Moment! Kommission, Ministerrat, Parlament? Verordnung oder Richtlinie? Wie soll man sich damit zurechtfinden?

(Aus: Ingke Brodersen, Rüdiger Dammann: Das neue Europa, Ravensburger Buchverlag 2007, S. 94)

Lernhilfe Bilder

Ihr werdet euch in Zukunft zurechtfinden und erklären können, welches die wichtigsten Aufgaben der verschiedenen EU-Organe sind. Dazu solltet ihr euch das folgende Bild einprägen und die abstrakt wirkenden Bezeichnungen für die Institutionen der EU mit konkreten Teilen des Bildes verbinden.
Um die Aufgaben und das Zusammenwirken der Kommission, des Ministerrates, des Parlaments, des Europäischen Rates und des Gerichtshofes besser zu verstehen, können wir uns die Europäische Union als einen Bus vorstellen, der, besetzt mit Vertreterinnen und Vertretern aus allen Ländern der EU, in Richtung vereintes Europa fährt.

Busfahrer	Motor
Fahrgäste	
Wegweiser	Polizei

In jedem Bus muss es einen Motor geben. Er hat die Aufgabe, das Fahrzeug anzutreiben und zu beschleunigen. Diese Aufgabe übernimmt die Europäische Kommission, weil nur sie das *Initiativrecht* besitzt. Das ist das Recht, Gesetzesvorschläge zu machen. Der Vorschlag für ein europäisches Tierschutzgesetz kommt also – wie alle anderen europäischen Gesetzesvorschläge auch – aus der Europäischen Kommission. Sie besteht aus Kommissaren, die von den Mitgliedsländern für fünf Jahre entsendet werden und dem Kommissionspräsidenten. Die Europäische Kommission entscheidet nicht, aber sie treibt den Bus wie ein Motor voran.

1. Merke: Der Motor der EU ist die Europäische Kommission.

In jedem Fahrzeug trifft die Fahrerin bzw. der Fahrer die wichtigen Entscheidungen. Diese Aufgabe übernimmt der Rat der Europäischen Union. Oft nennt man ihn Ministerrat, manchmal auch nur Rat. Dieses Gremium ist – neben dem Europäischen Parlament – das wichtigste gesetzgebende Organ der EU. Das heißt, zusammen mit dem Parlament beschließt der Rat die für das gesamte EU-Gebiet geltenden Gesetze, also auch das Gesetz zum europäischen Tierschutz. Der Rat besteht aus je einem Minister bzw. einer Ministerin aus den Mitgliedsländern. Je nach anstehender Entscheidung sind es immer die dafür zuständigen Fachminister, also mal die Landwirtschaftsminister, dann wieder die Umwelt- oder die Finanzminister.

2. Merke: Der Fahrer des Busses ist der Rat der Europäischen Union.

In einem Bus, der zu einem Ziel fährt, sind die Fahrgäste besonders wichtig. In unserem Bild übernimmt die Rolle der Fahrgäste das Europäische Parlament. Es repräsentiert mit seinen gewählten Abgeordneten die Bevölkerung der gesamten EU. Nach und nach wurden seine Rechte erweitert. Mittlerweile entscheidet es gleichberechtigt mit dem Rat über die europäischen Gesetze. So kann das europäische Tierschutzgesetz erst in Kraft treten, nachdem es mit Mehrheit im Parlament angenommen ist. Man kann sagen, Fahrer und Fahrgäste entscheiden gemeinsam, wohin die Reise geht. Die Fahrgäste im Bus haben noch weitere Rechte. Sie kontrollieren den Lauf des Motors und verwalten die Reisekasse. Das bedeutet konkret: Das Europäische Parlament besitzt das Haushaltsrecht und kontrolliert die Europäische Kommission. Mit einer Zweidrittelmehrheit kann es den Kommissionspräsidenten austauschen und hat von dieser Möglichkeit auch schon Gebrauch gemacht. Es kann dann sozusagen den wichtigsten Teil des Motors austauschen.

3. Merke: Die Fahrgäste im Bus sind die gewählten Mitglieder des Europäischen Parlaments.

In verschiedenen Städten finden vierteljährlich gemeinsame Treffen aller Staats- und Regierungschefs der EU statt. Hinzu kommen auch die Außenminister und der Präsident der Europäischen Kommission. Dieses Gremium hat den Namen Europäischer Rat. Seine Zusammenkünfte werden als europäische Gipfeltreffen bezeichnet. Die Staats- und Regierungschefs sind nicht direkt an der europäischen Gesetzgebung beteiligt. Sie geben aber die große Richtung an und legen die Ziele für die weitere Entwicklung der EU fest. Zum Beispiel hat man hier vor vielen Jahren die Einfuhr des Euro beschlossen und es wird auch hier darüber entscheiden, ob neue Mitgliedstaaten in die EU aufgenommen werden oder nicht. Der Europäische Rat der Regierungschefs ist also der Wegweiser für die Fahrt des Busses in Richtung Europa.

4. Merke: Der Wegweiser nach Europa ist der Rat der Staats- und Regierungschefs.

Zuletzt fehlt noch eine Polizei, die aufpasst, dass auf dem Weg in das vereinte Europa die Regeln nicht verletzt werden. Diese Rolle übernimmt der Europäische Gerichtshof in Luxemburg. Er besteht aus je einer Richterin bzw. einem Richter pro Mitgliedsland, die von den jeweiligen Regierungen für sechs Jahre ernannt werden. Mit seinen Entscheidungen kann der Europäische Gerichtshof die Mitgliedsländer zur Einhaltung und zur einheitlichen Auslegung der europäischen Gesetze zwingen.

5. Merke: Die Rolle der Polizei übernimmt in unserem Bild der Europäische Gerichtshof.

1. Mithilfe des Bildvergleichs könnt ihr nun nach und nach die Rolle der fünf wichtigen EU-Institutionen vorstellen.

4 Herausforderungen für die Zukunft der EU

Ein noch stärkeres Zusammenwachsen wollte die EU mit der Verabschiedung einer gemeinsamen Verfassung beurkunden. Doch dann lehnte die Mehrheit der Franzosen und der Niederländer 2005 das Vertragswerk ab. Ohne ein neues Regelwerk drohte der EU der Verlust ihrer Handlungsfähigkeit. Als Ersatz wurde nun 2007 der Vertrag von Lissabon unterzeichnet. Nach vielen Diskussionen und Überarbeitungen trat der Vertrag am 1. Dezember 2009 in Kraft.
Hier könnt ihr euch mit wichtigen Neuerungen vertraut machen und dann herausfinden, warum die einen dafür und die anderen dagegen sind.

Welche Neuerungen bringt der Vertrag von Lissabon?

Charta gemeinsamer Grundrechte

Grundrechte waren bislang nicht Bestandteil der EU-Verträge. Das ändert sich mit dem Vertrag von Lissabon. Die Union erhält mit der EU-Charta der Grundrechte den modernsten Grundrechtekatalog der Welt. Durch die rechtsverbindliche Verankerung der Charta können die Bürgerinnen und Bürger beim Europäischen Gerichtshof klagen, wenn sie sich durch einen europäischen Rechtsakt in ihren Grundrechten verletzt fühlen.

Mitwirkung der Bürger

Künftig können Bürgerinnen und Bürger unmittelbar am europäischen Willensbildungsprozess mitwirken. Mit dem europäischen Volksbegehren wird zum ersten Mal ein Element der direkten Demokratie auf europäischer Ebene eingeführt. Mit einer Million Unterschriften [...] kann die Europäische Kommission aufgefordert werden, einen Gesetzesvorschlag vorzulegen.

Stärkung des Europäischen Parlaments

Das Europäische Parlament erhält praktisch die volle Mitwirkung in der europäischen Gesetzgebung neben dem Rat. 95 % aller „EU-Gesetze" werden künftig gleichberechtigt vom Rat (den Ministern aller EU-Staaten) und dem Europäischen Parlament beschlossen. Zudem bekommt das Europäische Parlament zusätzliche politische Macht. Während es bisher an der Auswahl der Kommissare lediglich durch Anhörungen beteiligt war, wird künftig der Kommissionspräsident vom Europäischen Parlament gewählt (auf Vorschlag des Europäischen Rates). [...]

Gemeinsamer Wertekatalog

Die Europäische Union zählt heute 27 Mitgliedstaaten und fast 500 Millionen Bürger. Sie vereint, in all ihrer Vielfalt, ein gemeinsamer fester Wertekatalog und ein unverwechselbares europäisches Lebensmodell. Der Reformvertrag fasst diese Werte, auf die sich die Europäische Union gründet, erstmals klar zusammen. Zu ihnen zählen vor allem: die Achtung der Menschenwürde, Freiheit, Demokratie, Rechtsstaatlichkeit, Menschenrechte.

Gemeinsame Ziele

Der Reformvertrag nennt auch die gemeinsamen Ziele, die die Europäische Union verfolgt. Dazu zählen beispielsweise

- die Förderung von Frieden, Werten und Wohlergehen der Völker der Union;
- die nachhaltige Entwicklung Europas auf der Grundlage eines ausgewogenen Wirtschaftswachstums und von Preisstabilität;
- eine wettbewerbsfähige soziale Marktwirtschaft, die auf Vollbeschäftigung und sozialen Fortschritt abzielt;
- der Umweltschutz;
- die Bekämpfung von sozialer Ausgrenzung;
- die Förderung sozialer Gerechtigkeit;
- die Solidarität zwischen den Mitgliedstaaten.

(Aus: Dr. Gerhard Sabathil: Der Vertrag von Lissabon – Die EU-Reform 2008 im Überblick, hg. von der Vertretung der Europäischen Kommission in der Bundesrepublik Deutschland, Berlin 2008)

1. Fasst die Neuerungen des Vertrags zusammen und stellt sie auf anschauliche Weise dar, zum Beispiel in Form einer Mindmap.
2. Welche Neuerungen des Vertrags erscheinen euch besonders wichtig. Begründet eure Auswahl.
3. Wie steht ihr zu den Stimmen der Befürworter und Gegner des Vertragswerks? Diskutiert miteinander.

Tipp: Den vollständigen Text und weitere Stellungnahmen zum Vertragswerk könnt ihr im Internet recherchieren.

Warum ist die Erneuerung der EU umstritten?

Vote no! Am 12. Juni 2008 lehnten drei Millionen wahlberechtigte Iren den Vertrag von Lissabon in einer Volksabstimmung ab. Der Bus, der mit „Vote no" durch Dublin fuhr, hatte Erfolg. **Vote yes!** 16 Monate später konnte ein anderer Bus triumphieren. In einer zweiten Abstimmung am 2. Oktober 2009 stimmten die Iren der Erneuerung der EU zu. Der Vertrag konnte erst in Kraft treten, nachdem alle Mitgliedstaaten der EU zugestimmt hatten.

Darum sind Kritiker dagegen!

In der Ablehnung zeigt sich, dass ein Großteil der europäischen Bevölkerung unzufrieden mit dem Zustand der Union ist. Die Ursachen dieser Unzufriedenheit sind jedoch diffus [= unklar], wie sich in Analysen der Referenden zeigte. Drei wichtige Motive ließen sich feststellen: Ein erster Teil der Bevölkerung lehnte die wirtschaftsliberale Verfassung der EU ab (die allerdings gar nicht zur Abstimmung stand). Ein zweiter Teil wandte sich gegen die vermeintlich drohende Auflösung des Nationalstaates. Eine letzte Gruppe nutzte die Gelegenheit, die Unzufriedenheit mit der jeweils nationalen Regierung auszudrücken, die jeweils die Annahme des Verfassungsvertrages oder des Reformvertrages empfohlen hatte.

(Aus: Guido Thiemeyer: Die Europäische Union in der Verfassungskrise, in: Polis, Report der Vereinigung für politische Bildung, Westermann Verlag Berlin, Heft 1 2009, S. 11)

Darum sind Befürworter für den Vertrag!

Heute genießen die Mitglieder der EU zahlreiche Vorteile. Die bestehenden Regeln waren jedoch für eine viel kleinere Gemeinschaft gemacht, die keine globalen Herausforderungen zu bewältigen hatte, wie dies heute mit Klimawandel, weltweiter Rezession oder internationaler Kriminalität der Fall ist. Die EU kann und will diese Probleme in den Griff bekommen, braucht dafür aber bessere Verfahren und Arbeitsabläufe. Der Lissabon-Vertrag zielt genau hierauf ab. Er macht die EU demokratischer, effizienter und transparenter. Er verleiht den Bürgerinnen und Bürgern sowie den Parlamenten ein größeres Mitspracherecht auf europäischer Ebene und er verschafft Europa mehr Gehör in der Welt – bei gleichzeitiger Wahrung der nationalen Interessen.

(Aus: Ihr Wegweiser durch den Lissabon-Vertrag, © Europäische Union, 1995–2010)

Argument – Gegenargument

In der Stern-Online-Ausgabe vom 10.06.2009 bezeichnet der Autor Florian Gößgen den Vertrag als „unverständliches Textmonster im dreisten Bürokraten-Chinesisch."

Juristische Texte müssen in einer speziellen Sprache abgefasst sein. Das gilt im Besonderen, wenn die Interessen von 27 Staaten unter einen Hut zu bringen sind. Was hier kritisiert wird, trifft auf jeden Gesetzestext zu.

Die EU wird mit diesem Vertrag immer noch nicht zu einer echten Demokratie. Dazu müsste das vom Volk gewählte Parlament das Recht haben, Gesetze vorzuschlagen und zu verabschieden.

Die demokratischen Mitbestimmungsrechte werden mit dem neuen Vertragswerk entscheidend vorangetrieben. Eine völlige Gleichstellung des Europäischen Parlaments mit den nationalen Parlamenten kann es (noch) nicht geben, weil sonst die Einzelstaaten ihre Selbstständigkeit verlören.

Diskussion und Entscheidung in der Klasse: Soll die Türkei in die EU aufgenommen werden?

A Die Situation

27 Staaten gehören mittlerweile der EU an. Damit ist der Erweiterungsprozess aber noch nicht abgeschlossen. Grundsätzlich kann jedes europäische Land die Mitgliedschaft beantragen. Und es gibt eine ganze Reihe von Beitrittskandidaten: Albanien, Bosnien und Herzegowina, Mazedonien, Montenegro, Serbien. Auch Island hat 2009 einen Aufnahmeantrag gestellt. Konkrete Beitrittsverhandlungen finden seit 2005 mit Kroatien und der Türkei statt. Während Expertinnen und Experten davon ausgehen, dass die Mitgliedschaft Kroatiens in Kürze bevorsteht, ist die Aufnahme der Türkei heftig umstritten. In- und außerhalb der EU hat ihre Aufnahme viele Befürworter, aber auch viele Gegner.
Ihr sollt euch selbst ein Urteil bilden und eine Entscheidung treffen. Dabei muss es nicht nur um die Frage gehen, ob das Land prinzipiell aufgenommen werden soll oder nicht, sondern auch, unter welchen Bedingungen und zu welchem Zeitpunkt. Betrachtet dazu die Argumente, die für und gegen die Aufnahme der Türkei verwendet werden.

- Ich bin für die möglichst schnelle Aufnahme der Türkei in die EU.
- Ich bin für die Aufnahme der Türkei zu einem späteren Zeitpunkt.
- Ich bin gegen die Aufnahme der Türkei.

B Die Voraussetzungen für die Aufnahme

Die Kopenhagener Beitrittskriterien: Der Europäische Rat von Kopenhagen vom 21. und 22. Juni 1993 hat mit Blick auf die Beitrittswünsche der mittel- und osteuropäischen Länder Voraussetzungen für eine EU-Mitgliedschaft formuliert, die für alle an einem Beitritt interessierten europäischen Staaten gelten:
„Als Voraussetzung für die Mitgliedschaft muss der Beitrittskandidat eine institutionelle Stabilität als Garantie für demokratische und rechtsstaatliche Ordnung, für die Wahrung der Menschenrechte sowie die Achtung und den Schutz von Minderheiten verwirklicht haben; sie erfordert ferner eine funktionsfähige Marktwirtschaft sowie die Fähigkeit, dem Wettbewerbsdruck und den Marktkräften innerhalb der Union standzuhalten. Die Mitgliedschaft setzt ferner voraus, dass die einzelnen Beitrittskandidaten die aus einer Mitgliedschaft erwachsenden Verpflichtungen übernehmen und sich auch die Ziele der politischen Union sowie der Wirtschafts- und Währungsunion zu eigen machen können.“
(Aus: www.eu-info.de, letzter Zugriff 3.11.2009)

Jeder europäische Staat, der die im Vertrag von Lissabon formulierten Werte achtet und sich für ihre Förderung einsetzt, kann Mitglied der EU werden.

Nach dem Beginn der Beitrittsverhandlungen wurden vor der größten Moschee Istanbuls die Flaggen der Türkei und der EU gehisst.

Vertrag über die Europäische Union

Artikel 2
Die Werte, auf die sich die Union gründet, sind die Achtung der Menschenwürde, Freiheit, Demokratie, Gleichheit, Rechtsstaatlichkeit und die Wahrung der Menschenrechte einschließlich der Rechte der Personen, die Minderheiten angehören. Diese Werte sind allen Mitgliedstaaten in einer Gesellschaft gemeinsam, die sich durch Pluralismus, Nichtdiskriminierung, Toleranz, Gerechtigkeit, Solidarität und die Gleichheit von Frauen und Männern auszeichnet.

Artikel 3
(1) Ziel der Union ist es, den Frieden, ihre Werte und das Wohlergehen ihrer Völker zu fördern.

1. Sammelt alle Voraussetzungen für die Aufnahme neuer Mitgliedstaaten in die EU.

Positionen zum Aufnahmeantrag

A Darum soll die Türkei (noch) nicht Mitglied der EU werden

Führende Politikerinnen und Politiker der CDU und CSU haben geäußert, dass eine Aufnahme der Türkei zum jetzigen Zeitpunkt die Leistungsfähigkeit der EU überfordern würde, vor allem auch finanziell. Genannt wird auch, dass die kulturellen Unterschiede zu groß seien. 99,8 Prozent aller Türken bekennen sich zum Islam und die Türkei gehört geografisch nur zu einem winzigen Teil zu Europa.
Die große Mehrheit der Abgeordneten des Europäischen Parlaments sieht ohne tiefgreifende Reformen in der Türkei eine Aufnahme des Landes in die EU als „zurzeit nicht vorstellbar“ an.
Die christlichen Kirchen weisen darauf hin, dass für sie das Recht der freien Religionsausübung in der muslimischen Türkei bisher nur auf dem Papier bestünde.

Weitere Stimmen:
„Die Türkei war nicht Europa, ist es nicht und wird es nicht sein, weder geografisch, noch historisch, noch kulturell. In der Türkei wird immer noch gefoltert und selbst schwerste Menschenrechtsverletzungen sind an der Tagesordnung. Was ist denn das für eine Gesellschaft, deren eine Hälfte, die weibliche, so gut wie keine Rechte hat? Wo Väter ihre Töchter töten, weil sie, selbst nach einer Vergewaltigung, angeblich die Familienehre verletzt haben?“
Ralph Giordano, Schriftsteller

„In Deutschland leben seit Jahrzehnten Millionen Türkinnen und Türken. [...] Längst sind wir mehr als Nachbarn. Immer öfter sind wir miteinander befreundet oder gar verheiratet. Trotzdem bin ich gegen einen Beitritt der Türkei zum jetzigen Zeitpunkt. Denn die zwischen Tradition und Moderne, zwischen Demokratie und Gottesstaat zerrissene Türkei muss sich zunächst einmal selber klarmachen, wohin sie tendiert ... Darum: Nein zum Beitritt – und ja zur Freundschaft.“
Alice Schwarzer, Journalistin

B Darum soll die Türkei Mitglied der EU werden

Politikerinnen und Politiker der SPD und der Grünen begrüßen den Beitritt der Türkei und drücken ihre Hoffnung aus, dass die Verhandlungen zu einem erfolgreichen Abschluss kommen werden. Der Beitritt werde die Demokratie in der Türkei festlegen und dabei helfen, die notwendigen Reformen mit Kraft voranzutreiben. Mit der Türkei als Mitglied habe die EU ein höheres Gewicht in der Weltpolitik. Ein islamisches Land, das sich zur Demokratie bekennt, sei ein stabilisierender Faktor in der Welt und könne sehr gut zur internationalen Friedenssicherung beitragen.

Weitere Stimmen:
„Der EU-Beitritt einer sich reformierenden und weiter demokratisierenden Türkei ist auch wichtig, um die Kluft zwischen ‚dem Westen‘ und der ‚muslimischen Welt‘ zu überwinden. Den Parolen islamischer Terroristen von einem islamfeindlichen Westen kann so entgegengewirkt werden. Dies bringt mehr Sicherheit in und für Europa. Eine fest in der EU verankerte Türkei ist gleichzeitig ein wichtiger Stabilitätsfaktor für die gesamte Nah-Mittelost-Region.“
Claudia Roth, Bundestagsabgeordnete von Bündnis 90/Die Grünen

„Die USA unterstützen nachdrücklich die Bemühungen der Türkei, Mitglied in der EU zu werden. Die Türkei ist mehr als nur mit einer Brücke über den Bosporus mit Europa verbunden. Die Türkei teilt mit Europa seit Jahrhunderten eine gemeinsame Geschichte, Kultur und Wirtschaft. Europa wird mit der Vielfältigkeit der Völker, Religionen und Traditionen nur gewinnen, nicht verlieren.“
Allerdings müsse auch die Türkei politische Reformen vorantreiben und Anstrengungen im rechtsstaatlichen Bereich unternehmen.
US-Präsident Obama in einer Rede im April 2009 vor dem türkischen Parlament in Ankara

Sollen die Europäer Armutsflüchtlinge aus Afrika aufnehmen oder abweisen?

Gelobtes Land Europa

Für viele Menschen in Afrika gilt Europa als das Paradies. Hier leben die Menschen in Frieden, haben ein Dach über dem Kopf und müssen keinen Hunger leiden. Tausende riskieren ihr Leben, um nach Europa zu gelangen. Meist wählen sie den Fluchtweg über das Meer. Doch auf dem Meer lauert der Tod.

- Darf man Notleidende abweisen?
- Muss Europa seine Grenzen verschließen?

Das sind schwierige Fragen, auf die in der EU noch nach Antworten gesucht werden muss.

A Der Fall

Ausgelaugt und abgemagert: So wirkten die etwa 30 Passagiere, die die italienische Küstenwache nachts bei stürmischer See in einem Boot vor Sizilien entdeckte. Einige schienen so erschöpft zu sein, dass nicht einmal das grelle Scheinwerferlicht oder die lauten Rufe der Beamten sie aus dem Schlaf holen konnten.
Erst Seite an Seite mit dem seeuntüchtigen Boot entdeckten die Italiener, dass die vermeintlich völlig übermüdeten Schwarzen in Wahrheit Tote waren: 13 Leichen saßen in dem Boot, das vor der italienischen Ferieninsel Lampedusa gestrandet war. 70 weitere Tote, so berichteten die wenigen Überlebenden, hätten sie schon weiter draußen auf dem Meer über Bord geworfen. Nur 15 der fast hundert „Boatpeople", die sich im afrikanischen Libyen in die Hand von Schlepperbanden begeben hatten, überlebten die Überfahrt.

B Die Flüchtlingszahlen

18 Millionen Afrikaner sind auf dem Weg nach Europa schätzen die Vereinten Nationen, manche sind bis zu zehn Jahre unterwegs. Sie kommen aus Mali, Kamerun oder Ghana, sind vor dem Bürgerkrieg im Kongo, vor der Hungersnot im Sudan oder vor dem Chaos in Nigeria geflüchtet; sie haben monatelang den Sahelgürtel durchwandert oder die Wüste Sahara, bis sie endlich in den Hafenstädten Tunesiens oder Marokkos nach Schleppern suchen können, die sie gegen Dollar oder Prostitutionsdienste über das Meer nach Europa zu bringen versprechen. Seit einiger Zeit sind die Kanarischen Inseln das bevorzugte Ziel; sie liegen vor der afrikanischen Küste, gehören aber zu Spanien, das unter den Afrikanern als das „toleranteste Land der Welt" gegenüber Ausländern gilt. 500 bis 600 illegale Immigranten landen täglich, beobachtet von den Urlaubern, auf den kanarischen Inseln. […]

C Die Grenzsicherung der EU

Mit dem Schengener Abkommen wurden 1985 die Binnengrenzen zwischen den EU-Staaten aufgehoben, zugleich entstand eine neue Außengrenze der EU, die im Süden an Afrika, im Osten an die Ukraine und Russland, im Südosten an die Türkei und die Balkanstaaten grenzt. Langfristig soll sie durch eine europäische Grenzpolizei gesichert werden. Bis es so weit ist, will man die nationalen Grenzschützer an den Außengrenzen der EU mit hochempfindlichen Bewegungsmeldern, Infrarotsuchgeräten, Hightech-Abwehrgeräten und vernetzten Datensystemen schlagkräftiger machen.
Bis zu zwei Millionen Menschen drängen jedes Jahr illegal in die Europäische Union ein. Die Schlepper raten den Flüchtlingen, ihre Personalpapiere vor der Reise zu vernichten, damit sie nicht identifizierbar sind.

(Nach: Ingke Brodersen, Rüdiger Dammann: Das neue Europa, Ravensburger Buchverlag 2007, S. 120 ff. – vom Autor aktualisiert)

D Umstrittene Maßnahmen

Von den insgesamt 67000 Menschen, die 2008 das Mittelmeer überquerten, um illegal nach Europa einzureisen, kamen alleine 37000 (2007 waren es noch 19000) nach Italien. Die rechte Regierung will kein „multi-ethnisches" Italien und betrachtet die Immigranten als „Bedrohung der öffentlichen Sicherheit". Vergangenen Juli verabschiedete das Parlament ein Gesetz, das Immigration zu einem kriminellen Delikt macht und mit Geldstrafen bis zu 10000 Euro bestraft werden kann. Wer Immigranten Unterkunft gewährt, kann bis zu drei Jahren ins Gefängnis gehen. [...]
Die EU will offensichtlich alle Immigrationsrouten nach Europa schließen. Diese Politik der Prävention scheint der Minimalkonsensus unter den Mitgliedstaaten zu sein. 2008 beschloss das EU-Parlament zwar eine Verlängerung der möglichen Internierung von illegalen Immigranten auf maximal 18 Monate, aber zu einem umfassenden, gemeinsamen Maßnahmenkatalog in Sachen Migration ist es noch ein weiter Weg.

(Aus: Alfred Hackensberger: Odyssee ins gelobte Land, in: Das Parlament, Ausgabe 32/33 vom 02.08.2009)

E Das Ziel

In der Europäischen Union sollen die Regeln im Umgang mit Asylsuchenden vereinheitlicht werden. Die sogenannte „Asyl-Lotterie", bei der die Flüchtlinge in verschiedenen Mitgliedstaaten auf höchst unterschiedliche Verfahren träfen, solle beendet werden, erklärte die EU-Kommission in Brüssel.

(Aus: Nachricht der Deutschen Welle, www.dw-world.de vom 21.10.2009, letzter Zugriff 2.11.2009)

Was tun? Drei Beiträge zur Diskussion

Die EU muss ihre Außengrenzen fest verschließen
Selbst wenn sie es wollte, die EU kann nicht alle Armutsflüchtlinge aus Afrika aufnehmen. Das überfordert angesichts der großen Zahl der Flüchtenden die Kraft der Regierungen und die Kraft der Menschen in der EU. Die Außengrenzen zur EU müssen geschlossen und von einer zahlenmäßig starken europäischen Polizei bewacht werden. Die lebensgefährlichen Fluchten aus Afrika werden dann zurückgehen. Das nützt auch den Afrikanern, weil es die Länder dort schwächt, wenn immer mehr junge Menschen ihre Heimat verlassen.

Die EU muss notleidende Menschen aufnehmen
Die EU sollte großzügig verfahren und Menschen, die versichern, sich an die Gesetze halten zu wollen, die Chance eines Aufenthaltsrechtes bieten. Die Flüchtlinge könnten zum Beispiel in den großen landwirtschaftlichen Betrieben im Süden Europas Arbeit finden. Das wäre zugleich die sinnvollste Form von Entwicklungshilfe für Afrika. Arbeitende Immigranten überweisen in der Regel einen großen Teil ihres Verdienstes an ihre Familien in der Heimat. Sie leisten so einen effektiven Beitrag zur länderübergreifenden Armutsbekämpfung.

Die EU muss die Armut in Afrika bekämpfen
Die EU kann nur solchen Menschen eine Aufnahme gewähren, denen in ihrer Heimat politische Verfolgung, Folter oder gar der Tod droht. Politisch verfolgt ist aber nur ein geringer Teil der Immigranten aus Afrika. Die meisten kommen, weil sie arm sind. Armut kann die EU bekämpfen, indem sie ihre Entwicklungshilfeleistungen aufstockt. Wenn sie ihre Anstrengungen zur Bekämpfung der Armut in Afrika weiter erhöht, wird sie dafür sorgen, dass Menschen aus Afrika es in Zukunft nicht mehr nötig haben, aus ihrer Heimat zu flüchten.

1. Aus welchen Gründen verlassen Menschen ihre Heimatländer in Afrika?
2. Welcher der Vorschläge zum Umgang mit den Flüchtlingen ist eurer Ansicht nach der sinnvollste? Unterscheidet in eurem Gespräch zwischen der Perspektive der Europäer und der Afrikaner.

Ein Blick in die Zukunft – Europa in der globalisierten Welt

Herausforderungen

Es ist offensichtlich, dass die Volkswirtschaften der europäischen Staaten vor großen Herausforderungen stehen. Die entstehen zum einen durch die Globalisierung, d. h. die Ausweitung der Marktwirtschaft auf große Teile der Welt. Güter, Kapital, Ideen und Informationen wechseln sehr schnell über die Grenzen, sie sind überall verfügbar – und schaffen eine weltweite Konkurrenz. Das hat für uns unmittelbare Konsequenzen: Für ein Unternehmen in Frankreich ist nicht mehr allein entscheidend, was die Mitbewerber im eigenen Land oder jenseits des Rheins in Deutschland anbieten. Es muss sich auch daran orientieren, was zu welchem Preis in China, in den USA oder in Indien hergestellt wird, und es muss mit diesem Preis mithalten können – entweder indem es seine Produkte genauso billig anbietet oder indem es Waren herstellt, die zwar teurer, dafür aber auch besser sind. Auf der anderen Seite verändern sich unsere Lebensbedingungen aus Gründen, die mit der Globalisierung nichts zu tun haben. Die Bürger werden älter und die Gesellschaften überaltern.

Die EU – „work in progress"

Die Europäische Union ist nach dem Zweiten Weltkrieg aus dem Motiv heraus gegründet worden, die jahrhundertelange Feindschaft zwischen den europäischen Staaten durch Freundschaft und Zusammenarbeit zu ersetzen. Über 50 Jahre später kann man sagen, dass dieses Ziel erreicht worden ist. Zwar gibt es immer noch gegenseitige Vorurteile, aber keiner bedroht den anderen mit Krieg. Die Meinungsunterschiede werden im Konferenzraum ausgetragen und im Allgemeinen mit einem Kompromiss beigelegt, mit dem alle beteiligten Staaten gut leben können. Europa steht heute vor neuen Herausforderungen – von der Abwehr des Klimawandels über die Mitgestaltung der Globalisierung bis zur Bekämpfung des internationalen Terrorismus. Es ist völlig klar, dass kein einzelner Staat in Europa diese Aufgaben allein lösen kann. Aber zusammen sind wir fast eine halbe Milliarde Menschen mit einer starken Wirtschaft im Rücken und einer guten Bildung im Kopf. Gemeinsam können wir etwas ausrichten. Es wird immer diskutiert und gestritten, wie die EU sich weiterentwickeln soll. Dabei gibt es keine Patentlösung, und die Vorstellungen in den verschiedenen Mitgliedstaaten sind ganz unterschiedlich.
Die EU ist also ein „work in progress", sie ist eine Institution, die sich verändert. Damit sie sich in die Richtung entwickelt, die wir, die Bürger Europas, für richtig halten, müssen wir uns einmischen. Der erste Schritt ist die Teilnahme an den Wahlen zum Europäischen Parlament. Je höher die Wahlbeteiligung ist, desto stärker können die Bürger auf Mitsprache pochen. Wenn wir nicht wollen, dass andere für uns entscheiden, müssen wir es selbst tun. Das Europäische Parlament hilft uns dabei.

(Aus: Eckart D. Stratenschulte: Europa. Das Wissensmagazin für Jugendliche, hg. von der Bundeszentrale für politische Bildung, Bonn 2009, S. 43ff.)

Deutsche sehen Zukunft der EU überwiegend optimistisch

In einem Eurobarometer führt die Europäische Kommission in regelmäßigen Abständen repräsentative Befragungen durch. Die folgenden Zahlen stammen aus dem Eurobarometer 2007:

86 % der Deutschen glauben, dass Deutschlands Stimme in der EU zählt.
75 % der Deutschen blicken optimistisch in Europas Zukunft.
65 % halten die Mitgliedschaft Deutschlands in der EU für eine prima Sache.
79 % der Deutschen billigen dem Europäischen Parlament eine wichtige Rolle zu.
93 % der Deutschen kennen das Europäische Parlament.
56 % halten den Frieden zwischen den Mitgliedstaaten für den größten Erfolg der Europäischen Integration. An zweiter Stelle kommt die Öffnung der Grenzen und der freie Verkehr von Personen und Waren (**41 %**).

(Quelle: Eurobarometer – Nationaler Bericht Deutschland, Pressemeldung der EU vom Frühjahr 2007, vollständiger Text unter www.auswaertiges-amt.de, letzter Zugriff 10.11.2009)

1. Der Text nennt Herausforderungen und Erfolge der EU. Stellt sie einander gegenüber.
2. Welche Probleme in der globalisierten Welt können in einer Gemeinschaft besser gelöst werden als von einzelnen Staaten? Nennt sie und begründet eure Entscheidungen.

Wir suchen nach europäischen Lösungen für globale Herausforderungen

Die EU will sich den globalen Herausforderungen stellen und ihren Beitrag zur Lösung der großen Probleme leisten. Instrumente dafür sind z. B. gesetzgeberische Aktivitäten, finanzielle Unterstützungen, Beratung, Unterstützung von Organisationen, Mitwirkung bei Verhandlungen z. B. durch den Außenminister der EU, Wissenstransfer, Entwicklung von Hilfsprogrammen, Einsatz von Helfern und Konfliktberatern, Schulung ausländischer Arbeitskräfte, Bildungs- und Austauschprogramme etc.

Globale Herausforderung	Unser Vorschlag
1. Flüchtlingsströme, illegale Einwanderung in die EU	
2. Kampf gegen Armut und Unterentwicklung	
3. Bekämpfung des internationalen Terrorismus	
4. Stärkung der Menschenrechte	
5. Schutz der Umwelt	
6. Förderung des Friedens weltweit	

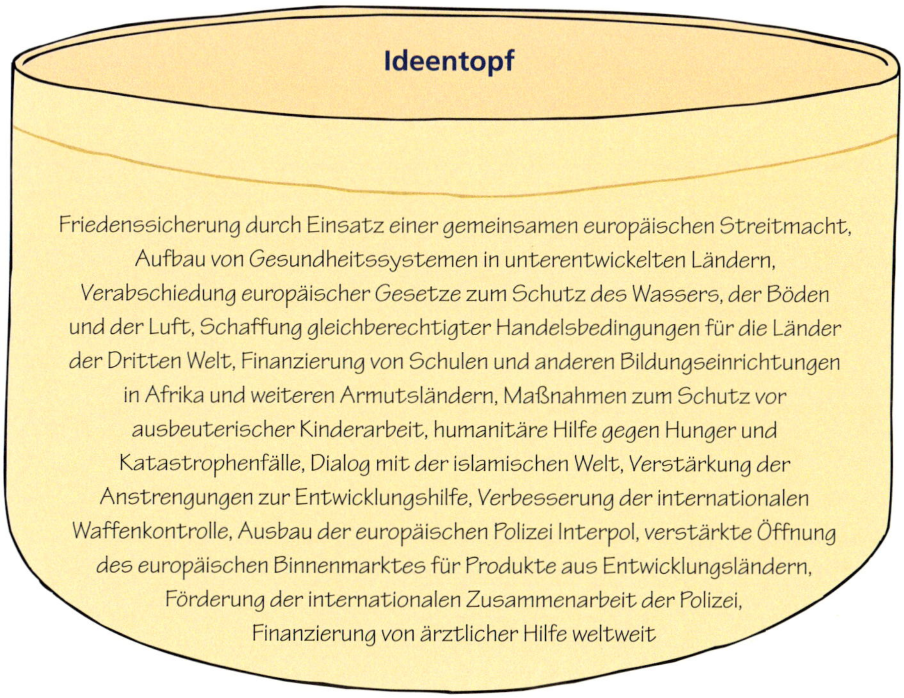

Euer Auftrag:

In einem Gruppengespräch sollt ihr überlegen, welchen Beitrag die Europäische Union zur Lösung der Probleme leisten kann. Eure Vorschläge sollt ihr anschließend in der Klasse vortragen und dann gemeinsam über die Chancen und Grenzen ihrer Durchsetzbarkeit diskutieren. Zur Vorgehensweise empfehlen wir eine Placemat-Übung.

So könnt ihr vorgehen:

- Bildet Dreiergruppen.
- Bereitet ein Blatt vor, das ihr in drei Einzelfelder und in ein Gemeinschaftsfeld aufteilt.
- Betrachtet die Liste der globalen Herausforderungen und überlegt zunächst einzeln und still, welche Lösung ihr für denkbar haltet. Füllt dazu euer Einzelfeld aus.
- Stellt euch gegenseitig eure Lösungsvorschläge vor.
- Beratet gemeinsam und tragt in das Lösungsfeld maximal fünf gemeinsame Lösungsvorschläge ein.

So könnt ihr euer Blatt einteilen.

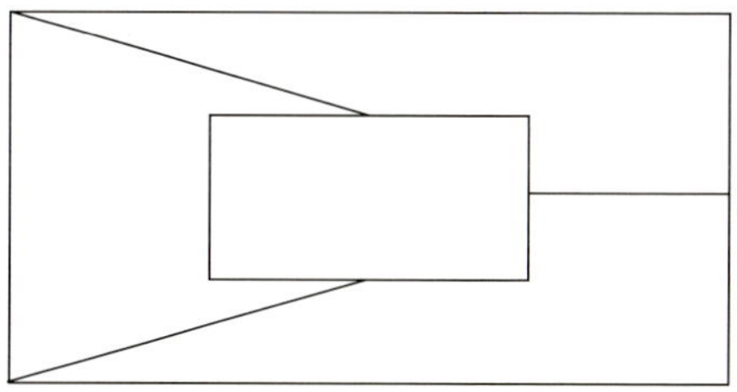

Die Europäische Union: Erfolge und Herausforderungen

Station 1 Europa im Alltag

Fehlurteile korrigieren

Weise Herrn Kleinschmidt an mindestens fünf Merkmalen nach, dass die Europäische Union doch in sein Alltagsleben hineinwirkt.

Warum ist immer eine junge Frau und ein Stier im Spiel, wenn es um Europa geht?

Viele Jugendliche wissen nicht, warum in Karikaturen über Europa häufig ein Stier und eine junge Frau zu sehen sind. Kläre sie auf, indem du eine alte Sage mit eigenen Worten erzählst.

Station 2 Die Europäische Union: Was ist das eigentlich?

4 Aussagen – 3 Blöcke

Aus jedem der drei Blöcke musst du hier eine Teilaussage entnehmen und daraus vier Merksätze über die EU formen.

Block A

A Die Europäische Union ist …

B Ein wichtiges Datum auf dem Weg zu einer Reform der EU ist …

C Der europäische Binnenmarkt ist …

D Die Europäische Währungsunion ist …

Block B

1. … der 1. Dezember 2009, weil an diesem Tag nach einer Zeit heftiger Auseinandersetzungen …
2. … der freiwillige Zusammenschluss mehrerer Staaten mit dem Ziel, ihre unterschiedlichen …
3. … ein Gebiet mit freiem Waren-, Dienstleistungs-, Personen- und Kapitalverkehr ohne Grenzen für alles, was …
4. … ein Zusammenschluss demokratischer europäischer Staaten, die …

Block C

5. … Währungen abzuschaffen und einen gemeinsamen Währungsraum zu bilden.
6. … der Vertrag von Lissabon zur Reform der Europäischen Union in Kraft trat.
7. … sich der Wahrung, des Friedens und dem Streben nach Wohlstand verschrieben haben.
8. … sich im wirtschaftlichen Geschehen von einem Ort zum anderen bewegen will.

Station 3 Wie wird in Europa für Europa Politik gemacht?

5-mal richtig – 5-mal falsch

Finde die fünf richtigen Aussagen und notiere sie.	richtig	falsch
1. Das Europäische Parlament wird alle fünf Jahre gewählt.		
2. Das Europäische Parlament hat das alleinige Recht, Gesetze vorzuschlagen.		
3. Die Europäische Kommission entscheidet über die europäischen Gesetze.		
4. Die Europäische Kommission ist Motor bzw. Regierung der EU.		
5. Der Ministerrat der EU besteht aus Kommissaren, die vom Volk gewählt werden.		
6. Im Ministerrat werden Entscheidungen getroffen, die Gesetzeskraft haben.		
7. „Europäisches Gipfeltreffen" nennt man die öffentlichen Sitzungen des Parlaments der EU.		
8. Der Europäische Rat der Staats- und Regierungschefs ist der Wegweiser der EU.		
9. Die Richter am Europäischen Gerichtshof werden von den Bürgern gewählt.		
10. Entscheidungen des Europäischen Gerichtshofs können die Mitgliedstaaten zur Einhaltung des europäischen Rechts zwingen.		

Station 4 Herausforderungen für die Zukunft der EU

3 plus 3 plus 3 plus 3

Wähle aus den folgenden Aufgaben eine oder zwei zur Bearbeitung aus.

Der Vertrag von Lissabon

Formuliere drei Neuerungen, die der Vertrag für die Menschen in der EU mit sich bringt.

Die Aufnahme der Türkei in die EU

Formuliere drei Kriterien, die ein Land erfüllen muss, um in die EU aufgenommen zu werden.

Das Schicksal der Armutsflüchtlinge aus Afrika

Formuliere drei Antworten:
- Warum wollen die Menschen in die EU?
- Was ist das Problem für die Europäer?
- Wie kannst du dir eine Lösung des Problems vorstellen?

Europa in der globalisierten Welt

Formuliere drei Herausforderungen globalen Ausmaßes, denen sich die EU in der Zukunft stellen muss.

Friedenssicherung

12

Wie kann die Welt friedlicher werden?

Betrachtet eine Weile das Foto. Überlegt dabei, welches Ereignis in der Vergangenheit diese Szene so bedeutsam macht. Führt dann ein Brainstorming in der Klasse durch: Zum Begriff Frieden fällt mir spontan ein ...

Worum geht es?

Jedes Jahr am 6. August läutet in Hiroshima die Friedensglocke. Sie erinnert die Menschen dieser Stadt an das unsägliche Leid, das der Abwurf der ersten Atombombe 1945 über die Stadt brachte. Nahezu 130 000 Menschen verloren in dem flammenden Inferno ihr Leben. Zugleich drückt sie die Sehnsucht vieler Menschen nach Frieden aus. Das Foto zeigt japanische Kinder und Mütter am 6. August in Hiroshima: Sie gedenken der Toten und bitten um Frieden auf der Welt, indem sie kleine Papierlaternen auf dem Wasser schwimmen lassen.
Für Jugendliche in Mitteleuropa ist Frieden etwas ganz Selbstverständliches – schließlich haben sie niemals einen Krieg erlebt. Für viele Jugendliche in Asien oder Afrika ist Krieg Alltag – sie haben in ihrem jungen Leben wenig anderes als Leid, Entbehrung und Gewalt kennengelernt.
- Warum müssen Kinder und Jugendliche in Kriegen so leiden?
- Warum können sie nicht sicher und in Frieden leben wie Jugendliche in Deutschland?
- Warum gibt es immer wieder Kriege?

Solche Gedanken sind euch vielleicht schon einmal durch den Kopf gegangen. Vielleicht habt ihr euch dann auch gefragt, was passieren müsste, damit unsere Welt friedlicher wird. Auf diese Frage überzeugende Antworten zu finden, ist zugleich eine der schwierigsten Aufgaben der internationalen Politik. Darum geht es auf den folgenden Seiten.

Wenn ihr dieses Kapitel bearbeitet, könnt ihr ...

- am Beispiel Afghanistans einen Konflikt analysieren,
- Zusammenhänge und Hintergründe des internationalen Terrorismus erläutern,
- in Kurzvorträgen darstellen und bewerten, was internationale Organisationen für die Friedenssicherung leisten,
- die Aufgaben der Bundeswehr erklären,
- erläutern, warum auch Entwicklungshilfe einen Beitrag zum Frieden leistet,
- darüber nachdenken, welchen Beitrag ihr selbst zur Friedenssicherung leisten könnt.

1 Warum ist Friedenssicherung eine so schwierige Aufgabe?

Die Welt zu Beginn des dritten Jahrtausends

Von 1945 an war die internationale politische Situation durch den Ost-West-Konflikt geprägt. Die parlamentarischen Demokratien mit den USA als Führungsmacht und die kommunistischen Staaten mit der Führungsmacht Sowjetunion standen sich als feindliche Blöcke waffenstarrend gegenüber. Mit dem Zusammenbruch des Kommunismus um 1990 herum endete dieser Konflikt. Viele Menschen hofften nun auf eine friedlichere Zukunft. Zwar gibt es immer wieder ermutigende Friedenssignale, doch noch immer erreichen uns fast täglich bedrohliche Nachrichten aus vielen Weltgegenden, in denen Menschen gegeneinander kämpfen. Sie stellen die internationale Staatengemeinschaft vor neue Herausforderungen. Die folgenden Texte schildern einige Gefahren, die den Frieden bedrohen. Besonders dramatisch ist, dass sie selten alleine auftreten, sondern sich gegenseitig verstärken.

Menschen im Gaza-Streifen hofften bisher vergeblich auf Frieden. Der israelisch-palästinensische Konflikt begann bereits kurz nach dem Zweiten Weltkrieg – eine Lösung ist noch nicht absehbar.

Bedrohung Nr. 1: Internationaler Terrorismus

Am Morgen des 7. Juli 2005 erschüttern vier Explosionen die englische Metropole London. „Rucksackbomber“ zünden Sprengsätze in drei U-Bahn-Zügen sowie einem Doppeldeckerbus und reißen innerhalb weniger Stunden 56 Menschen in den Tod, mehr als 700 Menschen werden schwer verletzt. Dies ist der zweite schwere Terroranschlag in Europa nach dem Anschlag auf die Vorortzüge in der spanischen Hauptstadt Madrid am 11. März 2004. Der internationale Terror, der sich bisher weitab von unseren Grenzen abspielte, hat Europa erreicht. Mit solchen folgenschweren Attentaten, deren Opfer möglichst viele Zivilisten sein sollen, verbreiten Terroristen Furcht und Schrecken.

Bedrohung Nr. 2: Verbreitung von Massenvernichtungswaffen

Iran droht mit der Entwicklung eines eigenen Atomprogramms. Nordkorea ist bereits einen Schritt weiter und hat schon Atombomben. Der kommunistische Staat ist im Jahr 2003 aus dem Atomwaffensperrvertrag (ein Vertrag über die Nichtverbreitung von Kernwaffen) ausgetreten und lässt die Experten der Internationalen Atomenergie Organisation (IAEO) nicht mehr ins Land. [...] Was geschieht, wenn Massenvernichtungswaffen dieser internationalen Kontrolle entzogen sind und das technische Know-how zu ihrer Herstellung ungehindert weitergegeben wird? Die unkontrollierte Verbreitung von atomaren, biologischen und chemischen Waffen in Verbindung mit weit reichenden Trägerraketen kann irgendwann auch die Bevölkerung Europas bedrohen.

Bedrohung Nr. 3: Zerfall staatlicher Ordnung

Nur „Science-Fiction“? Die Versorgung mit Gas und Elektrizität bricht zusammen. Beamte plündern ihre Büros, Lehrer erheben privat Schulgeld. Banden nisten sich ein und terrorisieren die Zivilbevölkerung oder vertreiben von ihnen zu Feinden erklärte Volksgruppen. In solch einem Umfeld wächst eine Generation von Straßenkindern heran, die sich in einem Teufelskreis von Arbeitslosigkeit, Hoffnungslosigkeit, Drogenabhängigkeit und Kriminalität wiederfindet und sich von Rebellengruppen zum Kriegsdienst rekrutieren lässt. Keine „Science-Fiction“, sondern bis 2003 Realität – im afrikanischen Staat Liberia: Militärputsch, diktatorische Herrschaft, Bürgerkriege mit mehreren zehntausend Toten – mehr als 25 Jahre haben das Land ruiniert. Es gibt keine öffentliche Infrastruktur mehr, die landwirtschaftliche Produktion ist fast völlig eingestellt. Die Analphabetenrate liegt bei etwa 70 Prozent. Auch in der demokratischen Republik Kongo sind Sicherheit und staatliche Ordnung zusammengebrochen. In Somalia herrscht bereits seit Jahrzehnten Chaos. Der Versuch, in den betroffenen Ländern einheimische Kräfte beim Aufbau staatlicher Strukturen zu unterstützen, ist eine zentrale – wenn auch komplexe und schwierige – Herausforderung für die internationale Staatengemeinschaft.

Millionen Menschen sind auf der Flucht vor Gewalt und Krieg – wie hier in der Demokratischen Republik Kongo, wo wegen eines Bürgerkriegs die staatliche Ordnung völlig zusammengebrochen ist.

Bedrohung Nr. 4: Regionale Konflikte

Im Jahr 2004 verfolgen arabische Reitermilizen im Sudan die schwarzafrikanische Bevölkerungsmehrheit in der Region Darfour. Zehntausende werden getötet, mehr als eine Million Menschen sind auf der Flucht und suchen Schutz im Nachbarland Tschad, das damit überfordert ist.
Es gibt vielerlei Ursachen für solche Konflikte: Gebiets- und Machtansprüche, ethnische und religiöse Spannungen, Auseinandersetzungen um Bodenschätze oder Wasser, Armut, Hunger und Verelendung. Die Folgen sind häufig Flucht und Vertreibung, das kann eine ganze Region destabilisieren. […] Die Bezeichnung „regionaler Konflikt“ klingt harmlos, doch solche Konflikte sind bedrohlicher als es sich zunächst anhört, da sie zu Kettenreaktionen führen und auf benachbarte Regionen und Länder übergreifen können.

(Nach: Arbeitsgemeinschaft Jugend und Bildung e. V., Berlin, Frieden und Sicherheit, Berlin 2007, S. 4 f.)

1. Ist die Welt zu Beginn des dritten Jahrtausends friedlicher geworden? Begründet eure Antwort.
2. Nehmt Stellung zu den beiden Ansichten:

Kriege hat es immer gegeben. Damit müssen wir auch in Zukunft leben. Ich glaube nicht, dass die Menschen einmal fähig sein werden, ihre Konflikte friedlich auszutragen.

Menschen können lernen, miteinander in Frieden zu leben. Das zeigt das Beispiel der Europäischen Union. In Mitteleuropa haben wir seit mehr als 60 Jahren Frieden.

Regionale Konflikte: Das Beispiel Afghanistan

Was geht uns Afghanistan an?

Seit 1978 herrscht in Afghanistan Krieg. Das Land im Herzen Asiens kommt nicht zur Ruhe – obwohl eine internationale Allianz mit inzwischen über 60 000 Soldaten seit 2002 versucht, das Land zu befrieden. Auch Deutschland beteiligt sich an dem internationalen Militäreinsatz. Afghanistan liegt viele Tausende Kilometer von Deutschland entfernt – warum sollten dort deutsche Soldaten ihr Leben riskieren, um Frieden zu schaffen?

Bevor man einen solch komplizierten Konflikt beurteilen kann, sollte man versuchen, ihn zu verstehen. Das Verständnis wird erleichtert, wenn man bei der Untersuchung klar strukturiert vorgeht. Die dazu geeignete Methode nennt man Konfliktanalyse. Um das Verständnis dieser und anderer internationaler Krisen mithilfe der Konfliktanalyse geht es auf den nächsten Seiten.

Deutsche Soldaten bei einer Patrouille in der Nähe von Kundus: „Mit gebotener Härte zurückschlagen"

Ein lebensgefährlicher Einsatz für den Frieden

Die Patrouille hat einen langen Tag hinter sich. Im Großraum nördlich von Kundus in Nordafghanistan besuchten die 39 deutschen Soldaten mehrere Dörfer. Ihr Befehl: „Präsenz im Raum und Erkunden des Geländes."
Abends auf dem Rückweg, 17 Kilometer vor dem sicheren Feldlager, bricht die Hölle los: Schüsse mit Kalaschnikows und Panzerfäusten aus dem Hinterhalt. Die fünf Dingo-Patrouillenfahrzeuge und vier Fuchs-Transportpanzer preschen vorwärts – in einen zweiten Hinterhalt. Über mehrere Kilometer bahnt sich die Kolonne mit Maschinengewehren und Granatwerfern ihren Weg, tötet mindestens drei Angreifer. Bis eine Panzerfaust einen Fuchs trifft. In dessen Wrack stirbt ein 21-jähriger Hauptgefreiter vom Donaueschinger Jägerbataillon 292.
Ein Gefallener, vier Verwundete im Gefecht, weitere fünf Verletzte Stunden zuvor bei einem Selbstmordattentat südlich von Kundus. Für die deutsche Truppe war dieser Tag ein schwarzer Tag. Der Feind in Afghanistan wird zunehmend gefährlicher.

(Nach: Michael Jach, Thomas Wiegold: Bomben im Wahljahr, Focus Nr. 19/2009)

Wird unsere Freiheit auch am Hindukusch verteidigt?

Zunächst dachten die Deutschen, sie schicken Soldaten und Entwicklungshelfer nach Afghanistan, und die sorgen dort für ein bisschen Bundesrepublikanisierung, Sicherheit, Ordnung, Justiz, Ausbildung. Zum Teil scheint dies auch gelungen zu sein, aber der Preis dafür ist ein bisschen Afghanisierung der Bundesrepublik.
Anschläge, Entführungen, Rekordernten der Opiumbauern unter den Augen von Nato und Bundeswehr – Afghanistan breitet sich aus im deutschen Denken, im deutschen Alltag. Es prägt die Schlagzeilen, die Politik, die Sorgen. Irgendwie gehört dieser ferne Staat nun dazu, wie ein 17. Bundesland. Er ist schwach, liegt an der Peripherie, aber wie schon häufiger in der Geschichte könnte eine wilde Peripherie das Zentrum verändern. [...] Als [damaliger] Verteidigungsminister hat Peter Struck 2002 gesagt, Deutschlands Sicherheit werde auch am Hindukusch verteidigt. Nun sieht es manchmal so aus, als werde Deutschlands Sicherheit vom Hindukusch gefährdet. Es lässt sich nur schwer einschätzen, ob die Bedrohung aus Afghanistan tatsächlich zugenommen hat. Ganz erkennbar aber hat sich das Bedrohungsgefühl verstärkt.

(Aus: Matthias Gebauer u. a.: Im Psychokrieg, in: Der Spiegel, 23.07.2007, S. 18)

1. Erläutert, wie die deutsche Beteiligung an der internationalen Streitmacht begründet wird.
2. Warum ist der Militäreinsatz in Afghanistan für die Bundeswehr besonders gefährlich?

Vorgeschichte des Konflikts

Um den heutigen Konflikt zu verstehen, müssen wir in das Jahr 1978 zurückgehen. Zu diesem Zeitpunkt gab es eine Revolution in Afghanistan, an deren Ende afghanische Kommunisten die Macht im Staat übernahmen. Mit ihrer Politik stürzten sie das Land in ein Chaos. Schnell verloren sie die Unterstützung der Sowjetunion. Diese schickte im Dezember 1979 Truppen in das Land, die für Ordnung sorgen sollten. Der sowjetische Einmarsch stieß auf erheblichen Widerstand bei der afghanischen Bevölkerung. Die sogenannten Mujaheddin-Gruppen führten den Widerstandskampf gegen die sowjetischen Besatzer. Sie wurden von den USA mit Waffen unterstützt. Die USA wollten so den Einfluss der Sowjetunion in Asien zurückdrängen. Die Kämpfe in Afghanistan entwickelten sich zu einem „Stellvertreterkrieg" der Supermächte auf fremdem Boden. Nach jahrelangem Bürgerkrieg siegten 1996 die Taliban. Sie wollten Afghanistan zu einem islamischen Gottesstaat machen. Musik, Tanz, Sport, Bilder, Kino und Fernseher wurden verboten. Die meisten Universitäten und Schulen wurden geschlossen. Frauen durften nicht mehr berufstätig sein und sich in der Öffentlichkeit nur mit männlicher Begleitung und in Ganzkörperschleierung zeigen.

Ausgangslage

Dem internationalen Terrorismus boten die Taliban einen Unterschlupf: Die Anschläge vom 11. September wurden in Afghanistan geplant. Als Reaktion griffen im Oktober 2001 die USA und Großbritannien das Land an und stürzten gemeinsam mit der afghanischen Nordallianz das Taliban-Regime. Mehr als 40 Länder beteiligen sich seitdem am Wiederaufbau Afghanistans: Staatliche Strukturen sollen geschaffen, Schulen, Straßen und Krankenhäuser gebaut werden. Deutschland hat versprochen, vor allem beim Aufbau der afghanischen Polizei und Armee zu helfen. Mit 4 800 Soldaten stellt Deutschland das drittgrößte Kontingent an der Internationalen Schutztruppe in Afghanistan (ISAF). Doch immer wieder erschüttern Anschläge der Taliban das Land. Mit ihrer Terror-Strategie des „Mordens und Zerstörens" wollen sie die afghanische Bevölkerung einschüchtern, im Westen Zweifel am Sinn der Afghanistan-Mission schüren und die Macht im Land zurückerobern.

(Nach: Afghanistan spezial, in: www.bpb.de, letzter Zugriff 06.07.09)

Konfliktverlauf

Seit Frühjahr 2006 hat sich die Sicherheitslage kontinuierlich verschlechtert. [...] Die Regierung unter Präsident Karsai erwies sich als zu schwach, ihre Amtsgewalt in alle Landesteile auszudehnen. Die Bevölkerung ist wegen des schleppenden Wiederaufbaus und der enttäuschenden Resultate bei der Armutsbekämpfung frustriert. Sie macht dafür sowohl die Regierung als auch die internationale Gemeinschaft verantwortlich. Letztere hatte unterschätzt, wie sehr das Land durch den langen Krieg zerstört war und wie wenige einheimische Arbeitskräfte nach kurzen Schulungen in die Lage versetzt werden konnte, Wirtschaft und Verwaltung wieder aufzubauen.
Die zunehmende Unsicherheit im Land und die seit Ende 2005 rasch zunehmenden Anschläge haben je nach

Region unterschiedliche Ursachen. Im Norden und Westen sind sie hauptsächlich gewaltsame Auseinandersetzungen zwischen lokalen Rivalen oder zwischen diesen und der Kabuler Regierung. Im Süden und Osten kommt das Erstarken aufständischer Gruppen – sogenannte oppositioneller Kräfte (OMK) – hinzu. Dazu gehören Neo-Taliban, Drogenbarone, auf Autonomie bedachte Stammesälteste und Teile der bitterarmen Bevölkerung, die unter dem harten Vorgehen der ausländischen Truppen gelitten hatten. Da traditionell enge Stammesbeziehungen über die pakistanische Grenze hinweg bestehen, finden die OMK dort Unterstützung und Rückzugsmöglichkeiten. Eine wichtige Rolle spielen mächtige Drogenringe. Sie tragen zur Eskalation der Spannungen bei und schwächen die staatlichen Institutionen. Ihre Macht wurde durch eine neuerliche Rekordernte im Mohnanbau und die dadurch verbundenen Mehreinnahmen aus dem Drogenhandel 2007 noch gestärkt.

Ansätze zur Konfliktlösung

Angesichts der schwierigen Gesamtlage, der Gewalteskalation im Süden und der gestiegenen Selbstmordanschläge beschränken sich die Handlungsmöglichkeiten der internationalen Gemeinschaft realistischerweise darauf, einer weiteren Verschlechterung der Lage entgegenzuwirken. [...] Grundsätzlich ist eine Mischung zwischen militärischem Vorgehen gegen Aufständische und vertrauensbildende Maßnahmen gegenüber der Bevölkerung gefragt. Im besonders gefährdeten Süden gilt es, Entfremdung und Hass in der Bevölkerung zu überwinden. Durch gemeinsam mit der Bevölkerung konzipierte Kleinprojekte soll der abgerissene Dialog wiederhergestellt werden.

(Aus: Citha D. Maaß: Afghanistan, Konfliktporträts, Aktuelle Konfliktsituation, 07.03.2008, in: www.bpb.de, letzter Zugriff 06.07.2009)

1. Führt eine Konfliktanalyse zum Afghanistan-Konflikt durch. Wie ihr dabei vorgehen könnt, erfahrt ihr auf der folgenden Seite.

Vertrauensbildende Maßnahmen: Bundeswehrsoldaten im Gesprach mit afghanischen Ortsvorstehern

Die wichtigsten Daten

1978	Staatsstreich afghanischer Kommunisten
1979	Einmarsch sowjetischer Truppen
1988	Genfer Abkommen zwischen Afghanistan, Pakistan, der Sowjetunion und der USA über die Unabhängigkeit. Das Land versinkt im Chaos.
1996	Die Taliban übernehmen die Macht.
2001	Die USA und Großbritannien greifen Afghanistan an und stürzen gemeinsam mit der Nordallianz die Taliban.
2001	Erste Petersberg-Konferenz beschließt Neuordnung des Landes. Die UNO entsendet die internationale Schutztruppe Isaf (= International security assistance force), die unter deutscher Beteiligung das Land stabilisieren und den Wiederaufbau einleiten soll.
2003	Die NATO übernimmt das Isaf-Kommando.
Seit 2006	Die Sicherheitslage verschlechtert sich. Die Taliban und andere aufständische Gruppen beherrschen weite Teile des Landes. Starke Zunahme von Terroranschlägen.
2009/2010	Die Truppen werden aufgestockt. Mehr als 100 000 Soldaten aus 44 Nationen sind in Afghanistan stationiert. Die Angriffe der Taliban weiten sich auch auf den bisher sicheren Norden aus. Allein im April 2010 sterben sieben deutsche Soldaten bei Angriffen der Taliban. Auch deutsche Politiker sprechen angesichts der Zustände in Afghanistan von Krieg.

Methodenkarte 13

Konfliktanalyse | Thema: Afghanistan

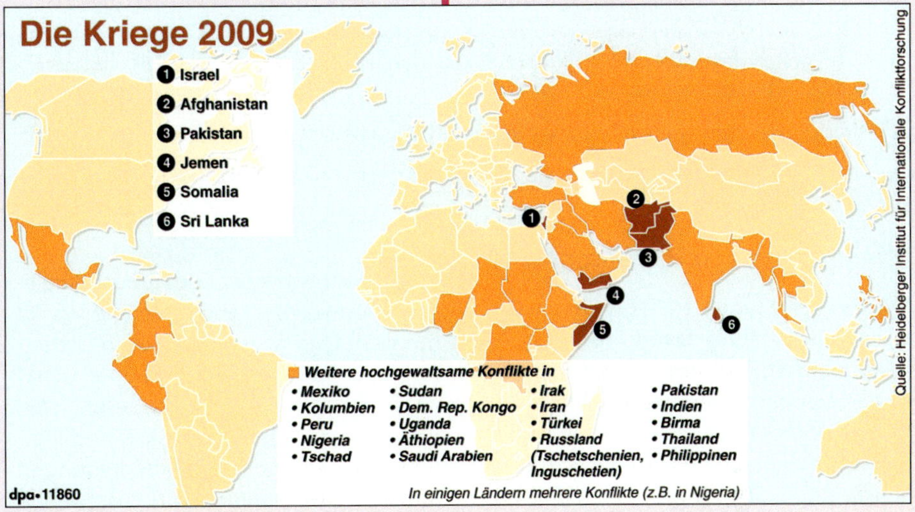

A Worum geht es?

Selbst für politisch interessierte Menschen ist es oft sehr schwierig zu erkennen, worum es bei einem Konflikt geht und welche Möglichkeiten zur Lösung infrage kommen. So besteht die Gefahr, dass man sich einfache Erklärungen zurechtlegt. Damit können Vorurteile und Feindbilder verstärkt werden.
Friedensforscher haben deshalb das Instrument der Konfliktanalyse entwickelt, das hilft, Konflikte besser zu verstehen und Lösungswege zu erkennen. Es ist grundsätzlich auf jeden Konflikt anwendbar. Dabei wird das Thema mithilfe von Leitfragen untersucht. Analyse bedeutet, dass man ein Thema in einzelne Aspekte zerlegt, diese zunächst getrennt untersucht und auswertet. Anschließend werden die Erkenntnisse zusammengefasst, geordnet und bewertet.

B Vorbereitung und Durchführung

- Ihr könnt die Fragen arbeitsteilig in Gruppen bearbeiten: Jede Gruppe wählt einen Aspekt, den sie untersuchen möchte.
- Lest dann die Materialien auf den Seiten 314 bis 316 und notiert die Antworten auf die Fragen, zum Beispiel auf einer Folie.

C Präsentation und Auswertung

Präsentiert eure Ergebnisse der Klasse. Versucht dann gemeinsam, das Ergebnis zu bewerten: Welche Erkenntnisse habt ihr durch die Analyse gewonnen? Wie könnte der Konflikt sich weiterentwickeln? Haltet ihr die Lösungsansätze für realistisch?

Leitfragen für die Konfliktanalyse:

1. Ausgangslage
- Wer sind die Konfliktgegner?
- Was löst den Konflikt aus?

2. Ursachen
- Welche Vorgeschichte hat der Konflikt?
- Welche Ursachen für den Konflikt sind erkennbar?

3. Ziele und Mittel
- Welche Ziele und Interessen haben die Beteiligten?
- Wie sind die Machtverhältnisse zwischen den Gegnern?
- Wer unterstützt sie bei der Verfolgung der Ziele?
- Welche Mittel setzen die Gegner ein, um ihre Ziele zu erreichen?

4. Konfliktverlauf
- Welche wichtigen Ereignisse kennzeichnen den Verlauf des Konflikts?
- Wie ist die aktuelle Situation?

5. Konfliktlösung
- Welche Lösungen streben die Beteiligten an?
- Welche Folgen hätten die Lösungen für die Konfliktgegner?
- Wie sind die Lösungen zu bewerten? Orientiert euch dabei an folgenden Gesichtspunkten: Beseitigung der Ursachen, Entspannung der Situation, Verbesserung des Verhältnisses der Beteiligten.
- Was könnte die Politik unternehmen, um solche Konflikte in Zukunft zu verhindern?

Friedenssicherung

1. Die Vorstellungen von Frieden haben sich in den letzten Jahren gewandelt. Erläutert, was sich verändert hat.
2. Was gehört zum Frieden? Erkläre die sechs Merkmale von Frieden in eigenen Worten.
3. Warum kann Frieden nicht nur mit militärischen Mitteln gesichert werden?

Begriffe für euer Fachwörterverzeichnis

Frieden – was ist das eigentlich?

Die meisten Menschen haben eine sehr genaue Vorstellung davon, was Krieg heißt: Gewalt, Tod vieler, meist unschuldiger Menschen, Zerstörung, Vertreibung … Schließlich sehen wir fast täglich schreckliche Bilder im Fernsehen zu diesen Themen. Schwieriger wird es, wenn man beschreiben möchte, was Frieden bedeutet. Man könnte sagen, Frieden herrscht, wenn die Waffen schweigen. Und sicherlich ist es ein großer Fortschritt, wenn sich ehemals erbitterte Gegner einigen, auf Gewalt zu verzichten und einen Waffenstillstand zu beschließen. Doch ist das schon Frieden? Lange Zeit dachte man so. Doch dann kam man zu der Einsicht, dass Konflikte häufig soziale Ursachen haben, wenn zum Beispiel in einem Staat Minderheiten unterdrückt oder wirtschaftlich ausgebeutet werden. Darauf deutet auch die weltweit abnehmende Zahl von Kriegen zwischen Staaten und die zunehmende Zahl von Bürgerkriegen hin, in denen sich verfeindete Gruppen in einem Staat bekämpfen. In solchen Fällen wird die Gewalt nicht enden, bis die Ursachen beseitigt sind. Einige Forscher definieren deswegen Frieden als Zustand größtmöglicher sozialer Gerechtigkeit. Eine weitere wichtige Voraussetzung für Frieden ist, dass in einem Staat die Menschenrechte beachtet werden. Wo Menschen willkürlich verfolgt werden, wo gefoltert wird, wo keine Meinungsfreiheit garantiert wird, ist auch kein Frieden möglich. Dies ist zum Beispiel in Diktaturen der Fall. Dort tritt Willkürherrschaft an die Stelle von Recht und Gesetz. Deswegen sind Rechtsstaatlichkeit und Demokratie weitere wichtige Bedingungen für einen stabilen Frieden. Tatsächlich hat die Geschichte gezeigt, dass demokratische Staaten seltener von Bürgerkriegen betroffen sind und auch weniger Kriege mit anderen Staaten führen.

Frieden als Prozess

Der Politikwissenschaftler Dieter Senghaas erweiterte diese Vorstellungen und entwickelte ein Friedensmodell, das er „Zivilisatorisches Hexagon" [aus dem Griechischen = Sechseck) nennt. Er begreift darin Frieden als Prozess, in dem nach und nach die Ziele des Hexagons erfüllt werden. Sein Modell bezieht sich vorwiegend auf den inneren Frieden eines Landes.

Aufgaben von Friedens- und Sicherheitspolitik

Wenn man Frieden umfassend versteht, wird deutlich, dass Frieden nicht nur mit militärischen Mitteln gesichert werden kann. Friedenspolitik ist demnach auch Sozialpolitik, die das Ziel verfolgt, allen Gruppen in der Bevölkerung einen gerechten Anteil am wirtschaftlichen Wohlstand zu ermöglichen. Bildungspolitik kann ebenfalls Friedenspolitik sein, indem sie allen den Zugang zu Schulen und Bildungseinrichtungen ermöglicht und jeder Bürger soziale Aufstiegschancen wahrnehmen kann. Auch Entwicklungspolitik leistet einen wichtigen Beitrag zum Frieden. Sie mindert soziale Spannungen in Entwicklungsländern und versucht, die Benachteiligung dieser Länder im Welthandel auszugleichen. Friedenspolitik auf internationaler Ebene bedeutet, dass Staaten untereinander Kontakte pflegen, bei Problemen miteinander verhandeln und sich politisch zusammenschließen. Frieden besteht am wahrscheinlichsten da, wo man sich kennt und einander vertraut. Das zeigt auch das Beispiel der Europäischen Union, die den Staaten in Mitteleuropa die längste Friedensperiode in ihrer Geschichte beschert hat.

6 Merkmale von Frieden

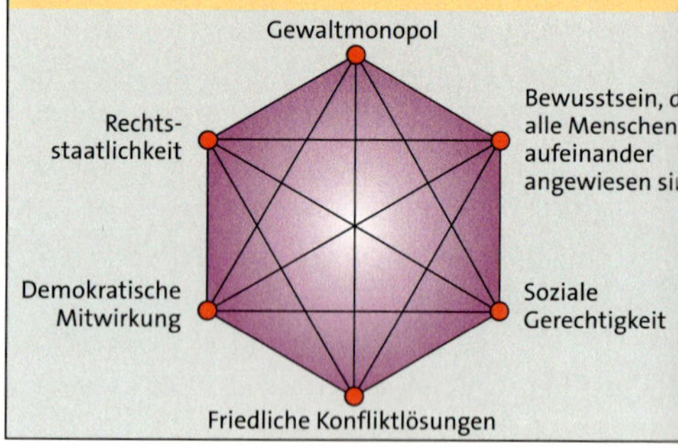

Gewaltmonopol: Nur der Staat darf Gewalt anwenden, um die Einhaltung von Gesetzen zu sichern.

Trainingsplatz

Wir entwerfen eine Treppe zum Frieden in Afghanistan

Auf dieser Seite findet ihr Vorschläge für friedenspolitische Maßnahmen in Afghanistan. Überlegt, wie ihr sie in eine sinnvolle Reihenfolge bringen könnt.

- Welche Maßnahme sollte nach dem in der Treppe vorgegebenen ersten Schritt erfüllt werden, welche als zweite usw., damit zwischen den ehemals verfeindeten Parteien ein dauerhafter Frieden entstehen kann?
- Stellt euch gegenseitig eure Treppen vor und diskutiert über die verschiedenen Lösungen.

Da keine Kampfhandlungen mehr zu erwarten sind, ziehen ausländische Truppen ab.	Alle gesellschaftlichen Gruppen im Land verpflichten sich, sich zu respektieren und auch andere Lebensformen zu tolerieren.
Eine der Parteien erfüllt – zumindest teilweise – eine wichtige Forderung der Gegenseite und hofft auf Gegenleistung.	Der Staat ist in der Lage, mit seiner Polizei und Armee selbst für die Sicherheit des Landes zu sorgen.
Alle Stämme des Landes erkennen die Regierung in Kabul an und erklären sich bereit, die Gesetze des Landes zu beachten.	Die Parteien erklären sich bereit, die Kampfhandlung einzustellen und künftig auf Gewalt zu verzichten.
Alle Stämme und gesellschaftlichen Gruppierungen werden an der politischen Macht in gerechter Weise beteiligt.	Die Regierung in Kabul sowie die westlichen Regierungen versuchen mit den feindlichen Taliban Kontakt aufzunehmen und machen ein Gesprächsangebot.
Wiederaufbaumaßnahmen und Entwicklungsprojekte können ungestört durch Gewalt durchgeführt werden.	Es werden Wirtschaftsprogramme entwickelt, die Arbeitsplätze schaffen.

2 Internationaler Terrorismus – die neue Bedrohung für den Frieden?

Seit dem 11. September 2001 bedroht der internationale Terrorismus den Frieden in vielen Ländern der Welt. Zwar gab es auch schon früher terroristische Anschläge, neu an dieser Form des Terrorismus ist jedoch, dass Terrorgruppen frei über die Grenzen hinweg operieren und bei Terroranschlägen oft sehr viele unbeteiligte Opfer sterben.

Daniel S. – einer der beiden Sauerland-Attentäter bei seiner Festnahme

Islamistische Anschläge auch in Deutschland?

Knapp ein Jahr nach der Verhaftung von drei mutmaßlichen Terroristen im Sauerland hat die Bundesanwaltschaft Anklage erhoben. Ihnen wird die Mitgliedschaft in einer in- sowie ausländischen terroristischen Vereinigung vorgeworfen.
Die beiden zum Islam konvertierten Deutschen und der Türke sollen der international operierenden „Islamischen Dschihad Union" angehören und Bombenanschläge in Deutschland geplant haben.
Mit der Festnahme waren die Ermittler nach eigenen Angaben den mutmaßlichen Bombenbauern nur knapp zuvorgekommen. Die Ermittler gehen davon aus, dass mehrere mit Sprengstoff beladene Mietfahrzeuge vor Flughäfen sowie vor Diskotheken mit vorwiegend US-amerikanischem Publikum gezündet werden sollten.
Die Anschläge sollen von der im pakistanisch-afghanischen Grenzland agierenden „Islamischen Dschihad Union" gesteuert worden sein. [...] Demnach beschloss der Ulmer Gelowicz, den die Bundesanwaltschaft als „Rädelsführer" bezeichnet, vor fünf Jahren in den „Heiligen Krieg" zu ziehen. Ursprünglich suchten die jungen Männer in Afghanistan den „Märtyrertod". Ihre „Kommandeure" hätten jedoch andere Pläne verfolgt und das Trio im Herbst 2006 mit einem klar definierten Auftrag nach Hause geschickt: Deutschland mit Anschlägen anzugreifen.

(Nach: dpa, 02.09.2008, zitiert nach: www.stern.de)

Weltweit verbreiten Terroristen Angst und Schrecken. 32 Menschen sterben bei Anschlägen in Istanbul im November 2003.

1. Beschreibt, warum islamistischer Terror auch in Deutschland zu einer Gefahr geworden ist.

2. Fühlt ihr euch persönlich bedroht? Begründet eure Meinung.

Islamistischer Terrorismus: Hintergründe und Zusammenhänge

In den Texten A und B geht es im ersten um die Frage, was Terrorismus ist, und im zweiten darum, was die Täter antreibt. Ihr könnt sie in Partnerarbeit arbeitsteilig bearbeiten.

- Jeder liest zunächst aufmerksam seinen Text, fertigt einen Stichwortzettel als Merkhilfe an und beantwortet die Fragen unter den Texten.
- Informiert euch anschließend gegenseitig über den Inhalt der Texte.
- Fasst eure Arbeitsergebnisse gemeinsam in einer Mindmap zusammen.

11. September 2001: Der bisher folgenschwerste Terroranschlag wurde inzwischen zum Symbol für die Bedrohung durch internationalen Terrorismus.

A Was ist Terrorismus?

Viele Kommentatoren waren sich einig: „Nichts mehr wird so sein, wie es war". Am 11. September 2001 konnte die ganze Welt am Fernsehbildschirm mit ansehen, wie die Türme des New Yorker World Trade Center in sich zusammenstürzten. [...] Bereits am folgenden Tag bezeichneten die Vereinten Nationen den Terrorismus in einer einstimmigen Resolution als eine Bedrohung für den Weltfrieden; jeder Staat habe das Recht auf Selbstverteidigung.
Aber was ist überhaupt Terrorismus? [...]
„Terrorismus ist das ungezielte Töten unschuldiger Menschen mit der Absicht, eine um sich greifende Furcht zu erzeugen", so der Sozialwissenschaftler und Publizist Harald Welzer. Die Attentate vom 11. September gelten demnach – genau wie die Selbstmordattentate der Hamas und anderer radikaler palästinensischer Organisationen – eindeutig als Terrorismus. Sie waren und sind nicht gegen Bewaffnete gerichtet, und dass Zivilisten dabei umkommen würden, nahm man nicht etwa nur billigend in Kauf, es war beabsichtigt. [...]
Die Vereinten Nationen allerdings konnten sich trotz ihrer einstimmigen Resolution vom 12. September 2001 bis heute nicht auf eine verbindliche Definition des Terrorismus einigen. Vor allem die islamischen Staaten fordern, „Befreiungsbewegungen" nicht als Terrororganisationen einzustufen. [...]

Islamistischer Terrorismus

Terrorismus ist kein neues Phänomen. Allerdings hat er sich grundlegend verändert. Schon die nordirische IRA, die westdeutsche RAF, die palästinensische PLO [...] verübten Terroranschläge nicht nur gegen einzelne Entscheidungsträger, sondern auch gegen Zivilisten. Grundsätzlich aber wollten sie politischen Forderungen Nachdruck verleihen: Autonomie für ihre Region, die Freilassung von Gefangenen, oder weit radikaler, wie im Falle der PLO, die Zerstörung des Staates Israel. Dem islamistischen Terror des 21. Jahrhunderts geht es weniger um konkrete politische Forderungen. Er hat sich den Kampf gegen ideologische Feinde zum Ziel gesetzt – den „Westen", der nach der zutiefst antisemitischen Auffassung Osama Bin Ladens, von den Hauptfeinden, den Juden unterwandert sei sowie die „Abtrünnigen" des eigenen Glaubens.
Islamistische Attentate sind keineswegs auf Ziele im Westen beschränkt. Sie ereignen sich überwiegend in islamischen Ländern oder Ländern mit einer großen islamischen Bevölkerung (Irak, Jordanien, Ägypten, Saudi-Arabien, Türkei, Marokko oder Indonesien), die in den Augen der Islamisten „Büttel des Westens" sind. Die meisten Terroropfer waren Muslime.

(Nach: Sylke Tempel: Die Tagesschau erklärt die Welt, Wiesbaden 2007, S. 126 ff.)

Begriffe für euer Fachwörterverzeichnis

1. Fasse in eigenen Worten zusammen, was man unter Terrorismus versteht.
2. Terrorismus gibt es schon seit Langem. Erkläre, was neu am islamistischen Terrorismus ist.

B Wer sind die Täter?

Das Terrornetzwerk Al-Kaida

Der Anschlag vom 9. September 2001 sowie zahlreiche folgenschwere Terroranschläge in den folgenden Jahren werden dem Terrornetzwerk Al-Kaida zugeschrieben.
Als Gründer von Al-Kaida gilt der um 1955 in Saudi-Arabien geborene Osama Bin Laden. Als Sohn eines erfolgreichen, aus dem Jemen stammenden Bauunternehmers studierte er Wirtschaftswissenschaften und arbeitete zunächst ebenfalls als Bauunternehmer. Nach der Invasion der Sowjetunion in Afghanistan 1979 aber beschloss er, sein Vermögen für den Widerstand der Mudschaheddin („Glaubenskämpfer") gegen die „ungläubigen Invasoren" zu verwenden: Er kaufte Waffen, rekrutierte Verstärkung und galt als Spezialist für den Bau von Festungen und Tunnelsystemen.
Nachdem die Sowjetunion 1989 aus Afghanistan abgezogen war und 1990, vor dem zweiten Golfkrieg, amerikanische Truppen in Saudi-Arabien aufmarschierten, bot sich Bin Laden ein neues Ziel: die Vertreibung der Amerikaner vom Boden des Landes, das Wächter der heiligen Stätten Mekka und Medina ist. Dort hatte der Prophet Mohammed gewirkt, kein Muslim könne die Anwesenheit von Ungläubigen dort dulden.
Im Oktober 2001 begann eine Allianz unter der Führung der USA eine Invasion in Afghanistan, wo sich das Hauptquartier von Al-Kaida befand. Osama Bin Laden aber wurde nicht gefasst. Wo er sich heute aufhält, ist nicht bekannt. Er dürfte der meistgesuchte Mann der Welt sein.
Doch selbst wenn Osama Bin Laden gefasst werden sollte, bedeutet das noch nicht, dass damit Al-Kaida vernichtet wäre. Denn sie ist keine Organisation mit festen Hierarchien. Hunderte, wenn nicht Tausende junger Männer sind einst in den Ausbildungslagern in Afghanistan trainiert worden, und sie haben einzelne Zellen gebildet, die längst unabhängig voneinander handeln. Sie verfügen über eigene Geldquellen und sind in der Lage, sich mit Ausrüstung zu versorgen, die sie für ihre Attentate brauchen. Zusammengehalten wird ihr Netzwerk weniger durch feste Befehlsstrukturen als durch eine gemeinsame Ideologie – den Hass auf „den Westen", dessen Werte es ihrer Meinung nach zu bekämpfen gilt.

(Nach: Sylke Tempel: Die Tagesschau erklärt die Welt, Hamburg 2007, S. 92f.)

Palästinensische Terroristen demonstrieren im Libanon ihre Bereitschaft zu einem Selbstmordattentat. Auf ihren Stirnbändern steht „Der Tod im Namen Gottes ist unser Wunsch." Wer im Dschihad, dem heiligen Krieg gegen Ungläubige oder Abtrünnige, stirbt, wird von der Familie und seinen Anhängern als Märtyrer verehrt.

Der Westen als Inbegriff des Bösen

In den Augen islamistischer Fundamentalisten sind die USA ein „Hort des Satans" und westliche Staaten die „Lakaien" dieser Großmacht, die ihren „schädlichen" Einfluss auf die ganze Welt ausdehnen möchte. Die islamischen Staaten stellen nach Ansicht islamistischer Fundamentalisten das „Bollwerk Allahs" dar, das es zu verteidigen gilt. Bei vielen jungen, in materiell und sozial schwierigen Verhältnissen lebenden Menschen in der arabischen Welt zündet eine solche Argumentation. Sie fühlen sich durch die politische und wirtschaftliche Macht des Westens gedemütigt; gleichzeitig empfinden sie die westliche Kultur als moralisch verwerflich. Diese Stimmung nutzen terroristische Führer für ihre Zwecke. Die neueste Entwicklung zeigt, dass sich auch zum Islam übergetretene Deutsche zu Kämpfern ausbilden lassen. Der fundamentalistisch begründete Terrorismus in seiner gefährlichsten Form setzt auf Selbstmordattentate, gegen die es keinen ausreichenden Schutz gibt. Die Attentäter berufen sich dabei auf den Islam. Der traditionelle Islam kennt jedoch keine Rechtfertigung für Selbstmordattentate, mit denen andere – zumeist Unbeteiligte – in den Tod gerissen werden.

(Aus: Arbeitsgemeinschaft Jugend und Bildung e. V., Frieden & Sicherheit, 2009/2010, Wiesbaden 2009, S. 5)

1. Erkläre, wie das Terrornetzwerk Al-Kaida funktioniert.
2. Warum verüben islamistische Terroristen Anschläge?

Wie kann man Terrorismus bekämpfen?

Wie führt man einen Krieg gegen einen Feind, der im Verborgenen operiert? Darüber wird in fast allen Ländern der westlichen Welt seit dem Terrorangriff vom 11. September diskutiert.

Was haben westliche Staaten gegen Terrorismus unternommen?
Seit dem 11. September 2001 haben die USA den „Globalen Krieg gegen Terror" ausgerufen. Sie sind mit Unterstützung der Nato in Afghanistan einmarschiert und haben das Taliban-Regime gestürzt. Im Irak haben die USA einen zweiten Krieg angefangen, der mit 9/11 begründet wurde – fälschlicherweise, wie heute alle wissen. Nicht nur in den USA, sondern fast überall auf der Welt hat ein völlig neues Sicherheitsdenken Einzug gehalten. Der globale Terrorismus, wie ihn die Al-Kaida praktiziert, kennt keine einfach zu identifizierenden Ziele: eine dänische Botschaft in Pakistan, ein Nachtclub auf Bali, Vorortzüge in London und Madrid, Hochzeitsgesellschaften in Jordanien, eine Synagoge in Tunesien, eine britische Bank in Istanbul.
Um sich zu schützen, haben westliche wie nicht-westliche Staaten neue Gesetze erlassen – zum Teil drakonische. Die USA haben das Gefangenenlager in Guantanamo Bay eingerichtet. Die CIA hat Terrorverdächtige auf der ganzen Welt entführt – auch solche, die nicht besonders verdächtig waren und längst als unschuldig gelten. [...] Al-Kaida ist nicht besiegt. Osama Bin Laden und Aiman al-Swahiri sind nach wie vor auf freiem Fuß. Es wurde zwar eine Reihe hochrangiger Terroristenführer getötet oder eingesperrt. Aber der Terror wurde nicht gestoppt. Im Irak musste Al-Kaida Rückschläge hinnehmen, in Pakistan aber gewinnt sie an Einfluss und Rückzugsräumen. Ebenso in Nordafrika.

(Nach: Yassin Musharbash: Wie gefährlich al-Qaida wirklich ist, in: Spiegel online vom 11.09.2008, letzter Zugriff 20.07.2009)

Muss der Terror vor allem an den Wurzeln bekämpft werden?
Der Entwicklungsexperte Franz Nuscheler in einem Interview mit der „Zeit":
ZEIT: Professor Nuscheler, können Bomben den Terrorismus ausrotten?
NUSCHELER: Nein, weil sie seine sozialen und politischen Ursachen nicht beseitigen. Sie tragen seinen Nährboden nicht ab.
ZEIT: Woraus besteht dieser Nährboden?
NUSCHELER: Aus Armut, aus Hoffnungslosigkeit, aus dem Gefühl der Ohnmacht. [...] Der strukturelle Hintergrund des Terrorismus ist eine ungerechte Welt. [...] Die Armen selbst rebellieren nicht, das haben sie nie getan. Sie neigen eher zur Selbstanklage und geben sich ihrem Schicksal hin. Die Geschichte zeigt, dass Terroristen meist aus der Mittel- oder Oberschicht kommen und als eine Art Hohepriester fungieren. Oft durchaus im wörtlichen Sinne: Es sind die Mullahs, die Ayatollahs oder auch christliche Priester wie bei den Guerillabewegungen in Lateinamerika. Diese Hohepriester fühlen sich durch die Armut, durch die von ihnen als ungerecht empfundene Welt provoziert. Sie sehen sich als die Sprecher der Sprachlosen. [...]

(In: Die Zeit, 41/2001, Autoren: Wolfgang Uchatius, Fritz Vorholz)

1. Fasst zusammen, welche Schritte westliche Staaten zur Bekämpfung des internationalen Terrorismus unternommen haben.
2. Wie beurteilt ihr den Erfolg der Maßnahmen? Bezieht bei eurer Antwort auch die Aussage der Karikatur mit ein.
3. Erläutert die Auffassung von Franz Nuscheler zur Terrorbekämpfung.
4. Wie man den Terrorismus am besten bekämpfen sollte, ist umstritten. Vielfach herrscht sogar Ratlosigkeit. Wie denkt ihr über die Möglichkeiten?

3 Welchen Beitrag zur Friedenssicherung leisten UNO, NATO und Bundeswehr?

Teil A Die UNO

UNO-Blauhelmsoldaten im Kongo

Teil B Die NATO

Weltweit im Einsatz für den Frieden …
NATO-Soldaten im Kosovo

Teil C Die Bundeswehr

Bundeswehrsoldatin in Afrika

Im Auftrag internationaler Organisationen und der Bundeswehr sind weltweit Menschen in Krisengebieten für den Frieden tätig und riskieren dafür nicht selten sogar ihr Leben. Welche Aufgaben diese Organisationen haben und was sie für die Friedenssicherung leisten, ist das Thema dieser Einheit. Die Materialien sind so aufgebaut, dass ihr euch diese Themen selbstständig erarbeiten und sie in Kurzvorträgen präsentieren könnt.

1. Schritt: Themen aufteilen

Entscheidet euch für eines der Themen A, B oder C. Ihr könnt sie sowohl alleine als auch arbeitsteilig in Gruppen bearbeiten. Zu jedem Thema findet ihr im Folgenden drei Seiten mit Materialien. Auf der ersten Seite sind die Entwicklung und wichtige Aufgaben der Organisation dargestellt. Auf der zweiten Seite findet ihr konkrete Beispiele für die Friedensarbeit dieser Organisation. Auf der dritten Seite geht es um wichtige Zukunftsfragen, die die Organisationen in den nächsten Jahren lösen müssen.

2. Schritt: Vorträge vorbereiten

Bereits im achten Kapitel habt ihr euch damit befasst, wie man einen Vortrag systematisch vorbereitet. Deshalb findet ihr auf den nächsten Seiten keine Arbeitshinweise. Anhand einer Checkliste am Ende des jeweiligen Themas könnt ihr jedoch herausfinden, ob ihr bei euren Notizen die wichtigsten Punkte berücksichtigt habt.
Checklisten wurden ursprünglich von Piloten entwickelt: Vor dem Start überprüfen sie mithilfe von Checklisten Punkt für Punkt, ob alle Geräte in Ordnung sind und ob der Flug gut vorbereitet ist. Heute werden Checklisten in vielen Bereichen eingesetzt, wenn man kontrollieren möchte, ob man an alles gedacht hat.

3. Schritt: Vorträge halten und auswerten

Ihr könnt eure Themen alleine oder als Team präsentieren. Nachdem ihr schon etwas Erfahrung im Präsentieren gesammelt habt, empfehlen wir euch, nun den Schwerpunkt besonders auf die Beurteilung der Kurzvorträge zu legen. Eure Rückmeldungen und Tipps können den Präsentierenden helfen, ihre Kompetenzen in diesem Bereich zu verbessern. Hinweise, wie ihr dabei vorgehen könnt, gibt euch die Methodenkarte auf der nächsten Seite.

Methodenkarte 14

Kurzvorträge beurteilen | Thema: UNO, NATO und Bundeswehr

A Worum geht es?

Wenn ihr im Politikunterricht einige Routine in der Präsentation von Kurzvorträgen gewonnen habt, könnt ihr darangehen, eure Kurzvorträge zur Friedenssicherung einer genaueren Beurteilung zu unterziehen und den Vortragenden Rückmeldung über die Wirkung ihrer Vorträge geben. Das nennt man Feedback.

B Wie könnt ihr vorgehen?

Den Fragebogen auf dieser Seite könnt ihr für alle Schülerinnen und Schüler kopieren, damit ihr eure Bewertungen eintragen könnt. Ihr vergebt Punkte für die einzelnen Bewertungsmerkmale und zählt am Ende eure Gesamtpunktzahl zusammen.

C Was solltet ihr noch beachten?

Während des Vortrags sollte sich das Publikum auf das Zuhören und Zuschauen konzentrieren. Den Fragebogen könnt ihr im Anschluss daran ausfüllen. In der Phase der Besprechung der Vorträge sollte die gegenseitige Hilfestellung vor der gegenseitigen Kritik im Vordergrund stehen. Später in der Berufsausbildung könnt ihr davon ausgehen, dass solche Beurteilungsbögen als Grundlage für eine Leistungsbewertung herangezogen werden. Der Fragebogen auf dieser Seite wurde von Lehrern und Schülern gemeinsam erarbeitet.

Beurteilungsbogen für Kurzvorträge

	maximale Punktzahl	erreichte Punktzahl	Vortragende von A bis Z				
A Die Sache			A	B	C	D	E
1. Wurde zu Beginn des Vortrags das Thema deutlich benannt und erklärt?	0–2						
2. War der Vortrag anschaulich und gut gegliedert?	0–4						
3. Wie gut verständlich und wie lehrreich war er für die Zuhörerinnen und Zuhörer?	0–4						
4. Enthielt der Vortrag eine angemessene Menge an Informationen?	0–3						
5. Gab es am Ende eine Zusammenfassung und einen gut nachvollziehbaren Abschluss?	0–2						
	15 Punkte						
B Die Personen							
6. Haben die Vortragenden die Aufmerksamkeit der Klasse abgewartet und in Ruhe eröffnet?	0–2						
7. Wurde Blickkontakt zum Publikum hergestellt und gehalten?	0–1						
8. Wurde klar, laut und deutlich, frei und in angemessenem Tempo gesprochen?	0–2						
9. War erkennbar, dass die Vortragenden sich gut vorbereitet haben?	0–3						
10. War das äußere Erscheinungsbild der Vortragenden der Situation angemessen (Art des Auftretens, Körperhaltung etc.)?	0–2						
	10 Punkte						
C Sonderpunkte							
11. Können ein oder mehrere Zusatzpunkte für besondere Einfälle und Leistungen gegeben werden?	0–2						

A Die UNO

Welche Aufgaben hat sie?

Die UNO ist die größte und wichtigste internationale Organisation zur Sicherung des Friedens in der Welt. Ihr gehören heute 192 der 194 Staaten der Welt an. Sie stellt bereits den zweiten Versuch dar, den Weltfrieden durch eine internationale Organisation zu sichern. Nach den Erfahrungen des Ersten Weltkrieges wurde 1920 der Völkerbund gegründet. Er scheiterte, weil die Mitglieder nicht bereit waren, sich der Organisation unterzuordnen. Nach dem Zweiten Weltkrieg schlossen sich am 26. Juni 1945 51 Staaten zu den „United Nations Organisations (UNO)" zusammen. Deutschland gehört der UNO seit 1973 an. Die UNO hat zum Ziel,

- den Weltfrieden und die internationale Sicherheit zu wahren,
- weltweit die Achtung der Menschenrechte durchzusetzen,
- freundschaftliche Beziehungen zwischen den Nationen zu wahren und zu fördern. Es gilt dabei der Grundsatz der Gleichberechtigung.

Alle Mitglieder der UNO haben die „Charta der Vereinten Nationen" unterschrieben. Darin verpflichten sich diese,

- Streitigkeiten untereinander ausschließlich mit friedlichen Mitteln beizulegen,
- jede Androhung und Anwendung von Gewalt gegen die Unabhängigkeit oder das Territorium eines anderen Staates zu unterlassen,
- die Weltorganisation bei allen Maßnahmen zu unterstützen.

Die wichtigsten Organe der UNO

Die **Generalversammlung** besteht aus allen Mitgliedsländern der UNO. Jedes der 192 Länder hat eine Stimme. Auf der jährlichen Vollversammlung in New York, dem Hauptsitz der Weltorganisation, setzt sie sich für die Verwirklichung der Menschenrechte ein, lenkt die Aufmerksamkeit des Sicherheitsrats auf Situationen, die den Weltfrieden gefährden könnten, und erörtert Fragen der Abrüstung. Die Generalversammlung kann an Krisenherden Untersuchungen durchführen und Empfehlungen zur Konfliktregelung aussprechen.

Der **Sicherheitsrat** ist verantwortlich für die Wahrung des Weltfriedens und für die internationale Sicherheit. Er setzt sich aus fünf ständigen Mitgliedern (China, Frankreich, Großbritannien, Russland, USA) und zehn nichtständigen Mitgliedern zusammen. Diese werden von der Generalversammlung auf zwei Jahre gewählt. Der Sicherheitsrat kann Empfehlungen aussprechen, wie die streitenden Länder ihre Konflikte friedlich beilegen können. Als einziges Organ der UNO kann er verbindliche Beschlüsse fassen und auch Zwangsmaßnahmen gegen ein Mitglied anordnen. Gegen die Beschlüsse des Sicherheitsrats können die fünf ständigen Mitglieder von ihrem Vetorecht Gebrauch machen und damit mit einer einzigen Stimme einen Beschluss verhindern. Alle fünf Jahre wählt die Vollversammlung auf Empfehlung des Sicherheitsrats den **Generalsekretär**, den obersten Verwaltungsbeamten der UNO. Er reist in Krisengebiete, führt Gespräche mit Regierungen und macht Vorschläge zur Beilegung von Konflikten. An den Sitzungen des Sicherheitsrats nimmt er teil und lenkt dort die Aufmerksamkeit auf die Probleme der Welt. Jährlich erstattet er der Generalversammlung Bericht. Seit 2007 bekleidet der Südkoreaner Ban Ki Moon dieses Amt.

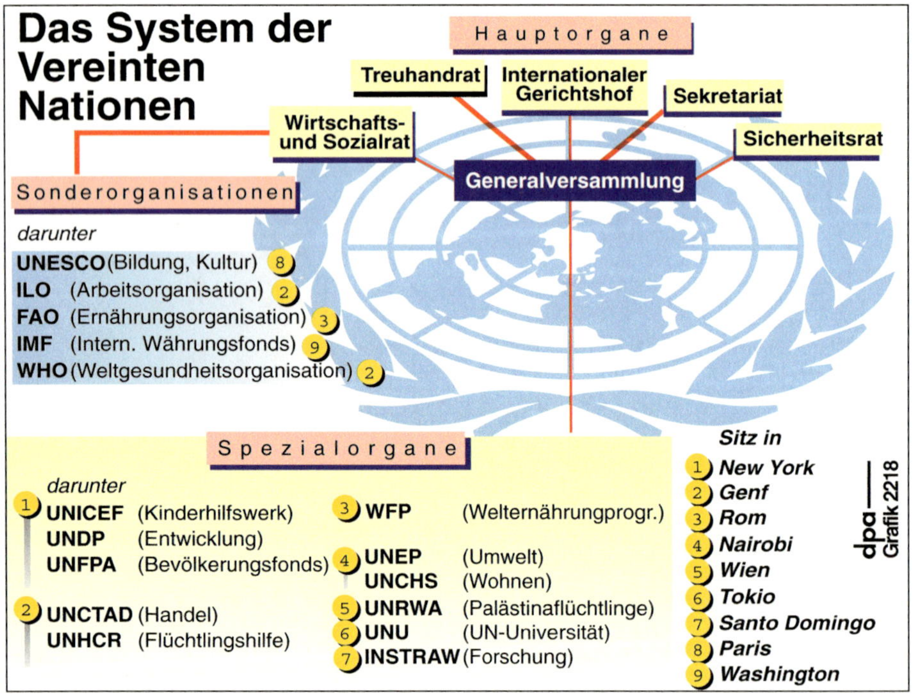

Was leisten die Blauhelmsoldaten?

Der Weltsicherheitsrat entscheidet über Friedensmissionen
Wenn sich ein Konflikt anbahnt oder die Sicherheit in einer Region gefährdet ist, wird der Sicherheitsrat zunächst versuchen, die verfeindeten Parteien mit friedlichen Mitteln, wie Untersuchungen und Verhandlungen, zum Einlenken zu bringen. Wenn diese Versuche erfolglos sind oder sich der Konflikt weiter verschärft, kann er Sanktionen (= Zwangsmaßnahmen) verhängen. Das können zum Beispiel Wirtschaftsembargos sein, bei denen der Handel mit den betroffenen Staaten untersagt wird, oder auch die Unterbrechung von Verkehrs- und Kommunikationswegen. Scheint kein anderer Ausweg möglich, kann der Sicherheitsrat den Einsatz militärischer Mittel anordnen. Dazu stehen ihm mehrere Möglichkeiten zur Verfügung.

Wie sehen UN-Friedenseinsätze aus?
Peacekeeping (Friedenssichernde Einsätze): Diese Form von Friedenssicherungseinsätzen existiert seit dem Kalten Krieg. Im Auftrag der UNO werden leicht bewaffnete Truppen, aber auch zivile Helfer aus verschiedenen Mitgliedstaaten der UNO in Konfliktgebieten eingesetzt. Nach der Farbe ihrer Kopfbedeckung werden die UNO-Soldaten Blauhelme genannt. Peacekeeper wurden zunächst nur eingesetzt, um einen Waffenstillstand zu überwachen und unter der Voraussetzung, dass alle Beteiligten damit einverstanden waren. Sie dürfen nur zur Selbstverteidigung zu den Waffen greifen.
Erweitertes Peacekeeping: Seit dem Ende des Kalten Krieges hat die Zahl der Missionen stark zugenommen, weil der Sicherheitsrat nicht mehr durch Vetos der Großmächte blockiert wurde. Gleichzeitig sind die Missionen schwieriger und umfangreicher geworden. Häufig übernehmen nun UNO-Truppen in den betroffenen Staaten zusätzlich auch zivile Aufgaben. So überwachen sie zum Beispiel Wahlen, sorgen für die Einhaltung von Menschenrechten und helfen beim Wiederaufbau der zerstörten Länder mit.
Peace Enforcement: Die meisten Einsätze werden von der UNO mit Truppen aus den Mitgliedsländern durchgeführt, die direkt unter dem Kommando der UNO stehen. Wenn eine Mission die Möglichkeiten der UNO übersteigt, kann sie auch Mitgliedstaaten oder Organisationen wie die NATO beauftragen. Das war bisher besonders bei friedenserzwingenden Maßnahmen (Peace Enforcement) der Fall. So beauftragte die UNO im Golfkrieg 1991 die USA, irakische Truppen, die Kuwait angegriffen und besetzt hatten, mit Waffengewalt zurückzudrängen.
Robustes Peacekeeping: In den 1990er-Jahren zeigte sich, dass die klassischen Blauhelmtruppen an ihre Grenzen stießen: So konnten Friedenstruppen der UNO 1994 in Ruanda einen Völkermord mit über 800 000 Opfern nicht verhindern. Auch mussten Blauhelmsoldaten hilflos zusehen, wie in Srebrenica Tausende bosnischer Männer niedergemetzelt wurden. Zunehmend wurden auch UN-Soldaten selbst zu Opfern von Gewalttaten. Daher erhielten Blauhelmtruppen in der Folgezeit das Recht, ihren Auftrag notfalls auch mit Waffengewalt zu verfolgen. Das bezeichnet man als robustes Peacekeeping. Diese Aufgaben können auch NATO-Truppen übertragen werden, wie dies zum Beispiel bei der Friedenssicherung und dem Wiederaufbau im Kosovo der Fall ist.

Die UNO im 21. Jahrhundert: Können Reformen die Krise der Weltorganisation beheben?

Im Irakkrieg 2003 konnte der Sicherheitsrat nicht verhindern, dass die USA und ihre Verbündeten ohne UN-Mandat den Irak bombardierten. Im Libanon-Konflikt 2006 konnte sich das Gremium wegen Meinungsverschiedenheiten nicht zu schnellem Handeln durchringen und sah tatenlos zu, wie zahllose Zivilisten sterben mussten. Vorfälle dieser Art häuften sich in den letzten Jahren. Kein Zweifel, die UNO befindet sich in der ernstesten Krise seit ihrer Gründung. Seit über zehn Jahren wird über Reformen diskutiert – doch scheiterten fast alle Reformversuche an der Uneinigkeit der Mitglieder. Wie kann es weitergehen?

„Wir, die Völker der Vereinten Nationen" – mit diesen Worten beginnt die Präambel der UN-Charta. Das klingt schön, ist aber nach Meinung vieler Beobachter pure Schönfärberei. Denn tatsächlich bestimmen Regierungen das Wohl und Wehe der Weltorganisation, Regierungen, von denen nur ein Teil auf demokratischem Weg gewählt ist. Diktatorische Regime fanden und finden sich selbst unter den Mächtigsten – den fünf ständigen Sicherheitsratsmitgliedern, die mit ihrem Vetorecht die UNO zur Untätigkeit verdammen können. [...] Der erste Satz der Präambel ist symptomatisch für die Widersprüche, unter denen die UNO seit ihrer Gründung vor 60 Jahren leidet. Während des Kalten Krieges hat der Sicherheitsrat selten die Aufgabe erfüllen können, die ihm zugedacht ist, nämlich für Frieden und Sicherheit in der Welt zu sorgen. Zwar haben Blauhelme sehr oft bei der Befriedung von Regionen nach einem bewaffneten Konflikt eine positive Rolle gespielt. Aber eben erst nachdem Konflikte bereits eskaliert waren. Den Ausbruch von Kriegen konnte die UNO in den meisten Fällen nicht verhindern, weder in Korea noch in Vietnam. [...] Das jüngste Beispiel Irak zeigt, dass das höchste UN-Gremium nur dann einen Waffengang verhindern kann, wenn das alle ständigen Mitglieder wirklich wollen. Daran wird auch die Reform, die Generalsekretär Kofi Annan [Vorgänger von Ban Ki Moon] anstrebt, nichts ändern. Der Sicherheitsrat wird durch die geplante Erweiterung – egal, ob nun ständige Sitze hinzukommen oder nicht – keineswegs handlungsfähiger. Im Gegenteil: Beschlüsse zu fassen, ist mit den derzeitigen 15 Mitgliedern sicher weitaus einfacher als, wie anvisiert, mit 24 oder 25. Denn das eigentlich entscheidende Problem ist das Vetorecht – und selbst die größten Reform-Optimisten glauben nicht, dass daran nur ein Komma geändert wird. [...] Eine bescheidenere Sicht der Dinge käme der Wirklichkeit näher: Die UNO dient in Fragen des Weltfriedens in erster Linie als Forum zum Meinungsaustausch; in bestimmten Fällen werden dort konkrete Friedensmaßnahmen beschlossen; aber letztlich ist nicht die UNO dafür verantwortlich, dass Frieden in der Welt herrscht, sondern alle 192 Mitgliedstaaten.

(Aus: Klaus Dahmann: 60 Jahre UNO: Organisation der Widersprüche, www.dw-world.de vom 26.05.2005 © 2006 Deutsche Welle; letzter Zugriff 29.11.06)

Checkliste Vorbereitung

- ☑ Wir beschreiben die Ziele der UNO, die Pflichten ihrer Mitglieder und stellen anhand des Schaubildes die wichtigsten Organe vor.
- ☑ Wir erläutern, welche Auswirkungen das Vetorecht auf die Handlungsfähigkeit des Sicherheitsrats hat.
- ☑ Wir stellen dar, was der Weltsicherheitsrat in Krisensituationen tun kann.
- ☑ Wir grenzen die Instrumente zur militärischen Friedenssicherung voneinander ab und erklären, warum und wozu sie geschaffen wurden.
- ☑ Wir erklären anhand der Karikatur, warum sich die UNO zurzeit in einer schweren Krise befindet.
- ☑ Wir stellen dar, wie die künftige Rolle der UNO aussehen könnte, und nehmen Stellung dazu.

B Die NATO

Welche Aufgaben hat sie?

Die NATO im Ost-West-Konflikt

Die NATO ist ein Militärbündnis. Ihr gehören heute 28 Staaten an. Gegründet wurde das Bündnis im Jahr 1949 – wenige Jahre nach dem Zweiten Weltkrieg. Im NATO-Vertrag verpflichteten sich alle Mitglieder, einander im Verteidigungsfall militärisch beizustehen. 1955 entstand der Warschauer Pakt als östliches Militärbündnis.

Damit waren innerhalb weniger Jahre nach dem Zweiten Weltkrieg aus ehemaligen Verbündeten Gegner geworden, die zwar nicht direkt gegeneinander kämpften, sich aber mit ihren riesigen Waffenarsenalen bedrohten. Viele Jahre lang sicherte militärische Abschreckung den Frieden in Europa, das zu dieser Zeit in zwei Militärblöcke gespalten war. Die Angst vor einem Atomkrieg hatte zur Folge, dass ein Rüstungswettlauf zwischen den Militärbündnissen in Gang gesetzt wurde. Jede Seite strebte nach Überlegenheit und hatte Angst, der anderen Seite unterlegen zu sein.

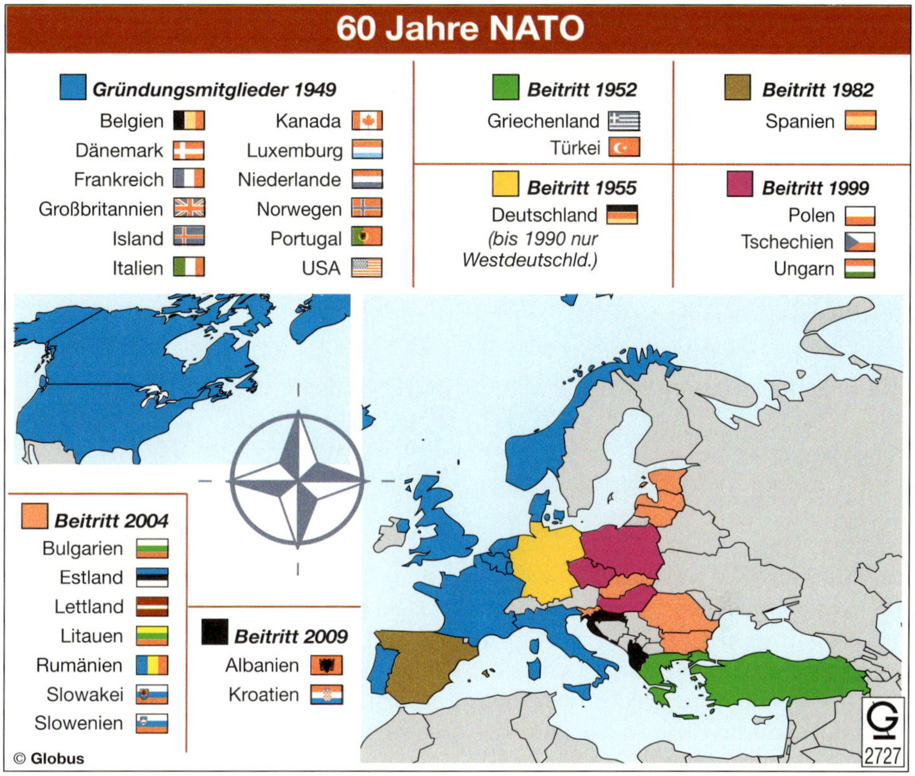

Die NATO vergrößert sich

Nach dem Zerfall der kommunistischen Regime im Osten löste sich 1991 der Warschauer Pakt auf. Der ehemalige Feind existierte damit nicht mehr, doch entstanden in Ost- und Südosteuropa neue Sicherheitsrisiken durch wirtschaftlichen Niedergang, Korruption und politische Unsicherheit in diesen Staaten. Viele der ehemaligen Warschauer-Pakt-Staaten wollten sich militärisch an den Westen binden – auch aus Angst vor der russischen Übermacht. Die NATO war bereit, neue Mitglieder aus den ehemaligen Ostblockstaaten aufzunehmen. Zwischen 1999 und 2009 wurden insgesamt zwölf ehemalige Ostblock-Staaten in das Bündnis aufgenommen.

Neue Herausforderungen – neue Aufgaben

In den Neunzigerjahren nahm die NATO nicht nur neue Mitglieder auf, sie entwickelte 1999 auch ein neues strategisches Konzept, das auf die neuen Verhältnisse in Europa zugeschnitten ist: Danach gehören weltweite Kriseneinsätze mit und ohne Auftrag der UNO zu den neuen Aufgaben des Bündnisses. In Europa soll die NATO Frieden und Stabilität garantieren. Um dieses Ziel zu erreichen, wollen die europäischen Nato-Partner künftig verstärkt eine eigenständige, von den USA unabhängige Sicherheitspolitik innerhalb der EU betreiben. So baute die EU eine eigene Eingreiftruppe auf, die dann eingesetzt werden soll, wenn die NATO als Ganzes nicht aktiv werden will. Das neue strategische Konzept der NATO nahm außerdem die Bekämpfung von Terrorismus als weitere Aufgabe des Bündnisses auf: „Akte des Terrorismus“ berühren die Sicherheitsinteressen des Bündnisses, heißt es dort. Nur wenig später löste der Terroranschlag vom 11. September 2001 auf das World Trade Center in New York erstmals in der Geschichte der NATO den Bündnisfall aus. Das bedeutet, dass die Mitglieder den Anschlag als Angriff auf den Verbündeten USA betrachten und nach dem NATO-Vertrag verpflichtet sind, der USA militärischen Beistand zu leisten. Trotzdem war die NATO 2003 an dem Krieg im Irak nicht beteiligt.

Zahlreiche Nationen sind an dem Einsatz der KFOR im Kosovo beteiligt

Die Streitkräfte der NATO sind für den Einsatz mit Waffen ausgebildet und bereit zu kämpfen, wenn keine andere Möglichkeit bleibt. Doch in den letzten Jahren kamen neue Aufgaben in der Friedenssicherung und -erhaltung hinzu. Zwei Beispiele sind auf dieser Seite dargestellt.

Beispiel 1: Die NATO-Sicherheitstruppe KFOR im Kosovo
Seit 1999 ist die internationale KFOR-Truppe der NATO im Kosovo stationiert. Ihr gehören auch Bundeswehrsoldaten an. Obwohl der Bürgerkrieg beendet ist, kam es immer wieder zu Zwischenfällen zwischen Serben und Kosovo-Albanern, zuletzt bei den März-Unruhen 2004. Seit 2008 ist der Kosovo ein unabhängiger Staat.
Der jüngste Staat Europas muss zwar wirtschaftlich und politisch noch viel aufholen. Doch anders als die serbische Bevölkerung hält die NATO die Sicherheitslage im Kosovo inzwischen für so stabil, dass sie an einer Art „Ausstiegsszenario" arbeitet.
Natürlich hat der Schutz von Minderheiten weiter Priorität – aber mit weit weniger Aufwand als bisher. Von derzeit knapp 14 000 auf 2 200 Soldatinnen und Soldaten will die KFOR abspecken. [...]
Die KFOR fährt nach den Märzunruhen eine zweigleisige Strategie: Seit der Kosovo-Unabhängigkeit hilft sie aktiv mit bei der Ausbildung einer multiethnischen eigenen kosovarischen Armee. Daneben zeigen Soldaten nicht nur Präsenz, sondern sie machen sich nützlich bei vielen Entwicklungshilfeprojekten. [...] Sogenannte „vertrauensbildende Maßnahmen", – erläutert ein Bundeswehrsoldat. „Es ist ruhig, weil wir hier sind. Es ist aber nicht so, dass sich die Lage nicht schnell ändern könnte. Und deshalb ist es wichtig, mit den Menschen hier auf der Straße und mit allen Behörden in Verbindung zu bleiben. Das ist der entscheidende Faktor, wenn man überhaupt eine Chance haben will, diese Stimmungsumschwünge rechtzeitig zu erkennen, um dann darauf reagieren zu können."
[...] Dass der Einsatz angenehmer geworden ist, erläutert ein Soldat: „Ich war ein paar Monate nach Kriegsende im Land, damals war noch fast alles zerstört. Die Minenverdachtsflächen waren enorm. Man hat nichts Heiles mehr gesehen, nur Schrott, viel Müll. Als ich jetzt wiederkam, war ich erfreut überrascht, dass sich doch schon einiges verändert hat. Müll ist zwar immer noch da, aber das Gesamtbild hat sich verbessert."

(Nach: Andrea Mühlberger: „Wir machen hier vor allem Polizeiaufgaben", 12.06.2008, www.tagesschau.de, letzter Zugriff 30.7.2009)

Beispiel 2: Partnership for Peace (PfP)
Die Partnership for Peace wurde 1994 gegründet. Sie soll zum einen ehemalige Ostblockstaaten auf die Aufnahme in die NATO vorbereiten, zum anderen Staaten, für die eine Mitgliedschaft in der NATO nicht infrage kommt, eine Zusammenarbeit mit der NATO in sicherheitspolitischen Fragen ermöglichen. Zurzeit gehören 23 Staaten der Partnerschaft an, darunter auch Russland, Tadschikistan, Turkmenistan und Usbekistan. Zwölf frühere Unterzeichnerstaaten aus dem früheren Ostblock sind inzwischen der NATO beigetreten. Der Vertrag sieht eine enge militärische Zusammenarbeit bei der Ausbildung der Streitkräfte, gemeinsame Manöver und die Teilnahme an friedenssichernden Einsätzen der NATO vor. So beteiligen sich Streitkräfte dieser Staaten auch am KFOR-Einsatz im Kosovo oder an humanitären Minenräumeinsätzen. Auch auf anderen Gebieten hat sich in den letzten Jahren die Zusammenarbeit intensiviert, zum Beispiel im Katastrophenschutz und bei der Terrorismus-Bekämpfung.

Zukunftsfrage: Wird die NATO zum globalen Sicherheitsdienstleister?

Natürlich weiß heute noch niemand mit Sicherheit, wie sich die NATO in den nächsten Jahren entwickeln wird. Doch deutet sich an, dass sich der rasante Wandel des Bündnisses wohl auch in Zukunft fortsetzen wird. In letzter Zeit wird angesichts der veränderten globalen Sicherheitslage diskutiert, ob die NATO zum weltweit tätigen Militärbündnis ausgebaut werden soll. Die beiden folgenden Texte stellen die unterschiedlichen Positionen dar.

Die NATO soll ein globales Militärbündnis werden

Diese Position vertreten vor allem die USA. Sie wollen neben den europäischen Partnern weitere Mitglieder in das Bündnis aufnehmen, zum Beispiel Australien, Neuseeland, Japan und Israel.
Die USA verweisen darauf, dass die NATO bereits mit ihren Einsätzen im Kosovo und Bosnien-Herzegowina ihr Bündnisgebiet überschritten habe, weil dieser Einsatz aus humanitären Gründen notwendig wurde.
Im Zeitalter der Globalisierung lassen sich Sicherheitsrisiken nicht regional eingrenzen. Die USA verweist darauf, dass sie seit dem 11. September 2001 über 70000 Soldaten außerhalb der Bündnisgrenzen im Einsatz hat. Sie führt in Afghanistan Krieg, hat im Irak Truppen stationiert, schützt die Seeverbindungen im Indischen Ozean. Von diesen Einsätzen profitieren auch die NATO-Mitglieder. Deshalb wünscht sie sich bei solchen Einsätzen vermehrt Unterstützung.

Die NATO soll ein regionales Militärbündnis bleiben

Vor allem die osteuropäischen Mitglieder des Bündnisses beobachten mit Sorge, dass seit 1999 die Konflikte mit Russland zugenommen haben. Das Bündnis soll sich vor allem darauf konzentrieren, die Sicherheit seiner Mitglieder zu gewährleisten. So fordern sie unter anderem, dass die NATO endlich für die neu aufgenommenen osteuropäischen Staaten Verteidigungspläne ausarbeitet, wie sie für die Altmitglieder bereits bestehen. Mit diesen Aufgaben wäre die NATO bereits voll ausgelastet, sie dürfe sich nicht überfordern. Auch die Bundesregierung hat Bedenken gegen ein globales Bündnis. Sie verweist darauf, dass das Bundesverfassungsgericht Auslandseinsätzen enge Grenzen setzt. Weltweite Einsätze in vermehrtem Umfang würden auch von der deutschen Bevölkerung nicht akzeptiert.

Artikel 5 Nordatlantikvertrag
Die Parteien vereinbaren, dass ein bewaffneter Angriff gegen eine oder mehrere von ihnen in Europa oder Nordamerika als ein Angriff gegen sie alle angesehen wird; sie vereinbaren daher, dass im Fall eines solchen bewaffneten Angriffs jede von ihnen [...] Beistand leistet, indem jede von ihnen [...] die Maßnahmen, einschließlich der Anwendung von Waffengewalt, trifft, die sie für erforderlich erachtet, um die Sicherheit des nordatlantischen Gebiets wiederherzustellen und zu erhalten. [...]

Checkliste Vorbereitung

- ☑ Wir stellen dar, wie sich die Aufgaben der NATO von der Zeit des Ost-West-Konflikts bis heute gewandelt haben.
- ☑ Wir erklären, warum der Terroranschlag vom 11. September 2001 erstmals in der Geschichte der NATO den Bündnisfall auslöste.
- ☑ Wir stellen Ziele und Maßnahmen von KFOR und PfP vor und bewerten deren Erfolg.
- ☑ Wir erklären, inwiefern PfP den Frieden in Europa stabilisiert hat.
- ☑ Wir stellen zwei Möglichkeiten vor, wie sich die NATO in den nächsten Jahren entwickeln könnte.
- ☑ Wir interpretieren die Karikatur und stellen einen Bezug zur aktuellen Situation der NATO her.

C Bundeswehr

Welche Aufgaben hat sie?

Die Bundeswehr wurde 1955 geschaffen, als in Mitteleuropa die Sorge vor einem möglichen Krieg zwischen den West- und Ostmächten immer größer wurde. Nach dem Grundgesetz darf die Armee nur zur Verteidigung eingesetzt werden oder „soweit dies das Grundgesetz ausdrücklich zulässt.“ (Artikel 87) Man wollte damit nach den schlimmen Erfahrungen des Zweiten Weltkriegs sicherstellen, dass von deutschem Boden nie wieder ein Krieg ausgehen kann.
Nach dem Ende des Ost-West-Konflikts war die Gefahr eines Atomkriegs in Deutschland praktisch ausgeschaltet. Die Bundeswehr übernahm daher zusätzlich neue Aufgaben. Dazu gehören heute

- eine internationale Konfliktverhütung und Krisenbewältigung – einschließlich des Kampfs gegen den internationalen Terrorismus;
- die Unterstützung von Bündnispartnern bei der Verteidigung ihres Staatsgebiets. Dazu gehört auch die Unterstützung im Kampf gegen Terror sowie der Schutz der Bevölkerung und lebenswichtiger Infrastruktur;
- der Schutz Deutschlands und seiner Bevölkerung;
- die Rettung und Evakuierung von deutschen Staatsbürgern im Ausland (etwa zu Beginn eines Kriegs);
- Hilfeleistungen bei Naturkatastrophen und besonders schweren Unglücksfällen im Inland sowie humanitäre Hilfsaktionen im Ausland.

Auslandseinsätze

Zwar bleibt Landesverteidigung nach wie vor Hauptaufgabe der Bundeswehr, doch sind heute internationale Einsätze zur Konfliktverhütung und Krisenbewältigung immer wichtiger geworden. 1994 entschied das Bundesverfassungsgericht, dass sogenannte „out-of-area“-Einsätze der Bundeswehr (Einsätze außerhalb des NATO-Gebiets) rechtlich zulässig sind,

- wenn die Bundeswehr an friedensschaffenden und -erhaltenden Maßnahmen im Auftrag der UNO oder NATO teilnimmt
- und wenn zuvor der Bundestag einer Teilnahme mehrheitlich zugestimmt hat.

Seither hat die Zahl der Bundeswehreinsätze im Ausland erheblich zugenommen. Sie sind auch gefährlicher für die Soldaten geworden. So wurde 1995 erstmals bei einer Aktion scharf geschossen: Bundeswehrsoldaten evakuierten in Tirana, Albanien, 120 bedrohte Europäer.
Große innenpolitische Diskussionen löste 1999 die Beteiligung der Bundeswehr an Luftangriffen der NATO gegen Jugoslawien aus. Kritiker bezweifeln die Rechtmäßigkeit des Einsatzes, weil die NATO erstmals ohne Auftrag der UNO militärische Gewalt anwendete.
Seit 2002 beteiligt sich die Bundeswehr in Afghanistan an der ISAF (= International Security Assistance Force), die die NATO im Auftrag der UNO durchführt.

Was leistet die Bundeswehr für Frieden und Sicherheit?

Neben den Einsätzen im Kosovo und in Afghanistan beteiligt sich die Bundeswehr im Auftrag der UNO, NATO und der EU an zahlreichen weiteren Auslandsmissionen. Zwei Beispiele sind auf dieser Seite dargestellt.

Beispiel 1: Einsatz im Libanon

Bereits seit 1978 sind UN-Truppen im Grenzgebiet zwischen dem Libanon und Israel stationiert, denn immer wieder kommt es zu Spannungen und Gewaltausbrüchen zwischen den beiden Völkern. Die UN-Soldaten haben die Aufgabe, den Waffenstillstand an der 121 km langen Grenze zu überwachen. Seit 2006 wird auch die Küste vor dem Libanon durch die Marine überwacht. Auslöser für diesen Einsatz waren neue Kämpfe zwischen den verfeindeten Ländern: Libanon entführte zwei israelische Soldaten und beschoss Dörfer im Grenzgebiet. Daraufhin marschierte die israelische Armee in den Libanon ein und blockierte die Seewege mit der Begründung, dass auf dem Seeweg neuer Nachschub an Waffen in den Libanon geschmuggelt werde. Der libanesische Präsident bat die UNO um Hilfe.

Die deutsche Marine beteiligt sich seit 2006 an diesem Einsatz – ihrem ersten im Nahen Osten. Die Soldaten haben die Aufgabe, die Seewege zu überwachen und den Schmuggel von Waffen zu unterbinden. Außerdem sollen sie die Sicherheit des UN-Personals und der humanitären Helfer gewährleisten. Damit die libanesische Armee diese Aufgaben bald selbstständig übernehmen kann, berät die Bundeswehr die libanesische Regierung in militärischen Fragen und bei der Ausbildung ihrer Soldaten.

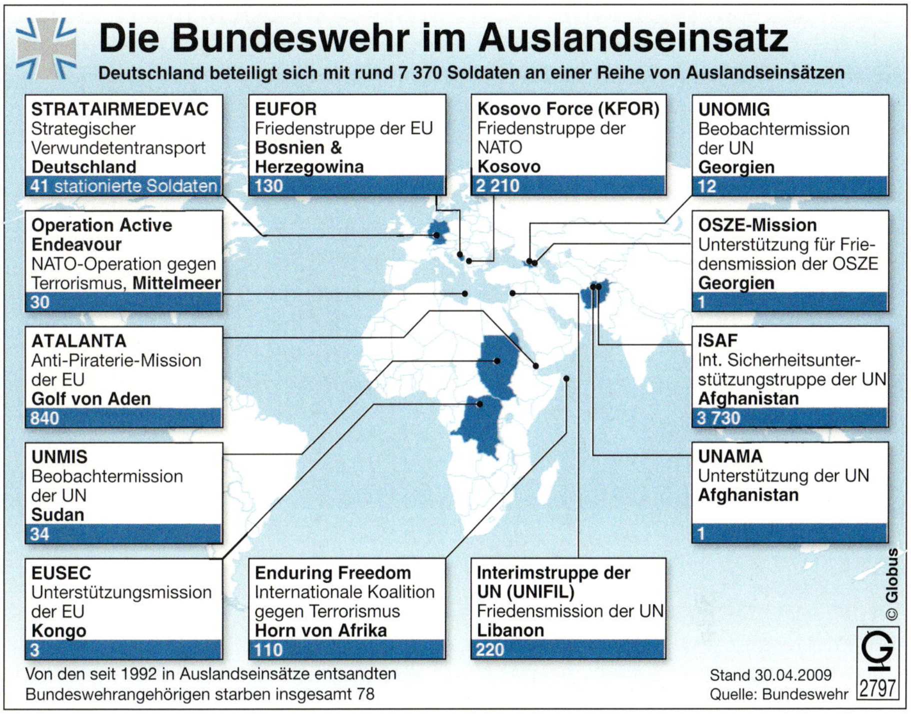

Beispiel 2: Einsatz am Kap Horn

Seit 2008 beteiligt sich die Bundeswehr an der Anti-Piraterie-Mission der EU, „ATALANTA" genannt. Die Aktion richtet sich gegen somalische Piraten, die vor der Küste Somalias internationale Frachtschiffe überfallen und Lösegeld erpressen. Die Piraten, meist ehemalige Fischer, die sich mit ihrem Verdienst nicht mehr ernähren können, bedrohen damit die Sicherheit auf einer der wichtigsten Seefahrtsrouten der Welt. Sie gefährden auch Hilfslieferungen von Lebensmitteln für die vom Hunger bedrohte somalische Bevölkerung. Aufgabe der Bundeswehr ist es, durch die Anwesenheit der Marine Piraten abzuschrecken, aber auch aktiv von Überfällen bedrohte Schiffe bei der Verteidigung zu unterstützen.

Ein Soldat schildert seinen Einsatz.

„Wir waren bereits auf dem Heimweg. Weihnachten zu Hause zum Greifen nahe. Da erhielten wir am 19. Dezember durch den Beschluss des Bundestages das Mandat für ATALANTA. [...] Wir rechneten mit einem ruhigen Weihnachtsfest auf hoher See. Doch es kam anders. Am 25. Dezember erhielten wir plötzlich einen Notruf. Der Frachter ‚Wabi al Arab' wurde von Piraten angegriffen. Sofort ging unser Bordhubschrauber raus. Ebenso schnell vereitelte er den Überfall. Anschließend wurde ein schwer verletztes Besatzungsmitglied auf die ‚Karlsruhe' geflogen und dort erfolgreich operiert. An diesem Abend waren wir unheimlich stolz auf unsere gute Ausbildung, aber auch auf uns selbst."

(Zitat nach: www.bundeswehr.de, Einsätze und Hilfsaktionen von A bis Z, Zugriff am 27.10.2009)

TEAM kontrovers: Soll die Wehrpflicht abgeschafft werden?

Die veränderten Aufgaben der Bundeswehr haben die Debatte um die Beibehaltung der Wehrpflicht neu entfacht. Sie wurde in Deutschland 1955 eingeführt. Dahinter stand die Auffassung, dass in einem demokratischen Staat Bürger nicht nur Rechte, sondern auch Pflichten haben. Dazu zählt die Bereitschaft, die freiheitliche Demokratie notfalls mit Waffen zu verteidigen. Nach Artikel 4 Absatz 3 des Grundgesetzes darf allerdings niemand zum Dienst mit der Waffe gezwungen werden. Deswegen besteht die Möglichkeit, den Wehrdienst aus Gewissensgründen zu verweigern und einen zivilen Ersatzdienst zu leisten.

Checkliste Vorbereitung

- ☑ Wir stellen dar, warum die Bundeswehr gegründet wurde und welche Aufgaben sie heute wahrnimmt.
- ☑ Wir erläutern, unter welchen Voraussetzungen ein Auslandseinsatz zulässig ist.
- ☑ Wir beschreiben, was die Bundeswehr bei Auslandseinsätzen für die Friedenssicherung leistet und warum solche Einsätze gefährlich werden können.
- ☑ Wir erläutern, welche Auffassung hinter der Einführung der Wehrpflicht stand.
- ☑ Wir nennen jeweils drei Argumente pro und kontra Wehrpflicht und nehmen dazu Stellung.

Ja, die Wehrpflicht soll abgeschafft werden!

Die Wehrpflicht ist nur zu rechtfertigen, wenn sie für die Landesverteidigung der Bundesrepublik zwingend erforderlich ist, da sie wichtige Grundrechte wie das Recht auf Freizügigkeit und die freie Berufswahl erheblich einschränkt. Da Deutschland keine Feinde hat, ist diese Voraussetzung nicht erfüllt.
Für Auslandseinsätze braucht die Bundeswehr eine professionelle, gut ausgebildete Armee, die flexibel und kurzfristig einsetzbar ist. Diese Aufgabe kann mit Berufssoldaten besser erfüllt werden als mit Wehrdienstleistenden, die in der kurzen Zeit nicht für komplexe Aufgaben ausgebildet werden können und im Ausland nur unter besonderen Umständen eingesetzt werden dürfen. Heute leistet nur noch ein Drittel der männlichen Jugendlichen Wehrdienst. Von einer allgemeinen Wehrpflicht kann daher schon jetzt nicht mehr die Rede sein. Die Zahl der Soldaten wurde in den letzten Jahren stetig verringert, die Bundeswehr braucht weniger Soldaten. Viele Jugendliche werden daher gar nicht mehr eingezogen. Das führt zu Ungerechtigkeiten. Wenn der Wehrdienst weiter verkürzt wird, hat die Bundeswehr von Wehrdienstleistenden wegen der kurzen Dienstzeit kaum noch Nutzen. Im Gegenteil: Ihre Ausbildung bindet Personal, das für Auslandseinsätze dringend benötigt wird.

Nein, die Wehrpflicht muss beibehalten werden!

Jeder Auslandseinsatz erfordert Vorbereitung und Unterstützungsleistungen im Inland. Dabei übernehmen Grundwehrdienstleistende wichtige Aufgaben und ermöglichen so erst Auslandseinsätze. Der Grundwehrdienst erleichtert auch erheblich die Nachwuchsgewinnung für längerfristig Dienende. Rund 20 Prozent des Personals bei Auslandseinsätzen sind freiwillig länger Dienende. Deutschland hat bisher mit der Wehrpflicht gute Erfahrungen gemacht. Warum sollte man etwas ändern, das gut funktioniert? Weil jedes Jahr neue Wehrdienstleistende aus allen sozialen Schichten in die Kasernen strömen, ist die Bundeswehr eng mit der Gesellschaft verbunden und ist auch gezwungen, ihre Aufgaben und Ziele immer wieder vor jungen Menschen zu rechtfertigen. So wird verhindert, dass die Armee zu einem Staat im Staate werden kann, wie das in der Weimarer Republik der Fall war. Wenn die Wehrpflicht abgeschafft wird, entfällt auch der Zivildienst. Das würde gravierende Auswirkungen auf unser ohnehin schon stark überlastetes Gesundheitssystem haben. Die Zivildienstleistenden sind zurzeit in Krankenhäusern und Altenheimen unverzichtbar.

Trainingsplatz

Wir lösen ein Quiz zur UNO, NATO und Bundeswehr

Habt ihr bei den Kurzvorträgen über Friedensorganisationen alles verstanden? Das könnt ihr mithilfe dieser Quizfragen überprüfen? 3 x 3 x 3: Ihr findet auf der Seite jeweils drei Fragen zu einer Organisation. Eine der drei Antworten ist richtig. Ihr habt das Quiz richtig gelöst, wenn ihr drei jeweils dreimal a), b) und c) als Lösung erhaltet.

Löst das Quiz zunächst allein und stellt dann eure Antworten in der Klasse vor.

UNO

1. Wann wurde die UNO gegründet?
a) nach dem Kalten Krieg
b) nach dem Ersten Weltkrieg
c) nach dem Zweiten Weltkrieg

2. Wozu sind alle Mitglieder der UNO verpflichtet?
a) niemals zu streiten
b) Streitigkeiten friedlich auszutragen
c) bei Streitigkeiten immer einen Vermittler einzuschalten

3. Woher kommt die Bezeichnung „Blauhelme"?
a) von der Farbe der Kopfbedeckung der UNO-Soldaten
b) von der Farbe der UNO-Flagge
c) die Bezeichnung hat keine Bedeutung

NATO

1. Wie viele Mitglieder hat die NATO?
a) 28
b) 26
c) 18

2. Was ist „Partnership for Peace"?
a) eine Menschenrechtsorganisation innerhalb der NATO
b) eine Bezeichnung für die Zusammenarbeit mit Staaten, die nicht in der NATO Mitglied sind
c) eine spezielle NATO-Truppe für humanitäre Einsätze

3. Was regelt Artikel 5 des Nordatlantikvertrags?
a) Alle Mitglieder sind bei einem bewaffneten Angriff auf ein Mitglied verpflichtet, diesem militärisch beizustehen.
b) Die Mitglieder der NATO sind verpflichtet, einzugreifen, wenn in einem Staat die Menschenrechte massiv verletzt werden.
c) Die USA entscheiden, wann die NATO in einen Konflikt eingreift.

Bundeswehr

Bundeswehr

1. Wann darf die Bundeswehr im Ausland eingesetzt werden?
a) wenn das Bundesverfassungsgericht den Einsatz genehmigt hat
b) wenn die Bundeskanzlerin/der Bundeskanzler das möchte
c) wenn der Bundestag dem Einsatz zugestimmt hat

2. Was gehört zu den Aufgaben der Bundeswehr?
a) Schutz der Bürger vor gewalttätigen Demonstranten
b) Hilfeleistung bei Naturkatastrophen
c) Überwachung von Feinden der Demokratie

3. Warum wurde in Deutschland die Wehrpflicht eingeführt?
a) weil Bürger in einem demokratischen Staat bereit sein müssen, diesen zu verteidigen
b) weil Deutschland damals nicht so viel Geld für eine Berufsarmee hatte
c) weil Deutschland dringend Soldaten für Auslandseinsätze brauchte

4 Ist Entwicklungspolitik auch Friedenspolitik?

Auf dieser Doppelseite werden von A bis E ein von UNICEF gefördertes sowie Projekte privater und kirchlicher Organisationen vorgestellt. Können auch solche Projekte einen Beitrag zum Frieden leisten?

Kinderarbeit ist in Burkina Faso weit verbreitet. UNICEF, eine Unterorganisation der UNO, unterstützt Familien, damit ihre Kinder eine Schule besuchen können.

A UNICEF fördert Hilfsprogramme für Kinder in Burkina Faso

Über der Pissy-Goldmine außerhalb der Hauptstadt Ouagadougou in Burkina Faso liegt stechender gelblicher Rauch. Über kleinen Feuern erhitzen die Männer schwere Felsblöcke, um sie danach mit Äxten in Stücke zu schlagen. Auf dem Boden sitzen Frauen und zerkleinern die Felsstücke weiter. Der Lärm ist ohrenbetäubend. Ganz anders klingt es ein Stück weiter: In der von UNICEF eingerichteten Kinderkrippe, dem sogenannten „bisongo" herrscht fröhliches Kinderlachen. „Wir mussten einfach etwas für unsere Kinder tun", erzählt Mariam Sawadogo, die Initiatorin. Die 67-Jährige arbeitet seit über 50 Jahren in der Mine und hat nie Lesen und Schreiben gelernt. Doch es gelang ihr, die Frauen von der Idee einer Krippe zu überzeugen. Mittlerweile besuchen 50 Kinder das „bisongo" – es gibt sogar schon eine Warteliste. […]
Burkina Faso ist eines der ärmsten Länder der Welt – doch in einigen Regionen wird Gold zu Tage gefördert. Viele ungelernte Arbeiter ziehen mit ihren Familien in die Nähe der Minen, um dort ihren Lebensunterhalt zu verdienen. Schon Fünfjährige helfen beim Transport der Steine und beim Goldwaschen mit. Viele verletzen sich oder werden krank – zur Schule geht kaum ein Kind. UNICEF unterstützt mit deutschen Spenden ein Hilfsprogramm für Kinder.

Familien werden unterstützt
Die Familien erhalten Unterstützung, um ihr Einkommen zu verbessern. So müssen die Kinder nicht mehr mitarbeiten und können stattdessen zur Schule gehen. Rund 200 Frauen und ältere Mädchen bekommen von UNICEF jeweils zwei Schafe, um eine kleine Tierzucht aufzubauen. UNICEF hilft aber auch, Frauen in der Herstellung von Seife oder kleinen Mahlzeiten zu schulen und sie mit den notwendigen Geräten auszustatten. Auch regelmäßige Besuche lokaler Gesundheitshelfer werden organisiert. […]

Schulen wird geholfen
UNICEF hilft außerdem in den Minenregionen bei der Einrichtung von Kinderkrippen und einfachen Schulen – häufig in Zelten. Für Kleinkinder stellt die Organisation Spielzeug und Essgeschirr bereit und schult die Betreuerinnen. Für die Grundschulkinder stellt UNICEF Tische, Bänke sowie Schulmaterial bereit. Rund 250 Jugendliche können eine Ausbildung zur Schneiderin, zum Mechaniker oder Tischler machen. Nach ihrem Abschluss erhalten sie die Grundausstattung für ihr Handwerk.

Aufklärungsarbeit
UNICEF setzt sich landesweit für die Abschaffung von Kinderarbeit in der Goldindustrie ein. Mit Theaterstücken sowie Radio- und Fernsehspots klärt die Organisation über die Gefahren auf.

(Aus: www.unicef.de, letzter Zugriff 19.03.2010)

B Medizinische Versorgung für Kinder in Afghanistan

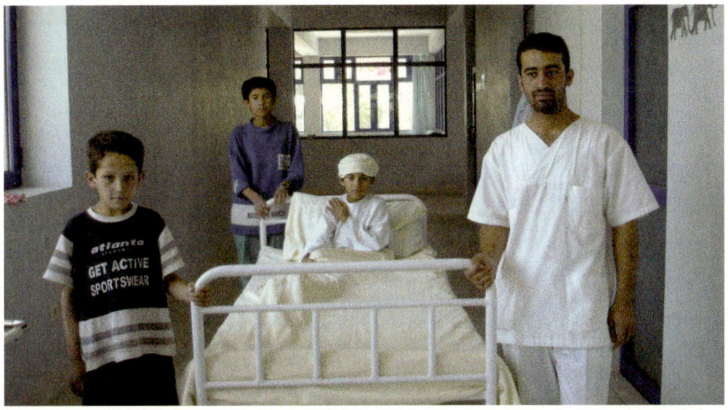

Viele Kinder in Afghanistan brauchen dringend medizinische Hilfe. Die kirchliche Hilfsorganisation Misereor unterstützt die Irene-Salimi-Kinderklinik in Kabul und übernimmt Operations- und Behandlungskosten für die Kinder. (www.misereor.de)

C Sauberes Trinkwasser für Mubimbi in Burundi

Das Hilfswerk Oxfam Deutschland baut eine neue Trinkwasseranlage in Burundi, da die Menschen wegen der unhygienischen Zustände krank wurden. (www.oxfam.de)

D Eine kostenlose Schulmahlzeit für Nomadenkinder in Mali

Jedes Kind erhält bei diesem Projekt der Welthungerhilfe eine Schulmahlzeit. Wegen der kostenlosen Mahlzeit schicken die teils bitterarmen Eltern auch Mädchen in die Schulen. Außerdem hat die Welthungerhilfe für die Nomaden mobile Schulen eingerichtet, die mit den Gruppen mitwandern. (www.welthungerhilfe.de)

E Patenschaften für Kinder in Entwicklungsländern

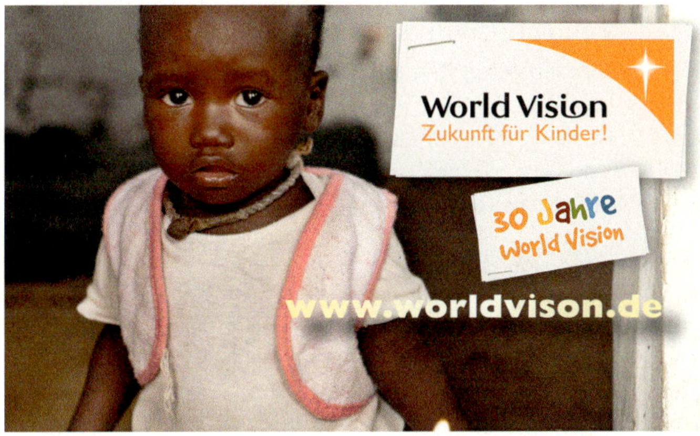

Im Rahmen ihres „Projekt 3000" vermittelt die Kinderhilfsorganisation Menschen, die mit einer Patenschaft ein Kind finanziell unterstützen, damit es ausreichend ernährt wird und zur Schule gehen kann. Mit dem Betrag werden auch seine Familie unterstützt und Entwicklungsprojekte vor Ort finanziert. (www.worldvision.de)

1. „Hilfe zur Selbsthilfe" will deutsche Entwicklungszusammenarbeit leisten. Erläutert anhand des Fallbeispiels auf S. 336, inwieweit dieses Kriterium erfüllt ist.
2. Wählt eine der hier genannten Beispiele von Nichtregierungsorganisationen aus, recherchiert über ihre Arbeit im Internet und stellt sie in einem Kurzvortrag vor.

Trainingsplatz

Wir bewerten unsere Bereitschaft, uns entwicklungspolitisch zu engagieren

Nach einer Studie der Aktion „Deine Stimme gegen Armut" fordern 71 % aller Deutschen eine Verdoppelung der Entwicklungshilfe. In der Tabelle sind zehn Möglichkeiten dargestellt, wie man selbst einen persönlichen Beitrag zur Entwicklungspolitik leisten kann.

1. Entscheidet zunächst Punkt für Punkt, welche Aussage in der Überschrift auf euch selbst zutrifft.
2. Setzt euch dann in Gruppen zusammen und tauscht eure Ergebnisse aus.
3. Sprecht darüber, ob es Vorschläge gibt, an deren Umsetzung ihr gerne mitarbeiten würdet? Wenn ja, stellt sie in der Klasse vor.

	Das habe ich schon gemacht.	Das könnte ich mir (später einmal) vorstellen, zu tun.	Das kommt für mich nicht infrage.
1. in Zeitungen oder im Internet über Projekte und Aktionen recherchieren			
2. mich über Entwicklungsprojekte von Schulen und privaten Trägern in unserer Region informieren			
3. mich in der Kirche, einer Partei oder einer entwicklungspolitischen Organisation engagieren			
4. einmalig einen Betrag für ein Projekt oder eine Aktion spenden			
5. in meiner Freizeit ehrenamtlich in einem Eine-Welt-Laden arbeiten			
6. ein Kind in einem Entwicklungsland durch eine Patenschaft unterstützen			
7. eine Veranstaltung, zum Beispiel einen Flohmarkt, organisieren, um Spenden für Entwicklungsprojekte zu sammeln			
8. bevorzugt fair gehandelte Waren kaufen			
9. in unserer Schule ein Projekt organisieren			
10. ein freiwilliges soziales Jahr in einem Entwicklungsland leisten			

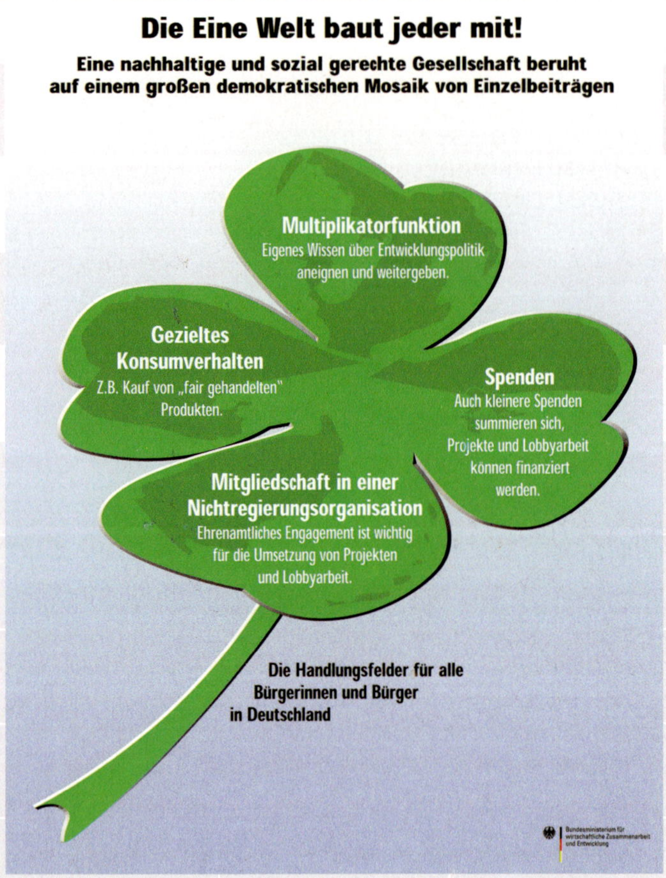

Entwicklungspolitik als Beitrag zum Frieden

Mehr als eine Milliarde Menschen leben von weniger als einem Dollar am Tag. Zwischen den ärmsten und reichsten Ländern der Erde, aber auch innerhalb der ärmsten Länder, klafft eine Wohlstandsschere, die sich in den letzten Jahren weiter geöffnet hat. Wo es am nötigsten zum Leben fehlt, wo Menschenrechte ständig verletzt werden und Menschen keinerlei Lebensperspektiven haben, entsteht ein Nährboden für Gewalt. Die meisten bewaffneten Konflikte finden in Entwicklungsländern statt. Armut, die Zerstörung der Umwelt und der Kampf um Wasser gelten als wesentliche Ursachen solcher Kriege.
Die Bekämpfung von Armut ist folglich auch ein wichtiger Schwerpunkt deutscher Entwicklungspolitik. Neben der Solidarität mit den Ärmsten geht es dabei auch um eigene Interessen. Denn im Zeitalter der Globalisierung können sich auch weit entfernte Konflikte auf die Sicherheit Deutschlands auswirken.

Miles to go

Millenniumsziele

Auf dem Millenniumsgipfel im Jahr 2000 hat die UNO acht Entwicklungsziele festgeschrieben, die bis 2015 erreicht werden sollen:

1. Hunger und extreme Armut beseitigen. Die Zahl der Menschen, die mit weniger als einem Dollar pro Tag leben müssen, soll halbiert werden.
2. Grundschulbildung für alle Kinder. Alle Kinder sollen weltweit eine Grundschule besuchen können.
3. Gleichstellung und stärkere Beteiligung von Frauen. Die Benachteiligung von Frauen in der Bildung soll bis 2015 aufgehoben werden.
4. Kindersterblichkeit verringern. Die Kindersterblichkeit soll um zwei Drittel verringert werden.
5. die Gesundheit von Müttern verbessern. Die Müttersterblichkeit soll bis 2015 um drei Viertel gesenkt werden.
6. Aids, Malaria und andere Krankheiten bekämpfen. Die Zunahme von Neuinfektionen und die Ausbreitung von Malaria und anderen Krankheiten soll gestoppt werden.
7. nachhaltigen Umgang mit der Umwelt sichern. Zum Beispiel soll der Anteil der Weltbevölkerung, die keinen Zugang zu sauberem Trinkwasser hat, halbiert werden.
8. Aufbau einer weltweiten Partnerschaft für Entwicklung. Dazu gehören unter anderem ein Schuldenerlass für die ärmsten Länder, der Abbau von Zöllen und die Konzentration der Entwicklungszusammenarbeit auf Armutsbekämpfung.

Auch die deutsche Regierung bekennt sich zu diesen Zielen und hat sich diesem Aktionsprogramm angeschlossen. Kritiker halten das Programm für zu ehrgeizig. Diese Ziele könnten nur erreicht werden, wenn die Bundesregierung wesentlich mehr Geld für Entwicklungspolitik investiere und wenigstens die von den Vereinten Nationen angepeilten 0,7 % des Brutto-Nationaleinkommens zur Verfügung stelle. 2009 lag der Anteil bei etwa 0,38 %.

Akteure der Entwicklungspolitik

Die Bundesregierung arbeitet mit einzelnen Entwicklungsländern von Staat zu Staat zusammen. Staaten, in denen Projekte durchgeführt werden, müssen strenge Kriterien erfüllen: Sie müssen u. a. die Menschenrechte achten, die Bevölkerung an politischen Entscheidungen beteiligen sowie eine marktorientierte Wirtschaftspolitik betreiben. Deutschland arbeitet aber auch in internationalen Institutionen, z. B. in der EU oder der UNO, mit Entwicklungsländern zusammen. Entwicklungsprojekte werden aber hauptsächlich vom Bundesministerium für wirtschaftliche Zusammenarbeit und Entwicklung (BMZ) geplant und organisiert. Daneben gibt es noch zahlreiche Nichtregierungsorganisationen, die sich in der Entwicklungszusammenarbeit engagieren, unter anderem auch die Kirchen.

Begriffe für euer Fachwörterverzeichnis

- Millenniumsziele

1. Welchen Beitrag zum Frieden kann Entwicklungspolitik leisten?
2. Wählt euch aus den Millenniumszielen drei Punkte aus, die ihr für besonders wichtig haltet. Erläutert sie in eigenen Worten.
3. Erläutert die Aussage der Karikatur und nehmt dazu Stellung.

Memorystationen

Friedenssicherung

Station 1 Friedenssicherung als schwierige Aufgabe

Bedingungen für Frieden erklären

Einmal angenommen, du arbeitest in einer Firma, die weltweit zahlreiche Niederlassungen hat. Gerade wird überlegt, ob man in einer gefährlichen Region eine Niederlassung gründen soll. Das Land hat einen jahrzehntelangen Bürgerkrieg hinter sich. Woran kann man erkennen, dass sich dort die Verhältnisse gebessert haben, dass sich das Land auf dem Weg zum Frieden befindet?

- Erkläre mithilfe des Schaubilds, welche Bedingungen in diesem Land nach und nach erfüllt werden müssen.

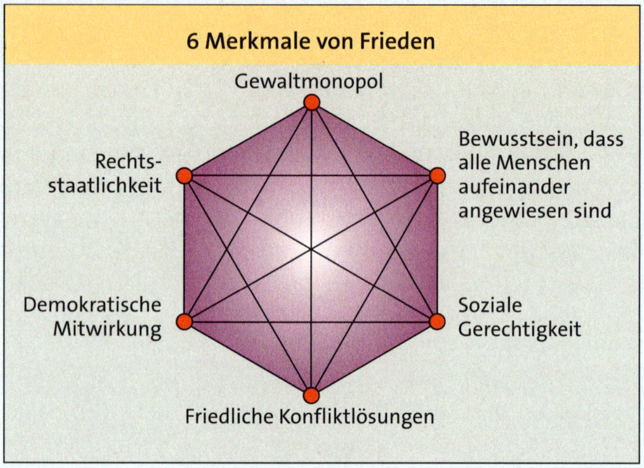

Station 2 Internationaler Terrorismus

Ein Kurzreferat vorbereiten

USA und der Westen	Islamischer Terrorismus	Dschihad
Terrorismus	Al-Kaida	Maßnahmen gegen Terrorismus
Terroranschläge in Deutschland	11. September 2001	Selbstmordattentate

Bereite ein Kurzreferat zum Thema „Internationaler Terrorismus" vor. Bringe dafür die Kärtchen zunächst in eine sinnvolle Reihenfolge. Formuliere dann unter Verwendung der Stichwörter auf den Kärtchen einen Text, in dem du folgende Aspekte berücksichtigst:

- Wer sind die Terroristen?
- Welche Ziele haben sie?
- Welche Maßnahmen wurden ergriffen, mit welchem Erfolg?

Station 3 UNO, NATO und Bundeswehr

4 richtig – 4 falsch

Entscheidet, welche Sätze richtig sind. Formuliert die falschen Sätze um und übertragt sie richtig in euer Heft.

Richtig oder falsch?

1. Die Bundeswehr darf an Auslandseinsätzen teilnehmen, wenn der Bundestag zugestimmt hat.
2. Der Weltsicherheitsrat kann Zwangsmaßnahmen verhängen, wenn zuvor alle anderen Mittel ausgeschöpft wurden.
3. Weil Auslandseinsätze sehr viel Personal erfordern, hat die Bundeswehr die Zahl der Soldaten in den letzten Jahren aufgestockt.
4. Blauhelmsoldaten dürfen grundsätzlich nicht zu Waffen greifen.
5. Die UN-Charta verpflichtet alle Mitglieder, Konflikte ausschließlich mit friedlichen Mitteln auszutragen.
6. Da Deutschland keine Feinde mehr hat, gehört die Landesverteidigung nicht mehr zu den Aufgaben der Bundeswehr.
7. Die Bundeswehr leistet Hilfe bei schweren Naturkatastrophen in Deutschland.
8. Wenn ein Mitglied des Weltsicherheitsrats von seinem Vetorecht Gebrauch macht, müssen alle Mitglieder des Gremiums über diese Frage nochmals abstimmen.

Station 4 Entwicklungspolitik

Bei einer Internetrecherche ist Kira auf die Website einer entwicklungspolitischen Organisation gestoßen. Dort wirbt diese mit dem nebenstehenden Logo für die Teilnahme an einem weltweiten Aktionstag. Kira würde sich gerne beteiligen – doch kann sie mit den „Millenniumszielen" nichts anfangen.

Erkläre ihr in einem kurzen Text
- was die UN-Millenniumsziele sind,
- welche konkreten Ziele sie beinhalten (3 Beispiele),
- warum diese einen Beitrag zum Frieden leisten.

STAND UP
TAKE ACTION
GEGEN ARMUT, FÜR DIE UN-MILLENNIUMSZIELE!

www.un-kampagne.de

Glossar

Arbeit
Darunter versteht man die Summe aller Tätigkeiten, die Menschen verrichten, um ihren Lebensunterhalt zu verdienen. Man kann zwischen bezahlter und unbezahlter Arbeit unterscheiden. Es fehlt hier und in anderen Ländern an bezahlter Arbeit. Die Beseitigung von Arbeitslosigkeit bzw. die Sicherung und Schaffung neuer Arbeitsplätze gilt als eine der wichtigsten Zukunftsaufgaben für die Politik.

Betrieb
In den Betrieben werden die Güter, die wir zum Leben brauchen, hergestellt und auf den Märkten angeboten. Das kann in einem Ein-Personen-Betrieb geschehen, aber auch in einem Unternehmen, in dem Tausende von Mitarbeitern mit der Herstellung eines Produktes beschäftigt sind. Neben der Größe unterscheiden sich die vielen Betriebe nach der Art der Güter, die dort hergestellt werden und nach der Rechtsform. Zum Beispiel kann ein Betrieb eine Personengesellschaft sein mit einer Chefin oder einem Chef an der Spitze oder eine große Aktiengesellschaft. Zu einem Unternehmen können mehrere Betriebe gehören.

Betriebsrat
Er ist die gewählte Interessenvertretung der Arbeitnehmerinnen und Arbeitnehmer in einem Wirtschaftsbetrieb. Er kann in Betrieben mit einer Mindestzahl von fünf Personen alle vier Jahre gewählt werden. Die wichtigste Aufgabe des Betriebsrates besteht darin, alle Belange der Belegschaft gegenüber der Leitung des Betriebes zu vertreten. Seine Rechte sind im Betriebsverfassungsgesetz geregelt.

Bruttoinlandsprodukt
Den Wert aller in einer Volkswirtschaft erstellten Waren und Dienstleistungen in einem Jahr bezeichnet man als Bruttoinlandsprodukt (BIP). Dies wird in einer Geldsumme ausgedrückt. Die Höhe des BIP gilt als Maßstab für den Wohlstand und die wirtschaftliche Leistungsfähigkeit einer Gesellschaft. Nach wie vor ist eines der wichtigsten Ziele der Wirtschaftspolitik, ein hohes und gleichmäßiges Wachstum des Bruttoinlandsproduktes zu erreichen.
Früher sprach man vom Bruttosozialprodukt. Der Unterschied besteht darin, dass das Bruttoinlandsprodukt den Wert aller Waren und Dienstleistungen ausdrückt, die im Land erzeugt werden. Dazu zählen auch die von Ausländern im Land erbrachten Leistungen. Das Bruttosozialprodukt berechnete auch die Leistungen, die Deutsche im Ausland erbringen. Mit dem BIP lassen sich Länder besser vergleichen.

Bundeskanzler
Er wird vom Bundestag gewählt und ist der mächtigste Politiker in der Bundesrepublik Deutschland. Der Bundeskanzler ist gegenüber dem Parlament für die Politik der gesamten Bundesregierung verantwortlich. Als Chef der Regierung bestimmt er die Richtlinien der Politik. Ihm steht das Recht zu, die Ministerinnen und Minister zu entlassen und neue zu berufen.

Bundespräsident
Er ist Staatsoberhaupt der Bundesrepublik Deutschland. Zu seinen Aufgaben gehört, dass er Deutschland bei Staatsbesuchen im In- und Ausland vertritt. Er empfängt die Staatsgäste, unterzeichnet Bundesgesetze und internationale Verträge. Er wird von der Bundesversammlung für einen Zeitraum von fünf Jahren gewählt und kann sich einmal zur Wiederwahl stellen. Im Vergleich zum Bundeskanzler hat der Bundespräsident wenig direkte Macht. Zu den wirkungsvollsten Mitteln, Einfluss auf die Politik zu nehmen, gehört die öffentliche Rede bei besonderen Anlässen.

Bundesrat
Er ist die politische Vertretung der 16 Bundesländer. Seine Mitglieder werden nicht vom Volk gewählt, sondern von den Landesregierungen der 16 Länder entsendet. Durch den Bundesrat wirken die Länder an der Gesetzgebung des Bundes mit. Alle Bundesgesetze, die die Interessen der Bundesländer betreffen, bedürfen der Zustimmung des Bundesrates, bevor sie in Kraft treten. Bundesrat und Bundestag bilden zusammen das Parlament der Bundesrepublik Deutschland.

Bundesregierung
Sie besteht aus dem Bundeskanzler und den Bundesministern. Die Bundesregierung übt für den Zeitraum zwischen zwei Wahlen die politische Herrschaft im Staate aus. Sie berät und entscheidet darüber, was im eigenen Land geschehen soll. Sie regelt die Beziehungen zu anderen Staaten. Bei ihren Entscheidungen muss sich die Regierung an die Gesetze halten. Sie hat das Recht, Gesetzesvorschläge vorzubereiten und beim Parlament einzureichen.

Bundestag
Der Bundestag ist die gewählte Volksvertretung der Bundesrepublik Deutschland. Er gilt als wichtigste Bundeseinrichtung und als „Herz der Demokratie". Die Abgeordneten zum Deutschen Bundestag werden alle vier Jahre in allgemeiner, unmittelbarer, freier, gleicher und geheimer Wahl gewählt. Zu den wichtigsten Aufgaben des Bundestags gehört die Wahl des Bundeskanzlers, die Überwachung

der Bundesregierung, das Recht über die Einnahmen und die Ausgaben des Bundes zu beschließen und die Verabschiedung aller Bundesgesetze.

Bundesverfassungsgericht
Es ist das oberste deutsche Gericht und hat die Aufgabe zu überwachen, dass das Grundgesetz nicht verletzt wird. Das BVG wird als „Hüterin der Verfassung" bezeichnet. Es kann ein Gesetz, das nach seinem Urteil gegen das Grundgesetz verstößt, außer Kraft setzen. Jeder Bürger der Bundesrepublik Deutschland hat die Möglichkeit, Verfassungsbeschwerde zu erheben, wenn er oder sie sich in den im Grundgesetz festgelegten Grundrechten verletzt fühlt.

Bundesversammlung
Sie tritt in der Regel nur einmal alle fünf Jahre zusammen und hat nur eine Aufgabe: die Wahl des Bundespräsidenten. Sie setzt sich zur Hälfte ihrer Mitglieder aus allen Abgeordneten des Bundestages zusammen und zur anderen Hälfte aus Bürgerinnen und Bürgern, die von den Landtagen in den Bundesländern gewählt werden. Von der Mitgliederzahl her gesehen, ist die Bundesversammlung das größte Staatsorgan in Deutschland.

Bürgerbegehren/Bürgerentscheid
In den meisten Bundesländern in Deutschland sind Bürgerbegehren und Bürgerentscheide als eine Form direkter Demokratie auf der Ebene der Gemeindepolitik vorgesehen. Mit diesem Instrument können sich die Bürger für oder gegen ein Vorhaben einsetzen. Das Verfahren sieht immer zwei Stufen vor: Zunächst müssen die Bürger für ihr Vorhaben ein Begehren durchführen. Dazu müssen zwischen 6 und 10 Prozent der Stimmberechtigten unterschreiben. Lehnt der Rat das Begehren ab, kommt es zur zweiten Stufe: dem Bürgerentscheid. Er gilt als angenommen, wenn die Mehrheit dafür ist. In den meisten Bundesländern ist die Bedingung, dass ein bestimmter Prozentsatz der Stimmberechtigten an der Abstimmung teilgenommen hat (Entscheidungsquorum). (siehe auch Volksinitiative, Volksbegehren, Volksentscheid auf Landesebene)

Bürgerinitiative
Wenn man „initiativ" wird, unternimmt man etwas. Man wehrt sich zum Beispiel gegen eine politisch geplante Maßnahme. Eine Bürgerinitiative ist ein Zusammenschluss von Bürgerinnen und Bürgern, die sich gegen bestimmte Maßnahmen wehren – zum Beispiel gegen den Ausbau von Flughäfen, den Bau von Straßen, Kernkraftwerken, Fabriken etc. Bürgerinitiativen setzen sich meist für den Schutz der Umwelt, die Verbesserung der Lebens- und Wohnverhältnisse und für die Gleichberechtigung von Frauen und Männern ein. Sie üben mit vielfältigen Mitteln Druck auf die Politiker, Parteien, Verbände und Wirtschaftsunternehmen aus. Sie sind eine Form spontaner und direkter politischer Aktivität und gelten in einer lebendigen Demokratie als erwünscht.

Bürgermeister
Eine Bürgermeisterin oder ein Bürgermeister ist Leiterin bzw. Leiter einer Gemeinde, ob haupt- oder ehrenamtlich hängt von der Größe der Gemeinde ab. In kreisfreien Städten heißt der Bürgermeister Oberbürgermeister. Bürgermeister führen den Vorsitz in den Gemeinde- und Stadträten. Ihre Rechte und Pflichten sind in den Gemeindeordnungen festgeschrieben, die von Bundesland zu Bundesland unterschiedlich sind. Zum Beispiel werden die Bürgermeister in Nordrhein-Westfalen seit 1994 von der Bevölkerung direkt gewählt. In anderen Bundesländern gilt die Regelung, dass ein Bürgermeister vom Gemeinde- oder Stadtrat gewählt wird.

Clique
Im Wort „Clique" steckt das französische Verb „cliquer", was so viel wie „klatschen" oder „miteinander tratschen" bedeutet. Für Jugendliche spielt die Clique eine große Rolle. Hier trifft man sich, um zu reden und um etwas gemeinsam zu unternehmen. Meist gibt es bestimmte Verhaltensregeln, an die die Mitglieder der Clique sich halten müssen, weil sie sonst ausgeschlossen werden können.

Demokratie
Wörtlich übersetzt heißt das aus der griechischen Sprache stammende Wort „Herrschaft des Volkes". Für unsere moderne Zeit bedeutet Demokratie, dass alle Herrschaft im Staat vom Volk ausgeht. Das Volk wählt seine Vertreter in die Gemeinderäte, die Landtage und in den Bundestag. Weil diese Vertreterinnen und Vertreter das Volk repräsentieren, nennt man unsere Demokratie auch repräsentative Demokratie. Der wichtigste Wert in einer Demokratie ist, dass die Menschen frei sind und gleiche Rechte haben.

Diktatur
Sie ist das Gegenteil einer Demokratie. Hier sind die Menschen nicht frei. An der Spitze einer Diktatur steht ein Alleinherrscher oder eine Gruppe von Herrschenden, die alle Macht in Händen hält. Die Bevölkerung hat den Befehlen der Mächtigen zu gehorchen. Politisch Andersdenkende werden häufig verfolgt.

Emanzipation
Das Wort stammt aus der lateinischen Sprache und bedeutet ursprünglich, dass man sich als Sklave von seinen Fesseln befreit und in die Selbstständigkeit entlassen wird. Heute versteht man unter dem Begriff den Kampf der Frauen um Gleichberechtigung bzw. um die Beseitigung vielfältiger Benachteiligungen gegenüber den Männern.

Emissionen
Das ist die Bezeichnung für die Abgabe von festen, flüssigen oder gasförmigen Schadstoffen (z. B. Gase, Stäube), die die Luft, das Wasser und den Boden verunreinigen, sowie für Geräusche, Erschütterungen und Strahlen, die die Umwelt belasten.

Entwicklungsländer
So werden die armen Länder der Erde genannt. Vor allem auf wirtschaftlichem Gebiet sind sie im Vergleich zu den hoch entwickelten Industrieländern „unterentwickelt". Mehr als drei Viertel der Menschen leben in diesen Staaten, die auch als Länder der „Dritten Welt" bezeichnet werden. Wichtige Merkmale der Armut sind: hohes Bevölkerungswachstum, mangelnde Ernährung, mangelhafte Infrastruktur und hohe Arbeitslosigkeit. Der Begriff „Entwicklungsländer" wird zunehmend als problematisch angesehen, weil er den Eindruck erweckt, als müssten sich alle Länder in Richtung der Ziele bewegen, die von den Wertvorstellungen und Kulturen der Industrieländer geprägt sind.

Europäische Union
Die EU ist ein Verbund europäischer Staaten, zu dessen wichtigsten Zielen die Sicherung des Friedens, der Freiheit und die Förderung des wirtschaftlichen Wohlergehens gehört. Seit 2004 gehören 25 Mitgliedstaaten der Europäischen Union (EU) an. Sie haben sich vertraglich verpflichtet, weite Bereiche der Politik gemeinsam zu gestalten und zu einem immer festeren wirtschaftlichen und politischen Bündnis zusammenzuwachsen. Dabei sollen die einzelnen Mitgliedstaaten ihre Selbstständigkeit behalten. Die EU verfügt über gemeinsame „europäische Organe", die in der Lage sind, verbindliche Entscheidungen für alle Menschen in der EU zu treffen. Dazu gehören das Europäische Parlament, die Europäische Kommission, der Rat der Minister sowie der Rechnungshof und der Europäische Gerichtshof. Mit dem Vertrag von Lissabon, der am 1. Dezember 2009 in Kraft trat, werden die Institutionen der EU modernisiert und ihre Arbeitsmethoden optimiert, um den Herausforderungen der Zukunft gewachsen zu sein.

Europäischer Binnenmarkt
Ein Binnenmarkt ist ein Gebiet ohne Grenzen für alles, was sich im wirtschaftlichen Geschehen von einem Ort zum anderen bewegen soll. Das gesamte wirtschaftliche Geschehen spielt sich im Binnenmarkt nach einheitlichen Regeln und gleichen Bedingungen ab. Der Europäische Binnenmarkt umfasst die Mitgliedstaaten der Europäischen Union (EU). Grundlegend gelten vier Freiheiten: 1. Waren können ungehindert in allen Mitgliedstaaten verkauft werden. 2. Personen eines Mitgliedslandes der EU können in jedem anderen EU-Land leben, arbeiten oder eine Ausbildung absolvieren. 3. Dienstleistungen können von jedem EU-Bürger über die nationalen Grenzen hinweg erbracht werden. 4. Geld und Kapital können von jedem Mitgliedsland in ein anderes frei bewegt werden. Zwischen den Mitgliedstaaten des Europäischen Binnenmarktes gibt es nur noch Innenhandel und keinen Außenhandel mehr.

Europarat
Er ist ein Zusammenschluss europäischer Staaten, der sich zum Ziel gesetzt hat, die Völker Europas dauerhaft zusammenzuschließen, den Gedanken der Demokratie zu fördern, die europäische Kultur zu pflegen und die Zusammenarbeit in wirtschaftlichen, sozialen, wissenschaftlichen und rechtlichen Angelegenheiten zu fördern. Vor dem Hintergrund der Schrecknisse des Zweiten Weltkrieges wurde er 1949 von zehn Staaten gegründet. 1990 erweiterten Ungarn und die Tschechoslowakei als erste Mitglieder des ehemaligen Ostblocks den Zusammenschluss auf 25 Mitglieder. Er hat seinen Sitz in Straßburg.

Europäisches Parlament
Das Europäische Parlament wird alle fünf Jahre von den Bürgerinnen und Bürgern in der EU gewählt. Es setzt sich zusammen aus 750 Abgeordneten aus den Mitgliedstaaten und dem Parlamentspräsidenten. Die Anzahl der Sitze hängt von der Einwohnerzahl des Landes ab. Deutschland stehen 96 Sitze zu. Das Parlament teilt sich die Aufgabe der Gesetzgebung mit dem Ministerrat. Es besitzt das Haushaltsrecht und entscheidet mit über die Aufnahme neuer Mitgliedstaaten in die EU.

Familie
Die Familie ist die erste und die wichtigste Gruppe, in die ein Mensch hineingeboren wird. Niemand kann sie sich aussuchen. Ihre Form kann sehr unterschiedlich sein. Oft verstehen wir darunter eine Gemeinschaft, die aus Eltern und einem oder mehreren Kindern besteht. Sie kann aber auch aus einer allein erziehenden Mutter oder einem allein erziehenden Vater bestehen. Die häufigste Form in Deutschland ist gegenwärtig das Ehepaar ohne Kinder.

Gemeinde
Mit diesem Sammelbegriff kann ein Dorf oder auch eine Großstadt bezeichnet werden. Eine Gemeinde hat das Recht, sich selbst zu verwalten und ihre Angelegenheiten selbst zu regeln. Gemeinden sind sogenannte Gebietskörperschaften. Das heißt, sie sind für ihr Gebiet mit bestimmten Aufgaben, Rechten, Pflichten und Einrichtungen ausgestattet. Für Gemeinden verwendet man auch den Begriff Kommunen.

Gemeinderat
(siehe Stadtrat)

Gemeinwohl
Die Politik in einer Demokratie, ob in der Stadt, im Land oder im Bund, hat sich am Gemeinwohl zu orientieren, das bedeutet am allgemeinen Wohlergehen aller Menschen. Regierungen dürfen also nicht nur Gesetze beschließen, die bestimmten Gruppen nützen, sondern sie müssen versuchen, die Interessen und Bedürfnisse aller angemessen zu berücksichtigen. Die Orientierung am Gemeinwohl ist ein Ziel, das in politischen Auseinandersetzungen oft angezweifelt wird.

Gesellschaft
bedeutet dem Wortursprung nach eine Vereinigung mehrerer Gefährten oder ein freundliches Beisammensein. Wenn wir von unserer Gesellschaft sprechen, meinen wir damit in der Regel die Gesamtheit der Menschen, die in diesem Staat leben. Der Mensch braucht die Gesellschaft, weil er als soziales Wesen auf andere Menschen angewiesen ist. Man unterscheidet verschiedene Gesellschaftsformen. Die deutsche Gesellschaft wird – je nach Sichtweise – als eine demokratische, offene bezeichnet, die sich im Wandel von einer Industrie- zu einer Dienstleistungsgesellschaft befindet.

Gesetze
Gesetze sind die aufgeschriebenen und vom Parlament verabschiedeten Regeln, an die sich alle Menschen in einem Staat halten müssen. Damit die Gesetze eingehalten werden, gibt es Strafen für die Nichtbeachtung. In einem Rechtsstaat ist auch der Staat an die Einhaltung der Gesetze gebunden. Im Streitfall entscheiden die Gerichte frei und unabhängig im Rahmen der Gesetze.

Gewaltenteilung
Darunter versteht man die Aufteilung der Macht im Staat auf die drei Gewalten Legislative, Exekutive und Judikative. Die Legislative ist die gesetzgebende Gewalt. Sie wird vom Bundesparlament und den Landesparlamenten wahrgenommen. Die Exekutive ist die ausführende Gewalt, also diejenige, die die Politik für einen begrenzten Zeitraum bestimmt. Diese Aufgabe wird von den Regierungen ausgeübt. Die dritte Staatsgewalt ist die Judikative, also die Rechtsprechung. Sie wird ausgeführt von den unabhängigen Gerichten. Die Staatsgewalten sind geteilt, damit sie sich gegenseitig kontrollieren. Die Teilung soll verhindern, dass zu viel Macht in eine Hand zusammenkommt.

Gewerkschaften
sind Vereinigungen von Arbeitnehmern, um deren Interessen gegenüber den Arbeitgebern und dem Staat zu vertreten. Sie haben viele Aufgaben, vor allem kümmern sie sich um die Verbesserung der Arbeitsbedingungen, die Sicherung und Erhöhung der Löhne, den Schutz bestehender und die Schaffung neuer Arbeitsplätze und um die Mitbestimmung der Arbeitnehmer in den Betrieben. Die ersten Gewerkschaften entstanden als Arbeitervereine zu Beginn des 19. Jahrhunderts. Über ein Drittel aller Arbeitnehmer sind in den 16 Einzelgewerkschaften des Deutschen Gewerkschaftsbundes (DGB) organisiert.

Gleichberechtigung
(siehe Emanzipation)

Globalisierung
Sie ist ein Prozess der weltweiten Vernetzung der wirtschaftlichen Abläufe und Abhängigkeiten, der technischen Möglichkeiten, der wissenschaftlichen Forschung, der kulturellen Angleichung der Lebensumstände, der Auswirkungen des Lebens auf die Umwelt, der politischen Möglichkeiten, Chancen und Probleme. Der vielschichtige Begriff wird einmal zur Charakterisierung eines neuen Zeitalters nach dem Ende des Ost-West-Konfliktes verwendet und andererseits als Sammelbegriff für alle Megatrends, die in einem weltweiten Zusammenhang gesehen werden müssen.

Grundrechte
Sie sind die in der Verfassung niedergeschriebenen grundlegenden Menschenrechte. Zu ihnen zählen die Freiheits- und Gleichheitsrechte sowie soziale Grundrechte. Sie sind in erster Linie Schutzrechte des Einzelnen gegenüber dem Staat. In der Bundesrepublik Deutschland sind die Grundrechte im ersten Abschnitt des Grundgesetzes aufgeführt.

Inflation
heißt Geldentwertung. Von einer Inflation spricht man, wenn die Verbraucherinnen und Verbraucher für die gleiche Menge Geld weniger kaufen können, weil die Waren teurer geworden sind. Die Inflationsrate wird in der Regel mit einer Prozentzahl ausgedrückt. Diese Zahl drückt aus, wie sich die Waren im Vergleich zum Vorjahr durchschnittlich verteuert haben.

Interaktiv
Der Begriff wird häufig im Zusammenhang mit den neuen Medien verwendet (interaktives Fernsehen). Er bezeichnet die Fähigkeit, Sendungen der Massenmedien nicht nur passiv aufzunehmen, sondern selbst aktiv zu beeinflussen und zu verändern.

Interessenverbände
Sie spielen in der parlamentarischen Demokratie eine große Rolle und sind auf die unterschiedlichsten Arten organisiert. Gemeinsam ist ihnen, dass sich Menschen zusammenschließen, um sich so wirkungsvoller gegenüber der Regierung oder gegenüber anderen Interessengruppen durchsetzen zu können. Interessengruppen versuchen, Druck auf die Politik auszuüben, um die Entscheidungen der

Politiker in ihrem Sinne zu beeinflussen. Das ist rechtlich geregelt und legitim. Allerdings wird der Einfluss mächtiger Interessenverbände auf die politischen Entscheidungen auch häufig als zu groß kritisiert.

Jugendliche
Die Jugendphase ist die Zeit zwischen Kindheit und Erwachsensein, dazu gehört auch die Zeit der Ausbildung. Oft werden Leute bis zum Ende des zwanzigsten Lebensjahres als Jugendliche bezeichnet. Unter rechtlichen Gesichtspunkten ist man Jugendliche oder Jugendlicher im Alter zwischen 14 und 18 Jahren. Für diese Altersgruppe gelten in der Regel die Bestimmungen des Jugendrechts. Vor Gericht kann man auch bis 21 als Jugendlicher behandelt werden.

Jugendrecht
ist ein Sammelbegriff für alle Rechtsgrundsätze, die speziell für Jugendliche gelten. Dazu gehören das Jugendschutzgesetz, das Jugendarbeitsschutzgesetz und das Jugendstrafrecht. Die Gesetze zum Schutz der Jugend haben die Aufgabe, Jugendliche vor seelischen und körperlichen Gefährdungen zu bewahren und ihnen eine gesunde Entwicklung zu ermöglichen.

Kommunalpolitik
Das ist die Politik, die in den Gemeinden gemacht wird, also in den Stadt- und Landgemeinden. Kommunal heißt, die Gemeinde betreffend; eine Kommune ist eine Gemeinde. Neben der Bundes- und der Landespolitik ist die Kommunalpolitik die dritte Ebene der nationalen Politik.

Kompromiss
Das lateinische Wort bedeutet „Übereinkunft" bzw. „Ausgleich". Der Kompromiss ist eine Art der Entscheidung zwischen Personen oder Gruppen, die unterschiedliche Interessen vertreten und unterschiedlicher Meinung sind, die sich aber irgendwie einigen müssen. In der Demokratie spielen Kompromisse eine große Rolle, weil es fast immer darum geht, verschiedene Interessen so unter einen Hut zu bringen, dass alle Beteiligten eine Entscheidung akzeptieren können. Kompromissfähigkeit gilt als eine Qualifikation, über die jeder demokratische Mensch verfügen sollte.

Konflikt
Das Wort bedeutet „Zusammenstoß". Es bezeichnet eine Auseinandersetzung, die entsteht, wenn Menschen oder Gruppen aufeinandertreffen, die unterschiedliche Interessen vertreten. Die streitenden Parteien versuchen dann mit Argumenten und mit Macht, den Streit siegreich zu beenden. Oft gelten Konflikte als unvermeidbar, zum Beispiel, wenn alljährlich die Vertreter der Arbeitgeber und Arbeitnehmer über die Höhe der Löhne streiten. In der Demokratie gilt der Konflikt nicht als etwas Schlechtes. Wichtig ist, dass die Konflikte mit friedlichen und fairen Mitteln zu einem vernünftigen Ausgleich gebracht werden.

Landtage
sind die von der wahlberechtigten Landesbevölkerung gewählten Parlamente in den Bundesländern. Ein Landtag beschließt die Landesgesetze, also diejenigen, die nur im eigenen Bundesland gelten. Dazu gehören zum Beispiel die Gesetze über das Schul- und das Polizeiwesen. Er wählt die Ministerpräsidentin oder den Ministerpräsidenten und hat die Aufgabe die Landesregierung zu kontrollieren. Da Deutschland aus 16 Bundesländern besteht, gibt es 16 Landesparlamente.

Massenkommunikation
Das Wort „Kommunikation" von lateinisch „communicatio" bedeutet Mitteilung, Unterredung. Gemeint ist die Verständigung zwischen zwei oder mehreren Teilnehmern: Massenkommunikation ist die Form der Übertragung von Informationen und Meinungen, die sich an eine unbegrenzte Zahl von Personen wendet und die – zumindest theoretisch – jedermann zugänglich ist. Eine Zeitung kann sich theoretisch jeder kaufen, auch wenn sie in Amerika oder Asien erscheint. Das Wesen der Massenkommunikation besteht darin, dass sie in der Regel einseitig von einem Sender zu einem Empfänger verläuft.

Massenmedien
Presse, Rundfunk und Fernsehen werden unter dem Oberbegriff „Massenmedien" zusammengefasst. Auch die als „neue Medien" bezeichneten Computer, die in einem Netzwerk, zum Beispiel im Internet, miteinander verbunden sind, gehören dazu. Sie sind allesamt technische Verbreitungsmittel, mit denen man eine unbegrenzte Zahl von Menschen gleichzeitig erreichen kann. Sie prägen und verändern das Leben der meisten Menschen in den modernen Gesellschaften. Massenmedien gelten einerseits als unverzichtbar und hilfreich, andererseits können durch Missbrauch auch Gefährdungen von ihnen ausgehen.

Mehrheitswahl
Sie ist eine Form der politischen Wahl, bei der das Wahlgebiet in Wahlkreise eingeteilt wird. In den Wahlkreisen haben die Wähler die Möglichkeit, einen Kandidaten zu wählen. Gewählt ist, wer die Mehrheit der Stimmen bekommt. In der Regel genügt die relative Mehrheit, also auch weniger als 50 Prozent. Die Stimmen für die unterlegenen Kandidaten fallen bei diesem Wahlrecht unter den Tisch (siehe auch Verhältniswahl).

Menschenrechte
Das sind die grundlegenden Rechte, die jedem Menschen zustehen und zwar un-

abhängig von seinem Geschlecht, seiner Sprache, seiner Heimat und Herkunft, seiner religiösen oder politischen Anschauungen. Sie gehören sozusagen zur Natur des Menschen und können von niemandem aberkannt werden. Einige Herrschaftssysteme, Staaten und Kulturen zweifeln allerdings den universalen Gültigkeitsanspruch der Menschenrechte an (siehe auch Grundrechte).

Mitbestimmung
Für größere Wirtschaftsbetriebe bedeutet dieser Begriff, dass die Arbeitnehmerinnen und Arbeitnehmer an der Leitung des Betriebes mitbestimmend teilnehmen. Die Unternehmer können zum Beispiel nicht alleine darüber entscheiden, wer eingestellt und wer entlassen wird, wie der Betrieb gestaltet wird usw.

NATO
Das ist die Abkürzung für „North Atlantic Treaty Organization", auch Nordatlantikpakt genannt. Die NATO wurde 1949 gegründet und ist ein Verteidigungsbündnis. Die 28 Mitgliedstaaten des Bündnisses haben sich zu gegenseitiger Hilfe verpflichtet, falls einer von ihnen mit Waffengewalt angegriffen wird. Seit der Auflösung des Ostblocks hat sich das Aufgabengebiet der NATO verändert. Von 1999–2008 wurden 12 Mitgliedstaaten des ehemaligen Ostblocks in die NATO aufgenommen. Auf Bitten Albaniens griff die NATO 1999 im jugoslawischen Kosovo zum Schutz der Kosovo-Albaner mit militärischen Luftangriffen ein. Die NATO versteht diese Militäraktion nicht als Kriegseinsatz, sondern als einen Akt humanitärer Hilfe.

Ökologie
Das Wort stammt aus dem Griechischen. Es bezeichnet die Lehre von den Wechselbeziehungen zwischen Mensch und Umwelt. Wichtigstes Ziel der Ökologie ist es, die Zerstörung der Umwelt zu verhindern und das Gleichgewicht der verschiedenen Kräfte in der Natur zu erhalten. Damit leistet diese Wissenschaft einen wichtigen Beitrag zur Bewahrung der Lebensgrundlagen für die Menschheit.

Ökonomie
(siehe Wirtschaft)

Opposition
Im Parlament besteht die Opposition aus allen Parteien, die nicht an der Regierung beteiligt sind. Das Wort bedeutet Widerspruch, Gegensatz. Die Opposition ist immer die Minderheit, die einer Mehrheit gegenübersteht und die darauf wartet, zum Beispiel bei der nächsten Wahl, die Mehrheit zu erlangen. In der Demokratie hat die Opposition zwei entscheidende Aufgaben: Sie soll die Regierung überwachen und kritisieren. Sie soll eigene politische Pläne entwickeln, die eine Alternative zu denen der regierenden Mehrheit darstellen.

Parteien
In den Parteien finden sich Menschen mit gleichen oder ähnlichen politischen Interessen zusammen. Jede Partei versucht, so groß und einflussreich wie möglich zu werden, um alleine oder in Zusammenarbeit mit anderen Parteien Macht auszuüben und ihre Ziele durchzusetzen. Nach dem Grundgesetz der Bundesrepublik Deutschland haben die Parteien die Aufgabe, an der politischen Willensbildung der Bevölkerung mitzuwirken (Artikel 21). Jeder Bürger kann Mitglied einer Partei werden. In der Regel werden Mitglieder von Parteien als Abgeordnete in die verschiedenen Parlamente geschickt. Die Parteien spielen im politischen Leben eine sehr große Rolle. Häufig werden der übergroße Einfluss der Parteien und die Art der Parteienfinanzierung kritisiert.

Politik
Dieser Begriff leitet sich von dem griechischen Wort „Polis" ab, das man mit „Gemeinschaft" übersetzen kann. Heute verstehen wir darunter alle Aufgaben und Zukunftsprobleme, die gelöst werden müssen, damit die Menschen im Staat friedlich, frei und in Sicherheit miteinander leben können. Politik wird von einzelnen Personen, vor allem aber auch von Parteien, Bürgerinitiativen und Interessenverbänden gemacht. Zum Wesen demokratischer Politik gehört, dass die Vorstellungen über die Lösung der Zukunftsaufgaben sehr unterschiedlich sein können.

Rechtsordnung
Darunter versteht man die Gesamtheit aller Regeln und Gesetze, die für die Menschen in einem Land verbindlich gelten. An die bestehende Rechtsordnung muss man sich halten, sonst droht Strafe. Grundlage der Rechtsordnung in der Bundesrepublik Deutschland ist das am 23. Mai 1949 verabschiedete Grundgesetz.

Rechtsstaat
Im Rechtsstaat ist alles staatliche Handeln an die bestehenden Gesetze gebunden. Der Rechtsstaat schützt so die Bürger vor willkürlichen Übergriffen der Staatsgewalt. Kein Gesetz, keine Verordnung, kein Richterspruch darf den in der Verfassung festgelegten Rechtsgrundsätzen widersprechen. Die Aufgaben von Regierung und Parlament sind durch die Verfassung vorgeschrieben. Zur Rechtsstaatlichkeit gehören auch die Garantie der Grundrechte und die Teilung der Staatsgewalt.

Repräsentative Demokratie
Die Bundesrepublik Deutschland ist eine repräsentative Demokratie. Das bedeutet, dass die Staatsgewalt vom Volk ausgeht, dass sie aber nicht direkt vom Volk ausgeübt wird. Zur Ausübung der Staats-

gewalt wählt das Volk seine Repräsentanten, die dann für die Dauer einer Wahlperiode die politischen Entscheidungen treffen. Den Repräsentanten, die auch als Abgeordnete bezeichnet werden, wird ein Entscheidungsspielraum zugestanden. Nach dem Grundgesetz sind sie „an Aufträge und Weisungen nicht gebunden und nur ihrem Gewissen verantwortlich" (Artikel 38, Abs. 1).

Schlüsselqualifikationen
Dieser Begriff aus der Arbeitswelt ist in den vergangenen Jahren mehr und mehr in Mode gekommen. Er bezeichnet die Gesamtheit aller Fähigkeiten eines Menschen, die ihm wie ein Schlüssel die Tür zu einem erfolgreichen Berufs- und Privatleben öffnen können. Als wichtige Schlüsselqualifikationen unter vielen anderen gelten Selbstständigkeit, Teamgeist und die Fähigkeit, Verantwortung zu übernehmen.

Schülervertretung (SV)
Durch die SV wirken die Schülerinnen und Schüler an der Gestaltung des Schullebens mit. Sie hat die Aufgabe, die Interessen der Schüler zu vertreten. Sie besteht aus den gewählten Sprecherinnen und Sprechern der Klassen- und Jahrgangsstufen und der Schülersprecherin/dem Schülersprecher (plus Stellvertreter). Die zentrale Einrichtung zur Wahrnehmung der Mitwirkungsrechte ist in NRW der Schülerrat.

Solidarität
Das Wort Solidarität stammt aus dem Lateinischen. Man versteht darunter den engen Zusammenhalt einzelner Personen oder Gruppen. Diese bilden eine Solidargemeinschaft. Man unterstützt sich gegenseitig, kämpft für gemeinsame Interessen und hat gemeinsame Ziele. Das Wesen einer Solidargemeinschaft wird in dem Motto „Einer für alle, alle für einen" deutlich.

Soziale Marktwirtschaft
Nach dem Zweiten Weltkrieg wurde in der Bundesrepublik die soziale Marktwirtschaft eingeführt. In dieser Wirtschaftsordnung ist das Privateigentum auch an Produktionsmitteln garantiert. Die Preise bilden sich auf dem Markt nach Angebot und Nachfrage. Garantiert werden Produktions- und Berufsfreiheit sowie ein freier Kapitalverkehr. Neben diesen marktwirtschaftlichen Elementen erhält die soziale Marktwirtschaft auch sozialpolitische Elemente. Der Staat darf in das Wirtschaftsgeschehen eingreifen, um den Wettbewerb zu sichern. Er übernimmt aber auch eine Schutzfunktion gegenüber seinen Bürgern. Mit einer umfangreichen Sozialgesetzgebung schützt er die Arbeitnehmer und bewahrt den sozialen Frieden.

Sozialhilfe
Im System der sozialen Sicherung ist in Deutschland die Sozialhilfe das letzte Auffangnetz für alle, die in Not geraten sind. Nach dem Bundessozialhilfegesetz (BSHG) soll die Sozialhilfe den Bedürftigen ein menschenwürdiges Leben ermöglichen und sie befähigen, bald wieder selbst ihren Lebensunterhalt zu verdienen. Die Sozialhilfe ist also in erster Linie als Hilfe zur Selbsthilfe gedacht. Sie umfasst die Hilfen zum Lebensunterhalt, mit der die Grundbedürfnisse (wie Ernährung, Kleidung, Wohnung und Heizung) abgedeckt werden sollen, und die Hilfen in besonderen Lebenslagen für Personen, deren Einkommen oder Vermögen nicht ausreicht, um außerordentliche Notsituationen (wie Krankheit, Behinderung oder Pflegebedürftigkeit) zu bewältigen.

Sozialstaat
Einen Staat, der in seiner Verfassung das Ziel soziale Gerechtigkeit anstrebt, bezeichnet man als Sozialstaat. Der Sozialstaat hat eine Fürsorgepflicht gegenüber den Schwachen in der Gesellschaft. Er setzt sich das Ziel, allen Bürgerinnen und Bürgern ein Leben zu ermöglichen, das mit der Würde des Menschen vereinbar ist. In der deutschen Geschichte wurde das Sozialstaatsprinzip erstmals im Grundgesetz für die Bundesrepublik Deutschland verankert. Nach Artikel 20 des Grundgesetzes ist die Bundesrepublik ein Sozialstaat. Erstmals haben damit die Bürger einen Rechtsanspruch auf eine soziale Mindestsicherung. Umgekehrt wird von den leistungsstarken Bürgern erwartet, dass sie durch das Bezahlen von Steuern und Sozialabgaben dazu beitragen, dass der Staat diese Aufgabe erfüllen kann.

Staat
Der Staat ist die Gesamtheit aller Bürgerinnen und Bürger, die zu einem Volk gehören. Wörtlich übersetzen kann man das Wort aus dem frühen Mittelalter mit „Lebensweise". Man versteht darunter auch die Organisation, die sich die Menschen in der Gesellschaft gegeben haben, damit sie geregelt und friedlich miteinander leben können. Der Staat fordert von den Menschen, dass sie einen nicht unerheblichen Teil ihres Einkommens in Form von Steuern und Abgaben an ihn entrichten. Er verteilt dieses Geld dann wieder, zum Beispiel an Familien in Form von Kindergeld und zum Bau von Straßen, Schienen, Flugplätzen, Krankenhäusern, Schulen, für die Bundeswehr und für vieles andere mehr.

Staatsquote
Sie ist eine Zahl, die in Prozent angibt, wie hoch der Anteil der Staatseinnahmen in Form von Steuern und Abgaben am gesamten Bruttoinlandsprodukt ist. Im Jahr 2003 betrug diese Zahl z. B. in Deutschland 48,8 Prozent. Das bedeutet, dass der Staat knapp die Hälfte des Wertes aller erzeugten Güter und Dienstleistungen zur Erfüllung seiner Aufgaben in

Anspruch nimmt. Alle großen Parteien haben sich zum Ziel gesetzt, die Staatsquote zu senken. Dies hat einerseits eine Verringerung der staatlichen Leistungen zur Folge, führt aber andererseits zu mehr privater Nachfrage, Wirtschaftswachstum und zu Arbeitsplätzen.

Stadtrat
Der Stadtrat, auch Gemeinderat genannt, ist die gewählte politische Vertretung der Bürgerinnen und Bürger in einer Gemeinde bzw. Stadt. Er übt das Recht auf Selbstverwaltung einer Gemeinde aus. Nach Artikel 28 des Grundgesetzes haben die Gemeinden das Recht, „alle Angelegenheiten der örtlichen Gemeinschaft im Rahmen der Gesetze in eigener Verantwortung zu regeln". Die hierzu notwendigen Beschlüsse werden per Mehrheitsentscheidung in den Stadt- und Gemeinderäten gefasst.

Steuern
Steuern sind Abgaben, die die Bürger an den Staat zahlen. Es besteht Steuerpflicht. Wer sie nicht bezahlt, macht sich strafbar. Mit den Steuern bestreitet der Staat seine Aufgaben. Man unterscheidet direkte und indirekte Steuern. Direkte Steuern werden vom Lohn und Einkommen und dem Besitz der Bürger bezahlt. Indirekte Steuern werden auf Waren und Dienstleistungen aufgeschlagen. Von der Summe, die die Bürger für diese Produkte zahlen, wird ein Teil als Steuer an die Staatskasse abgeführt.

Tarifautonomie
Darunter versteht man das Recht der Vertretungen der Arbeitgeber (Arbeitgeberverbände) und der Vertretungen der Arbeitnehmer (Gewerkschaften) die Löhne, Arbeitszeiten und die übrigen Arbeitsbedingungen selbst, also autonom, auszuhandeln und in einem Tarifvertrag für eine bestimmte Zeit festzulegen (Tarif = Vereinbarung). Die Regierung darf sich grundsätzlich nicht in Tarifverhandlungen einmischen. Die Tarifpartner sind frei in ihren Entscheidungen und selbst dafür verantwortlich.

Überhangmandate
Sie entstehen bei Bundestagswahlen und bedeuten, dass eine Partei mehr Sitze im Parlament erhält als ihr nach der erreichten Prozentzahl der Stimmen eigentlich zusteht. Das ist der Fall, wenn in den Wahlkreisen eines Bundeslandes mehr Kandidaten einer Partei ihren Wahlkreis direkt gewinnen, als ihr nach den erreichten Zweitstimmen zustehen. Der Grund für Überhangmandate liegt in der Kombination des Wahlrechts von Mehrheits- und Verhältniswahl. Bei Überhangmandaten wird das Parlament vergrößert. 2008 hat das Bundesverfassungsgericht entschieden, dass Überhangmandate gegen das Prinzip der Stimmengleichheit verstoßen und in der praktizierten Form abzuschaffen sind.

Umweltpolitik
Darunter versteht man die Summe aller Maßnahmen, die zum Ziel haben, a) bestehende Umweltschäden zu beseitigen und b) die Zukunft so zu gestalten, dass neue Belastungen für die Umwelt nicht entstehen können. Umweltpolitik wird vom Staat im Bund, in den Ländern und in den Gemeinden gestaltet. Zahlreiche Umweltbestimmungen werden mittlerweile auf europäischer Ebene innerhalb der Europäischen Union vereinbart. Umweltpolitik wird auch von zahlreichen Bürgerinitiativen und anderen nichtstaatlichen Verbänden geleistet.

Vereinte Nationen (UNO)
Die englische Abkürzung bedeutet United Nations Organization. Die Vereinten Nationen wurden 1945 nach dem Ende des Zweiten Weltkrieges gegründet. Ihre wichtigsten Ziele, die Sicherung des Weltfriedens, die Förderung der wirtschaftlichen und sozialen Entwicklung in den armen Ländern der Erde und die Durchsetzung der Menschenrechte, sind in der „Charta der Vereinten Nationen" festgelegt. Neben der Generalversammlung ist der Weltsicherheitsrat die Einrichtung von großer weltpolitischer Bedeutung. Seine Hauptaufgabe besteht darin, Streitigkeiten zwischen den Staaten auf der Welt beizulegen. Im Jahr 2009 sind 192 Staaten Mitglied der Vereinten Nationen.

Verhältniswahl
Bei dieser Form der politischen Wahl erhalten die Parteien genau den Anteil an Sitzen im Parlament, der ihnen im Verhältnis zur erreichten Stimmenzahl zusteht. Alle Stimmen zählen gleich und haben den gleichen Erfolgswert. Bei Bundestagswahlen findet das System eine Einschränkung darin, dass eine Partei mindestens 5 Prozent der Stimmen erhalten muss, um überhaupt in das Parlament einziehen zu können (Fünf-Prozent-Hürde).

Volksinitiative
Mehrere Bundesländer sehen das Mittel der Volksinitiative als eine Möglichkeit direkter Demokratie in der Landespolitik vor. Die Bürgerinnen und Bürger können sich dabei mit einem politischen Vorschlag an ihr Landesparlament wenden, also initiativ werden. Das Landesparlament muss sich dann mit dieser Initiative befassen. Für eine Volksinitiative reicht meist schon eine geringe Prozentzahl der Wählerinnen und Wähler aus (z. B. 1 Prozent), welche die Initiative unterschreiben müssen.

Volksbegehren/Volksentscheid
Viele Landesverfassungen (vor allem auch in den neuen Bundesländern) haben das Mittel des Volksbegehrens und des Volksentscheids als Element direkter Demokratie aufgenommen. In einem

Volksbegehren können die Bürgerinnen und Bürger eines Bundeslandes den Landtag dazu zwingen, einem bestimmten Gesetz innerhalb einer festgelegten Frist zuzustimmen. Das Begehren kommt zustande, wenn eine bestimmte Zahl der Wahlberechtigten (z. B. 15 Prozent) das Begehren unterschreibt. Lehnt der Landtag mit seiner Mehrheit dieses Volksbegehren ab, so kommt es zu einem Volksentscheid. Der Landtag stellt dann dem Volk das Gesetz zur Abstimmung. Wenn die Mehrheit der Abstimmenden (mindestens aber eine bestimmte Prozentzahl aller Wahlberechtigten, z. B. ein Drittel) dem Gesetz zustimmt, ist der Volksentscheid angenommen. Bestimmte Themenbereiche, wie z. B. finanzielle Angelegenheiten, sind allerdings von diesen Möglichkeiten ausgenommen.

Wertvorstellungen
Das sind Grundsätze und Zielvorstellungen, die ein einzelner Mensch oder die gesamte Gesellschaft als erstrebenswert ansieht. Werte beziehen sich oft auf die Art und Weise des Umgangs mit anderen Menschen, zum Beispiel die Gerechtigkeit und die Hilfsbereitschaft. In einer Partnerschaft spielen Werte wie Liebe und Treue eine große Rolle. Eine Gesellschaft braucht ein gewisses Maß von gemeinsamen Werten, die alle Menschen teilen, weil sie sonst nicht funktionieren kann. Dazu gehören zum Beispiel die Ablehnung von Gewalt, die Achtung vor den Gesetzen, die Toleranz gegenüber Andersdenkenden etc. Werte können sich im Laufe der Zeit verändern.

Wir-Gefühl
Das ist das Zusammengehörigkeitsgefühl, das zwischen den Mitgliedern einer Gruppe besteht. Das Wir-Gefühl führt dazu, dass man sich mit der eigenen Gruppe identifiziert, sich darin wohlfühlt usw. Es kann auch zur Folge haben, dass man sich ganz bewusst von anderen Gruppen abgrenzt. Das geschieht zum Beispiel zwischen verschiedenen Mannschaften im Sport, auch zwischen verschiedenen Schulklassen usw. Gefährlich wird das Wir-Gefühl, wenn es so weit geht, dass andere Gruppen als Feinde angesehen werden, zum Beispiel: „Wir Deutsche" gegen „die Ausländer".

Wirtschaft (auch Ökonomie)
Unter Wirtschaft versteht man die Gesamtheit aller menschlichen Tätigkeiten, die sich auf die Produktion und den Verbrauch von Gütern und Dienstleistungen beziehen. Die Wirtschaft versorgt uns mit diesen Gütern (z. B. Lebensmittel, Kleidung, Autos, Computer) und Dienstleistungen (z. B. ärztliche Versorgung, Haarpflege, Krankenpflege, öffentliche Verwaltungen). In der Wirtschaft sind wir nicht nur Käufer und Verbraucher. In der beruflichen Tätigkeit erbringen wir Leistungen, erzielen dafür Einkommen und erstellen die verschiedensten Güter und Dienstleistungen, die wir als Verbraucher wieder kaufen. Daher sind wir alle Teile in einem großen volkswirtschaftlichen Kreislauf.

Wirtschaftswachstum
Wirtschaftswachstum ist berechenbar und wird in einer Prozentzahl ausgedrückt. Beträgt das Wachstum der Wirtschaft 2 Prozent, so bedeutet dies, dass der Wert aller Güter und Dienstleistungen in diesem Jahr im Vergleich zum vorherigen Jahr um 2 Prozent gestiegen ist. Diese Zahl sagt jedoch nichts über eine sozial gerechte Verteilung des Wohlstands und erst recht nichts über die Umweltschäden aus. Deshalb ist das Ziel heute ein qualitatives Wirtschaftswachstum. Damit ist gemeint, dass Wachstum nur dann vertretbar ist, wenn es mit den Erfordernissen des Schutzes der Umwelt vereinbar ist.

Wirtschaftsordnungen
In einem großen Staatsgebilde muss es für den Bereich der Wirtschaft einen Ordnungsrahmen geben. Er hat die Aufgabe, die wirtschaftliche Versorgung der Menschen möglichst reibungslos zu garantieren. Dazu greift der Staat mithilfe von Gesetzen ordnend und gestaltend in das Wirtschaftsgeschehen ein. Die Wirtschaftsordnung in der Bundesrepublik Deutschland trägt die Bezeichnung soziale Marktwirtschaft.

Register

Bildquellenverzeichnis

action press/Michael Wallrath: 152 r. – Adam Opel AG: 196 o. l. – amnesty international: 148 r. – amnesty international, Nürtingen: 4 2. v. o., 140 – © AP Photo/David J. Phillip: 224 o. r. – © AP Photo/The Oregonian, Paul Kitagaki Jr.: 270 – © AP Photo/Kudret Topcu: 320 u. – Arbeitsgemeinschaft Jugend und Bildung e. V. (Hrsg.): Schülermagazin „Safety 1st basic", Ausgabe 2007/2008, S. 17: 122 – Archiv für Kunst und Geschichte (AKG), Berlin: 284 – © argum/Falk Heller: 54 o. – Yavuz Arslan/Das Fotoarchiv: 10 o. – Astrofoto: 309 r. – © Avenue Images GmbH: 260 u. – BDZV: 24 – Bildarchiv Preußischer Kulturbesitz (bpk), Berlin: 189 r. – © Bilderberg, Stefan Enders: 152 l. – © Bilderberg, Hans-Jürgen Burkhard: 262 – BMVg: 335 r. – Bundesarbeitsgemeinschaft Berufswahlpass: 47 – Bundesbildstelle: 72 o., 104 r. – Bundesministerium für wirtschaftliche Zusammenarbeit und Entwicklung (BMZ): 258, 277 o., 338 – © Bundesregierung: 315 – Aus: Marc Fritzler, Günther Unser: Die Europäische Union, hrsg. von der Bundeszentrale der politischen Bildung, Bonn 1998, S. 7, Foto: Europäische Kommission: 293 – Bündnis 90/Die Grünen: 83, 84 – MdB Marion Caspers-Merk: 88 (2, 4, 5, 6) – CDU: 82, 84 – © Das Fotoarchiv/Knut Mueller: 332 o. – © Das Fotoarchiv/Benja Weller: 274 – Deutscher Bundestag/Bilderdienst (Foto: Hans-Günther Oed): 88 (3) – Die Linke: 83, 84 – © Rolf Disch SolarArchitektur: 230 – dpa: 224 o. l. – dpa-Fotoreport: 196 u. l. – © dpa-Fotoreport/epa afp Yamanaka: 6, 310 – © dpa-Fotoreport/Michael Jung: 79, 88 (1), 98 – © dpa-Report: 90 o. l. + u. r. – Eichborn Verlag: 54 u. l. – Foto: Tanja Wilker/© movie members filmproduktion GmbH: 150 (alle) – epd/Stefan Trappe: 314 – Erl/CCC, www.c5.net: 323 – ERL/toonpool.com: 160 (A) – Euro Informationen: 290 – Europäisches Parlament: 294 – FDP: 83, 84 – Fotex/Picture Partners: 193 l. – Freedom House/www.wikipedia.de: 76 – © Sergey Galushko-Fotolia.com: 181 – Gesellschaft für bedrohte Völker: 148 o. l. – Haitzinger/CCC, www.c5.net: 263, 308, 332 u. – Haufe Verlag: 54 u. r. – Alexander Hemker: 14 – imu: 106 u., 291 – © Michael Kappeler/ddp: 324 r. – © Kaufhold/Welthungerhilfe: 337 u. l. – © Keystone/Andreas Splett: 96 o. – KJP Offenbach: 15 – © Marie Marcks, Heidelberg: 61 – Gerhard Mester/CCC, www.c5.net: 92 o., 218, 250, 276 o. l. + u. r., 285 (alle), 303 – © MISEREOR/Gietmann: 337 o. l. – Mitropoulos/CCC, www.c5.net: 331 – Paresh Nath: 339 – NATO: 335 m. – OTAG Vertriebs GmbH + Co.: 231 – © picture-alliance/akg-images: 201 – © picture-alliance/chromorange: 116, 254 – © picture-alliance/dieKLEINERT.de: 5 2. v. o., 222, 226 – © picture-alliance/dpa: 3 (3 Bilder), 4 u., 5 o. + 2. v. u., 12, 16, 30, 36, 62, 70, 72 u., 73, 78 (alle), 90 o. m., 93, 99, 126 u., 127, 131, 134 (alle), 135 (alle), 139, 147, 149, 170, 178, 186 r., 193 r., 204, 205, 210, 224 u. l., 234, 235 r., 239, 245, 252, 256 (alle), 257, 296 (alle), 301 (alle), 302, 304, 309 (3 Bilder), 313, 316, 320 o., 322, 324 l., 327, 330, 336 – © picture-alliance/dpa-Bildarchiv: 74, 224 u. r. – © picture-alliance/dpa/epa Wael Hamzeh: 90 u. l. – © picture-alliance/dpa-Fotoreport: 196 o. r. – © picture-alliance/dpa-infografik: 20, 31 (2 Bilder), 50, 51 o., 57, 81, 97, 123 m., 125 o., 128, 134, 171, 202, 221, 225, 237 o., 269, 272, 286, 298, 317, 326, 329, 333 – © picture-alliance/dpa-Report: 106 o. – © picture-alliance/EB-Stock: 40 – © picture-alliance/HB-Verlag: 184 – © picture-alliance/Javed A. Jafferji/Impact Photos: 142 – © picture-alliance/maxppp: 182 – © picture-alliance/Sander: 4 o., 110 – © picture-alliance/SCHROEWIG/Caspar: 153 – © picture-alliance/ZB: 5 u., 56, 126 o., 156, 173 o., 235 l. + m., 278, 324 m. – © picture-alliance/ZB-Fotoreport: 186 l., 192 (alle) – picture-alliance/ZB-Fotoreport/Stefan Sauer: 288 – PhotoXPress/VISUM: 4 2. v. u., 162 – Thomas Plaßmann/CCC, www.c5.net: 276 o.r. – Erik Rauschenbach/CCC, www.c5.net: 121 – Reporter ohne Grenzen: 148 m. l. – © REUTERS/Christian Charisius: 321 – © REUTERS/Vasily Fedosenko: 144 – © REUTERS/Ibraheem Abu Mustafa: 312 – © REUTERS/Jason Reed: 143 – Aus: Rhein-Neckar-Zeitung vom 6.5.2002, Foto: Alex: 277 u. – Sakurai/CCC, www.c5.net: 157 – © Bernd Schälte: 206 (alle) – Foto: Nicole Schenda/Oxfam Deutschland: 337 o. r. – Schüler Helfen Leben e. V.: 17 – SPD: 82, 84 – Aus: SPIEGEL 17/1999, S. 74: 123 o. – Aus: SPIEGEL-Special 7/2005, S. 137: 255 – Stadt Paderborn: 96 u. – Stadtwerke Velbert: 71 – Klaus Stuttmann/CCC, www.c5.net: 35 o., 99 u., 160 (B+D), 276 u. l., 328 – Süddeutscher Verlag/Bilderdienst: 189 l. – SÜDWIND Institut für Ökonomie und Ökumene: 271 – A.TALE/toonpool.com: 160 (C) – terre des hommes: 148 u. l. – © The World Café: 260 o. – Tomicek/CCC, www.c5.net: 35 u., 86 – ullstein bild: 104 l., 188 – Umweltgutachterausschuss (UGA) beim Bundesministerium für Umwelt, Naturschutz und Reaktorsicherheit: 232 r. – Aus: Sozialpolitik Ausgabe 2001/2, hg. von der AG Jugend und Bildung, Universum Verlag Wiesbaden: 112 (alle) – UNO: 335 l. – VAUDE Sport GmbH & Co. KG: 232 l. – Verlagsarchiv Schöningh/Matthias Berghahn, Bielefeld: 267 (alle) – Verlagsarchiv Schöningh/Sandrine Mattes: 196 o. – Verlagsarchiv Schöningh/Wolfgang Mattes: 29 (2 Bilder), 31 u. r., 42, 44 (2 Bilder), 64 u. m., 292 – Verlagsarchiv Schöningh/Günter Schlottmann: 31 u. l. + m., 46, 49, 51 m., 58 (2 Bilder), 59 (2 Bilder), 64 (4 Bilder), 66, 113, 120, 137 (alle), 145, 172 (alle), 180, 197 (alle), 202 l. – Aus: Welt am Sonntag, 07.12.2008 © Jutta Setzer: 227/228 (alle) – Wikipedia: 175 – WirtschaftsWoche Nr. 19 vom 4.5.2009 © Handelsblatt GmbH. Alle Rechte vorbehalten: 219 – World Vision Deutschland e. V.: 337 u. r. – Foto: Metin Yilmaz: 22 – © ZB-Fotoreport/Bernd Settnik: 90 o. r. – © ZB-Fotoreport/Peter Endig: 100 – weitere: Verlagsarchiv Schöningh

Sollte trotz aller Bemühungen um korrekte Urheberangaben ein Irrtum unterlaufen sein, bitten wir darum, sich mit dem Verlag in Verbindung zu setzen, damit wir eventuell notwendige Korrekturen vornehmen können.

Lösungen für die Memorystationen

1. Jugend und gesellschaftliches Engagement S. 34f.

Station 1: Zu A: Jugendliche engagieren sich in Vereinen, bei der freiwilligen Feuerwehr und bei Rettungsdiensten, in der Schule für besondere Projekte (zum Beispiel gegen Mobbing), für Umwelt, für Tierschutz, in Jugendparlamenten etc. Zu B: Demokratie benötigt die aktive Teilnahme möglichst vieler Menschen. Wichtig ist, dass man schon in jugendlichem Alter lernt, aktiv zu sein, weil diese Kompetenz dann mit hoher Wahrscheinlichkeit im weiteren Leben erhalten bleibt. Zu C: Man kann sich zum Beispiel in einer Umweltgruppe oder in einem Hilfsprojekt für Afrika engagieren. Man lernt so, Verantwortung für Menschen und für die Umwelt zu übernehmen. Man lernt auch, im Team zu arbeiten und Projekte zu organisieren. Das sind einige der sogenannten Lebenskompetenzen, die auch für ein erfolgreiches Berufsleben wichtig sind. Zu D: Studien belegen, dass Menschen, die anderen helfen, besonders ausgeglichen und zufrieden sind. Hilfsbereitschaft erzeugt Selbstvertrauen und trägt damit zum Lebensglück bei.

Station 2: Beschreibung: Ein Ehepaar liegt bei Mondschein (also nachts) und bei geöffnetem Fenster im Ehebett und hört zu, wie jemand draußen auf der Straße um Hilfe schreit. Die Schrift und die Symbole in einer Sprechblase zeigen, dass hier offensichtlich ein Gewaltverbrechen von Neonazis passiert. Die Frau erkennt die Situation. Der Mann reagiert mit der Bemerkung, dass sie ihre Verbrechen doch bitte auch ein bisschen leiser ausführen könnten. Analyse: der Karikaturist kritisiert, dass viele Menschen die Verbrechen der Neonazis zwar zur Kenntnis nehmen, aber keinesfalls dazu bereit sind, sich in ihrer Ruhe stören zu lassen. Sie nehmen dafür in Kauf, dass die Opfer verletzt und sogar getötet werden. Die austretenden Schweißtropfen vom Kopf des Mannes deuten an, dass er ein schlechtes Gewissen bei seinem Verhalten hat. Es reicht aber nicht aus, um gegen Neonazis aktiv zu werden. Begründung: Neonazis stellen die eigene Nation über alle anderen, hassen Ausländer und Juden, leugnen die Rechte des Einzelnen, fordern Unterordnung, wollen die Demokratie abschaffen, treten für eine Diktatur ein, missachten den Rechtsstaat, wollen die Herrschaft des Rechts durch die Herrschaft des Stärkeren ersetzen, bekämpfen und missachten Andersdenkende, sie sind Rassisten.

Station 3: Analyse: Ein Mann und eine Frau befinden sich auf einer Leiter, die offensichtlich zu beruflichem Erfolg und Karriere führt. Der Mann befindet sich oberhalb der Frau. Die Frau wird auf der Leiter nach unten gezogen, weil sie einen schweren Kinderwagen mit hochziehen muss und nur eine Hand frei hat. Wer den Ausspruch „Ungerecht!“ macht, ist nicht genau zu sehen. Offensichtlich empfindet es der Mann als ungerecht, dass er von Frau und Kind auf dem Weg zum Erfolg gestört wird. Die Frau empfindet es als ungerecht, dass sie allein den schweren Kinderwagen ziehen muss. Die Schweißperlen um den Kopf der Frau zeigen, dass sie erheblich mehr belastet ist als der Mann. Die Karikatur weist auf die noch vorhandenen Benachteiligungen der Frau hin. Beruf und Familie sind für sie nicht vereinbar. Die Erziehung der Kinder ist immer noch einseitig Frauensache.

2. Auf dem Weg zur Berufswahl S. 60f.

Station 1: Gründe für eine Berufsausbildung: Man lernt Dinge, die man sofort in die Praxis umsetzen kann, trägt zum Erfolg eines Unternehmens bei, sofortiger Verdienst, Erwerb praktischer Kompetenzen, Aufstiegschancen innerhalb und außerhalb des Betriebs, Abschluss der Berufsausbildung in einer überschaubaren Zeitspanne. Gründe für Abitur und Studium: Eintrittskarte für alle akademischen Berufe, günstigere Beschäftigungsaussichten, Chance für forschende Lerner, Chancen zur Entfaltung persönlicher Talente und Fähigkeiten, Erwerb qualifizierter Bildung. Drei mögliche Ausbildungswege: Praktische Ausbildung im dualen System (Betrieb und Berufsschule), Ausbildung in einer Berufsfachschule, akademische Ausbildung durch ein Universitätsstudium

Station 2: Man muss sich frühzeitig einen Überblick über die vielen Ausbildungsberufe verschaffen. Man muss Zeit haben, seine besonderen Fähigkeiten und Interessen zu erkennen. Man kann so die Möglichkeit nutzen, seine Leistungen in der Schule zu verbessern. Viele Betriebe schreiben die zu besetzenden Ausbildungsplätze bereits ein Jahr vor Ausbildungsbeginn aus. Man kann das Internet für eine erste Information nutzen, „Berufs aktuell“ durcharbeiten, sich Lektüren im Buchhandel oder online über Downloads besorgen, die Berufsinformationszentren aufsuchen (BIZ), Termine bei der Berufsberatung in der Arbeitsagentur vereinbaren u. a.

Station 3: 1. Fremdsprachenkenntnisse werden heute in den meisten Berufen vorausgesetzt und Englisch ist die am häufigsten benötigte Fremdsprache. In der globalisierten Welt pflegen viele Betriebe Kontakte zu ausländischen Firmen und Kunden. Man sollte daher zumindest ein Telefongespräch in der Fremdsprache führen können, englische Geschäftspost lesen können etc. 2. Wer nicht rechnen kann, kann z. B. auch nicht prüfen, ob der Taschenrechner Zahlen richtig addiert hat. In fast allen Berufen ist der Umgang mit Zahlen und Messgrößen unverzichtbar. Wer nicht rechnen kann, hat auch keinen Überblick über sein Einkommen und seine Abzüge vom Lohn. 3. Cool sein und unpünktlich sein, sind Dinge, die in den Betrieben völlig out sind. In der Arbeitswelt sind Zuverlässigkeit, Verantwortungsbewusstsein, Pünktlichkeit und angemessenes Auftreten gefragt.

Station 4: Tipps zu A: Nicht irgendeinen Praktikumsplatz wählen, sich Mühe bei der Auswahl geben, sich im Praktikum interessiert verhalten (z. B. Fragen stellen), auf Pünktlichkeit und Zuverlässigkeit achten, Praktikumsmappe ordentlich führen. Tipps zu B: Man muss sich interessant für ein Unternehmen machen, die Form muss sauber und fehlerfrei sein, das Anschreiben muss gut gestaltet und darf nicht länger als eine Seite sein. Tipps zu C: Seinen vollständigen Namen nennen, deutlich sprechen, sein Anliegen klar vortragen, Praktikumstermin und weitere Informationen zur Hand haben, Papier und Stift bereitlegen. Tipps zu D: Man sollte mit Büchern und Broschüren üben, die Einstellungstest enthalten, mehrere Tests zu Hause durchführen, damit sich Routine einstellt, seine Allgemeinbildung verbessern – z. B. durch Zeitungslektüre. Tipps zu E: Angemessene Kleidung, gute Vorbereitung (z. B. mit Informationen über die Firma), angemessene Kleidung, gute Umgangsformen, freundliche Begrüßung, fester Händedruck, deutliches Sprechen.

Station 5: Beschreibung: Die Karikatur zeigt die Situation vor und hinter einem Schreibtisch. Der Mann ist in der Chefrolle. Er diktiert und es steht ihm ein Sessel zur Verfügung. Die Frau ist in der Sekretärinnenrolle. Analyse: Deutlich wird hier das Problem, dass sich Mädchen zu oft für die vergleichsweise gering entlohnten Tätigkeiten entscheiden. Auffällig ist, dass die Frau größer als der Mann dargestellt ist. Das drückt aus, dass die Rollenverteilung nicht den tatsächlichen Leistungsvermögen entspricht. Auch in der Wirklichkeit sind Mädchen in ihrer Leistungsfähigkeit und in ihren Schulabschlüssen und Noten den Jungen im Allgemeinen überlegen. Dennoch begnügen sich viele (wie hier) mit schlecht bezahlten Berufen und dem Verzicht auf Karriere. Bewertung: Statistiken und einzelne Fallbeispiele zeigen, dass die Zahl der Mädchen, die sich für sogenannte Männerberufe entscheiden, zunimmt. Auch Jungen beginnen, sich für eher frauentypische Berufe zu entscheiden. Dieser Wandel geht allerdings nur sehr langsam vonstatten. Ob das positiv oder negativ zu bewerten ist, muss jede und jeder in seiner Stellungnahme selbst entscheiden.

Station 6: Für eine Einstellung Vincenzos spricht: Er ist leistungsorientiert und zeigt ein sehr gutes Sozialverhalten, er hat eine AG besucht und freiwillige Praktika absolviert. Damit beweist er Engagement und Einsatzwillen. Er ist offensichtlich über Politik und Wirtschaft gut informiert und zeigt eine weit überdurchschnittliche Allgemeinbildung. Er scheint ordentliche Englischkenntnisse zu besitzen, kann sich gut konzentrieren. Auf das Vorstellungsgespräch hat er sich gut vorbereitet. Gegen eine Einstellung spricht: Schwache Leistungen in Mathematik, er kann offensichtlich nicht gut rechnen. Seine Rechtschreibung ist fehlerhaft. Die Leistungen im Fach Deutsch sind zu schlecht (Rechtschreibfehler im Bewerbungsschreiben). Er hat oft krankheitsbedingt gefehlt, besonders einschränkend sind die unentschuldigten Fehltage, er müsste sich besser präsentieren und seine mündliche Ausdrucksfähigkeit verbessern.

3. Demokratie in der Bundesrepublik Deutschland S. 108 f.

Station 1: Gegenrede zu 1: Machtkonzentration in einer Hand führt immer dazu, dass die Macht unkontrollierbar wird und dass der Machthaber zum Diktator wird, der die Macht missbraucht. Gegenrede zu 2: In einer Demokratie gibt es Meinungsfreiheit. Die Menschen haben unterschiedliche Meinungen und unterschiedliche Interessen. Alle sollten in der Lage sein, ihre Meinungen und Interessen einzubringen. Deshalb ist es zwingend notwendig, dass diskutiert werden kann. Gegenrede zu 3: Freiheit ohne politische Herrschaft führt zum Chaos. In dieser Situation ergreifen die Starken die Macht auf Kosten der Schwachen. Es muss eine Instanz geben, die Regeln schafft und deren Einhaltung überwacht. Daher ist Herrschaft notwendig.

Station 2: In einer *Bürgerinitiative* schließen sich Leute zusammen, um auf die Beseitigung eines Missstandes hinzuwirken. In der Regel verfolgt eine Bürgerinitiative ein konkretes Ziel (z. B. Rettung eines Biotops) und löst sich wieder auf, wenn das Ziel erreicht ist. In einem *Bürgerbegehren* stellen Bürgerinnen und Bürger einen schriftlichen Antrag an den Rat der Stadt, in dem sie fordern, dass dieser eine bestimmte Entscheidung trifft. Das Begehren muss mit einer festgelegten Anzahl von Unterschriften versehen sein. Zu einem *Bürgerentscheid* kommt es, wenn der Rat das Bürgerbegehren ablehnt. Im Bürgerentscheid stimmen dann die wahlberechtigten Bürgerinnen und Bürger direkt über den Antrag ab. Damit er gültig ist, muss sich ein festgelegter Anteil der wahlberechtigten Bürgerinnen und Bürger an dem Entscheid beteiligen.

Station 3: Parteien stellen sich zur Wahl auf der Gemeinde-, Landes- und Bundesebene. Bürgerinnen und Bürger geben bei Wahlen ihre Stimmen an die Parteien. Die Parlamente werden mit den Parteienvertretern besetzt. Die Parteien streben in der

Regel eine Regierungsbeteiligung an. Parteien wirken an der politischen Willensbildung mit, nehmen Einfluss auf die öffentliche Meinung, sollen die politische Bildung anregen und vertiefen, stellen Bewerberinnen und Bewerber für politische Ämter auf, formulieren ihre Ziele in Programmen, streben nach Verwirklichung ihrer Ziele durch Übernahme politischer Macht bzw. Verantwortung.

Station 4: Berufspolitiker arbeiten in der Regel weit mehr als 40 Stunden in der Woche. Sie arbeiten auch abends und an den Wochenenden. Im Vergleich zu vielen anderen Berufstätigen verdienen sie gut (als Bundestagsabgeordnete etwa 7 000 Euro pro Monat), aber im Vergleich zu vielen Bundesligaprofis deutlich weniger.

Station 5: *Mehrheitswahl*: Man wählt eine Person in einem Wahlkreis. Es sorgt für klare Mehrheiten im Parlament. Viele Stimmen fallen unter den Tisch. *Verhältniswahl*: Man wählt eine Partei. Das System ist gerechter, weil die Stimmen im Parlament entsprechend dem Anteil der tatsächlichen Wählerstimmen verteilt werden. Es ist anonymer als das Mehrheitswahlrecht. Das *personalisierte Verhältniswahlrecht* ist eine Kombination aus beiden Wahlsystemen. Mit der Erststimme wählt man eine Person in einem Wahlkreis. Mit der Zweitstimme wählt man eine Partei.

Station 6: Richtige Reihenfolge: 5/7/2/9/3/10/6/4/1/8

Station 7: (A) Die Kontrolle besteht darin, dass die Staatsgewalt auf die drei Gewalten Exekutive, Legislative und Judikative aufgeteilt wird. Dadurch wird eine zu große Machtkonzentration verhindert. Die drei Staatsgewalten können sich gegenseitig kontrollieren. (B) Das Bundesverfassungsgericht kontrolliert, ob die verabschiedeten Gesetze mit der Verfassung (= dem Grundgesetz) vereinbar sind. Damit kontrolliert es die Macht-ausübung von Parlament und Regierung. (C) Die Opposition kontrolliert die Arbeit der Regierung und der Parlamentsmehrheit. Als Minderheit im Parlament macht sie Gegenvorschläge und vertritt die Meinungen derer, die sich nicht auf der Mehrheitsseite befinden. Damit schützt sie die Meinungsvielfalt und Freiheit in der Demokratie.

4. Soziale Sicherung heute und morgen S. 138f.

Station 1: Unter *Sozialpolitik* versteht man alle Maßnahmen des Staates, welche die Menschen in Risikosituationen schützen sollen. Unter einem *Sozialstaat* versteht man einen Staat, der die Pflicht übernimmt, für den sozialen Schutz seiner Bürgerinnen und Bürger zu sorgen und ihnen ein menschenwürdiges Leben zu ermöglichen.

Das Prinzip *Eigenverantwortung* bedeutet, dass man in einer Notsituation nicht untätig bleiben darf und den Staat für sich sorgen lässt. Man muss selbst versuchen, sich aus der Notlage zu befreien. Das Prinzip *Solidarität* bedeutet, dass die Menschen zusammenhalten, sich gegenseitig unterstützen und dass der Staat den Menschen eine Verantwortung für die gesamte Gemeinschaft abverlangt.

Station 2: Die fünf Sozialversicherungen sind: Rentenversicherung, Unfallversicherung, Krankenversicherung, Pflegeversicherung, Arbeitslosenversicherung. Vorlagen für passende Zeichnungen finden sich auf der Seite 117.
Bezahlt werden die Versicherungen je zur Hälfte vom Arbeitnehmer und Arbeitgeber. Die Unfallversicherung zahlt nur der Arbeitgeber. Hinzu kommen weitere staatliche Zuschüsse, weil das Geld aus den Versicherungsbeiträgen nicht ausreicht, um die Kosten zu decken.

Station 3: Die Schülerin macht mit ihrer Zeichnung auf das Problem des demografischen Wandels aufmerksam. Im Jahr 2010 kommen drei Beitragszahler auf einen Rentner. 2050 werden es nur noch zwei Beitragszahler sein. Das bedeutet, dass im Umlageverfahren zwei Beitragszahler eine Altersrente finanzieren müssen. Junge Leute müssen wissen, dass aufgrund des demografischen Wandels die gesetzlich garantierten Altersrenten in erheblichem Maße sinken werden. Sie sollten daher in jungen Jahren beginnen, neben der gesetzlichen Pflichtversicherung auch in eine zusätzliche private Altersversorgung zu investieren.

Station 4: In eurem Text solltet ihr die Situation eines armen Kindes in Deutschland erklären, zusammenfassen, was man unter absoluter und relativer Armut versteht, und darstellen, warum Alleinerziehende und Familien mit vielen Kindern am häufigsten betroffen sind.

Station 5: Die beiden Grundsätze zur Steuergerechtigkeit lauten: (A) Gleiches muss gleich besteuert werden. (B) Die Steuer muss die Verhältnisse berücksichtigen, in denen jemand lebt. Steuerpolitik ist umstritten, weil Steuererhöhungen fast immer zu Protesten führen und Steuersenkungen verminderte Leistungen des Staates zur Folge haben. Sozialpolitik ist in den vergangenen Jahren immer teurer geworden, (a) weil die Wiedervereinigung Deutschland so viel Geld kostet, (b) weil die Sozialausgaben für die Rentenfinanzierung ansteigen und (c) weil Arbeitsplätze und damit Beitragszahler verlorengingen durch Verlagerung der Arbeitsplätze ins Ausland.

5. Zur Situation der Menschenrechte S. 161

Station 1: Piktogramme: Recht auf Freiheit, Glaubensfreiheit, Recht auf Leben und körperliche Unversehrtheit. Drei besonders oft von Menschenrechtsverletzungen betroffene Gruppen sind: Frauen, Kinder und Minderheiten. Drei Hauptgründe für Menschenrechtsverletzungen sind: Diktatorische Regime fürchten um ihre Macht und unterdrücken jede Art von Opposition; radikale Überzeugungen (auch religiöse) dienen als Rechtfertigung für Menschenrechtsverletzungen; fehlender Respekt vor dem Leben und der Freiheit anderer. Drei Arten von Diskriminierung, unter denen Frauen weltweit leiden müssen, sind z. B. Zwangsheirat, Misshandlungen, Einschränkung ihrer Bewegungsfreiheit.

Station 2:
1. Grundrechte
2. Bundesverfassungsgericht
3. Menschenwürde
4. Staatsgewalt
5. Grundgesetz
6. Religionsfreiheit
7. Recht auf körperliche Unversehrtheit
8. Gleichberechtigung

Station 3: Hier geht es darum, eine persönliche Meinung zu den neuen Sicherheitsgesetzen in Form einer begründeten Stellungnahme zu entwickeln. Der folgende Text formuliert daher nur Anhaltspunkte für die Erstellung der Lösung. (A) Diese Einstellung wird von Befürwortern der neuen Sicherheitsgesetze vertreten. Gegner verweisen darauf, dass es nicht darum gehe, „etwas zu verbergen", sondern dass sehr persönliche Daten den Staat nichts angingen und der Staat ohne Wissen der Beteiligten Zugriff auf diese Daten habe. Auch im Hinblick auf die Erfolgschancen dieser Maßnahmen sei der Preis einfach zu hoch, weil die neuen Gesetze mit dem Prinzip des Rechtsstaates und den Grundrechten nicht vereinbar seien. (B) Hier soll zunächst erläutert werden, inwiefern die neuen Gesetze in die Privatsphäre eingreifen und dann im Hinblick auf die Zielsetzung der neuen Gesetze bewertet werden, ob diese zur Terrorbekämpfung angemessen oder unangemessen bewertet sind. (C) Diese Einstellung wird von Befürwortern der Sicherheitsgesetze häufig vertreten. Gegner verweisen darauf, dass die meisten persönlichen Daten mit dem Einverständnis der Betroffenen im Internet zugänglich seien. Die neuen Gesetze erlauben dem Staat, auf persönliche Daten ohne Einverständnis und meist auch ohne Wissen der Betroffenen zuzugreifen.

6. Massenmedien und Politik S. 177

Station 1: Frage 1: Nein, das stimmt nicht. Immerhin wirft knapp die Hälfte der Jugendlichen regelmäßig einen Blick in die Tageszeitung. Auch die Online-Angebote der Tageszeitungen werden von Jugendlichen genutzt. Frage 2: Nein, das stimmt so nicht. Jugendliche nutzen das Internet zwar zu ihrem Vergnügen, besonders zum Spielen und zum Chatten, aber auch, um für die Schule zu lernen, und zur Informationsbeschaffung. Frage 3: Bei den Jugendlichen hat das Internet in der Bedeutung das Fernsehen von Platz eins verdrängt.

Station 2: Bedeutung der Pressefreiheit: Ohne sie kann man sich keine Meinung bilden; ohne die Möglichkeit freier Meinungsäußerung in der Presse gibt es keine Demokratie. Garantien des Artikel 5 GG: Jeder hat das Recht auf Information, Pressefreiheit ist gewährleistet. Gefahren durch Manipulation: Es kommt zu Fehlinformationen, Meinungen werden beeinflusst, ohne dass man es merkt. Gefährdungen der Pressefreiheit: Nicht in allen Ländern der Welt herrscht völlige Pressefreiheit. Dort setzen Reporter u. U. ihr Leben aufs Spiel, wenn sie Missstände öffentlich machen.

Station 3: Hier kommt es auf die zentralen Inhalte der Quellentexte an:
1a. und b.: Myanmar und China: Militärjunta schränkt Zugang zum Netz ein, Angst vor Aufständen, China: PC-Verkauf nur mit Zensursoftware „Grüner Damm", keine digitale Freiheit
2. Die Gefängniswärter des Internets: Diktatoren fürchten die Vermehrung der Online-Information, spionieren E-Mails aus, zensieren Webseiten, Internetzensur in 5 Kontinenten, Gründe werden vorgeschoben (Schutz vor Pornografie, Terrorismus), Recht auf Meinungsfreiheit ist bedroht.
3. Das Netz bedroht den Frieden der Welt: Zunahme von Pöbeleien, Menschen werden in den Selbstmord getrieben, das Netz ist Massenspeicher für schlimme Übel und Schmutz.
4. Regierung erwägt „Internetausweis" für alle: Regierungsmitglieder fordern verschärfte Kontrollen, Verbot durch Gesetze, Netz darf nicht zum rechtsfreien Chaosraum werden, verdeckte Ermittler müssen kriminelle Machenschaften aufspüren.

7. Grundlegende Merkmale unserer Wirtschaftsordnung S. 202f.

Station 1: 1. Philipp zahlt ein in die gesetzliche Renten-, Kranken-, Arbeitslosen- und Pflegeversicherung. Sein Arbeitnehmeranteil an den Sozialversicherungsbeiträgen beträgt ca. 20 Prozent seines Brutto-Monatsverdienstes. Also gehen 360 Euro dafür von den 1 800 Euro ab. 2. Bei der Lohnsteuerberechnung muss man vom Jahresbruttoverdienst ausgehen (= 12 mal 1 800 = 21 600 Euro) und davon die jährlichen Aufwendungen für die Sozialversicherungsbeiträge (– 20 Prozent = 4 320 Euro), den Steuerfreibetrag (ca. 7 800 Euro) und die Werbepauschale (ca.

820 Euro) abziehen. Dann erhält man das zu versteuernde Jahreseinkommen (= ca. 8 660 Euro). Nach dem Einkommensteuer-Tarif befindet sich Philipp in der untersten Progressionszone und zahlt für das zu versteuernde Einkommen 14 Prozent (= 1 212,40 Euro im Jahr). Teilt man diese Summe durch 12, erhält man den monatlichen Lohnsteuerabzug. Er beträgt ca. 101 Euro. Davon wird ggf. noch die Höhe der Kirchensteuer abhängen (zwischen 9 und 10 Prozent je nach Bundesland). 3. Ca. 1 330 Euro wird Philipp monatlich zur Verfügung haben:

1 800 Euro brutto
– 360 Euro Sozialversicherung
– 101 Euro Lohnsteuer
– 9 Euro Kirchensteuer (falls steuerpflichtig)
= **1 330 Euro netto**

4. Für eine Wohnung müsste Philipp mit einer Miete von ca. 210 bis 300 Euro und Nebenkosten in Höhe von ca. 60 bis 90 Euro rechnen.

Station 2: Markt, Preis, Nachfrage, Angebot, Anbieter, Kunden, Wettbewerb

Station 3: Zur freien Marktwirtschaft gehören: 3, 6, 8; zur sozialen Marktwirtschaft gehören: 1, 4, 7, 11; zur zentralen Planwirtschaft gehören: 2, 5, 9, 10.

Station 4: Staat: Zum Staat hin führt ein Geldstrom Steuern, vom Staat weg ein Leistungsstrom, z. B. Kindergeld. Banken: Von der Bank weg führt der Strom Kredite und zur Bank hin der Strom Zinsen. Haushalte: Von den Haushalten weg führt z. B. ein Strom Steuern und hin Lohnzahlungen. Unternehmen: Vom Unternehmen weg führen Lohnzahlungen und hin Preise für Wirtschaftsgüter. Ausland: Vom Ausland weg führen Warenpreise für Exporte und hin Warenpreise für Importe.

8. Wirtschaftspolitik verstehen S. 221

Station 1: 1. Negativ auf das Klassenklima könnte sich auswirken, dass hier ein soziales Gefälle entsteht. Kinder arbeitsloser Eltern, denen wenig Geld für Süßigkeiten zur Verfügung steht, könnten nicht mit den andern mithalten. 2. Sie freuen sich, weil sie von der Firma einen Zuschuss zu den Kosten der Klassenfahrt erhalten. 3. Rechtlich gesehen, verstößt die Aktion gegen das Werbeverbot in öffentlichen Schulen. 4. Die ausgewählten Reiseveranstalter profitierten von dieser Aktion aus zwei Gründen: Sie gewannen Schulkassen als Kunden und schalteten Konkurrenzunternehmen aus.

Station 2: Zu Zielen gehören: Geldwertstabilität, [illegible]schäftigung; zu Handlungsmöglichkeiten: Konjunkturpaket, Subventionen; zu Werten gehören: Gerechtigkeit, Fortschritt; zu Akteuren: Bundesregierung, Landesregierungen.

Station 3: 1. Das Schaubild bezieht sich auf den Bereich der Umweltpolitik, speziell die Entwicklung der Arbeitsplatzsituation im Bereich erneuerbarer Energien in Deutschland. 2. Ablesbar ist der deutliche Trend hin zu steigenden Beschäftigtenzahlen in diesem Bereich. 3. Die Grafik verdeutlicht, dass durch Umweltschutz Arbeitsplätze in den vergangenen Jahren geschaffen worden sind, und ist in diesem Sinne überschrieben mit „Grüner Jobmotor". Zwischen 2004 und 2008 sind die Arbeitsplätze von 160 500 um über 100 000 auf 278 000 Arbeitsplätze angestiegen. Die größten Anteile davon haben im Jahr 2008 die Bereiche Biomasse, Wind- und Solarenergie, es folgen mit kleineren Anteilen Wasserkraft und Geothermie.

9. Klimawandel – Herausforderung für Wirtschaft und Politik S. 250 f.

Station 1: Zwei Skifahrer, die in Zeiten des Klimawandels in kurzen Hosen ihrem Wintersport nachgehen. Allerdings sind die Berge nicht verschneit, beide fahren auf Kunstschnee. Problem 1: Das Abschmelzen der Alpengletscher, die Klimaerwärmung, die auch auf den Bergen Schnee zur Seltenheit werden lässt. Problem 2: Das fehlende Problembewusstsein und der Egoismus einzelner Menschen, die die globale Verantwortlichkeit zur Eindämmung des Treibhauseffektes nicht erkennen. *Treibhauseffekt*: Eine Störung des natürlichen Gleichgewichts durch erhöhte Kohlendioxidemissionen, die zur Erderwärmung führt. *Klimakatastrophe*: Der Begriff meint den Klimawandel mit den entsprechenden negativen Folgen der Erderwärmung, wie das Abschmelzen der Gletscher und die warmen Winter in Europa.

Station 2: Aufteilung der Argumente in Pro und Kontra. Abweichungen bei dem Grad der Wichtigkeit des Argumentes sind zu tolerieren. Pro: Mit der Umstellung der Produktion können langfristig Arbeitsplätze gesichert werden. – Klimaschutz verbessert das Image unseres Unternehmens. – Immer mehr Menschen verlangen nach ökologisch hergestellten Produkten. – Fossile Energieträger werden immer teurer, deshalb müssen günstigere Energiequellen erschlossen und vor allem Energie eingespart werden. – Unternehmen tragen auch Verantwortung für die positive Entwicklung unserer Gesellschaft als Ganzes und für die Sicherung der Lebensgrundlagen.
Kontra: Um energiesparende Maschinen bedienen zu können, müssen die Mitarbeiter und Mitarbeiterinnen erst geschult werden. Das kostet zu viel. Konkurrenzbetriebe investieren auch nur das Nötigste in Umweltschutz. So entsteht ein Wettbewerbs-

nachteil für Unternehmen, die dies tun. – Investitionen in den Klimaschutz rechnen sich nicht für das Unternehmen, weil die Produkte sich verteuern und dann weniger verkauft werden.

Station 3: Richtig sind 1, 4, 6, 7, 8; falsch sind: 2, 3, 5, 9, 10.

Station 4: Brundland-Kommission: „Nachhaltige Entwicklung befriedigt die Bedürfnisse der heutigen Generation, ohne die Fähigkeiten der künftigen Generationen zu gefährden."/1987/ Erste Definition von Nachhaltigkeit. Rio-Deklaration: 1992/Einigung auf nachhaltige Entwicklungsziele/Erste UNO-Umweltkonferenz, an der fast alle Staatschefs der Welt teilnahmen. Kyoto-Protokoll: Staaten verpflichten sich, Treibhausgasemissionen zu senken/1997/Deutschland verspricht eine Minderung um 21 %. Kopenhagen: 2009/Statt auf einen Nachfolgevertrag für das Kyoto-Abkommen einigen sich 192 Länder lediglich auf eine unverbindliche Absichtserklärung.

Station 5: Oliver kann bei seinen Tipps aus folgender Liste wählen: Mehrwegtasche verwenden/Türen und Fenster abdichten/ nachts Rollläden schließen/Heizung nachts runterdrehen, aber nicht ganz ausstellen/Heizkörper nicht verdecken/Stoßlüften/ Thermostatventile an den Heizkörpern/Kühlschrank nicht offen stehen lassen/keine warmen Lebensmittel in den Kühlschrank/ Kühlschrank regelmäßig abtauen/Lebensmittel im Kühlschrank gut verpacken/gefrorene Lebensmittel rechtzeitig auftauen/Mikrowelle selten benutzen/kochen mit Deckel/Wasserkocher statt Herd benutzen/duschen statt baden/Niederdruck-Brausekopf installieren/Wasserhahn zudrehen/Energiesparlampen/überflüssige Lampen ausschalten/Elektrogeräte abschalten/Geschirrspüler nur gefüllt anschalten/wo möglich auf Elektrogeräte verzichten/Stand-by-Betrieb vermeiden/Öffentliche Verkehrsmittel benutzen/Akkus statt Batterien

10. Globalisierung S. 277

Station 1: 1. Waren- und Kapitalströme: internationale Arbeitsteilung – die einzelnen Produktionsschritte bei der Herstellung von Produkten werden auf verschiedene Länder verteilt. Produziert wird dort, wo die Kosten am niedrigsten sind. Umweltveränderungen: Globalisierung belastet die Umwelt und verschärft zum Beispiel durch den zunehmenden Verbrauch von Energie und Wasser bestehende Umweltprobleme. Kunst und Literatur: Konsumgewohnheiten gleichen sich weltweit an, dadurch werden auch Filme und Bücher weltweit verbreitet und gelesen, zum Beispiel Harry-Potter-Bände. Verkehr, Nachrichten und Datennetze: Über das Internet können Menschen weltweit und kostengünstig miteinander kommunizieren. 2. Waren- und Kapitalströme: Durch die weltweite Konkurrenz sind viele Produkte billiger geworden, sie kostet jedoch auch Arbeitsplätze in den Industrieländern. Umweltveränderungen: Umweltprobleme erfordern internationale Lösungen, die Bereitschaft zu internationalen Umweltabkommen ist gestiegen; von den Umweltveränderungen sind besonders die ärmsten Staaten betroffen, die dafür nicht verantwortlich sind. Kunst und Literatur: Die Menschen haben die Chance, auch andere Kulturen besser kennen zu lernen; die Kulturen gleichen sich immer mehr, regionale Gebräuche verschwinden immer mehr. Verkehr, Nachrichten und Datennetze: Riesige Containerschiffe verbilligen den Transport von Waren rund um den Globus erheblich. Dadurch wird allerdings die Umwelt stärker belastet.

Station 2: Beispieltext: Durch die weltweite Konkurrenz sind die Unternehmen gezwungen, kostengünstig zu produzieren. Dadurch sind viele Produkte billiger geworden und auch immer mehr ausländische Produkte in Deutschland erhältlich. Das führt dazu, dass große Unternehmen wie Siemens ihre Produktion ins Ausland verlagern, sodass sie wie im Fall Siemens inzwischen sogar mehr aus- als inländische Beschäftigte haben. Dadurch haben in den letzten Jahren viele Menschen in der deutschen Industrie ihre Arbeit verloren. Verlagert wurden vor allem Arbeiten, die für gering Qualifizierte geeignet sind. Wer eine gute Ausbildung hat, ist weniger von den Verlagerungen betroffen.

Station 3: 1. Die Menschen auf dem Foto demonstrieren gegen die Ausbeutung von Arbeitskräften in den Fabrikhallen von Entwicklungsländern, wo diese unter sehr schlechten Bedingungen und zu Niedriglöhnen arbeiten. 2. Die Organisation „Saubere Kleidung" fordert ein Verbot von Kinderarbeit, die Reduzierung von Arbeitszeiten und Bezahlung angemessener Löhne in der Textilindustrie. 3. Die Politik kann das Los der Textilarbeiterinnen verbessern, indem sie Mindestlöhne durchsetzt, die Bildung von Gewerkschaften fördert und die wöchentliche Arbeitszeit senkt. Denkbar ist auch der Einsatz staatlicher Kontrolleure zur Überwachungen der Gesetze. 4. Auch die Verbraucher tragen zur Ausbeutung von Arbeitskräften bei, weil sie beim Kauf von Textilien fast ausschließlich auf den Preis der Ware schauen und sich nicht dafür interessieren, unter welchen Bedingungen diese produziert werden. 5. Ich selbst kann auch etwas zur Verbesserung der Arbeitsbedingungen beitragen, indem ich Waren mit Gütesiegeln verstärkt kaufe.

11. Die Europäische Union: Erfolge und Herausforderungen S. 308f.

Station 1: Sein Glühbirnenlicht muss europäischen Standards entsprechen, ebenso die Qualität seines Trinkwassers, auch was mit seinem Abwasser geschieht, ist EU-weit einheitlich geregelt. Die Angabe der E-Stoffe auf Lebensmitteln ist eine Maßnahme zum Verbraucherschutz in der EU. Er profitiert von der Warenvielfalt im europäischen Binnenmarkt und von den vergleichbar niedrigen Lebensmittelpreisen. Er kann aus dem Ausland billiger telefonieren. Er kann sein Altauto überall in der EU recyceln lassen. Er profitiert von den offenen Grenzen und genießt Reise- und Aufenthaltsfreiheit im gesamten Gebiet der Europäischen Union. Zur Beantwortung des zweiten Teils dieser Station sollte man den Beginn der Sage aus der griechischen Mythologie noch einmal durchlesen (S. 284), in der geschildert wird, wie in grauer Vorzeit die schöne Prinzessin Europa vom Göttervater Zeus in der Gestalt eines Stieres entführt und nach Kreta gebracht wurde.

Station 2: A + 4 + 7; B + 1 + 6; C + 3 + 8; D + 2 + 5.

Station 3: Richtig sind 1, 4, 6, 8, 10.

Station 4: Neuerungen im Vertrag von Lissabon: Charta gemeinsamer Grundrechte, bessere Mitwirkung der Bürger durch die Möglichkeit des Volksbegehrens, Stärkung des Europäischen Parlaments mit dem Ministerrat, gleichberechtigte Mitwirkung bei gesetzlichen Entscheidungen. Türkei – drei Kriterien für die Aufnahme: Stabile Demokratie, funktionsfähige Marktwirtschaft, Übernahme des EU-Rechts (Wahrung der Menschenrechte, Schutz von Minderheiten). Armutsflüchtlinge: Europa gilt für die Flüchtlinge aus Afrika als das Paradies. Sie sehnen sich nach Frieden und Wohlstand. Nach Schätzungen der Vereinten Nationen sind 18 Millionen Afrikaner auf der Flucht. 2 Millionen drängen jährlich in die EU. Diese fühlt sich damit überfordert. Für die Antwort auf die dritte Frage muss man sich für eine der drei Positionen auf der Seite 305 entscheiden und diese begründen. Europa in der globalisierten Welt: Die EU muss sich im Zuge der Globalisierung auf die weltweite Konkurrenzsituation einstellen. Sie muss entscheiden, ob sie noch weitere Mitglieder aufnehmen will. Sie muss auf die Herausforderungen durch den Klimawandel und den internationalen Terrorismus Antworten finden.

12. Friedenssicherung S. 340 f.

Station 1: Auf dem Weg zum Frieden sollten in diesem Land nach und nach folgende Bedingungen erfüllt werden:

- Gewaltmonopol: Der Staat erhält das Gewaltmonopol, nur er darf Gesetzesverstöße notfalls mit Waffengewalt verfolgen und bestrafen.
- Rechtsstaatlichkeit: Der Staat führt rechtsstaatliche Prinzipien ein: Alle Bürger werden in der Rechtsprechung gleich behandelt, jeder kann sich über Gesetze frei informieren, diese dürfen auch nicht rückwirkend erlassen werden, alle Gesetze müssen mit der Verfassung übereinstimmen, jeder Bürger kann vor Gericht klagen, die Richter sind unabhängig und nur an die Gesetze gebunden.
- Demokratische Mitwirkung: Alle Bürger können sich an der politischen Willensbildung beteiligen, zum Beispiel indem sie an Wahlen teilnehmen und oder ihre Meinung frei in der Presse oder auf Demonstrationen äußern können.
- Friedliche Konfliktlösungen: Interessensgegensätze und Konflikte werden ausschließlich mit friedlichen Mitteln ausgetragen.
- Soziale Gerechtigkeit: Der Staat sorgt durch entsprechende Gesetze, dass der Unterschied zwischen Arm und Reich nicht zu groß wird. Das Existenzminimum ist für jeden Bürger gesichert.
- Bewusstsein, dass alle Menschen aufeinander angewiesen sind: Bürger und Staat tolerieren unterschiedliche Meinungen und Lebensstile und sind bei Konflikten kompromissbereit.

Station 2: Stichworte: *Terrorismus* ist das ungezielte Töten unschuldiger Menschen; keine einheitliche Definition; Terrorismus kein neues Phänomen; nach dem Anschlag von *11. September 2001* bedroht *islamistischer Terrorismus* international den Frieden; hinter vielen Attentaten steckt das Terrornetzwerk *Al-Kaida;* Feinde islamistischer Terroristen sind *USA und der Westen*, aber auch Muslime; Terroristen rechtfertigen *Selbstmordattentate* religiös; sie führen *Dschihad* (Heiligen Krieg) gegen Ungläubige; inzwischen planen islamistische Terroristen auch *Terroranschläge in Deutschland*; die betroffenen Länder ergreifen *Maßnahmen gegen Terrorismus;* kämpfen militärisch gegen den Terror (Irakkrieg, Afghanistan) und haben auch Sicherheitsgesetze verschärft; inzwischen wurden viele führende Terroristen der Al-Kaida verhaftet; auch in Deutschland wurden die Sauerland-Attentäter vor Gericht gestellt und verurteilt.

Station 3: Richtig sind 1, 2, 5, 7; falsch sind 3, 4, 6, 8.

Station 4: In den Millenniumszielen hat die UNO 8 Entwicklungsziele festgelegt, die bis 2015 erreicht werden sollen. Drei Beispiele sind: Bekämpfung von Hunger und Armut (Halbierung der Zahl der Menschen, die weniger als einen Dollar am Tag zum Leben haben), Verbesserung der Gesundheit von Müttern (Senkung der Müttersterblichkeit um drei Viertel), Grundschulbildung weltweit für alle Kinder. Da Armut und soziale Ungerechtigkeit wesentliche Ursachen für Kriege sind, sichert die Umsetzung der Millenniumsziele auch den Frieden.